Wissenschaftliche Untersuchungen
zum Neuen Testament

Herausgegeben von
Martin Hengel und Otfried Hofius

120

Theo K. Heckel

Vom Evangelium des Markus zum viergestaltigen Evangelium

Mohr Siebeck

THEO K. HECKEL, geboren 1962; 1982–88 Studium der evang. Theologie in Erlangen, Kiel und Tübingen; 1991 Promotion; 1991–93 Vikariat in Gauting; 1993–98 DFG-Stipendiat und wiss. Mitarbeiter an der Universität Erlangen; seit 1998 Pfarrer in Fürth und Privatdozent in Erlangen.

Als Habilitationsschrift auf Empfehlung der evangelisch-theologischen Fakultät der Friedrich-Alexander-Universität Erlangen-Nürnberg gedruckt mit Unterstützung der Deutschen Forschungsgemeinschaft

Die Deutsche Bibliothek – CIP Einheitsaufnahme

Heckel, Theo K.:
Vom Evangelium des Markus zum viergestaltigen Evangelium / Theo K. Heckel. -
Tübingen : Mohr Siebeck, 1999
  (Wissenschaftliche Untersuchungen zum Neuen Testament ; 120)
  ISBN 3-16-147199-7

Das Buch wurde von Martin Fischer in Reutlingen aus der Bembo Antiqua gesetzt, von Gulde-Druck in Tübingen auf alterungsbeständiges Werkdruckpapier der Papierfabrik Niefern gedruckt und von der Großbuchbinderei Heinr. Koch in Tübingen gebunden.

ISSN 0512-1604

»… ἕν ἐστι τῇ δυνάμει
τὸ ὑπὸ τῶν πολλῶν εὐαγγέλιον ἀναγεγραμμένον
καὶ τὸ ἀληθῶς διὰ τεσσάρων
ἕν ἐστιν εὐαγγέλιον.«

Origenes, phil. 5,6 (= in Joh 5,7)

»In quatuor euangeliis, uel potius quatuor libris unius euangelii …«

Augustin, in Joh Tract. 36,1

»Dass die Kirche *vier* gleichwerthige Evangelien besitzt, ist eine Thatsache,
an die man sich seit 1700 Jahren so gewöhnt hat, dass sie das Nachdenken
auch bei nachdenklichen Menschen nur selten hervorruft,
und doch ist es eine höchst paradoxe Thatsache,
sowohl an und für sich als in Hinblick auf die älteste Zeit.«

Adolf Harnack, Geschichte der altchristlichen Litteratur bis Eusebius, Bd. II/1,
Leipzig 1897, 681

Vorwort

Das Buch stellt die Druckfassung der im August 1997 an der evangelisch-theologischen Fakultät der Friedrich-Alexander-Universität Erlangen-Nürnberg eingereichten Habilitationsschrift dar. Das Erstgutachten verfaßte Prof. Dr. Jürgen Roloff, das Zweitgutachten Prof.in Dr. Oda Wischmeyer, ein patristisches Drittgutachten schrieb Prof. Dr. Hanns Christof Brennecke.

Die Arbeit entstand in den Jahren 1993–1997 an der Erlanger Theologischen Fakultät. Dort fand ich für meine Fragen bei Kolleginnen und Kollegen ein offenes Ohr, konnte so manches Detail diskutieren und wurde durch interessiertes Nachfragen zur Weiterarbeit angestachelt. Es waren dies v.a. die Doktorandin Barbara Eberhardt, Prof. Dr. Wolfgang Kraus (jetzt Koblenz), PD Dr. Martin Meiser, Herr Dr. Markus Müller und Pfarrerin Dr. Ulrike Schorn. Ein regelmäßiger Kontakt zu den Neutestamentlern der Jenaer Fakultät ermöglichte mir, auch Prof. Dr. Nikolaus Walter und Dr. Florian Wilk um Rat zu fragen.

In zwei Doktorandenkreisen durfte ich Vorstufen meiner Arbeit vorstellen und diskutieren. In Erlangen besuchte ich den Kreis um meinen Doktorvater, Prof. Dr. Jürgen Roloff. Zu diesem Kreis gehört neben den Assistentenkollegen auch der Altphilologe unserer Fakultät, OStR Ekkehardt Weber, der mir wertvolle Fachauskünfte gab. Ferner konnte ich vom Münchner Doktorandenkreis um Prof. Dr. Ferdinand Hahn profitieren.

Freunde aus alter und neuer Zeit widersetzten sich meinem Drängen nicht und lasen mit Stift in der Hand die Vorstufen mehr oder weniger große Abschnitte. Besonders nennen möchte ich dabei cand. theol. Kerstin Baderschneider, Frau Magister Gabi Buda, Herrn Dipl. Ing. Wolf-Rüdiger Gundelach, Dr. des. Gernot Garbe, Herrn Dr. Jörg Kruttschnitt und Vikar Arne Langbein (Eggenfelden).

Hilfreich waren mir auch zwei kritische Briefe. Aus Meckenheim bei Bonn kamen Korrekturvorschläge von Prof. Dr. Michael Wolter und aus Münster schickte mir Dr. Ulrich Schmid wichtige Hinweise zu meiner Arbeit.

Daß dies Buch in der Tübinger Reihe WUNT erscheint, verdanke ich der prompten Reaktion auf mein Manuskript durch den Herausgeber, Prof. Dr. Martin Hengel.

Ich widme dieses Buch meinem Mentor, der mich als Vikar wie ein Sohn im Pfarrhaus aufnahm und an seinen geistlichen Fähigkeiten teilhaben lies,

Herrn Pfarrer Jürgen Merkel.

Fürth, im August 1999   Theo K. Heckel

Inhaltsverzeichnis

Kapitel I

Zu Fragestellung und Aufbau der Studie

1 Das Thema: Vom einen zum vierfältigen Evangelium

Den vier kanonischen Evangelien ist eine außerordentliche Wirkungsgeschichte zuteil geworden. Alle großen christlichen Kirchen gehen seit Jahrhunderten von den vier Evangelien aus, wenn sie über die Lehre Jesu, seine Lebens- und Leidensgeschichte nachdenken. Schon lange bevor das Christentum zur römischen Staatsreligion geworden war, vermochte keine andere biographische Überlieferungsquelle mehr, den vier Evangelien den Rang streitig zu machen. Vier verschiedene Berichte über ein und dasselbe Geschehen sind ein erstaunliches Fundament für die Kirche. Die thematische Verwandtschaft der Evangelien zusammen mit ihrer Widersprüchlichkeit im einzelnen sind der christlichen Kirche dadurch in die Wiege gelegt. Was läßt sich über die frühe Geschichte dieses Fundaments erheben?

Historisch betrachtet läßt sich der Weg zum Vierevangelienkanon in mehrere Phasen einteilen. Die erste Phase führt vom Geschehen, über das berichtet wird, zu den ersten Berichten. Eine weitere Phase führt von einer nur erschließbaren Vielzahl von Erzählungen, Berichten etc. zum ältesten schriftlichen Evangelium. Mit dieser Phase setzt unsere Untersuchung ein. Die Entwicklung des Evangelienstoffes vom Evangelium des Markus bis zur Idee des vierfältigen Evangeliums versucht dann diese Studie nachzuzeichnen. Damit ist ein Zeitraum von gut hundert Jahren abgesteckt: Das älteste erhaltene schriftliche Evangelium wird üblicherweise um 70 n.Chr. datiert. Irenäus von Lyon stellt um 180 n.Chr. das vierfältige Evangelium so dar, daß die Rede von einem Vierevangelienkanon berechtigt erscheint.

Der Vierevangelienkanon fixiert das Ergebnis einer langen Entwicklung von Überlieferungen und Texten. Diese Entwicklung verlief nicht ohne Brüche. Texte über Jesus entstanden, wurden gesammelt und bearbeitet. Jeder Bruch in der Entwicklung könnte einen Schritt weg vom Ursprung des Evangeliums bei Jesus Christus bedeuten. Doch ein solcher Bruch könnte auch lediglich eine Veränderung in der Form darstellen, der in der wesentlichen Sache Kontinuität wahrt. Bruch in der Form bei Kontinuität in der Sache? Diese Frage ist vielfach gestellt worden, wenn es darum ging, den ältesten Evangelisten gegenüber seiner Tradition zu bewerten.

Doch auch eine Phase später stellt sich diese Frage: Wahrt der Viereevangelien-kanon die sachliche Kontinuität zu seinem Ursprung? Für die Frage nach der sachlichen Kontinuität des Viereevangelienkanons gegenüber seinen vier Teilen sollen in dieser Studie die notwendigen historischen Bausteine besprochen wer-den.

Aus der historischen Betrachtung erwächst ein theologisches Problem. Die Absicht der einzelnen Evangelisten findet im Viereevangelienkanon keinesfalls eine kontinuierlich gewachsene Verlängerung. Dadurch entsteht ein Bruch in der Überlieferung, der verlangt, theologisch beurteilt zu werden. Wenn der Viereevan-gelienkanon seine Autorität nicht aus seinen vier Teilen ableitet, bleibt die Frage, wie er dann seine Autorität begründet. Eine wichtige Aufgabe dieser Studie wird es sein zu zeigen, wie der Viereevangelienkanon zwar die Absichten der Einzel-evangelien übergeht, aber seine Autorität trotzdem geschichtlich verankert. Die Evangelisten sind für ihn nicht der schlechthin normative Ausgangspunkt christ-licher Überlieferung, sondern die geschichtliche Botschaft Jesu Christi. Der Viereevangelienkanon bewertet dabei die Einzelevangelien als Zwischenstufen auf dem Weg zurück zum normativen Ursprung.

2 Zum Begriff „Kanon" und zur Methodik der Kanonsgeschichtsschreibung

Diese Studie fragt nach der historischen Herkunft des Viereevangelienkanons und nach seiner theologischen Bedeutung. Damit behandelt die Studie ein Teil-gebiet der Kanonsgeschichtsschreibung. Bevor dieses Teilgebiet genauer vorge-stellt werden kann, sind Themen zu besprechen, die aus dem weiteren Gebiet der Kanonsgeschichtsschreibung auch im Gebiet des Viereevangelienkanons bedeut-sam werden. Dazu gehört zunächst der Ausdruck „Kanon" (2.1), sodann die vielfältigen methodischen Probleme der Kanonsgeschichtsschreibung. Ich wer-de diese Probleme zunächst allgemein vorstellen (2.2) und auf diesem Hinter-grund dann die Methodik beschreiben, die in dieser Studie gewählt wurde (2.3). Wenn schließlich begründet wird, warum das Mk-Ev als Ausgangspunkt dieser Studie fungiert (2.4), ist der Weg frei, in das engere Gebiet der Geschichte des Viereevangelienkanons einzuleiten (3 und 4).

2.1 Die Autorisierung von Texten als Grundlage des Kanonsbegriffs

Wenn diese Studie nach der Geschichte fragt, die zum Viereevangelien*kanon* führt, bedarf der Ausdruck „Kanon" dabei einer Klärung. Die Bezeichnung „Kanon" für die grundlegenden Bücher des Christentums hat sich allgemein eingebürgert. Es ist unumstritten, daß der Ausdruck sehr viel später auf die bezeichnete Sache übertragen wurde und daß das griechische Wort κανών in der zu untersuchenden Zeit bis zum Ausgang des zweiten Jahrhunderts eine andersartige Bedeutung hatte. Als Ausdruck für eine bestimmte Sammlung kirchlich anerkannter Bücher findet sich der Ausdruck erst nach der Mitte des vierten Jahrhunderts. Als ein früher Beleg in dieser Bedeutung gilt der Abschluß einer gereimten Aufzählung der biblischen Bücher durch Amphilochios von Ikonion (gest. n. 394): „οὗτος ἀψευδέστατος κανὼν ἂν εἴη τῶν θεοπνεύστων γραφῶν".[1] Die Begriffsgeschichte des Wortes „Kanon" über das griechische κανών bis zu dessen möglicherweise hebräischen Wurzeln führt also nicht zu dem hier zu verhandelnden Problem. Auf sie kann daher hier verzichtet werden.[2] Um so mehr bedarf die mit dem Ausdruck „Kanon" versehene Sache einer Klärung.

Die eingebürgerte Verwendung des Ausdrucks „Kanon" bezeichnet eine Sammlung von Texten. Er setzt – grob gesagt – eine positive und eine negative Komponente voraus:

Positiv besagt der Ausdruck „Kanon", daß bestimmte Texte kirchlich verwendet werden sollen und dürfen. Dazu sind die Texte fixiert und in ihrer Verwendung geschützt.[3] Solche Texte werden nicht mehr verändert, sondern ausgelegt, wenn veränderte historische Situationen eine Anwendung erschweren. Auslegung zeigt die bewußte Unterscheidung zwischen den eigenen Deutungen und dem Gedeuteten.

Negativ grenzt der Kanon andere Texte aus. Der negative Kanonsbegriff setzt dessen positive Seite voraus. Aus den beiden Komponenten ergibt sich eine erste grobe Klärung des Kanonsbegriffs. Erst wenn die positive und die negative Komponente im Umgang mit christlichen Schriften nachweisbar ist, soll im folgenden der Ausdruck „Kanon" verwendet werden.

Der Ausdruck „Kanon" kann auf verschieden große Bereiche angewendet werden. Die engere Frage nach der Vorgeschichte des Vierevangelienkanons erlaubt präziser zu sagen: Es geht um die Herauskristallisierung des Mt-, Mk-, Lk- und Joh-Ev als der anerkannten Evangelien der christlichen Kirche. Diese Evangelien haben kanonische Geltung erhalten. Der größere Rahmen alt- und

---

[1] Amphilochios von Ikonion, Lehrgedicht (Oberg) Z. 318f.; Text auch bei ZAHN, Geschichte II 219; vgl. ROBBINS, Graphon 78 A. 3: „It is well-known … the first use of the term *kanon* to mean a list of Christian scriptures". Umstritten ist der technische Gebrauch des Ausdrucks bei Eusebios, h.e. 6,25,3; vgl. ROBBINS, Graphon 153–156.

[2] Zur Begriffsgeschichte des Ausdrucks κανών: ZAHN, Grundriß 1–11; OPPEL, Kanon passim; BEYER, Art. κανών 600–602; SAND, Kanon 8–12; METZGER, Kanon 272–276; BRUCE, Canon 17f.; McDONALD, Formation 40–47; OHME, Kanon 21–64 (Lit.).

[3] Vgl. BRUCE, Canon 17: „It means the list of books contained in scripture, the list of books recognized as worthy to be included in the sacred writings of a worshipping community"; VON CAMPENHAUSEN, Entstehung 3: „Grundlegend ist – dem Wortsinn entsprechend – die Vorstellung der Maßgeblichkeit oder Normativität, die eine Schrift oder Schriftensammlung für Glauben und Leben gewonnen hat"; vgl. aaO. 123; CHILDS, Theology 70 definiert „the stage of literary and textual stabilization" als „canonization proper", den dorthin führenden Prozeß als „canonical process" (aaO.).

vor allem neutestamentlicher Schriften, der eine ähnliche kanonische Geltung errungen hat, ist von der Sammlung der vier Evangelien abtrennbar. Während manche der siebenundzwanzig Schriften unseres Neuen Testaments noch lange in ihrem kanonischen Status umstritten waren, gibt es um die vier Evangelien bereits im dritten Jahrhundert keine nennenswerten grundsätzlichen Diskussionen mehr.

Der Gedanke, eine Schrift anzuerkennen und dabei eine ähnlich geartete abzulehnen, bedarf noch einer Präzisierung. Der Fortschreibungsprozeß innerhalb der Evangelienüberlieferung verdrängt wenigstens z.T. die ältere Überlieferung. Dieses Verdrängen unterscheidet sich aber vom Ausgrenzen des negativen Kanonsbegriffs. Der Fortschreibungsprozeß setzt wenigstens bei den Adressaten noch kein Bewußtsein für die Eigenständigkeit der neuen Version gegenüber der alten voraus. Die spätere Version erscheint den Rezipienten nicht als Alternative, sondern als fraglos verbesserter Ersatz zur älteren. Das Fortschreiben enthebt von der Notwendigkeit der Abgrenzung. Wenn Mt das Mk-Ev fast komplett übernimmt, ohne diese Übernahme auch nur anzudeuten, dürfte er bei seinen Rezipienten kein Bewußtsein für die Eigenständigkeit seiner Quelle voraussetzen. Er versucht also nicht, seinem Werk kanonische Geltung zu verschaffen gegenüber der Vorlage, dem Mk-Ev, er steht vielmehr noch in einem Fortschreibungsprozeß.

Erst das Bewußtsein von der Eigenständigkeit einer Tradition ermöglicht es, die Frage aufkommen zu lassen, wie thematisch verwandte eigenständige Werke zu behandeln sind. Dann greift der Kanonsbegriff in seiner positiven und negativen Ausprägung. Sind mehrere „Evangelien" im Umlauf, von denen einige anerkannt werden sollen, andere nicht, ist der Begriff des Kanons für die anerkannten sinnvoll. Gehört die Ausgrenzung bestimmter Schriften zum Kanonsbegriff, ist es immerhin möglich, daß die positive Seite, die anerkannten Schriften, schon eine festere Gemeinsamkeit errungen haben, auch wenn der Ausdruck „Kanon" noch nicht angemessen ist. Tatsächlich erweisen sich die vier Evangelien als enger zusammengehörige Gruppe von Schriften, bevor deren explizite Hervorhebung gegenüber anderen Schriften belegbar ist. Statt vom Vierevangelien*kanon* ist daher zunächst von der Vierevangelien*sammlung* zu reden (s.u. 4.2).

Neben dem Fortschreibungsprozeß ist ein weiterer Umgang mit wichtigen Texten vom Geschehen der Kanonisierung abzugrenzen, nämlich die Harmonisierung. Die Widersprüche zwischen verschiedenen Evangelien führten immer wieder dazu, daß Harmonisierungen versuchten, einen einlinigen Erzählablauf zu erstellen. Die Harmonien stellen die gedankliche Geschlossenheit der verwendeten Evangelien über deren getrennte Überlieferungsform. Harmonisierungen unterscheiden sich von Fortschreibungen v.a. dadurch, daß sie die Autorität der Worte ihrer Vorlagen so hoch einschätzen, daß sie sich bemühen, eigene Textanteile zu vermeiden. Allein unumgängliche Verknüpfungen und Überleitungen erlauben sich die Harmonisten, in den Text einzufügen. Diese Harmonien wurden wenigstens zeitweise und in bestimmten Regionen höher eingeschätzt als die vier getrennten Evangelien. Doch die Evangelienharmonien erweisen sich als ein Folgephänomen von Evangeliensammlungen. Seit dem Diatessaron dienen unsere vier Evangelien als Grundlage der Harmonisierungsversuche. So bezeugt es indirekt die herausragende Bedeutung der vier Evangelien. Die vier Evangelien haben dabei offenbar noch keinen kanonischen Status, da die Harmonisierungen bei aller Vorsicht gegenüber dem Wortbestand auch in den Text ihrer Quellen eingreifen. Aber wenigstens das Diatessaron spiegelt wider, daß die *vier* kirchlichen Evangelien bereits einen Sonderstatus errungen haben. Dieser Sonderstatus der vier Evangelien, die Vierevangeliensammlung (s.u. 4.2), geht dem Vierevangelienkanon voraus.[4]

2.2 Probleme der Kanonsgeschichtsschreibung

Der Begriff Kanon beschreibt ein Ergebnis. Die Kanonsgeschichte sucht nach den relevanten Kräften, die dieses Ergebnis zeitigten. Dabei ist die Kanonsgeschichtsforschung vielfältigen Problemen ausgesetzt. Ich stelle zunächst die Probleme vor (2.2), um dann eine geläuterte Grundlage zu schaffen für die Textauswahl und Methodik dieser Studie (2.3). Die zunächst dargestellten Probleme der Kanonsgeschichtsschreibung lassen sich einteilen in materielle (2.2.1) und methodische (2.2.2).

2.2.1 Materielle Probleme der Kanonsgeschichtsschreibung

Eine besondere Schwierigkeit ergibt sich für die Kanonsgeschichtsschreibung dadurch, daß kaum Quellen für ihre Untersuchung erhalten sind.[5] Denn Quellen, die einen bestimmten Kanon voraussetzen, versuchen diese Entscheidung zu begründen, ohne daß den Argumenten Vertrauen geschenkt werden kann. So stehen alle nachirenäischen Kirchenväter unter dem Verdacht, nicht Geschichtsdaten zum Vierevangelienkanon zu bieten, sondern nur den etablierten Kanon zu bestätigen. Solche Bestätigungen haben sich in den kirchlichen Traditionen zu den Evangelien niedergeschlagen. Die wenigen Quellen, die zeitlich vor diese irenäische Wasserscheide fallen, reflektieren nicht die Autorität von Schriften. Diese wenigen, manchmal nur zufällig erhaltenen Textfunde müssen erst durch den modernen Interpreten zu beredten Zeugnissen für die Kanonsgeschichte gemacht werden.

Bei der Herausbildung der Vierevangeliensammlung ist es sehr schwer, lokale Unterschiede festzustellen. Der Ursprung jedes einzelnen Textes ist an einem

---

[4] So zu Recht auch SUNDBERG, History 453 f.; HAHNEMAN, Fragment 89 f.
[5] Z.B.: LIETZMANN, Bücher 17; METZGER, Kanon 11 f.

bestimmten Ort und zu einer bestimmten Zeit zu finden. Auch die Vierevangeliensammlung dürfte an einem bestimmten Ort entstanden sein. Aber ihre Wirkungsgeschichte ist so rasch von einer ökumenischen Weite geprägt, daß für eine Territorialgeschichte der Sammlung schlichtweg die Quellen fehlen. Für die Vierevangeliensammlung treten keine verifizierbaren lokalen Unterschiede auf. Wenn für einige frühe Zeugen andersgeartete Sammlungen vermutet werden, läßt sich kein bestimmter Herkunfts- oder Verbreitungsort dieser vermuteten anderen Sammlung feststellen.[6] Mögen die Evangelien aus lokalisierbaren Gegenden des Morgen- und Abendlands herstammen, die Vierersammlung tritt in bemerkenswerter ökumenischer Homogenität auf.

Für die ersten Schritte auf dem Weg zum Kanon lassen sich auch keine Namen angeben. Die Kanonisierung geschah anonym. Die Untersuchung der Textrezeption kann versuchen, die treibenden Kräfte zu identifizieren, alle Versuche der Personalisierung dieser Kräfte bleiben sehr weitgehend Spekulation.

2.2.2 Der deduktive Ansatz der Kanonsgeschichtsschreibung und seine Anachronismen

Die Frage nach der Geschichte des Kanons ist vielfältigen methodischen Problemen ausgesetzt. Die Fragestellung ist auf den historisch diskursiv darstellbaren Teil der Kanonsgeschichte begrenzt. Wieweit Gott die Entwicklung des Kanons bewirkte, überschreitet den Rahmen der historischen Darstellung ebenso wie die unprätentiös auftretende Behauptung, der Kanon verdanke sich zufälligen oder kontingenten Ursachen.[7] Doch auch innerhalb des Rahmens der historischen Fragestellungen stellen sich der Kanonsgeschichtsschreibung ernsthafte Probleme in den Weg.

Die Kanonsgeschichtsschreibung fragt häufig von einem festen Ende, dem Kanon bestimmter Schriften, zurück nach den Kräften, die dazu führten, daß diese Schriften kanonisch wurden. Die letzte Phase der Abgrenzung des Kanons zeigt sich an verschiedenen Merkmalen, die dem positiven und negativen Kanonsbegriff entsprechen. Doch scheint mir dabei öfters eines übersehen zu werden: die Kräfte, die in der letzten Phase die Kanonizität bestimmter Schriften verdeutlichen, müssen nicht die wichtigsten Kräfte sein, die diesen Prozeß – vielleicht lange vorher – in Gang gesetzt haben. Dabei genügt es noch nicht, zwischen Anlaß zur Kanonisierung und den tieferen Ursachen des Kanons zu unterscheiden. Denn diese Unterscheidung zwischen Anlaß und Ursache setzt voraus, daß klar ist, welcher kontinuierliche Prozeß abgelaufen ist. Wäre ein solcher kontinuierlicher Prozeß klar anzugeben, dann wäre es möglich, in ihm zwischen seinen

---

[6] Einzelheiten verhandelt das Kap. V.

[7] MARXSEN, Einleitung 290: „Die Abgrenzung des neutestamentlichen Kanons muß man historisch als zufällig bezeichnen"; über kontingente Einflüsse bei der Kanonsbildung: METZGER, Kanon 268 f. (Lit).

tragenden Ursachen und den vielleicht marginalen Auslösern zu unterscheiden. Bei der Suche nach den Hauptkräften, die zum Kanon führten, ist allerdings schon die Benennung eines bestimmten Prozesses höchst problematisch.

Geht eine Untersuchung von einem bestimmten Kanonsbegriff aus, sind anachronistische Rückfragen kaum zu vermeiden. Eine Definition des Ausdrucks „Kanon" gehört zu den notorisch umstrittenen Ausgangspunkten kanonsgeschichtlicher Untersuchungen. Wie auch immer die Definition ausfällt, sie soll eine scharfe Trennlinie ermöglichen zwischen kanonischen und nicht kanonischen Schriften. Mit einer entsprechenden Definition wird dann zurückgefragt, wie die älteren Quellen sich zu dem genannten Maßstab verhalten. Das Ergebnis bei der Kanonsdefinition bestimmt somit den Blickwinkel bei der Rückfrage. Ich nenne diese Vorgehensweise aus der Definition eines Kanonsbegriffs einen *deduktiven* Ansatz bei der Kanonsgeschichte. Dieser deduktive Ansatz führt fast notwendig zu anachronistischen Fragestellungen. Weil diese Anachronismen sich zu eingefahrenen Denkmustern der Kanonsgeschichtsschreibung etabliert haben, sollen Typen solcher Anachronismen im folgenden vorgestellt werden.

(1) Die anachronistische Verlegung des Einteilungsrasters vom Ende an den Anfang. Wenn sich ein Kanon herausgebildet hat, können christliche Schriften in ein Raster eingeteilt werden: kanonische, nichtkanonische Schriften und eventuell Zwischenstufen. Ein solches Raster stellt besonders prominent Eusebios vor. Seitdem er sein Raster vorgelegt hatte, schien es sich auch für die kanonsgeschichtliche Fragestellung anzubieten. Schon wegen der Wirkungsgeschichte soll dieser deduktive Ansatz des Eusebios kurz vorgestellt werden.

Ausgangspunkt für seine Arbeitsweise ist ein Satz über seine Absichten, den Eusebios einstreut in eine Bemerkung über verschiedene, dem Petrus zugeschriebene Schriften. In diesem Satz verspricht er, neben Kirchenschriftstellern auch deren Schriftverwendung zu notieren. Doch die Schriftverwendung filtert Eusebios vor, nach einem Raster, das sich am später „kanonischen" Ergebnis orientiert. Er stellt es folgendermaßen vor:[8]

„[diese nach Petrus benannten Schriften] kennen wir auch überhaupt nicht[9] als unter den katholischen überlieferte [Schriften], weil weder ein kirchlicher Schriftsteller von [den] Alten, sogar noch nicht einmal[10] irgendein gegenwärtiger (kirchlicher Schriftsteller) die Zeugnisse aus diesen [Schriften] mitverwendete. Im Fortgang der Untersuchung werde ich es (zusammen) mit den Abfolgen [der Schriftsteller] für wichtig halten, zu markieren: Welche der kirchlichen Schriftsteller zur (jeweiligen) Zeit auf

---

[8] Eusebios, h.e. 3,3,2f. (Schwartz): „… οὐδ' ὅλως ἐν καθολικοῖς ἴσμεν παραδεδομένα, ὅτι μήτε ἀρχαίων μήτε μὴν καθ' ἡμᾶς τις ἐκκλησιαστικὸς συγγραφεὺς ταῖς ἐξ αὐτῶν συνεχρήσατο μαρτυρίαις. προϊούσης δὲ τῆς ἱστορίας προὔργου ποιήσομαι σὺν ταῖς διαδοχαῖς ὑποσημήνασθαι τίνες τῶν κατὰ χρόνους ἐκκλησιαστικῶν συγγραφέων ὁποίαις κέχρηνται τῶν ἀντιλεγομένων, τίνα τε περὶ τῶν ἐνδιαθήκων καὶ ὁμολογουμένων γραφῶν καὶ ὅσα περὶ τῶν μὴ τοιούτων αὐτοῖς εἴρηται".

[9] Der Bezug der Verneinung auf das Hauptverb („wir haben keinerlei Wissen von"), statt auf das Partizip („sind auch nicht gemeinhin überliefert worden") ergibt sich aus der Parallelität zu den Zeugen für umstrittene Texte in h.e. 3,3,1.

[10] Die Übersetzung des μήτε … μήτε μήν folgt dem Vorschlag BAUERS, Wb, s.v μήν 4 (1050) für PapOx 840,15.

welche Arten die angefochtenen (Schriften) benützt haben und welche (Dinge gesagt wurden) über die gebräuchlichen und anerkannten Schriften und in welchem Ausmaß [Dinge] gesagt wurden (durch) diese über [Schriften], die nicht derartig sind."

Eusebios sammelt Stimmen zu christlichen Schriften in feiner Abstufung. Bei angefochtenen und anerkannten Schriften vermerkt er die Art der Benützung. Als dritte Klasse von Schriften definiert er nur negativ „nicht derartig". Der Kontext zeigt, daß er in dieser dritten Klasse Schriften sammelt, denen *er* einen geringeren Wert zumißt. Er meint dabei solche wie die im Text kurz zuvor genannten vermeintlichen Petrus-Schriften, die jeglicher alten Bezeugung entbehren. Weil bei der dritten Klasse für Eusebios keine inhaltlichen Zeugen vorliegen, verspricht er zu vermerken, was *über* diese drittklassigen Schriften gesagt wird.

Wieweit seine Einteilung der Schriften durch die Belegautoren gestützt wird, gerät dabei leicht aus dem Blick. Nur wenn sich ein Autor explizit zu einer Schrift äußert und Eusebios ihn zitiert, kann auffallen, daß der Belegautor nicht das von Eusebios verwendete Raster von Schriften teilt. Solche expliziten Äußerungen über Schriften sind in der Frühzeit außerordentlich selten. Die Trennlinie zwischen den Schriften ist vielleicht für Eusebios klarer als für die Autoren seiner Quellenbelege. Doch genau um dieses Bewußtsein für die Trennlinie geht es bei der Frage, ob eine Auswahl kanonischer Schriften bei einem Quellentext angenommen werden darf.

Auf den Bereich der Evangelien übertragen, bedeutet dies: Wann tritt erstmals der Gedanke auf, daß bestimmte Schriften über das Leben und Sterben Jesu anerkannt sind oder sein sollen, andere dagegen nicht? Damit steht das Raster selbst zur Diskussion, nicht nur die Antworten auf die Fragen des Rasters. Daß ein Einteilungsraster für christliche Schriften die Kanonsgeschichte verzerren kann, ist allerdings in den neueren Darstellungen fast immer berücksichtigt.[11]

(2) Die anachronistische Vorordnung des negativen vor dem positiven Kanonsbegriff. Der negative Kanonsbegriff gehört zu den späten Anzeichen der Kanonisierung, nicht zwingend zu den früh wirksamen Kräften, die schließlich in der Kanonisierung ihren Abschluß finden. Eine kanonsgeschichtliche Untersuchung, die ausschließlich nach Ausgrenzungen bestimmter Schriften fahndet, droht somit, die wesentliche Vorgeschichte der Ausgrenzungen zu übersehen. Es ist wiederum die Gefahr eines Anachronismus: Die Ausgrenzung themenverwandter Schriften ist vielleicht erst eine Folge der langen Benützung einer Schriftensammlung, die sich faktisch nicht abzugrenzen brauchte. Orientiert man sich am negativen Kanonsbegriff, würde eine solche Sammlung nicht als Vorstufe zur Kanonisierung gesehen werden können.

Dieser Anachronismus ist insbesondere zu beachten, wenn Harmonisierungen von Evangelien für die Kanonsgeschichte ausgewertet werden sollen. Harmonisierungen von Evangelien belegen, daß die Texte der verwendeten Evangelien noch nicht im strengen Sinne kanonisch waren. Aber eine solche Feststellung darf nicht übersehen, daß die Harmonisierungen von einem erheblichen Interesse gerade an den harmonisierten Quellenschriften zeugen. Tatsächlich sind im Diatessaron und dem längeren Mk-Zusatzschluß Harmonisierungen der vier Evangelien erhalten. Die vier Evangelien waren zwar noch nicht kanonisch, aber doch so gefestigt, daß gerade diese vier Evangelien in den genannten Harmonien verarbeitet wurden. Mit der Unterscheidung von Schriftensammlung und Kanon läßt sich dieses Stadium als Station auf dem Weg zum Kanon verstehen.

---

[11] Nur etwa das Buch von FARMER-FARKASVALFY, Formation (1983) muß sich entsprechende Kritik durch MCDONALD, Formation 28 A. 2 (auf S. 181) gefallen lassen. Ähnlich die Kritik VON CAMPENHAUSENS an KÜMMEL, s. Kap. V 1.

(3) Die anachronistische Einschätzung des Kanons als Verordnung. Ein weiterer, nicht ganz unüblicher kanonsgeschichtlicher Anachronismus ergibt sich, wenn die individuellen Eingriffe zugunsten eines bestimmten Kanons als geschichtliche Anfänge des Kanons gedeutet werden. Ein Beispiel soll diesen Anachronismus vorstellen. Bischof Athanasios von Alexandrien äußert sich im vierten Jahrhundert nicht nur deskriptiv zur Frage der Bücher, die „kanonisch" sind (κανονιζόμενα),[12] seine Liste beansprucht unverhohlen verbindlichen Charakter. Aus dieser Beobachtung heraus könnte man nun zurückfragen: Ist der Kanon etwa entstanden, weil Bischöfe überwachten, welche Schriften zugelassen werden sollten und welche nicht?

Für die Ausgrenzung der vier Evangelien läßt sich eine solche Vermutung ausschließen, weil die Vierersammlung schon im dritten Jahrhundert nicht mehr angegriffen worden ist. Manche Thesen über einen kirchlich verordneten Kanon setzen mindestens reichskirchliche Verhältnisse voraus, von denen vor dem vierten Jahrhundert keine Rede sein kann. Welche Instanz am Ausgang des zweiten Jahrhunderts hätte den über Orient und Okzident verteilten Kirchen eine bestimmte Sammlung so machtvoll aufdrängen können, daß keine Spuren des Widerstands gegen ein derartiges Dekret mehr erhalten sind? Die Vierevangeliensammlung entstammt schwerlich einer Verordnung.[13]

(4) Der anachronistische Fragehorizont nach der Apostolizität. Die Evangelien wurden nicht verordnet, sondern benützt. Der Unterschied zeigt sich daran, daß zunächst die *Texte* benützt, überliefert und besprochen werden. Nachrichten über die Autoren der Werke und deren Gemeinden sind in dieser Frühzeit nicht im Blick; für die Frage nach der Person und Absicht eines Evangelisten fehlt zunächst jegliches Sensorium.

Die historische Situation, aus der heraus die Evangelien geschrieben wurden und in die hinein sie zielen, ist nicht neben den Texten tradiert worden. Die Gemeinden hinter den Evangelien sind daher für uns weitgehend zu Objekten der Spekulation geworden. Wie auch immer der Autor des Mt-Ev an das Mk-Ev kam, einen besonderen Schutz gegen Eingriffe und Umdeutungen konnte das ältere Werk gegenüber dem jüngeren nicht durchsetzen. Die Intertextualität der Evangelien verlängert nicht die Ansichten der älteren Werke, sondern spiegelt eine relative theologische Freiheit gegenüber den Absichten der Vorgänger wider. Der Text wurde weitergereicht, die jüngeren Verwender erkannten wohl die Autorität Jesu an, nicht aber die Autorität des Berichterstatters, des älteren Evangelisten. Entsprechend gering ist überhaupt das Interesse an der Person des Autors in der Frühzeit. Auch die Frage nach der Apostolizität der Verfasser oder ihrer apostolischen Autorisierung kennen die Evangelisten selbst noch nicht. Erstmals bei dem Presbyter des Papias finden sich Hinweise auf die Personen der Evangelisten. Diese Hinweise bezeugen ein Interesse an der historischen Situation der Evangelienverfasser. Doch diese Hinweise sind erst aufgekommen, als mehrere Evangelien nebeneinander benützt wurden. Solange

---

[12] Athanasios, 39. Festbrief von 367, § 3.: „… τὰ κανονιζόμενα καὶ παραδοθέντα πιστευθέντα τε θεῖα εἶναι βιβλία". Text z.B. bei ZAHN, Grundriß 87–90, Zitat aaO. 87 Z. 14f.; dazu: BRUCE, Canon 208–210; MCDONALD, Formation 139–141.
[13] Die Selbstdurchsetzung des Kanons hat in letzter Zeit bes. A.M. RITTER betont (DERS., Entstehung; DERS., Kanonbildung); Fremdbestimmung aus politischen Motiven: KOESTER, Written (s.u. Kap. V 1); LÜDEMANN, Ketzer 221 kennt Jesu Wort und Tat offenbar ohne das NT, wenn er dessen „Einzelschriften und Einzelaussagen an Jesu Wort und Tat zu messen" gedenkt; SCHMITHALS betont zunächst das späte Auftreten der Evv (vgl. DERS., Bedeutung 157; [=DERS., Theologiegeschichte 266]); DERS., Theologiegeschichte 296–300 vermutet, daß die römische Gemeinde und ihr Bischof eine führende Rolle bei der Bildung und Verbreitung des NT gehabt hätten.

die Evangelien als Perikopensammlungen benützt wurden, lag die Frage nach dem Autor eines Evangeliums fern. Erst als die Evangelien als ganze Werke in den Blick kamen, ist der Fragehorizont gegeben, der nach der historischen Situation der Evangelienverfasser fragt (s.u. 4.3).

Die vorgestellten Anachronismen spiegeln ein schwieriges Problem der Kanonsgeschichtsschreibung wider, nämlich eine Ausrichtung auf Kräfte, die in der letzten Phase der Kanonisierung wirken. Ein Vergleich soll das Problem erläutern: Angenommen, ein Stück Eis liegt uns vor Augen und es soll nach der Vorgeschichte der Vereisung gefragt werden, also nach dem Prozeß, der im Gefrieren des Wassers seinen Abschluß gefunden hatte. Das Ergebnis des Prozesses bezeugt sich durch eine stabile Eisfläche. Um die Vorgeschichte des Gefrierens zu erforschen, könnte man mit geeignetem Meßgeräten die Härte der Oberfläche bei Einfrierungsprozessen untersuchen. Präzise Geräte würden tatsächlich eine Verdickung des Wassers kurz vor der Auskristallisierung bzw. Vereisung feststellen lassen. Diese Verdickung, die in der Vereisung ihren Abschluß findet, erklärt jedoch nicht die lange wirksame Hauptkraft. Diese Hauptkraft ist selbstverständlich die Abkühlung des Wassers, die allerdings bis kurz vor der Vereisung nicht zur Verhärtung der Wasseroberfläche führt. Überträgt man dieses Bild auf den Vierevangelienkanon und seine Geschichte, mahnt das Bild, die Erscheinungen, die den Vierevangelienkanon erkennbar machen, nicht mit den Hauptkräften zu verwechseln, die zur Herausbildung dieses Kanons führten.

Für die Herausbildung des Kanons läßt sich allerdings die Meßgröße nicht so leicht angeben wie die Temperaturabnahme als Vorgeschichte der Vereisung. Vielmehr gehört es gerade zu den besonderen Schwierigkeiten, unter verschiedenen „Meßgrößen" solche zu finden, die für die Vorgeschichte des Kanons relevant sind. Ein wie auch immer gearteter Begriff von „Kanon" als Ausgangspunkt einer kanonsgeschichtlichen Studie würde die vielfältigen Ursachen auf eine Meßgröße festlegen. Daher bekommt die deduktive Methode bei der Kanonsgeschichte nur mehr oder weniger wichtige Teilaspekte aus der Vorgeschichte des Kanons in den Blick.

2.2.3 Widerstreitende Maßstäbe oder eine einzige treibende Kraft?

Die Bedeutung von Schriften wird in der Geschichte immer wieder mit anderen Maßstäben gemessen. Daraus ensteht für die kanonsgeschichtliche Forschung ein Problem, das sich mit dem Ansatz des Altmeisters Theodor Zahn illustrieren läßt. Zahn nimmt als Maßstab der Kanonizität die Zulassung einer Schrift zur kirchlichen Verlesung.[14] Dabei konnte er neben einem festen Grundstock von

---

[14] Dazu umfassend SWARAT, Kirche 279. Zum Streit zwischen ZAHN und HARNACK s.u. Kap. V 1.1.

solcherart anerkannten Schriften eine Anzahl notorisch umstrittener Schriften angeben. Harnack spottet mit Lichtenberg, mit diesem Kanonsbegriff sei das klingenlose Messer ohne Stiel gefunden.[15] Ein Kanon ohne feste Grenzen sei eben kein Kanon.[16] Der Spott trifft nicht nur Zahn, er trifft auch die ältesten Belege. Der bereits genannte Amphilochius von Ikonion will mit seiner Liste der Gefahr gefälschter Schriften begegnen. Im neutestamentlichen Teil der Liste kann er aber trotzdem auf umstrittene Schriften hinweisen, ohne abschließend Stellung zu nehmen: „Katholische Briefe zählen einige sieben, andere wollen nur drei gelten lassen".[17] Eine entsprechende Unschärfe begegnet in den Schriftenlisten besonders bei den Katholischen Briefen und der Apokalypse.[18]

Der Maßstab der kirchlichen Verlesung allein kann dieses Phänomen nicht hinreichend klären. Entweder durfte eine Schrift kirchlich verlesen werden oder nicht. Offenbar gab es mehrere, zum Teil konkurrierende Maßstäbe, um die anerkannten Schriften zu unterscheiden von weniger anerkannten oder abzulehnenden. Die Sicherheit der Einteilung bei einem Großteil der Schriften und die Unsicherheit bei einzelnen Schriften läßt sich nicht mit *einem* Maßstab erklären.

2.3 Die Methode dieser Studie: Der chronologische und induktive Ansatz

Die vielfältigen Anachronismen des deduktiven Ansatzes mahnen zu besonderer Vorsicht. Zuletzt ergaben sich Hinweise, daß unterschiedliche Maßstäbe die Autorität von Texten fördern können. Daher erscheint es mir günstig, nicht *einen* Maßstab der Autorität zu definieren und bei verschiedenen Textverwendungen abzufragen, sondern den Texten einzeln nachzugehen, die in die Vierersammlung der Evangelien aufgenommen worden sind. Damit ergibt sich eine Darstellung und Analyse des Stoffes, die entlang der Zeitachse und nicht gegen sie verläuft. Damit ist eine wichtige methodische Grundentscheidung für diese Untersuchung markiert.

Für diese chronologische Darstellung gibt es wichtige Einschnitte, die es erlauben, den Geschichtsverlauf zu gliedern. Solche Einschnitte markieren Texte: einzelne Evangelien, Evangeliensammlung(en), Evangelienkanon. Der Nach-

---

[15] HARNACK, Testament 11 über ZAHNS Unterscheidung zwischen der Geschichte der Attribute des Kanons und der Geschichte der Sache des Kanons: „Hier scheint das berühmte Lichtenberg'sche Messer ohne Klinge, an welchem der Stiel fehlt, aufzutauchen." (Hervorh. HARNACK). Zur selben Sache in etwas milderem Ton äußert er sich 1914: HARNACK, Entstehung 144–152.

[16] Gegen ZAHNS Behauptung, das NT um 200 stelle einen „mehr oder weniger abgeschlossenen Kreis gottesdienstlicher Vorlesebücher" dar (Geschichte I 436) spottet HARNACK, Testament 18, daß ein „‚mehr oder weniger verschlossenes' Zimmer" ein unverschlossenes sei.

[17] Amphilochios von Ikonion, Lehrgedicht (Oberg) Z. 310–312.

[18] Beispiele bei ZAHN, Geschichte I 310–325 (zu 2Petr; Jud; Jak); aaO. 205–208 (zur Apk).

weis von Evangeliensammlungen muß aus den erhaltenen Texten des zweiten Jahrhunderts erhoben werden, die Evangelienmaterial rezipieren: Harmonisierungsversuche, später apokryph genannte Evangelien, frühe Vätertexte und andere Zeugen. Diese Texte geben das Material für diese Studie ab.

Diese Texte lassen sich geschichtlich anordnen: Ausgangspunkt ist der älteste Teiltext der Vierevangeliensammlung (dazu u.). Die Verschriftung der Jesustradition hört nicht mit dem ersten Bericht über Jesu Leben und Sterben auf. Die nachfolgenden Darstellungen geben dem Verlauf der Geschichte vom ältesten Evangelium zur Vierevangeliensammlung eine überprüfbare Geschichte.

Das Untersuchungsmaterial und die relevanten Zeitabschnitte stecken den Rahmen ab für die Fragestellung dieser Studie. In den einzelnen Zeitschritten geht es darum, die Autorität zu erheben, die die einzelnen Texte sich bzw. ihren Vorlagen zumessen. Denn die Frage nach der Autorität ist weit genug, die konkreten einzelnen Tendenzen zu berücksichtigen, ohne die Frage nach dem Kanon aus den Augen zu verlieren. Kanonische Geltung für einen Text zu beanspruchen heißt eben, ihm eine sehr hohe Autorität zuzusprechen.

Zunächst ist zu untersuchen, welche Autorität sich der älteste Evangelist selbst zuschrieb. Beim nächsten Schritt kommen die Evangelien zur Sprache, die das älteste Evangelium verarbeiten. Bei diesen abhängigen Evangelien läßt sich auch nach der Selbsteinschätzung des eigenen Werkes fragen. Zusätzlich sagt die Verwendung des älteren Evangeliums noch etwas darüber aus, wie die jüngeren Werke diese Vorlage einschätzen.

Eine solche Einschätzung der Vorlage kann auch abgefragt werden bei Texten, die einzelne oder mehrere Evangelien voraussetzen. Die Selbst- und Vorlageneinschätzungen ergeben Hinweise auf die verwendeten Maßstäbe, die den Werken jeweils zugemessen werden. Dabei kommen unterschiedliche Maßstäbe für die zugemessene Autorität zum Vorschein. Die historischen Schritte von den einzelnen Evangelien über die Sammlungen zu einem Kanon sind nicht mit einem einzigen Maßstab der Autorität zu bewerten. Dies versuchte die deduktive Kanonsgeschichtsschreibung. Statt deduktiv von einem bestimmten Begriff des Kanons nach dem Grad der Erfüllung des in diesem Begriff enthaltenen Maßstabes zu fragen, erscheint es mir günstiger, induktiv vorzugehen, d.h. die jeweiligen Maßstäbe auf den einzelnen Rezeptionsstufen zu sichten und dann gemäß ihrer beabsichtigten Wirkung einzuteilen.

Der chronologische Ansatz dieser Studie gliedert auch die weitere Einleitung. Zunächst ist der Ausgangspunkt beim Mk-Ev zu begründen (2.4). Dann betrachte ich die Evangelisten als Redaktoren der Jesusüberlieferung. In dieser Phase geht es inhaltlich darum, die Selbsteinschätzung der Evangelisten über ihr Werk zu erfassen. Die dazu notwendigen Fragestellungen stellt der dritte Abschnitt dieser Einleitung vor. Sodann wird im vierten Abschnitt dieser Einleitung die Fragestellung beschrieben, mit der die Vierevangeliensammlung bestimmt werden soll.

2.4 Das Evangelium des Markus als Ausgangspunkt dieser Arbeit

Wo anfangen? Die Evangelien stellen einen der prominentesten Fälle der Intertextualität dar. Zweifellos sind sie aufeinander bezogen. Für unsere Frage ist zunächst von Bedeutung, welches dieser verwandten Schriftstücke sinnvollerweise an den Anfang gestellt wird. Im deutschsprachigen Raum hat sich die Zwei-Quellen-Theorie so weitgehend durchgesetzt, daß sie in einschlägigen Arbeiten meist einfach vorausgesetzt wird. Auch ich gehe von dieser „Zwei-Quellen-Theorie" aus, deren hermeneutisches Potential ich für immer noch sehr viel größer halte als das aller Gegenentwürfe.[19]

Die Zwei-Quellen-Theorie setzt die Mk-Priorität voraus. Die Markuspriorität unter den Synoptikern gilt zu Recht als sehr weitgehender Konsens unter den Neutestamentlern.[20] Daher setzt diese Studie mit dem Evangelium *des* Markus ein. Diese Benennung des zweiten Evangeliums ist dabei mit Bedacht an die Stelle der üblichen Bezeichnung Evangelium *nach* Markus gesetzt. Die übliche Benennung der Evangelien mit den Verfassernamen im Akkusativ nach einem κατά dürfte erst im Zusammenhang mit der Vierevangeliensammlung entstanden sein (s.u. Kap. III 6).

Die Zwei-Quellen-Theorie impliziert weitere Thesen zur Intertextualität der Synoptiker. Der zweite Pfeiler der Zwei-Quellen-Theorie, die Logienquelle, gehört wie zahlreiche andere erschlossene Vorformen der überlieferten Evangelien nicht zu unserer Fragestellung.[21] Ferner geht die Zwei-Quellen-Theorie davon aus, Mt und Lk hätten ihre Evangelien unabhängig voneinander konzipiert.

Um diese beiden Grundannahmen hat auch in jüngster Zeit die Diskussion nicht aufgehört. Die Argumente im einzelnen zu besprechen, würde den Rahmen dieser Arbeit sprengen. Die unterschiedlichen Modifikationen der Zwei-Quellen-Theorie erwägen z.T., daß Lk von Mt abhängig sei, so in neuerer Zeit prononciert Michael D. Goulder.[22] Diese Abhängigkeit würde für die Entstehung des Vierevangelienkanons modifizierte Thesen verlangen, aber nicht das Grundgerüst der Argumentation umstürzen.

---

[19] Den Rang eines Klassikers für die Entfaltung der Zwei-Quellen-Theorie dürfte KÜMMEL, Einleitung 11–44 zugesprochen bekommen. Seine Argumente sollen hier nicht wiederholt werden.
[20] Fast allein steht dem Konsens William R. FARMER und seine Schule entgegen. Außer FARMER in zahlreichen Veröffentlichungen vertritt z.B. C. S. MANN, Mk die Mt-Priorität. Diese Forscher versuchen, eine modifizierte Griesbach-Hypothese diskussionswürdig zu halten. Als Selbstbezeichnung tritt „Two-Gospel Hypothesis" auf, unter diesem Lemma auch der Artikel DUNGANS (= DUNGAN, Gospel 671–697 [Lit. bis 1991]); kompakter SCHNELLE, Einleitung 210–212.
[21] Zur Einschätzung der Logienquelle durch Mt bzw. Lk und den damit verbundenen methodischen Problemen s.u. Kap. II 2.4.
[22] GOULDER, Luke bes. 3–26. Die Auseinandersetzung mit seiner These beginnt erst, vgl. SCHNELLE, Einleitung 213. Gegen Abhängigkeit des Lk von Mt bei älteren Exegeten s. KÜMMEL, Einleitung 37; FITZMYER, Lk 73–75.

Wenn das Evangelium des Mk am Anfang stehen soll, ist zu fragen, ob der bestimmte Artikel bei diesem Schriftwerk angemessen ist. Welche Textversion dieses Evangeliums steht am Anfang? Hatten Mt und Lk dasselbe Mk-Ev vorliegen wie wir im „Nestle"? Neben Unsicherheiten, die für unsere Frage unbedeutend sind, sind gelegentlich unterschiedliche Versionen des Mk-Ev erschlossen worden. So haben v.a. die „Minor Agreements" Anlaß dazu gegeben, eine Überarbeitung des Mk-Ev anzunehmen, die Mt/ Lk schon voraussetzen.[23] Diese Versuche verlangen, nach der Textgrundlage zu fragen, die für das Mk-Ev steht. Den mithin wichtigsten Fall einer abweichenden Textüberlieferung stellt der Markusschluß dar (vgl. u. Kap. II 1). Die Zusatzschlüsse zeugen von einer Überarbeitung des Mk-Ev. Aber diese Überarbeitung geschah erst, nachdem Mt und Lk das Mk-Ev als Vorlage benützten. Sonst müßte wenigstens einer der Zusatzschlüsse bei den großen Synoptikern nachweisbar sein. Allein diese Annahme dürfte die historische Abfolge verkehren. Mt/ Lk setzen den Schluß des Mk-Ev bei Mk 16,8 voraus, der abrupte Mk-Schluß ist nicht erst nach der Benützung des Mk durch die großen Synoptiker entstanden.

Ferner ist Vorsicht geboten, wenn man das Fortschreiben des Mk-Stoffes bei Mt/ Lk als „negatives Agreement" auswerten will: Dieses Agreement bliebe formal,[24] keine denkbare Ergänzung des Mk-Ev würde die Mt/ Lk-Schlüsse erklären.[25] Gegen die Annahme einer Überarbeitung des Mk-Ev bevor es durch die großen Synoptiker benützt wurde, spricht außerdem, daß uns die nicht bearbeitete Version erhalten geblieben wäre: Wie sollte uns die ältere Version des Mk-Ev erhalten geblieben sein, wenn Mt und Lk unabhängig voneinander und lokal getrennt voneinander dieselbe überarbeitete Version gehabt haben?[26] Mag die Fortsetzung von Mk 16,8 durch Mt und Lk formal als negatives Agreement rubriziert werden, kann es inhaltlich nicht eine bestimmte überarbeitete Mk-Fassung begründen. Weitere Stellen innerhalb des Mk-Ev, für die wegen Minor Agreements eine bearbeitete Mk-Überlieferung postuliert wird, sind für die These dieser Studie von untergeordneter Bedeutung.

Die Diskussion um die Zwei-Quellen-Theorie hat v.a. den Wert, auf die trotz ihrer berechtigten breiten Annahme verbleibenden Probleme hinzuweisen. Die Untersuchungen zu den Evangelienabschlüssen werden im einzelnen die These eher unterstützen, als zum Problembereich der Theorie zu gehören. Als Ausgangspunkt dieser Arbeit wähle ich daher das Mk-Ev.

---

[23] ENNULAT, Agreements passim, verstärkt und wiederholt bei FUCHS, der das theologische Profil einer eigenen Mk-Rezension herausarbeiten will, die vor der Übernahme durch Lk/Mt vorhanden gewesen sei, dazu SCHNELLE, Einleitung 204–206.

[24] Allein die Vokabel ἀπαγγέλλω haben beide Erweiterungen gemein, allerdings in unterschiedlicher Konjugation (Mt 28,8: ἀπαγγεῖλαι/Lk 24,9: ἀπήγγειλαν). Die Übereinstimmungen zw. Lk 24,12 und einzelnen Worten aus Mt 28,3–10 stützt schwerlich eine gemeinsame schriftliche Vorlage.

[25] Gegen ENNULAT, Agreements 415, der den v.a. negativen Agreements die höchste Plausibilitätsnote „I" zuordnet.

[26] ENNULAT, Agreements 429f. nennt das Problem.

3 Die Evangelisten als Redaktoren der Jesusüberlieferung

Die Evangelien sind zu *dem* Medium der Jesusüberlieferung geworden. Für die Problemstellung einer Vorgeschichte des Kanons lautet die hier zu stellende Frage, ob den Evangelisten selbst schon eine Einschätzung ihres Werkes als Medium der Jesusüberlieferung zuzutrauen ist. Auf dem Feld der neutestamentlichen Exegese finden sich diese Themen wieder bei der redaktionsgeschichtlichen Frage nach der Theologie der Evangelisten.

3.1 Die redaktionsgeschichtliche Fragestellung

Wenn ich im folgenden Abschnitt knapp die Entwicklung von der formgeschichtlichen zur redaktionsgeschichtlichen Fragestellung skizziere, dann soll damit zunächst die Fragestellung nach dem Selbstverständnis der Evangelisten in die Entwicklungsgeschichte der exegetischen Methoden eingeordnet werden können. Die Skizze zeigt, wie die redaktionsgeschichtliche Fragestellung die formgeschichtliche voraussetzt und erweitert. Diese Erweiterung gilt weitgehend als Standard der neutestamentlichen Exegese. Für die Erforschung der Vierevangeliensammlung ist eine Erweiterung der redaktionsgeschichtlichen Forschung nötig, die der Erweiterung sehr ähnlich ist, die die redaktionsgeschichtliche Forschung ihrerseits gegenüber der formgeschichtlichen einforderte. Doch die redaktionsgeschichtliche Fragestellung auf die Vierevangeliensammlung anzuwenden, stellt ein weitgehendes Desiderat der Forschung dar (s.u. 4.4).

Zu den Vätern der Formgeschichte gehört Karl Ludwig Schmidt, der die redaktionellen Rahmungen des Evangelisten Mk von den ihm überlieferten Einzelperikopen zu unterscheiden lehrt. Damit eröffnet er zwar den Fragehorizont nach der eigenständigen Leistung des Evangelisten gegenüber den Vorlagen des Evangelisten, aber Schmidt zielt mit seiner Fragestellung auf etwas anderes.[27] Er unterscheidet Rahmen und Einzelüberlieferung vor allem, um den historischen Wert einer Angabe im Evangelium zu erheben. Erst spätere Forscher fragen auch nach der Art und Weise der redaktionellen Arbeit.[28] So erwächst die redaktionsgeschichtliche Fragestellung aus der formgeschichtlichen.

Neben Karl Ludwig Schmidt gehört auch Rudolf Bultmann zu den Vätern der Formgeschichte. Auch er untersucht v.a. die einzelnen Perikopen der synoptischen Tradition. Zwar würdigt er die Evangelisten als Redaktoren, doch sie erscheinen dabei fast als Handwerker, die gleichsam Perlen nur auffädeln.[29] Dabei interessieren v.a. die Perlen,

---

[27] SCHMIDT, Rahmen passim. Die Entwicklung der formgeschichtlichen Methode und ihre Fortsetzung in der Redaktionskritik hat ROHDE, Methode 7–43 vorgestellt.

[28] Die ältere Fragestellung um den historischen Quellenwert der Evangelien bewegte sich im Zirkel: Geringe Eingriffe des Evangelisten zu vermuten, erlaubte den Quellenwert hoch anzusetzen; literarische Kompositionsarbeit der Evangelisten machte sie als Quellen obsolet. Vgl. KÜMMEL, Einleitung 57; VIELHAUER, Geschichte 278–280.

[29] Das Bild vom Evangelium als Perlenkette findet sich etwa bei SCHMIDT, Stellung 122; dort wendet sich SCHMIDT gegen einen Jesusroman, der die Perlen zu einem „Brei" zerstampfe;

nicht die Fertigkeit der Kettenherstellung.[30] „Mk ist eben noch nicht in dem Maße Herr über den Stoff geworden, daß er eine Gliederung wagen könnte", wagt Rudolf Bultmann festzustellen.[31] Auch größere thematische Bögen traut er nicht dem Evangelisten zu, sondern sieht ihn dabei nur fertige Kompositionen übernehmen.[32] In seiner Theologie des Neuen Testaments kann er daher auch auf eine Darstellung der Theologie der Synoptiker weitgehend verzichten.[33]

Die formgeschichtlichen Forschungen führten zunächst dazu, die theologische Reflexionsleistung der Evangelienschreiber gering anzusetzen. Es handle sich eher um Sammler von geprägten Traditionen. Doch die Evangelisten haben nicht ohne Prinzipien gesammelt, dies wird augenfällig, wenn Mt und Lk Verse aus dem Mk-Ev nicht übernehmen.[34] Wären sie nur Sammler, hätten sie jede Vermehrung des Stoffes als willkommenen Anlaß nehmen müssen, ihre Werke zu erweitern. Schon diese reichlich formale Beobachtung verlangt, nach dem theologischen Profil der Evangelisten zu fragen. Dieser Aufgabe hat sich in der Zeit nach dem Zweiten Weltkrieg die redaktionsgeschichtliche Forschung angenommen. Deren Fragestellung erlaubt, die theologische Summe der Einzelperikopen nicht mit der Summe des Evangeliums zu verwechseln. Die Komposition des Gesamtwerkes kann der Einzelperikope eine andere Bedeutung zukommen lassen. Diese Gesamtperspektive zu erheben, ist allerdings in vielen Einzelheiten nicht möglich, ohne die Teilperspektiven der Einzelperikopen zu umreißen. Soweit kommen formgeschichtliche und redaktionsgeschichtliche Forschung nicht unabhängig voneinander zu Ergebnissen.

Mit der redaktionsgeschichtlichen Fragestellung sind in der neueren Exegese Methoden entwickelt worden, die es erlauben, in den Evangelisten reflektierende Theologen zu erkennen. Dazu gehört der stark durch literaturwissenschaftliche

---

er benützt die Metapher dort nicht, um die Evangelisten gegenüber ihren Überlieferungen abzuwerten, so aber scheint FOWLER, Reader 149, SCHMIDT zu deuten.

[30] Entsprechend arbeitet Mk nach BULTMANN gelegentlich „besonders mechanisch" (Geschichte 366), Redaktionsarbeit erweist sich geradezu durch ihre „schematische Darstellung" (aaO. 368) als solche. Die Abschreiber (!) versuchen, die Mängel der schematischen Redaktionsarbeit des Evangelisten etwas zu glätten (aaO. 369).

[31] BULTMANN, Geschichte 375.

[32] BULTMANN, Geschichte 374.

[33] Die knappen Bemerkungen zu den Synoptikern in BULTMANN, Theologie 476–480 stellen mehr die Gefahr einer Auflösung des Kerygmas in Geschichte (Lk) oder Mythos (Mk/Mt) dar, als daß sie die theologischen Ansätze der Evangelisten würdigen. S. dazu CONZELMANN, Grundriß XVII (Vorwort), vgl. aaO. 7. 142f. BULTMANN, Erforschung 39 selbst notiert in seinem Forschungsbericht von 1961 das gewachsene Interesse an der schriftstellerischen Arbeit der Evangelisten. LINDEMANN, Erwägungen stellt BULTMANNS Umgang mit den Synoptikern in dessen „Theologie des NT" vor (aaO. 1–5), dann vergleicht er das Werk mit anderen Entwürfen zur ntl. Theologie (aaO. 5–10).

[34] Natürlich geben solche Stellen auch Anlaß, darüber zu spekulieren, ob Mt bzw. Lk vielleicht ein Mk-Exemplar ohne diese Stelle hatten. Wenigstens einzelne der markinischen Stoffe, die Lk in seiner sog. großen Lücke übergeht, kannte er, wie Anspielungen belegen, vgl. KÜMMEL, Einleitung 35; anders SCHNELLE, Einleitung 204.

Kategorien geprägte „narrative criticism".[35] Diese Methode zielt zunächst darauf, die Gestaltung der Textsynchronie zu erheben und löst sich dabei zumindest methodisch von der Aufgabe, die historische Referenz der Texte zu beurteilen.[36] Dabei erweist sich Mk etwa als kompetenter Erzähler, der nicht nur gelegentliche Kommentare in seinen Stoff einflicht, sondern auch die Makrostruktur seines Werkes zu ordnen versteht.[37] Weitgehend als Fortsetzung des narrative criticism läßt sich die Rezeptionsästhetik („reader-response criticism") bzw. Wirkungsästhetik verstehen.[38] Soweit diese Methoden hilfreich sind, die Selbsteinschätzung der Evangelisten zu taxieren, werde ich mich auch dieser Methoden bedienen.

3.2 Die Autorität über den Evangelisten

Mit einem Bericht über das Leben und Sterben Jesu, den Schriften, die wir „Evangelium" zu nennen gewöhnt sind, stellt sich uns eine neue Großgattung vor. Es geht nicht um einen fruchtlosen Streit, *wie* neu die Gattung Evangelium gegenüber Vorbildern aus der jüdisch-heidnischen Antike einzuschätzen ist. Die relative Neuheit der Gattung ist unbestritten. Schon diese Neuheit bedurfte einer Absicherung, die den Texten Autorität verleiht.

(1) Jesus Christus als die inhaltliche Autorität des Evangeliums. Die kanonisch gewordenen Evangelien leiten ihre Autorität aus der Person Jesu Christi her. Seine Autorität unterstreichen die Evangelisten, indem sie Jesus Christus mit Gott in Verbindung setzen. Diese Autorisierung durch Jesus war Bestandteil der ältesten Jesusüberlieferung und ist nicht genuin für die Form der Evangelien. Die vorpaulinischen Hymnen etwa verbinden ebenso Gottes- und Jesusgeschichte.

Die Sonderrolle Jesu in den Evangelien zeigt sich auch in der literarischen Gestaltung der Evangelien. In den Einzelperikopen werden immer wieder neue Akteure eingeführt, allein der „Akteur" Jesus trägt durchgängig die Perikopen der Evangelien. Innerhalb der einzelnen Erzählungen kommen unterschiedliche Perspektiven zum Vorschein; verschiedentlich kommentiert ein Erzähler diese Perspektiven und kritisiert sie auch; die von Jesus eingenommene Perspektive ist nie Anlaß zur Kritik des Erzählers. Mit zahlreichen weiteren Beobachtungen

---

[35] Zur Methode allgemein POWELL, Criticism; vgl. BAIRD, Criticism 735; BREYTENBACH, Markusevangelium 78–83. Als Vorreiter dieser Richtung dürfen etwa die Werke von David RHOADS und Donald MICHIE, Mark as Story (1982); R. Alan CULPEPPER, Anatomy of the Fourth Gospel (1983) oder Jack Dean KINGSBURY, Matthew as Story (1986) gelten.

[36] Etwa CULPEPPER, Anatomy 5. 11. Gelegentlich zeigt CULPEPPER auch, wie seine Ergebnisse gegen einzelne Annahmen konkurrierender Quellen im Joh sprechen, z.B. aaO. 49 A. 65.

[37] Z.B. RHOADS-MICHIE, Mark 1.

[38] Einführend: FREY, Leser passim; NISSLMÜLLER, Rezeptionsästhetik bes. 70–142. Die Methode hat bes. FOWLER, Reader für das Mk-Ev fruchtbar gemacht.

ließe sich leicht stützen, daß die Person Jesu Christi die eigentliche Autorität der Evangelien darstellt.

(2) Die heilige Schrift als Autorität. Auch die zweite Autorisierung der Jesus-überlieferung, nämlich durch die Schrift, unser Altes Testament, ist nicht spezifisch für die Evangelien: Schon die vorpaulinische Formel, 1 Kor 15,3b-5, verbindet Jesu Schicksal mit der anerkannten Überlieferung *der* Schriften. Die Verwendung des Ausdrucks Schriften mit bestimmtem Artikel läßt sich wohl nur mit „heilige Schriften" angemessen übersetzen. Diese Autoritätsquelle gäbe für unsere Frage ein hohes Maß an Autorität her. Hans von Campenhausen deutet es als Zeichen der Kanonizität, wenn eine neutestamentliche Schrift neben *der* Schrift, unserem Alten Testament, benützt wird.[39]

Innerhalb der Evangelien selbst fehlen explizite Hinweise, die das jeweilige schriftliche Werk auf dieselbe Höhe stellen wie die Schrift. Sehr vage ist etwa die Anspielung von Mk 1,1 auf den Anfang der Genesis. Wenigstens Mk leitet die Autorität der Makrogattung „Evangelium" direkt von der Autorität Jesu her. Die Bedeutung dieser unmittelbaren Ableitung der Autorität von Jesus Christus und damit von Gott, ohne gleichzeitig die neuen Schriften unter die Autorität der alten zu stellen, kann in ihrer Bedeutung für die Herausbildung des zweiteiligen Kanons kaum überschätzt werden. Ob Mt[40] und Joh[41] mit ihren Anfangs- und Schlußstücken sich selbst in den Kontext der heiligen Schriften stellen wollen, ist nicht mit letzter Sicherheit zu sagen. Selbst wenn sie auf diese Autorität anspielen, ist damit noch nicht gesagt, daß die Evangelisten ihre Autorität aus den heiligen Schriften ableiten.[42] Die Autorität Jesu, die sie hinter sich wissen, erlaubt ihnen, die heiligen Schriften als verwandte Werke zu behandeln. Doch auch diese Evangelisten gehen von der christologischen Autorität aus, die sie nachträglich in Verbindung zur Autorität der Schrift setzen.

Die inhaltliche Autorität der Evangelien, Jesus Christus, kann in den Evangelien selbstverständlich vorausgesetzt werden. Daß die Literalisierung der Religion

---

[39] Vgl. z.B. VON CAMPENHAUSEN, Entstehung 77: „Die alte jüdische Bibel ist und bleibt zunächst die einzige schriftliche Norm der Kirche und ist – mit mehr oder weniger Betonung – als solche überall anerkannt." Freilich unterstreicht VON CAMPENHAUSEN auch, daß die Begründung der Schriftautorität für die Christen eine andere ist: „Das Alte Testament der Christenheit ist nicht mehr im gleichen Sinne ein kanonisches Buch wie vorher für die Juden" (aaO. 5). Hier deutet sich ein Problem für die Bestimmung des Begriffs „Kanon" aus der Verwendung des AT an.

[40] FRANKEMÖLLE, Matthäusevangelium 309 dagegen: „Wenn Mt aber sein Werk als heilige Schrift in kontinuierlicher Fortsetzung der heiligen Schrift des früheren Bundes verstand, hat dem die Auslegung zu entsprechen". Daß Mt eine kontinuierliche Fortsetzung anstrebe, ist mißverständlich. Aus seiner christologischen Perspektive nennt und konstruiert Mt Schriftbezüge, nicht umgekehrt. AaO. 307 konstatiert F.: „Ohne Zweifel ist das MtEv unter christologischer Perspektive als narratio eine Neuausgabe des MkEv".

[41] S.u. Kap. III 3.2.

[42] In diese Richtung geht die Sentenz bei VIELHAUER, Geschichte 777: „Das Alte Testament als Urkanon". Dagegen wohl zu Recht MARXSEN, Einleitung 286.

durch den jüdischen Mutterboden des Christentums vorgegeben war, ist selbstverständlich.[43] Die besondere Art der hier zu untersuchenden Literatur der Evangelien zeigt aber kaum Formanknüpfungen an die innerhalb der Perikopen immer wieder zitierte Schrift oder frühjüdische Literatur.[44] Insoweit sind die vier Evangelien in ihrem historischen Kontext eine Literatur sui generis.

(3) Die abgeleitete Autorität der Gattung „Evangelium". Mit dem Mk-Ev tritt eine neue Gattung auf, die Jesusüberlieferungen enthält und erhält. So selbstverständlich uns die Evangelien als Quelle erscheinen, so wenig selbstverständlich waren sie dies z.Z. ihrer Niederschrift. Die neue Gattung „Evangelium" hatte ihre Autorität nicht gleichursprünglich mit dem Inhalt. Die Evangelien verweisen auf die Geschichte Jesu. Sie berichten somit von der Vergangenheit des Auferstandenen. Die Gegenwart des Auferstandenen setzen sie voraus (vgl. Mt 28,20; Mk 16,7; Lk 24,5) und stellen ihre niedergeschriebenen Evangelien in Bezug zu ihrer inhaltlichen Autoritätsquelle, zu Jesus Christus.

Die Autorität der niedergeschriebenen Evangelien leitet sich ab aus der Autorität ihres Inhaltes. Dieser Satz wäre in einer protestantischen Dogmatik nicht weiter auffällig. In der Perspektive der kanonsgeschichtlichen Fragestellung bleibt allerdings zu klären, wieweit der Satz in den überlieferten Evangelien selbst fundiert ist. Faktisch stehen die Evangelien zwischen dem Inhalt, von dem sie berichten, und den Adressaten, für die sie berichten.

Das niedergeschriebene Evangelium bedarf einer Autorisierung, um sich als theologisch legitim ausweisen zu können. Solche Autorisierungen können ohne Spuren im Text durch äußere Gegebenheiten vorgehen. Zufälligkeiten, die sich jeder späteren Erforschung entziehen, können die Überlieferung in Bahnen gelenkt haben, die vielleicht erst später reflektiert und noch später sanktioniert werden. Derartige kontingente Einflüsse lassen sich keinesfalls ausschließen. Um so interessanter erscheint es mir zu untersuchen, wieweit die Evangelisten selbst ihr Überlieferungsmedium reflektierten.

---

[43] Von CAMPENHAUSEN, Entstehung scheint erst in der christlichen Verwendung des AT die Ablösung von der jüdischen Buchreligion zu sehen: „In der Kirche ist neben und vor das alte Buch Christus getreten. Das Christentum ist keine Buchreligion im strengen Sinne mehr" (aaO. 5 vgl. 77); WISCHMEYER, Buch passim unterstreicht zwar den hohen Grad an Literalisierung der jüdischen Religion, weist aber hin auf die Unangemessenheit des Begriffs „Buchreligion" für das Judentum des Zweiten Tempels: Der Begriff blende u.a die fundamentale Bedeutung des Kultes aus und übergehe die Bedeutung des Buches als Bundesverpflichtung für Israel (aaO. 240f.).

[44] Vgl. die zusammenfassende Darstellung: DORMEYER, Testament 199–228; speziell die Unterschiede zur rabbinischen biographischen Lit. bespricht ALEXANDER, Biography passim.

3.3 Die Selbstreflexionen der Evangelien als Indikatoren ihrer Theologie

Die Redaktionskritik lehrt, die theologische Leistung des Evangelisten zu sehen. Kaum ein neuerer Kommentar versäumt, die Theologie des von ihm ausgelegten Evangelisten herauszustellen.

Unter den zahlreichen Fragen zur Theologie der Evangelisten sollen solche beachtet werden, bei denen die theologische Begründung und Legitimierung des eigenen Werkes erkennbar wird: Wie schätzen die Evangelisten ihre eigene literarische Arbeit ein? Was betrachten sie als Legitimation ihrer Autorität?

(1) Die Bedeutung der Selbstreflexionen der Evangelisten. Um ausfindig machen zu können, wie die Evangelisten selbst ihre schriftlichen Werke einschätzten, sind bestimmte Textabschnitte besonders geeignet. Ausgangspunkt sind bestimmte Kommentierungen bzw. Kommentarsätze im Evangelium.[45] Von diesen sind nur solche zu verwenden, die der jeweilige Evangelist selbst gestaltet oder identifizierend übernommen hat und die sich auf einen Text im selben Evangelium beziehen, also metanarrative Texte.

Metanarrative Teile eines Evangeliums können vielfältige Funktionen haben. So sind Übersetzungshilfen eines Evangelisten metanarrativ. Sie sagen unter anderem etwas darüber aus, wie der Erzähler die Sprachkompetenz seiner Leser[46] einschätzt. Derartige Erzählererläuterungen können hier außer Betracht bleiben. Nur ganz bestimmte metanarrative Abschnitte sagen etwas aus über die Autorität, die ein Autor für seinen eigenen Text beansprucht. Ich nenne solche Textabschnitte „Selbstreflexionen".

Selbstreflexionen sind besonders auffällig, wenn sie explizit auftreten wie etwa im Lukasprolog. Selbstreflexionen können wie Kommentierungen auch implizit vorgenommen werden, indem der Erzähler die Perspektive aufbaut, unter der eine andere Erzähleinheit betrachtet, gedeutet und angewendet werden soll.

Selbstreflexionen können einen unterschiedlich großen Bezugsbereich haben, indem sie sich auf ein Wort, eine Perikope, ein übergreifendes Thema bis hin zum niedergeschriebenen Evangelium als Ganzem beziehen. Für unsere Fragestellung kommen nur Selbstreflexionen in Betracht, die das Evangelium als Ganzes anvisieren.

Selbstreflexionen auf das ganze schriftliche Werk finden sich in der Abfolge der vier kanonisch gewordenen Evangelien am Anfang und am Ende. Dem Lukasprolog kommt als expliziter Selbstreflexion am Anfang des Evangeliums

---

[45] In der Joh-Exegese z.B. CULPEPPER, Anatomy 39, vgl. 49 A. 65; ausführlich BJERKE-LUND, Tauta passim; für Mk: FOWLER, Reader 81–154.

[46] Auf eine inklusive Sprache wird verzichtet, ohne daß dadurch ein Bezug auf weibliche Personen ausgeschlossen werden soll.

eine Sonderrolle zu. Sonst ist der Abschluß sogar der wichtigere Ort für Selbstreflexionen. Gerade die Abschlüsse zeigen besonders stark das individuelle Gepräge des einzelnen Evangeliums. Die Annahme, daß in den Abschlüssen die gestaltende Hand der jeweiligen Evangelisten besonders stark am Werke ist, legt sich schon von daher nahe. Entsprechend hat angeblich auch Tatian bei den Abschlüssen keine Harmonisierung mehr versucht.[47]

Die Abschlüsse der Evangelien sorgen für einen Übergang von der Welt des Textes zur Welt der Rezipienten. Am Schluß eines Werkes ist es angemessen, die bleibende Bedeutung des Werkes zu reflektieren. Dabei kann sogar der Abschluß für das ganze Evangelium eine derart neue Perspektive eröffnen, daß eine isolierte Betrachtung des Anfangs kaum die Bedeutung des Werkes in den Blick nimmt. Die Anfänge des Mk- und des Joh-Ev erhalten durch die Abschlüsse eine derart neue Beleuchtung, die es günstig erscheinen läßt, deren Anfänge erst nach den Abschlüssen vorzustellen.

(2) Die Abschlußgeschichten als implizite Selbstreflexionen. Die Untersuchungen über die Evangelienabschlüsse begehen ein vielversprechendes Terrain. In diesem Punkt ist Emanuel Hirsch zuzustimmen: „Man kennt ein antikes Schriftstück nicht recht, wenn man seinen Schluß nicht kennt".[48] Dieser Satz unterstreicht nicht die Banalität, daß erst die vollständige Lektüre zuläßt, über ein Werk zu urteilen. Der Abschluß eines schriftlichen Werkes hat grundsätzlich eine herausgehobene Bedeutung. Es ist der Ort, an dem die Welt des Textes endet und die Welt des Lesers wieder beginnt.[49] Der Text hat seinen eigenen Bereich möglicher Erfahrung eröffnet. Dabei ist er von den vorgegebenen Möglichkeiten der Welterfahrungen zum Teil autonom.[50]

Welche geprägten Rezeptionsformen die Autonomie des geschriebenen Wortes ursprünglich einschränkten, können wir nicht mehr erheben. Die formgeschichtlichen Untersuchungen über den Sitz im Leben der Gattung „Evangelium" haben die entsprechenden Schwierigkeiten erwiesen. Mag der Text auch nicht schlechthin „autonom" gegenüber der Rezipientenwelt sein, eine eigene Textwelt ist ihm trotzdem zuzusprechen. Zum Beschluß des Werkes ist diese Textwelt zu verlassen. Dieser „Sprung" kann mit bestimmten Strategien im Text vorbereitet werden. Soweit der Autor diesen Sprung vorbereitet, zeigt er eine beachtenswerte theologische Reflexionsleistung. Bei der Untersuchung der Abschlußgeschichten ist die Frage nach derartigen Vorbereitungen von großer Bedeutung.

---

[47] Belege bei PETERSEN, Tatian 51f. (Theodor bar Koni); 59f. (Dionysios bar Salibi); 62 (2. Glosse aus dem Manuskript Vatikan Syr. 154).

[48] HIRSCH, Frühgeschichte 182; zitiert z.B. bei MARXSEN, Evangelist 141; SCHMITHALS, Mk 708.

[49] Vgl. MAGNESS, Sense 15–24; CULPEPPER, Anatomy 46f.

[50] Trotzdem scheint mir bei unserer Literatur die Rede von der Autonomie des Textes nur sehr eingeschränkt sinnvoll. Von der Autonomie biblischer Texte redet z.B. KÖRTNER, Leser 57–59. 83. 99. 101. 133.

Alle vier Evangelisten bauen auf ihre Art eine Perspektive in den Abschluß-geschichten auf, die den Lesern innerhalb der Erzählung eine Perspektive zur Identifikation anbietet. Über derartige Identifikationsangebote läßt sich dann herausarbeiten, welche Autorität die Evangelisten ihren eigenen Werken zumes-sen. Die Art und Weise der Evangelisten, die Autorität ihrer Werke in die Ab-schlußgeschichten aufzunehmen, wird unten genauer zu besprechen sein (Kap. II 1–3; III).

4 Auf der Suche nach der Redaktionsgeschichte der Vierevangeliensammlung

Mit den Evangelien war die Literalisierung des Jesusgeschehens bereits weit vorangeschritten. Nun ist der Blick zu schärfen für einen entscheidenden Wende-punkt in der schriftlichen Überlieferung über das Leben und Sterben Jesu: Es ist der Wendepunkt von einem zu mehreren solchen Berichten, die nebeneinander rezipiert werden sollen.

4.1 Von einem zu mehreren Evangelien

Mit dem Mk-Ev liegt uns der erste ausführliche schriftliche Bericht über das Leben und Sterben Jesu vor. Mt und Lk rezipieren dieses Evangelium und inter-pretieren es dabei eigenständig. Im Gegenüber zum Mk-Ev zeigen also die „gro-ßen Synoptiker"[51] ihre theologische Absicht. Diese theologische Absicht der großen Synoptiker gegenüber dem Mk-Ev beleuchtet das II. Kapitel. Der Um-gang der späteren Evangelisten mit dem Mk-Ev stellt die Weichen für die weitere Entwicklung. Zwei Möglichkeiten sind zu unterscheiden.

(1) Die großen Synoptiker verstehen sich als Ergänzung zum Mk-Ev, wollen also neben ihrer Quelle gelesen werden. Dann würde mit den großen Synoptikern gleichzeitig die erste Evangeliensammlung vorliegen.

(2) Die großen Synoptiker wollen ihre Vorlage(n) ersetzen. Dann gehörte deren Arbeit noch zur Phase der Stoffkonzentration. Eine neue Phase begänne erst, wenn mehrere Evangelien nebeneinander benützt werden.

Im zweiten Kapitel werde ich Argumente sammeln, die erlauben, zwischen diesen beiden Möglichkeiten zu entscheiden. Die erste Möglichkeit verfocht v.a. Theodor Zahn[52], der immer wieder Gefolgschaft findet.[53] Auch die andere Deu-tung vertreten namhafte Forscher.[54]

---

[51] Mit der Bezeichnung „die großen Synoptiker" werden die gegenüber Mk umfängliche-ren Evangelien des Mt und Lk benannt; vgl. die parallele Bezeichnung „Großevangelien" bei MARXSEN, Evangelist 9.

[52] ZAHN, Geschichte I 941–950; etwas vorsichtiger DERS., Grundriß 40.

4.2 Der Begriff der Evangeliensammlung und die Vierevangeliensammlung

In diesem Abschnitt soll der Begriff „Evangeliensammlung" und dann auch der Spezialfall der „Vierevangeliensammlung" erläutert werden. Als eine Evangeliensammlung bezeichne ich eine bestimmte Zusammenstellung mehrerer Evangelien.

Um den Blick nicht von vornherein auf die kirchlichen Evangelien zu verengen, soll die Bezeichnung „Evangelium" hier weit gefaßt sein und alle Berichte erfassen, die erzählend Worte und Werke Jesu wiedergeben und dabei vom Leben und Sterben Jesu handeln.[55] Entsprechend großzügig wurde die Bezeichnung „Evangelium" auch in der Alten Kirche über sehr unterschiedliche Werke geschrieben. Von den Werken, die uns erhalten geblieben sind, zählen neben den vier kirchlichen Evangelien etwa noch das EvThom, EvPetr und EvMar dazu.

Eine Sammlung von Evangelien verbindet mehrere solcher Werke, ohne diese ineinander zu verschränken oder aneinander anzugleichen. Die einzelnen Werke werden in ihrer überlieferten Form sehr weitgehend belassen. Die Eingriffe einer Sammelredaktion in die gesammelten Texte sind so gering, daß es schwer ist, ihre Arbeit nachzuweisen.

Direkte Hinweise auf eine bestimmte Zusammenstellung von Evangelien häufen sich etwa ab der Zeit des Irenäus (um 180 n.Chr.). Für die Zeit vor Irenäus sind Evangeliensammlungen nur mit mehr oder weniger Plausibilität zu erschließen. Bei der Erschließung sind Mindestkriterien anzugeben, die erlauben, von einer Evangeliensammlung zu reden.

Zunächst muß nachgewiesen werden, daß eine Quelle mehrere Evangelien verwendet.[56] Dann ist zu klären, ob der Autor der Quelle diese Evangelien nur momentan zusammenstellte oder ob dieser sie bereits in einer Sammlung vor-

---

[53] In letzter Zeit z.B.: Söding, Theologie 176 f., bes. 177 A. 54; Hengel, Evangelienüberschriften 13 hält die Überschriften für älter als die Vierersammlung und geht aaO. 47 von einem frühen Austausch der Evangelien aus; vgl. 37: „Wenn aber – was wohl schon gegen 100 n.Chr. der Fall war – größere Gemeinden mehrere Evangelienbücher besaßen, mußte man zur Unterscheidung noch ein κατά mit dem Autorennamen hinzufügen".

[54] Vgl. Gamble, Testament 24; Lindemann, Erwägungen 16: Mt und Lk „wollen ja keineswegs einfach neben Mk treten, sondern ihre Verfasser wollen das ihnen als Quelle dienende älteste Evangelium korrigieren, ergänzen und im übrigen vor allem ersetzen."

[55] Vgl. die weite Definition des Begriffs „Evangelium" durch Schneemelcher, in: Ders., NT Apo ⁵I 65–72 (Lit.). Ob diese weite Definition sehr disparate Gattungen unter eine Bezeichnung sammelt, kann hier offenbleiben, weil es nicht um den ursprünglichen Sitz im Leben der einzelnen Werke geht, sondern um ihren sekundären in bestimmten Sammlungen. So könnte etwa der ursprüngliche Sitz im Leben des Mk-Ev von dem des Joh-Ev stark abweichen, so daß es sinnvoll wäre, beide Werke unterschiedlichen Textsorten zuzurechnen. Doch selbst wenn dies so wäre, gliche die sekundäre Zusammenstellung in einer Evangeliensammlung den Sitz im Leben beider Werke an.

[56] Zur Problematik eines solchen Nachweises s.u. Kap. III 4.1 und Kap. V 1.

fand. Eine Evangeliensammlung ist fester als eine momentane oder zu privaten Zwecken hergestellte Verbindung von Schriften. Von einer Evangeliensammlung soll erst geredet werden, wenn deutlich wird, daß sie auf Leser zielt, die diese Zusammenstellung benützen sollen. So unterscheidet sich eine Evangeliensammlung von einer Zusammenstellung mehrerer Werke, die ein Autor für seine Vorbereitungen zusammenstellt. Sammelt etwa ein Autor mehrere Vorlagen, um diese für sein Werk zu benützen, zielt er i.a. nicht darauf, daß seine Vorlagen gelesen werden, sondern sein eigenes Werk. Allein die nachgewiesene Benützung mehrerer Evangelien in einer bestimmten Quelle genügt also noch nicht, um auf eine Evangeliensammlung zu schließen. Es muß auch gezeigt werden, daß der Autor dieser Quelle bei seinen Lesern eine Kenntnis dieser Evangelien voraussetzt bzw. daran anknüpft. Gelingt der Nachweis, ist von einer Evangeliensammlung auszugehen und nicht nur von einer privaten Zusammenstellung.

Für eine Evangeliensammlung ist nicht konstitutiv, daß die einzelnen Evangelien in einer bestimmten Reihenfolge gelesen werden. Eine Sammlung vereint zwar bestimmte Evangelien, legt aber die Reihenfolge dieser Evangelien nicht genauso fest wie die Zugehörigkeit.[57]

Sowie mehrere Evangelien existieren, potenzieren sich die theoretisch möglichen Zusammenstellungen zu unterschiedlichen Evangeliensammlungen. Aus vier Evangelien lassen sich bereits elf verschiedene Evangeliensammlungen zusammenstellen.[58]

Eine der vielen möglichen Sammlungen von Evangelien, nämlich die aus dem Mt-, Mk-, Lk- und Joh-Ev bestehende Sammlung nenne ich die Vierevangeliensammlung. In dieser haben die einzelnen Evangelien besondere Überschriften, deren Gleichförmigkeit die Zusammengehörigkeit der vier Einzelschriften unterstreicht (s.u. Kap. III 6).

Die Existenz einer solchen Sammlung ist keine Selbstverständlichkeit. Hätte ein theologisches Prinzip rücksichtslos über die vorhandenen Evangelien herrschen dürfen, wäre eine in ihren Einzelzügen widersprüchliche Sammlung mehrerer Schriften zum selben Thema schwer vorstellbar. Wäre nicht auf die strukturierten Einzelteile Rücksicht zu nehmen, würde ein freies Walten vielmehr die disparaten Stoffe ausgeglichen kombinieren. Kirchengeschichtlich niedergeschlagen hat sich diese Möglichkeit in den Evangelienharmonien. So erstellt z.B. das Diatessaron des Tatian einen einlinigen Text aus den vier Evangelien.

---

[57] Die Reihenfolgen der Einzelevangelien wurde offenbar nicht als wesentlich betrachtet, da die Reihenfolge der Vierersammlung noch verändert wurde, als die Zugehörigkeit von Mt-, Mk-, Lk- und Joh-Ev zu dieser Sammlung nicht mehr umstritten war, vgl. dazu u. Kap. III 6.1.

[58] Die vier Evangelien Mt, Mk, Lk und Joh lassen sechs Zweiersammlungen zu: Mt-Mk; Mt-Lk; Mt-Joh; Mk-Lk; Mk-Joh; Lk-Joh; vier Dreiersammlungen Mt-Mk-Lk; Mt-Mk-Joh; Mt-Lk-Joh; Mk-Lk-Joh und eine Vierersammlung Mt-Mk-Lk-Joh. Dabei sind die Reihenfolgen nicht als Unterscheidungsmerkmal gezählt, d.h. eine Sammlung Mt-Mk nicht von einer Sammlung Mk-Mt unterschieden. Bei 5, 6 bzw. 7 Einzelschriften sind so 26, 57 bzw. 106 Sammlungen möglich. Für mathematische Hilfe danke ich Herrn M. KEITEL.

Doch der Blick darf sich nicht ungeprüft auf diese Vierersammlung verengen. Es ist zu prüfen, ob es einen Anhalt gibt für andere Zusammenstellungen von Evangelienschriften als diese Vierersammlung. Der Prozeß, der mit dem ältesten Evangelium beginnt und zum Vierevangelienkanon führt, muß ja keinesfalls eine einheitliche Entwicklung durchlaufen haben, die als Zwischenstufe nur die Vierevangeliensammlung kannte. Wenn ein Quellentext mehrere Evangelien benützt, ist auch die Möglichkeit anderer Evangeliensammlungen in Betracht zu ziehen. So läßt sich erschließen, ob und wieviele weitere Evangeliensammlungen neben der Vierersammlung benützt wurden. Bei den wenigen überkommenen Quellen aus dem zweiten Jahrhundert sind sichere Aussagen natürlich nicht möglich. Die erhaltenen Quellen sind allerdings schon in ihrer theologischen Ausrichtung so vielfältig, daß sie erheblich abweichende Theologien repräsentieren. Sollte sich hinter dieser theologischen Vielfalt eine einheitliche Textgrundlage finden lassen, dürfte dies für ein hohes Alter und eine schnelle Verbreitung dieser Textgrundlage sprechen.

4.3 Der Perspektivenwechsel von Einzelperikopen zu ganzen Evangelien

Die großen Synoptiker orientieren sich an den Einzelperikopen ihrer Quellen. Mt und Lk bewahren Jesusworte und die Perikopenszenen relativ treu. Für Mt und Lk war das Werk des Evangelisten Mk keine Größe von unantastbarer Autorität, es liefert vielmehr Material in seinen Worten und Szenen von und über Jesus. Entsprechend erlauben sich die großen Synoptiker auch, thematische Ordnungen gegen Mk vorzunehmen. So wie Mt und Lk das Mk-Ev perikopenweise rezipieren, machen sie das ehemalige Gesamtwerk, das Mk-Ev, weitgehend unerkennbar. Die Sammlung von Evangelien legt die Perspektive auf die Gesamtwerke wieder frei. Das durch Mt und Lk in Perikopen aufgeteilte Werk kommt wenigstens in der Vierevangeliensammlung wieder als ganzes in den Blick. Die Vierersammlung setzt voraus, daß die Evangelien als in sich geschlossene Werke gewürdigt werden.

Dieser Perspektivenwechsel hat Folgen. Der Blick auf ein ganzes Werk regt an, nach den Verfassern dieser Werke zu fragen – vorher waren nur die Überlieferer einzelner Erzählungen bedeutsam (vgl. Lk 1,1f.). Die Verfasserlegenden und gleichförmige Überschriften bezeugen diese neue Perspektive.

Mit dieser Perspektive auf den irdischen Überlieferer ist auch erst der Rahmen gegeben, der es erlaubt, die „Apostolizität" eines Evangeliums zu thematisieren. Die Apostolizität verlangt nicht etwa, daß der vermutete (der tatsächliche) Autor selbst zum Kreis der Apostel gerechnet werden kann, sondern nur, daß er eine Traditionskette bis zu einem Augen- oder Ohrenzeugen Jesu gewährleisten kann. So genügte es der kirchlichen Tradition zum Evangelisten Mk, dessen Schülerschaft beim Apostel Petrus behaupten zu können, um das Mk-Ev neben dem angeblich apostolischen Mt-Ev zu benützen. Die Behauptung einer apostolischen Traditionskette dürfte jünger sein als die Vierevangeliensammlung (s.u. Kap. III 6).

Die in den frühen christlichen Texten auftretenden Jesusüberlieferungen reflektieren nicht über den Verfasser oder Kompositeur der Jesusüberlieferung. Die Jesusüberlieferung wird nicht rezipiert, weil deren Tradentensammler bekannt zuverlässig waren, sondern weil sie Jesu Verkündigung enthielten. Die Zitationsformel „der Herr sagt" zeugt von diesem Verständnis (s.u. Kap. V 2). Wenn widersprüchliche Erzählungen miteinander konkurrieren, ist es notwendig, über die Zuverlässigkeit der Verfasser zu reflektieren.

4.4 Die theologische Bedeutung der Vierevangeliensammlung in der neueren Forschung

Die redaktionsgeschichtliche Fragestellung zu einzelnen Evangelien gehört längst zum Standard der Forschung. Doch die Frage nach der redaktionellen Absicht der Vierevangeliensammlung ist weitgehend vernachlässigt. Hier ist m.E. ein Umdenken nötig.

Die Annahme, daß die Zusammenstellung der Evangelien keine theologische Bedeutung haben kann, ist in der exegetischen Literatur offenbar so verbreitet, daß sie kaum explizit ausgesprochen, geschweige denn verworfen wird. Doch ist diese Annahme haltbar? In knappen Worten gesagt: Es fehlt eine redaktionsgeschichtliche Untersuchung der Vierevangeliensammlung.

Kanonsgeschichtliche Untersuchungen befassen sich zwar mit der Vierevangeliensammlung und dem Vierevangelienkanon. Die Fragestellung der kanonsgeschichtlichen Studien ersetzt aber nicht eine redaktionsgeschichtliche Untersuchung der Vierevangeliensammlung. Die kanonsgeschichtlichen Forschungen fragen i.a., wo erstmals eine Vierevangeliensammlung Spuren hinterlassen hat. Solche Spuren der Vierevangeliensammlung geben den Datierungsversuchen für die Sammlung einen festen Boden. Doch diese Spurensuche fragt nicht nach einer Theologie der Vierersammlung. Sollte die Vierersammlung eine theologisch reflektierte und inhaltlich bestimmte Vorgeschichte haben, kommt eine solche nicht in den Blick, solange nur nach Testimonien gefragt wird.[59] Die

---

[59] Kein Exeget würde allein aus den Testimonien eines Evangeliums auf dessen theologische Ausrichtung zurückschließen. Die redaktionsgeschichtliche Forschung kommt sogar gänzlich ohne Testimonienkataloge aus. Eine redaktionsgeschichtliche Rückfrage nach der Theologie der Vierevangeliensammlung gestaltet sich sicher schwieriger als eine solche bei einem einzelnen Evangelium, weil redaktionelle Textanteile und kompositorische Absichten einer Evangeliensammlung schwer nachweisbar sind. M.E. sollte die Schwierigkeit der Frage aber nicht dazu verführen, ungeprüft anzunehmen, der Vierersammlung liege kein theologisch durchdachtes Gestaltungsprinzip zugrunde.

vorliegende Studie geht chronologisch den Weg von den einzelnen Evangelien bis zur Vierevangeliensammlung nach, so daß ein Zusammenhang zwischen der theologischen Ausrichtung eines Evangeliums und der theologischen Ausrichtung der Vierevangeliensammlung beleuchtet werden kann. Entsprechend spät befaßt sich diese Studie mit den üblichen kanonsgeschichtlichen Untersuchungen. Im Aufbau unserer Studie überschneiden sich die Fragestellungen mit diesen Untersuchungen erst in Kap. V. Dort werden sie im Zusammenhang vorgestellt (s.u. Kap. V 1).

Die Vierevangeliensammlung sollte nicht nur Gegenstand kanonsgeschichtlicher Untersuchungen sein. Da diese Sammlung auch ein Bestandteil des Neuen Testaments ist, wäre vielmehr naheliegend, daß neutestamentliche Theologien nach der theologischen Bedeutung der Vierevangeliensammlung als Sammlung fragen. Doch namhafte Theologien des Neuen Testaments seit Rudolf Bultmann erwägen kaum die Bedeutung der Vierevangeliensammlung oder des Vierevangelienkanons. Es gehören wohl die theologischen Profile der einzelnen Evangelien zum Standard einer neutestamentlichen Theologie, so etwa bei Conzelmann, Goppelt, Weiser, Gnilka, Stuhlmacher (lt. Planung), Strecker. Daß allerdings vier getrennte Evangelien nebeneinander zum Grundbestand des neutestamentlichen Kanons gehören, behandeln und beurteilen die genannten Theologien nicht.

Gelegentlich kommt die theologische Bedeutung der Vierevangeliensammlung auch bei neutestamentlichen Studien zur Sprache. So haben Cullmann, Schnackenburg und Childs nach der theologischen Bedeutung des Umstandes gefragt, daß im Neuen Testament vier Evangelien stehen und nicht nur eines.

Cullmann parallelisiert die Menschwerdung Christi mit dem Entstehungsprozeß der Evangelien: „Die Pluralität der Evangelien, im besonderen ihre Vierzahl, ist nichts als der Ausdruck der Menschlichkeit des historischen Entstehungsprozesses der Evangelien".[60] Laut Eingangssatz strebt er nicht an, die Entstehung des Vierevangelienkanons zu erklären (548). Bei der Themenbehandlung ist m.E. nicht immer deutlich, ob Cullmann historisch argumentiert oder kirchliche Traditionen wiedergibt. Historisch kaum verifizierbar dürfte etwa folgender Satz sein: „Sie [sc. die Kirche, T.H.] hat einfach alles festgehalten, was ihr an Evangelien aus apostolischer Zeit zugänglich war, und ohne Bedenken hat sie in einer beachtenswerten *Unbekümmertheit* zwei mehr oder weniger repräsentative Apostel auf diese Weise neben zwei im übrigen weniger bekannte Männer aus der apostolischen Zeit gestellt." (563f.; Hervorh. im Orig.). Folgt man den kirchlichen Traditionen über die Evangelisten, entsteht in etwa dieses Bild. Doch dieses Bild dürfte die Historie verzeichnen. Schon die wenigen auf uns gekommenen apokryphen Evangelien zeigen, daß das Auswahlprinzip, „einfach alles" aus apostolischer Zeit festzuhalten, kaum genügt, um die Vierevangeliensammlung zu erklären.

Mit der Einheit in der Vierzahl der Evangelien befaßt sich Schnackenburgs Monographie „Die Person Jesu Christi im Spiegel der vier Evangelien". Er stellt sein Werk unter die Leitfrage, „ob das viergestaltige Evangelium in einem einzigen Geist zusammenge-

---

[60] CULLMANN, Pluralität 561. Im folgenden Absatz geben Zahlen in Klammern Seiten dieses Aufsatzes an.

halten wird".[61] Im Korpus seines Werkes thematisiert er die einzelnen divergierenden Konzeptionen.[62] Dabei vermittelt er dem Leser den Eindruck, die späteren Evangelisten würden nur neue Akzente setzen wollen, nicht aber versuchen, ihre Vorgänger abzulösen.[63] Den verbindenden Geist findet er in grundlegenden Konvergenzen der theologischen Aussagen und Konzeptionen der vier Evangelien. Aber wieweit dieser verbindende Geist auch zur Zusammenstellung der vier Evangelien führte, steht außerhalb des Fragehorizonts der Studie. So läßt sich die geistige Einheit des vierfachen Zeugnisses unproblematisiert darstellen: Eigentlich wollten alle vier Evangelisten immer dasselbe, nur je auf ihre Weise: Das Wasser des Paradiesstromes weitergeben.[64] Letztlich hat Schnackenburg die historische Herkunft der Vierevangeliensammlung und ihrer Theologie ausgeblendet.

Die Bedeutung der Vierzahl der Evangelien sieht auch Brevard S. Childs.[65] Er bezieht sich bei seinem „canonical approach" auf den Endtext der Bibel. Dieser Ausgangspunkt hat ihm vielfältige Kritik eingebracht, die auch nicht davor zurückschreckt, ihm die Rückkehr in ein vorkritisches Stadium der Exegese vorzuwerfen.[66] Doch der Vorwurf dürfte das Programm Childs verfehlen. Er macht eine Unterscheidung, die auch für die Beurteilung der Vierevangeliensammlung von großer Bedeutung ist. Childs unterscheidet beim Umgang mit überlieferten Texten zwei Phasen. Nach ihm löst eine erste Phase der Erweiterung eine zweite Phase der Fixierung ab. In der ersten Phase erweitern verschiedene Zusätze den überlieferten Text, z.B. Kommentare, Abgrenzungen, Präzisierungen, Applikationen etc. Diese Phase zu rekonstruieren, gehört allgemein zum Grundanliegen der wissenschaftlichen exegetischen Literatur. Doch diese Phase erklärt nicht, wie es dazu kommen konnte, daß ein Text ab einer bestimmten Zeit unverändert weitergegeben wird. Warum ein Text nicht immer wieder verändert wurde, erklärt erst die Phase der Fixierung. Nur mit dieser zweiten Phase kommt das Phänomen eines Kanons überhaupt in den Blick. Die theologische Bedeutung dieser zweiten Phase hebt Childs besonders hervor. Childs begründet sein Interesse an den Texten in ihrer kanonisch überlieferten Form dadurch, daß erst diese Endtexte in der Überlieferung ohne verändernde Zusätze erhalten werden.[67] Daß ein Text sich unverändert durchsetzen kann, verlangt, daß er sich selbst den Kontext schafft, den er benötigt, um sich selbst hinreichend zu erklären. Childs schärft so den Blick für die Bedeutung des kanonischen Endtextes. Er öffnet den Blick für die Bedeutung der „canonical shapers"[68], der „Gestalter des Kanons", die sonst leichthin als späte Interpolatoren abgewertet werden.

---

[61] Schnackenburg, Person 26. Die Frage wird am Ende des Werkes aufgenommen (aaO. 327. 340–357).

[62] Schnackenburg, Person 28–326.

[63] Schnackenburg, Person bes. 23 f.; zu Mt z.B. aaO. 115: „neue Akzente, die den Blick auf Jesus in eine besondere Richtung lenken"; zu Joh aaO. 272: „Im Kontakt mit der synoptischen Christologie ergibt sich ein neues und besonderes Christusbild, das nicht ohne Spannungen bleibt und doch am grundlegenden Christusbekenntnis der Urkirche festhält".

[64] So das durch Schnackenburg, Person 356 f. favorisierte Bild für die vier Evangelien.

[65] Für unsere Fragestellung sind v.a. Childs, Testament (1. Aufl. 1984) und ders., Theology (1. Aufl. 1993); dt. Übers.: Theologie I/II (1994/1996) einschlägig. Eine Übersicht zum Ansatz Childs' gibt Sheppard, Criticism 861–866.

[66] Schnelle, Einleitung 25.

[67] Childs, Theology 104–106; dt.: I 132–134: gegen neuere Einwände; aaO. 720, dt.: II 445 f.: gegen von Rads konsequente Traditionsgeschichte der „Vergegenwärtigungen"; vgl. auch aaO. 724–726, dt.: II 450–452.

[68] Childs, Theology 334: „canonical shapers", dt.: I 391: „die Gestalter des Kanons"; aaO. 356: „canonical shaping", dt.: II 21: „kanonische Endtextgestaltung"; aaO. 416: „canonical

Es spricht einiges dafür, daß auch die Vierevangeliensammlung eine „zweite Phase" im Sinne Childs durchlief, so daß die vier einzelnen Evangelien nicht mehr verändert wurden. Hätte ein unreflektierter Sammeltrieb das Material vereint, wäre kaum die Vierevangeliensammlung, sondern eine notwendig offene Sammlung beliebiger Evangelien entstanden. Der Mittelweg zwischen geistlosem Sammeln und konzeptioneller Einlinigkeit verbreitet den Anruch einer kirchlichen Kompromißentscheidung, der eine theologische Begründung fehlt.[69] Doch damit wäre nur moderner Umgang mit widerstreitenden Ansichten in die Christenheit des zweiten Jahrhunderts zurückprojiziert. Das Problem sieht Childs in seiner Theologie, aber er versucht in diesem Buch nicht, die „Gestalter der Vierevangeliensammlung" theologisch und historisch zu verorten.[70]

In seinem Buch „The New Testament as Canon" hat sich Childs genauer mit der theologischen Bedeutung der Vierevangeliensammlung befaßt. Dort entfaltet er „das kanonische Problem der vier Evangelien".[71] Er thematisiert nicht nur die vier einzelnen Evangelien, sondern auch die Vierevangeliensammlung als Sammlung und lotet ihr hermeneutisches Potential gegenüber einer Evangelienharmonie aus.[72] Die historische Herkunft der Vierevangeliensammlung untersucht Childs dabei allerdings nicht.

Das weitgehende Schweigen zur Vorgeschichte der „Vierevangeliensammlung" könnte die Vermutung aufkommen lassen, hinter der Vierzahl der Evangelien stünde keine nennenswerte theologische Reflexion. Diese Vermutung läßt sich nur bestätigen oder widerlegen, wenn die Frage nach dem Sinn der Vierevangeliensammlung gestellt und soweit wie möglich historisch beantwortet wird. Der Schritt, der über die formgeschichtliche Betrachtung einzelner Perikopen zur redaktionsgeschichtlichen Untersuchung der Evangelien führte, ist für die Vierevangeliensammlung analog einzufordern. Wie bei den Evangelien ist die redaktionelle Arbeit zu erheben aus redaktionellen Textanteilen und der Kompositionskritik, die der Interpretation der Vorlagen durch neue Kontextualisierung nachgeht. In dieser Arbeit geht es um die historische Verortung der Redaktion der Vierevangeliensammlung. Eine entsprechende Untersuchung stellt, soweit ich sehe, ein Desiderat der Forschung dar.

---

shape … a critical canonical approach", dt.: II 90: „kanonische Endgestalt … [e]in kritischer kanonischer Zugang"; aaO. 420: „canonical shape", dt.: II 95: „kanonische Endgestalt".

[69] Von einem „Kompromiß", der ermöglichte, die vier Evangelien nebeneinanderzustellen, reden z.B. HARNACK, Geschichte II 1, 681, vgl. aaO. 684; DERS., Entstehung 50; SCHMITHALS, Theologiegeschichte 298; GEORGI, Aristoteles 72 f.

[70] Etwa unter der Überschrift „Historical Trajectories and the Fourfold Gospel Corpus" behandelt CHILDS, Theology 262–265, dt.: I 309–313 nicht die Bedeutung des vierfachen Zeugnisses, sondern das Problem historischer Rückfrage hinter die vier Glaubenszeugnisse, die die Evangelien darstellen.

[71] CHILDS, Testament 143–156, darin besonders wichtig: „The Theological Function of the Four Gospels within the Canon" aaO. 151–154.

[72] CHILDS, Testament 156: „The basic error of the traditional harmony was the assumption that the canonical process had been deficient in leaving the Gospels in their plural form rather than completing the process by fusing them into a fixed, authoritative interpretation. Because this development did not take place within the canonical process, but in fact was flatly rejected, the plural form remains constitutive of the canonical shape".

4.5 Der Abschluß des Kanonisierungsprozesses: Der Vierevangelienkanon

Bislang war nur von der Vierevangeliensammlung die Rede. Um für die Vierevangeliensammlung den Ausdruck Kanon sinnvoll anwenden zu dürfen, müssen positiver und negativer Kanonsbegriff vorliegen. Die Merkmale für den positiven Kanonsbegriff liegen bei der Vierersammlung vor. Doch die Vierersammlung zeigt anfangs keinerlei abgrenzende Tendenzen. Die Sammlung von vier Evangelien setzt noch nicht voraus, daß andere ähnliche Werke verworfen werden. Das ändert sich gegen Ende des zweiten Jahrhunderts. Ab 170/180 n.Chr. beginnen einzelne Kirchenväter, die Vierersammlung hervorzuheben und *gleichzeitig* andere Evangelien abzuwerten. Damit bildet sich neben der positiven Komponente auch die negative Komponente des Kanonsbegriffs heraus. Die Sammlung der vier Evangelien hatte sich schon nach wenigen Jahrzehnten so durchgesetzt, daß sie als selbstverständlicher Ausgangspunkt aller weiteren Urkunden über die Person und das Werk Jesu genommen wurde und schließlich auch ausgrenzend gegen andere, thematisch ähnliche Werke verwendet werden konnte.

Ein formalrechtlicher oder kirchlicher Beschluß mag noch fehlen, aber seit dieser Zeit (ca. 170–180 n.Chr.) muß sich kein Kirchenvater mehr rechtfertigen, wie er dazu kommt, auf diese vier Quellen zurückzugreifen. Die weitere Darstellung des Ringens um die übergreifende und auch praktische Anerkennung des Vierevangelienkanons ab diesem Zeitpunkt muß einer kirchengeschichtlichen Darstellung überlassen werden.

5 Zum Aufbau der Arbeit

Die folgende Darstellung gliedert sich in vier Kapitel (Kap. II–V). Die ersten zwei Kapitel (Kap. II. III) betrachten die einzelnen Evangelien, die letzten beiden Kapitel (Kap. IV. V) gehen den Quellen nach, die mehrere Evangelien rezipieren.

Das zweite Kapitel behandelt die Synoptiker. Zunächst stelle ich dar, wie der Evangelist Mk sein schriftliches Evangelium einschätzt (Kap. II 1). Wieweit die Evangelisten Mt und Lk diese Einschätzung übernehmen und verändern, zeigen die angeschlossenen Teilkapitel (Kap. II 2 f.). Bei Mt und Lk ist zu fragen, ob sie darauf zielen, das Mk-Ev zu ergänzen oder zu verdrängen.

Das dritte Kapitel befaßt sich mit den Schriften der johanneischen Schule. Nach einem forschungsgeschichtlichen Überblick (Kap. III 1) geht die weitere Untersuchung vom Schluß des Joh-Ev aus. Zwei Schlüsse des Joh-Ev werden dabei unterschieden (Kap. III 2) und getrennt ausgewertet. Einmal läßt Joh 20 die ursprüngliche Absicht von Joh 1–20 erschließen (Kap. III 3), dann ist nach der theologischen Ausrichtung des Nachtrags Joh 21 zu fragen (Kap. III 4 f.). Es geht dabei um die Frage, ob innerhalb der johanneischen Schule Bestrebungen ausfindig gemacht werden können, die erklären, wie das Joh-Ev schließlich in der Vierevangeliensammlung einen Platz bekommen konnte. Im Rahmen dieser Fragestellung komme ich schließlich (Kap. III 6) auf die Evangelienüberschriften zu sprechen. Insgesamt versucht dieses Kapitel, das Verhältnis der johanneischen Schule zur Vierevangeliensammlung zu klären.

Das vierte Kapitel befaßt sich mit Papias von Hierapolis. Dessen Werk ist nur fragmentarisch erhalten, so daß es nur unter Vorbehalten ausgewertet werden kann (Kap. IV 1). Ein Stück aus dem Proömium des Werkes dient als Ausgangspunkt (Kap. IV 2) für die weitere Fragestellung an Papias: Wie verhält sich Papias zur johanneischen Schule und zur Vierevangeliensammlung (Kap. IV 3 f.).

Das fünfte Kapitel fragt nach den Spuren der Vierevangeliensammlung bis zur Zeit des Kirchenvaters Irenäus (um 180 n.Chr.). Wo läßt sich die Benützung der Vierevangeliensammlung nachweisen? Nach einer methodischen Klärung (Kap. V 1 f.) werden dazu sehr disparate christliche Zeugnisse untersucht, die in der Zeit bis ca. 180 n.Chr. entstanden sein dürften oder brauchbare Rückschlüsse auf diese Zeit zulassen. Die Zusatzschlüsse zum Mk-Ev (Kap. V 3), Reste apokrypher Evangelien (Kap. V 4), die Schriften des Märtyrers Justin (Kap. V 5), Markion (Kap. V 6) und andere Zeugnisse (Kap. V 7) werden daraufhin befragt, ob und ggf. wie sie kirchliche Evangelien benützen und welche Autorität sie den vier Evangelien zumessen. Ziel ist es, aus den meist zufällig erhaltenen Quellen ein Bild über die Bedeutung der später kanonisch gewordenen Evangelien vor Irenäus zu erheben. Die Idee des Vierevangelienkanons hat in Irenäus von Lyon ihren wortmächtigen Fürsprecher gefunden. Mit dessen Aussagen zu den vier Evangelien schließt Kap. V 7.

Kapitelzusammenfassungen finden sich am Schluß der Kap. II und III. Die Ergebnisse von Kap. IV und V sind unter Kap. V 8 zusammengefaßt.

Kapitel II

Vom Evangelium des Markus
zur Mehrzahl der Evangelien

Das zweite Kapitel befaßt sich mit den drei Synoptikern. Zunächst kommt mit
dem Mk-Ev das älteste Evangelium zu Wort (Kap. II 1), es folgen die von Mk
abhängigen Evangelien des Mt (Kap. II 2) und Lk (Kap. II 3). Bei diesen drei
Evangelien werden jeweils die Selbstreflexionen vorgestellt. Da Mt und Lk das
Mk-Ev voraussetzen, ist bei diesen Evangelien noch einer weiteren Frage nachzugehen: Welche Autorität messen Mt und Lk dem Mk-Ev zu, das sie verwenden? Der Vergleich von Selbsteinschätzung der Evangelisten und Einschätzung
ihrer Quelle dient dazu, die Frage zu beantworten, ob Mt und Lk das Mk-Ev eher
ergänzen oder eher überflüssig machen wollten.

1 Das Evangelium des Markus und sein Schluß in Mk 16,8

Mk äußert sich nicht ausdrücklich über die Absichten, die er mit seinem Werk
verfolgt. Seine Absichten sind daher aus seinem Werk herauszulesen. Für uns
konserviert der Text des Evangeliums die Absichten des Evangelisten nur implizit: Wie steht der Autor selbst zu seinem Text? Dieser Frage soll in diesem
Teilkapitel nachgegangen werden. Es geht dabei nicht um die Textüberliefe-
rungsprobleme einzelner Stellen, sondern um die Gesamteinschätzung des Textes
durch den Autor. Welche Bedeutung mißt Mk dem Wortlaut der Jesuserzählung
zu, die er komponiert hat?

Um diese Fragestellung in den Griff zu bekommen, soll im folgenden nach
einer impliziten Selbstreflexion (s.o. Kap. I 3.3) des Evangelisten gefragt werden. Mk hat eine implizite Selbstreflexion, mit der er die Autorität seines Werkes
taxiert. Der Text, bei dem diese Strategie sichtbar wird, ist der ursprüngliche
Abschluß des Mk-Ev. Von dieser Schlußpartie fällt ein Licht auf das ganze
Evangelium. Der Schluß des Mk-Ev bei Mk 16,8 drängt geradezu danach, fortgeführt zu werden. Mt und Lk haben je auf ihre Weise den ursprünglichen Schluß
des Mk-Ev fortgeführt. Andere Fortsetzungen des ursprünglichen Mk-Schlusses
sind schon in die Textüberlieferung des Mk-Ev selbst eingedrungen.

Im folgenden wird zunächst aus der Textüberlieferung der ursprüngliche Mk-

Schluß herausgeschält (1.1). Dann ist der Anteil redaktioneller Eingriffe in der Abschlußperikope zu erheben (1.2). Damit sind die Voraussetzungen geschaffen, um nach der Absicht zu fragen, die der Evangelist mit Mk 16,1–8 verfolgt (1.3). Dabei kommt der „offene Schluß" in Mk 16,8 als literarische Technik zu Wort (1.3.4). Die theologische Bedeutung des offenen Schlusses vergleicht der letzte Unterabschnitt mit Themen markinischer Theologie (1.4).

1.1 Der ursprüngliche Abschluß des Mk-Ev und die Textüberlieferung von Mk 16

Die Textüberlieferung bietet im wesentlichen sechs verschiedene Versionen für den Abschluß des Mk-Ev.[1]

(1) Abschluß mit Mk 16,8 „... ἐφοβοῦντο γάρ." bezeugen: a, B, 304, Übersetzungen und Kirchenväter.[2]

(2) Wie (1), daran anschließend den sog. kürzeren Zusatzschluß[3] (Mk 16,8 concl.br.): nur bezeugt durch Cod. Bobbiensis (Siglum k).[4]

(3) Wie (1), daran anschließend den längeren Zusatzschluß (Mk 16,9–20): So lesen die meisten Textzeugen,[5] u.a. A, C, D, W, Θ und viele Minuskeln (u.a. Ferrar-Gruppe), Übersetzungen und Kirchenväter.

(4) Wie (3), jedoch Mk 16,9–20 mit Obeli: Minuskeln der Lake-Gruppe u.a.[6]

(5) Wie (2), daran anschließend Mk 16,9–20: L, Ψ, 083; 099; 0112; eine Marginalie zur Minuskel 274; 579, Lektionar 1602, eine Marginallesart der Harklensis, einige (wenige) sahidische, bohairische und äthiopische Handschriften. Fast alle diese Textzeugen führen den längeren Zusatzschluß durch Vorbemerkungen ein.[7] Diese Textzeugen sind für die Datierung des kürzeren Zusatzschlusses wichtig (s.u. Kap. V 3.1).

(6) Wie (5) jedoch mit Freer-Logion nach Mk 16,14: W.[8]

---

[1] Vgl. ALAND, Schluß 246; DANOVE, End 120 (weitere Lit. aaO. A. 5).

[2] Nach NA 27 Aufl.: Die Vetus Syra in der Handschrift des Syrus sinaiticus; eine sahidische Handschrift; mehrere armenische; Kirchenväter: Eusebios von Caesarea wie auch Hieronymus weisen ausdrücklich darauf hin, daß ihnen mehrere Handschriften bekannt sind, die mit Mk 16,8 schließen: Eusebios, ad Marinum Quaestio 1,1; Hieronymus, ep. 120,3 ad Hedybiam; vgl. ALAND, Schluß 248. Ausführlich zu (1): ALAND, Schluß 247–252.

[3] Benennungen nach ALAND, Schluß 247.

[4] S. die Abbildung 60 der entsprechenden Stelle bei ALAND-ALAND, Text 194. Die Vorlage dieser Itala-Handschrift aus dem 4–5 Jh. dürfte in die Zeit Cyprians zurückgehen, so aaO. 193.

[5] Nach ALAND-ALAND, Text 295 sogar 99% der Textzeugen.

[6] Ausführlich dazu ALAND, Schluß 254–258. Die kritische Anmerkung zw. Mk 16,8 und 9 zitiert ALAND, aaO. 255; vgl. ALAND-ALAND, Text 138 Abb. 40 (die entspr. Seite der Minuskel 1).

[7] Laut App. NA 27. Aufl. zum längeren Zusatzschluß fügen ein: ἔστιν δὲ καὶ ταῦτα φερόμενα μετὰ τὸ ἐφοβοῦντο γάρ: L, Ψ, 0112, mit kleinen Abweichungen auch 099; Lektionar 1602, sahidische und bohairische Handschriften.

[8] ALAND, Schluß 258 f.; Abbildung der entsprechenden Seite bei ALAND-ALAND, Text 124 Abb. 35.

In der älteren Forschung hat das textkritisch erschließbare Ende Mk 16,8 die Phantasie vielfältig angeregt. Besonders beliebt war eine „Verdrängungshypothese". Diese These geht davon aus, daß Mk ursprünglich einen Schluß seines Evangeliums hatte, der weggebrochen wurde.[9] Zu den Anhängern dieser These gehört z.B. Eduard Schweizer.[10] Die Textüberlieferung zwingt zu größter Vorsicht gegenüber solchen Theorien.

Die Varianten (4) bis (6) zeigen durch Erweiterungen oder Kombinationen ihren sekundären Charakter. Die Textüberlieferung der Varianten (2) [=kürzerer Zusatzschluß] und (3) [=längerer Zusatzschluß], unterstützt durch vokabelstatistische Untersuchungen,[11] erlaubt nur eine Folgerung: Mk 16,1-8 schloß ursprünglich das Mk-Ev ab. Diesen weitgehenden exegetischen Konsens konnte Kurt Aland mit seinem Aufsatz über den Markusschluß festigen.[12] Alands umfassende Durchsicht der Textzeugen bedarf hier keiner Wiederholung. Die neueren Kommentare folgen ihm meist, neben manchen anderen[13] z.B. Joachim Gnilka,[14] Dieter Lührmann[15] und Rudolf Pesch.[16]

Das Mk-Ev endete ursprünglich mit Mk 16,8, genauer mit den Worten ἐφοβοῦντο γάρ. Diese ursprüngliche Version des Mk-Ev dürfte um 70 n.Chr. geschrieben worden sein.[17] Gelegentliche Frühdatierungen können den großen Konsens in dieser Datierung nicht erschüttern. Umstritten bleibt allerdings, ob das Mk-Ev die Tempelzerstörung noch als zukünftig ankündigt, also kurz vor 70 verfaßt wurde,[18] oder ob es auf die Zerstörung bereits zurückblickt und daher

---

[9] Die älteren Thesen referieren neben den Kommentaren z.B. Pokorny, Markusevangelium 1980–1983; Lindemann, Osterbotschaft 298–300; Paulsen, Mk 138–140.

[10] Schweizer, Mk 246; ders., Leistung 41 A. 48; ders., Christologie 93–98; ders., Gesetz 70. Strecker, Passionsgeschichte 233. 244f.; ders., Theologie 282. 285 A. 17. 377. 385; Gundry, Mk 1009–1021; Schnelle, Einleitung 245: „Es muß deshalb [wg. der Vorverweise Mk 14,28; 16,7, T.H.] ernsthaft damit gerechnet werden, daß der ursprüngliche Markusschluß verlorenging". Ähnlich auch Hengel, Maria 252, der allerdings seine Ansicht revidiert hat, s. Ders., Probleme 256 A. 78.

[11] Die gegenüber Mk 1,1–16,8 auffälligen Vokabeln, grammatikalischen und stilistischen Eigenheiten der beiden Zusatzschlüsse listet Danove, End 122–130 auf. Sein Ergebnis aaO. 130: „Shorter Ending and the Freer Logion are not original to the Gospel narrative. The same criteria cast significant doubt upon the originality of the Longer Ending". Die abweichende Erzähltechnik in Mk 16,9–20 bestärkt D. schließlich aaO. 131 ohne Kautelen zu schreiben: „16:8 is the original ending of the Gospel of Mark"; ältere Diskussion umfassend bei Zahn, Einleitung II 232–237.

[12] Aland, Schluß passim, vgl. ders. – B. Aland, Text 293f.

[13] Ernst, Mk 497f.; Kertelge, Mk 163; Iersel, Mk 54f.

[14] Gnilka, Mk II 345 A.41; 350–358.

[15] Lührmann, Mk 268. Entsprechend bietet L. keine Auslegung zu den sekundären Schlüssen.

[16] Pesch, Mk II 528; vgl. ders., Schluß 371 (sub 1.2.2.6); 381 (sub 3.3.5.1); 383 (sub 3.3.5.5.3).

[17] So etwa mit reichen Literaturangaben Kümmel, Einleitung 70; Schnelle, Einleitung 238f.; aaO. 239 favorisiert Schnelle schließlich doch eine Abfassung nach 70 n.Chr.

[18] So in neuerer Zeit u.a. Hengel, Marxsen, Dschulnigg, Guelich nach Schnelle, Einleitung 239 A. 163.

knapp nach 70 zu datieren ist.[19] Für unsere Fragestellung genügt es, mit dem weitgehenden Konsens der Forschung, für Mk 1,1–16,8 eine Entstehung um 70 n.Chr. festzuhalten.[20]

Doch zurück zum ursprünglichen Schluß des Mk-Ev. Die textliche Grundlage erklärt noch nicht den Sinn des abrupten Endes. Ist Mk 16,1–8 als Fragment anzusehen, das einer Erweiterung bedarf? Gelegentlich wurde bei dieser Frage die Behauptung aufgestellt, ein antikes Schriftstück könne nicht mit γάϱ schließen; doch diesen eher formalen Einwand dürfte Pieter W. van der Horst ausreichend entkräftet haben.[21] Die inhaltliche Frage bleibt: Welchen Sinn hat das Ende bei Mk 16,1–8 im ursprünglichen Kontext?

1.2 Mk 16,1–8 im Kontext des Mk-Ev

Die sekundären Zusätze zu Mk 16,8 verändern den Sinn des ursprünglichen Abschlusses. Doch neben den Zusätzen erschweren auch die synoptischen Parallelen mit ihren Fortsetzungen des Mk-Schlusses, dessen ursprüngliche Absicht zu erkennen. Die Deutung von Mk 16,1–8 steht unter dem Einfluß der matthäischen und lukanischen Fortsetzungen dieser Perikope. Um die ursprüngliche Absicht des Mk unvoreingenommen wiederzuentdecken, muß Mk 16 aus dem Kontext der späteren Evangelien gelöst werden. So selbstverständlich dies jedem historisch denkenden Exegeten erscheint, so schwierig ist dies in der Praxis.

Es gibt nicht viele andere Erzählungen des Mk-Ev, mit der Mt und Lk so frei umgehen. Dabei setzen Mt und Lk eindeutig Mk voraus.[22] Viele der im folgenden für die Strategie des Mk hervorgehobenen Motive in Mk 16,1–8 haben die beiden großen Synoptiker übergangen oder durch Veränderungen unkenntlich gemacht. Mt und Lk haben den offenen Schluß des Mk-Ev beseitigt, sie haben dabei auch die Absicht des Mk mit diesem offenen Schluß verdeckt. Wie stark der Kontext der anderen Evangelien auf die Auslegung des zweiten Evangeliums zurückwirkt, zeigt sich nicht zuletzt in der Auslegung von Mk 16,1–8.[23]

---

[19] So in neuerer Zeit u.a. GNILKA, PESCH, THEISSEN nach SCHNELLE, Einleitung 239 A. 166.

[20] Zur Datierung der Zusatzschlüsse s.u. Kap. V 3.

[21] HORST, Book 121–124 (Lit. aaO. 121f. A. 3). Die Lit. zur Streitfrage sichten: BOOMERSHINE-BARTHOLOMEW, Technique 213f. A. 4; LINCOLN, Promise 284; DWYER, Motif 346 A. 158.

[22] ENNULAT, Agreements 409–416 stellt die Einzelheiten dar. Die Beschreibung der Botenerscheinung mit dem Stamm ἀστραπ* Mt 28,3/Lk 24,4 gegen Mk 16,5 und τῶν νεϰϱῶν Mt 28,7/Lk 24,5 erklärt E. durch eine Bearbeitung des Mk-Ev vor dessen Übernahme durch Lk und Mt. Wichtigstes Argument sei die gemeinsame theologische Tendenz, den Schluß des Mk-Ev zu verändern (aaO. 416).

[23] Auf die Schwierigkeiten, die eigene Stimme des Mk aus dem vertrauten Chor der vier Evangelien wieder herauszuhören, weist auch FOWLER, Reader 244 u.ö. hin. Die Vorrangstellung des Mt-Ev ist der Theorie nach für die Exegese längst gebrochen, in der Praxis bleibt die traditionell durch Mt und Lk bestimmte Perspektive oft bestehen.

Für die Frage, wie Mk die Schlußperikope ursprünglich verstand, empfiehlt sich eine langsame Annäherung. Nach einer Übersetzung (1.2.1) sammle ich die Rückverweise und Verbindungen von Mk 16 zum restlichen Evangelium (1.2.2). Im Anschluß daran frage ich, auf welche Aussageabsicht hin Mk die Perikope akzentuiert haben dürfte (1.2.3).

1.2.1 Übersetzung Mk 16,1–8

(1) Und nachdem[24] der Sabbat vergangen war, kauften Maria, die von Magdala, und Maria, die (Mutter)[25] des Jakobus und Salome Kräuteröle, damit sie ihn salben können, wenn sie (hinzu-) gekommen sind. (2) Und sie kommen[26] sehr früh am Morgen des ersten[27] (Tages) der Woche[28] an das Grab, als (eben) die Sonne aufging. (3) Und sie sagten zu sich: Wer wird uns den Stein wegwälzen von der Tür des Grabes? (4) Und nachdem sie aufgeblickt haben, sehen sie, daß der Stein weggewälzt worden ist. Denn er war sehr groß.[29] (5) Und nachdem sie hineingegangen waren hinein in das Grab, sahen sie einen Jüngling sitzend zur Rechten[30], bekleidet mit einem weiß-strahlenden Gewand, und sie erschraken. (6) Der (Jüngling) aber sagt ihnen: Erschreckt nicht. Jesus sucht ihr, den Nazarener, den, der gekreuzigt worden ist: Er ist auferweckt worden, er ist nicht hier. Siehe, der Ort, wohin sie ihn legten. (7) Sondern[31] geht weg, sagt seinen Jüngern und dem Petrus:[32] „Er geht euch voran hinein nach Galiläa. Dort werdet ihr ihn sehen, wie er euch gesagt hat". (8) Und nachdem sie herausgegangen sind, flohen sie weg vom Grab, denn Zittern und Entsetzen hatte[33] sie (befallen). Und sie sagten niemandem irgendetwas, denn sie fürchteten sich.

---

[24] Die relative Vergangenheit des Gen. abs. mit aor. Partizip gegenüber der Verbhandlung mit aorist. Verb ergibt sich nicht zwingend aus der Form (Ausnahmen BDR § 339,1 mit A. 5), sondern wegen des Inhalts der Aussage.

[25] Zur Ellipse des Wortes „Mutter" s. BDR § 162,3.

[26] Die präsentischen Hauptverben werden ins deutsche Präsens übertragen, auch wenn im Griechischen der Zeitstufenwechsel nicht so stilwidrig empfunden worden sein mag wie im Deutschen. Bes. Mk hebt mit dem Präsens tragende Haupthandlungen hervor gegenüber Begleitumständen etc. in Zeitstufen der Vergangenheit; vgl. BDR § 321.

[27] Kardinal- statt Ordinalzahl entspricht dem Hebräischen, vgl. BDR § 247,1 mit A. 1–3.

[28] Übersetzung des pl. τὰ σάββατα mit Woche s. BAUER, Wb s.v. σάββατον 2b (1480).

[29] Einige Textzeugen ändern die Reihenfolge in Mk 16,4. NEIRYNCK, Gospels 741–744 referiert mit der ihm eigenen Neigung zur Vollständigkeit der Lit. die wissenschaftliche Diskussion und stärkt die Lesart des NA.

[30] Der Plural bei Richtungsangaben ist schon klassisch nach BDR § 141,2 A. 6.

[31] Wegen des Bezuges zum „Fürchtet euch nicht" übersetze ich das ἀλλά 16,7 mit „sondern". BAUER, Wb s.v. 6 (75) schlägt vor: „nun geht denn hin".

[32] Das ὅτι dürfte rezitativ sein und eine direkte Rede einleiten. Vgl. BAUER, Wb s.v. 2 (1193); BDR § 470,1. Für die Interpretation ist nicht unwichtig, ob die Frauen wörtlich ausrichten sollen: „Er geht euch voran", d.h. er geht seinen Jüngern voran, oder ob der Jüngling ausrichten läßt, daß er euch, also den direkt angesprochenen Frauen sowie den Jüngern vorangehen wird. Der Rückverweis auf 14,28 erzwingt die erste Lösung.

[33] Zum vorangestellten sg. Verb bei Subjektreihen s. BDR § 135,1b mit A. 3.

1.2.2 Textimmanente Rückbezüge in Mk 16,1–8 auf das Mk-Ev

Zunächst muß die Frage geklärt werden, ob in der Perikope Mk 16,1–8 Hinweise zu finden sind, die über diese Perikope hinaus auf das Evangelium verweisen. Im Gegensatz zur überlieferungsgeschichtlich orientierten Forschung interessieren dabei nicht die womöglich aus der mündlichen Tradition übernommenen Wurzeln der Perikope, sondern die Verankerung der Perikope im Text des zweiten Evangeliums.[34]

Die relativ geschlossene Einheit Mk 16,1–8 ist durch verschiedene Rückverweise mit dem restlichen Evangelium verbunden. Einzelne Bezüge der Perikope weisen über die Einheit von Mk 16,1–8 hinaus. Diese Bezüge werden im folgenden vorgestellt. Es geht dabei zunächst um die Feststellung, welche Verknüpfungen bestehen und sodann um die Auswertung dieser Verknüpfungen.

Die Anschlußpartikel καί verbindet mit der vorangehenden Perikope. Das in Mk 16,1 verwendete Relativpronomen „ihn" bezieht sich über mehrere Zwischenglieder schließlich auf den in 15,43 genannten Jesus.[35]

Die in Mk 16,1 genannten Frauen führt 15,40.47 ein: Maria, die von Magdala (15,40.47); Maria, die des Jakobus (15,40) und Salome (15,40). Die leichten Abweichungen bei den Frauenlisten sind eines der wichtigsten Argumente für die behauptete Selbständigkeit der Einheit Mk 16,1–8.[36]

Das in Mk 16 vorausgesetzte Grab, dessen Öffnung und dessen rollbaren Verschlußstein nennt Mk 15,46 in z.T. wörtlich gleichen Formulierungen. Mk 16 setzt das unmittelbar vorher beschriebene Grab als bekannt voraus, die Bezeichnung für das Grab lautet durchgehend „μνημεῖον" (Mk 15,46b.c; 16,2.3.5a.8). Nachdem die Bezeichnung für das Grab in 15,46 ohne Artikel eingeführt wurde, erhält es bei den späteren Benennungen jeweils den bestimmten Artikel. Noch NA 25. Aufl. hielt den abweichenden Ausdruck „μνῆμα" für das Grab in Mk 15,46b und 16,2 für ursprünglich. In beiden Fällen dürfte eine sekundäre Angleichung an die Lk-Parallele zum Wechsel der Ausdrücke geführt haben (Lk 23,53; 24,1).

---

[34] Diese Fragerichtung forderte v.a. R. PESCH ein, z.B. PESCH, Schluß 365–367. Er untersucht die Verklammerungen Mk 16,1–8 mit dem übrigen Evangelium. Dabei meint er, auf Bezüge innerhalb eines vormk Passionsberichts zu stoßen. Der schon sehr weit gefaßte erschlossene Passionsbericht PESCHS dürfte für die Verklammerungen noch nicht ausreichen: Die Klammern reichen von Mk 1,1–16,8, gehen also auf den Redaktor des Evangeliums zurück, s.u. 1.4.2.

[35] Die Zwischenglieder sind: Verbform in 15,47 τέθειται, das Pronomen „αὐτόν" in V. 46b und V. 46a, „τὸ πτῶμα" V. 45, ἀπέθανεν V. 44b, τέθνηκεν V 44a zu „τὸ σῶμα τοῦ Ἰησοῦ" 15,43. Das maskuline Relativpronomen zu neutrischem Bezugswort ist als constructio ad sensum (BDR § 134,3; § 282) hinreichend erklärt. IERSEL, Mk 244 sieht darin ein „subtiles Spiel mit dem Pronomen".

[36] So stützt PAULSEN, Mk 147f. 156. 162f. nach vorsichtiger Annäherung (zunächst „heuristische Isolierung" aaO. 148; vgl. aaO. 155) mit diesem Argument, daß der Grundstock der Erzählung schon vormk sei. Insbesondere aaO. 162 wird klar, daß dies das einzige Argument bleibt. Ungleich selbstverständlicher waren die älteren Exegeten bis hin zu SCHENKE, Auferstehungsbotschaft von der gegenüber Mk selbständigen Überlieferung des Grundstocks Mk 16,1–8 ausgegangen. Gegen deren Argumentation wandte sich v.a PESCH, Schluß passim.

In der Rede des Jünglings weist die Bezeichnung Jesus als „Nazarener" über den unmittelbaren Kontext hinaus. Die Bezeichnung Ναζαρηνός findet sich noch in Mk 1,24; 10,47; 14,67.[37] Daß der Jüngling den Frauen eine Botschaft für die Jünger ausrichtet, setzt wohl deren Abwesenheit („Jüngerflucht"[38] Mk 14,50) voraus.[39]

In der Rede findet sich eine sachlich marginale Abweichung von der vorausgesetzten Grablegungsgeschichte. Während Mk 15,46 Joseph von Arimathäa ihn ins Grab legte, 3. Pers. sg. (so auch Mk 15,47), redet der Jüngling davon, daß „sie" ihn legten, 3. Pers. pl. Diese „Spannung" dürfte einer Nachlässigkeit bei einem Nebenmotiv entstammen. Sie als Anlaß für Dekompositionen zu nehmen, dürfte sie überbewerten.[40]

Der am stärksten markierte Rückbezug in der Form eines ausdrücklichen Zitats findet sich in Mk 16,7: „(Jesus) geht voran nach Galiläa" verweist explizit auf Mk 14,28 mit den Worten: „wie er euch gesagt hat". In der literarkritisch arbeitenden Exegese führte dieser Rückbezug i.a. dazu, Mk 16,7 als redaktionelle Ergänzung aus einer älteren „Tradition" herauszulösen.[41]

Neben den Rückbezügen finden sich in der Perikope spezifische Motive der markinischen Passionsgeschichte. Die Tagesangaben Mk 16,1f. fügen sich ein in den Wochentagsplan der markinischen Passionsgeschichte. Auch die Lichtsymbolik durchzieht die markinische Passionsgeschichte. Die Perikope akzentuiert dieses Motiv durch die Art und Weise, wie Mk 16,2 vom Aufgehen der Sonne berichtet. Die Frauen ziehen noch in der Finsternis los, Jesu Leichnam zu salben. Die Lichtmetaphorik hat der Evangelist schon hinreichend verwendet, um hier die intendierten Konnotationen voraussetzen zu dürfen: Der Finsternis entspricht Unverständnis. Die Finsternis vor dem Sonnenaufgang, in der die Frauen zum Grab aufbrechen, entspricht wohl deren Orientierungslosigkeit in der erzählten Zeit der Geschichte.

Die Tageszeiten sind in der Einleitung der Grabesgeschichte besonders hervorgehoben. Nur um den Termin des Geschehens zu referieren, wären solch umständliche Angaben überflüssig. Der Passionsbericht hat allerdings die Leser schon mit der Parallelisierung von Jesu Tod und Finsternis in der Welt vertraut gemacht (15,33). Der Dunkelheit folgt jeweils das Unverständnis derer, die in der Dunkelheit waren (vgl. 15,35–37). Der Nacht beim Aufbruch der Frauen ent-

---

[37] Lk hat diese Bezeichnung 4,34 von Mk 1,24 übernommen; nur Lk 24,19 hat die mk Form ohne mk Vorlage. Sonst haben Lk und Mt in gleicher Bedeutung die Form Ναζωραῖος, vgl. Bauer, Wb sub voces (1077).

[38] Der Ort, zu dem die Jünger entweichen, bleibt ungewiß. Um nicht Zeugen der Kreuzigung zu sein, brauchen sie freilich nicht bis Galiläa fliehen. Zu Recht bezeichnet daher Marxsen, Evangelist 52 A. 1 die Jüngerflucht *nach Galiläa* als „Fabel".

[39] So zu Recht Pesch, Schluß 371 (sub 1.2.2.4).

[40] Vgl. aber Merklein, Epilog 227 A. 25.

[41] So Paulsen, Mk 149–153. V.a. die Differenzen bei der Frauenliste in Mk 16,1 gegenüber Mk 15,40.47 tragen bei Paulsen die Last, die ursprüngliche Selbständigkeit der Perikope zu beweisen (aaO. 147. 156. 162). Redaktionell sei nach Paulsen nur 16,7 und vielleicht 16,8b.

spricht ihre Orientierungslosigkeit nach Jesu Tod. Umgekehrt geht mit der Sonne am Grab das Licht der Erkenntnis auf.[42]

Zusammenfassend läßt sich sagen, daß fast alle Rückbezüge innerhalb der Passionsgeschichte bleiben. Rudolf Pesch teilt diese Beobachtung und folgert daraus: Die Rückbezüge sind so stark mit der Perikope verwoben, daß ein Erzählkern ohne diese Bezüge nicht als selbständige Erzählung angenommen werden kann.[43]

Gerade einem solchen Erzählkern, einer älteren Vorlage hinter Mk 16,1–8 gilt aber i.a. das Interesse. Doch mit diesem anderen Interesse verbindet sich meist eine Fragerichtung, die von unserer abweicht. Zwei entgegengesetzt ausgerichtete Beispiele können dies verdeutlichen.

Ludger Schenke hat mit den Methoden der Literarkritik die Vorlage von der seiner Meinung nach markinischen Bearbeitung getrennt. Eine zu seiner traditionsgeschichtlichen Untersuchung komplementäre redaktionsgeschichtliche Untersuchung grenzt er zunächst methodisch aus.[44] Mit der methodischen Ausgrenzung beschränkt er sich unter der Hand auf eine vormarkinische Theologie. Die Suche nach historisch zuverlässigem Material verstärkt die Tendenz, nur den Quellen des Mk, nicht diesem selbst Bedeutung zuzumessen. Jeder Eingriff des Evangelisten wäre der Eingriff eines späteren Auslegers in eine ältere Quelle.

Obwohl auch Rudolf Pesch einen vormarkinischen Passionsbericht annimmt, gehen seine Erwägungen in eine völlig andere Richtung. Die vielfältigen Verknüpfungen der Perikope mit den vorangehenden Erzählungen nimmt Pesch als ein Argument für die Einheitlichkeit des Textes. Allerdings habe diese spannungsfreie Einheit dem Evangelisten schon fertig vorgelegen als Abschluß des durch Pesch erschlossenen vormarkinischen Passionsberichtes.[45] Der Evangelist habe „seine Vorlage nicht redaktionell bearbeitet".[46] Mit dieser These zwingt sich Pesch, den vorliegenden Text zu interpretieren. Er unterstreicht auch, daß die Perikope Abschlußcharakter hat. Nur beschließe sie zunächst nur die Passionserzählungen. Besondere Inhalte der Perikope wären also vom Evangelisten nur übernommen, nicht aber gestaltet.

Die beiden gegenübergestellten Auslegungen zu Mk 16,1–8 eröffnen die Frage, wem die gestaltende Hand in der Perikope zugesprochen wird: Demjenigen, der den Makrokontext des Evangeliums schuf, also dem Evangelisten, oder dem (oder den) Verfasser(n) eines älteren Traditionsstückes. Zwischen diesen beiden Möglichkeiten sind freilich auch fließende Übergänge möglich. Der spätere Autor

---

[42] Lit. zur Lichtmetaphorik bei der mk Passionsgeschichte sammelt GÜTTGEMANNS, Analyse 49.

[43] PESCH, Schluß 370–372 (sub 1.2). Insbesondere die Erzählungen Mk 15,42–47 und 16,1–8 sind so vielfältig aufeinander bezogen, daß sie nicht als getrennt entstandene Einheiten aufgefaßt werden können, aaO. 374 (sub 2.4).

[44] SCHENKE, Auferstehungsverkündigung 7.

[45] PESCH, Mk II 1–27 stellt diesen erschlossenen Passionsbericht ausführlich vor. Die Rekonstruktion hat vielfältige Kritik erfahren, v.a. NEIRYNCK, Evangelica [I] 527–546; DSCHULNIGG, Sprache 330, vgl. aaO. 590: Der erschlossene Bericht läßt sich sprachlich nicht ausweisen.

[46] PESCH, Mk 520.

kann allein durch das Zitieren auch sehr bewußt theologische Implikationen mitübernehmen.

1.2.3 Der Evangelist als Gestalter von Mk 16,1–8

Selbst wenn der Evangelist aus relativ fest fixierten Überlieferungen schöpft, darf seine Arbeit nicht auf eine interessenlose Zitierung verkürzt werden. Anders gesagt: Selbst wenn der Wortbestand der Perikope weitgehend auf eine ältere Quelle zurückzuführen ist, muß die Absicht des Redaktors erklärt werden. In Mk 16 zeigt sich ein Redaktor, der weit über die Passionsgeschichte hinaus blickt. Dieser weite Blick kann schwerlich einer Redaktionsstufe eines vormarkini-schen Passionsberichtes zugetraut werden, sofern er den Erzählbogen des ganzen Evangeliums voraussetzt.

Einen solch weiten Blick am Ende des schriftlichen Evangeliums, der bis zu Jesu Herkunft in Nazaret reicht, zeigt Mk 16,6. Die Benennung Jesu durch den Jüngling läßt den Bogen des Evangeliums als Ganzen spannen – und diese Benen-nung steht in der Erzählung an hervorgehobener Stelle: „Ihr sucht Jesus, den Nazarener, den Gekreuzigten. Er ist auferstanden, er ist nicht hier." Herkunft Jesu, Kreuzigung und Auferstehung sind so auf knappstem Raum verbunden. Damit reicht diese Bezeichnung Jesu weit über den Rahmen der Passionsgeschichte hinaus. Es geht dabei nicht nur um die bei den Synoptikern auffällige Vokabel Ναζαρηνός. Mt und Lk übergehen diese Bezeichnung, obwohl die wörtlichen Anleihen an Mk bei der Rede des Jünglings sonst besonders groß sind. Die Vokabel könnte mit etwas Mühe auch einem vormarkinischen Passionsbericht zugemutet werden.[47] Doch bei der Bezeichnung ist auch die Sache mitzubeachten: Mk 16,6 identifiziert die Person Jesu durch Herkunftsbezeichnung und Todes-schicksal. Diese Perspektive auf die Lebensgeschichte Jesu von seiner Herkunft her legt nahe, daß diese Klammer erst innerhalb des ganzen Evangeliums gestaltet wurde. Da der Bogen zum Anfang des Evangeliums reicht, stammt der Ausdruck wohl vom Gestalter dieses weiten Bogens, dem Evangelisten.

Die Anrede des Jünglings faßt nicht nur den Bogen des Evangeliums zusam-men. Diese Anrede an die Frauen wird transparent für die Leser des Evangeli-ums: „Ihr sucht Jesus, den Nazarener, den Gekreuzigten." Diese Transparenz auf die Rezipienten hin erschließt eine wesentliche Absicht der Perikope.[48] Hier nun geht es um die Funktion dieser Perikope im Kontext des Mk-Ev.

---

[47] PESCH, Mk II 520 verbucht die Bezeichnung als Hinweis auf seinen vormk Passions-bericht, zu dem er auch 10,46–52* rechnet, u.a. weil 10,47 die Anrede N. hat (aaO. 168). Die Benennung Jesu als N. Mk 1,24 übergeht er aaO. 168; 533 (zu 16,6), vgl. 24, sonst wäre vielleicht auch diese Perikope aus dem Passionsbericht. Kritisch auch DSCHULNIGG, Sprache 333, vgl. 101f.

[48] Gerade wenn mit PESCH, Schluß 396 (sub 2.5.4) vgl. 397 (sub 5.2) Mk 16,1–8 als eine „konstruierte Erzählung" bezeichnet wird, fragt sich, woraufhin der Autor konstruiert. Vgl.

Die Frage nach der Funktion einer Erzählung im Kontext eines ganzen Evangeliums ist lange Zeit vernachlässigt worden.[49] Im Bereich der redaktionsgeschichtlichen Forschung und insbesondere des narrative criticism ist dieser Fragehorizont wieder ins Zentrum gerückt. Speziell der Abschluß des Mk-Ev zeigt sich als erzähltechnisch durchgearbeiteter Abschluß der „Erzählung" des Mk-Ev. Ein Detail dieser Erzähltechnik ist für unsere Frage nach der Selbsteinschätzung des Textes von besonderer Bedeutung: Die Frage, welche Autorität sich der Text des Mk-Ev bei seinen Lesern verschafft.

1.3 Die Absicht des Evangelisten mit Mk 16,1–8

Die Absicht des Evangelisten mit der Perikope erschließt sich durch drei Beobachtungen:

1.3.1 Die Erzählung Mk 16,1–8 baut eine Identifikationsperspektive auf: Der Leser erlebt das Erzählte mit den Frauen.

1.3.2 Die Identifikationsperspektive weist den Lesern einen Platz in der Geschichte zu: Die Botschaft des Jünglings an die Frauen ist transparent für die Leser. Die Erzählung hat eine Rezipientenebene.

1.3.3 Auf der Rezipientenebene steht der Leser so hinter den Frauen, daß sich der Auftrag des Jünglings an die Frauen auch an die Rezipienten richtet.

Diese Beobachtungen sollen nun im einzelnen entfaltet werden.

1.3.1 Die Frauen als Identifikationsangebot in Mk 16,1–8

Der Erzähler weist den Lesern in Mk 16,1–8 eine bestimmte Perspektive zu. Robert M. Fowler hat die Bedeutung der Perspektivenzuweisung für die Mk-Interpretation zusammenhängend dargestellt.[50] I.a. können die Leser im Mk-Ev aus hoher Perspektive das erzählte Geschehen miterleben. Meist übersteigt der Verständnishorizont des Lesers den Horizont der Personen, die innerhalb einer Geschichte vorkommen. Sogar die Jünger bleiben hinter dem Verstehen der Rezipienten zurück. So erlauben Erzählerkommentare den Lesern, das Verhalten der Jünger zu mißbilligen. Der Erzähler hebt die Rezipienten auf die Höhe der jesuanischen Perspektive, dadurch können sie das unangemessene Unverständnis des Jüngerkreises wahrnehmen.[51]

MERKLEIN, Epilog 223: Mk 16,8a mache die semantische Konstruiertheit der Geschichte deutlich.

[49] Vgl. o. Kap. I 3; speziell zu Mk: ZWICK, Montage 14; MÜLLER, Wer 11.

[50] FOWLER, Reader 61–80. Ähnlich schon KLAUCK, Rolle 17–20.

[51] FOWLER, Reader 79 f.: „We [the readers, T.H.] are put in a position of knowing more than the disciples do" (aaO. 80).

Von hoher Warte aus läßt der Erzähler in Mk 16,1f. zunächst auch seine Leser auf die drei Frauen herabblicken. Doch diese hohe Perspektive wird sehr schnell verlassen. Schon mit der Frage der Frauen (16,3) ist der Rezipient der Erzählung mit in das Gespräch der Frauen hineingenommen.[52] Kein vorausgehender Hinweis erlaubt ihm, das angesprochene Problem von höherer Warte aus zu sehen, als es die Frauen selbst vermögen. Diesem Perspektivenwechsel entspricht ein Identifikationsangebot an die Leser: Sie können das folgende mit den Augen der Frauen erleben.

Exkurs: Die Frauen in Mk 16 als „literarische Helden"

Vergangene Geschichte kann für die Leser aktualisierbar gemacht werden, wenn in den Erzählungen Identifikationsangebote vorkommen. In neuerer Zeit hat Hans Robert Jauß dem Phänomen der ästhetischen Identifikation Beachtung geschenkt. Er nennt seine Erwägungen „Versuch über den literarischen Helden". Soweit dieser Versuch Kategorien beschreibt, die Mk 16 auszulegen helfen, soll er hier referiert werden. Zunächst unterscheidet Jauß das allgemeine Phänomen des Vorbildes von dessen spezieller Anwendung in der Literatur. Schon diese Unterscheidung ist für Mk 16 beachtenswert:

> „Identifikation ist nicht von Haus aus ein ästhetisches Phänomen, der Held nicht allein poetischer Produktion entsprungen. Heroische, religiöse oder ethische Vorbilder können in ästhetischer Einstellung die kathartische Lust hinzugewinnen, die dann zur Verlockungsprämie wird, um dem Zuschauer oder Leser Verhaltensmuster wirkungsvoller zu vermitteln und über das Exemplarische menschlichen Handelns und Leidens seine Tatbereitschaft herbeizuführen. Die ästhetische Einstellung, die derart zur Identifikation mit dem Vorbild disponiert, ist indes ständig in Gefahr, den Appell zur Nachfolge ästhetisch zu neutralisieren oder in den bloßen *Mechanismus der Nachahmung* (Kant) abzuleiten. Identifikation in ästhetischer Einstellung ist ein Schwebezustand, der in ein Zuviel oder Zuwenig an Distanz – in ein uninteressiertes Abrücken von der dargestellten Figur oder in ein emotionales Verschmelzen mit ihr – umkippen kann."[53]

Für die durch Mk dargestellten Frauen ist dieser „Schwebezustand" zwischen Belanglosigkeit und gesetzlicher Vorbildfunktion konstitutiv. Eine weitere Beobachtung des Literaturwissenschaftlers bietet sich an, auf Mk übertragen zu werden. Die Anwendung der Jaußschen Kategorien zieht auch aus dessen Sensibilität für „Epochengrenzen" in der Literatur Gewinn. Solche Grenzen führen nach Jauß zu einer kritischen Aufarbeitung der bislang unhinterfragten Normen literarischer Produktion. Jauß legt Wert darauf, über normerfüllender und normbrechender Funktion auch die normbildende Funktion der Kunst zu gewärtigen. Erst diese differenzierte Funktionsbreite literarischer Helden erlaubt, die literarische Rolle der Frauen in der markinischen Grabesgeschichte zu umreißen. Mit ihnen überbrückt Mk die „Epochengrenze", die durch Jesu Auferstehung begründet wurde.

---

[52] Zwick, Montage hat versucht, die mk Erzählweise durch die Mittel der filmischen Kameraführung zu analysieren. Zu seiner Methode allgemein aaO. 127–184. Den Perspektivenwechsel in Mk 16,4 beschreibt er aaO. 465.

[53] Jauss, Erfahrung 244. Die von Jauss hervorgehobenen Stichworte finden sich bei Kant, Kritik der Urteilskraft, § 32 Eigentümlichkeit des Geschmacksurteils: „Mechanism der Nachahmung" (A 137; B 139; Werke [Hg. Weischedel] 5, 377). Vgl. Jauss aaO. 190; auch aaO. 29.

Um die Bedeutung des literarischen Helden genauer beschreiben zu können, unterscheidet Jauß fünf verschiedene Modalitäten der Identifikation. Diese Modalitäten schließen sich keinesfalls gegenseitig aus, sie können gleichzeitig nebeneinander auftreten. Ein Durchgang durch diese fünf von Jauß unterschiedenen Modalitäten sind für die Frauen bei Mk erhellend.[54] Er unterscheidet assoziative, admirative, sympathetische, kathartische und ironische Modalität der Identifikation.

Die ersten drei Modalitäten der Identifikation sind für die Frauengestalten bei Mk leicht nachvollziehbar. Ein „Sich-Versetzen in die Rollen" fördert die in Mk 16,3 angesprochene Aporie. Trotz der präzisen Benennung der Akteure (16,1) ist über die Steinproblematik in Mk 16,3 die historische Distanz überbrückbar gemacht worden. Nicht die biographisch-historische Einmaligkeit der Frauen, sondern ihre Handlungsabsicht steht im Vordergrund bei Mk 16,1–3.[55] Soweit sind die Voraussetzungen für eine assoziative Identifikation gegeben.

Jauß weist den Schwebezustand der Identifikation aus als Schwebe zwischen distanzwahrender Verehrung, der admirativen Identifikation, und der distanzüberwindenden Identifikation, der sympathetischen Identifikation.

Admirative Identifikation regen die Frauen an, weil sie im Gegenüber zu den Jüngern nicht flüchteten. Doch gerade dieser admirative Aspekt wird im Verlauf der markinischen Erzählung kathartisch-ironisch gebrochen. Anders als Märtyrergeschichten und Revolutionshelden sollen die Personen der Frauen nicht in den Vordergrund rücken, um Verhaltensparadigmen abzugeben. Sei es historisch veranlaßt oder erzählerisch gestaltet: Die Frauen der markinischen Grabesgeschichte stehen nicht über der Botschaft, die sie als erste erfuhren.

Die Frauen sind bei Mk als admirative Helden auch sympathetische. „Unter sympathetischer Identifikation soll der ästhetische Affekt des Sich-Einfühlens in das fremde Ich verstanden werden, der die bewundernde Distanz aufhebt und den Zuschauer oder Leser durch seine Rührung hindurch zur Solidarisierung mit dem leidenden Helden führen kann".[56] Die Absicht der Frauen, den Leichnam zu salben, entstammt den zeitgemäßen Riten. Bevor über die Angemessenheit der Salbung in diesem besonderen Fall räsoniert werden sollte, gilt es, das Identifikationspotential der Absicht zu würdigen. Der Versuch der Frauen, tradierte Beerdigungsriten auf Jesus anzuwenden, ermöglicht eine sympathetische Identifikation.

Doch die Frauen werden nicht ungebrochen zu Helden stilisiert. Auf den eindeutigen Auftrag folgt wenigstens zunächst die eindeutige Unfähigkeit, diesen Auftrag auszuführen. Die Identifikation mit den Frauen erfährt so Grenzen. Der Rezipient wird zur urteilenden Rezeption veranlaßt. Damit wäre ein wesentlicher Aspekt der von Jauß als kathartisch bezeichneten Identifikation benannt.[57] Die urteilende Rezeption der Grabesgeschichte geht freilich nicht auf in der „Freisetzung der moralischen Reflexion", wie sie nach Jauß in der deutschen und französischen Klassik angestrebt wurde.[58]

---

[54] Vgl. die Tabelle bei JAUSS, Erfahrung 252. Nach aaO. 247 A. 6 konnte die Tabelle „lediglich aus technischen Gründen nicht in Kreisform angelegt werden".

[55] JAUSS, Erfahrung 252. 260–264 geht vom Spiel aus, insbesondere vom geistlichen Spiel, das aus der liturgischen Feier herauswuchs (aaO. 248f.), weil sich im Spiel die assoziative Imagination am reinsten verwirkliche (aaO. 260). Grundsätzlich erlaube auch der literarische Held analoges Übernehmen einer Rolle.

[56] JAUSS, Erfahrung 271.

[57] JAUSS, Erfahrung 278.

[58] JAUSS, Erfahrung 281.

Alle Fäden der Identifikation laufen im abschließenden Vers Mk 16,8 zusammen. Nachdem zunächst die „Schwebe" der Identifikation zwischen sympathetischer Einfühlung und admirativer Verehrung eingeleitet wurde, überrascht Mk 16,8. In krasser Weise versagen die Frauen gegenüber ihrem Auftrag.

Das erstaunliche Ende der markinischen Grabesgeschichte hat starke Ähnlichkeiten mit der durch Jauß sogenannten „ironischen Identifikation":

„Unter ironischer Identifikation soll eine Ebene ästhetischer Rezeption verstanden werden, auf der dem Zuschauer oder Leser eine erwartbare Identifikation nur vorgezeichnet wird, um sie hernach zu ironisieren oder überhaupt zu verweigern. Solche Verfahren der ironisierten Identifikation und der Illusionszerstörung dienen dazu, den Rezipienten aus seiner unreflektierten Zuwendung zum ästhetischen Gegenstand zu reißen, um seine ästhetische und moralische Reflexion hervorzurufen".[59]

Der offene Abschluß Mk 16,8 zielt auf Reflexion der erzählten Geschichte. Freilich zielt Mk 16 nicht nur und keinesfalls zuerst auf eine ästhetische oder moralische, sondern vor allem auf eine theologische Reflexion. Mit dem Auftrag des Jünglings im Grab ist die Aufgabe, Zeugnis abzulegen, gegeben. Innerhalb der erzählten Geschichte wird dieses Problem nicht gelöst.

Die durch Jauß vorgestellten Beispiele ironischer Identifikation intendieren, die obsolet gewordenen Tugenden bloßzustellen. Ironisch sind diese Identifikationen, weil den obsoleten Tugenden nicht einfach aktualisierte gegenübergestellt werden. Die ironische Brechung bietet kein eindeutiges Ergebnis an, sie fixiert vielmehr das Problem und drängt so den Rezipienten, Position zu beziehen.

Hans Robert Jauß' Versuch über den literarischen Helden erlaubt, bei der markinischen Darstellung der Frauen am Grabe mehrere Aspekte von Identifikationsangeboten zu sehen. Der Ausflug in die Literaturwissenschaft kann auch zeigen, wie eng eine Exegese angelegt ist, die nur nach dem historischen Hintergrund einer Erzählung fragt. Die theologische Tiefe ergibt sich nicht nur aus der Information über Vergangenes, sondern auch aus der Darstellung. Von daher ergibt sich die Aufgabe, nach der theologischen Bedeutung der Erzählweise zu fragen.

1.3.2 Die Botschaft des Jünglings im Grab und das Mk-Ev

Der Leser wurde darauf vorbereitet, sich mit den Frauen der Erzählung zu identifizieren. Schaute der Leser eben noch dem olympischen Erzähler ähnlich von oben auf die Frauen herab, die in der Finsternis zum Grab wandern, ändert sich in V. 4 die Perspektive. Mit ihren Augen sieht und hört der Leser das folgende Geschehen. Wie die Frauen blickt der Leser in die nun geöffnete Höhle und erhält den Auftrag des Jünglings.[60]

---

[59] JAUSS, Erfahrung 283.
[60] Vgl. BOOMERSHINE, Mark 232: „The function of this invitation to identify with the women is to involve the audience in the experience of hearing the announcement of the resurrection from the perspective of the women."

Die Frauen erfahren oder sehen nichts, was sie gegenüber den späteren Christen in einen unerreichbaren Status heben würde, die Frauen werden z.B. nicht Zeugen des Auferstandenen. Diese Frauen aber können aus dem, was sie *nicht* sehen, auf das schließen, was passiert ist. Dadurch kann der Erzähler die Einmaligkeit der Zeit und die Einmaligkeit des Ortes aufheben: Der Tag ist für die Frauen nicht durch eine Begegnung mit dem Auferstandenen verbunden. Die bedeutsame Botschaft über Jesus erhalten auch die Frauen nur vermittelt durch einen Boten. Ferner ist der Ort seiner besonderen Bedeutung beraubt. Die Erzählung in ihrer überlieferten Form ist als Ortsätiologie denkbar ungeeignet. Irgendeine Requisite der Erzählung hätte verbunden werden müssen mit einem signifikanten Mal eines bestimmten Ortes, um eine Ortsätiologie zu ermöglichen. Die Beschreibung des Rollsteingrabes ist dafür zu unspezifisch. Der Erzähler erschwert mit der Aussage „er ist nicht hier" eher eine Ortsätiologie für eine bestimmte Stätte Jesu in Jerusalem. Für fernwohnende Christen hat dies entscheidende Folgen. Diese Erzählung regt keinen Besuch der Grabesstätte Jesu an.

Mk unterstreicht nicht die Einmaligkeit des Ortes oder des Zeitpunktes und doch erhält das Grab für die Geschichte entscheidende Bedeutung. Das durch die Frauen aufgesuchte Grab initiiert ihre Beauftragung. Hier findet ihre „Suche" nach Jesus ihren Abschluß. Angesichts des leeren Grabes können die Frauen verstehen, daß jede weitere Suche erfolglos sein muß. Der Auferstandene läßt sich nicht vorfindlich machen. Die entscheidende theologische Öffnung innerhalb der Geschichte geschieht, indem den Frauen ein Blick in das offene Grab gewährt wird. So können die Frauen einsehen, warum ihr ursprüngliches Ansinnen nicht mehr sinnvoll ist. Für eine Salbung fehlt der Leichnam, weil Jesus auferstanden ist. Nun liegt die bislang verborgen gehaltene wahre Messianität Jesu als des leidenden und auferstandenen Messias auch für die Frauen offen zu Tage.

Über die Ausführung des Auftrags an die Frauen berichtet Mk nicht. Dadurch bleibt für die Leser die mit den Frauen gleichzeitige Perspektive erhalten. Ein Bericht über die Ausführung des Auftrages hätte die identifikatorische Identität zwischen den Frauen am Grab und den Rezipienten des Evangeliums durchkreuzen müssen, weil sich der Auftrag in der Erzählung an historische Personen richtet. Die bei Mk vorliegende Version hebt die Aufforderung hervor, die Botschaft weiterzugeben, sie unterläßt es aber, über die historische Vermittlung der Botschaft zu berichten. Die Aufforderung richtet sich durch die identifikatorische Identität auch an die Rezipienten des Evangeliums. So appelliert die Darstellung bei Mk auch an die Leser des Evangeliums, die Botschaft des Jünglings weiterzugeben.

Der Jüngling im Grab redet so, daß die weiterzugebende Botschaft einen Bezug hat zu dem schriftlichen Evangelium des Mk. Die Rede des Jünglings im Grab faßt das Mk-Ev zusammen und weist dann noch über den Erzählrahmen des

schriftlichen Evangeliums hinaus. Dem schriftlichen Mk-Ev entspricht die biographische Identifizierung Jesu: Jesus sucht ihr, den Nazarener, den, der gekreuzigt worden ist (s.o. 1.2.3). Der Bericht von der erfolgten Auferstehung leitet
über zum Auftrag an die Frauen, von der noch ausstehenden Verheißung zu
berichten. Wie der Jüngling zu den Frauen redet der Evangelist zum Leser: „Der
Erzähler reserviert sich so im Blick auf den Leser unter Ausschluß aller anderen
die Rolle, die innerhalb der Erzählung vom Boten gespielt wird. Auf diese Weise
setzt er sich selbst am Ende des Buches in die Rolle des Evangelisten ein, der die
gute Nachricht bringt".[61]

1.3.3 Die Rezipienten in der Erzählung

Daß Anfragen von Rezipienten eines Literaturwerkes schon in der Literatur-
produktion berücksichtigt werden, ist ein vielfach zu beobachtendes Phänomen.
Auch in den Evangelien finden sich immer wieder Abschnitte, die das Erzählte
transparent machen für die Gegenwart der späteren christlichen Gemeinde. Man
kann derartige „Gemeindeperspektiven" vielfach finden. In Texten, die einzig
Historie abbilden wollen, würden solche Darstellungsformen als unangemessene Rückprojektionen zu tadeln sein. Doch für Mk 16,1–8 gibt es Anzeichen, daß
diese Erzählung wenigstens nicht primär als historischer Bericht verstanden
werden will. Allein die Tatsache, daß die Frauen ihrem Auftrag nicht genügt
haben sollen, macht es sehr unwahrscheinlich, daß die Erzählung darauf ausgerichtet ist, die Historizität der Auferstehung zu erweisen.[62] Zudem eignen sich
die Frauen als Zeugen auch kaum, um historische Zuverlässigkeit zu garantieren.
Die nicht ganz seltene Polemik gegen Frauen als Gerichtszeugen hätte der Evangelist auf sich gerichtet.[63] Wären die Frauen eingeführt, um die Auferstehung zu
bezeugen, wäre der Spott des Kelsos wenigstens zeittypisch: „τίς τοῦτο εἶδε;
γυνὴ πάροιστρος …"[64]: „Wer sah dies? Eine verrückte Frau …". Die Art, wie
der Erzähler die Frauen in Mk 16 darstellt, erschwert es, in diesen Frauen histo-

---

[61] IERSEL, Mk 253.

[62] So schon HENGEL, Maria 252: „Das spätere Urteil des Celsus: ‚Wer hat das gesehen? Ein
verrücktes Weib, wie ihr behauptet …', konnte jeder, der nicht zur Gemeinde gehörte, vorweg-
nehmen"; ähnlich wie H. argumentiert FRANKEMÖLLE, Theodizee 104–106. Als „apologetische Legende" hatte BULTMANN, Geschichte 311, die Gattung der Perikope bezeichnet.

[63] Bill. 3, 559 mit Belegen (sub c) 560 nennt Sifre Dtn § 190 (Bietenhard S. 463); Jalqut
Schimoni 1 § 82; Mischna Schebuot 4,1 und die dazugehörigen Gemarot in den Talmudim:
bSheb 30a (engl.: Epstein z.St. S. 165–167); pSheb 35b (dt.: Wewers S. 144f.); Rosch ha-
Schana 1,8 s.a. bRH 22a. Nur in der Gemara zu BabaQamma 8,3: bBQ 88a (Gemara fehlt in
pBQ). Einschlägig wäre ferner: Josephus, ant 4,8,15 (§ 219). Vgl. HENGEL, Maria 246 (Lit.; die
folgende Origenesstelle aaO. 252 A. 2); THRAEDE, Frau 225: „Über die Rechtsfähigkeit der jüd.
F. ist leider wenig auszumachen, so daß wir auch nicht wissen, ob das Verbot, als Zeuge
aufzutreten (b Schab. 145b), einen Usus bekämpft oder beglaubigt"; MAYER, Frau 92.

[64] Origenes, Cels 2,55 (Koetschau 178, 25); vgl. die Antwort des Origenes, aaO. 2,59
(Koetschau 182, 23).

rische Überlieferungsträger zu erkennen. Sollte Mk darauf zielen, wäre zumindest eine Andeutung über die Ausführung des Auftrags nötig. Mt und Lk werden je eigenständig diese Lücke füllen. Bei Mk dagegen findet sich noch kein Hinweis auf eine historische Rolle der Frauen in einer Überlieferungskette. Diese Besonderheit der markinischen Grabesgeschichte wird m.E. zuwenig beachtet. Liest man Mk 16 mit Kenntnis der lukanischen oder matthäischen Fortsetzung, kann Mk leicht als eine unvollständige oder unbeholfene Version der späteren Ausführungen bei den großen Synoptikern wirken. Das Ende bei Mk 16,8 erscheint dann als verstümmelt oder dunkel.

Die z.T. dunklen Züge der Erzählung bekommen einen klaren Sinn, wenn sie als rezipientenorientiertes Erzählen verstanden werden. Die Erzählung ist ausgerichtet auf die Leserschaft hin. Die Leser sind in gewissem Sinne „in" der Geschichte. So ergibt sich neben der Ebene der erzählten Geschichte eine zweite Ebene. Ich nenne sie die „Rezipientenebene". Das Identifikationsangebot regt die Rezipienten an, die Frauen der Geschichte durchsichtig werden zu lassen für eigene Anfragen und Erfahrungen.

Die Erzähl- und Rezipientenebene sind aufeinander bezogen. In beide Ebenen geht es um einen Zugang zu Jesus nach dessen Kreuzigung. Die Absicht der Frauen, Jesus aufzusuchen, erlaubt den Rezipienten, sich mit dieser Absicht zu identifizieren. In dieser Absicht begegnen sich beide Erzählebenen. Auf diese Begegnung oder Verschmelzung der zwei Erzählebenen ist die Perikope bereits ausgerichtet. In der Erzählung sagt der Jüngling zu den Frauen: „Ihr sucht Jesus". Da die Frauen nach Mk 15,47 den Ort der Grablegung mit eigenen Augen gesehen haben, beschreibt diese Anrede ihr Ansinnen etwas unpassend bzw. ungenau. Die Frauen *suchen* nicht, sie meinen zu wissen, wo Jesus zu finden ist und wollen ihn salben.

Die Anrede des Jünglings an die Frauen „Ihr sucht Jesus …" fiel schon Lohmeyer auf.[65] Er schreibt zu der Anrede: „Der Satz ist wohl zu den Frauen geäußert, aber an die ungläubigen Juden gerichtet".[66] Das apologetische Interesse gegenüber ungläubigen Juden muß Lohmeyer dabei in den Text hineinlesen. Allerdings dürfte Lohmeyer richtig gesehen haben, daß diese Anrede über die erzählte Szene hinausweist.

Die Anrede beschreibt das Ansinnen der drei Frauen nur ungenau, ist aber direkt und präzise an die Leser des Evangeliums gerichtet. So schafft der Evangelist in Mk 16,1–8 eine Dialogsituation in der Geschichte, die für die Rezipientensituation transparent ist. Beide Dialogpartner, die Frauen und der Jüngling haben auf der Rezipientenebene eine Entsprechung. Ob der nackt fliehende

---

[65] LOHMEYER, Mk 354 A. 3: „Daß das Wort ζητεῖν auch in dem abgeschwächten Sinne ‚[das Grab] Jesu besuchen' genommen werden könnte, ist nicht belegt"(Eckige Klammern durch L.). Bei Mk steht die Vokabel entweder für das Suchen einer Person, deren Aufenthaltsort für die Suchenden unbekannt ist (Mk 1,37; 3,32), oder einem Modalverb ähnlich, um die angestrebte Handlung auszudrücken (Mk 8,11; 8,12; 11,18; 12,12; 14,1; 14,11; 14,55).
[66] LOHMEYER, Mk 354.

Jüngling Mk 14,51 f. mehr als die Bezeichnung νεανίσκος mit dem Jüngling im Grab gemein hat, bleibt Vermutung.[67] Die genaue Beschreibung des Jünglings in Mk 16 fällt auf. Die Kommentare bemühen sich, für die einzelnen Angaben sinnvolle Begründungen anzugeben. Etwa deute das Sitzen auf der rechten Seite auf eine positive Botschaft hin.[68] Ob freilich der Evangelist diese Deutung bei seinen Lesern als bekannt voraussetzen durfte, bleibt offen.

Durch das Identifikationsangebot treten die Rezipienten an die Stelle der Frauen in der Erzählung. In den Worten des Jünglings tritt den Frauen die Auferstehungsbotschaft gegenüber. Die Frauen stehen nicht im direkten Dialog mit dem Auferstandenen, sondern im indirekten: Der Jüngling verweist sie auf den Auferstandenen. Der Rolle des Jünglings entspricht auf der Rezipientenebene das niedergeschriebene Evangelium. In der Erzählung Mk 16,1–8 spricht der Jüngling zu den Frauen. Auf die Rezipientenebene übertragen, stehen sich Evangelium und Rezipienten gegenüber. Damit liegt eine Konstellation vor, die es dem Verfasser erlaubt, seine Absicht mit seinen Rezipienten *in* der Erzählung zu thematisieren.

1.3.4 Die Form des offenen Schlusses Mk 16,8

Durch die Rezipientenebene in der Erzählung erhält auch der Abschluß der Grabesperikope eine Bedeutung, die weit über diese Perikope hinausreicht. In dem Auftrag des Jünglings an die Frauen geht es darum, die Auferstehungsbotschaft weiterzugeben. In der Darstellung bis Mk 16,8 bleibt die Ausführung des Auftrages offen. Es handelt sich daher bei Mk 16,8 um einen „offenen Schluß", dessen literarische Technik in diesem Abschnitt (1.3.4) beleuchtet werden soll. Es geht dabei zunächst um die Form des offenen Schlusses.

Die Fortsetzungen des offenen Schlusses durch Mt und Lk haben die ursprüngliche Strategie des offenen Schlusses schwer erkennbar gemacht. Indem Mt und Lk die Offenheit des ursprünglichen Schlusses zu einem bestimmten verengen, haben sie nicht nur aus zahlreichen Möglichkeiten wenige einzelne ausgewählt. Sie haben vor allem den Blick dafür verstellt, welche Bedeutung die Unbestimmtheit oder Offenheit des ursprünglichen Mk-Schlusses hatte. Aus dem Blickwinkel der lukanischen oder matthäischen Weiterführungen des offenen Mk-Schlusses scheint bei Mk keine literarische Technik, keine Absicht vorzuliegen, sondern vielmehr eine fragmentarische Darstellung. Der Mk-Schluß kommt so nur als Mangel in den Blick, der keiner weiteren Beachtung wert zu sein scheint.

---

[67] Kritisch GNILKA, Mk II 272 A. 35: „Die Übereinstimmungen ... bestehen bei genauerem Zusehen nur im Wort νεανίσκος." Ähnlich PESCH, Mk II 532 A. 25; LINDEMANN, Osterbotschaft 304; MERKLEIN, Epilog 216; ALSUP, Resurrection 90 A. 267: „identity ... is possible". Weitgehende Schlüsse aus der vermuteten Identität zieht SCHNELLBÄCHER, Rätsel 126–135.

[68] LOHMEYER, Mk 354; PESCH, Mk II 532; GNILKA, Mk II 341; IERSEL, Mk 249.

Ob Mk den Schluß bewußt gestaltete oder vielleicht nur Zufälle bei der Texterstellung oder Überlieferung für diesen offenen Schluß verantwortlich sind, läßt sich an diesem Schluß selbst schwer entscheiden. Es geht mir bei der Untersuchung der Form des offenen Schlusses zunächst darum, die mögliche Bedeutung dieses Schlusses herauszuarbeiten, wer auch immer für diesen Abschluß verantwortlich sein mag. Die Form des offenen Abschlusses funktioniert auch, wenn dieser Abschluß ohne bewußte Gestaltung des Evangelisten zustande kam. Die Form des offenen Schlusses in Mk 16,8 bleibt nicht ohne inhaltlichen Konsequenzen: Der offene Schluß erhält theologische Bedeutung.

In einem zweiten Schritt (1.4) sollen die inhaltlichen bzw. theologischen Konsequenzen mit dem theologischen Anliegen des Evangelisten Mk verglichen werden.

Doch nun zum ersten Schritt: Die Form des offenen Schlusses. Nachdem die Textüberlieferung den ursprünglichen Abschluß des Mk-Ev bei Mk 16,8 aufgezeigt hat (s.o. 1.1), ist dieser Abschluß zu deuten. Der unvermittelte Abschluß des Evangeliums in Mk 16,8 hinterläßt bei mitdenkenden Rezipienten einen ungelösten Widerspruch.

Am Ende der Darstellung des Lebens und Sterbens Jesu bleibt die Auferstehungsbotschaft eine „unmögliche Möglichkeit": Unmöglich, da die ersten Zeuginnen geschwiegen haben, möglich, da die Geschichte berichtet wird in den Worten des Evangeliums. Wie kommt die Botschaft über die Auferstehung zu mir als Leser, wenn die ersten Zeuginnen ihren Auftrag nicht ausführten? Dieser Widerspruch drängt die Leser, nach einer Lösung zu suchen.[69] Es handelt sich mit den Worten der Wirkungsästhetik Wolfgang Isers um eine „Leerstelle"[70]: „[E]s gilt, das Vorenthaltene durch Vorstellungen zu besetzen".[71]

Die *Form* des offenen Schlusses in Mk 16,8 läßt sich nur künstlich vom *Inhalt* dieses offenen Schlusses ablösen. Doch bevor der inhaltlichen bzw. theologischen Bedeutung dieses Schlusses nachgegangen wird, soll noch ein Einwand zu Worte kommen, der sich dagegen richtet, bei Mk 16,8 einen offenen Schluß anzunehmen.

Gegen die Annahme, in Mk 16,8 liege ein den Leser bewußt einbeziehender Abschluß vor, läßt sich anfragen, ob eine derartige literarische Technik dem

---

[69] Vgl. PETERSEN, End 153: „The end of a text is not the end of the work when the narrator leaves unfinished business for the reader to complete, thoughtfully and imaginatively, not textually." Auf dieser Basis entfaltet P. die von Mk intendierte im offenen Schluß angelegte Strategie. Umfassend hat MAGNESS, Sense 25–85 vergleichbare offene Schlüsse gesammelt.

[70] Zum Begriff s. ISER, Akt 284: „Leerstellen ... bezeichnen ... die Besetzbarkeit einer bestimmten Systemstelle im Text durch die Vorstellung des Lesers". Die Arbeitsweise, durch Leerstellen im Text an den Leser zu appellieren, hat ISER, Appellstruktur 14–23; DERS., Akt 284–315 herausgearbeitet; dazu: NISSLMÜLLER, Rezeptionsästhetik 76–81. N. stellt die Leerstellen in dem größeren Rahmen der „Negativität als kommunikative[r] Ermöglichungsstruktur" vor.

[71] ISER, Akt 301.

Evangelisten zuzutrauen ist. Zwei neuere Beiträge befassen sich mit diesem Einwand. Ein Aufsatz der Autoren Thomas E. Boomershine und Gilbert L. Bartholomew untersucht, wie der Evangelist Mk kleinere Einheiten innerhalb des Evangeliums abschließt.[72] Eine Monographie Lee J. Magness' sammelt Vergleichsmaterial für eine Formgeschichte offener Schlüsse in antiken Texten.[73]

Boomershine und Bartholomew vergleichen den Abschluß Mk 16,8 mit den Abschlüssen innerhalb des Evangeliums. Drei Arten der Erzähltechnik gehen sie dabei nach: 1. Erzählerkommentare („Narrative Commentary"[74]), 2. Innenansichten („Inside Views"[75]) und Kurzsätzen („Short Sentences"[76]).

(1) Erzählerkommentare verändern die Anrederichtung gegenüber den Rezipienten durch den Erzähler. Solche Kommentare unterbrechen den Erzählfluß für kurze Bemerkungen, Zusatzinformationen oder Übersetzungen fremder Worte. Alle drei Formen finden sich bei Markus. Besondere formale Nähe zu Mk 16,8 zeigen zwei Erzählerkommentare, Mk 6,52 und Mk 14,2. Diese Kommentare sind mit „γάρ" formuliert und schließen Einheiten ab. Mk 6,52 kommentiert das Entsetzen der Jünger, nachdem Jesus über den See zu ihnen ins Boot gekommen war. Es heißt in dem Vers: „Denn sie waren um nichts verständiger geworden angesichts der Brote, sondern ihr Herz war verhärtet". Mk 6,52 zeigt seine redaktionelle Abkunft schon dadurch, daß er explizit auf das Brotwunder (Mk 6,30–44) zurückverweist.[77] Dieser Schlußkommentar begründet wie Mk 16,8 die Reaktion der unmittelbaren Zeugen der Geschichte, hier der Jünger.

(2) Auch die Innenansicht, nämlich die Motivation des Verhaltens der Frauen in Mk 16,8, entspricht markinische Art, am Schluß der Einheiten die Gefühle der Hauptakteure festzustellen, so in Mk 9,32 und 12,17. Auch in diesem Punkt bietet Mk 6,52 eine Parallele zu Mk 16,8.[78]

(3) Kurze Kommentarsätze schließen im Evangelium verschiedentlich kleinere Einheiten ab. Boomershine und Bartholomew erwägen, ob die letzten zwei Worte Mk 16,8 „ἐφοβοῦντο γάρ" als eigener Satz zu lesen sind; ein Satz zudem, der womöglich erst nach einer Lesepause vorgetragen wurde.[79] So wäre die rätselhafte Tiefe der beiden Worte auch im Vortrag erschließbar. Freilich bleiben die letzten Erwägungen sehr spekulativ.

Zusammengenommen unterstützen die Beobachtungen Boomershines und Bartholomews, daß der Evangelist selbst Mk 16,8 gestaltet haben könnte.[80] Mk 16,8 verwendet Erzähltechniken, die auch sonst im Evangelium vorkommen. Die Form des Abschlusses in Mk 16,8 entspricht in mehreren Einzelheiten redak-

---

[72] BOOMERSHINE-BARTHOLOMEW, The Narrative Technique of Mk 16:8, JBL 100, 1981, 213–223.

[73] MAGNESS, Sense and Absence, Atlanta, Georgia 1986.

[74] BOOMERSHINE-BARTHOLOMEW, Technique 214–217.

[75] BOOMERSHINE-BARTHOLOMEW, Technique 218 f.

[76] BOOMERSHINE-BARTHOLOMEW, Technique 219–222.

[77] Mk 6,52 als mk Redaktion begründen u.a.: BOOMERSHINE-BARTHOLOMEW, Technique 216.

[78] BOOMERSHINE-BARTHOLOMEW, Technique 218 f.

[79] BOOMERSHINE-BARTHOLOMEW, Technique 221.

[80] So auch BULTMANN, Geschichte 261 (DERS., Theologie 470 A. 1 plädiert auf späte Glosse, dagegen treffend MARXSEN, Evangelist 24); für Mk 16,8b: PAULSEN, Mk 152 f. 155.

tionell gestalteten Abschlüssen von relativ geschlossenen Einheiten innerhalb des Evangeliums.

Für den offenen Schluß des ganzen Schriftstückes kann innerhalb des Evangeliums natürlich keine Parallele aufgezeigt werden. Ob dieser Abschluß vom Evangelisten bewußt gestaltet wurde oder nicht, läßt sich daher nicht durch Formparallelen innerhalb des Evangeliums überprüfen. Um so bedeutsamer sind daher Formparallelen außerhalb des Evangeliums. Solche Formparallelen müssen sich auch der Anfrage stellen, ob die Form des offenen Schlusses eine literarische Technik ist, die in antiker Literatur denkbar ist. Dieser Frage hat sich monographisch Lee J. Magness zugewandt und gleichsam eine „Formgeschichte" offener Schlüsse in antiker Literatur geschrieben.[81] Er konnte vielfältige Beispiele für bewußt offen gestaltete Schlüsse in biblischer und profaner Literatur zusammenstellen. Er zeigt m.E. überzeugend, daß die literarische Technik, mit einem offenen Schluß zu arbeiten, in der Antike durchaus bekannt war. Die Form des offenen Schlusses kann der Evangelist gekannt und eingesetzt haben. Im folgenden soll die inhaltliche Bedeutung des offenen Mk-Schlusses für das Mk-Ev beleuchtet werden.

1.4 Die theologische Bedeutung des offenen Schlusses von Mk 16,8

Die appellative Form des offenen Schlusses von Mk 16,8 hat eine theologische Wirkung (1.3.4). Es geht im folgenden darum zu fragen, ob diese Theologie im Evangelium angelegt ist oder nicht. Dazu wird zunächst die Eröffnung des Evangeliums (Mk 1,1) mit dem Abschluß verglichen (1.4.1). Es folgt eine Betrachtung, die danach fragt, ob wichtige Säulen markinischer Theologie in diesem Abschluß aufgenommen sind (1.4.2). Abschließend soll untersucht werden, welche Bedeutung der offene Schluß für die Überlieferung des schriftlichen Werkes hat (1.4.3).

1.4.1 Die redaktionelle Klammer vom Anfang zum Ende des Evangeliums

Das Mk-Ev beginnt mit den Worten ἀρχὴ τοῦ εὐαγγελίου Ἰησοῦ Χριστοῦ. Es geht nun darum zu fragen, ob dieser Anfang durch den offenen Schluß von Mk 16,8 eine besondere Bedeutung erhält.[82]

In Mk 1,1 kündigt der Evangelist die ἀρχή des Evangeliums an. Zweifellos schwingt bei der Bezeichnung ἀρχή eine positive Wertung mit. So wird ein grundlegendes, anführendes Stück benannt. Doch auch eine Grundlegung verlangt nach einer Fortführung. Es bestände keine Schwierigkeit, wenn Mk 1,1 nur

---

[81] MAGNESS, Sense (1986).

[82] Dazu neben den Kommentaren v.a. WEDER, Evangelium und POKORNÝ, Anfang. Vielfältige, z.T. sublime Klammern zwischen Anfang und Ende des Mk-Ev hat IERSEL, Mk 254f. gesammelt.

einen Abschnitt des Evangeliums einleiten sollte, etwa nur die Täufergeschichte Mk 1,2–13 als „Grundlegung" des Evangeliums. Doch gegen diese einfache Lösung sprechen gewichtige Argumente. Hans Weder hat sie gesammelt:[83] Bezöge sich das Schriftzitat auf Johannes, „hätten wir den beinahe einzigartigen Fall vor uns, dass ein mit καθὼς γέγραπται eingeleitetes Schriftzitat *vor* dem Ereignis steht, das es als Erfüllung der Schrift darstellen will".[84] Ferner impliziert die Erweiterung des Wortes aus Deuterojesaja mit Mal 3,1 eine Anrede an Christus, nicht etwa an den Täufer: „Ich sende einen Boten vor dir her" heißt auf die intendierten Personen übertragen: Ich sende Johannes den Täufer vor dir, scil. Christus. Weder verweist als drittes Argument auf die Analogie zu ähnlichen Formulierungen in antiken Werken, die mit dem Einleitungssatz auch jeweils das ganze Buch, nicht nur dessen Einleitungsabschnitt in den Blick nehmen.

Der Ausdruck ἀρχή des Evangeliums könnte in einem rein zeitlichen Sinn vom Anfang des Evangeliums reden wollen. Der Ausdruck ἀρχή ließe diese Deutung zu. Doch diese zeitliche Deutung ist wohl zu präzisieren. Die im Evangelium dargestellte Phase des Evangeliums stellt nicht einen beliebigen, sondern den schlechthin grundlegenden Teil dieser Geschichte dar: Es geht um den maßgeblichen Anfang dieses Geschehens.[85] Den Inhalt des Evangeliums bezeichnet der Genetiv „Jesus Christus". Der alte Exegetenstreit, ob hier ein genetivus subjectivus oder objectivus vorliege, dürfte an der komplexen Struktur der Überschrift Mk 1,1 vorbeigehen. Indem über Jesus Christus berichtet wird, kommt auch seine Botschaft zur Geltung. Jesus hat seinerseits das Evangelium Gottes (Mk 1,14) von und über die Basileia Gottes verkündet (Mk 1,15). Genetivus objectivus und subjectivus ergänzen einander.[86]

Wenn Mk 1,1 das ganze Werk nicht einfach als „Evangelium", sondern als maßgebliche Grundlegung des Evangeliums Jesu Christi eingeführt wird, stellt sich die Frage, wo und wie diese Grundlegung vervollständigt wird. Welche „Lücken" sieht das Evangelium selbst vor, um Raum zu schaffen für die „Vervollständigung" des Evangeliums?

Das Mk-Ev kündigt an mehreren Stellen Ereignisse an, die nicht mehr innerhalb des Evangeliums berichtet werden.[87] Diese Ankündigungen sind z.T. indivi-

---

[83] WEDER, Evangelium 47–58. Daß Mk 1,1 auf das ganze Mk-Ev zu beziehen sei, hatte schon ZAHN, Einleitung II 225–228 untermauert.

[84] WEDER, Evangelium 47; Vgl. GUELICH, Mk I 6–8 (Lit.); G. deutet Mk 1,1 als Einl. nur zu Mk 1,1–3.

[85] Mit WEDER, Evangelium 49; RAU, Markusevangelium 2042–2070 kommt nach ausführlicher Diskussion der möglichen Bezüge zwischen Mk 1,1 und 16,1–8 zu einem ähnlichen Schluß. RAU interpretiert das Mk-Ev als bewußt auf die Heidenmission hin offen gestaltete Darstellung des irdischen Jesus, bes. aaO. 2226f.; DORMEYER, Kompositionsmetapher 455.

[86] LINDEMANN, Erwägungen 20 (zu Mk 1,14); DORMEYER, Evangelium 461f.; vgl. WEDER, Evangelium 51–53.

[87] Vgl. die Tabelle bei KLAUCK, Rolle 14, der allerdings Mk 14,25 nicht zu den eschatologischen Ankündigungen zählt; vgl. FRANKEMÖLLE, Theodizee 122f.

duell (10,39; 14,9), z.T. aber beleuchten sie allgemein die Zeit zwischen Jesu Auferstehung und Wiederkunft. So dürfte das Menschenfischerwort (1,17) zu verstehen sein. Im Mk-Ev kündigt Jesus spätere Verfolgungssituationen an (10,29 f.; 13,6–23; wohl auch 2,20). Auch die Tempelzerstörung wird für diese Zeit angekündigt (13,2). Einige Aussagen beziehen sich auf die eschatologische Wiederkunft des Herrn (8,38–9,1; 13,24–27; 14,62; auch 14,25). Zu den Ankündigungen, die im Mk-Ev nicht mehr ausgeführt werden, gehören auch die Verheißungen 14,28 bzw. 16,7. Auf welchen Zeitabschnitt verweisen diese Verheißungen?

Mit Mk 16,7 will der Evangelist nicht die Parusie ankündigen.[88] Eine Sonderankündigung der Parusie an die Jünger und Petrus wäre mehr als erstaunlich.[89] Gegen die Parusiethese spricht auch eine grammatikalische Beobachtung bei den beiden Ankündigungen Mk 14,28 und Mk 16,7: Das Tempus des Hauptverbs wechselt vom Futur in Mk 14,28 (προάξω) zum Präsens Mk 16,7 (προάγει). Dieser Wechsel deutet darauf hin, daß die angekündigte Verheißung nun innergeschichtlich näher bevorsteht. Nun, nach der Auferstehung Mk 16,7, ist der Auferstandene schon auf dem Weg.[90] Mt und Lk haben diese Verheißung mit Erscheinungsgeschichten bestätigt.

Es ist vielfach beobachtet worden, daß sich der markinische Passionsbericht als Entfaltung des vorpaulinischen Traditionsstückes 1 Kor 15,3b–5 verstehen läßt.[91] In diesem Falle dürfte Mk auch die Tradition von der Erscheinung des Auferstandenen vor Petrus gekannt haben. Für diese Annahme spricht, daß Petrus in Mk 16,7 besonders genannt wird, obwohl diese Ankündigung nicht mehr dargestellt wird. Warum Mk diese Erscheinung nicht mehr darstellt, läßt der offene Schluß nur vermuten. Die Deutungen gehen entsprechend weit auseinander (vgl. u. 1.4.2). Auf der einen Seite vermuten einige, für Mk sei eine Erscheinung des Auferstandenen vor Petrus so selbstverständlich, daß er einen ausdrücklichen Bericht davon unterlassen konnte. Auf der anderen Seite wird das Fehlen eines entsprechenden Berichtes als indirekte Polemik gewertet. Statt das bei Mk Offengelassene durch Vermutungen einzugrenzen, dürfte es weiterführend sein, die Offenheit zu deuten.

Indem Mk auf die Zeit nach der Auferstehung verweisen kann, ohne die Parusie zu thematisieren, schafft er Raum für die Zeit der Kirche. Diese Zeit

---

[88] So mit LOHMEYER, Mk 356f. v.a. MARXSEN, Evangelist passim bes. 53–63 (mit Kritik an der allein am Wort ὄψεσθε hängenden Argumentation LOHMEYERS; Korrekturen an seiner eigenen These in: MARXSEN, Einleitung 145); WEEDEN, Mark 111–117; dort 111 A. 13 weitere.

[89] Die Parusiethese wird meist zurückgewiesen, z.B.: GRÄSSER, Problem 30f. (zu älteren Vertretern); PESCH, Mk II 540: „Fehlinterpretation"; PAULSEN, Mk 166; LINDEMANN, Osterbotschaft 307f.; RAU, Markusevangelium 2222 A. 444; DSCHULNIGG, Sprache 449f.; POKORNY, Markusevangelium 1983f.; DERS., Entstehung 394; LINCOLN, Promise 285.

[90] So schon LOHMEYER, Mk 355 und MARXSEN, Evangelist 47, trotz Parusiethese; ferner: SCHWEIZER, Christologie 96; RAU, Markusevangelium 2195 A. 389.

[91] In neuerer Zeit z.B. PESCH, Schluß 409 (These 3.1); POKORNY, Entstehung 394. 396f.; vgl. FRANKEMÖLLE, Evangelium 10.

zwischen Jesu Auferstehung und seiner Wiederkunft ist im Evangelium an mehreren Stellen angedeutet.

Die markinische Apokalypse spannt den Zeitrahmen bis zur Wiederkunft des Herrn. In der Zeit zwischen dem Tod Jesu und der Wiederkunft Christi bleibt so die Hoffnung auf den kommenden Herrn neben der Erinnerung an das vergangene Jesusgeschehen. Theologisch gesprochen vermittelt zwischen beiden Zeiten der Auferstandene. Zart und indirekt redet Mk 16,7 von der Gegenwart des Auferstandenen: „Er ist auferstanden, er ist nicht hier". Bezogen auf die Menge der erzählten Geschichten im Evangelium liegt aber das Gewicht auf der anderen Seite, auf der Erinnerung an das vergangene Jesusgeschehen.[92] Die gesammelten Hinweise auf noch ausstehende Ereignisse des Heilshandelns lassen den innerhalb des schriftlichen Evangeliums dargestellten Zeitabschnitt des Lebens Jesu als einen Teil erscheinen: Die Grundlegung des Evangeliums.

Die Vervollständigung des Evangeliums am Ende der Zeiten erklärt schon, warum Mk in seinem Werk die ἀρχὴ τοῦ εὐαγγελίου sah. Zum Begriff Evangelium gehört die ganze Zeit mit und unter dem Herrn, deren Anfang im Evangelium des Mk erzählt wird. Anfang und Grundlegung (ἀρχή) ist das Mk-Ev aber nicht nur im zeitlichen Sinn. Die Offenheit des appellativen Abschlusses verweist noch auf eine anders gelagerte Vervollständigung: Erst die *Annahme* der Botschaft vervollständigt sie. Im Modus des Berichtes ist sie „nur" Grundlegung der Botschaft.[93]

Für diesen Bericht hat Mk den Ausdruck „Grundlegung des Evangeliums" gewählt. Die Bezeichnung „Evangelium" dürfte bei ihm durchweg redaktionell markinisch sein.[94] Die Stellen, an denen Mk die Bezeichnung verwendet, sind schnell aufgezählt.

Die Geschichte Jesu ist das durch Jesus verkündigte Evangelium Gottes (Mk 1,14). Noch in Mk 1,15 scheint das Evangelium für die Verkündigung des irdischen Jesus zu stehen. Person und Verkündigung Jesu lassen sich nicht trennen. Entsprechend parallelisiert Mk den irdischen Jesus und „das Evangelium" (Mk 8,35; 10,29). Schon Mk 13,10 und 14,9 zeigen aber, daß das Evangelium weitergegeben werden kann. So legt sich die Übertragung des Ausdrucks auf das geschriebene Mk-Ev nahe. Für Mk allerdings ist Ausdruck „Evangelium" noch nicht Terminus für sein eigenes Werk. Der Ausdruck Evangelium Jesu Christi umfaßt für Mk mehr als sein schriftliches Werk, aber eben auch dieses selbst.[95] Erst in einer Zeit nach Mk setzte sich der Begriff Evangelium als spezifischer Ausdruck für schriftliche Werke über das Leben und Sterben Christi durch.

---

[92] Eine ähnliche Absicht nennt in ganz anderem theologischen Zusammenhang Eph 4,20f.

[93] Vgl. POKORNY, Entstehung 395; FRANKEMÖLLE, Theodizee 125.

[94] MARXSEN, Markus 77–101; POKORNY, Markusevangelium 1986–1988; STRECKER, Art. εὐαγγέλιον 184. Nach PESCH, Mk I 105–107 ist nur Mk 1,1 red., sonst übernommen, aber in Richtung auf das eigene Werk hin interpretiert.

[95] So jetzt auch MÜLLER, Wer 167–170. 178.

Wahrscheinlich hat schon Mt einen bedeutenden Schritt in diese Richtung getan (s.u. Kap. II 2.5). Für Mk ist die schriftliche Form des Evangeliums *Arche* des Evangeliums, ist sie Grundlegung, die zur Annahme drängt. Insofern gilt: „Der Weg in die Zukunft führt jetzt über die Beschäftigung mit der Vergangenheit; das Evangelium als literarisches Werk ist also eine Erinnerung an die Zukunft".[96]

Der Evangelist zielt schon von Anfang seines Evangeliums an auf die Leser seines Evangeliums. Sie erlauben, die Grundlegung der Botschaft Jesu weiterzuführen. So nimmt der appellative Schluß auf, was die Selbstvorstellung des Evangeliums am Anfang (1,1) ankündigt.

1.4.2 Mk 16 und die Themen markinischer Theologie

Die Themen markinische Theologie zu erfassen, fällt in den Bereich redaktionsgeschichtlicher Fragestellung. Für diese Fragestellung ergeben sich beim Mk-Ev besondere Probleme, weil uns die Vorlagen des Mk nicht vorliegen. Zwar hat Mk sicher auf Vorlagen, Einzelüberlieferungen u.ä. zurückgegriffen, doch diese Vorlagen sind uns nicht gesondert vom Mk-Ev erhalten geblieben, sie müssen aus dem Mk-Ev erschlossen werden. Nur schwer entkommt die redaktionsgeschichtliche Fragestellung dabei einem Zirkelschluß.[97]

Doch auch wenn die Vorlagen nicht bekannt sind, läßt sich aus einem Schriftwerk die Absicht des Verfassers herauslesen. Es bleibt z.B. die Kompositionskritik, um die redaktionelle Absicht des Evangelisten zu erfassen. Zwar hat jede Vorlage von sich aus ihre eigene Ausrichtung, die nicht mit der Absicht des Evangelisten gleichgesetzt werden darf. Doch theologische Akzente, die wiederholt gesetzt werden, entsprechen offenbar der Aussageabsicht des Evangelisten und nicht nur den Autoren der Vorlagen. Besonders deutlich wird die Absicht des Evangelisten, wenn er einzelne theologische Akzente im Verlauf des ganzen Evangeliums aufbaut. Solche durchgehenden Linien sind dann so fest mit der Gestaltung des Evangeliums verbunden, daß sie als theologische Konzeption des Evangelisten angesehen werden können.

Seitdem die Frage nach dem theologischen Anliegen des Evangelisten Mk gestellt wurde, fehlt es nicht an Thesen, die versuchen, die theologische Hauptlinie des Mk-Ev zu erfassen. William Wrede hat das berühmt gewordene Kon-

---

[96] POKORNY, Markusevangelium 1993.

[97] DSCHULNIGG, Sprache 293–298. D. will den Unterschied zwischen Tradition und markinischer Redaktion minimisieren. Die sehr differenziert erhobene, insgesamt durchgängig einheitliche Sprache widerspreche einer Redaktionskritik, die einzelne markinische Wörter aus vormarkinischen Traditionen herauslösen will. Daß allerdings das abgelehnte Verfahren durch die Arbeitsweise der großen Synoptiker gegenüber Mk eine doch nicht ganz ungewichtige Analogie erhält, bespricht D. nicht. Freilich: Auch dort gibt es keine Diastase zwischen „Tradition" (Mk) und matthäischer bzw. lukanischer Redaktion, so stark die Redaktoren auch andere theologische Gewichte setzen.

zept des Messiasgeheimnisses in die Diskussion eingebracht.[98] Anders als Wrede meinte, dürfte dieses Konzept der originäre Beitrag des Evangelisten Mk sein und nicht schon in der vormarkinischen Gemeindeüberlieferung vorgelegen haben.[99] Es geht dabei im wesentlichen darum, daß Jesu wahre Messianität geheim bleibt, bis sie im Kreuzestod offenbar wird (vgl. Mk 9,9).

Trotz mancher Einwände dürfte das Konzept vom Messiasgeheimnis noch am ehesten die theologische Hauptlinie des Mk-Ev benennen. Das theologische Konzept des Messiasgeheimnisses ist fest mit dem Gesamtaufbau des Evangeliums verbunden. Von diesem Konzept sind für unsere Fragestellung zwei Aspekte bedeutsam: Das „Schweigegebot" und die markinische Darstellung der Jünger, das sog. „Jüngerunverständnis".

Zu beiden Themen nimmt Mk 16 Stellung. Die theologische Konsequenz des offenen Schlusses soll nun mit diesen zwei Aspekten markinischer Theologie in Verbindung gebracht werden.

Der Auftrag des Jünglings an die Frauen kehrt das sogenannte Messiasgeheimnis um.[100] Wenn man das Messiasgeheimniskonzept im vorangehenden Mk-Ev darin begründet sieht, daß keine Messianität ohne Leiden und Kreuz verkündigt werden soll, versteht sich die Umkehrung des Rede*ver*bots in ein Verkündigungs*ge*bot nach der Leidensgeschichte Jesu von selbst.

Die Auferstehungsbotschaft des Jünglings nimmt das Anliegen des Messiasgeheimnisses auf und verbindet die Messianität Jesu mit dem Kreuzesgeschehen. Der Jüngling bezeichnet die Person Jesu entsprechend: „Ihr sucht ... den, der gekreuzigt worden ist; er ist auferstanden". Der Auferstandene ist bleibend durch die Kreuzigung gezeichnet (ἐσταυρωμένος Partizip Perfekt). Nun kann und soll von ihm berichtet werden.[101]

---

[98] Die unübersehbar gewordene Diskussion sichtet in neuerer Zeit z.B STRECKER, Theologie 362–371; vgl. SCHOLTISSEK, Sohn 67 A. 14.

[99] WREDE, Messiasgeheimnis 145 u.ö; vgl. STRECKER, Theologie 367f.; die heute verbreitete Identifizierung der Geheimnistheorie mit dem Evangelisten lehnte WREDE ausdrücklich ab, anders WEISER, Theologie 51.

[100] So mit MARXSEN, Markus 58; HORSTMANN, Studien 133 (Hinweis M. MEISER mündl.), die freilich das Schweigen der Frauen als Hinweis auf die bleibende Verborgenheit der Botschaft hin deutet; ihr folgt FRANKEMÖLLE, Theodizee 119f.; LINDEMANN, Osterbotschaft 316; HOFFMANN, Art. Auferstehung 500; BOOMERSHINE, Mark 233. 237–239; LINCOLN, Promise 290f. Gegen die Inversion des Geheimnisses in Mk 16 argumentiert MERKLEIN, Epilog 223f. Erstaunlicherweise geht WREDE auf Mk 16 nur ganz beiläufig ein: WREDE, Messiasgeheimnis 7. AaO. 95: „Jesus *macht* zwar seinen Jüngern gegenüber aus seinem Leiden und Auferstehen kein Geheimnis, aber es *bleibt* ihnen ein Geheimnis. Nachher, ist stillschweigends [sic!] hinzugedacht, d.h. natürlich von der Auferstehung an, fällts ihnen wie Schuppen von den Augen." Hervorhebung i. Orig. durch Sperrung. Ähnlich aaO. 113. Woher weiß WREDE, was stillschweigend vorausgesetzt wurde? Weil es die anderen Synoptiker nachtragen?

[101] Wieviel Ironie des Evangelisten dahinter steckt, daß das neue Gebot zur Verkündigung ebenso gebrochen wurde wie das alte Gebot zur Verschweigung, muß dahingestellt bleiben.

Zu den markinischen Besonderheiten zählt das Motiv vom sog. Jüngerunverständnis.[102] Mk stellt den Personenkreis der Jünger geordnet vor. Die Schar der Jünger läßt sich im Modell konzentrischer Kreise gliedern.[103] Die allgemeinste Bezeichnung der Anhänger um Jesus lautet μαθηταί. Aus ihnen sind die Zwölf als geschlossene Gruppe herausgehoben durch ihre Kollektivbezeichnung οἱ δώδεκα. Die Einsetzung dieser Gruppe führt Mk ausdrücklich auf Jesus zurück (Mk 3,14), die namentliche Berufung der einzelnen Mitglieder unterstreicht dies. Fortan nennt Mk die Gruppe mit bestimmtem Artikel (Mk 4,10; 6,7; 9,35; 10,32; 11,11; 14,10.17.20.43, vgl. 3,16vl). Innerhalb dieser Zwölf sind drei bzw. vier Jünger bei einzelnen Perikopen mit Jesus allein. Im Zentrum der Jünger steht Petrus, der mehrmals geradezu als Sprecher der Jünger fungiert (Mk 8,29; 9,5; 10,28; 11,21).

Doch die Anhänger Jesu sind bei Mk in ihrer Zuverlässigkeit durchaus kritisch beleuchtet. Das Motiv des Jüngerunverständnisses durchzieht das Evangelium. Das zunehmende Ungenügen der Jünger gipfelt schließlich im Versagen der Jünger angesichts des Kreuzestodes Jesu. Soweit stimmen die Mk-Deutungen noch weitgehend überein. Doch auf welches Ziel hin gestaltet Mk das Jüngerunverständnis?

Schon William Wrede notiert die Stufen des Unverständnisses. Doch wie viele Exegeten nach ihm will er das Unverständnis streng auf die vorösterliche Zeit beschränkt wissen.[104] Nach dieser Deutung garantieren letztlich die Jünger die Kontinuität des Evangeliums von der Zeit Jesu bis zur Zeit der Kirche.[105] Diese verbreitete Deutung hat insbesondere durch Theodore J. Weeden eine scharfe Kritik erfahren.[106] Er löste damit eine Diskussion aus, die ihrerseits schon wieder monographisch behandelt wurde.[107]

---

[102] DSCHULNIGG, Sprache 388–410; KLAUCK, Rolle passim; ROLOFF, Markusevangelium 83 f. 87–92: Das Jüngerunverständnis angesichts der Passion bilde die von seiten der Menschen her unerfüllte, gebrochene Gemeinschaft ab. Mk zeichne (aaO. 92) „ein paradoxes Ineinander von Kontinuität und Diskontinuität, das allein von Kreuz und Auferstehung her seine Mitte gewinnt."

[103] Das Modell nennt schon WREDE, Messiasgeheimnis 112. Vgl. DSCHULNIGG, Sprache 406 f.

[104] WREDE, Messiasgeheimnis 107.

[105] So z.B. DSCHULNIGG, Sprache 392: „Sie allein garantieren die Kontinuität und Integrität des Evangeliums von der Zeit Jesu zur Zeit der Kirche".

[106] WEEDEN, Traditions (1971). W. greift auf Vorarbeiten zurück, v.a. auf A. Kuby, s. WEEDEN aaO. 8 A. 11.

[107] BLACK, Disciples (1989). BLACK ordnet die These WEEDENS ein in die redaktionskritische Erforschung des zweiten Evangeliums (aaO. 23–31) und unterscheidet bei der Beurteilung der Jüngerrolle drei Positionen. Die konservative Position sieht keine relevanten Divergenzen zwischen Mk und der kirchlichen Tradition (aaO. 65–97). Dagegen stehe die „liberale" Position Th. WEEDENS (aaO. 127–157), dazwischen vermittle die „mediate" Position E. BESTS (aaO. 99–125), die BLACK letztlich bevorzugt (aaO. 251). BLACK referiert die unterschiedlichen Positionen, um schließlich für die von allen drei angewandte redaktionsgeschichtliche Methode bei Markus den vernichtenden Schluß zu ziehen: „their conclusions have mirrored their preconceptions" (aaO. 249).

Weeden arbeitet die im Verlauf des Evangeliums zunehmend stärker problematisierte Rolle der Jünger heraus. Er unterscheidet drei Stadien des Verhältnisses zwischen den Jüngern und Jesus: Am Anfang steht das Unverständnis der Jünger gegenüber der Lehre Jesu (Mk 1,16–8,26),[108] gefolgt von falscher Einschätzung Jesu durch die Jünger: „misconception" (Mk 8,27–14,9).[109] Die Jünger bzw. deren Sprecher Petrus mißverstehen den konstitutiven Aspekt des Leidens und Sterbens für die wahre Messianität Jesu.[110] Schließlich wenden sich die Jünger von Jesus ab. Die dritte Phase unter der Überschrift „rejection" ortet Weeden in Mk 14–16.[111]

Die jüngerkritische Ausrichtung des Mk-Ev finde nach Weeden schließlich in Mk 16 ihr angemessenes Ende. Auch wenn Lk und Mt diese dritte Phase geradezu umkehren, dürfe die ursprüngliche Absicht des Mk nicht übersehen werden: Für den zweiten Evangelisten hätten die Jünger versagt, stellt Weeden summierend fest: „there is no indication by Mark that the disciples were rehabilitated, that apostolicity *was* conferred upon them after their apostacy".[112]

Weeden deutet die Jünger bei Mk, ohne die Jüngerbilder der anderen Evangelien auf Mk zu projizieren. Darin liegt m.E. die Stärke dieses Ansatzes. Seine weiterführenden Thesen über die theologischen Kampffronten, zwischen denen Mk vermittle, sollen hier nicht besprochen werden.[113] Allzu einseitig vermutet Weeden hinter der Darstellung der Jünger indirekte Auseinandersetzung des Mk mit seinen Gegnern. Die Gemeindegeschichte des Mk läßt sich so leicht nicht in den Berichten wiederfinden. Zudem opfert Weeden seiner polemischen Deutung auch die Stellen im Mk-Ev, in denen ausdrücklich positiv von den Jüngern die Rede ist. So richtet sich die Verheißung Mk 14,28, ausdrücklich bestätigt in Mk 16,7, speziell an die Jünger. Trotz allen Unverständnisses, trotz Flucht und Versagens hält *Jesus* nach Mk fest an der durch ihn ausgesprochenen Berufung.

Auf diese Verheißungen hatten einst Wrede und andere ihre Theorie über das Jüngerunverständnis aufgebaut. Diese Theorie besagt, Mk wolle die Jünger nicht tadeln, sondern an ihnen nur die grundsätzliche Unmöglichkeit einer vollständigen Erkenntnis der Person und des Werkes Jesu vor Ostern darstellen.[114] Doch auch diese Lösung kann letztlich nicht überzeugen. Gegen diese These sprechen Stellen, bei denen Mk einzelnen Personen schon vor Ostern uneingeschränktes Lob zukommen läßt wie etwa der namenlosen bethanischen Frau, die Jesus salbt (Mk 14,9). Für die Zeitgenossen des vorösterlichen Jesus ist also die Messianität nicht grundsätzlich unerkennbar verborgen. Das vorösterliche Versagen der Jünger und die fehlende Rehabilitierung betrifft sehr viel spezieller den Personenkreis der Jünger, als die These Wredes glauben machen will.

Das Schweigen des Mk über die weitere Geschichte der Jünger läßt sich nicht allzu leicht beredt machen. Weder Polemik gegen die Jünger, noch deren selbstverständliche Rehabilitierung dokumentiert der zweite Evangelist.[115] Die eng-

---

[108] WEEDEN, Traditions 26–32.
[109] WEEDEN, Traditions 32–38.
[110] WEEDEN, Traditions 33f.
[111] WEEDEN, Traditions 38–51.
[112] WEEDEN, Traditions 44. Herv. im Orig.
[113] Kritische Würdigungen dieser Thesen etwa bei DSCHULNIGG, Sprache 534–549.
[114] WREDE, Messiasgeheimnis 106–114; zu ähnlichen Thesen s. DSCHULNIGG, Sprache 467. 480; ROLOFF, Markusevangelium 90.
[115] NIEMANN, Erzählung 199 schreibt: „Die Frauen haben nur Kontakt mit dem Grab, die Jünger mit Jesus". Ersteres steht im Mk-Ev, letzteres bleibt innerhalb des Mk-Ev Verheißung.

sten Vertrauten Jesu bleiben in der markinischen Darstellung zuletzt unzuverlässige Glieder in der Kette derer, die das Evangelium überliefern.

1.4.3 Die Durchsetzungskraft der Botschaft trotz unzuverlässiger Zeugen

Die Jünger Jesu stellt Mk als zuletzt unzuverlässige Gruppe dar. Welche Schlüsse lassen sich daraus für die Absicht des Evangelisten ziehen? Zunächst ist festzuhalten, daß Mk die Begleiter Jesu als festumrissene Größe kennt und mit großer Selbstverständlichkeit vorführt. Es ist schwer vorstellbar, daß schon vor Mk das Motiv der Jüngerkritik verbreitet war.[116] Die sonstigen jüngerkritischen Stellen im Umkreis des Mk-Ev sind anders motiviert. Sie unterstreichen, daß Jesu Berufung nicht an besondere Eigenschaften oder moralische Vorzüge der Jünger anknüpfen konnte. Sie seien „über jegliche Sünde hinaus gesetzlos" gewesen, weiß der Verfasser des Barnabasbriefes zu berichten (Barn 5,9).[117] Auch daß etwa Lk (Apg 4,13) die Unbildung der Apostel konzediert, hat eine andere Spitze als das Jüngerunverständnis bei Mk.

Das Unverständnismotiv ist im Mk-Ev zu tief verankert, um als Marginalie abgetan zu werden. Im folgenden will ich herausarbeiten, wohin das Jüngerunverständnis im Mk-Ev ausgerichtet ist. Dabei ist zunächst zu beachten, daß Mk die *Jünger* als unständig zeichnet, andere Personen in der Umgebung Jesu kann er durchaus positiv darstellen. Wenn Mk jemand in der Umgebung Jesu positiv darstellt, betrifft dies Personen, auf die sich keine spätere Institution berufen kann. Solche positiv dargestellten Personen sind entweder namenlos (Syrophönikerin; bethanische Frau; Hauptmann; Soldat unterm Kreuz), in Gruppen genannt oder eben letztlich nicht vorbildlich, so wie die Frauen am Grab. Gerade bei der bereits festumrissenen Gruppe der Jünger erstaunt es besonders, wenn Mk diese Gruppe letztlich weder rehabilitiert noch deren bleibendes Versagen notiert. Sie bleiben eine ambivalente Größe. Sie werden nicht polemisch abgewertet, müssen sich aber in der markinischen Darstellung doch eine erstaunliche Unfähigkeit zur rechten Erkenntnis gefallen lassen.

Lk und Mt folgen in diesem Punkt nicht ihrer markinischen Vorlage. Sie ändern die Jüngerdarstellung, so daß die Jünger zuletzt die christliche Verkündigung weitergeben.[118] Damit haben die großen Synoptiker schwerlich eine neue

---

Die Offenheit des Mk-Schlusses würdigt FRANKEMÖLLE, Theodizee 131f. und entfaltet die durch diesen ausgedrückte radikal kenotische Theologie des Mk.

[116] Vgl. ROBBINS, Jesus 208f.: Nach ihm findet sich keine vergleichbare Darstellung eines Lehrer/Schülerverhältnisses in der durch ihn untersuchten antiken Literatur. Nur bei Mk wenden sich die Schüler ausnahmslos und ohne explizite Rehabilitierung von ihrem Lehrer ab.

[117] Zum Verhältnis des markinischen Jüngerunverständnisses zu Barn 5,9 s. WREDE, Messiasgeheimnis 107.

[118] Zur Korrektur des Jüngerunverständnisses bei Lk und Mt s. ENNULAT, Agreements 425f. E. will diese Tendenz freilich schon einer gegenüber unserem Mk-Ev späteren Mk-Rezension zuweisen, an die dann Mt und Lk anknüpfen konnten. Vgl. auch FOWLER, Reader 256–260.

Aufgabe für die Jünger erfunden, die Mk noch nicht kannte, sondern wohl eher die Jünger wieder mit einer Aufgabe betraut, die ihnen speziell Mk nehmen wollte. Wie die Jünger vor Mk gesehen wurden, ist nur erschließbar. Einiges spricht jedoch dafür, daß bereits *vor* Mk die Jünger Jesu, insbesondere die Zwölf, als Garanten der Auferstehungsbotschaft verstanden wurden. Es herrscht allgemein die Vorstellung, daß Überlieferungen besonders wertvoll sind, die auf die Jünger Jesu zurückgehen. Ohne diese hohe Autorität der engsten Vertrauten Jesu wäre etwa der Apostelkonvent in Jerusalem unerklärlich (Gal 2,1–10; Apg 15), von anderen Briefzeugnissen ganz zu schweigen.

Die Sicherung einer Überlieferung mit Traditionsgaranten ist eine nicht ganz seltene Methode, um die Zuverlässigkeit eines Textes herauszustellen. Dazu macht der Autor eine Person, die in der Erzählung vorkommt, ausdrücklich für die Traditionssicherung verantwortlich. Darauf dürfte etwa der Hinweis in der Weihnachtsgeschichte bei Lk zielen, daß Maria „alle diese Worte behielt und in ihrem Herzen bewegte" (Lk 2,19; vgl. 2,51b). Der Lieblingsjünger bekommt in Joh 21 eine vergleichbare Rolle zugemessen. Solche Garanten für die überlieferten Traditionen müssen für die Leser als Zeitzeugen der erzählten Begebenheiten identifizierbar sein. Ferner müssen diese Traditionsgaranten als zuverlässige Zeugen der überlieferten Worte dargestellt werden. Die traditionssichernde Integrität der Mutter Jesu steht für das Lk-Ev natürlich ebenso außer Zweifel wie die des Lieblingsjüngers im Joh-Ev. Anders liegen die Verhältnisse jedoch bei Mk. Bei Mk bleiben die Jünger Jesu und die Frauen am Grabe unzuverlässige Glieder in der Überlieferungskette, daher läßt sich mit diesen Personen keine schriftliche Tradition sichern.

Da die kirchliche Tradition, nachweisbar ab dem Presbyter des Papias (ca. 110–120 n.Chr.), hinter dem Mk-Ev die Autorität des Petrus sehen wollte, ist ausdrücklich hervorzuheben, daß für Mk auch Petrus zu den problematisierten Jüngern gerechnet wird. Dieser Jünger hat zwar im Mk-Ev eine hervorgehobene Bedeutung,[119] aber auch dieser Jünger Jesu bleibt am Schluß des Evangeliums ein ambivalentes Glied in der Überlieferungskette. Daß Petrus das Mk-Ev verbürgen könnte, ist in diesem Evangelium nicht zu erkennen. Das Evangelium problematisiert vielmehr die letztendliche Zuverlässigkeit aller Jünger Jesu und damit auch die des Petrus.

Die Autorisierung des schriftlichen Werkes durch Traditionsgaranten stellt das eigene Werk *unter* die Autorität des genannten Traditionsgaranten. Mk dagegen

---

[119] In neuerer Zeit versucht v.a. HENGEL die Plausibilität der Petrus-Mk-Tradition zu erweisen, vgl. DERS., Probleme 252–257; vgl. FELDMEIER, Darstellung 267–271. F. sieht im Mk-Ev trotz einzelner Typisierungen „Züge im Petrusbild des Markus [, die] im Kern auf historische Erinnerung zurückgehen" (aaO. 268). Beide beachten m.E. die durch den offenen Schluß fixierte Ambivalenz der Jünger und damit auch des Petrus zu wenig. Zur Petrus-Mk-Tradition s.u. Kap. IV 4.4.3 und die dortigen Verweise.

kommt ohne solche Traditionsgaranten aus. Die Aufgabe eines Traditionsgaranten bleibt in der markinischen Darstellung unbesetzt.

Der appellative Abschluß des Markusevangeliums mißt dem schriftlichen Evangelium indirekt eine beachtliche Rolle zu. Das vorliegende Evangelium macht manifest, *daß* die Auferstehungsbotschaft weitergegeben wurde. *Wie* die Botschaft des Jünglings weitergegeben wurde, bleibt offen. Eindeutig ist diese ungeklärte Weitergabe in ihrer polemischen Abschattung. Die unklare Überlieferungskette verhindert, daß bestimmte Menschen in der Vergangenheit zu Garanten der kirchlichen Tradition werden können. Keiner der Auferstehungszeugen im Mk-Ev könnte in späterer Zeit als Ahnherr einer kirchlichen Überlieferung hergenommen werden. Die Offenheit von Mk 16 läßt nicht zu, daß eine Gruppe von Menschen oder eine Institution sich durch die Geschichte dazu legitimiert sieht, die authentische Fortsetzung der ersten Zeugen zu bieten. Robert Fowler bemerkt zu Recht: „I hear among its ambivalent voices at least one subversive, antiauthorian voice".[120]

Die ambivalente Rolle der Jünger am Schluß des schriftlichen Werkes setzt die Linie fort, die Mk mit seiner Jüngerkritik vorzeichnete. Da die Jüngerkritik im Evangelium in einem weiten Bogen gestaltet wurde, dürfte diese Kritik auf den Evangelisten selbst zurückgehen. Die Vorbehalte gegen die Jünger als Traditionsgaranten im offenen Schluß sind daher wahrscheinlich ebenso durch den Evangelisten gestaltet.

Auch Mk 16 bindet die Weitergabe des Evangeliums an keine Personen aus der Vergangenheit. Die Frauen in Mk 16 bündeln mit ihrer Geschichte, was in den vorangehenden Kapiteln zum Thema Jünger angelegt war. Während bei den Jüngern die Hervorhebung zum Identifikationsangebot und das Versagen über mehrere Kapitel des Evangeliums hinweg vorgeführt wird, konzentriert der Evangelist eine entsprechende Rolle für die Frauen in wenige Verse. Auch sie können nach der mk Darstellung nicht die Überlieferung garantieren.

Mk zeichnet keine Traditionsgaranten in seine Abschlußerzählung ein. Diese Darstellung löst letzlich die Rezipienten aus der Abhängigkeit der ersten Zeugen, ohne den Zugang zur relevanten Jesusgeschichte abzubrechen. Der offenbare Dissens zwischen der dargestellten verweigerten Weitergabe der ersten Zeugen – der Jünger und der Frauen am Grabe – und der offensichtlich geglückten Weitergabe des im Mk-Ev gesammelten Stoffes hat eminente theologische Implikationen. Das Versagen der Zeugen erzwingt nicht den Verlust des Zeugnisses.[121] *Die Botschaft setzt sich durch*, ohne daß die Überlieferung personalisiert oder institutionalisiert werden muß. Die offensichtliche Vorfindlichkeit des niedergeschriebenen Evangeliums hat keinen festgelegten Tradentenkreis im niedergeschriebe-

---

[120] FOWLER, Reader 261f.
[121] Vgl. LINCOLN, Promise 297f.; L. ordnet das Mk-Ev selbst nicht ein in die Reihe der Zeugen.

nen Evangelium. Als einziges greifbares Kontinuum zwischen der Zeit Jesu und der Zeit der Kirche bleibt das niedergeschriebene Evangelium. Faktisch ist im Mk-Ev eine literarische Brücke zum Jesusgeschehen aufgespannt, auch wenn man sich schwer vorstellen kann, daß der Evangelist sich der Tragweite dieser Literalisierung der Verkündigung bewußt war.

2 Die Ablösung des Markusevangeliums durch das Matthäusevangelium

Die Rezeptionsgeschichte des Mk-Ev beginnt für uns mit dem Mt- und dem Lk-Ev.[122] Mt und Lk benützen das Mk-Ev unabhängig voneinander. Beide sind nach der Tempelzerstörung verfaßt. Beide gehören mit einiger Sicherheit noch ins erste Jahrhundert. Die zeitliche Reihenfolge von Mt- und Lk-Ev ist kaum zu sichern. Kein eindeutiger Hinweis läßt bei einem von beiden die Kenntnis des anderen erkennen.[123] Sie können beide getrennt betrachtet werden (zum Lk-Ev s.u. 3).

Allgemeine Erwägungen legen nahe, das Mt-Ev „um 90" zu datieren.[124] So bleibt auf der einen Seite ausreichend Zeit, die Veränderungen gegenüber dem Mk-Ev zu erklären. Auf der anderen Seite widerraten die für das Mt-Ev ab dem auslaufenden ersten Jahrhundert nachweisbaren Testimonien, allzu eng an die Jahrhundertgrenze zu datieren.[125]

Der Evangelist Mt hat wie Mk keine explizite Selbstreflexion über sein Evangelium als Ganzes in sein Werk einbezogen. Doch auch er bietet seinen Lesern in der Abschlußgeschichte eine implizite Selbstreflexion an: In Mt 28,16–20 eröffnet Mt eine Perspektive, die es erlaubt, das ganze Mt-Ev im Prozeß der Vermittlung zwischen der Jesusgeschichte einst und der Glaubensgeschichte der Gemeinde zu verorten.

In den letzten Versen bündelt der Autor des ersten Evangeliums seine Theologie. Dies zeigt Mt 28 im Blick auf das vorangehende Evangelium. Ein Vergleich zum Mk-Ev öffnet neue Perspektiven für die Absicht des Mt-Ev als Ganzen. Mt 28,16-20 reflektiert auf eigene Weise den offenen Schluß des Mk-Ev.

An „Matthäi am letzten" lassen sich vielfältige Fragen aus dem Mt-Ev herantragen, zu denen sich viele unterschiedlich ausgerichtete Untersuchungen zum Abschluß des Mt-Ev äußern. Vor überbordenden Literaturangaben entlastet die

---

[122] Zur vorausgesetzten Mk-Priorität s.o. Kap. I 2.4.

[123] Zur Unabhängigkeit des Lk- und des Mt-Ev voneinander s.o. Kap. I 2.4.

[124] Vgl. KÜMMEL, Einleitung 90 („eine Abfassung kurz nach Mk [ist] weniger wahrscheinlich […] als die Zeit zwischen 80 und 100"); SCHNELLE, Einleitung 261 („um 90 n.Chr."; Orig. kursiv).

[125] Zu den Testimonien des Mt-Ev und zur Verwendung des Mt-Ev in der Didache s.u. Kap. V 2.

umsichtige Studie von Joachim Lange (1973), auf dessen Literaturreferate ich im folgenden nur verweise.

Für unsere Fragestellung ist vor allem die Art der Textrezeption des Mk-Ev bedeutsam. Welche Linien aus dem Mk-Ev übernimmt Mt 28, welche verändert er? Wie läßt sich die matthäische Selbstreflexion im Vergleich mit der markinischen deuten? An Hand dieser Beobachtungen soll untersucht werden, ob Mt *neben* oder *statt* des Mk-Ev gelesen werden wollte. Diese Frage hat für die Entstehung der Evangeliensammlungen erhebliche Bedeutung. Wollte Mt neben dem Mk-Ev gelesen werden, beginnt mit seinem Evangelium schon die erste Evangeliensammlung. Wollte dagegen Mt das Mk-Ev ersetzen, muß die Beiordnung seines Evangeliums neben das Mk-Ev als ein weiterer Schritt angesehen werden, der nicht gleichzeitig mit dem Abschluß des Mt-Ev vorliegt.

Die Fragen werden in diesem Teilkapitel zum Mt-Ev in vier Schritten behandelt: Zunächst stelle ich vor, wie Mt das Mk-Ev in Mt 28,9–15 fortsetzt (2.1). Dann kommt der Schluß Mt 28,16–20 im Kontext des Mt-Ev zu Wort (2.2). Es folgt ein Vergleich von Mt 28,16–20 mit dem offenen Schluß des Mk-Ev (2.3). Der letzte Schritt sammelt Hinweise, die entscheiden lassen, ob Mt bei seinen Lesern voraussetzt, daß sie das Mk-Ev kennen oder nicht (2.4).

2.1 Die Verlängerung des Mk-Schlusses in Mt 28,9–15

Die markinische Grabesgeschichte, Mk 16,1–8, gibt Mt 28,1–8 wieder. Dabei verändert Mt v.a den offenen Schluß und führt die Erzählung über das bei Mk Berichtete hinaus.[126] Statt außerordentlicher Furcht befällt die Frauen bei Mt eine ambivalente Gefühlsregung von Furcht *und* Freude (Mt 28,8: μετὰ φόβου καὶ χαρᾶς μεγάλης); eine Formulierung, die bei ihrer inhaltlichen Unterschiedenheit noch versucht, die markinische Ausdrucksweise nachzuahmen (Mk16,7f.: τρόμος καὶ ἔκστασις … ἐφοβοῦντο). Soweit bestätigt der matthäische Text, daß seine Vorlage bis Mk 16,8 reicht.

Schon im nächsten Satz verdeutlicht Mt, daß die positiven Folgen des Grabeserlebnisses überwiegen. So erhält die Freude (ἡ χαρά) das Attribut μεγάλη, nicht die Furcht (ὁ φόβος).[127] Statt den Auftrag unausgeführt zu lassen wie in Mk 16,8, laufen die Frauen nach Mt 28,8 ausdrücklich los, die Botschaft auszurichten.

---

[126] Ähnlich Pesch, Mk II 540: „Auch dem Leser und Hörer seines Ev [des Mk-Ev, T.H.] ist Spielraum gelassen, sich die bestätigende Vision oder Epiphanie selbst vorzustellen. Der Evangelist Matt[h]äus hat … diesen Spielraum genutzt." Gnilka, Mt II 505: „Das ältere Markusevangelium, das einen Osterbericht noch nicht bietet, lud dringend dazu ein, einen solchen zu erzählen."

[127] Schenk, Sprache 456 deutet schon das Wort φόβος in 28,8 wie bei Mt 9,8; 17,6; 27,54 als „Ausdruck des positiven *Ergriffenseins* und nicht eines Verunsichertseins", im Unterschied zu 28,4, wo das Wort „eine *Panik* beschreibt". Hervorh. durch Schenk.

2.1.1 Die Frauen als zuverlässige Zeugen
des Auferstandenen in Mt 28,9f.

Bevor die Frauen den Auftrag des Grabesboten ausführen, berichtet Mt von einer Begegnung zwischen dem Auferstandenen und den beiden Frauen in Mt 28,9f. (SMt). Die Verse 28,9f. dürfte Mt redaktionell formuliert haben. Mehrere Spracheigentümlichkeiten des ersten Evangelisten sammeln sich in diesen beiden Versen.[128] Die Begegnung zwischen den Frauen und dem Auferstandenen hat innerhalb der ursprünglichen[129] kirchlichen Evangelien nur noch bei Joh 20,14–18 eine inhaltliche Parallele. Da die johanneische Parallele allerdings kaum wörtliche Übereinstimmungen aufweist,[130] läßt sich eine literarische Abhängigkeit hier kaum erweisen. Eine gemeinsame Tradition als Hintergrund erklärt die Ähnlichkeiten hinreichend.[131]

Die Bedeutung dieser Erscheinung für den Erzählablauf bei Mt ist nicht sicher zu bestimmen. Inhaltlich wiederholt der Auferstandene die bereits aus Mt 28,7 bekannte Ankündigung, er werde nach Galiläa hinein vorangehen. Schon diese Ankündigung impliziert, daß Jesus den Jüngern vergeben wird. Mt 28,9f. verdeutlicht dies nicht über Mt 28,7 hinaus.

Mehrere Einzelheiten in den zwei Versen könnten die Einfügung von Mt 28,9f. erklären:
(1) Auch der Auferstandene hat einen tatsächlichen Leib, da die Frauen seine Füße umfassen können.[132] Doch die Frage nach der Art des Leibes scheint dem Mt-Ev fremd zu sein; sie wird erst durch die johanneische Entsprechung in das Mt-Ev eingelesen. Mt schildert gerne mit den auch hier gewählten Worten eine Proskynese.[133] Es liegt hier wohl ein Begrüßungsgestus vor, der lediglich unterstreicht, daß die Frauen den Auferstandenen erkannt haben.
(2) Anders als in den vorherigen Ankündigungen über das Vorausgehen des Auferstandenen nach Galiläa bezeichnet Mt 28,10 die Jünger als „meine Brüder". Mit dieser im Mt-Ev seltenen Anrede (Mt 25,40, vgl. Mt 12,49f.) könnte eine Öffnung des Jüngerbegriffs auf weitere Anhänger intendiert sein.[134] Doch wäre diese Anrede von besonderer Bedeutung, wäre wohl zu erwarten, daß die folgende Erscheinungsgeschichte sie zumindest aufnimmt. Die Erscheinungsgeschichte Mt 28,16–20 redet aber von den Jüngern.

---

[128] LANGE, Erscheinen 370–372. Zum charakteristischen καὶ ἰδού bei Mt s. z.B. SCHENK, Sprache 296–298 s.v. (Lit.). „In den Erzählkontexten ist die Verwendung für Mt besonders signifikant" aaO. 297.
[129] Der längere Mk-Zusatzschluß (Mk 16,9f.) dürfte von diesen Stellen literarisch abhängig sein und versuchen, diese beiden Stellen zu harmonisieren; s.u. Kap. V 3.2.
[130] Allerdings hat diese Parallele auch die Anrede „meine Brüder" für die Jünger Joh 20,17 par Mt 28,10; vgl. ALSUP, Resurrection 111–114.
[131] Vgl. LANGE, Erscheinen 383 A. 71 (Lit.). Nach NEIRYNCK, Tomb 580–588. 600 überwiegen die Gemeinsamkeiten zwischen Mt 28,9f. und Joh 20,14–18, so daß er dafür plädiert, Joh 20,1–18 sei von Mt 28,9f. literarisch abhängig, wobei er Mt 28,9f. für eine redaktionell matthäische Bildung hält, aaO. 588.
[132] So schon Chrysostomos nach LOHMEYER-SCHMAUCH, Mt 407f. A. 2 (auf S. 408).
[133] LANGE, Erscheinen 370f.373f.; FRANKEMÖLLE, Jahwebund 166 A. 37; SCHENK, Sprache 421–423 s.v. προσκυνέω.
[134] Vgl. LANGE, Erscheinen 375–379.

(3) Die Frauen werden zu den ersten Zeugen des Auferstandenen. Hier könnte eine unausgesprochene Polemik vorliegen. Doch derartige Vermutungen lassen sich aus dem Text des Mt-Ev heraus kaum stützen. Zwar werden die Frauen hier wie die Jünger später zu Auferstehungszeugen, aber diese zweifellos durch Mt vorausgesetzte Tatsache hebt er in keiner Weise hervor. Schwerlich will Mt den Rang der Frauen gegenüber den Jüngern heben, wenn er von dieser Ersterscheinung berichtet.

Auch eine Polemik gegenüber der Tradition, daß Petrus der erste Zeuge des Auferstandenen ist,[135] deutet Mt nicht an. Die schon in der vorpaulinischen Tradition 1Kor 15,5a selbstverständliche Ersterscheinung des Auferstandenen vor Petrus hätte schwerlich so nebenbei angegriffen werden können, läge sie im Zentrum des matthäischen Interesses.

Möglich wäre auch, daß die Szene unterstreichen soll, daß die Frauen keinen eigenständigen Auftrag erhalten haben, der ihre Überlieferung in Konkurrenz zur Überlieferung der Elf bringen könnte. Diese vermutete implizite Polemik kann sich darauf stützen, daß das „Evangelium nach Maria"[136] (EvMar) eine entsprechende Konkurrenz zwischen einem Zeugnis der Maria und dem Zeugnis der Jünger belegt. Das EvMar ist fragmentarisch koptisch überliefert, zwei griechische Papyri aus dem dritten Jahrhundert bieten einen parallelen Text mit kleinen Abweichungen. In der älteren griechischen Papyrusüberlieferung heißt es:

> „Petrus sagt (15) zu Maria: ,Schwester, wir wissen, daß du sehr geliebt worden bist vom (16) Erlöser wie keine andere Frau. Sage uns nun die (17) Worte des Erlösers, die du kennst, die wir nicht gehört haben".[137]

Nachdem Maria ihre Offenbarung berichtet hat, wendet Andreas ein:

> „Brü- (6) der, was meint ihr in bezug (7) auf das Gesagte? Ich jedenfalls (8) nämlich glaube nicht, daß dies der Er- (9) löser gesagt hat. Es scheint mir nämlich zu wider- (10) sprechen der Erkenntnis (11) von ihm.' Über diese Vorgänge (12) urteilend sagt Petrus: ,Hat der Erlöser (13) heimlich zu einer Frau gesprochen und nicht öffent- (14) lich, damit wir alle es hören? (15) Wollte er sie etwa als würdiger als uns (16) erweisen?' ..."[138]

In seiner überlieferten Form setzt dieses apokryphe Evangelium das Mt-Ev und den längeren Mk-Zusatzschluß voraus.[139] Ein Stratum des Textes, das bis in die Zeit des ersten Evangelisten zurückreicht, wäre eine mögliche, aber unbewiesene Annahme. Wenigstens ein Grundzug des EvMar läßt sich kaum abtragen, ohne die Überlieferung zu zerstören; im EvMar begegnet allein Maria dem Herrn, nicht mehrere Frauen (vgl. Joh 20,14–18). Eine erschlossene Urform, gegen die Mt 28,9f. reagieren würde, müßte allerdings von der Offenbarung vor zwei Frauen geredet haben. Denn warum soll die Abgrenzung mehrere

---

[135] Vgl. TROMPF, Resurrection 313–315.

[136] Zum Titel τὸ εὐαγγέλιον κατὰ Μαριάμμην s. EvMar (Till-S.) 19,3–5; zur Namensform Μαριάμμη: LÜHRMANN, Fragmente 329 f. (textkritischer Apparat zu Z. 15–17) und aaO. 335.

[137] EvMar (Lührmann) 325 (aus PapOx 3525) Z. 14–17; gr. Text aaO. 324; vgl. die koptische Überlieferung EvMar (Till-S.) 10,1–6. Die Auszüge des EvMar, übersetzt durch H. C. PUECH/B. BLATZ, in: NT Apo ⁵I 313–315, sind hier nicht ausreichend.

[138] EvMar (Lührmann) 330 (aus PapRyl 463 r) Z. 5–16; gr. Text aaO. 328; vgl. kopt.: EvMar (Till-S.) 17,10–22.

[139] Offenbarung vor Maria allein, vgl. Mk 16,9f.; vgl. LÜHRMANN, Fragmente 326. Da andererseits auf Mt 28,16–20 angespielt wird, u.a. auf das διστάζειν der Jünger, ist die Annahme eines gemeinsamen Traditionsstückes für EvMar und den Mk-Zusatzschluß hier sehr unwahrscheinlich. LÜHRMANN, aaO. 335 vermutet als Entstehungszeit des EvMar das 2. Jh.

Frauen nennen, wenn nur eine beansprucht, Offenbarungen erhalten zu haben? Daß Mt 28,9f. sich gegen Offenbarungsansprüche von weiblichen Auferstehungszeugen wendet, läßt sich kaum erweisen. Gegen die Annahme impliziter Polemik spricht auch hier der unpretentiöse Charakter der Darstellung in Mt 28,9f., der keinerlei polemische Ausrichtung erahnen läßt

(4) Die Erweiterung des Erzählablaufs durch Mt 28,9f. könnte schließlich dadurch erklärt werden, daß in Mt 28,9f. der Auferstandene selbst den Auftrag an die Frauen gleichsam wiederholend bestätigt. Diese zweite Beauftragung der Frauen könnte zu erklären versuchen, warum die ambivalenten Gefühle der Frauen eindeutig zu positiven gewandelt werden.[140] Allerdings vermerkt schon Mt 28,8, daß die Frauen laufen, um den Jüngern die Botschaft auszurichten. Die Ambivalenz der Frauenreaktion im Mk-Ev ließ es Mt vielleicht geraten erscheinen, die über die Frauen laufende Kette der Zeugen zu stärken. Nicht ungeklärt wie bei Mk, sondern genau durch die vorgesehenen Zeugen soll nach Mt die Osterbotschaft weitergegeben werden.[141]

Bleibt die genaue Bedeutung der Erscheinungsgeschichte Mt 28,9f. für den Erzählablauf des Mt-Ev auch unsicher, so zeigt Mt 28,8–10 doch, daß Mt die Ambivalenz der Zeuginnen gegenüber dem Mk-Ev aufhebt und hervorhebt, daß sie ihre Informationen zuverlässig weitergeben. Die Leser des Mt-Ev erfahren nicht nur die Botschaft, sondern auch die Tradentenkette. Die Kette der Botschafter von der Auferstehung ist nach Mt in ihren einzelnen Gliedern fest und nachvollziehbar. Dadurch ist die Weitergabe nicht mehr eine „unmögliche Möglichkeit", sondern ein Bericht von vergangenem Geschehen.

2.1.2 Die Herkunft verleumderischer Gerüchte: Mt 28,11–15

Die durch Mt eingeführten Grabeswächter kommen nun noch einmal in der Erzählung vor. Der Einschub Mt 28,11–15 wehrt Gerüchten, die den Jüngern einen Leichendiebstahl unterstellen. Auf dieses Motiv (vgl. Joh 20,14–19; EvPetr 11:45–49; Justin, dial 108,2) ist hier nicht weiter einzugehen. Mt erweitert mit seiner Erzählung von bezahlten Falschmeldern den markinischen Ablauf, ohne durch Mk dazu angeregt zu werden.

---

[140] So z.B. ZAHN, Mt 709: „Jesus versucht den Rest von Furcht, die ihre Freude noch dämpfte … zu verscheuchen"; SCHNACKENBURG, Mt II 286 z.St; SAND, Mt 585 vermerkt die Dopplung dabei: „Die Szene hat den Sinn, den … Frauen ein zweites Mal die Furcht zu nehmen und ein zweites Mal konkret den Auftrag zu geben …" – eine Dopplung, die GUNDRY, Mt 590 vielleicht überzeichnet: „Mt 28:9–10 Jesus' command … is wholly unnecessary".

[141] Die trotz alledem lockere Einbindung der Verse Mt 28,9f. in den Erzählablauf hat TROMPF, Resurrection 316–329 als Ausgangspunkt dafür genommen, die Verse als Rest des sonst verlorenen Mk-Schlusses zu erweisen; zustimmend: GUNDRY, Mt 591; DERS., Mk 1021. Doch die Argumente halten m.E. einer Überprüfung nicht stand. Die Textüberlieferung endet nicht bei Mk 16,8, weil ab dieser Stelle zwei Mk-Versionen gegeneinander streiten, so vermutet TROMPF aaO. 329, sondern aus Tenazität gegenüber dem überlieferten Text (s. Kap. II 1.1; Kap. V 3.1). Weder die Lk-Parallele noch der kürzere Mk-Zusatzschluß würden sich mit den v.a. formgeschichtlichen Vermutungen TROMPFS vertragen.

2.2 Mt 28,16–20 innerhalb des Mt-Ev

Der folgende Abschnitt 2.2 bespricht die Perikope Mt 28,16–20 im Kontext des Mt-Ev, bevor der Abschnitt 2.3 das Anliegen dieses Textes mit dem des Mk-Ev vergleicht.

Vielfältige Hinweise deuten darauf, daß Mt in den fünf letzten Versen seines Evangeliums weitgehend selbständig formuliert und nur kleinere vorgegebene Stücke in diese Verse einbaut. In dem Abschnitt häufen sich matthäische Vorzugswörter.[142] Doch dürfte dieser Abschnitt nicht gänzlich ohne vormatthäisches Gut gestaltet worden sein.[143] Solches vormatthäisches Gut dürfte in der dreigliedrigen Formel Mt 28,19b vorliegen, wohl ein liturgisches Stück aus der Gemeindeüberlieferung.[144] Ein Hinweis auf einen befohlenen Berg fehlt in der Ankündigung der Erscheinung des Auferstandenen Mt 28,7.10. Doch die im matthäischen Kontext fehlende Ankündigung belegt schwerlich eine entsprechend vollständigere Vorlage, die Mt 28,16 gedankenlos zitiert. Vielmehr dürfte es dem speziellen Interesse des Mt entsprechen, einen nicht näher lokalisierten Berg in Galiläa in den Vordergrund zu rücken.[145]

Ähnliche Einzelmotive in Erscheinungsberichten anderer Evangelien genügen schwerlich, um eine gemeinsame Tradition hinter diesen Berichten zu vermuten. Denn selbst die ähnlichen Motive der Seitenreferenten sind in abweichender Terminologie überliefert. Das gilt auch für das vielverhandelte Motiv vom Jüngerzweifel. Auch wenn Mt 28,17 den Jüngerzweifel kurz und unkommentiert vermerkt, darf man ihn nicht als mitgeschleppten Rest aus einer Vorlage bagatellisieren: Die vermeintlichen Parallelmotive in Lk 24,36–43 und Joh 20,24–29 sind je anders ausgestaltet und in andere Erzählzusammenhänge integriert. Die Ähnlichkeiten deuten auf eine gemeinsame Problemlage, die in den verschiedenen Evangelienschlüssen aufgearbeitet wird. Diese gemeinsame Problemlage zeitigt unabhängige Antworten in der dritten christlichen Generation. Die Antworten entstammen nicht einem Traditionsgrundbestand, der unterschiedlich angewandt wurde.[146]

---

[142] Entsprechende Listen der Vorzugswörter bieten z.B. STRECKER, Weg 208–211; FRANKEMÖLLE, Jahwebund 42–46; MEIER, Questions 407–416; GNILKA, Mt II 505. LANGE, Erscheinen begründet die weitgehend redaktionelle Formung von Mt 28,16–20 in einzelnen Stufen Mt 28,18b (aaO. 170); 28,19a.20a (aaO. 306. 308. 316–318); 28,20b (aaO. 349); 16–18a (aaO. 482).

[143] Als gänzlich redaktionelle „creatio ex nihilo" deuten Mt 28,16–20 u.a. S. BROWN und KINGSBURY nach HAGNER, Mt II 883; der dort auch genannte LANGE hält 28,19b für vormatthäisch (s. DERS., Erscheinen 314 f.).

[144] STRECKER, Weg 209; LANGE, Erscheinen 313–315; GNILKA, Mt II 504 f.; HAGNER, Mt II 887.

[145] LANGE, Erscheinen 392. 446; vgl. SCHENK, Sprache 375 f. s.v. ὄρος; LUZ, Mt I 197 f.; OBERLINNER, Anmerkung 384.

[146] Den Versuch, die Erscheinungsgeschichten formgeschichtlich auf einen Grundbestand zurückzuführen, hat ALSUP, Resurrection 174 f. auch für das Zweifelsmotiv vorgelegt. Die unterschiedlichen Ausprägungen der Erscheinungsgeschichten verlangen für die Annahme

Mt 28,16–20 könnte auf eine dem Mt vorgegebene Zusammenstellung der Einzelmotive zurückgehen. Die Hinweise, die eine derartige Annahme stützen sollen, sind nicht sehr überzeugend. So vermutet Strecker in Mt 28,18b.19b.20b vormatthäische Motive, die bereits vor Mt verbunden gewesen seien.[147] Doch schon der Ausgangspunkt dieser Vermutung läßt sich kaum halten. Sowohl 18b als auch 20b zeigen schwerlich vormatthäische Züge.[148]

Entsprechend dem großen Eigenanteil bei der Gestaltung von Mt 28,16–20 fallen die Gattungszuweisungen sehr schwer.[149] Wenn Mt auch nicht größere Stücke aus mündlicher Tradition übernimmt, so könnte er doch in vorgegebenen Bahnen formuliert haben.

Die Strukturähnlichkeiten zum Abschluß des 2Chr-Buches (2Chr 36,22f.) bzw. eines Bundesformulars hat Frankemölle ausführlich dargestellt.[150] Seine Darlegungen sind für die Auslegung von ganz anderer Wertigkeit als die älteren Versuche, in Mt 28,16–20 vormatthäische Traditionsstücke von der matthäischen Redaktion zu lösen. Zwischen solchen Traditionsstücken könnten inhaltliche Gegensätze entstehen, wie zwischen dem Mk-Ev als Quelle und der matthäischen Adaption. Frankemölle will dagegen den gedanklichen Hintergrund des Evangelisten erläutern.[151] Einen solchen Hintergrund würde der Redaktor Mt voraussetzen oder hätte sich diesen schon inhaltlich zu eigen gemacht. Solche Hintergründe können also nicht als ein unwillig mitgetragenes Sprachgut aus einer übernommenen Überlieferung interpretiert werden, sondern sie zeigen den historischen Problemhorizont, aus dem heraus Mt seine Theologie entfaltet haben könnte. Mit dieser Einschränkung kann auch Dan 7,13f. als Hintergrund bei der Formulierung von Mt 28,16–20 erwogen werden.[152] Vor einer Überbewertung der „Abhängigkeit" hat Anton Vögtle gewarnt und auf die zahlreichen Divergenzen zwischen beiden Texten hingewiesen.[153]

Die Schwierigkeiten bei der Suche nach Vorlagen deuten m.E. darauf hin, daß Mt hier nicht vorgeformte Bahnen verlängert, sondern sein eigenständiges theologisches Anliegen zu Worte kommt.[154] Nicht eine vermutete vormatthäische

---

einer gemeinsamen Form, reichlich abstrakte Strukturübereinkünfte an den Anfang der Entwicklung zu stellen. Den heuristischen Wert des formgeschichtlichen Erklärungsversuches mindert zudem, daß sich kein plausibles Entwicklungsstemma angeben läßt, aus dem die überlieferten Erscheinungsgeschichten zu erklären wären.

[147] STRECKER, Weg 209f.; DERS., Theologie 284 A. 10.
[148] Vgl. LANGE, Erscheinen 170–172; Mt 28,20b als redaktionell matthäisch aaO. 349.
[149] Vgl. den Katalog bei GNILKA, Mt II 502–504; OBERLINNER, Anmerkung 376 (Lit).
[150] FRANKEMÖLLE, Jahwebund 51–67; vgl. aber LUZ, Jesusgeschichte 157 A. 186: „die Verwandtschaft mit 2Chr 36,23 ist doch eine unspezifische und sehr äußerliche"; HAGNER, Mt II 883 (Lit.).
[151] Vgl. die Reflexionen um das Wort „Abhängigkeit" bei FRANKEMÖLLE, Jahwebund 63f.
[152] Vgl. MICHEL, Abschluß 126.
[153] VÖGTLE, Anliegen 253–260; vgl. 271f.; FRANKEMÖLLE, Jahwebund 62–69 will die Sprachanklänge höher werten, ohne allerdings die unterschiedliche Ausrichtung beider Texte erklären zu können (vgl. aaO. 66 A. 258); ähnlich LANGE, Erscheinen 212–217; für die Auslegung ist daher mit VÖGTLE (bes. aaO. 258) der abweichende Sinnzusammenhang höher einzuschätzen als die Vokabelanklänge.
[154] So auch GNILKA, Mt II 504; HAGNER, Mt II 883. „The text is sui generis in the same way that the event is sui generis".

Geschichte der Überlieferung von Mt 28,16–20 erschließt die Perikope, sondern deren Interpretation als bewußte matthäische Gestaltung. Der Evangelist ordnet einzelne traditionelle Elemente in seiner allein durch ihn komponierten Schluß-sequenz zusammen.

Daß Mt 28,16–20 einen Schlüssel für das ganze Mt-Ev darstellt, ist längst zur Binsenweisheit der Exegese geworden.[155] Kehrte sich im Mk-Ev das Verbot der Verkündigung zum Gebot, so fundiert auch der matthäische Schlußabschnitt eine konzeptionelle Kehre in der dargestellten Verkündigung Jesu. Über Mk hinaus betont der erste Evangelist, daß der irdische Jesus seine Verkündigung program-matisch auf Israel bezogen hatte. Der irdische Jesus war Messias Israels (Mt 10,5b.6; 15,24b; vgl. 10,23),[156] der Auferstandene dagegen ist nun (οὖν Mt 28,19) der Kyrios und Richter aller Völker. Diese Veränderung hin zur Mission an den Heiden ist vielfach besprochen worden.[157]

Diese Hinwendung zur Heidenmission durch den Auferstandenen ist nicht dem Evangelium angehängt, sondern mit diesem Werk verklammert. So inkludiert das versprochene „Mit-euch-sein" Mt 28,20 mit der matthäischen Deutung des Imma-nuel Mt 1,23.[158] Von dem Auftrag des Auferstandenen her bekommen einzelne Winke im Mt-Ev den Charakter eines Vorverweises. Die ersten Verehrer des Jesus-kindes, die Magoi, stehen so nicht zufällig den offiziellen Vertretern des Landes gegenüber (Mt 2,1–12). Ein Soldat dient als Vorbild für den Glauben in Israel (Mt 8,10), eine heidnische Frau trotzt Jesus eine Heilung ab (15,28). Die Problematik der Heidenmission ist dem Verfasser des Mt-Ev noch bekannt: Der Auferstandene erklärt nach Mt die Ausnahme zur Regel. Damit dürfte Mt die geschichtliche Erinnerung bewahren, daß Jesus faktisch seine Verkündigung auf Israel begrenzte.

2.3 *Mt 28 im Vergleich zu Mk 16,1–8*

Die redaktionelle Absicht des Mt-Ev ist vielfach aus dem Evangelium selbst erhoben worden. Der sog. Missionsbefehl gilt allgemein als tragender Pfeiler für die Rekonstruktion der redaktionellen Absicht des Mt. Die theologische Absicht dieses Abschnitts erhält noch deutlichere Konturen, wenn sie als bewußte Kor-rektur des Mk-Schlusses gedeutet wird.

---

[155] So schon HARNACK, Mission I 45f. A. 2 nach FRANKEMÖLLE, Jahwebund 48f.; MICHEL, Abschluß 125; BORNKAMM, Auferstandene 291; LUZ, Jesusgeschichte 16: „Der Schlußtext des Matthäusevangeliums ist wie ein großer Kopfbahnhof, in dem zahlreiche Linien zusammen-laufen".

[156] Zu diesen Stellen s. FRANKEMÖLLE, Jahwebund 123–137.

[157] Vgl. VÖGTLE, Anliegen 265f.; BORNKAMM, Auferstandene 300 (in A. 2 Lit.); LUZ, Jünger 146 warnt vor falschen heilsgeschichtlichen Periodisierungen; vgl. DERS., Jesusge-schichte 157.

[158] STRECKER, Weg 213; LANGE, Erscheinen 330 A. 2 (Lit.); FRANKEMÖLLE, Jahwebund 321–325; HAGNER, Mt II 888.

2.3.1 Mt 28 und die Gegenwart der matthäischen Gemeinde

Das Mt-Ev stellt für seine Leser vergangenes Geschehen dar. Dabei versteht es Mt, vergangene Geschehnisse so darzustellen, daß sie für gegenwärtige Probleme der matthäischen Gemeinde transparent werden. Etwa wenn er markinischen Stoff bearbeitet, läßt sich diese Tendenz zeigen.

Die Verarbeitung von Mk 2,1–12 in Mt 9,1–8 kann diese Tendenz gut illustrieren. In Mk 2,1–12 steht die Vollmacht Jesu im Vordergrund, Sünden zu vergeben. Mt 9,1–8 übernimmt diese Geschichte und zeigt dabei, wie die christliche Gemeinde an dieser Vollmacht Jesu teilnimmt. Während in Mk 2,12 die Zuschauer Gott verherrlichen wegen der einmaligen Tat *Jesu*, loben nach Mt 9,8 die Volksmengen Gott, der den *Menschen* eine derartige Vollmacht gegeben hat. Mt stellt manche Tat Jesu so dar, daß deren bleibende Bedeutung für die Gegenwart der Gemeinde deutlich wird.[159]

Auch in der Schlußperikope findet sich ein Hinweis darauf, daß der Evangelist Einzelheiten der vergangenen Geschehnisse im Blick auf die Gegenwart der Gemeinde darstellt. In der Beauftragung der Jünger (Mt 28,19f.) nennt Mt die Taufe vor der Lehre; dies dürfte ein vestigium der Gemeindeperspektive sein, da die ersten Missionare schwerlich angehalten werden sollten, in dieser Reihenfolge zu arbeiten.[160] Ein solcher Hinweis auf eine Gemeindeperspektive in Mt 28,16–20 kann aber nicht verdecken, daß Mt überwiegend vergangenes Geschehen in seiner Einmaligkeit vorstellen will. Mt 28 erzählt, wie der Auferstandene bestimmten Personen zu einem bestimmten Zeitpunkt einen bestimmten Auftrag gibt. So unterstreicht Mt 28 die Einmaligkeit der Szene, typisierende Elemente sind eindeutig untergeordnet.

Daß Mt daran liegt, das historisch Einmalige vom Wiederholbaren abzuscheiden, zeigt sich zunächst daran, wie Mt den Mk-Schluß fortsetzt. Mk 16,1–8 problematisiert die Weitergabe der Auferstehungsbotschaft durch bestimmte Personen aus der Vergangenheit. Zwar geht die Auferstehungsbotschaft von bestimmten Personen von einem bestimmten Ort aus, aber das Entscheidende liegt nach Mk 16 in der *Annahme* der Botschaft, also in einem wiederholbaren Geschehen. Mk geht mit seinem offenen Schluß soweit, daß die Garanten der Auferstehungsbotschaft ambivalent bleiben. Mt dagegen zeichnet eine geschlossene Kette von Zeugen der Auferstehungsbotschaft. Der Leser des Mt-Ev erfährt, daß die christliche Kirche aus Juden und Heiden auf eine besondere Weisung des

---

[159] Luz, Mt I 112; ders., Jesusgeschichte 20 verwendet für dieses Ineinander den Ausdruck „inklusive Geschichte". Dieser Ausdruck läßt offen, wieweit die vergangene Geschichte für Mt gegenüber deren Verwendung für die Gegenwart noch Eigenständigkeit behält und behalten soll. Kaum Eigenständigkeit des vergangenen Geschehens vermutet etwa Strecker, Weg 205 bei der Petrusdarstellung. Die Gestalt des Petrus habe im Mt „primär nicht historische, sondern typologische Bedeutung; in ihr konkretisiert sich das Christsein des einzelnen in der Gemeinde"; vgl. Frankemölle, Jahwebund 155–158.

[160] Bornkamm, Auferstandene 304.

Auferstandenen zurückgeht. Die Adressaten dieser Weisung gibt Mt 28,16 mit „die elf Jünger" an (vgl. u. 2.3.4).

2.3.2 Die Vollzähligkeitshinweise in Mt 28

In den Versen Mt 28,18–20 findet sich viermal die Vokabel πᾶς: Alle Vollmacht, alle Völker, alles, was ich euch gelehrt habe, alle Tage. Diese Vollzähligkeitshinweise sind nicht inhaltlich belanglose rhetorische Übertreibungen. Indem Mt die Vollzähligkeit der angegeben Größen unterstreicht, schließt er zugleich deren Erweiterung aus. Die genannten Größen werden durch die Vollzähligkeitshinweise zu *exklusiven* Größen.

Alle Vollmacht heißt: es kann keine Vollmacht geben, die nicht durch Jesus gehalten ist. Die Vollmacht Jesu ist eine exklusive Vollmacht. *Alle* Völker: es kann kein Volk geben, zu dem die christliche Botschaft nicht zu bringen wäre. Auch der Vollzähligkeitshinweis „*alle* Tage" hat eine exklusive Abschattung. Die Wiederkunft Christi steht zwar noch aus, aber die Zeit bis zur Wiederkunft versteht Mt als durchgängig christusgeprägt. Es kann keine Zeit geben, die nicht durch Christi Präsenz qualifiziert wäre. Die Parusie kann nicht mehr eine apokalyptische Äonenwende hervorrufen.[161]

Für unsere Frage nach dem Selbstverständnis des Mt-Ev gegenüber dem Mk-Ev ist allerdings der an dritter Stelle genannte Vollzähligkeitshinweis von besonderer Bedeutung: „*Alles*, soviel ich euch gelehrt habe". Mit diesem Vollzähligkeitshinweis bringt Mt das eigene schriftliche Werk ins Spiel. Die Verknüpfung zwischen dem Auftrag des Auferstandenen und dem schriftlichen Mt-Ev soll im folgenden verdeutlicht werden.

Daß der erste Evangelist insgesamt die Lehre Jesu stark in den Vordergrund rückt, gehört zu den gesicherten Ergebnissen redaktionsgeschichtlicher Forschung.[162] Der Schlußabschnitt entspricht auch darin der Gesamttendenz. Zunächst belegt die Formulierung „μαθητεύσατε πάντα τὰ ἔθνη … διδάσκοντες αὐτοὺς τηρεῖν πάντα ὅσα ἐνετειλάμην ὑμῖν", daß die Lehren des irdischen Jesus zu einem zählbaren Korpus geworden sind. Das Wort des Auferstandenen blickt zurück. „Was ich euch gelehrt habe" steht im Aorist der abgeschlossenen Handlung, während sonst Offenbarungen des Kyrios als präsentische Anweisungen dargestellt werden.[163]

Inhaltlich widerspricht dieser Befehl des auferstandenen Jesus ausdrücklich einer zweimal notierten Anweisung des irdischen Jesus, die Verkündigung auf das Haus Israel zu beschränken (Mt 10,6; 15,24); der Widerspruch dürfte durch

---

[161] MICHEL, Abschluß 130: „Die bevorstehende eschatologische Wende ist ersetzt durch die Wartezeit bis auf die Vollendung".

[162] Vgl. LUZ, Mt I 181–183: Exkurs: Verkündigen, Lehren und Evangelium bei Matthäus.

[163] Nach BORNKAMM, Auferstandene 305.

Vokabelanklänge sogar hervorgehoben sein.[164] Schon deswegen dürfte der Evangelist die beiden Überlieferungen Jesu bewußt aufeinander bezogen haben. Den Widerspruch entscheidet der Evangelist zugunsten der Äußerung des Auferstandenen. Der letzte Auftrag bleibt gültig, die älteren, zweimal notierten engeren Aufträge sind nun überholt. Auf die Erweiterung des Missionsauftrags hin hat Mt schon von Anfang seiner Jesusdarstellung hingesteuert. Nun, vom Ende her, bekommen die Magoi als Heiden, die das Jesuskind zuerst verehren, eine exemplarische Bedeutung.

Mt stellt diesen Befehl des Auferstandenen zugleich als den letzten dar – für weitere Befehle des Auferstandenen bleibt nach Mt 28 kein Raum mehr. Die zahlreichen apokryphen Dialoge zwischen dem Auferstandenen und seinen Jüngern zeigen, daß diese Begrenzung der Lehrgrundlage von Bedeutung war bzw. bedeutsam werden konnte. Doch Mt 28,20 begrenzt die normative Jesusüberlieferung nicht nur zeitlich auf die Verkündigung des irdischen Jesus. Mit seinem Hinweis Mt 28,20 auf die Vollständigkeit der Lehre Jesu beansprucht Mt letztlich exklusive Bedeutung gegenüber allen (!) anderen Berichten über Gebote Jesu an seine Jünger. Diesem Gedanken ist im folgenden nachzugehen.

Mit dem Hinweis auf die Gebote des irdischen Jesus hat Mt sein eigenes Werk ins Gespräch gebracht. Diese Beobachtung ist nicht neu. So hat Oberlinner behauptet: „daß dabei *auch* an die Inhalte der Jesusverkündigung im Evangelium gedacht ist, kann nicht bezweifelt werden".[165] Doch diese Feststellung ist noch zu vorsichtig. Welche Sonderunterweisung an die Jünger, die nicht im Evangelium aufgezeichnet wurde, wäre für das „auch" in Anschlag zu bringen? Ein genauerer Blick zeigt, daß Mt sein Werk als vollständige Quelle der Gebote des irdischen Jesus verstanden wissen will.

Mt kennt Sonderunterweisungen an die Jünger oder einzelne Jünger und erweitert sogar derartige Jüngerunterweisungen gegenüber Mk.[166] Dabei teilt Mt aber immer dem Leser seines Evangeliums den Inhalt der Sonderunterweisung mit. Das fällt um so mehr auf, als Mk gelegentlich Andeutungen über Jüngerunterweisungen einstreut, deren Inhalte dem Leser des zweiten Evangeliums vorenthalten werden. Solche Hinweise bei Mk streicht Mt (Mk 2,13/ Mt 9,9; Mk 4,2/ Mt 13,3; Mk 12,35/ Mt 22,42), oder sorgt durch andere Eingriffe in den Text seiner markinischen Vorlage dafür, daß der Leser keinen Anlaß hat, eine Lehre Jesu an die Jünger zu vermuten, die nicht vorgestellt wurde.

Mk 1,21f. berichtet von der Wirkung des Lehrens Jesu in der Synagoge in Kapernaum, ohne den Inhalt dieser Lehre anzudeuten. Mt 7,28f. übernimmt zwar den Wortlaut des Verses Mk 1,22, stellt ihn aber hinter die Bergpredigt. So

---

[164] So ἔθνη, πορεύεσθαι nach LUZ, Jesusgeschichte 157.

[165] OBERLINNER, Anmerkung 392. Auflösung von dessen Abkürzung Ev für Evangelium und Hervorh. T.H.

[166] Dazu LUZ, Jünger 149 mit Stellenangaben in A. 40.

bleibt für keinen Leser unklar, welche Lehren Jesu dazu führten, daß die Menge außer sich geriet: Es ist die Wirkung der Bergpredigt (τοὺς λόγους τούτους Mt 7,28). So ist auch hier ausgeschlossen, daß Jesu etwas gelehrt haben könnte, das nicht im Evangelium aufgezeichnet wurde.

Bei Jesu Predigt in Nazaret verhindert Mt die Andeutung einer Sonderunterweisung an die Jünger, indem er deren ausdrückliche Nennung im Auditorium bei Mk streicht (Mk 6,2 par Mt 13,54). Als Lehre Jesu, deren Inhalt dem Leser des Evangeliums nicht entfaltet wird, bleibt schließlich nur noch der Hinweis Jesu auf sein öffentliches Lehren im Tempel bei seiner Festnahme (Mk 14,49 par Mt 26,55), ein Hinweis, der schwerlich eine Sonderunterweisung an die Jünger legitimieren könnte. Für weitere Gebote des Herrn, auf die sich Mt 28,20 beziehen könnte, findet sich im Text des Evangeliums kein Anhaltspunkt und keine Andeutung.

Im Kontext des Mt-Ev ist der Auftrag des Auferstandenen an die Jünger „lehret sie halten alles, was ich euch befohlen habe" also umzusetzen in: „Lehret sie halten alle die Gebote, die im vorliegenden Schriftstück aufgeführt wurden und keine weiteren außer diesen". Mit dieser Äußerung hat der Evangelist sein eigenes Werk autorisiert. Sein Evangelium ist so zur Quelle alles dessen erklärt, was Jesus den Jüngern gebot. Die Zahl der Gebote ist durch dieses Wort ebenso eingegrenzt wie die Zeit, in der sie gesprochen werden können.

2.3.3 Das Jüngerunverständnis als überwundene Zwischenstation bei Mt

Der Zuspruch der bleibenden Gegenwart des Herrn hat als konkretes Gegenüber die elf Jünger. Nach der Darstellung des Mt-Ev können sie die Lehre bezeugen, die mit Mt 28,20 abgeschlossen ist.

Gerade weil die elf Zeugen des letzten Auftrags des auferstandenen Jesus die weltweite Verkündigung beginnen sollen, überrascht der Zweifel der Jünger, nachdem sie den Auferstandenen gesehen haben und vor ihm niedergefallen sind: καὶ ἰδόντες αὐτὸν προσεκύνησαν, οἱ δὲ ἐδίστασαν (Mt 28,17). Verschiedene Abschwächungen sollen die Jünger von den anstößig empfundenen Zweifeln freisprechen, aber alle diese Deutungen dürften am matthäischen Text vorbeigehen (1–4).

(1) Die Einleitung sei partitiv zu deuten: nur einige zweifelten.[167] Diese im hellenistischen Sprachgebrauch zwar mögliche Deutung des alleinstehenden ὁ δέ widerspricht dem hier spezifischen matthäischen Sprachgebrauch.[168]

(2) Das Verb drücke keinen Zweifel aus, sondern eher ein Erschrecken. Einer positiven Deutung des Verbs widerspricht aber der Gebrauch in Mt 14,31 (s.u.).

---

[167] So LANGE, Erscheinen 475 u.v.a.
[168] HAGNER, Mt II 884f. (Lit.); OBERLINNER, Anmerkung 380f.; zu weiteren Versuchen, wenigstens einige Jünger vom vermeintlichen Makel des Zweifels zu befreien, s. OBERLINNER, Anmerkung 378–382.

(3) Möglich wäre, daß Mt hier seine gegenwärtige Gemeindeerfahrung zurückspiegelt in die Zeit der elf Jünger.[169] Doch eine derartig motivierte Jüngerkritik hätte ihn schwerlich dazu gebracht, konsequent die markinische Jüngerkritik bei der Perikopenübernahme zu streichen.[170] Die Jüngerkritik des Mk hatte auch eine ekklesiologische Abschattung, die aber dem Mt offenbar nicht zusagte.

(4) Unbrauchbar ist wohl auch die Erklärung, Mt schleppe nur ein für Erscheinungsgeschichten typisches Motiv mit. Dieses Motiv ist nicht hinreichend sprachlich fixiert, um ein vormatthäisches Formular plausibel machen zu können, das Mt dann blind oder gar widerwillig ausschreibe.[171] Das Motiv des Jüngerzweifels muß vielmehr aus der redaktionellen Absicht des Mt heraus erklärt werden. Schon der im NT nur bei Mt belegte Ausdruck διστάζω legt eine solche Lösung nahe. In einem einschlägigen Aufsatz hat Oberlinner versucht, den Zweifel der Jünger im Kontext des Mt-Ev zu erklären. Er will den Zweifel der Jünger deuten als Reflex auf deren Beauftragung durch den Auferstandenen. „Die Jünger erfaßt Zweifel angesichts dessen, was Jesus ihnen als ihren ‚Ort‘ in der ‚Heilsgeschichte‘ zuschreibt".[172] Einen naheliegenden Einwand gegen diese Deutung vermerkt Oberlinner noch selbst: „Spricht gegen eine solche Deutung aber nicht der Aufbau der Perikope, wo der Zweifel dem Offenbarungswort vorangestellt ist?" M.E. kann Oberlinner diesen Einwand nicht entkräften.

M.E. am plausibelsten erklärt sich das Zurückweichen der Jünger in Mt 28,17, wenn es als die matthäische Aufnahme des markinischen Jüngerunverständnisses gedeutet wird. Das hier gewählte Wort für „zweifeln", „zögern" findet sich innerhalb des NT (und der LXX) nur in Mt 14,31 und 28,17. In beiden Fällen dürfte dieselbe theologische Stoßrichtung vorliegen. In beiden Fällen erweitert Mt seine markinische Vorlage. So fügt Mt die Verse Mt 14,28–31 in den Rahmen seiner Vorlage Mk 6,50f. ein. Wenigstens die sprachliche Form von Mt 14,31,[173] wenn nicht die Erweiterung als Ganze dürfte auf Mt zurückgehen.[174]

Die matthäische Erweiterung der markinischen Seewandelsgeschichte zeigt Petrus zwischen Berufung und Ausführung. Die Ausrichtung dieser Erweiterung wie der sonstigen Perikope unterscheidet sich im Ergebnis von der markinischen Vorlage: Bei Mt steht am Schluß die Proskynese der Jünger und ihr Bekenntnis, „wahrlich, Gottes Sohn bist du" (Mt 14,33), während bei Mk das Unverständnis der Jünger samt ihres außerordentlichen Entsetzens die Perikope beschließt (Mk 6,52).

Diese Perikopen entsprechen so im Detail dem Gegenüber der Auferstehungszeugen bei beiden Evangelien. Mt entschärft das Unverständnis der Jünger, indem er es als Zwischenphase im Verlauf, nicht als Ergebnis darstellt.[175] Der

---

[169] Vgl. Bornkamm, Auferstandene 290.
[170] Vgl. z.B. Strecker, Weg 194; Luz, Jünger 148; Frankemölle, Jahwebund 151 A. 338.
[171] Vgl. auch Oberlinner, Anmerkung 382–389.
[172] Oberlinner, Anmerkung 397. Dort auch das folgende Zitat.
[173] So Davies-Allison, Mt II 497 (Lit.).
[174] Vgl. Hagner, Mt II 423.
[175] Der letztlich eindeutig positive Ausgang, nicht die vorangeschrittene Typisierung läßt Mt negative Jüngerdarstellungen gegenüber Mk z.T. auch steigern; gegen Frankemölle, Jahwebund 154.

Zusatz über den Seewandel des Petrus hat dieselbe Ausrichtung: Schließlich überwindet Jesus den Mangel des Petrus. Die Jünger wie Petrus bedürfen des Beistandes Jesu, mit diesem Beistand aber sind sie ihrer Aufgabe gewachsen. Diese letzte Folgerung läßt Mk dagegen konsequent offen und schafft so eine „Leerstelle", die zur Reflexion anregen soll. Bei ihm bleiben die Jünger eine unsichere Zeugengruppe, hier beim Seewandel wie später auch bei der Passion Jesu.

Die matthäische Einschätzung der Jünger ist keineswegs euphorisch. Sie machen Fehler, die Mt auch ausdrücklich vermerkt. Aber trotzdem sind sie nicht Ungläubige. In der Seewandelperikope läßt Mt Jesus den Petrus als Kleingläubigen (ὀλιγόπιστος Mt 14,31) anreden, nicht als Ungläubigen (ἄπιστος), eine Vokabel, die er auch kennt (Mt 17,17; ἀπιστία Mt 13,58). Die ausgestreckte Hand Jesu (Mt 14,31) rettet Petrus. Jesus geht von neuem auf Petrus zu und verhindert so dessen drohenden Untergang.

In diesem Sinne dürfte auch das Zögern der Jünger in Mt 28,17 als Zeichen des Kleinglaubens zu deuten sein, den Jesus mit seinem Hinzukommen (προσελθὼν ὁ Ἰησοῦς, Mt 28,18) überwindet.[176] Die typisierende Absicht dieses Konzepts für die Gemeindeebene ist m.E. nicht abzustreiten. Alle Nachfolger der ersten Zeugen bekommen die bleibende Abhängigkeit von Jesu gnadenvoller Zuwendung ins Stammbuch geschrieben. Die Zuverlässigkeit der Zeugen ist nicht durch deren einmalige Berufung gesichert.

2.3.4 Die Ansätze zur Historisierung der Jesusüberlieferung bei Matthäus

Im Mt-Ev finden sich Ansätze, über die diachrone Identität der Kirche nachzudenken. Mt 16,18 führt letztlich die Kirchengründung auf Jesus zurück.[177] Dabei erhält die Gemeinschaft der Gläubigen im Mt-Ev eine diachrone Verankerung, die Mt mit der Person des Petrus in Zusammenhang bringt.

Aus der Szene Mt 28 läßt sich für relevante Jesusüberlieferung eine historisch verortete Quelle erschließen: Die einzigen durchgängigen Zeugen der Lehren Jesu bis zur letzten Anweisung des Auferstandenen sind die elf Jünger Jesu. Fraglich ist allerdings, ob Mt diese Mittlerrolle der elf Jünger reflektiert hat. Will er mit Mt 28,16–20 sagen, daß die elf Jünger die Quelle der Verkündigung fassen, so daß über diese Jünger Jesu alle spätere Verkündigung mit der Verkündigung des Herrn verbunden ist? Oder trägt eine solche Deutung ein lukanisches Verständnis des Apostolats in den matthäische Kontext ein?

Die Art, in der Mt die elf Jünger einführt, läßt keine Abwehr oder gar Polemik erkennen. Mt grenzt daher schwerlich seine Verkündigung der elf Jünger gegen eine andere Christusverkündigung ab. Daß Mt an der historischen Rolle der elf

---

[176] Vgl. LANGE, Erscheinen 480–482.
[177] Zu Petrus als Garant der die Kirche tragenden Tradition s. ROLOFF, Kirche 162–165.

Jünger nicht gänzlich uninteressiert ist, zeigt sich v.a. an der Art, wie Mt die markinische Jüngerdarstellung verändert.

Gegenüber dem Mk-Ev wird die personale Kontinuität dieser Verankerung ausdrücklich festgehalten. Mk hat genau diese Absicherung der kirchlichen Identität über einzelne Personen problematisiert und sein schriftliches Evangelium als Zeugnis über das Leben und Sterben Jesu angeboten (Kap. II 1.4.3). Das Mt-Ev dagegen läßt die elf Jünger ausdrücklich bis zuletzt Adressaten der Lehre Jesu sein. Soweit ermöglicht Mt, daß die elf Jünger das Mt-Ev verbürgen.

Das matthäische Konzept unterbricht so die bei Mk grundsätzliche Gleichzeitigkeit der Schüler erster und zweiter Hand: Nun sind die ersten Jünger besondere Zeugen.[178] Diese Tendenz werden die sekundären Mk-Zusatzschlüsse analog auch dem zweiten Evangelium anhängen (s.u. Kap. V 3). Diese Tendenz zeigt sich besonders klar in der Abschlußszene des Mt-Ev. Die Abkehr von der markinischen Konzeption ist deutlich.

2.4 Das Verhältnis des Mt-Ev zum Mk-Ev

Über die Motivierung zu einer Neuschreibung des Evangeliums ist viel gerätselt worden.[179] V.a. ein gegenüber dem Mk-Ev geändertes Rezipientenprofil wird für die Neuschreibung verantwortlich gemacht. Vermutungen über einen geänderten Sitz im Leben versuchen, die Entstehung des Mt-Ev ebenso zu erklären. Freilich dürfte dies ein schwer verifizierbarer Weg sein, da über den ursprünglichen Sitz im Leben eines Großevangeliums wenig bis gar nichts aus Quellen zu erheben ist. Historische Einschnitte wie die Zerstörung des Zweiten Tempels sind sicher auch von erheblicher Bedeutung gewesen, das Verhältnis der Jesusbotschaft zur Verheißung an Israel neu zu durchdenken. Ferner ist darauf hinzuweisen, daß der „Stoff" des Evangeliums nicht nach modernen Prinzipien des geistigen Eigentums verstanden wurde. Doch bei allen diesen externen Faktoren darf die Absicht des Redaktors Mt nicht ausgeklammert werden.

Die Art, in der die matthäische Redaktion mit ihrer Vorlage Mk umgeht, zeigt, daß Mt das Mk-Ev ablösen wollte. Gegen eine Ergänzungstheorie spricht die weitgehende Verarbeitung der Vorlage. Das Mt-Ev verweist nicht auf die Vorlage, sondern übernimmt fast das gesamte Mk-Ev, ohne die Existenz dieser Vorlage

---

[178] Darin liegt m.E. die particula veri des historisierenden Jüngerverständnisses in der Deutung STRECKERS, vgl. DERS., Weg 198: „Die Autorität der Späteren ist eine nur abgeleitete; sie führt auf das Zeugnis der ersten Generation zurück"; manche Einseitigkeit des historisierenden Ansatzes korrigiert LUZ, Jünger 142–152. 160, vgl. aaO. 152: „Neben die Historisierung tritt die Typisierung, die jene umschließt und erst eigentlich sinnvoll macht".

[179] Etwa LUZ, Mt I in seiner Einleitung v.a. 56–59. 61. 63. 66. Er betont die Kontinuität in aller Diskontinuität zum Mk-Ev und motiviert die Fortschreibung u.a., indem er in Mt einen Schriftgelehrten am Werk sieht, der als Vertreter seiner Gemeinde arbeitet.

auch nur anzudeuten.[180] Die Übernahme geschieht mit großer Treue gegenüber dem Wortbestand, insbesondere die Worte Jesu bewahrt Mt treu gegenüber seiner Mk-Vorlage.[181] Die Erzählanteile sind schon freier rezipiert, in ihrem Aufbau gestrafft und anders akzentuiert. Bestimmte theologische Motive wie das markinische Jüngerunverständnis erlaubt sich Mt, konsequent zu streichen. Alle diese Momente zusammengenommen zeigen Mt als einen eigenständigen Redaktor, der sich erlaubte, die Autorität Jesu über die Autorität des Verfassers des Mk-Ev zu stellen. Unter Verwendung weiterer Quellen entsteht so ein eigenständiges literarisches Werk.

Unter den weiteren Quellen dürfte die Logienquelle die umfangreichste gewesen sein.[182] Diese Quelle liegt dem Evangelisten höchstwahrscheinlich schriftlich vor.[183] Wir allerdings müssen die Vorlage aus den gemeinsamen Stücken der große Synoptiker erschließen, für die keine Mk-Vorlage existiert. Diese indirekte Überlieferung der Logienquelle macht es außerordentlich schwierig zu beurteilen, welche Autorität Mt der Logienquelle beimißt. Auch wenn man sich auf eine Rekonstruktion der Logienquelle verständigt,[184] läßt sich kaum etwas Gesichertes sagen über die Autorität, die Mt dieser Quelle zumißt.

Für unsere Frage ist die Autorität bedeutsam, die Mt der Logienquelle als Komposition zubilligt. Es ist also zu unterscheiden zwischen der Autorität gegenüber einzelnen Logien, die in der Logienquelle enthalten sind, und der Autorität gegenüber dieser Quelle als Komposition.[185] Die Autorität der einzelnen Logien verbürgt schon Jesus als Sprecher dieser Logien. Daß Mt die Worte Jesu aus der Logienquelle treu übernimmt, sagt also nichts darüber aus, wie Mt die Logienquelle einschätzt, sondern nur darüber, daß er den Worten Jesu eine besondere Autorität zumißt. Wie Mt die Logienquelle als Komposition einschätzt, läßt sich schon deswegen kaum sagen, weil diese selbst kaum verrät, welche Autorität sie als Komposition beansprucht.

So bleibt wohl nur, die Logienquelle mit dem Mk-Ev zu vergleichen, wenn es darum geht, die Autorität einzuschätzen, die Mt seinen beiden Hauptquellen gab. Damit die

---

[180] Zur Verarbeitung des Mk-Ev durch Mt sammelt Luz, Mt I 56–59 Hinweise.

[181] Vgl. Kümmel, Einleitung 78 f. (Lit.: A. 13).

[182] Eine weitere schriftliche Vorlage wird öfters hinter den Reflexionszitaten vermutet, vgl. Kümmel, Einleitung 80–83; Schnelle, Einleitung 269. Diese und andere mögliche kleinere Vorlagen des Mt-Ev sind eindeutig dem redaktionellen Gesamtrahmen des Evangeliums so stark untergeordnet, daß sie schwerlich maßgeblich die Neuschreibung des Mt-Ev bewirkt haben.

[183] Eine detaillierte Auseinandersetzung mit der Logienquelle und ihrer Problematik wird hier nicht angestrebt. Einen aktuellen Überblick zur neueren Lit. gibt z.B. Schnelle, Einleitung 214–233.

[184] Vgl. die bei Schnelle, Einleitung 214 bibliographierten Rekonstruktionen u.a.: Polag, Fragmenta; Neirynck, Q.

[185] Die Aufnahme der Einzellogien aus Q im Mt-Ev beschreibt Schweizer, Aufnahme 111–130. Er erschließt eine matthäische Tendenz der Q-Bearbeitung aus der Übernahme einzelner Q-Logien (bes. aaO. 129 f.). Daß die Überlieferungslage von Q es sehr erschwert, mit redaktionellen Veränderungen oder redaktionell bedingten Auslassungen des Q-Stoffs bei Mt zu argumentieren, betont Schweizer wiederholt. Welche Autorität Mt der Logienquelle als Komposition zumißt, untersucht Schweizer dabei nicht.

Autorität in den Blick kommt, die Mt den Quellen als Ganze beimißt, dürfte es günstig sein, zu beachten, wie genau Mt die Abfolge der beiden Quellen übernimmt.[186] Es geht also darum, zu vergleichen, wie treu Mt die Akoluthie des Mk-Ev und wie treu Mt die Akoluthie der Logienquelle übernimmt. Dieser Vergleich läßt sich zunächst quantitativ am Wortlaut einer Rekonstruktion der Logienquelle und dem Mk-Ev vornehmen (1). Bei der qualitativen Bewertung dieses Vergleichs ist allerdings zu fragen, wieweit beide „Quellen" überhaupt vergleichbar sind (2).

(1) Bei einem quantitativen Vergleich ergibt sich zunächst, daß Mt insgesamt die Akoluthie des Mk-Ev genauer bewahrt als die der Logienquelle. Zwar stellt Mt auch thematische Blöcke aus Vorlagen zusammen, die er bei Mk getrennt vorfand,[187] aber die matthäischen Redekompositionen verändern die Abfolge des Materials aus der Logienquelle sehr viel stärker. Mt würdigt allerdings auch gelegentlich die Abfolge der Logienquelle, wenn er einzelne Sprüche im Kontext der Logienquelle und im Kontext des Mk-Ev aufnimmt und so ein Wort zweimal in seinem Evangelium vorkommen läßt.[188]

Um die These genauer zu festigen, daß Mt die Abfolge des Mk-Ev treuer bewahrt als die der Logienquelle, wäre also ein sehr differenzierter quantitativer Vergleich notwendig. Dabei wären die bei Mt übernommenen Wortfolgen des Mk-Ev mit denen der Logienquelle zu vergleichen. Doch die Genauigkeit eines solchen quantitativen Vergleichs würde nur ein Zwischenergebnis erstellen können, das durch die qualitative Unterschiedenheit der verglichenen Quellen wieder grundsätzlich problematisiert würde.

(2) Der Vergleich zwischen der Logienquelle und dem Mk-Ev stellt letztlich Unvergleichliches nebeneinander. Diese Unvergleichlichkeit wirkt sich auch darauf aus, wie die unterschiedliche Treue des Mt-Ev gegenüber der Akoluthie seiner beiden Vorlagen zu bewerten ist. Die Logienquelle hat mit einiger Sicherheit die einzelnen Logien Jesu in thematische Blöcke zusammengefaßt und diese Blöcke in eine geordnete Abfolge gesetzt, die sich an der Biographie Jesu orientiert.[189] Q beginnt mit der Täuferverkündigung und endet wahrscheinlich mit eschatologischen Worten Jesu. Diese Ansätze zu einer biographisch am Leben Jesu orientierten Gliederung unterscheiden Q von Spruchzusammenstellungen, die ohne innere Gliederung aneinandergefügt sind.[190] Die Logienquelle ist mehr als eine beliebige Spruchzusammenstellung. Die Logienquelle hat also eine bestimmte Akoluthie, die nicht beliebig verändert werden kann, ohne daß die Logienquelle dadurch in ihrer Komposition zerstört wird. Allerdings dürfte die Abfolge des Stoffes in der Logienquelle weniger durchstrukturiert sein als im Mk-Ev, das stärker durch Erzählanteile geprägt ist. Verglichen etwa mit dem Mk-Ev ist die Logienquelle nach dem Dik-

---

[186] Etwa die Vollständigkeit, mit der Mt eine Quelle übernimmt, kann auch etwas über die zugemessene Autorität aussagen. Da Mt nur wenige einzelne Perikopen aus dem Mk-Ev übergeht, dürfte er dem Mk-Ev eine relativ hohe Autorität zumessen. Wie vollständig Mt seine Logienquelle überimmt, läßt sich angesichts der indirekten Überlieferung der Quelle nicht erheben.

[187] So v.a. in Mt 8 f., vgl. die Darstellung bei KÜMMEL, Einleitung 33. 78.

[188] So etwa das Wort vom Kreuz-Tragen, Mt 16,24f. par Mk 8,34f.; par Lk 9,23f. (Mk-Akoluthie); Doppelüberlieferung: Mt 10,38 par Lk 14,27; Lk 17,38 (Q). Zu den Doppelüberlieferungen bei Mt s. KÜMMEL, Einleitung 40; SCHNELLE, Einleitung 216.

[189] Vgl. SCHNELLE, Einleitung 226–229.

[190] Ungeordnet bzw. nicht erkennbar geordnet sind z.B. die Logien des EvThom (s.u. Kap. V 4). Ohne feste Anordnung sind auch die Einzelgebote tradiert, die Did 1–6 (ohne Did 1,3b–2,1) und Barn 18–20 zwar in großer wörtlicher Übereinstimmung, aber stark abweichender Anordnung überliefern, dazu etwa SCHÖLLGEN, Didache 36–41.

tum Jülichers eher als „Halbevangelium" zu bezeichnen.[191] Entsprechend ist aber die
Akoluthie der Logienquelle und die des Mk-Ev auch nur „halb" vergleichbar. Bei den
äußerlichen Beobachtungen zwischen dem Mk-Ev und einer anerkannten Rekonstruktion
der Logienquelle führt genau die Einschätzung der unvergleichlichen Hälfte zu so unterschiedlichen Ergebnissen, daß es m.E. nicht möglich ist, aus der Treue zur Akoluthie
brauchbare Aussagen darüber zu erheben, welche Autorität der Evangelist Mt der Logienquelle zumißt. Beim Lk-Ev werden sich diese prinzipiellen Probleme wiederholen. Daher
ist es m.E. angemessen, das Mt-Ev allein mit dem Mk-Ev zu vergleichen.

Die Absicht, das Mk-Ev abzulösen, ergibt sich aus der Abgeschlossenheit des
Mt-Ev. Zwar verwendet es das Mk-Ev, aber es bezieht sich nicht explizit auf
dieses ältere Evangelium zurück. Das friedliche Nebeneinander der Evangelien
kann nicht als selbstverständlicher Ausgangspunkt angesehen werden.[192] Im
Gegenteil, es gibt Veränderungen des Mt am markinischen Text, die nur sinnvoll
sind, wenn Mt statt des Mk-Ev gelesen werden wollte: Mt streicht konsequent
Bemerkungen bei Mk, die es erlauben würden, Sonderlehren Jesu im Erzähl-
verlauf des Evangeliums unterzubringen. Würde Mt sein Evangelium als Anhang zum Mk-Ev verstehen, wäre dieser Eingriff ineffektiv. Daß es Gemeinden
gab, für die allein das Mt-Ev Autorität besaß, läßt sich sogar wirkungsgeschicht-
lich noch zeigen. Die eigenständige Rezeption des Mt-Ev läßt sich noch nachweisen in einzelnen Schriften aus dem frühen zweiten Jahrhundert, so in der
Didache und vielleicht auch in den kanonischen Petrusbriefen (s.u. Kap. V 2).

Die Eigenständigkeit seines Werkes gegenüber Mk könnte sich gut belegen
lassen, wenn schon Mt die Bezeichnung Evangelium für sein schriftliches Werk
anwenden würde. Wenn er die markinische Vorlage Mk 14,9 „κηρυχθῇ τὸ
εὐαγγέλιον" um das Demonstrativpronomen erweitert (κηρυχθῇ τὸ εὐαγγέλιον
τοῦτο Mt 26,13), deutet dies auf ein Bewußtsein von der Eigenständigkeit seines
„Evangeliums" gegenüber anderen hin. Dagegen läßt sich einwenden, daß Mt
bei dem Ausdruck Evangelium zumindest auch an die Verkündigung Jesu denken dürfte, die seinem Werk vorausgeht (vgl. o. 1.4.1). Diese Deutung des Wortes
Evangelium bei Mt auf eine mündlich vorgebrachte Lehre stärkt das bei Mt aus
Mk übernommene Verb κηρύσσειν.[193] Doch die Position, daß Mt mit dem Ausdruck Evangelium sein literarisches Werk anspreche, ist nicht unbegründet. Das
Verb „Verkünden" kann nicht als Gegenbeleg angeführt werden.[194] Verben des

---

[191] So JÜLICHER, in: DERS. – E. FASCHER, Einleitung in das Neue Testament, 7. Aufl. 1931,
347 nach SCHNELLE, Einleitung 227.

[192] LUZ, Mt I 77 schreibt zwar: „Mt wollte ja Mk nicht verdrängen" – daran ist wohl richtig,
daß Mt schwerlich bewußt gegen Mk angeschrieben hat. Daß sein Ev neben dem Mk-Ev
gelesen werden sollte, erscheint mir dagegen eine aus dem Mt-Ev heraus nicht verifizierbare
These. Wie LUZ auch VON CAMPENHAUSEN, Entstehung 146. Dort findet sich aber auch das
schöne Bild für das Verhältnis Mt-Mk: Mt sei „eine neue, ‚vermehrte und verbesserte' Auflage"
des Mk-Ev; ähnlich GNILKA, Mt II 521; soll eine solche Neuauflage nicht die alte ablösen?

[193] So STRECKER, Weg 128–130.

[194] So aber GUNDRY, Book 321 (Lit.).

Sagens können auch für ein Verlesen schriftlicher Werke stehen.[195] Daher dürfte sich das Wort „Evangelium" in Mt 26,13 (und in Mt 24,14) auf das Mt-Ev als schriftliches Werk beziehen.[196]

Die Freiheit im Umgang mit dem Mk-Ev ermöglicht Mt, die markinische Überlieferung neu zu formulieren. Diese Freiheit gegenüber einem schriftlichen Evangelium war in späterer Zeit undenkbar. Wie leicht hätten sich sonst die Widersprüche zwischen den Evangelien entfernen lassen. Die von Mk abhängigen Evangelien Mt und Lk bezeugen durch ihren freien Umgang mit dem markinischen Stoff ihre Absicht, eigenständig die Geschichte Jesu Christi zu berichten. Diese Freiheit führt zur Vervielfältigung der Evangelienliteratur. Die Zusammenfassung bestimmter Evangelien zu einer Sammlung ist aus dieser Freiheit nicht abzuleiten.

3 Die Selbstreflexion auf das Evangelium
als Schriftwerk bei Lukas

Der Verfasser des Lk-Ev verwendet das Mk-Ev als Quelle für seine eigenständige Darstellung vom Leben und Sterben Jesu. Für die Datierung gibt Lk kaum feste Hinweise. Da er das Mk-Ev verwendet, ist die Abfassung des Lk-Ev sicher nach 70 n.Chr. anzusetzen. Ein Terminus ad quem ist schwer zu sichern. Da unterschiedliche Schriften in der ersten Hälfte des zweiten Jahrhunderts das Lk-Ev benützen, dürfte eine Abfassungszeit vor 100 n.Chr. sicher sein.[197] Mit der weit überwiegenden Mehrheit der Forscher dürfte ungefähr die Mitte dieser Grenzdaten die Abfassungszeit des Lk-Ev am ehesten treffen, also die Jahre

---

[195] DIBELIUS, Formgeschichte 264 A. 1; FRANKEMÖLLE, Matthäusevangelium 299; SCHENK, Sprache 266; dort keine Belege; s. aber BAUER, Wb s.v. λέγω II 1 f. (954): von schriftlichen Mitteilungen mit zahlreichen Belegen aus den pln. Briefen; vgl. I 7 (952): zur Formel ἡ γραφὴ λέγει. I 8b (953): Als Hebraismus kann auch bei einer schriftlichen Äußerung aus dem hebräischen לֵאמֹר ein λέγων werden, so Lk 1,63.

[196] So mit SCHENK, Sprache, der die vier Stellen im Mt-Ev bespricht, bei denen das Wort Evangelium vorkommt. Er faßt seine Beobachtungen zusammen: „[S]o ist an den ersten beiden Stellen [Mt 4,23; 9,35, T.H.] klar, daß er [sc. Mt, T.H.] damit das Konzept seines Jesus meint, während an den beiden letzten Stellen [24,14; 26,13, T.H.] klar hervorgeht, daß er selbstreferentiell sein ganzes Buch so bezeichnet" (aaO. 265). Vgl. u.a. LUZ, Mt I 182: „Die Identifikation von εὐαγγέλιον mit seinem Buch ist noch nicht direkt vollzogen, aber sie kündet sich bereits an"; einen Forschungsüberblick bietet FRANKEMÖLLE, Evangelium 154 f. speziell zum Begriff im Mt-Ev s.: DERS., Matthäusevangelium 299 f.

[197] Texte die vom Lk-Ev abhängig sind, lassen sich ab der ersten Hälfte des 2. Jh. aufzeigen, so etwa der längere Mk-Zusatzschluß (Kap. V 3.2) und das EvPetr (s.u. Kap. V 4.1). Zur wahrscheinlichen Kenntnis des Lk-Ev bei Papias s.u. Kap. IV 4.5. Heikel ist es, das Lk-Ev über die Benützung im Joh-Ev datieren zu wollen. Die Benützung des Lk im Joh-Ev bleibt außerordentlich umstritten. Wir meinen u. Kap. III 4.1, in Joh 21 (um 110 n.Chr.) eine Benützung redaktionell lukanischer Worte nachweisen zu können.

zwischen 80 und 90 n.Chr. bzw. „um 90 n.Chr."[198]. Für eine Lokalisierung gibt das lukanische Doppelwerk kaum einen sicheren Hinweis. Die Ausrichtung der Apg auf Rom genügt schwerlich, um die Abfassung des Werkes dort zu sichern.[199]

Wir sind gewohnt, das Lk-Ev im Verbund der vier kirchlichen Evangelien zu lesen. Unsere Gewohnheit verleitet dazu anzunehmen, Lk selbst habe neben dem Mk-Ev gelesen werden wollen, sei es als klärender Anhang, als alternatives Angebot oder kritische „relecture". In diesem Teilkapitel soll diese Vermutung kritisch überprüft werden: Setzt das Lk-Ev bei seinen Lesern eine Kenntnis des Mk-Ev voraus? Nimmt Lk eine Kenntnis des Mk-Ev in Kauf oder knüpft er sogar an eine solche an? Diesen Fragen ist das folgende Teilkapitel zum Lk-Ev gewidmet (Kap. II 3), das aus zwei Unterabschnitten besteht.

Zunächst bespreche ich den Prolog des Evangeliums (3.1). Dies bietet sich schon deswegen an, weil Lk in seinem Prolog ausdrücklich auf Quellen verweist, die ihm vorliegen, und Ziele andeutet, die ihn bei seiner Arbeit leiten.

In einem zweiten Unterabschnitt (3.2) frage ich danach, wie nach Lk die Auferstehungsbotschaft verbürgt sein soll. Für diese Fragestellung gehe ich von Lk 24 aus (3.2.1). Dieses Kapitel soll unter der Fragestellung beleuchtet werden, welche Verbindung Lk zwischen den ersten Zeugen des Auferstandenen und der christlichen Gemeinde beschreibt. Es geht also um die Traditionssicherung. Zu dieser Thematik hat der offene Mk-Schluß eine dezidierte Position eingenommen (s.o. Kap. II 1). Da Lk 24 den Mk-Schluß verarbeitet, läßt sich in Lk 24 die lukanische Position in ihrem Gegenüber zur markinischen beleuchten. Dann erweitere ich die Textgrundlage zunehmend von Lk 24 ausgehend. Schließlich kommt in den Blick, wie Lk in seinem Doppelwerk die christliche Tradition verbürgt wissen wollte.

3.1 Der Lukasprolog als Selbstreflexion des Evangelisten

Lk äußert sich ausdrücklich zu seinen Quellen und zu seiner eigenen Absicht im Prolog seines Evangeliums. Als Ausnahme bei den Synoptikern kommt hier das Ich des Autors zu Wort, der sich über sein Werk äußert, daher handelt es sich um eine explizite Selbstreflexion. Bevor aus dem Prolog etwas über den Redaktor Lk herausgelesen werden kann, ist zu fragen, ob der Prolog nicht so stark vorgeprägt ist, daß die unverwechselbare Stimme des Lk womöglich in den literarischen Konventionen unerkennbar geworden ist.

---

[198] So Schnelle, Einleitung 285 (Lit.).
[199] Unter den vielfältigen Lokalisierungsvorschlägen favorisiert Schnelle, Einleitung 285 vorsichtig Rom. Kümmel, Einleitung 120 hält überhaupt nur eine Abfassung außerhalb Palästinas für sicher.

Auf literarische Konventionen scheint die kunstvoll gestaltete Satzperiode des Prologs hinzuweisen. Der Satz Lk 1,1–4 gehört zweifellos zu den stilisiertesten Sätzen des Neuen Testaments.[200] Doch die hohen literarischen Ambitionen machen den Prolog noch nicht zum Fremdkörper im Kontext des Lk-Evangeliums. Lk zeigt hier, zu welcher Höhe des Stils er fähig ist, zugleich kommen dabei auch die stilistischen Grenzen des Evangelisten zum Vorschein. Intime Kenner der griechischen Sprache haben immer wieder angemerkt, daß Lk die Stilhöhe der historischen Profanliteratur auch im Prolog nicht ganz erreiche. Schleiermacher sprach von „einem ganz leidlichen und wohlgebauten ja zierlich sein wollenden Griechisch".[201] Dieser Prolog zeigt bei aller Höhe des Stils und Verwandtschaft zu ähnlichen Prologen allerdings auch die individuelle Note des Evangelisten Lk.

Daß der Prolog den Gepflogenheiten eines Prologs nach der Sitte der Zeit in vielen Einzelheiten verpflichtet ist, haben viele Forscher unterstrichen. Die umsichtige und philologisch fundierte Monographie Loveday Alexanders stellt dem lukanischen Prolog umfassend ähnliche Prologe gegenüber. Sie zeigt, daß trotz einiger Unterschiede im Detail, der lukanische Prolog den Eröffnungen wissenschaftlicher Literatur am nähesten kommt.[202] Dabei grenzt sie den Lukasprolog von den Prologen geschichtlicher Werke ab, die insgesamt länger, v.a. in der Methodendarstellung ausführlicher sind, normalerweise den Autor explizit in dritter Person nennen und eine Widmung an Einzelpersonen vermeiden.[203] Durch den großen Umfang des Vergleichmaterials kann Alexander nicht nur die Anlehnung an die Konvention plausibel machen, sondern auch die individuelle Note des Evangelisten von der geprägten Form scheiden. Auf diesem Hintergrund bietet Alexander eine Exegese, die unsere Darstellung von vielen Einzelfragen und Literaturnachweisen entlastet.[204]

---

[200] Prominent NORDEN, Kunstprosa II 483 über Lk 1,1–4: „das ist der eine Satz, … der neben dem Anfangssatz des Hebräerbriefs anerkanntermaßen die bestgeschriebene Periode im ganzen N.T. ist"; ähnlich DERS., Theos 316 A. 1; CADBURY, Commentary 492. ZAHN, Lk (1. Aufl.) 41, entschuldigt sich angesichts des hohen Stils für seine Übersetzung, „welche von dem schönen Aufbau und dem rhythmischen Wohlklang des Originals keine Vorstellung geben kann".

[201] SCHLEIERMACHER, Schriften (1817) 15, zitiert nach ZAHN, Lk (1.Aufl.) 41 A. 2. Abstriche an der Stilhöhe vermerkt auch ALEXANDER, Preface 104f., für Wortwahl und Satzkomposition: καθώς (118); sinnleere Komposita, die nicht für größere Genauigkeit, sondern nur für den Eindruck der Gewichtigkeit gewählt sind, dazu zählt sie ἐπειδήπερ (108); ἀνατάξασθαι (110); πληροφορέω (111) vgl. ἐπιγνῷς τὴν ἀσφάλειαν (138. 140); der καθώς-Nebensatz sei ungenau plaziert („hangs uneasily", aaO. 105).

[202] ALEXANDER, Preface bes. 102–167 (s. aaO. 166f.). Die Bezeichnung für die Literatur als „scientific" prägt die Forscherin selbst in Anlehnung an die deutsche Bezeichnung „Fachprosa" (aaO. 21). Sie stellt die scientific prefaces aaO. 67–101 vor.

[203] Vgl. ALEXANDER, Preface 1–10 (Fragestellung; Lit. bes. aaO. 10 A. 18). 102f. (Ergebnis). Noch BOVON, Lk I bes. 30–33 betont die Nähe zu Prologen der Geschichtsschreiber. Der Kommentar erschien 1989 und bibliographiert die bereits 1978 eingereichte Diss. ALEXANDERS (aaO. 3) ebenso wie die 1986 veröffentlichte Kurzfassung (= ALEXANDER, Luke, vgl. BOVON, Lk I 29), setzt sich aber, soweit ich sehe, nicht inhaltlich mit deren These auseinander. Erst 1993 erschien die Druckfassung der Diss. (= ALEXANDER, Preface).

[204] ALEXANDER, Preface 106–142.

3.1.1 Übersetzung Lk 1,1–4

„(1) Nachdem nun Viele es unternommen haben, eine Darstellung zusammenzustellen über die Geschehnisse, die sich unter uns erfüllt haben,

(2) so wie die uns überlieferten, die von Anfang an zu Augenzeugen und Dienern des Wortes geworden sind,

(3) beliebte es auch mir, als einer, der allen (Dingen? Personen?[205]) von Anfang an sorgfältig[206] nachgegangen ist, (es) dir in (richtiger) Abfolge aufzuschreiben, verehrter Theophilos,

(4) damit du die Zuverlässigkeit bezüglich der Worte erkennen mögest, in denen du unterrichtet worden bist."

3.1.2 Der Lukasprolog und sein literarischer Kontext

Der Prolog des Lk-Ev spricht Quellen und Absichten direkt an. Für die Frage nach Selbst- und Quelleneinschätzung läßt er daher besonders präzise Antworten erwarten. Doch ein genauerer Blick zeigt v.a., daß der Prolog zwar Vorarbeiten nennt, aber nicht daran interessiert ist, sein Verhältnis zu seinen Quellen klar aufzudecken. Der Prolog formuliert z.T. unscharf oder doppeldeutig. Lk redet von „Augenzeugen", „Dienern des Wortes" und „Vielen", auf deren Arbeit er zurückblickt. Die nähere Bestimmung dieser Autoren läßt manche Fragen offen. Immer wieder würde man gerne genauer erfahren, was Lk meint, ohne daß diese Genauigkeit aus den Zeilen herauszupressen wäre.[207] Tatsächlich verschleiert er mehr seine konkreten Quellen, als er sie beleuchtet. Diese Unschärfe in der Darstellung wird man ganz unterschiedlich bewerten, je nachdem, in welchem Kontext man das Lk-Ev liest. Die hier knapp vorgestellten Deutungen des Prologs sollen zeigen, wie der Kontext der kirchlichen Evangelien die Auslegung des Lukasprologs beeinflußt.

Solange den Rezipienten nur das Lk-Ev bekannt ist, kommt bei den Äußerungen über die Quellen nicht die Frage auf, welche anderen Evangelien dem Lk zugearbeitet haben mögen. Lk muß und will offenbar seine Quellen nicht vor seinen ursprünglichen Rezipienten offenlegen und bewerten, sondern nur pauschal ansprechen. Auch der Kontext des lukanischen Doppelwerkes verändert die Bewertung und Interpretation des Lk-Prologs kaum.

Steht der Lk-Prolog dagegen innerhalb einer Evangeliensammlung, verändern sich unter der Hand die vagen Andeutungen in vermeintliche Berichte des Lk

---

[205] Durch den Bezug des ἀκριβῶς auf das Partizip dürfte die Deutung des πᾶσιν auf Personen unmöglich werden. So die meisten neueren Exegeten, anders oft in der Alten Kirche s.u. 3.1.3.

[206] Der Bezug des Adverbs ist nicht eindeutig zu klären, s.u. 3.1.3.

[207] Vgl. CADBURY, Commentary 510: „A study of the language of the preface reveals the ambiguity and uncertainty of many words and phrases in it".

über die anderen Evangelien. Der Verbund mehrerer Evangelien war bei Kirchenvätern und Auslegern bis in die Neuzeit hinein selbstverständlicher Kontext ihrer Exegesen. Aus der Perspektive mehrerer kirchlicher Evangelien werden an den Prolog Fragen gerichtet, die diesem selbst noch fremd sein dürften. Da war (und ist gelegentlich noch) nicht mehr die Frage, welche Funktion der Hinweis auf Quellen im Lk-Prolog gehabt haben könnte, sondern ob und wo er von den bekannten anderen Evangelien redet. Läßt sich ein Evangelium hinter einer Andeutung des Lk überhaupt nur vermuten, ist der Schritt nicht weit, diese Vermutung als sehr wahrscheinlich anzunehmen, weil der Ausleger keine anderen möglichen Quellen mehr kennt oder vermuten will. Manche Auslegung erklärt sich aus dieser Perspektive.

Viele dieser Auslegungen, die die kirchlichen Evangelien in den Lk-Prolog hineindeuten, sind nicht einfach als philologisch unhaltbar zu erweisen. Die griechischen Kirchenväter pflegten so zu deuten, ihnen wären sprachliche Härten als „native speakers" nicht entgangen. Deren Auslegungen lassen sich daher nicht als philologisch falsch, aber oft als verengend oder gepreßt beschreiben. Unpräzise oder doppeldeutige Einzelheiten im lukanischen Prolog werden in eine bestimmte Richtung gepreßt, ohne daß der Kontext des Lk-Ev dafür einen Anhalt abgibt.

Freilich sind nicht alle Auslegungsergebnisse davon abhängig, ob der Prolog im Kontext des Lk-Ev, des lukanischen Doppelwerkes oder einer Evangeliensammlung gelesen wird. Viele der im Kontext des Lk-Ev gemachten Auslegungen ändern sich nicht durch einen neuen Kontext. Die kontextabhängigen Auslegungen sind allerdings in der weiteren Geschichte der Vierevangeliensammlung bedeutsam geworden. Einzelne gepreßte Auslegungen des Prologs finden sich wieder in den kirchlichen Traditionen über die Evangelisten. Daher soll im folgenden der Blick geschärft werden für Offenheit der lukanischen Formulierung.

Die folgende Auslegung stellt daher denselben Prolog in verschiedenen Kontexten vor: Zunächst bespreche ich den Prolog im Kontext des Lk-Ev (3.1.3), dann im Kontext des lukanischen Doppelwerkes (3.1.4) und schließlich im Kontext der Vierevangeliensammlung (3.1.5). Die Gegenüberstellung der Auslegungen desselben Textes in unterschiedlichen Kontexten schärft den Blick für die ursprüngliche Offenheit der Formulierungen und damit für die Gepreßtheit der späteren Auslegungen des Lk-Prologs im Kontext der Vierevangeliensammlung.

3.1.3 Der Lukasprolog im Kontext des Lukasevangeliums

Zunächst soll der Prolog im Kontext des Lk-Ev vorgestellt werden. Die Frage nach dem Selbstverständnis des Lk und seinem Verständnis der Quellen verlangt, die relevanten Vokabeln des Prologs einzeln zu betrachten.

Die Zeit, über die Lk zu berichten gedenkt, versteht er als abgeschlossen. Daher redet er im Prolog von den Geschehnissen, die sich (bereits) erfüllt haben und als solche gegenwärtig sind: πεπληροφορημένα.[208] Diese abgeschlossene und grundlegende Zeit gibt der Darstellung des Lk einen Themenrahmen. Für dieses Thema liegen zwei unterschiedliche Quellen bzw. Vorarbeiten vor, die Lk getrennt in zwei Satzteilen vorstellt: (1) Werke der πολλοί und (2) Überlieferungen der Augenzeugen und Diener des Wortes.

Die erste Quellengruppe, die „Vielen", haben nach Lk wohl schriftliche Werke hinterlassen.[209] Der Aorist ἀνατάξασθαι deutet auf abgeschlossene Werke hin.[210] Die übliche, mehr oder weniger höfliche Kritik an den Versuchen der Vorgänger teilt Lk wenn überhaupt nur in sehr abgemildeter Form, da er sein Werk auch zu diesen Unternehmungen zählt: Beliebte es *auch* mir ... aufzuschreiben (Lk 1,3). Die Anzahl von Personen, die Lk mit dem Ausdruck πολλοί versieht, läßt sich nicht bestimmen. Bei anderen Proömien läßt sich zeigen, daß schon wenige einzelne Vorarbeiten als πολλοί zitiert werden.[211]

Die Werke dieser Vielen nennt Lk διήγησις. Auch wenn sonst in Form und Wortwahl die wissenschaftlichen Proömien vielfach prägend gewirkt haben dürften, konnte Alexander für diesen Ausdruck einen Einfluß durch den Sprachgebrauch dieser Proömien ausschließen.[212] Wenn Lk die Vokabel „Erzählung" benützt, muß dies nicht heißen, daß er die Bezeichnung „Evangelium" für eines seiner Quellenwerke nicht kannte. Der unspezifische Ausdruck „διήγησις" kann sich dem Lk auch aus sachlichen Gründen nahegelegt haben, etwa weil ihm die disparaten Quellen nicht erlaubten, einen spezifischeren Ausdruck zu wählen.[213]

Den Unternehmungen der Vielen wird eine zweite „Quelle" beigeordnet, über die wir gerne mehr wüßten: „... so wie die uns überlieferten, die von Anfang an zu Augenzeugen und Dienern des Wortes geworden sind". Bei dieser zweiten Quelle läßt sich nicht einmal mit Sicherheit sagen, ob Lk eine schriftliche Vorlage meint.[214] Diese zweite Quellengruppe qualifizieren deren Autoren, die als Augenzeugen und Diener des Wortes bezeichnet werden. Im Gegensatz zu den πολλοί der ersten Quellengruppe stellt Lukas diese Gruppe als abgeschlossen vor: Das belegt der bestimmte Artikel, den er trotz der doppelten Bestimmung „Augenzeuge" und „Diener" nicht wiederholt. Da Lk diese Gruppe so geschlossen vorstellt und nur deren Überlieferungen extra nennt, scheint er sich selbst nicht zu dieser Gruppe rechnen zu wollen.[215] So deutet Lk an, daß er den eigenen

---

[208] Zahn, Lk (1. Aufl.) 48–50; ders., Einleitung II 368.

[209] Dies hat Klein, Lukas 244 überzeugend dargelegt. Nicht die verwendeten Begriffe erzwingen schriftliche Hinterlassenschaft, sondern das Gegenüber der beiden „Quellen".

[210] Das seltene Kompositum ἀνατάσσομαι dürfte Lk verwenden, um der Darstellung Gewicht zu geben, so mit Alexander, Preface 110; Zahn, Lk 43–45 dagegen will die Bedeutung „reproduzieren" gegenüber dem Simplex betonen.

[211] Bauer, πολλοί 263–266, vgl. von Campenhausen, Entstehung 148 A. 79.

[212] Alexander, Preface 111.

[213] Zum Begriff: Alexander, Preface 111(Lit.); Thornton, Zeuge 119f.

[214] Cadbury, Commentary 497 wendet sich gegen die Annahme, das Verb lasse allein an eine mündliche Überlieferung denken u.a. mit dem Hinweis auf Apg 6,14.

[215] Zahn, Einleitung II 371; Fitzmyer, Lk 294; vgl. Bovon, Lk I 35–37.

historischen Abstand reflektiert. Die Andeutung ist allerdings sehr zart. Mit dem bestimmten Artikel für diese Zeugen erkennt Lk zwar die Geschlossenheit dieser Gruppe an, er erlaubt sich aber trotzdem, eigenständig literarisch aktiv zu werden. Der Hinweis auf Augenzeugen ist in Proömien verbreitet. Alexander weist darauf hin, daß der Ausdruck αὐτόπτης stark veränderte Konnotationen impliziert gegenüber unserem Ausdruck „Augenzeuge". Im Kontext der Proömien meint „Augenzeuge" einen vertrauten Schüler eines Lehrers bzw. einer Begebenheit, nicht etwa einen zufälligen Zeugen.[216]

Die Vokabel ὑπηρέτης, Diener, ist reichlich unspezifisch. Im christlichen Kontext kommt sie auch vor, um die Aufgabe des Paulus gegenüber Gott zu umschreiben (Apg 26,16; 1Kor 4,1) oder die Aufgabe des Johannes Markus gegenüber Paulus (Apg 13,5; vgl. Apg 12,12). Im Lukasprolog bestimmt ein Genetivus objectivus den Aufgabenbereich genauer: Es handelt sich um Diener am Wort (vgl. Barnb 1,5). Der Bezug auf das Wort unterstreicht, daß die Traditionskette von Anfang an nicht nur subjektiv-individuell, sondern unter einem dienenden Auftrag gegenüber Jesu Wort stand.[217]

Die Wortverbindung „Diener des Wortes" ist erst im christlichen Kontext belegt.[218] Die Wortverbindung dürfte auch nur im christlichen Kontext verständlich sein. Eine solche binnenchristliche Sprache fällt im Lukasprolog mehrfach auf. Zunächst überrascht die Bezeichnung im Prolog, da er sonst binnenchristliche Ausdrücke zu meiden scheint. Doch auch im binnenchristlichen Sprachschatz überrascht die Bezeichnung „Diener des Wortes", da sie als Bezeichnung für die Tradenten allen christlich geprägten Würdebezeichnungen geradezu zu entfliehen scheint. Lk beschreibt christliche Tradenten, ohne von Aposteln oder Jüngern zu reden. Auch der andere Ausdruck für die Tradenten, „Augenzeuge", ist im Neuen Testament einmalig. Trotzdem fällt es nicht schwer, zu vermuten, für welchen Personenkreis Lk diese Bezeichnung setzte. Es ist weitgehend anerkannt, daß die Bezeichnung „Augenzeuge" den Titel „Apostel" umschreibt.[219] Die Frage, warum Lk hier umschreibt, läßt sich kaum beantworten. Eine Vermutung geht davon aus, daß Lk schon die Apg im Blick habe.[220] Von daher würde Lk den durch ihn sehr streng verwendeten Aposteltitel vermeiden, um die Zeugen der Geschehnisse in der Apg einbeziehen zu können. Doch auch hier könnten andere Gründe die Wortwahl nahegelegt haben, etwa eine Anlehnung an ähnliche Prologe. Dann wären theologische Deutungen des Ausdruckes mit großer Vorsicht vorzunehmen.

Bei der Deutung des ἀπ' ἀρχῆς lassen sich Wortbedeutung und Syntaxbezug schwer trennen. Als attributive Näherbestimmung zu den Zeugen, wären die so bestimmten Zeugen mit den ἀρχαῖος μαθητής, Apg 21,16, zu vergleichen.[221] Doch vielleicht ist die Bestimmung eher mit dem Partizip als mit dem Nomen zu

---

[216] ALEXANDER, Preface 120f.
[217] Vgl. RENGSTORF, Art. ὑπηρέτης 544.
[218] ALEXANDER, Preface 123.
[219] SCHÜRMANN, Lk 9; FITZMYER, Lk 294; BOVON, Lk I 36; KORN, Geschichte 22.
[220] Vgl. KORN, Geschichte 23.
[221] So CADBURY, Commentary 498.

verbinden und unterstreicht so, daß es neben kurzzeitig zu Augenzeugen gewordenen auch solche gibt, die von Anfang an dabei waren.[222]

Das Partizip γενόμενοι mit dem bestimmten Artikel οἱ verbindet die dazwischenstehenden Bezeichnungen „Diener" und „Augenzeuge" und bezieht sich auf beide. Der Bezug des Partizips von γενόμενοι zum Nomen „Augenzeuge" findet sich auch sonst in der Profangräzität.[223] Es läßt sich mit einiger Sicherheit sagen, daß Lk mit den Augenzeugen und Dienern des Wortes nicht mehrere Personengruppen gemeint hatte, denn der bestimmte Artikel und das Partizip umschließen beide Bezeichnungen, und legen so nahe, an eine weder zeitlich noch sachlich unterschiedene Personengruppe zu denken.[224]

Lk nennt allein die Funktion der Tradenten, ohne Hinweise auf bestimmte Personen zu geben. Textintern läßt sich aus dem allgemeinen Hinweis nicht auf eine bestimmte Personengruppe oder gar bestimmte Personen und deren Werke schließen. Hier ist das Wissen um die Quellen des Lk-Ev aus der modernen Forschung nicht unkontrolliert in den Prolog einzutragen. Sein Verweis auf Vorgänger begnügt sich damit, pauschal auf die Existenz von Vorgängern und Quellen hinzuweisen. Daß er den Quellen eine Autorität zumißt, die auch außerhalb seines Evangeliums bestünde, deutet er nicht an. Daher läßt sich auch mit unserer Kenntnis, daß Lk das Mk-Ev als Quelle verwendete, aus dem Prolog kaum etwas über die Autorität sagen, die Lk dem Mk zuweist.

Lk qualifiziert seine eigene Bemühung mit dem Partizip Perf. vom Verb παρακολουθέω. Für das Verb stehen im wesentlichen zwei Bedeutungen zur Diskussion, nämlich (a) einer Sache nachgehen oder (b) einer Person nachfolgen.[225] Da in vergleichbaren Proömien das Verb öfters vorkommt und dabei durchweg einen sachlichen Bezug aufweist, favorisiert Alexander die Bedeutung „einer Sache geistig nachgehen" bzw. „gänzlich mit einer Angelegenheit vertraut sein".[226]

Die Wortstellung erlaubt, das Adverb ἀκριβῶς sowohl auf das Partizip παρηκο-λουθηκότι als auch auf den Infinitiv γράψαι zu beziehen. Die Unsicherheit des Bezuges kommt zur Unsicherheit der Bedeutung des Partizips. Bezieht man auf das Partizip, ist bei diesem die Übersetzung „einer Sache genau nachgehen" zu

---

[222] Vgl. Apg 26,4: CADBURY, Commentary 498; KLEIN, Lukas 252–254. Wenn die Wir-Berichte auf einen Augenzeugen für eine Phase im Leben des Paulus hindeuten sollen, wäre diese Näherbestimmung auch eine Abgrenzung von der nur temporären eigenen Zeugenschaft des Lk.

[223] Partizip Aor. von γίνομαι zu αὐτόπτης belegt BAUER, Wb s.v. αὐτόπτης (246). Die schöne Idee, daß hier ein passivum divinum vorliege, SCHÜRMANN, Lk 9, wird auch durch Wiederholung, KORN, Geschichte 22 A 67 nicht überzeugender: γενόμενοι ist Medium, Passiv müßte γενηθέντες heißen.

[224] Gegen KLEIN, Lukas 248f.; mit u.a.: DILLON, Eye 271 A. 114; FITZMYER, Lk I 294; NOLLAND, Lk I 7; BOVON, Lk I 37; ALEXANDER, Preface 119.

[225] Vgl. ALEXANDER, Preface 128–130.

[226] ALEXANDER, Preface 128–130. So schon ZAHN, Einleitung II 371 A. 9 auf S. 392f.

wählen.[227] Wäre das Adverb auf den Infinitiv zu beziehen, bliebe soweit die personale Bedeutung „einer Person nachfolgen" für das Partizip möglich.[228]

Sicher dagegen ist das Wort „πᾶσιν" auf das Partizip vorher zu beziehen. Doch welche Dinge meint Lk mit „allen Dingen"? Es könnte ohne vorangehendes Nomen abgeschliffen gebraucht sein. Will man im Text einen Bezug herstellen, müßte man wohl bis zu den πράγματα in V 1fin zurückgreifen,[229] weil ein Bezug auf das feminine διήγησις bei der Höhe des Stils wohl ein πάσαις verlangen würde.

Lk betont seinen persönlichen Anteil bei der Herstellung seines Schriftstükkes. Er nennt sich explizit als Verfasser. Die Autorität seines Werkes ist somit zumindest auch an seine Person gebunden. Seine „Forscherarbeit" verbürgt die Qualität des folgenden Werkes. Für ihn erübrigt sich eine explizite Auseinandersetzung mit den Quellen im Proömium wie im folgenden Werk. Die bislang genannten Quellen hat Lk verarbeitet, ohne daß er deren Kenntnis bei seinen Lesern voraussetzt oder anstrebt. Entsprechend müht er sich auch nicht, diese Quellen identifizierbar zu machen. Die einzige Quelle außer dem Lk-Ev selbst, deren Kenntnis er bei dem Rezipienten Theophilos voraussetzt, sind die Logoi, die dem Theophilos gelehrt worden sind.

Was hat Lukas über seine Vorgänger hinaus zu bieten? Die Adverbien in Lk 1,3 scheinen, die besondere Befähigung des Lk zu bezeichnen. Etwa daß erst er „von Anfang an" aufschreibe. Im Vergleich mit dem Mk-Ev könnte man dann, wie oft geschehen, an die Kindheitsgeschichten, Lk 1f., denken. Doch dies würde nur einen kleinen Teil des Werkes begründen. Oder das ἀκριβῶς soll verdeutlichen, welche Vorzüge Lk über seine Vorgänger hinaus zu bieten hat. Dagegen hat Alexander m.E. zu Recht eingewandt, daß dieses Adverb von der Satzstellung keinen hervorgehobenen Platz zugewiesen bekommen hat.[230] An betonter Stelle steht der auf das Werk blickende Infinitiv samt dem zugehörigen Adverb καθεξῆς σοι γράψαι. Schwerlich ist es das entscheidend Neue, das Lk zu bieten hat, daß er schriftlich faßt, was vorher nur mündlich tradiert wurde.[231]

Die Frage, nach dem entscheidend Neuen in der Darstellung des Lk impliziert, daß das „gewöhnliche Alte" bei seinen Rezipienten bekannt war. Doch Lk nennt nur eine Quelle, deren Kenntnis er voraussetzt, die „Logoi", in denen Theophilos

---

[227] BAUER, Wb s.v. ἀκριβῶς (64); s.v. παρακολουθέω 4 (1251) bezieht auf das Partizip. CADBURY, Commentary 504; BOVON, Lk I 39 u.a. erwägen, daß Lk auf beide Verben gleichzeitig beziehen wollte.

[228] Das Presbyterzeugnis des Papias bei Eusebios, h.e. 3,39,15 verbindet das Adverb mit dem Verb γράφειν: „Μάρκος ... ἀκριβῶς ἔγραψεν". Zu den Verbindungen des Presbyterzeugnisses zum Lk-Prolog s.u. Kap. IV 4.5. In der Alten Kirche wurde das Partizip παρηκολουθηκότι oft personal interpretiert, vgl. ZAHN, Lk (1. Aufl.) 54 A. 33, der diese Interpretation für Lk 1,3 ablehnt, vgl. auch aaO. 37 A. 54.

[229] So SCHÜRMANN, Lk 10, aber noch erweiterter Rahmen bei Lk, so KLEIN, Lukas 250.

[230] ALEXANDER, Preface 135.

[231] Das erwägt allerdings ALEXANDER, Preface 136.

unterrichtet wurde. Die Annahme liegt nahe, daß er jeglicher Polemik oder weiteren Begründung zu seinem Werk enthoben ist, weil er für seine Rezipienten offenbar konkurrenzlos auftreten kann.

Der Finalsatz (V 4) am Schluß des Proömiums nennt eine ausdrückliche Begründung für die Niederschrift des Werkes. Doch dieser Nebensatz ist stark durch die Topik eines Proömiums geprägt.[232] Hier nennt Lk bestimmte Worte, auf deren Kenntnis er bei seinem Leser Theophilos aufbauen kann. Wie diese Quelle des Theophilos genauer zu charakterisieren ist, verrät diese Notiz kaum. Einziger Hinweis ist die Bezeichnung „Logoi" (vgl. λόγων in Lk 1,4).

Trägt man die Ergebnisse der Zwei-Quellen-Theorie in den Lk-Prolog ein, ergibt Lk 1,4 eine sinnvolle Möglichkeit: Lk spricht mit den „Logoi", die Theophilos gelernt hat, die Logienquelle an. Diese „Logoi" sollen im Lk-Ev in rechter Ordnung in die Erzählüberlieferung eingefügt werden.

3.1.4 Der Lukasprolog im Kontext des lukanischen Doppelwerkes

Es ist schwer zu sagen, ob Lk schon plante, eine „Apostelgeschichte" abzufassen, als er den Prolog zum Evangelium schrieb. Auf diese Frage ist viel Scharfsinn verwendet worden, ohne daß die Ergebnisse für weitere Schlüsse einen festen Boden ergäben.[233] Die Auslegung des Prologs verändert sich durch den Kontext der Apg kaum, auch wenn diese erst post festum angehängt worden sein sollte.

Verschiedentlich ist die theologische Klammer zwischen beiden lukanischen Werken stark angegriffen worden. Die Vermutung, die Ausrichtung der Apg relativiere die Bedeutung des irdischen Jesus und damit die Bedeutung des Lk-Ev, könnte zur Annahme führen, mit der Apg habe Lk sein eigenes früheres Werk obsolet machen wollen. Weder diese Annahme noch deren Voraussetzung können einer Überprüfung standhalten.[234]

Der Prolog der Apg schaut auf das Lk-Ev zurück. Er nennt das Evangelium λόγος.[235] Der Bezug von Apg 1 auf das Lk-Ev ist nicht zu bestreiten. Spätestens mit der Fertigstellung der Apg liegt somit eine Schriftensammlung vor, die das Lk-Ev und die Apg umfaßt. Daß diese beiden Schriften ursprünglich einmal als Doppelwerk überliefert worden sind, ist zwar sehr wahrscheinlich, aber für diese

---

[232] ALEXANDER, Preface 136: „In content this final clause is not very informative". Sie warnt davor, im Schlußsatz ein spezifisch lukanisches Programm finden zu wollen, da es geradezu zur Form wissenschaftlicher Prologe gehöre, mit einer konventionellen Absichtserklärung zu schließen, ohne daß diese Erklärung die weitere Ausführung präge (aaO. 142).

[233] KÜMMEL, Einleitung 98 (Lit.).

[234] Die gedankliche Einheit beider Bücher hat in jüngster Zeit KORN, Geschichte (1993) unterstrichen.

[235] Zu Apg 1,1 neben den Kommentaren in neuerer Zeit auch ALEXANDER, Preface 142–146; KORN, Geschichte 176–178.

Überlieferung des Doppelwerkes stehen keine direkten Quellen zur Verfügung. Die dürftige Quellenlage in dieser frühen Zeit erlaubt keine Schlüsse aus dem Schweigen heraus. Die Zeit des Doppelwerkes war mit der Vierevangeliensammlung schon beendet. Um die Evangelien nebeneinanderzustellen, mußte das Doppelwerk getrennt werden. Diese Aufteilung des lukanischen Doppelwerkes fand sicher vor der Mitte des zweiten Jahrhunderts statt, denn schon Justin liest das Lk-Ev wenigstens im Verbund mit dem Mt-Ev (vgl. Kap. V 5.3.2). Der Kirchenvater verknüpft die thematisch verwandten Kindheitsgeschichten beider Evangelien, ohne dieses Verfahren besonders erklären zu müssen. Auch Markion rezipiert das Evangelium unabhängig von der Apg (s.u. Kap. V 6.3).

3.1.5 Der Lukasprolog im Kontext mehrerer Evangelien

Wenn der Lukasprolog im Kontext der kirchlichen Evangelien ausgelegt wird, kommen Deutungen auf, die im Kontext des Lk-Ev haltlos wären. Origenes hat dafür ein schönes Beispiel geliefert, wenn er τοῦ λόγου (V 2 fin) nicht nur auf Diener, sondern auch auf die „Augenzeugen" bezieht.[236] Nach dieser Deutung rede der Prolog von „Augenzeugen des Wortes", gemeint seien „Augenzeugen des fleischgewordenen Wortes". Mit dieser Deutung trägt Origenes johanneische Theologie in den Lukasprolog ein. Die johanneische Voraussetzung ist für den lukanischen Kontext so abwegig, daß neuere Kommentatoren diese Deutung bestenfalls als Kuriosität nennen.[237] Doch diese Eintragung johanneischer Theologie zeigt in ihrer Gesuchtheit noch das Problem: Durch den Kontext der anderen Evangelien werden die zum Teil undeutlichen Hinweise des Prologs in Bahnen gedeutet, die durch die anderen Evangelien vorgegeben sind.

Derartigen Eintragungen ist im folgenden nachzugehen, da sie indirekt die Existenz einer Evangeliensammlung bezeugen. Sowie Evangelien in einer Sammlung nebeneinander vorliegen, erhält der Prolog des Lk-Ev eine herausragende Bedeutung. Innerhalb der Vierevangeliensammlung ist er der einzige explizite Hinweis auf Verknüpfungen der Schriften. Wenn eine Theorie über die Herkunft der Evangelien „schriftgemäß" sein wollte, mußte sie sich daher mit diesem Prolog auseinandersetzen. Tatsächlich lassen sich die altkirchlichen Zeugnisse über die Evangelien als gepreßte Auslegung des Lukasprologs verstehen. Daß dieser Prolog bei Kanonsfragen schnell bei der Hand war, zeigt schließlich im vierten Jahrhundert auch Athanasios in seinen 39. Osterfestbrief. Er rubriziert die christlichen Schriften, indem er sich ausdrücklich an den Lukasprolog anlehnt.[238] Die kirchlichen Traditionen über die Evangelisten wiederholen viele

---

[236] Origenes, hom in Lk 1,4 (Sieben 64, Z. 16–18): „... apostoli ipsi viderunt sermonem, non quia adspexerant corpus Domini Salvatoris, sed quia Verbum viderant".

[237] Vgl. PLUMMER, Lk 3 f.; NOLLAND, Lk I 8 argumentiert gegen FEUILLETS Versuch, der These des Origenes Plausibilität zu verleihen.

[238] Athanasios, 39. Festbrief nach ZAHN, Grundriß 87 (§ 2, Z. 8 f.): „Μέλλων δὲ τούτων

Stichworte des Lk-Prologs und geben ihnen eine eigentümliche Deutung (vgl. u. Kap. IV 4.5). Schon bei dem Presbyter des Papias und bei diesem selbst finden sich entsprechende Hinweise auf eine Rubrizierung der kirchlichen Evangelien an Hand von Stichworten, die der Lk-Prolog liefert. Die Deutung des Lk-Prologs im Kontext der Vierevangeliensammlung soll im folgenden vorgestellt werden.

Voraussetzung dieser Deutung des Prologs ist eine präzise Definition der verschiedenen Tradentengruppen, wie z.B. der Apostel als Augen- bzw. Ohrenzeugen des irdischen Jesu. Unter der Gruppe der Apostel steht dann die Gruppe der Apostelbegleiter, so daß Hierarchien der Tradentengruppen entstehen. In der kirchlichen Tradition ist später von allergrößter Bedeutung, daß jede spätere Überlieferungsstufe nur Autorität verlangen kann, sofern sie in Überlieferungsketten letztlich bis zu Zeugen zurückreicht, die den irdischen Jesus selbst gekannt haben.

Lk nennt zwar in seinem Prolog mehrere Vorgänger bzw. Quellen, aber er begrenzt seine eigene Arbeit nicht dadurch, daß er bestimmten zuverlässigen Vorgängern treu nachfolgt. Er ordnet seine eigene Arbeit nicht den anderen unter, sondern stellt sich auf dieselbe Ebene wie diese. Wie die Vielen etwas unternommen haben, so haben (καθώς) die Augenzeugen bzw. Diener des Wortes überliefert, so auch (κἀμοί) Lk selbst. Lk unterscheidet sich zwar von den Tradenten seiner Quellen, aber der Unterschied ist für ihn nicht so grundsätzlich, daß er durch Bemühung nicht auch sein Unternehmen aufnehmen kann. Nach der späteren Hierarchie der Tradentengruppen hätten die Überlieferungen der Augenzeugen eine qualitativ eindeutig hervorgehobene Stellung zugeteilt bekommen müssen. Dies läßt sich im Lk-Prolog nicht feststellen.

In späteren Zeiten, für uns erstmals durch den Presbyter des Papias nachweisbar, wurde die Trennlinie zwischen Aposteln und Apostelbegleitern zu einer bedeutsamen Unterscheidung. Diese Unterscheidung ergibt sich nicht aus dem Prolog, aber wenn sie bei der Deutung unhinterfragt vorausgesetzt wird, ergibt sich eine vorher eher unwahrscheinliche Deutung des Prologs wie von selbst. Nun werden die „Augenzeugen" und die „Diener des Wortes" aus dem Prolog säuberlich unterschieden. Die ersten heißen als Augenzeugen des irdischen Jesus Apostel, die zweiten sind als Begleiter der Apostel qualifiziert. Nach dieser Deutung redet Lk von Aposteln und Apostelschülern, wenn er von Augenzeugen und Dienern des Wortes spricht.[239] Die Begleiter der Apostel haben nach dieser Deutung des Prologs einen geradezu sprechenden Titel bekommen, wenn Lk sie „Diener des Wortes" nennt, so als ob sie die vornehmliche Aufgabe hätten, die Worte zu bewahren, die sie von ihren Herren, den Aposteln, empfangen haben. Indem die Diener des Wortes treu bewahren, was sie empfangen haben, bleibt

---

μνημονεύειν χρήσομαι πρὸς σύστασιν τῆς ἐμαυτοῦ τόλμης τῷ τύπῳ τοῦ εὐαγγελιστοῦ Λουκᾶ ..."

[239] Die Werke der πολλοί werden nicht mit den kirchlichen Evangelien in Verbindung gebracht.

auch bei Schriften von Apostelbegleitern eine zuverlässige Botschaft über Jesus Christus erhalten. Die kirchlichen Traditionen zu den Evangelisten führen die Evangelien auf die Augenzeugen und deren Begleiter zurück. Die eben vorgestellte Deutung des Lukasprologs unterstützt dabei letztlich die Zuverlässigkeit der Evangelisten. Die „Vielen" des Lukasprologs werden dann als minderwertige Verfasser abzulehnender Schriften aufgefaßt.

Lk selbst ist offenbar kein Apostel, da er auf Überlieferungen von Augenzeugen zurückgreift. Die Annahme, daß Lk ein direkter Apostelschüler war, konnte wiederum seinem Prolog entnommen werden. In Lk 1,3 bezeichnet sich der Autor als παρηκολουθηκώς. Diese Ausdrucksweise ist im Kontext des Prologs nicht ganz eindeutig (s.o). Im Kontext mehrerer Evangelien wird das Partizip nun personal gedeutet und besagt so, Lk sei den Aposteln und deren Dienern genaustens und der Reihe nach gefolgt.[240] Papias verwendet das Partizip παρηκολουθηκώς personal in der Reihe seiner Lehrer-Schüler-Ketten.[241] Justin teilt die Verfasser seiner Apomnemoneumata ein in Apostel und deren Nachfolger mit der entsprechenden Terminologie.[242] Daß paulinische Texte zusammen mit den Wir-Stellen der Apg den Lk v.a. zum Schüler des Paulus werden ließen, kann diese Deutung des Prologs noch unterstützen.

Diese Deutung entspricht mit einiger Sicherheit nicht dem durch Lk intendierten Sinn seines Prologs, sie liest vielmehr die Aussagen über die Evangelisten, wie sie fortan die kirchliche Tradition prägen, in den Prolog hinein. Es bleibt freilich Vermutung, aber es wäre möglich, daß die Tradition vom Evangelisten Mk als einem, der dem Apostel Petrus „nachfolgte",[243] auch im Prolog des Lk zumindest starke Nahrung fand, wenn diese Tradition nicht sogar überhaupt erst durch eine findige Auslegung des Lk-Prologs im Kontext der Evangelien entstand.

Lk wollte seinen Lesern nicht seine Quellen vorstellen oder deren Kenntnis beim Leser voraussetzen. Erst neben anderen Evangelien gelesen, wird Lk 1,1–4 zu einem Text, der das eigene Evangelium mit bestimmten, den Lesern bekann-

---

[240] So dürfte auch das „initio ipse fuerit consecutus" bei Origenes, hom in Lk 1,6 (Sieben 66, Z. 26) personal gemeint sein und daher das bei Origenes folgende Pauluswort 2Kor 8,18 auf Lk bezogen worden sein. Sieben aaO. 67 übersetzt allerdings „… daß er *den Dingen* von Anfang an nachgegangen ist"; Hervorh. T.H.

[241] Papias bei Eusebios, h.e. 3,39,4: „παρηκολουθηκώς τις τοῖς πρεσβυτέροις", s.u. Kap. IV 2.3.3; 2.4.

[242] Justin, dial. 103,8: „ἅ [sc. τὰ ἀπομνημονεύματα, T.H.] φημι ὑπὸ τῶν ἀποστόλων αὐτοῦ καὶ τῶν ἐκείνοις παρακολουθησάντων συντετάχθαι". Justin tauscht die Aktionsarten bei Partizip und Infinitiv gegenüber Lk aus. Für die personale Beziehung benützt er den komplexiven Aorist, das überlieferte Werk erhält ein resultatives Perfekt: Diese kleine Vertauschung dürfte der unterschiedlichen Ausrichtung entsprechen: Lk stützt sich auf bleibend bedeutsame Personen, Justin auf bleibend bedeutsame Werke; s.u. Kap. V 5.3.

[243] So erstmals der Presbyter des Papias (oder Papias selbst?) bei Eusebios, h.e. 3,39,15 (Schwartz): „Μάρκος μὲν ἑρμηνευτὴς Πέτρου γενόμενος … ἀκριβῶς ἔγραψεν … οὔτε γὰρ ἤκουσεν τοῦ κυρίου οὔτε παρηκολούθησεν αὐτῷ". Vgl. u. Kap. IV 4.3.

ten Texten vergleicht. Die Eigenständigkeit seiner Absicht speziell gegenüber dem Mk-Ev zeigt Lk in der Art, wie er dessen tradentenkritischen Schluß entschärft.

3.2 Die Apostel als Garanten der Jesustradition bei Lukas

Lk verändert das Konzept des Mk-Ev nicht nur im Verlauf seines Evangeliums, sondern v.a. durch die Erweiterung in seiner Apg. Er markiert mit einem kurzen Prolog zu Beginn der Apg, daß er seinen ersten[244] „λόγος" (Apg 1,1), das Lk-Ev, als relativ geschlossene Einheit verstand. Der Übergang von der Welt des Textes zur Welt der Rezipienten wird so bis zum Ende der Apg verschoben. Dabei zeigt das markinische Konzept des offenen Schlusses noch Spuren bei Lk.

3.2.1 Der formale Anschluß an Mk 16: Der offene Schluß der Apostelgeschichte

Lk hat seinerseits der Apg einen formal ähnlich offenen Schluß gegeben, wie er ihn in Mk 16,8 vorfand. Lk bereitet seine Leser durch die Abschiedsrede des Paulus in Milet (Apg 20,25.29.38) auf den Tod des Paulus in Rom vor, aber in Apg 28,31 beendet Lk seinen Bericht, bevor Paulus zu Tode kommt. Kaum haben äußere Umstände oder fehlende Überlieferung diesen Abschluß erwirkt,[245] vielmehr dürfte Lk ihn bewußt so gesetzt haben.[246] Mit der Verkündigung des Paulus in Rom ist Jesus Christus bezeugt „bis an das Ende der Erde" (Apg 1,8[247]). Lk beendet sein Werk, sowie der Auftrag des Auferstandenen aus Apg 1,8 erfüllt ist. Das biographische Interesse gegenüber der Person des Paulus stellt er demgegenüber zurück. Er deutet so an, daß die Verkündigung des Paulus in Rom ungleich bedeutsamer ist, als der Tod des Verkündigers Paulus.[248] So kopiert Lk auf seine Weise den offenen Schluß,[249] um wie Mk die Botschaft des Evangeliums von der Persönlichkeit der Verkündiger zu lösen. Diese Anleihe an den Mk-Schluß steht bei Lk nicht allein.

---

[244] Im Griechischen ließe sich der erste Logos zweier Werke (πρότερος λόγος), vom ersten mehrerer Werke (πρῶτος λόγος) unterscheiden. Doch in der Koine ist diese Unterscheidung oft mißachtet worden, vgl. BAUER, Wb s.v. 1b (1452f.); ALEXANDER, Preface 144f., so daß das πρῶτος (Apg 1,1) nicht auf einen geplanten dritten Band hinweist; anders ZAHN, Einleitung II A. 16 auf S. 395 u.ö (vgl. Lit. bei BAUER aaO. 1452).

[245] Etwa ZAHN, Einleitung II 375–377 und A. 16 (S. 395) vermutet, Lk habe ein drittes Buch geplant, welches u.a. vom Tod des Paulus berichten sollte.

[246] ROLOFF, Apg 370f.

[247] Mit BARRETT, Apg I 80 (Lit).

[248] WEISER, Apg II (1. Aufl.) 684: „Lukas macht bewußt, daß trotz Gefangenschaft und Tod der Zeugen sich die Botschaft unaufhaltsam weiter ausbreitet".

[249] Vgl. MAGNESS, Sense 83f.; MARGUERAT, End 74–89.

Näher bei seiner Parallelstelle zum Mk-Schluß setzt sich Lk im letzten Kapitel seines Evangeliums mit den markinischen Vorgaben zur Traditionssicherung auseinander. Er widerspricht zwar *inhaltlich* der markinischen Traditionssicherung, *formal* aber lehnt er sich an Mk 16 an. Die oben dargestellte inhaltliche Spitze der markinischen Abschlußgeschichte (Kap. II 1.4.3) kehrt Lk geradezu in ihr Gegenteil um. Statt wie bei Mk die Rezipienten von der Autorität der ersten Zeugen zu lösen, sind bei Lk die Apostel wiederum Garanten der Jesusüberlieferung. Er kennt sie zudem als geschlossene Gruppe der Vergangenheit. So finden sich die Rezipienten der lukanischen Schriften ausdrücklich in Abhängigkeit gestellt von den Aposteln. Wie Lk die Apostel als Garanten der Tradition aufbaut, erläutern die folgenden Abschnitte, die von einer signifikanten Einzelstelle ausgehen und dann die Textgrundlage erweitern. Besonders signifikant ist der Übergang vom typisierbaren Zeugnis der Emmausjünger zum historischen Zeugnis der Jerusalemer Jünger in Lk 24,34f. (3.2.2). Die damit eingeschlagene Richtung hin auf die Apostel als Traditionsgaranten unterstreichen die Erscheinungsgeschichten am Schluß des Evangeliums (3.2.3). Diese Aufgabenstellung für die Apostel spiegelt ein Anliegen wider, das Lk an vielen Stellen seines Doppelwerkes verfolgt (3.2.4).

3.2.2 Die Gleichzeitigkeit der Rezipienten mit den ersten Zeugen in Lk 24,13–33

Im Verlauf des Kap. Lk 24 bindet Lk das Auferstehungszeugnis an Petrus und die Jünger um ihn. Die Frauen als Traditionsgarantinnen treten zurück. Im Ergebnis ähnlich wie im Mt-Ev garantiert das Zeugnis der männlichen Auferstehungszeugen, daß die Botschaft vom Auferstandenen bekannt wird. Zunächst erhalten die Apostel die Fülle der Auferstehungsbotschaft, durch Kontinuität zu deren Zeugnis erhält der Leser Anteil daran.

Doch die Jüngergeschichten binden die Botschaft nicht vollständig an historische Personen. Es bleibt für die Rezipienten des Evangeliums ein Rest an „Gleichzeitigkeit" mit den ersten Zeugen, die Lk offen läßt. Einen Erzählrahmen, der solche Momente der Gleichzeitigkeit mit den ersten Zeugen ermöglicht, bietet Lk in der Emmausgeschichte an.

Die Emmausgeschichte ist in ihren wesentlichen Zügen durch den Evangelisten gestaltet. In seiner detaillierten Untersuchung hat Wanke (1973) aufgezeigt, daß diese Erzählung durchgängig lukanische Sprache aufweist.[250] Zwar finden sich nach Wanke einzelne Hinweise auf vorlukanisches Gut in der Erzählung, aber erst Lk komponiert das vorher disparate Material.[251] Die 1978 veröffentlichte Studie Dillons bestätigt im wesentlichen dieses Ergebnis.[252]

---

[250] WANKE, Emmauserzählung 109–112.
[251] Für unsere Untersuchung ist nur Lk 24,33–35 auf vorlukanische Tradition hin zu prüfen.

Die Perikope Lk 24,13–35 soll hier nur unter einer speziellen Fragestellung beleuchtet werden: Wieweit bietet sie Brücken an, die von der erzählten Zeit bis in die Zeit der Rezipienten hinüberreichen? Daß solche Brücken in der Erzählung durch Lk aufgebaut worden sind, ist zunächst zu zeigen. Lk beschreibt mit den Emmausjüngern eine Begegnung mit dem Auferstandenen, die stark die wiederholbaren Elemente einer solchen Begegnung betont.

Den Emmausjüngern hat Gott bzw. der Auferstandene selbst die Auferstehungsbotschaft eröffnet. Dabei sind historisierende Bezüge dieser Erkenntnis zurückgestellt. Die Leser, die sich mit den Emmausjüngern identifizieren, trennt kein unüberwindbarer historischer Graben von der Erfahrung dieser beiden Jünger. Die Emmausjünger begegnen dem Auferstandenen so, daß diese Begegnung für die Leser grundsätzlich auf ähnliche Art möglich ist.

Die Übertragung der Emmausszene auf die Rezipienten des Evangeliums ermöglicht Lk, indem er die Emmausjünger so vorstellt, daß sie für die Leser zu Identifikationspersonen werden können. Zwar besteht ein historischer Abstand der Rezipienten des Evangeliums zu den Emmausjüngern, aber die Darstellung versucht, die Begegnung mit Jesus so zu erzählen, daß sie in die Gegenwart der Rezipienten des Evangeliums übertragbar bleibt. Lk verknüpft die beiden Emmausjünger nicht mit einem identifizierbaren historischen Ereignis. Er führt die Personen typisierbar, nicht individuell ein. Statt einer individualisierenden Beschreibung ihrer Personen kommen ihre Gedanken zu den vorher erzählten Ereignissen zur Sprache. Die Typisierung unterstützt Lk, indem er erst spät den Eigennamen eines der beiden Jünger nachträgt. Dieser Jünger „Kleopas" (Lk 24,18) ist im vorangehenden Erzählablauf nicht eingeführt worden, der zweite beteiligte Jünger bleibt gänzlich namenlos. Die mögliche Typisierung unterbricht Lk auch nicht durch einen konkreten Auftrag an die beiden Jünger, durch den sie an die vergangene Geschichte gebunden wären. Die so ermöglichte Identifikation baut Lk auf, um dann einen weiteren Schritt zu gehen.

Die Geschehnisse auf dem Weg erleben die beiden Jünger anders als die Leser des Evangeliums. Der Evangelist stellt als dritte Person in der Erzählung Jesus vor, der sich auf dem Weg zu den beiden Jüngern gesellt (Lk 24,15), aber Lk trägt dann nach, daß den Jüngern diese Identität verborgen ist (Lk 24,16). So kann der Evangelist erzählen, wie diese Jünger dem Auferstandenen begegnen, ohne dies zu merken. Die Jünger können also nicht ihre besondere Begegnung mit dem Auferstandenen als einmalige Auszeichnung gegenüber den späteren Christen auskosten, sondern bleiben trotz der besonderen Begegnung in ihrer Erkenntnis

---

Auch bei diesen Versen wird sich zeigen, daß nicht Brüche zwischen Tradition und lukanischer Redaktion vorliegen, sondern bewußte Gestaltung des Redaktors Lk.

[252] S. z.B. DILLON, Eye 155. BORSE, Evangelist 62–67 hält es für eine „gut begründete Möglichkeit" (aaO. 67), daß Lk die Emmausperikope ohne Traditionsvorgaben verfaßt hat. NOLLAND, Lk III 1199f. vermutet eine vorlukanische Tradition, die in ihrer Ausrichtung mit der lukanischen Redaktion übereinstimmt.

den späteren Christen ähnlich: Sie *sehen* keinen auferstandenen Herrn, sie *erinnern* sich nur an diese Begegnung.

Die weiteren Geschehnisse zwischen den Jüngern und Jesus sind transparent gehalten für Tätigkeiten einer christlichen Gemeinde. Die Emmausjünger sind, während Jesus sie begleitet, mit Dingen beschäftigt, die im späteren kirchlichen Leben fortgesetzt werden: die Schriftauslegung und die Mahlfeier.

Ein Kontinuum zwischen den literarischen Helden, den Emmausjüngern, und den Lesern dürfte die Praxis der Abendmahlsfeier im Gottesdienst darstellen. Die erzählte, aber von den Jüngern zunächst unerkannte Mahlgemeinschaft mit dem Auferstandenen läßt sich für die Leser in ihre Gegenwart übertragen. Daß Lk auf die christliche Abendmahlsgemeinschaft anspielt, zeigt sich daran, daß unter der Hand der eingeladene Fremde zum einladenden Gastgeber wird, der für seine „Gäste" das Brot segnet und ihnen reicht, indem er es ihnen bricht (Lk 24,29f.).[253] Diese Wendung vom Gast zum Gastgeber erklärt sich nicht aus der erzählten Geschichte, sondern aus einer Theologie des Abendmahls heraus. In der Eucharistie lädt Christus die Gemeinde ein.[254] Die Erzählung beschreibt so narrativ, daß der Auferstandene bei der Schriftauslegung und der Eucharistie unerkannt anwesend sein kann. Eine Spitze bekommt die Geschichte, wenn die Leser die erhöhte Perspektive, die sie gegenüber den Emmausjüngern haben, auf ihr eigenes christliches Leben übertragen: Ist nicht auch beim Abendmahl der christlichen Gemeinde der Herr unerkannt anwesend, eröffnet nicht der Herr selbst die Schrift?

Daß schon Lk die Erzählung auf diese Übertragung hin gestaltet hat, erklärt einen anders schwer erklärbaren Zug der Erzählung: Die Umstände, wie sich den Jüngern die Augen öffnen, sind in einer realen Szene schwer vorstellbar. Sowie sie die Anwesenheit des Herrn erkennen, ist er für sie nicht mehr sichtbar. Die Emmausjünger erinnern sich an die Gemeinschaft mit Jesus, sehen ihn aber nicht gleichzeitig. Offenbar zielt Lk darauf, das Erkennen der Emmausjünger transparent zu machen für das Erkennen Jesu in der christlichen Gemeinde. In einer Abendmahlsfeier der christlichen Gemeinde läßt sich die Gegenwart des Herrn zwar erleben, aber er ist nicht sichtbar anwesend.

Lk erzählt von einer Begegnung mit dem Auferstandenen in einem typisierbaren Erzählrahmen, aber er stilisiert die Begegnung nicht als Automatismus. Daß die Jünger den Auferstandenen erkennen, wird durch Gott verhindert bzw. ermöglicht (vgl. Lk 24,45; Apg 16,14b). Die entsprechenden Verben stehen im passivum divinum oder haben den Auferstandenen zum Subjekt.[255] Lk unter-

---

[253] SCHNEIDER, Lk (2. Aufl.) 499; FITZMYER, Lk II 1568; NOLLAND, Lk III 1206, vgl. 1208.

[254] WANKE, Emmauserzählung 105–108 erweist als redaktionell lukanisches Motiv, die Präsenz des Herrn im Mahlgeschehen inmitten der versammelten Gemeinde hervorzuheben. Entsprechende Motive finden sich auch in der zweiten Anspielung auf die christliche Mahlgemeinschaft in Lk 24,41f.; vgl. BORSE, Evangelist 64.

[255] So Lk 24,16.31; vielleicht auch 24,17b; vgl. DILLON, Eye 104f. (Lit. aaO. 105 A. 102).

streicht gleichsam als theologischen Vorbehalt, daß die Begegnung mit dem Auferstandenen letztlich allein auf Gottes Initiative beruht.

Die Emmausgeschichte illustriert ferner die Unmöglichkeit, von sich aus die wahre Erkenntnis Jesu Christi aus der Schrift zu erarbeiten. Jesus eröffnet den Emmausjüngern die heiligen Schriften, unser Altes Testament. Die heilige Schrift bedarf der Auslegung durch Jesus oder einen durch Gott beauftragten Verkündiger (vgl. Lk 24,27.45; vgl. Apg 3,18.21–25; 8,31; 24,14; 26,22; 28,23). Die Notwendigkeit eines Auslegers ist so grundsätzlich dargestellt, daß nicht einmal das Lk-Ev selbst eine Sonderrolle für die Schriftauslegung erhält. Wie leicht wäre an dieser Stelle eine Selbstreflexion auf das eigene Evangelium einzubauen gewesen. Es hätte nur eines Hinweises bedurft, daß das eigene schriftliche Werk gegenüber seinen Lesern die Aufgabe übernimmt, die der Hermeneut Jesus gegenüber den Emmausjüngern übernommen hat. Aber einen solchen Hinweis gibt Lk nicht. Das eigene schriftliche Werk bekommt in dem Kommunikationsprozeß zwischen dem Fremden und den Emmausjüngern keine Rolle zugewiesen.

3.2.3 Die Vorordnung des historischen Zeugnisses von der Auferstehung durch Lk 24,34f.

Die Emmausjünger kehren sofort nach Jerusalem zurück. Ihre neue Erkenntnis drängt zur Weitergabe. In Lk 24,33–35 treffen die Emmausjünger auf die Jerusalemer Jünger. Für die historische Einordnung der Auferstehungsbotschaft ist diese Zusammenkunft von großer Bedeutung: Die Emmausjünger sind dem Auferstandenen begegnet, wie ihm grundsätzlich spätere Christen auch begegnen könnten. Bis Lk 24,33 scheint dieses typisierbare Zeugnis von der Auferstehung das historisierende Zeugnis geradezu zu überlagern. Wenn die Emmausjünger die ersten Zeugen der Auferstehung würden, wäre die entscheidende Botschaft zu den Jerusalemer Jüngern in einer Weise gekommen, daß nicht die Einmaligkeit dieser Vermittlung, sondern deren Typik betont wäre. Doch es kommt anders.

Bevor die Emmausjünger ihre neue Erkenntnis weitergeben können, gibt Lk der Geschichte eine unerwartete Wendung. Diese Wende in der Geschichte sollte nicht als Bruchlinie zwischen schlecht verbundenen Traditionen bagatellisiert werden. Die Wende zeigt vielmehr die redaktionelle Absicht des Evangelisten, das Bekenntnis der Kirche der Erfahrung der Emmausjünger vorzuordnen.[256] Die Emmausjünger sind zurückgekehrt, um ihre Botschaft weiterzugeben; doch genau in diesem Moment wird die Auferstehungsbotschaft bereits ausgesprochen. Die Auferstehungsbotschaft kommt nicht zuerst von den Emmausjüngern,

---

[256] NOLLAND, Lk III 1206f. begründet für Lk 24,33–35 redaktionell lukanische Herkunft. WANKE, Emmauserzählung 44–46 sieht traditionelle Elemente in Lk 24,34, aber aaO. 49–53 arbeitet er die Bedeutung des V. im Kontext der Perikope heraus und hält es für fragwürdig, ob Lk ein selbständiges Traditionsstück zitiert (Lit. aaO. 49 A. 398 auf S. 150f.).

sondern von den in Jerusalem versammelten Jüngern.[257] Damit kommt die für persönliche Erfahrung transparent gehaltene Auferstehungsbotschaft der Emmausjünger erst nach dem historisierenden Zeugnis der Jerusalemer Jünger.

Die Zusammenkunft der Jerusalemer Jünger stellt Lk als bereits bestehend dar, wenn die Emmausjünger hinzustoßen.[258] Zu Recht unterstreicht Dillon, daß Lk die Zusammenkunft der Jünger in Jerusalem hervorhebt, indem er das Partizip vor die Nennung der einzelnen Mitglieder stellt.[259]

Das Auferstehungszeugnis der Jerusalemer Jünger entspricht zunächst der Erfahrung der Emmausjünger: „Der Herr ist wahrhaftig auferweckt worden". Entsprechend können die Emmausjünger auch ohne Überleitung ihre Erfahrungen anfügen (Lk 24,35): „Und sie stellten die (Dinge) auf dem Weg dar und wie er sich für sie erkennen ließ beim Brechen des Brotes". Doch die Botschaft der Jerusalemer erhält einen historisierenden Zusatz, den die Botschaft der Emmausjünger nicht hätte enthalten können: „... und er ist (dem) Simon erschienen".

Statt über die traditionsgeschichtliche Herleitung dieses historisierenden Zusatzes zu spekulieren, sollte die theologische Bedeutung im lukanischen Kontext erwogen werden. Von dieser Erscheinung des Auferstandenen vor Simon Petrus erfahren die Leser des Lk-Ev ähnlich nachträglich und unvorbereitet wie die Emmausjünger. Keine Andeutung über das Geschehen war dem bisherigen Evangelium zu entnehmen. Der Leser erlebt wie die Emmausjünger, daß die persönliche Begegnung mit dem Auferstandenen mit dem Zeugnis der Jerusalemer Jünger übereinstimmt. Im weiteren Verlauf wird Lk herausstreichen, daß das historisch einmalige Auferstehungszeugnis verbindliche Bedeutung hat für das theologische Verständnis des Auferstandenen.

Lk 24 bietet Identifikationsmomente an, mit denen die Zeit des irdischen Jesus transparent wird für die Zeit der christlichen Gemeinde. Diese Identifikationsangebote sind unterschiedlich fest in der vergangenen Zeit vor der Gemeinde fundiert. Die Emmausgeschichte zielt darauf, daß im Vollzug des Mahles der Auferstandene als gegenwärtig verstanden werden kann. Die Mahlsituation hat typischen, nicht einmaligen Charakter. Doch diese Typisierung der Auferstehungszeugen bleibt im Lk-Ev eine Episode. Lk ordnet sie Geschehnissen unter,

---

[257] Nach NA 27. Aufl. verändert der Cantabrigiensis den Kasus des Partizips vom Akkusativ in den Nominativ und läßt so die Auferstehungsbotschaft durch die Emmausjünger sprechen, die in der Protasis 24,33 Subjekt waren. Die übrigen ständigen Zeugen dürften dagegen den ursprünglichen Text bewahrt haben. Das Partizip im Akkusativ bezieht sich auf die im Akkusativ genannten „Elf und die mit ihnen", die als Sprecher von Lk 24,34* gedacht sind; vgl. DILLON, Eye 95 (Lit.).

[258] Diese Zeitfolge ergibt sich aus der Abfolge von Verb im Aorist und dem Partizip Perfekt, das die Zusammenkunft der Jünger beschreibt. Zur Umschreibung der relativen Vorzeitigkeit mit dem Part. Perf. nach dem Verb εὑρίσκω bei Lk vgl. Lk 2,12; 11,25 (Q); 19,30 (aus Mk); 24,2 (aus Mk); Apg 5,23; 10,27; 11,26; 18,2; 28,18; allgemein: BDR § 345.

[259] Lk 24,33: „εὗρον ἠθροισμένους τοὺς ἕνδεκα καὶ τοὺς σὺν αὐτοῖς"; zur Auslegung: DILLON, Eye 96f. A. 77 gegen WANKE, Emmauserzählung 44.

die einmalig in der Zeit vor der christlichen Gemeinde stattfanden und in ihrer Einmaligkeit für die spätere christliche Gemeinde bedeutsam bleiben. In der weiteren Darstellung wird Lk die Bedeutung dieser historischen Verankerung der Auferstehungsbotschaft unterstreichen.

3.2.4 Die lukanische Antwort auf Mk 16: Die Apostel als historische Garanten der Jesusüberlieferung

Der Versuch des Mk, die Jünger Jesu als menschliche Traditionsgaranten zu problematisieren, ist durch Lk wieder zurückgenommen worden. Im Abschluß-kapitel seines Evangeliums wird diese Rehabilitierung der Jünger als Garanten der zuverlässigen Jesustradition fundiert. Dies zeigt sich in der Art, wie Lk seine Mk-Vorlage zu Ende führt.

Das Lk-Ev folgt bis 24,9 der Mk-Perikope vom leeren Grab. Er setzt den Abschluß des Mk-Ev bei 16,8 voraus. Auch er führt den offenen Mk-Schluß weiter und beschreibt, wie die Frauen die Botschaft von der Auferstehung an die Jünger weitergeben. Dazu streicht er das Motiv von der Furcht der Frauen bei Mk und läßt sie unmittelbar und vollständig (ταῦτα πάντα Lk 24,9) ihre Botschaft ausrichten.

Das klingt so, als ob Lk ein positiveres Frauenbild voraussetzt als Mk. Doch die Annahme, Lk kümmere sich um ein „Frauenbild", dürfte seiner Darstellung fremde Kategorien aufnötigen. Mit den Frauen nimmt Lk lediglich Personen aus der Mk-Erzählung auf. Daß er ihnen als Auferstehungszeuginnen keine besondere Rolle zumessen will, läßt sich daran abschätzen, daß ihre Mission weitgehend im Sande verläuft. Die Botschaft der Frauen bewirkt nicht, daß die Elf und alle die Übrigen (Lk 24,9) bzw. die Apostel (Lk 24,10) diese Botschaft annehmen. Die männlichen Jünger hielten die Worte vielmehr für Geschwätz. Im Ergebnis gibt so Lk der markinischen Darstellung Recht: Die Auferste-hungsbotschaft erreicht zwar zuerst die Frauen, deren Botschaft begründet allerdings nicht die Osterverkündigung der Jünger. Eine gewisse Nachdenklichkeit bewirken sie bei Petrus, der beim leeren Grab zum Staunen kommt (Lk 24,12). Mit diesem Vers leitet Lk über von den Frauen zu den männlichen Zeugen der Auferstehungsbotschaft. Die weitere Darstellung des Lk zeigt nirgends, daß er den Frauen eine bleibende Bedeutung in der Vermittlungsgeschichte der Osterbotschaft zumißt. Zwar sprechen die Emmausjünger noch über die Botschaft der Frauen (Lk 24,9.22–24), doch die Botschaft habe sie nur verwirrt (Lk 24,22).

Die Auferstehungszeugnisse, die bei den Jüngern zum Glauben führen, knüpfen nicht mehr an die Botschaft der Frauen an. Vielmehr wird dem Petrus (Lk 24,34b) bzw. den Emmausjüngern eine direkte Erscheinung zuteil. In der lukanischen Darstellung schilt der Auferstandene die Jünger nicht wegen ihres Zweifels gegenüber der Frauenbotschaft, er bezieht sich auch nicht auf deren Zeugnis, sondern öffnet unabhängig vom Zeugnis der Frauen den Jüngern die Augen. Er legt den Jüngern die Schrift aus (Lk 24,25–27). Diese Auslegung führt zur Anerkenntnis, daß der Herr auferstanden ist (Lk 24,32.35). Daß auch diese Anerkenntnis noch einer Stärkung bedarf, unterstreicht die Erscheinung des Auferstandenen, wie sie abschließend im Evangelium berichtet wird, Lk 24,36–51. Welche Personen bei dieser Erscheinung des Auferstandenen als anwesend gedacht sind, geht aus der lukanischen Darstellung nicht eindeutig hervor. Lk redet von den Elf und denen bei ihnen (Lk 24,33).

Bei diesen Erscheinungszeugen könnten auch Frauen einbezogen gedacht werden.[260] Die Frauen müßten in das Personalpronomen von καὶ σὺν αὐτοῖς (Lk 24,33) eingelesen werden. Wären stillschweigend Frauen unter den Erscheinungszeugen zu denken, wäre die Bemerkung vom Verbleiben im Tempel (Lk 24,53 ἐν τῷ ἱερῷ; vgl. Apg 2,46; 5,12.42) nach Männern und Frauen wohl zu differenzieren. Die Apg scheint bei der Parallelerzählung auch nur noch männliche Jünger anzunehmen (vgl. Apg 1,11), auch wenn später wieder Frauen zum Kreis der Getreuen gehören (Apg 1,14).

Lk hat den Erzählfaden von Mk übernommen und dabei die Frauen als einsichtige, aber letztlich wirkungslose Zeugen der Osterbotschaft vorgestellt. Allein eine gewisse Nachdenklichkeit können sie bei ihren männlichen Kollegen bewirken (Lk 24,12.24). Als Auferstehungszeugen mit bleibender Bedeutung benennt Lk nur die männlichen Jünger Jesu. Unter diesen zielt er wohl v.a. auf die Apostel als Zeugen Jesu (Lk 24,10; Apg 1,2.21–26).

Auf die Sonderrolle der Apostel weist zunächst die zweite Erscheinungsgeschichte hin. Die zweite Abschlußgeschichte, Luk 24,36–53, bringt den Auferstandenen mit seinen Jüngern zusammen. Die genauere Identifikation der Jünger bereitet einige Mühe. Meint Lk die Elf oder einen erweiterten Kreis? Daß diese „Unschärfe"[261] durch Lk bewußt angelegt wurde, hat Plevnik aufzeigen können.[262] Die Nachwahl eines zwölften Apostels verlangt, daß bestimmte Jünger die besonderen Zeugnisse des Auferstandenen miterleben (vgl. Apg 1,21f.), um weitere Jünger wählbar zu erhalten. Sowie Matthias nachgewählt ist, entfällt jeder Hinweis auf einen erweiterten Zeugenkreis.[263]

Zwar sind die Jünger in einzelnen Zügen transparent gehalten für die Erfahrungen späterer Christen (Lk 24,37f.), aber die erzählten Begebenheiten lassen sich nun nicht mehr bis in die Gegenwart der Gemeinde verlängern. In diesen für die Erzählung wesentlichen Begebenheiten bleiben die Jünger uneinholbar Zeugen einmaliger Begebenheiten. Die späteren Christen sind daher darauf angewiesen, das Zeugnis der Jünger übermittelt zu bekommen. Insofern unterscheiden sich in Lk 24 funktional die Emmausjünger von den weiteren Auferstehungszeugen.[264]

---

[260] So bes. KARRIS, Women 17–19; mit umfangreicher Lit. zum Frauenbild bei Lk aaO. 2 A. 4.

[261] LOHFINK, Himmelfahrt 267.

[262] PLEVNIK, Eleven 205–211.

[263] PLEVNIK, Eleven 206.209.

[264] DILLON, Eye 218. 294f. leugnet eine historisierende Sonderrolle der Auferstehungszeugen. Diese Ansicht nährt DILLON aaO. 291 dadurch, daß er Apg 1 ausklammert, weil dort ein verändertes Konzept vorliegen könnte. Sodann parallelisiert er aaO. 292 die Emmausjünger mit den Auferstehungszeugen von Lk 24,36–49, weil beide Gruppen durch reine Gnade zu Zeugen göttlicher Offenbarung qualifiziert seien. Diese unbestreitbare Gemeinsamkeit darf aber nicht übersehen lassen, daß sich beide Gruppen in ihrer historischen Verankerung unterscheiden und so die historisierende Engführung der Zeugen auf die Zwölf von Apg 1 bereits in Lk 24 angelegt ist.

Zwei inhaltlich bedeutsame Züge des historischen Zeugnisses entfaltet Lk 24. Die Zeugen des Auferstandenen in Lk 24,36–49 garantieren für die spätere Kirche die Leiblichkeit des Auferstandenen (1) und die christologische Schriftinterpretation (2).

(1) Die Leiblichkeit des Auferstandenen. Der Auferstandene weist sich zweimal aus. Zunächst, indem er seine Hände und Füße zeigt und zur Betastung einlädt (39f.).[265] Nachdem dieser Selbsterweis nicht angenommen wird (41a), bietet der Auferstandene eine weitere Vergewisserung an (41b.42) und ißt vor den Augen der Jünger (43). Durch diese Handlung Jesu erhalten die anwesenden Jünger eine Spezialunterweisung durch den Auferstandenen, so daß sie gegenüber allen späteren Christen die Leiblichkeit des Auferstandenen verbürgen können.

(2) Die Sonderunterweisung über die heilige Schrift. Lk hebt besonders hervor, daß die Zeugen des Auferstandenen durch diesen selbst die Schrift erklärt bekommen. Der Auferstandene verbreitet nach dem lukanischen Bericht also keine neuen Gebote,[266] sondern er vermittelt neue Einsichten in die längst bekannte Schrift. Mit dieser Sonderunterweisung durch die höchste christliche Autorität führt Lk die christliche Schriftauslegung auf das Zeugnis bestimmter Jünger zurück: „Ihr aber seid Zeugen dieser Dinge" (Lk 24,48).[267] Das Demonstrativpronomen τούτων bezieht sich auf die Schriftauslegung der Verse 46f.[268]

Mit diesen beiden Themenbereichen unterstreicht Lukas die Sonderrolle der historisch verorteten Jünger. Doch Lk sieht die Brücken zwischen dem irdischen Jesus und der christlichen Kirche in Lk 24 nicht nur personal garantiert in den Auferstehungszeugen, sondern auch lokal in der Stadt Jerusalem. Lk stellt Jerusalem als Quellort des Christentums dar. Das Lk-Ev endet in Jerusalem (Lk 24,52f.); Apg 1,4 knüpft daran an. Die Ausbreitung des Christentums erhält dadurch einen festen Ort, von dem aus die Botschaft immer größere Kreise zieht (vgl. Apg 1,8). Welche Intention hinter dieser Hervorhebung Jerusalems steht, ist nicht leicht zu sagen. Ob Lk an die bleibende Verheißung dieser Stadt anknüpfen will, oder ob er diesen Ort nur reich darstellt, um für Rom ein reiches Erbe zu bereiten, kann in dieser Studie offen bleiben.[269]

---

[265] Die Wundmale werden nicht genannt, es geht um die Leiblichkeit des Auferstandenen; NOLLAND, Lk III 1213 weist darauf hin, daß bei landesüblicher Bekleidung die Hände und Füße sich zur direkten Berührung anbieten und sieht in dem Verweis auf die Wundmale ein späteres Stadium derselben Tradition angesprochen.

[266] LOHFINK, Himmelfahrt 267.

[267] Zu diesem Vers außer den Kommentaren: ROLOFF, Apostolat 190f.; auch DILLON, Eye 216, der aber in der Zeugenfunktion ein futurisches Element sehen will, das gegen die Garantenfunktion der Auferstehungszeugen spräche; NELLESSEN, Zeugnis 107–118.

[268] NELLESSEN, Zeugnis 114.

[269] Vgl. LOHFINK, Himmelfahrt 262–265.

3.2.5 Die Apostel als historische Größe im lukanischen Doppelwerk

Lk verwendet den Aposteltitel für die zwölf Jünger Jesu. Die Nachwahl des Matthias zeigt, daß die Zwölf aus einer bestimmten Gruppe von Personen zusammengesetzt sein müssen: Wählbar waren nur bestimmte Zeitgenossen des irdischen Jesus (Apg 1,21f.).

Die Kandidaten sollen solche sein, bei denen Jesus ein und ausgegangen ist, beginnend bei der Taufe (Jesu durch) Johannes. Diese Forderung kann nach der lukanischen Darstellung eigentlich keiner der Apostel erfüllen.[270] Den Abschluß der Zeugenzeit dagegen hat Lk ausdrücklich einhaltbar erzählt: Ein Kandidat muß zu denen gehören, die anwesend waren „bis zu dem Tag, an dem er aufgenommen worden ist vor uns". Lk war vorsichtig genug, die „Elf und die mit ihnen" (Lk 24,33) als Zeugen des Auferstandenen vorzustellen und so Kandidaten für die Nachwahl der Apostel zu ermöglichen.[271]

Wer den irdischen Jesus nicht gekannt hat, kann nach dieser Definition nicht Apostel werden. Entsprechend bekommt bekanntlich Paulus in der Apg daher den Titel vorenthalten, der ihm selbst von großer Bedeutung war. Die zwei Stellen, bei denen Paulus doch als Apostel bezeichnet wird (Apg 14,4.14) können die historisierende Gesamtanlage des Apostelbegriffs nicht zweifelhaft machen.[272]

Der theologische Sinn dieser Eingrenzung ist nicht sofort klar. Offensichtlich geht es nicht darum, daß Apostel nur sein kann, wer durch den irdischen Jesus dazu berufen wurde. Dies zeigt die Nachwahl des Matthias. Es ist m.E. nicht abzustreiten, daß wenigstens ein wesentlicher Sinn dieser historisierenden Ausgrenzung von „Aposteln" darin besteht, daß diese Personen sich an den irdischen Jesus erinnern können. Die Apostel verbürgen die Jesusüberlieferungen.[273] Dieser Ansatz impliziert, daß die Bedeutung der Person Jesu nicht auf seine Aussprüche zu beschränken ist. Seine Worte könnten auch Personen unverändert weitergeben, die ihn selbst nicht gesehen haben.

Durch ihre historisch nicht wiederholbare Erinnerung an den irdischen Jesus können bestimmte Personen den Titel Apostel zugesprochen bekommen. Der

---

[270] ROLOFF, Apg 34; NELLESSEN, Zeugnis 151f.; aaO. 210 erwägt N., daß nicht die Taufe Jesu, sondern die Tauftätigkeit des Johannes in Apg 1,22 angesprochen sei.

[271] Die Rückbezüge Apg 2,32; 3,15, 10,41; 13,31 bleiben entsprechend offen; vgl. NELLESSEN, Zeugnis 209–211; gegen KORN, Geschichte der Lk 24,36–49 zur „Exklusiverscheinung" (aaO. 147) vor den Aposteln erklärt und daraus schließt, daß allein die Apostel „Zeugen" seien, vgl. aaO. 149. 196–198. Apg 1,2f. widerspricht dem nicht, weil Jesus zwar nur die Apostel erwählte (Apg 1,2), denen er sich auch nach seinen Todesleiden als lebendig erwies (Apg 1,3). Letzteres bezieht sich zwar auf die Apostel (soweit richtig KORN, Geschichte 147 A. 75), aber behauptet nicht, daß *nur* die Apostel Zeugen des Auferstandenen gewesen seien. Mit NELLESSEN, Zeugnis 120–127 (Lit.); 278; anders ROLOFF, Apg 30. 34; m.E. widersprüchlich KORN, Geschichte 149.

[272] Mit ROLOFF, Apostolat 169f., der mehrere Erklärungen referiert. Meist wird die Abweichung vom sonstigen Konzept als Hinweis auf eine vorlukanische Quelle gedeutet, so z.B. ROLOFF, Apg 36. 211; WEISER, Apg 349.

[273] Vgl. ROLOFF, Apostolat 170. 177. 180. 194. 199. 233; DERS., Apg 36.

Titel beschränkt sich freilich auch nicht auf diese historische Erinnerung. Die Nachwahl eines Apostels aus zwei Kandidaten unterstreicht (Apg 1,23–26), daß die Bedingung zwar notwendig, aber nicht hinreichend ist. Josef, genannt Barsabbas mit Beinamen Justus, hatte wohl die Voraussetzungen zum Apostolat, ihm wurde aber die göttliche Legitimation durch Losentscheid vorenthalten.

3.3 Zusammenfassung: Die Selbsteinschätzung des eigenen Werkes bei Lukas

Lk nimmt seine persönlichen Fähigkeiten zum Anlaß, die ihm vorliegenden Quellen zu überarbeiten. Dabei hat er kein Interesse, die Quellen bei seinen Rezipienten bekannt zu machen. Gegenüber dem Mk-Ev strebt er ein eigenständiges Werk an, das spätestens mit der Fertigstellung der Apg für sich stehen sollte. Der Kontext der anderen Evangelien verändert daher das ursprüngliche Anliegen des Lk. Anders als Mk berichtet Lk derart von den Aposteln, daß sie die durch Gott befähigten Garanten der Jesusüberlieferung sind und so alle spätere christliche Erfahrung normieren. In dieser Aufgabenstellung für die Apostel stimmen Lk und Mt gegen Mk überein.

Lk verknüpft kultische Elemente des christlichen Gemeindelebens mit seinem literarischen Werk. In den Erscheinungsgeschichten von Lk 24 deutet der Evangelist an, daß der Auferstandene mit den ersten Zeugen die heilige Schrift auslegte und ein Mahl feierte. In diesen Berichten erhalten die christliche Schriftauslegung und die Mahlfeier eine ätiologische Komponente für die Praxis der christlichen Gemeinde. Mit diesen Ätiologien stellt sich Lk in den Kontext christlichen Gemeindelebens. Die Literalisierung der Jesusüberlieferung ist schon so selbstverständlich geworden, daß Lk sein schriftliches Werk in diesem kirchlichen Kontext nicht mehr begründen oder gar verteidigen muß.

4 Zusammenfassung Kap. II

Die einzelnen Synoptiker streben an, als eigenständige Werke aufgenommen zu werden. Mk versteht sein Werk als Grundlegung des weitergefaßten Evangeliums. Er problematisiert die ersten Zeugen der Auferstehungsbotschaft und zeigt zugleich durch sein schriftliches Werk, daß die Auferstehungsbotschaft sich trotzdem erhalten kann.

Mt und Lk gehen diesen Weg nicht mit. Sie zeigen auf unterschiedliche Weise, daß die Jünger als Auferstehungszeugen die christliche Botschaft verbürgen. Auch wenn Mt und Lk die kühne Problematisierung der ersten Auferstehungszeugen aus dem Mk-Ev nicht übernehmen, bleiben sie in einem wesentlichen Punkt auf dem Weg, den Mk eingeschlagen hatte: Für Lk und Mt ist die Literalisierung der Jesustradition schon weitgehend zur Selbstverständlichkeit geworden. So verwenden Mt und Lk beide das Mk-Ev. Dabei zeigen Mt und Lk eigenständige Interessen und lassen erschließen, daß sie nicht neben ihrer Vorlage, dem Mk-Ev, gelesen werden wollten.

Für die Frage nach der Herkunft der Vierevangeliensammlung hat dieses zweite Kapitel vor allem ein negatives Ergebnis. Es wehrt die falsche Vorstellung ab, der Weg von den einzelnen Evangelisten zur Vierevangeliensammlung sei geradlinig verlaufen. Die Sammlung mehrerer Evangelien erwächst nicht aus der Theologie der Synoptiker.

Kapitel III

Von der Endredaktion des Johannesevangeliums zur Vierevangeliensammlung

Wir waren bei der Untersuchung der Evangelisten als Theologen von deren Selbstreflexionen ausgegangen. Selbstreflexionen über das hinterlassene schriftliche Werk finden sich vornehmlich am Ende dieser Werke. Doch wo finden wir das Ende des Joh-Ev? Das überlieferte Evangelium endet mit Kap. 21. Viele Forscher sehen gerade in diesem Kapitel einen Anhang, der das ursprünglich selbständige Evangelium erweitert. Joh 21 würde so einer späteren Phase der johanneischen Überlieferung angehören und ein zweites Ende schaffen. Aus dieser Problemlage heraus erklärt sich der Aufbau des Kap. III dieser Arbeit.

Der erste Abschnitt stellt in einem forschungsgeschichtlichen Überblick einige exemplarische Ergebnisse zur Endredaktion des Joh-Ev und dessen früher Nachgeschichte vor.

Der zweite Abschnitt verhandelt systematisch das Verhältnis von Joh 21 zum restlichen Evangelium. Joh 21 fügt an Joh 20 einen zweiten Abschluß, so daß sich ein doppelter Abschluß ergibt. Die inhaltliche Besprechung der beiden Abschlüsse gliedert die folgenden Abschnitte. Es geht dabei um die Frage, ob die Abschlüsse sich gegen andere Werke abgrenzen oder ob sie Tendenzen zeigen, sich gegenüber anderen Überlieferungen zu öffnen.

Der dritte Abschnitt verhandelt diese Frage für den ersten Abschluß, Joh 20, 24–31.

Der vierte und fünfte Abschnitt bespricht mit Joh 21 den zweiten Abschluß. Zunächst geht es im vierten Abschnitt darum, welche Überlieferungen in Joh 21 nicht aus Joh 1–20 erklärbar sind und wie Joh 21 diese außerjohanneischen Überlieferungen mit den johanneischen Überlieferungen verbindet.

Der fünfte Abschnitt untersucht, ob und ggf. welche Ansätze sich in der Spätgeschichte der johanneischen Schule finden lassen, die dazu führen können, mehrere Evangelien zu verbinden.

Der sechste Abschnitt verläßt zunächst die Spätgeschichte der johanneischen Schule und befaßt sich mit den Überschriften der Evangelien in der ältesten Textüberlieferung. Es geht dabei zunächst darum, das Verhältnis der Überschriften zu den einzelnen Evangelien und zur Vierevangeliensammlung zu klären und die Überschriften zu datieren. Sodann wird untersucht, welche „Theologie" der

Evangelien die Überschriften implizieren. Abschließend soll diese Theologie mit den spätjohanneischen Ansätzen verglichen werden, unterschiedliche Traditionen zu verbinden.

1 Die Endredaktion des Johannesevangeliums und die frühe Nachgeschichte in der neueren Forschung

(1) Auswahl der Rekonstruktionen. Die johanneischen Schriften sind vielfach historisch verortet worden. Seitdem Bultmann ein Drei-Schichten-Modell für die historische Entwicklung des Joh-Ev eingebürgert hat, fehlt es nicht an Zuweisungen verschiedener Stücke zu einzelnen Überlieferungsschichten. In dieser Arbeit sind allerdings nur die Konstruktionen von Interesse, die sich bemühen, Joh 21 in die historische Genese einzuordnen. Aus der Menge der geschichtlichen Aufrisse zur johanneischen Literatur stelle ich im folgenden solche Rekonstruktionen vor, die in der gegenwärtigen Exegese besonders intensiv diskutiert werden. Diese vorgestellten Aufrisse bemühen sich alle auf ihre Weise um eine übergreifende Theorie. Durch die Voranstellung ihrer Ergebnisse sollen später verwendete Einzelargumente im Gebäude der Konstruktion verständlich gemacht werden. Manche einschlägige Veröffentlichung oder beachtenswerte Einzelbeobachtung anderer Exegeten berücksichtige ich erst innerhalb der systematischen Darstellung.

Die hier vorgestellten Positionen sind unter dem Namen des jeweiligen Exegeten aufgelistet. Fast alle genannten Forscher haben ihre Forschungsergebnisse in mehreren Jahrzehnten für große Joh-Kommentare gesammelt, so Barrett, Becker, Brown (gest. 1998), Bultmann (gest. 1976), Haenchen (gest. 1975), Schnackenburg, Smith und Thyen.

Wegen ihrer neuen opera magna zu Johannes referiere ich ferner Charlesworth, Hengel, Schmithals, Schnelle, Strecker (gest. 1994) und Wengst. Einen Seitenblick auf die strukturalistische Auslegung erlaubt das Referat über Stenger. Der inhaltlichen Begrenzung auf Positionen zu Joh 21 steht eine zeitliche gegenüber. Bultmanns Kommentar stellt einen Einschnitt dar, der es gerechtfertigt erscheinen lassen dürfte, mit ihm einzusetzen. Als einzige Ausnahme ordne ich noch Walther von Loewenichs (gest. 1992) Monographie zur Geschichte des Joh-Ev vor, weil sie noch weit in die von Bultmann geprägte Ära der Johannesforschung hineinwirkte.

(2) Walther von Loewenich. Walther von Loewenich kommt das Verdienst zu, die frühe Wirkungsgeschichte des Joh-Ev in den Quellen des zweiten Jahrhunderts erstmals umfassend aufgearbeitet zu haben.[1] Lange Zeit war seine Grund-

---

[1] VON LOEWENICH, Das Johannes-Verständnis im zweiten Jahrhundert, BZNW 13, 1932. L. verweist auf allgemeine dogmengeschichtliche und patristische Standardwerke (HARNACK,

these opinio communis,[2] nach der in der Gnosis lebhaftes Bemühen um das Joh-Ev einsetzte und so dieses Werk lange für den kirchlichen Gebrauch obsolet machte.[3] Erst Irenäus habe das Joh-Ev den Gnostikern entrissen.[4] Irenäus legte allerdings nach von Loewenich das vierte Evangelium durchaus legitim aus und widerstand so wirksam den Fehlauslegungen der Gnostiker.

Ohne das gute Zeugnis für die irenäischen Exegesen hat die von Loewenich-sche These eine Renaissance erlebt, als die geschichtliche Entwicklung des johanneischen Kreises entworfen wurde.[5] Die frühe Wirkungsgeschichte scheint eine Bewegung weg von der großkirchlichen Theologie zur gnostischen zu belegen. Nicht mehr gnostische Fehlauslegungen, sondern vielmehr theologische Eigenheiten des vierten Evangeliums selbst hätten diesen Weg begünstigt. Erst spät und vergleichsweise gewaltsam habe die johanneische Theologie in der katholischen Kirche rezipiert werden können.[6]

Die Nag Hammadi-Texte erlauben, die Thesen an authentischen gnostischen Texten zu messen. Wolfgang G. Röhl zeigt in seiner Studie, daß von einer besonderen Hochschätzung des Joh-Ev in gnostischen Kreisen nicht die Rede sein kann.[7]

SEEBERG, LOOFS) und Studien zur Joh-Verwendung einzelner Väter. Neuere Arbeiten zum Thema diskutiert RÖHL, Rezeption 16–21.

[2] Etwa BECKER, Joh I 59; SCHNACKENBURG, Joh I 174f.; vgl. RÖHL, Rezeption 18f. A. 24. Wohl durch den Weltkrieg bedingt konnte 11 Jahre nach VON LOEWENICH, aber unabhängig von ihm das Buch von J[oseph] N. SANDERS erscheinen: The Fourth Gospel in the Early Church. Its Origin and Influence on Christian Theology up to Irenaeus, Cambridge, 1943; vgl. SMITH, Christianity 4 A. 6.

[3] VON LOEWENICH, Johannes 61: „Erst wenn man sich klar macht, daß die Gnosis nicht ganz ohne inneres und äußeres Recht Joh für sich in Anspruch nehmen wollte, versteht man die Bedeutung, die dem Irenäus in der Geschichte des Joh-Verständnisses zukommt". Im Orig. gesperrt.

[4] VON LOEWENICH, Johannes 4: „Da ist es Irenäus, der die kirchliche Exegese des Joh begründet". Im Orig. gesperrt. Vgl. aaO. 61 (vorige Anm.); 139–141. Der letzte Satz der Monographie vor den „Beilagen" lautet: „Er [Irenäus, T.H.] ist es, dem es die Kirche in erster Linie zu danken hat, daß ihr das Joh-Ev erhalten geblieben ist". Im Orig. gesperrt.

[5] Etwa BECKER, Joh (1. Aufl.) 55; DERS., ThR 47, 307. Den umgedrehten Weg vermutet BULTMANN: Der Evangelist führe den gnostischen Erlösungsmythos zum nur noch gnosis-ähnlichen Entscheidungsdualismus. SCHENKE, Rolle, bes. 68–74 hält neuerdings diesen Weg gegen seine eigenen älteren Forschungen (aaO. 74) wieder für verheißungsvoller. V.a. in Nordamerika wird immer wieder auf Melvyn R. HILLMERS Arbeit zur Johannesrezeption verwiesen, so z.B. bei SMITH, Christianity 4f., (vgl. DERS., Joh, 9 A. 8, auf S. 120). Die unveröffentlichte Dissertation unter dem Titel „The Gospel of John in the Second Century" (Harvard 1966) vertritt die These, daß das Joh-Ev ursprünglich bei den Gnostikern besonders stark rezipiert wurde; dagegen jetzt RÖHL, Rezeption, soweit ich sehe allerdings ohne explizite Auseinandersetzung mit HILLMERS Werk.

[6] Prominent etwa: BAUER, Rechtgläubigkeit 209–214 deutet an, das Joh-Ev hätte sich gegen den Widerstand Roms durchgesetzt. „Als der für die Gesamtkirche geltende Evangelienkanon umgrenzt wurde, sah sich Rom – etwas roh ausgedrückt – überstimmt" (aaO. 214).

[7] RÖHL, Rezeption 206f. Vgl. HENGEL, Frage 45–48.

(3) Rudolf Bultmann. Mit Rudolf Bultmann endet eine Epoche der Johannesexegese und beginnt eine neue. Er prägt nach über fünfzig Jahren noch immer die
Forschung, sei es, weil Exegeten seine Grundthesen übernehmen, sei es, weil
andere auch in der Auseinandersetzung noch von ihm abhängen. Zentrum aller
seiner Aussagen zum Joh-Ev ist sein 1941 vollendeter Kommentar.[8] Seine Vorarbeiten liegen in ihm gebündelt vor, seine späteren Äußerungen zum Joh-Ev
behandeln z.T. andere Fragestellungen als das Kommentarwerk, nötigen aber
nicht zu einer eigenen Darstellung. In den wesentlichen Zügen stimmt das Joh-
Verständnis im entsprechenden Abschnitt der Theologie des Neuen Testaments
mit dem des Kommentars überein.[9]

Bultmann hatte sich geweigert, seinem umfänglichen Kommentar eine Einleitung voranzustellen, aus der schnell die Ergebnisse seiner Exegesen zu ersehen
wären.[10] Sein Artikel „Johannesevangelium" in der RGG 3. Aufl. faßt zwar seine
Forschungsergebnisse zusammen,[11] das Anliegen der ausgefallenen Einleitung
sollte aber trotzdem beachtet werden. Bultmann wollte wohl seine Analysen zum
Joh-Ev vorstellen, nicht aber losgelöst von diesen seine Synthesen diskutiert
wissen.[12]

Freilich fehlt dem Kommentar nicht die durchgängige Systematik. Moody
Smith sammelt die im Kommentar verstreuten analytischen Ergebnisse zu den
erschlossenen literarischen Schichten und Bearbeitungen des Evangeliums und
stellt diese Quellen und Redaktionen getrennt vor. So zeigt sich die ausgeklügelte
Architektonik des Kommentars gleichsam in Bauplänen. Smith erschließt den
Joh-Kommentar Bultmanns im Überblick. Den Hauptgegenstand des großen
Kommentars, die theologische und literarische Arbeit des Evangelisten Joh mit
dem ihm vorliegenden Material, stellt Smith ausführlich dar.[13]

Ich konzentriere mich hier auf die Einordnung des 21. Kapitels nach Bultmann. Er deutet Joh 21 als Nachtrag der „Kirchlichen Redaktion".[14] Damit
bewege sich das johanneische Evangelium von der einsamen Höhenluft der
Theologie des Evangelisten wieder herab in das ausgetretene Tal eines früh-

---

[8] Der Kommentar erschien in Lieferungen zwischen 1937–1941, dazu: SCHMITHALS, Johannesevangelium 164.

[9] KOHLER, Kreuz 21 A. 1: „Eine genaue, systematische Lektüre des Kommentars hat
ergeben, daß Bultmann in der späteren Theologie (1958) wiederholt, was er im Kommentar
(1941) zum Teil ausführlicher abhandeln konnte". BULTMANNS Theologie des NT erschien in
Lieferungen, der Joh-Teil erstmals in Lief. 2, 1951.

[10] Vgl. SCHMITHALS, Johannesevangelium 166 f.

[11] Etwa HAENCHEN, Bultmanns Kommentar 209 verweist die an Einleitungsfragen Interes-
sierten auf den RGG-Artikel; ähnlich SCHENKE, Rolle 49.

[12] Ein entsprechender Hinweis eröffnet den Abschnitt „Einleitung" bei BULTMANN, 1–
3Joh, 9.

[13] Die Darstellung lobt z.B. THYEN, Synoptiker 83 A. 8.

[14] Zur Benennung: BULTMANN, Art. Joh 841: „Das J. ist also offenbar von einer Redaktion
herausgegeben worden, die als kirchliche bezeichnet werden muß, weil sie Sakramentsglauben
und die Zukunfts-Eschatologie in das J. hineinkorrigierte, die ihm ursprünglich fremd waren."

katholischen Traditionalismus. Bultmann kommentiert den erschlossenen Evangelisten, zeigt also Wege in die Höhe von dessen Theologie – einer Theologie, die seiner eigenen nicht unähnlich zu sein scheint, wie sein Schüler Walter Schmithals vermerkt.[15] Dieser Ansatz hat zur Folge, daß die Abschnitte der „Kirchlichen Redaktion" nur *ex negatione* zu Wort kommen. Diese Stellen verderben gleichsam nur, was den Exegeten an der Theologie des Evangelisten faszinierte.[16] Allein, die Worte des Evangelisten müssen aus dem vorliegenden Evangelium erst herausgeschält werden. So gewissenhaft Bultmann die literarkritische Arbeit dabei anwendet, so wenig kommt die kompositorische Arbeit der „Kirchlichen Redaktion" in den Blick.[17] Wohl trägt die Redaktion die übliche „kirchliche Eschatologie" nach, etwa Joh 5,28 f.,[18] oder sakramentale Ausdeutungen, die der Evangelist gerade vermeiden wollte.[19]

Manchen Anklang an synoptische Tradition führt Bultmann auf die „Kirchliche Redaktion" zurück.[20] Die Stellen verdienen im einzelnen aufgezählt zu werden. Seine These, daß das Joh-Ev von den Synoptikern unabhängig sei, hängt nicht unwesentlich von diesen Stellen ab. Es handelt sich um:

Joh 1,22–23.27.32: Die Verse 27 und 32 sind nach Bultmann „wieder eine Ergänzung [zu V. 32: Einfügung] aus der synoptischen Tradition" (Bultmann, Joh 58). „Der Redaktor hat durch die Einfügung von V. 22–23 die synopt. Charakteristik des Täufers nach Jes 40 eingebracht" (aaO. 62 A.6). „Der Red. hat nach der synopt. Tradition V. 27 eingefügt" (aaO. 63 A. 4).

Joh 1,26*: mit dem Zusatz ἐγὼ βαπτίζω ἐν ὕδατι in 1,26 erstrebe die Redaktion „Angleichung an die synopt. Tradition" (aaO. 63 A. 1 entsprechende Angleichung vermutet B. auch in 1,26.31.33, aaO. 58).

Joh 3,24: „für die nach der synopt. Tradition befremdliche Erzählung, daß Jesus und der Täufer nebeneinander gewirkt hätten, soll ein Raum geschaffen werden. Um so wahrscheinlicher, daß 3 24 (wie 7 39b) eine Glosse der kirchlichen Redaktion ist" (aaO. 124 A. 7).

---

[15] SCHMITHALS, Johannesevangelium 171: BULTMANN sei „ganz erfüllt von der Einsicht, daß der vierte Evangelist ein nachdenklich-schöpferischer, den geistigen Anstößen seiner Zeit gegenüber aufgeschlossener und den Gemeinden in seiner Umgebung verpflichteter theologischer Lehrer ist – ein Kathedergelehrter und ein Spiegelbild seines Interpreten." Vgl. aaO. 172: BULTMANNS wie BARTHS Exegesen ließen den Leser oftmals fragen, „wieweit wirklich die Meinung des biblischen Autors und nicht vielmehr die seines Auslegers zum Ausdruck kommt".

[16] Eine Zusammenstellung der nach BULTMANN redaktionellen Stellen bieten z.B. SCHMITHALS, Johannesevangelium 169; SMITH, Composition 213–238.

[17] SMITH, Composition 244: „Bultmann takes as the object of his exegesis only the gospel in its original form as he has restored it through the use of literary, historical, and theological criticism. The additions of the redactor an the traditional order, also his work, fall to one side and are not given consideration in the positive task of exegesis and interpretation."

[18] BULTMANN, Joh 196 f.; DERS., Art. Joh 841; vgl. SMITH, Composition 217–219.

[19] So sei es etwa die „Kirchliche Redaktion", die in 19,34b dem Lanzenstich eine sakramentale Anspielung anfüge, BULTMANN, Joh 525; DERS., Theologie 407. 411; vgl. SMITH, Composition 215–217.

[20] In diesem Punkt sehr knapp SMITH, Composition 219 f.

Joh 7,39b (s.u. Joh 12,14–16; aaO. 124 A. 7; vgl. aber aaO. 229 A. 2, dort 7,38b als Glosse).

Joh 11,2: die Redaktion will Maria mit der aus Mk 14,3–9 par. Luk 7,37f. bekannten Frau identifizieren (aaO. 302 A. 1).

Joh 12,14–16: vielleicht[21] „Ergänzung nach den Synoptikern von der kirchlichen Redaktion" (aaO. 319 A. 4).

Joh 12,25: für 12,25f. erwägt Bultmann einen Zusatz der „Kirchlichen Redaktion" „aus der synoptischen Tradition", beläßt die Verse aber dem Evangelisten (aaO. 325 A. 4).

Joh 16,32: „Möglich ist es, daß das σκορπ. … ἴδια eine Ergänzung der Red. nach den Synoptikern ist" (aaO. 456 A. 6).

Joh 20,9: „… klingt unjoh. und erinnert an die synoptische Terminologie bzw. an die Sprache des Gemeindeglaubens" (aaO. 530).

Joh 21,14: „der Red. wollte offenbar die Mk-Mt-Tradition von einer galiläischen Erscheinung des Auferstandenen mit der joh. Darstellung kombinieren" (aaO. 546).

Doch in all diesen Einfügungen der Redaktion sieht Bultmann kein geistiges Band; sie sind für ihn eher Verwässerungen eines theologischen Entwurfs von Rang. Die Redaktion glossiert, fügt Sätze ein, „die den Zusammenhang formal oder auch sachlich stören"[22] – nie aber vermittelt der Kommentator den Eindruck, in dieser Redaktion seien relevante theologische Entscheidungen gefallen. Allein die Tatsache, daß erst diese Redaktion dem Evangelium eine Wirkungsgeschichte ermöglichte, sollte davor zurückschrecken lassen, das theologische Anliegen dieser „Kirchlichen Redaktion" zu übergehen. Denn schon die geringe Erwartung an die theologische Kompetenz gegenüber dieser Redaktion läßt sie nicht mehr selbständig zu Wort kommen. Auf dem Prokrustesbett der erschlossenen Theologie des Evangelisten kommt ihre eigenständige Leistung, wenn überhaupt, nur verzerrt in den Blick.

Nach Bultmann habe die „Kirchliche Redaktion" in Joh 21 zunächst eine Ostergeschichte bearbeitet. Die Redaktion fügt die Verse 4b.7.9b.13f. und wohl auch V. 8a an.[23] Die erschlossene Vorlage der Redaktion sei nicht von Lk 5,1–11 abhängig, vielmehr seien diese ähnlichen Erzählungen unabhängige Ausformulierungen derselben Wurzel. Die lukanische Version erzähle die Geschichte nicht als Ostergeschichte und erweise sich darin als weniger ursprünglich als die johanneische Version.[24] Doch die „Kirchliche Redaktion" biete mit der Geschichte „in der vorliegenden Form ein so merkwürdiges Durcheinander von

---

[21] BULTMANN läßt letztlich offen, ob es sich bei Joh 12,14f. um eine Ergänzung in der Quelle, um eine Ergänzung der Quelle durch den Evangelisten oder um einen Zusatz der „Kirchlichen Redaktion" handelt. Gegen einen Zusatz durch die „Kirchliche Redaktion" spräche allerdings nach BULTMANN aaO. 319 A. 4, daß diese dann auch Joh 2,17.22 und „weniger bedenklich" Joh 7,39b eingefügt haben müßte.

[22] BULTMANN, Art. Joh 841. Er nennt als Beispiele Joh 3,24; 4,2; 18,9.32.

[23] BULTMANN, Joh 544.

[24] BULTMANN, Joh 546. Vorsichtig noch DERS., Geschichte 232: „Die Variante Joh. 21,1–14 scheint mir eine spätere Fassung zu sein, die auf Lk irgendwie zurückgehen wird." Aber aaO. 246 erwägt er den umgedrehten Weg.

Motiven ..., daß man kaum sagen kann, worin die Pointe liegt".[25] Die Geschichte bereite v.a. Joh 21,15–23 vor. Diese Szene habe zwei Abschnitte: Joh 21,15–17 beauftragt Petrus mit der Gemeindeleitung. Bultmann bezeichnet diese Verse als Variante zu Mt 16,17–19.[26] Dieses Stück dürfte „aus alter Tradition stammen".[27] Es diene dem Verfasser als Folie für den zweiten Abschnitt: Joh 21,18–23. „Das Thema von V. 20–22 ist also die Verschiedenheit des Schicksals des Petrus und des Lieblingsjüngers".[28] Dabei soll keinem wegen seiner Todesart ein höherer Rang zugedacht werden. Den Lieblingsjünger deutet Bultmann als ursprüngliche Symbolgestalt, die erst durch die Redaktion in Kap. 21 zur historischen Persönlichkeit stilisiert wurde.[29]

(4) Jürgen Becker. Auch wenn die Kommentare von Bultmann und Becker im einzelnen die redaktionellen Stellen im Evangelium unterschiedlich bestimmen, behandeln methodisch beide Kommentare die „Kirchliche Redaktion" gleich.[30] Daher stelle ich beide Werke hier unmittelbar nacheinander vor.

Jürgen Becker folgt dem Drei-Stufen-Modell Bultmanns bei seiner Auslegung des Evangeliums, ohne die religionsgeschichtlichen Zuordnungen im einzelnen zu übernehmen. Auch er hält Joh 21 für einen „Nachtrag" der „Kirchlichen Redaktion".[31] Diese Redaktion bringe erst den Lieblingsjünger ein in den fortlaufenden Text des Evangeliums.[32] Auch Becker sammelt die redaktionellen Stellen durch literarkritische Abgrenzung vom Evangelisten. Die Redaktion, oder die Redaktionen,[33] füge ohne übergreifendes Konzept an einzelnen Stellen einige Verse an. Solche Erker an der klaren Front des Evangelisten seien u.a. die Abendmahlstraditionen, 6,51c–58, oder andere „kleinere Zusätze" wie 1,29b; 5,28 f.[34] Ferner tragen die Redaktoren an Stellen etwas nach, an denen sie einen gewissen Abschluß empfanden: 3,31–36; 10,1–18; 12,44–50; 15–17; 21.[35] Trotz der für die Redaktion erschlossenen Tendenzen sucht und findet Becker in deren

---

[25] BULTMANN, Joh 550.
[26] BULTMANN, Joh 551.
[27] BULTMANN, Joh 552.
[28] BULTMANN, Joh 554.
[29] Die einschlägigen Stellen finden sich im Stichwortregister zu BULTMANN, Joh s.v. „Lieblingsjünger". Vgl. die Zusammenstellung bei SMITH, Composition 220–223. Zum Lieblingsjünger bei BULTMANN s.u. 2.2.1.
[30] BECKER, Joh I/II. Der durchlaufend paginierte Kommentar erschien in 1. Aufl. 1979/81, die 2. Aufl. (1. Bd. 1985/ 2. Bd. 1984) behält den Satzspiegel bei; die 3. Aufl. (1991) ist stark erweitert. Ich zitiere nach der 2. und, wenn angegeben, nach der 3. Aufl. Die Literaturbesprechungen (BECKER, ThR 47; DERS., Methoden) von 1982/86 sind 1995 wieder abgedruckt in: DERS., Annäherungen 138–203 (dazu einzelne Korrigenda aaO. 486). 204–281, dort jeweils mit der Originalpaginierung, nach der zitiert wird.
[31] BECKER, Joh I 33 (3. Aufl.).
[32] BECKER, Joh II 519 (3. Aufl.).
[33] Mehrere Hände bei der Kirchlichen Redaktion unterscheidet BECKER, z.B.: Joh I 40 f. (3. Aufl.).
[34] BECKER, Joh I 40 (3. Aufl.); vgl. DERS., ThR 47, 300 f.
[35] BECKER, Joh I 40 (3. Aufl.).

Arbeit kaum bedeutende theologische Entwürfe: „Sie ist Zeichen der Annahme und lebendigen theologiegeschichtlichen Auseinandersetzung mit E [dem Evangelisten, T.H.] und Aktualisierung des Joh für nachevangelistische Gemeindeprobleme".[36] Einerseits sei diese lebendige Aneignung mit der Kanonisierung des Joh beendet,[37] andererseits mühe sich die Redaktion selbst um diese Kanonisierung.[38] Wie eine Gruppe in den Text eingreifen und zugleich oder wenig später dessen Textbestand als autoritativ herausstellen kann, bedarf m.E. einer Erklärung.

In dem Nachtrag Joh 21 kläre die Redaktion das Verhältnis zur anerkannten Autorität des Petrus angesichts dessen Märtyrertodes. Nach Becker bleibt der besondere Auftrag des Auferstandenen an die historische Person des Petrus gebunden, weil von einer Sukzession im Petrusamt keine Rede ist.[39] „Der [Lieblings-]Jünger bleibt im übertragenen Sinn für die Gemeinde erhalten, im Unterschied zu Petrus, dessen Auftrag mit dem Tod abgegolten ist".[40]

(5) Charles Kingsley Barrett. Charles Kingsley Barrett veröffentlichte 1955 einen Joh-Kommentar, der v.a. in der englischsprachigen Exegese viel benützt wird. Die zweite, umfassend revidierte und erweiterte Auflage von 1978 liegt nun in der deutschen Übersetzung von Hans Bald als Sonderband der Meyerschen Kritisch-exegetischen Kommentare vor.[41]

Barrett sieht seine Hauptaufgabe in detaillierter philologischer Exegese und kann Thesen zur Literar- und Redaktionskritik großzügig behandeln. Er traut dem Johannes als profunden Theologen zu, seine Zu- und Abneigung gegenüber den Sakramenten wie gegenüber der futurischen Eschatologie spannungsvoll zusammenzuhalten. „Wenn diese meine Sicht stimmt, dann gibt es keinen Grund, Redaktion anzunehmen".[42] In der zugefügten Anmerkung freilich konzediert er manche mögliche Ausnahme: „Außer einigen wenigen Stellen wie vielleicht 4,9; 5,3 f.; 7,53–8,11; 19,35; 21,24; vielleicht das ganze Kap. 21".[43] Im weiteren Verlauf wird die Annahme zur These: Ein Schüler des Apostels Johannes verfaßte Joh 1–20.[44] „Nur langsam begriff die Großkirche, daß das Werk des Joh, wenn dieser auch (zuweilen) die Sprache der Gnosis verwendete, tatsächlich die best-

---

[36] BECKER, Joh I 41 (3. Aufl.), vgl. DERS., ThR 47, 309.

[37] BECKER, Joh I 41 (3. Aufl.).

[38] BECKER, Joh II 519: „L [der Lieblingsjünger T.H.] gehört zur letzten Redaktionsschicht im Joh, da mit Joh 21,24f. das Werk für die joh Gemeinde kanonisiert wird, und danach redaktionelle Arbeit am Joh kaum noch vorstellbar ist." Hier verflüchtigt B. das Problem in fortlaufende redaktionelle Arbeit, ohne zu erklären, wie (und warum) aus Ergänzern solche wurden, die den Text kanonisierten.

[39] BECKER, Joh II 646 (771 3. Aufl.).

[40] BECKER, Joh II 650.

[41] BARRETT, Joh (1990).

[42] BARRETT, Joh 43.

[43] BARRETT, Joh 43 A. 24; vgl. aaO. 131.

[44] BARRETT, Joh 148.

mögliche Antwort auf die gnostische Herausforderung war ... Das Evangelium
wurde nun zusammen mit Kap. 21 herausgegeben".[45] Barrett erörtert ausführlich
die Frage, zu welchem Zweck das Evangelium geschrieben wurde. Dabei kommt
er auf Joh 21 fast nicht zu sprechen.[46] Im Kommentarteil schließlich wird der
Anhangscharakter von Joh 21 zur Gewißheit.[47]

(6) Raymond E. Brown. Raymond E. Brown hat auf über 2000 Seiten das Joh-
Ev und die Briefe kommentiert.[48] Er entwirft für die kommentierten Schriften
einen geschichtlichen Rahmen mit fünf Stufen für die Entstehung des Joh-Ev.[49]
Stufe 1, bestimmtes synoptikernahes Material, wird auf Stufe 2 in johanneische
Formen umgegossen, „in Johannine patterns"[50]. Das passiert bereits innerhalb
einer sich herausbildenden johanneischen Schule. In Stufe 3 ordnet der „Evangelist" aus diesem Material eine erste Version des Joh-Ev, und derselbe gibt eine
zweite Version heraus – Stufe 4. Die Auseinandersetzung mit verschiedenen
Gruppen habe diese zweite Version nötig gemacht. Eine „final redaction" (Stufe 5)
bereichert die zweite Auflage und trägt Material aus Stufe 2 nach, das der Evangelist (Stufe 3 f.) übergangen hatte. Die Herausgeber dieser endgültigen Version
fügen ihr Material nur noch an und verdoppeln verwandtes Traditionsgut, ohne
es organisch einzufügen. Darin unterscheiden sich die Herausgeber (Stufe 5)
vom Evangelisten der Stufen 3 und 4. Neben einzelnen Anfügungen innerhalb
des Evangeliums setzen die Herausgeber auch einen Prolog vor das Evangelium
und beschließen es mit einem Nachtrag, Joh 21.[51]

Der 1Joh entsteht, nachdem der Hauptteil („the main body") des Joh-Ev gesammelt war.[52] Der Brief antworte auf zwei unterschiedliche Interpretationen
des Evangeliums. Das Verhältnis der Herausgeber des Evangeliums zu dem
Autor der Briefe läßt Brown zunächst offen.[53] Dann überprüft er die seiner
Meinung nach von den Herausgebern angefügten Stellen einzeln auf die Frage

---

[45] BARRETT, Joh 148.
[46] Die Ausnahme, die die Regel bestätigt, ist Joh 21,24, genannt bei BARRETT, Joh 157 f.
[47] BARRETT, Joh 551 f.
[48] Joh-Ev in AncB 29 (1966) und AncB 29A (1970); beide Bände mit CXLVI; XVI und 1208
S. und die Joh-Briefe in AncB 30 (1982) mit XXVIII und 812 S. Nach HENGEL, Frage 96 sei
BROWN „der bedeutendste Kommentator des Corpus Johanneum in der Gegenwart"; ähnlich
CHARLESWORTH, Disciple 82: „... one of the most careful, detailed, and perspective commentaries on the GosJn". Zu BROWNS Deutung der Geschichte der johanneischen Schule nach
der Abfassung des Evangeliums s. auch HENGEL, Frage 110–112.
[49] BROWN, Joh I, XXXIV–XXXIX. Die Fortsetzung findet sich in DERS., 1–3Joh 69–71
(methodologische Vorbemerkungen); 103–115 (Ausführungen über die Nachwirkungen). Sachlich ähnlich, wenn auch auf vier Phasen aufgeteilt, entfaltet B. seine These monographisch in:
DERS., Community (1979); deutsche Übers., die nur eine kleine Auswahl der Anmerkungen des
Orig. bietet: BROWN, Ringen (1982).
[50] BROWN, Joh I, XXXIV.
[51] BROWN, Joh I, XXXVIII, vgl. DERS., Joh II 1079. 1122.
[52] BROWN, 1–3Joh 35: „I think it almost certain that I John was written after that tradition
in GJohn took shape". AaO. 69–115 entfaltet B. seine These.
[53] BROWN, 1–3Joh 73 verweist auf 108–112.

hin, ob sie dem Verfasser des 1Joh schon im Evangelium vorgelegen haben müssen oder nicht. Joh 15–17 habe der Verfasser schon im Evangelium vorgefunden, wahrscheinlich auch Joh 1,14 und die eucharistischen Anfügungen 3,5 und 6,51–58.[54]

Der Nachtrag in Kap. 21 schlage allerdings für ein ähnliches antidoketisches Grundanliegen andere Wege ein als der Verfasser des 1Joh. Während der Briefschreiber die Lösung des innerjohanneischen Konflikts mit den geistigen Waffen versuche, die ihm das Joh-Ev anbot, wende sich die Redaktion in Kap. 21 nach außen und versuche die Autorität der bischöflichen Verfassung anderer Gemeinden für die eigenen Probleme klärend anzuwenden.[55] In der johanneischen Literatur findet Brown solche Spuren bischöflicher Verfassung bei Diotrephes im 3Joh.[56] Dessen Anhänger, nicht die des „Alten", ständen der Redaktion des Joh-Ev näher.[57] Wenn die ältesten Testimonien keine Schwierigkeiten haben, Bischöfe mit dem Joh-Ev zu verbinden,[58] sei auch dies ein Ausdruck für den wirkungsgeschichtlichen Sieg der Diotrephes-Anhänger.

(7) D. Moody Smith. Dwight Moody Smith führte sich mit seiner Dissertation zum Bultmannschen Kommentar als Johannesexeget ein.[59] Zahlreiche Einzelstudien liegen gesammelt vor in seinem Aufsatzband „Johannine Christianity".[60] Ein zwar schmaler, aber beachtenswerter Kommentar zeugt von der fortgesetzten Beschäftigung mit dem vierten Evangelium.[61] Eine neuere Monographie sammelt Ergebnisse zu seinen Forschungen über das Verhältnis des Joh-Ev zu den Synoptikern und zur Theologie des Joh-Ev.[62] Aus den vielen Publikationen Smiths sind hier nur solche zu referieren, die sich mit Joh 21 ausführlich befassen.

Schon in seiner Monographie zu Bultmanns Kommentar mahnt Smith, daß alle Theorien zu einer johanneischen Redaktion von Joh 21 auszugehen haben.[63]

---

[54] BROWN, 1–3Joh 108 f.

[55] BROWN, 1–3Joh 111 f.

[56] BROWN, 1–3Joh 111. 738 f.

[57] BROWN, 1–3Joh 111. 738 f. B. knüpft an entsprechende Thesen LANGBRANDTNERS, Gott 397, an (aaO. 111 A. 257). Leider verhandelt B. nicht, wie dann der 3Joh weiterüberliefert werden konnte, obwohl er den vermeintlichen Siegern entgegentrat.

[58] BROWN, 1–3Joh 739 A. 26.

[59] D. Moody SMITH Jr: The Composition and Order of the Fourth Gospel. Bultmann's Literary Theory, YPR 10, 1965.

[60] D. Moody SMITH: Johannine Christianity. Essays on its Setting, Sources, and Theology, Columbia, South Carolina 1984.

[61] D. Moody SMITH, John, Proclamation Commentaries. The New Testament Witnesses for Preaching, Philadelphia, Pennsylvania, 1976. Diesen Kommentar würdigt z.B. BARRETT in seinem Überblick zu neueren Arbeiten über das Joh-Ev in der Einleitung zur deutschen Ausgabe seines Kommentars: BARRETT, Joh 166–169. Ich zitiere, wenn nicht anders vermerkt, nach der 2. Aufl.: „Second Edition. Revised and Enlarged. Second printing 1987".

[62] D. Moody SMITH, John among the Gospels. The Relationship in Twentieth-Century Research, Minneapolis 1992; DERS., The Theology of the Gospel of John, New Testament Theology, Cambridge 1995.

[63] SMITH, Composition 234 „… chapter 21, which is the key and cornerstone of any

Zwei Leitfragen stellt er seiner kritischen Reflexion zu Bultmanns Auslegung von Joh 21 voran:

„Erstens: in welchem Maß verkörpert das Nachtragskapitel tatsächlich die theologischen Interessen des redaktionellen Materials innerhalb des Evangeliums? Zweitens: Wurde das Nachtragskapitel angefügt, um die Autorität des vierten Evangeliums in der Kirche zu stützen, wie es Bultmann annimmt?"[64] Smith verneint die erste Frage ganz, die zweite teilweise.

Indem er von Joh 21 her die anderen angeblich redaktionellen Stücke untersucht, betont er zu Recht erhebliche Unterschiede innerhalb desselben Themas: Joh 21,13 spielt wie Joh 6,51c–58 auf das Abendmahl an. Aber beide Stellen zeigen nicht dasselbe theologische Interesse am Abendmahl. Smith sieht in Joh 6 das Sakrament als „Medizin der Unsterblichkeit" eingeführt und grenzt davon die unbetonte, geradezu zufällige Anspielung auf das Abendmahl in Joh 21 ab.[65] Ebenso unterscheide sich die apokalyptische Eschatologie in Joh 21,22 von der vermeintlich apokalyptischen Eschatologie in Joh 5,28; 6,39.40.44.54; 12,48.[66]

Die eigene Hand des endgültigen Herausgebers des Joh-Ev vermutet Smith erst in Joh 21,23–25, vielleicht auch 21,20f. Nur diese Verse würden von der Absicht zeugen, das Joh-Ev in der Kirche zu etablieren.[67] In dem Nachtragskapitel als Ganzem findet Smith kein durchgehendes Motiv: „Es erscheint eher als ein Stück johanneischer Überlieferung, das angefügt wurde, ohne tiefere Veranlassung, von demjenigen, der das Evangelium veröffentlichte".[68] In späteren Auslegungen deutet Smith Joh 21 als zusammenhängenden Nachtrag an Joh 1–20.[69]

Unebenheiten, Spannungen und Doppelungen im überlieferten Evangelium will Smith durch den unfertigen Zustand erklären, in dem es publiziert wurde: Gegen Bultmanns These, die Anordnung des Evangeliums sei durcheinander geraten, nimmt Smith an, es habe nie eine bessere Ordnung gegeben.[70] So spart er sich zwar die Bultmannsche Hypothese, entbindet sich aber auch von der Aufgabe, das geistige Band des überlieferten Evangeliums überhaupt zu suchen.

---

redactional theory"; ähnlich DERS., Christianity 19: „The establishment of a secondary character of chapter 21 warrants the search for other redactional additions".

[64] SMITH, Composition 234f.: „First, to what extent does it actually embody the theological interests present in the redactional material within the gospel? Second, was the chapter composed and added in order to establish the authority of the Fourth Gospel in the church, as Bultmann believes?"

[65] SMITH, Composition 235. Über SMITH hinaus wäre vielleicht auf einen weiteren Unterschied hinzuweisen: In Joh 21 unterscheiden sich Geber und Gabe. Wäre hier Joh 6 fortgeführt, müßte die Gabe der Geber sein.

[66] SMITH, Composition 235.

[67] SMITH, Joh (1. Aufl.), 11. 16f. 36 nennt allerdings Joh 21 „appendix", der u.U. älteres Material bewahre (aaO. 17). Ebenso die 2. Aufl.: 19. 23f. 46; vgl. 84.

[68] SMITH, Composition 237: „It looks much more like a piece of Johannine tradition which was added, without ulterior motive, by whoever published the gospel."

[69] Z.B. SMITH, Theology 45.

[70] SMITH, Composition 239.

Zwar weist Smith manche Verse wie Bultmann der Redaktion zu, doch betont er, daß die Redaktion zur johanneischen Schule gehöre. Die Eigenart der johanneischen Literatur erklärt Smith mit der relativen Selbständigkeit der johanneischen Gemeinde.[71] Doch die Selbständigkeit erlaube später trotzdem, die weltweite Kirche zu prägen.[72] Daß der Evangelist es verstand, implizite Christologie in einzigartiger Weise explizit zu machen,[73] könne die historische Erklärung nicht ersetzen: Wie war es möglich, daß eine eigenartige Sondergemeinde die Theologie der folgenden Jahrhunderte wie wohl keine andere Gruppe zu prägen vermochte? Als „Möglichkeit" notiert er 1995, daß Joh 21 „darauf ziele, Petrus und die durch ihn vertretene christliche Überlieferung zu ehren, wobei gleichzeitig Wert und Wahrheit des johanneischen Zeugnisses und seines Evangeliums unterstrichen würden (21,24)".[74]

(8) Rudolf Schnackenburg. Rudolf Schnackenburgs Kommentar zum Joh-Ev sammelt die Ergebnisse zur johanneischen Forschung in drei Bänden zum Evangelium mit einem Nachtragsband sowie einem Band zu den Briefen des Johannes.[75] Das gesamte Kommentarwerk schöpft auf über 2000 Seiten aus mehr als dreißig Jahren exegetischen Bemühens um die johanneischen Schriften. Manche übergreifende These zum Joh-Ev hat Schnackenburg im Verlauf der Jahre geändert – freilich „bedeutet das keinen grundsätzlichen Standortwechsel".[76] Von daher empfiehlt es sich, die rekonstruierten Linien der Entstehung und Redaktion des Evangeliums nach dem dritten Band seiner Evangeliumsauslegung darzustellen. Im Nachtragsband findet sich ein Aufsatz zur Redaktionsgeschichte des Joh-Ev,[77] der v.a. die früheren Auslegungen Schnackenburgs auf die Höhe der Position des dritten Bandes bringt.[78]

---

[71] SMITH, Christianity 21–23; ders., Joh (1. Aufl.) 73. 86. In der 2. Aufl. folgt S. den Thesen seines Schülers CULPEPPER und redet von einer „Johannine School": 74f. 79–81; aaO. 80 unterscheidet S. zwischen der johanneischen Gemeinde und der Schule in ihr.

[72] Vgl. SMITH, Christianity 35; vgl. DERS., Theology 2.

[73] So SMITH, Christianity 34f.: „Moreover, it may still be true that in a certain sense John makes explicit and clear what is implicit or inchoate in the other gospels or in other forms of early Christian preaching."

[74] SMITH, Theology 46: „Probably the intention is to honor Peter and the Christian tradition he represents, while simultaneously underscoring the value and the truth of the Johannine witness and its Gospel (21:24)."

[75] SCHNACKENBURG, Joh I (1. Aufl. 1965, 6. Aufl. 1986, XXXVI, 548 S.); Joh II (1. Aufl. 1971; 5. Aufl. 1990, XVI, 560 S.); Joh III (1. Aufl. 1975; 5. Aufl. 1986, XII, 478 S.); Joh IV (1. Aufl. 1984; 2. Aufl. 1990, 236 S.) 1–3Joh, (1. Aufl. 1953; 2. Aufl. [Neubearb.] 1963, 7. Aufl. 1984, XXXII, 344 S.).

[76] SCHNACKENBURG, Joh III, V; vgl. den Rückblick auf die Entstehungsgeschichte des vierten Evangeliums, aaO. 463f.

[77] SCHNACKENBURG, Joh IV 90–102. Dem Aufsatz liegt ein Referat SCHNACKENBURGS von 1983 zugrunde (aaO. 90 A. 1).

[78] „Ich selbst habe mich im III. Band meines Kommentars, vor allem im Hinblick auf Kap. 13–17, stärker der Literarkritik und der Annahme größerer Einschübe durch die Redak-

Innerhalb des fortlaufenden Kommentars, im III. Band, versteht er das 21. Kapitel des Joh-Ev so: „Es ist ein redaktionelles Schlußkapitel mit einer sinnerschließenden Funktion für die damaligen kirchlichen Leser".[79] In diesem Kapitel liefen vielfältige Traditionen zusammen. So erklärt Schnackenburg die Ähnlichkeiten zur lukanischen Fischfang- und Emmausgeschichte ebenso wie zum matthäischen Petruswort durch gemeinsame mündliche Tradition ohne literarische Abhängigkeit der Redaktion von den Synoptikern.[80] Schnackenburg bemüht sich, die Nähe der Redaktion zum Evangelisten zu betonen.[81] Nach ihm füllt die Redaktion das 21. Kapitel mit Material auf, das schon vorlag. Freilich sieht er auch Unterschiede zwischen dem Evangelisten und der Redaktion. Etwa das prononcierte ekklesiologische Interesse der Redaktion speise sich kaum aus kräftigen Wurzeln des Evangelisten. Die vielfältigen Traditionen, die in Joh 21 angefügt wurden, zeigten zudem ein Interesse an diesen Stoffen, das dem Evangelisten insgesamt eher abging: Nach Schnackenburg nimmt die Redaktion im großen und ganzen Traditionen auf, die im eigenen Kreis bekannt waren. Die Redaktion greife auf Traditionen zurück, die älter seien als die Formulierungen des Evangelisten.[82] Doch die Frage, woher diese Theologie der Redaktion kommt, welche innerjohanneischen oder außerjohanneischen Einflüsse ihre Arbeit hervorrief, bleibt weitgehend unbeantwortet, so als ob es sich von selbst verstehen würde, daß Joh 1–20 mit Joh 21 versehen werden mußte.

(9) Klaus Wengst. Klaus Wengst versucht aus dem Joh-Ev den ursprünglichen historischen Kontext zu erheben, in den hinein es gesprochen hat. Sein Entwurf liegt nun bereits in vierter Auflage vor.[83] Von Auflage zu Auflage verarbeitet Wengst die kritischen Einwände und stellt so eine geläuterte Fassung seiner

---

tion geöffnet." SCHNACKENBURG, Joh IV 95. Im Nachsatz allerdings schon deutet er eine noch neuere Position an, „die mit der neueren Linguistik von der Einheit des Textes ausgeht".

[79] SCHNACKENBURG, Joh III 409.

[80] Zum Verhältnis Joh 21,15–17 zu Mt 16,17–19: „Man wird vielmehr eine gemeinsame geschichtliche Erinnerung annehmen müssen, die zu unterschiedlichen Formulierungen in der jeweiligen Tradition geführt hat", so SCHNACKENBURG, Joh III 413; vgl. aaO. 436. Joh 21,1–14 zu Lk 5,1–11: „Pesch ... zeigt, daß die luk. und joh. Geschichte Varianten einer gleichen Tradition sind", aaO. 423 A. 32.

[81] Z.B. SCHNACKENBURG, Joh III 408f. 463: „die Redaktion gab dem Werk keine völlig neue Ausrichtung, sondern erweiterte es nur und adaptierte es stärker an die Bedürfnisse der Gemeinde". Mit diesen Äußerungen korrigiert er wohl stillschweigend die Position BULTMANNS.

[82] So sei etwa nach SCHNACKENBURG, Joh III 441f. die Rede vom Jünger, der nicht sterbe, bevor der Herr wiederkommt, traditionsgeschichtlich älter als die Konzentration auf das gegenwärtige Heil der schon erlangten Christengemeinschaft beim Evangelisten.

[83] WENGST, Klaus: Bedrängte Gemeinde und verherrlichter Christus. Ein Versuch über das Johannesevangelium, (1. Aufl. als BThSt 5, 1981 mit dem Untertitel: „Der historische Ort des Johannesevangeliums als Schlüssel seiner Interpretation"), 4. Aufl. (als TB), München 1992. Die 4. Aufl. wird hier verwendet. Einen vergleichbaren Ansatz verfolgte bereits MARTYN, History (1. Aufl. 1968), dessen Werk SMITH, Contribution 275–294 in die neuere Forschungsgeschichte einordnet, wobei er aaO. 287f. auch auf WENGST, Gemeinde zu sprechen kommt.

Thesen vor.[84] Wengst verortet zunächst Joh 1–20, da diese Kapitel seiner Meinung nach ursprünglich eigenständig waren, bevor Joh 21 als Nachtrag hinzukam.[85] Die Bemerkungen Jesu über die Juden im Joh-Ev würden aktuelle Auseinandersetzungen der johanneischen Gemeinde in die Zeit des irdischen Jesus zurückprojizieren.

Nachdem er einige Indizien gesammelt hat, formuliert Wengst die Hypothese, daß die johanneische Gemeinde im südlichen Teil des Königreiches von Agrippa II. beheimatet gewesen sei. Mit der altkirchlichen Ephesus-Tradition muß Wengst nicht gänzlich brechen, da er seine Hypothese ausdrücklich auf Joh 1–20 beschränkt. Er läßt zunächst offen, ob vielleicht Joh 1–20 zusammen mit dem Nachtrag Joh 21 in Ephesus herausgegeben wurde.[86] Im Nachwort zur vierten Auflage setzt sich Wengst mit der englischen Version des Hengelschen Werkes zur johanneischen Frage auseinander: „Ich stimme Hengel auch darin zu, daß das jetzt mit Kap. 21 vorliegende Evangelium nach der Abfassung der Johannesbriefe und möglicherweise mit ihnen gemeinsam in Kleinasien herausgegeben wurde."[87] Daß die johanneische Gemeinde sehr bald nach der von Wengst vorgeschlagenen Datierung des Joh-Ev, Kap. 1–20, von Syrien nach Ephesus kam, belastet die scharfsinnigen Thesen Wengsts.[88]

Die theologische Tendenz des Nachtragskapitels beschreibt Wengst knapp. Die Auseinandersetzung mit mächtigen jüdischen Kreisen und Behörden liege zurück.[89] Wengst sieht auch eine veränderte Einstellung gegenüber Petrus im Nachtragskapitel gegenüber Joh 1–20: „Während dort die traditionelle ekklesiologische Bedeutung des Petrus negiert wird, erhält er hier das Hirtenamt zugesprochen." Kurz darauf resümiert Wengst: „M.E. ist Joh 21 der – historisch gelungene – Versuch, den johanneischen Kreis oder das, was von ihm übriggeblieben ist, in die übrige Kirche zu integrieren".[90]

(10) Martin Hengel. Martin Hengel nahm in einer erstmals englisch 1989 veröffentlichten Studie die seit längerer Zeit etwas vernachlässigte Frage nach

---

[84] Die erste Auflage würdigte z.B. Becker, Methoden 51–56. B. wirft – bei allem Respekt – W. vor, er habe den Synagogenausschluß zu einseitig zum Schlüssel seiner Auslegung gemacht. Die Notiz komme im Joh-Ev vergleichsweise spät (Becker aaO. 52; dagegen Wengst aaO. [4. Aufl.] 83 f.) und sei zudem über mehrere Schichten zu verteilen (Becker aaO. 52 f.; dagegen Wengst aaO. 80 f. A. 12).

[85] Zu Joh 21 als Nachtragskapitel s. die im Register bei Wengst, Gemeinde 274 angegebenen Stellen, zusätzlich 260. 264.

[86] Vgl. Wengst, Gemeinde 157 f. (bes. A. 7).

[87] Wengst, Gemeinde 260.

[88] Wengst, 1–3Joh, 30. 235 nahm als Abfassungsort der Briefe das westliche Kleinasien an. Entsprechend nimmt er (Gemeinde 157 A. 7) einen „Umzug" von Teilen der joh. Gemeinde von Syrien an, ohne auf die historischen Probleme dieser Annahme einzugehen. Solche Probleme vemerkt Hengel, Frage 290 f., der v.a. bestreitet, daß die Juden im Herrschaftsgebiet Agrippas II. behördliche Macht ausüben konnten.

[89] Wengst, Gemeinde 264.

[90] Beide Zitate: Wengst, Gemeinde 25.

dem Verfasser des vierten Evangeliums wieder auf. 1993 erschien die stark erweiterte deutsche Fassung dieser Studie. Diese Monographie bietet in bisher nicht erreichter Vollständigkeit einen kommentierten Testimonienkatalog zum vierten Evangelium. Hengel stützt so die These, daß der bei Papias belegte Presbyter Johannes im hohen Alter Evangelium und Briefe verfaßte.

Obwohl Hengel nur sehr zurückhaltend spätere Eingriffe annehmen will, vermutet er doch, daß erst Schüler die schriftliche Hinterlassenschaft des „Alten" veröffentlichten. Der genaue Umfang von Eingriffen der Herausgeber in den Text bleibt bei Hengel offen. Freilich sieht er auch keinen ernsthaften Bruch zwischen dem „Alten" und seinen Schülern.

Verändert hat Hengel seine Ansicht zum Verfasser der Apokalypse. In der englischsprachigen Version seiner Studie hielt er die Apokalypse noch für ein Frühwerk des Autors des Evangeliums, in der späteren deutschen Version bleibt er sehr vorsichtig bei der Verhältnisbestimmung.[91] Die Johannesoffenbarung sei eine Schrift aus der engeren Schule um den „Alten". Hengel hat sein Urteil korrigiert, beeinflußt durch seinen Schüler J. Frey, der nach minuziösen Einzelstudien in der Apokalypse eher ein archaischeres Stadium johanneischer Topoi findet, die v.a. aus sprachlichen Gründen nicht vom selben Autor wie das Joh-Ev formuliert sein können.[92] Das ephesinische Corpus Johanneum verbindet bald Briefe, Evangelium und Offenbarung und vereinigt so Schriften unterschiedlicher Autoren.

(11) Hartwig Thyen. Hartwig Thyen veröffentlicht seit über zwei Jahrzehnten Einzelstudien zum Joh-Ev. Seine Interpretationen zeugen von einem Ringen um die angemessene Deutung und Thyen scheut sich nicht, seine eigenen früheren Ansätze selbstkritisch zu kommentieren. In seinen umfangreichen Literaturberichten zeigte er sich noch als treuer Anhänger der Literarkritik im Stile Bultmanns. 1989/1990 urteilt er über seine bisherigen Forschungen: „Meine eigenen vielfältigen Wege und Irrwege auf den verschlungenen Pfaden des Labyrinths johanneischer Literarkritik haben mich darüber belehrt, daß alle Versuche, hinter unserem kanonischen ein vermeintlich *ursprüngliches* Johannes-Evangelium rekonstruieren und dann dieses Konstrukt zum Gegenstand der Interpretation machen zu wollen, willkürlich sind und ihrem Gegenstand nicht gerecht werden können."[93] Eine geläuterte Gesamtschau seiner Johannesinterpretation liefert Thyen in den TRE-Artikeln zu Joh-Ev und -Briefen.

Mit seiner neuen Johannes-Interpretation geht ein Umdenken v.a gegenüber Joh 21 einher. Thyen will es nicht länger als Produkt einer auch sonst im Evangelium tätigen nach-johanneischen Redaktion hinstellen, vielmehr zeige sich in dem Verfasser von Joh 21 der Evangelist selbst. Dieses Kapitel macht Thyen so

---

[91] S. die „Retractatio" bei HENGEL, Frage 5 f. zur älteren englischen Version des Buches.

[92] FREY bei HENGEL, Frage 417 f. 422.

[93] THYEN, Werk 120 (Hervorh. im Orig.). Dem 1990 veröffentlichten Referat liegt ein Vortrag zugrunde, der im März 1989 in Arnoldsheim gehalten wurde (vgl. aaO. 2).

geradezu zum Schlüssel des ganzen Evangeliums.[94] Die überlieferte Textform des Evangeliums nötige ihn dazu. Der Text von Joh 1–21 setze durchgehend die vier Evangelien voraus und interpretiere diese eigenständig und tiefsinnig.[95] Bei aller Kritik an Auslegern, die sich erst selbst einen Text konstruieren, den sie dann auslegen, fällt auch bei seinem Auslegungsmodell auf, daß er historische Gegebenheiten konstruiert. „Das überaus subtile und oft höchst ironische Spiel des Johannes mit synoptischen Themen und Texten", wie es Thyen annimmt,[96] kann nur finden, wer über den Text von Joh 1–21 die Synoptiker als Kontext annimmt. Die Synoptiker sind nach Thyen „Prätexte".[97] Johannes habe sie „oft auch überraschend erhellt und so neu in Kraft gesetzt und dem Spiel mit dem Folgetext ausgesetzt. Das scheint mir bei Johannes der Fall zu sein, so daß er tendenziell als Schöpfer des Vier-Evangelien-Kanons gelten könnte."[98] Wenigstens seit dem Abschluß des Vierevangelienkanons wurde der von Thyen für die Abfassungszeit des Evangeliums schon vorausgesetzte Kontext als konstitutiv angesehen. Selbst wenn sich Thyens Urteil über die ursprüngliche Situation des Evangelisten als unhaltbar erweisen sollte, blieben seine Auslegungen für das Joh-Ev innerhalb des Kontextes der synoptischen Evangelien von Bedeutung.

Das Programm Thyens erlaubt zudem, den theologischen Eigenwert des Kapitels 21 zu sehen. Indem er es dem Evangelisten zuordnet, unterstellt er das Kapitel nicht mehr einer übergeordneten Instanz, von der es als „Kirchliche Redaktion" abweicht.

Unter dem Titel „Noch einmal: Johannes 21" vertieft Thyen manche bereits genannte Linie.[99] Neu ist dabei die These, daß dem Lieblingsjünger keine reale Person entspreche und „seine zuletzt absichtsvoll durchgehaltene Anonymität respektiert werden muß".[100] Dabei stützt sich Thyen zustimmend auf die Monographie Küglers,[101] dem er nur in einem Punkt widersprechen will: Nach Thyen setzt Joh 21,22 f. zwingend den Tod des Lieblingsjüngers voraus.[102] Doch genau dieser Punkt war gemeinhin der wichtigste Einwand gegen die Fiktionsthese: Bei pseudepigraphischen Fiktionen verbietet es sich, im Text vom Tod des intendier-

---

[94] THYEN, Erzählung 2026: Joh 21 sei „ein integraler und nicht wegzudenkender Teil der Struktur des Evangeliums"; DERS., Kontext 117: „Das heißt – gewiß verkürzt, aber eben dadurch unzweideutig gesagt –: Bultmanns und J. Beckers ‚kirchlicher Redaktor‘ ist unser Johannes-Evangelist"; DERS., Synoptiker 84. 91: Joh 21 sei „Klimax" des Joh-Ev.

[95] THYEN, Synoptiker entfaltet das Verfahren als subtile Intertextualität (aaO. 96 in Anlehnung an J. KRISTEVA) und als ein Verfahren „intertextuellen Spiel[s]" (aaO. 105); ähnlich: DERS., Kontext 119 f.

[96] THYEN, Kontext 120.

[97] THYEN, Synoptiker 97. Im Kontext wendet sich THYEN dagegen, Intertextualität nur als Affirmation oder Verdrängung zu deuten.

[98] THYEN, Synoptiker 97 f.

[99] THYEN, Joh 21 (1995).

[100] THYEN, Joh 21, 181.

[101] THYEN, Joh 21, 162–164. 181 A. 82.

[102] THYEN, Joh 21, 164.

ten Autors zu berichten bzw. auf dessen Tod zurückzublicken. Thyen dagegen traut dem unbekannten realen Verfasser des vierten Evangeliums zu, daß er durch den Hinweis auf den Tod des Lieblingsjüngers seiner fiktiven Figur ein wahrlich untrügliches Zeichen einer historischen Person zu geben versuche.[103] So hätte der reale Autor zwar eine historische Persönlichkeit für den Lieblingsjünger reklamiert, seine pseudepigraphische Autorenfiktion wäre ihm dabei aber etwas unbeholfen entglitten.

(12) Georg Strecker und Udo Schnelle. Georg Strecker stellt in einem programmatischen Aufsatz seine Rekonstruktion der johanneischen Schriften vor. Die Gemeinsamkeit der Briefe und des Joh-Ev erklärt Strecker mit der Annahme einer johanneischen Schule. Er folgt dabei ausdrücklich Boussets und Culpeppers Thesen zum antiken Schulwesen.[104] Der bedeutende Schulgründer sei der aus den kleinen Johannesbriefen bekannte Presbyter. Mit diesen Briefen seien „Originaldokumente des Gründers der johanneischen Schule"[105] erhalten geblieben.

Strecker deutet das Partizip Präsens in 2Joh 7 über Jesu Kommen im Fleisch futurisch (ἐρχόμενον ἐν σαρκί) und folgert daraus, daß der Gründer der johanneischen Schule Chiliast gewesen sei.[106] Das Evangelium wie der 1Joh folgten mit einigem zeitlichen Abstand auf die Originaldokumente 2/3Joh.[107] Brüche im Evangelium verdanken sich nach Strecker nicht einer „Kirchlichen Redaktion", sondern zeugen von einer lebendigen Schuldiskussion. Wegen der angeblich fehlenden Testimonien sei das Evangelium „nicht gegen Ende des ersten, sondern in der ersten Hälfte des zweiten Jahrhunderts entstanden".[108] Joh 21 sei ein redaktionelles Nachtragskapitel. Es setze die Abgrenzung von den doketischen Irrlehrern voraus.[109]

---

[103] So ist wohl THYEN, Joh 21, 164. 181f. zu verstehen. AaO. 164: „Und auch das darf ja wohl als für die Pseudepigraphie typisch gelten: Keiner, der zu diesem Mittel greift, wird riskieren, daß ihm sein fingierter Autor eines Tages als lebendiger Kritiker gegenübertritt". Daß ein Pseudepigraphon vom Tod des fiktiven (und zugleich bewußt nicht identifizierten) Autors berichtet, wäre wohl eher als grobe Torheit zu bezeichnen, denn als Mittel, sich der Kritik eines Lebenden zu erwehren. Für einen posthum wirkenden Herausgeber dagegen ist der Hinweis auf den Tod des Traditionsgaranten geradezu selbstverständlich.

[104] STRECKER, Anfänge 33.

[105] STRECKER, Anfänge 34. Ähnlich DERS., Literaturgeschichte 216–218.

[106] STRECKER, Anfänge 35; DERS., 1–3Joh, 333–337. BEUTLER, Krise 32f. führt die Entsprechung 1Joh 4,2 gegen eine futurische Deutung von 2Joh 7 an. SCHMITHALS, Johannesevangelium 213 redet von einer „abenteuerlichen Interpretation von 2Joh 7–11", ohne sich im einzelnen auf dieses Abenteuer einzulassen bzw. STRECKER zu widerlegen.

[107] STRECKER, Anfänge 41.

[108] STRECKER, Anfänge 43 A. 50 (S. 47). In dieser A. vermutet STRECKER auch, daß der 1Joh vor dem Evangelium abgefaßt wurde, weil dessen Bezeugung dem Evangelium vorausginge. Als Vermutung ebenso: DERS., Literaturgeschichte 219; aaO. 214 will er das Joh-Ev „nicht vor dem zweiten Viertel des zweiten Jahrhunderts" datieren.

[109] STRECKER, Anfänge 42 mit A. 48 (S. 47); vgl. DERS., Theologie 479. 485.

Udo Schnelle übernimmt in seiner Monographie von 1987 im wesentlichen die Thesen seines Lehrers Strecker und meint, für Joh 1–20 eine duchgängige antidoketische Tendenz belegen zu können.[110] In Kap. 21 sieht er eine „post-johanneische Redaktion" am Werke, die an der Vorrangstellung des Petrus interessiert sei.[111] Um eine historische Einordnung und eine hinreichende Erklärung für die veränderte Theologie bemüht sich Schnelle in der Monographie nicht.

Nach dieser Monographie Schnelles veröffentlichte Strecker 1989 seinen Kommentar zu den Joh-Briefen. Er stellt die kleinen Joh-Briefe an den Anfang, denen der 1Joh folge. Für den 1Joh setzt er einen anderen Verfasser voraus als für das Evangelium.[112] Das zeitliche Verhältnis des 1Joh zum Evangelium bleibt offen. Strecker warnt davor, Schulschriften in ein lineares zeitliches Nacheinander zu bringen.[113]

In seinem Kommentar zum Joh-Ev von 1998 bündelt Schnelle seine Forschungen zum Joh-Ev.[114] Die Auslegung erwägt, ob sich in Joh 21,24 „die Herausgeber des gesamten Evangeliums zu Wort" (1; vgl. 221.314.320f.) melden. Diese Autoren vermutet Schnelle auch hinter der Evangelienüberschrift (321). Die konstatierten Unterschiede zwischen Joh 1–20 und Joh 21 zeichnet Schnelle dabei nicht in eine historische Entwicklung ein.

(13) Walter Schmithals. Walter Schmithals legte 1992 ein umfängliches Werk zum Corpus Johanneum vor. Das Buch besteht aus zwei fast gleich starken Teilen, einem Forschungsbericht, Teil A, und einer eigenen Rekonstruktion, Teil B. Der Forschungsüberblick stellt Aporien auch neuerer und neuster Lösungen vor, die im zweiten Teil gelöst werden sollen. Formal ähnlich wie schon bei seinem Mk-Kommentar sucht Schmithals die Lösung der johanneischen Probleme, indem er eine „Grundschrift" annimmt, die er von einer „Lieblingsjünger-redaktion" unterscheidet.[115] Dieser Redaktion ordnet er nach einzelnen Analysen alle Stücke zu, die vom Lieblingsjünger und dessen Verhältnis zu Petrus reden (Joh 13,20–26a; 19,24b–27; 20,2–11a; 21,1–15).[116] Zu dieser Redaktion gehöre auch die Petrus-Verleugnung (13,36–38; 18,15–18.25–27),[117] weil diese Joh 21,15–17 ermögliche. Problematisch an dieser Rekonstruktion erscheint mir, daß

---

[110] Zur Reihenfolge 2Joh, 3Joh, 1Joh, Joh-Ev s. SCHNELLE, Einleitung 500. Zurückhaltend ist SCHNELLE aaO. 506 A. 36 gegenüber der STRECKERschen Deutung von 2Joh 7 und dessen These vom ursprünglichen Chiliasmus.

[111] SCHNELLE, Christologie 32; vgl. DERS., Einleitung 555f.; DERS., Schule 199f. 205f.

[112] STRECKER, 1–3Joh 26.

[113] STRECKER, 1–3Joh 26: „Damit ist gesagt, daß die These von einer johanneischen Schultradition sich einer einlinigen literarischen Textanalyse entgegenstellt." Vgl. aaO. 51–53. 292. Ähnlich: DERS., Anfänge 33f.

[114] SCHNELLE, Joh. Die in Klammern gesetzten Zahlen im folgenden Absatz beziehen sich auf dieses Werk.

[115] Programmatisch SCHMITHALS, Johannesevangelium 218; vgl. 222f.

[116] SCHMITHALS, Johannesevangelium 223–230 (Analyse); 230 (Ergebnis).

[117] SCHMITHALS, Johannesevangelium 228.

die redaktionellen Stellen „nicht nur literarisch sekundär sind, sondern auch ihrem Gedankengut und ihrer Intention nach beziehungslos im übrigen Stoff des JohEv stehen, womit sie gänzlich Joh 21 entsprechen."[118] Die scharfen Kanten zwischen Evangelist und Redaktion entstehen auch deshalb, weil Schmithals es ablehnt, eine „johanneische Schule" anzunehmen.[119]

Die Annahme einer johanneischen Schule zielt letztlich darauf, die Einheitlichkeit der johanneischen Theologie trotz literarischer Spannungen im Joh-Ev zu erklären. Je grundsätzlicher man Theologie und Niveau des Evangelisten von den Redaktoren absetzt, desto schwieriger wird es, den Zusammenhang der Schule zu erklären. Schmithals redet nicht von einer Schule, sondern von literarischen Schichten. Doch das Problem bleibt: Warum sollten spätere Redaktoren sich die Mühe machen, ihrer Ansicht nach unbrauchbare Traditionen gegen den Strich zu kämmen? Nichts anderes hätte die „Lieblingsjüngerredaktion" nach Schmithals mit dem Joh-Ev gemacht. Er sieht die Lösung in einem kirchlichen Verwaltungsakt: Wie die Verhandlungen, die zur Bildung des Kanons führten, im einzelnen abliefen, wüßten wir nicht, aber daß die kanonische und katholische Sammlung ursprünglich disparater Autoritäten selbständiger Kirchen unter der moralischen Autorität der römischen Gemeinde und seines Bischofs zustande kam, sei eine „zwingende Vermutung".[120]

Mit der Endredaktion des Joh-Ev habe die römische Gemeinde ein doppeltes Ziel verfolgt. Zunächst führte sie den Lieblingsjünger ein, der sich allerdings nicht mit Rom verbinden lasse. Erst im letzten Dialog des Evangeliums hätte die Redaktion den eigenen Zeugen, Petrus, eingebracht. Die historische Verortung dieser römischen Redaktion bereitet m.E. erhebliche Probleme. Schmithals setzt die Lieblingsjünger-Redaktion zwischen 160 und 180 n.Chr. an.[121] In Joh 21,23 hätte der römische Autor geradezu nebenbei die kirchliche Geltung der Offenbarung des Johannes retten wollen.[122] Die Apk und das Joh-Ev werden von den phrygischen Montanisten nebeneinander benützt. Daher vermutet Schmithals, die Lieblingsjüngerredaktion sei zugleich römisch-petrinisch und montanistisch geprägt.[123] M.E. schließen sich diese beiden Ausrichtungen gegeneinander aus,

---

[118] SCHMITHALS, Johannesevangelium 222; ähnlich aaO. 219.

[119] Mit deftigen Zitaten OVERBECKS garniert SCHMITHALS seinen Bericht über die Annahme einer „johanneischen Schule" in der Joh-Forschung aaO. 208–214 (= A 11). AaO. 211: „Die Art, wie nach der vorliegenden Theorie die Schule mit ihrer Gründungstradition umgegangen sein soll, läßt diese nicht als Schul-Buch, sondern als Spielmaterial für die eigenen theologischen Gedankenübungen erscheinen".

[120] SCHMITHALS, Johannesevangelium 237. Er stützt sich auf entsprechende Thesen HARNACKS.

[121] SCHMITHALS, Johannesevangelium 242: „die Zeit von 160 bis 180"; aaO. 251: „um 170".

[122] SCHMITHALS, Johannesevangelium 248.

[123] SCHMITHALS, Johannesevangelium 253.

so daß eine Kommission nicht vorstellbar ist, die *zugleich* stolz ist auf ihre römische Autorität *und* montanistische Endzeitstimmung verbreitet.[124]

(14) Werner Stenger. Werner Stenger bietet eine strukturale Lektüre von Joh 19,31–21,25. Diese methodische Besonderheit legt nahe, den methodisch einschlägigen Aufsatz stellvertretend für diese gerade in der Johannesexegese nicht ganz seltene Zugangsweise zu referieren.[125]

Strukturale Exegese und die geschichtliche Fragestellung dieses Forschungsüberblickes scheinen sich zu widersprechen. Doch Stenger entnimmt der Textsynchronie auch Hinweise über die angesprochenen Zeitebenen. Diese Ebenen findet er in den Schlußabschnitten des Joh-Ev vor. Der Aufsatz grenzt sich zwar ab von „historisch-kritischer Literatur"[126], kommt aber in wesentlichen Teilen zu ähnlichen Ergebnissen wie diese.[127] Nicht immer scheinen mir die relevanten Ergebnisse Stengers an den Stellen gewonnen zu sein, wo er sich methodisch streng an die synchrone Textebene hält. Vielleicht nicht kritisch, immerhin aber historisch, also auf die diachrone Ebene verweist etwa folgender Satz: „Läßt sich das ‚Netz mit den Fischen' als einer der Akteure der Geschichte nehmen, fände der immer wieder gemachte Versuch einer Deutung der Geschichte als eines ‚Sinnbilds der Kirche' Unterstützung, insbesondere weil auch die Konfiguration der Akteure unzweifelhaft auf ein hinter dem erzählten Geschehen liegendes ekklesiologisches Problem verweist. Der Verfasser möchte es durch die Erzählung lösen, wie auch das unserem Abschnitt folgende Gespräch Jesu mit Simon Petrus beweist."[128]

Nach einem reflektierten Kriterienkatalog gliedert Stenger Joh 19,31–21,25 mit den durchaus üblichen Zäsuren. Kap. 21 als „Sequenz III" bestehe aus zwei Segmenten, dem Fischfang/ Mahl (V. 1–14) und dem Gespräch des Auferstandenen mit Petrus (V. 15–25).

Die besondere Bedeutung des Aufsatzes dürfte in der Interpretation der Selbstreflexionen der Autoren liegen. Stenger findet diese Reflexionen in Joh 20,30f. und 21,23–25 und bezeichnet diese Abschnitte als „metanarrative" Sätze. Es seien Sätze, in denen der Autor über seine eigene Schreibtätigkeit reflektiert.[129]

---

[124] Hart urteilt HENGEL, Frage 18 A. 19: SCHMITHALS' Hypothese kann „angesichts der im 2. Jh. durchaus erkennbaren und jedenfalls hinter die montanistische Bewegung zurückreichenden Spuren einer Wirkung und Bezeugung des 4. Evangeliums wie auch angesichts des differenzierten papyrologischen Befundes nur als ein grotesker und willkürlicher Gewaltstreich gelten"; ähnlich kritisch aaO. 14f. A. 11; 30. 31f. A. 61 (zur Datierung von Pap. 52); 210f. A. 19; 228 A. 64.

[125] Einen Überblick über strukturalistische Exegesen zum Joh-Ev bietet BECKER, Methoden 16–21.

[126] STENGER, Lektüre 206 A. 8.

[127] Wieweit diese Erörterungen zu den verschiedenen Zeitebenen das Schema einer strukturalen Lektüre sprengen oder diesem gerade entsprechen, wage ich nicht zu beurteilen.

[128] STENGER, Lektüre 236.

[129] So STENGER, Lektüre 204.

„In der Hierarchie der Textgliederungssignale rangieren sie ganz oben, ‚da sie ja den Erzähltext als Ganzes abgrenzen'".[130]

Aus diesen metanarrativen Sätzen schließt Stenger auf das „Zeitgerüst" des Textes.[131] Die beiden metanarrativen Abschnitte weist Stenger zwei Autoren zu, genannt Autor I und Autor II. Diese Autoren gehörten verschiedenen Zeitebenen an. Autor I blicke auf die erzählte Zeit zurück. „Doch öffnet sich auch die Zeit der Erzählung zur Zeit des Autors I hin [sic]: Die Seligpreisung der Nichtsehend-Glaubenden durch Jesus durchbricht im Vorblick den Horizont der Zeit der Erzählung auf die Zeit hin, in der Glaube sich nicht mehr auf Sehen gründen kann, sondern auf das Zeugnis derer hin, die gesehen haben, entstehen muß. Die Zeit dieses Zeugnisses sieht Autor I zu Ende gehen. Darum schreibt er die ‚Zeichen' auf. Das Zeugnis soll als geschriebenes fortdauern."[132] Die Veröffentlichung des Werkes von Autor I ermögliche einen weiteren Leserkreis. An dieser Weiterung sei Autor II interessiert.[133]

(15) James H. Charlesworth. Charlesworth hat in einer umfangreichen Studie die Johanneische Frage zu lösen versucht und dabei manche Vermutung über die Geschichte des Joh-Ev geäußert.[134] Charlesworth unterscheidet den unbekannten tatsächlichen Verfasser des Evangeliums von der Person, die als „Lieblingsjünger" die Überlieferung des Evangeliums verbürgt.[135] Ihm geht es darum, die Person des Lieblingsjüngers historisch zu verorten. Dafür interpretiert er Joh 1–20 für sich ohne den „Anhang" Joh 21 (X. 3 und öfter) und achtet darauf, alle Einträge aus den Synoptikern zu vermeiden (18. 322 A. 109). In seiner Argumentation benötigt er Joh 21 lediglich, weil der Nachtrag zeige, daß in der johanneischen Schule eine bestimmte historische Persönlichkeit als Lieblingsjünger und Bürge des Evangeliums bekannt sei (13 u.ö.).

Leider erwägt Charlesworth nicht, ob der Verfasser des Evangeliums daran interessiert war, seine Kenntnis des Autors für die Leser des Evangeliums transparent zu halten. Ganz unterschiedliche Ausleger haben vermutet, die mehr verbergende als klärende Bezeichnung „der Jünger, den Jesus liebte" versuche zu suggerieren, hinter dem Evangelium stehe eine außerordentliche Autorität.[136]

---

[130] STENGER, Lektüre 207. Das Zitat im Zitat stammt von E. GÜLICH, Nachweis bei STENGER, aaO. 206f. A. 9.

[131] STENGER, Lektüre 206.

[132] STENGER, Lektüre 205.

[133] STENGER, Lektüre 205. Zur Zeit des Autors II soll das Buch des geliebten Jüngers „über den Kreis der ‚Brüder' hinaus zur Geltung gebracht werden, und zwar in einem gesamtkirchlichen Rahmen", aaO. 242.

[134] CHARLESWORTH, Disciple (1995). Die Zahlen im Text des Abschnitts bezeichnen Seiten dieses Buches.

[135] Entsprechend lautet der Untertitel: „Whose Witness Validates the Gospel of John?"

[136] So zumeist die Exegeten, die den Lieblingsjünger für eine fiktive Gestalt halten (z.B. WELCK, Zeichen 340–342), auch THYEN, Joh 21 (dazu o.); HENGEL, Frage 316–318, der vermutet, daß die spätere Verwechslung des Zebedaiden mit dem Presbyter Johannes im vierten Evangelium angelegt sei.

Eine klare Bezeichnung des Jüngers hätte vielleicht den johanneischen Traditionsbürgen nicht so eng an Jesus binden können, ohne vielfältigen Protest hervorzurufen. Charlesworth dagegen meint, die Identität des Lieblingsjüngers werde im Evangelium Stück für Stück aufgedeckt (429). Einige wenige Zeugnisse über die wahre Identität hätten sich in Gebieten erhalten, die ehemals zum Osten des römischen Reiches gezählt wurden (dazu u.). Im Westen dagegen sei seit Irenäus die wahre Identität des Lieblingsjüngers verborgen. Charlesworth's These lautet, der „Lieblingsjünger" sei kein anderer als Thomas der Zwilling, einer der Zwölf (passim z.B. 104. 225).

Charlesworth listet zwölf exegetische Argumente auf, die seine These belegen sollen. Eine kritische Prüfung kann bei den Argumenten zwei bis zwölf eine gewisse Stützung der These annehmen, ihnen aber schwerlich Beweiskraft zusprechen. Zu diesen stützenden Argumenten gehören: Thomas lasse eine gewisse Nähe zu Judas Iskariot erkennen (233–236), die Martyriumsbereitschaft des Thomas Joh 11,16 hebe diesen Jünger hervor (236–241), Vokabelanklänge verknüpften im Evangelium Voten des Lieblingsjüngers und des Thomas (243–248) u.s.w.

Das erste und wohl wichtigste exegetische Argument entnimmt Charlesworth zwei johanneischen Stellen: Joh 19,34f. und Joh 20,25. Nach Joh 19,34f. bezeugt der Lieblingsjünger als männlicher Vertrauter unterm Kreuz u.a. den Lanzenstich in die Seite Jesu. In Joh 20,25 erfährt Thomas von den anderen Jüngern, daß sie Jesus gesehen hätten, und verrät in seiner unmittelbar angeschlossenen Rede, daß er vom Lanzenstich in die Seite Jesu weiß. Soweit Joh 19f. die Geschehnisse darstellt, weiß außer dem Lieblingsjünger niemand von der Seitenwunde Jesu. Keine Andeutung findet sich zudem, daß Thomas sich bei irgendjemand Informationen über die Seitenwunde verschafft hätte. Der Erzählbogen ist in sich schlüssig, wenn der Erzähler stillschweigend die Identität von Lieblingsjünger und Thomas voraussetzt, wie Charlesworth unterstreicht (226–233).

Doch dieser scharfsinnige Schluß wäre nur dann gegen andere Kandidaten für die Person des Lieblingsjüngers beweiskräftig, wenn mehrere der genannten Erzählzüge stillschweigend auf Vollständigkeit angelegt wären. Zwar ist nach Joh 19,34f. der Lieblingsjünger Zeuge des Lanzenstiches, aber der Erzähler gibt keinen Hinweis dafür, daß er der *einzige* männliche Zeuge sein muß – von einem anderen männlichen Zeugen wird nur nicht ausdrücklich berichtet. Ebenso dürfte es etwas überspitzt sein, aus Joh 20,25 zu schließen, Thomas könne *nur* durch Augenzeugenschaft von der Seitenwunde Jesu wissen. Warum sollte der Erzähler verpflichtet sein, davon zu berichten, wie die Jünger Jesu sich über die Kreuzesgeschehnisse informiert hatten? Nur weil eine solche Information nicht explizit vermerkt wird in Joh 19f., ist Charlesworth's Identifikation des Lieblingsjüngers mit Thomas möglich.

Zudem muß Charlesworth zu einer etwas gezwungenen Interpretation von Joh 20,8 greifen (72–118 [!]). Nach dem Wettlauf zum Grab geht schließlich auch der

Lieblingsjünger, hier „der andere Jünger genannt", ins Grab „und sah und glaubte". Würde das absolut gebrauchte Verb ἐπίστευσεν den Auferstehungsglauben des Lieblingsjüngers bestätigen, könnte dieser nicht wie Thomas weitere Beglaubigungszeichen fordern. Joh 20,8 scheint so auszuschließen, daß der Lieblingsjünger mit Thomas zu identifizieren ist. Doch Charlesworth nimmt einen prozessualen Glaubensbegriff bei Joh an (93): Der Lieblingsjünger bzw. Thomas beginne nach Joh 20,8, der Botschaft Marias zu glauben (94 vgl. 92; „inceptive aorist" 95). Ein vollständiger Glaube werde aus diesem keimenden Glauben erst, als Thomas die leibliche Identität des auferstandenen Jesus mit dem irdischen vor Augen bekomme. Doch dieses Verständnis des Glaubens als Prozeß in mehreren Stufen findet im Joh-Ev keinen Anhalt. Auch der Folgevers, Joh 20,9, widerspricht eher der These von einem prozessual beginnenden Glauben bei Petrus und dem Lieblingsjünger: οὐδέπω γὰρ ᾔδεισαν τὴν γραφὴν ὅτι δεῖ αὐτὸν ἐκ νεκρῶν ἀναστῆναι. Das Verb ᾔδεισαν könnte dabei plusquamperfektisch zu deuten sein, dann würde sich die Einschränkung nur auf die Zeit vor dem Anblick des leeren Grabes beziehen.[137] Doch selbst wenn das Verb einen fortbestehenden Mangel bei Petrus und dem Lieblingsjünger vermerken sollte, wäre es ein Mangel an Schriftverständnis, kein unvollständiger Glaube, wenn die beiden Jünger noch nicht die Schriftgrundlage der Auferstehung Jesu kennten. Zudem würde die Thomasperikope sich nicht auf diesen Mangel beziehen.

Nachdem Charlesworth Thomas als den verborgenen Bürgen des vierten Evangeliums exegetisch plausibel gemacht haben will, vermerkt er Hinweise auf eine Schule des Thomas im Osten des römischen Weltreiches, die sich auf das Joh-Ev beziehe. Diese Schule gehöre nicht in die Wirkungsgeschichte des Joh-Ev, sondern bewahre dessen wahren Ursprung. Der Westen dagegen habe sich der Macht Roms gebeugt und dieses Zeugnis unterdrückt. Der Titel „Evangelium" (384–386) sei erst im späten zweiten Jarhundert (386) über das Werk gekommen. Justin kenne diesen Titel noch nicht (385). Die Zuschreibung an Johannes zeuge von einer Rivalität zwischen Westen und Osten des Reiches (390–413). Irenäus sei der mächtige Fürsprecher der westlichen Ansicht geworden (409), habe er doch in Rom studiert (409). Diese Vermutungen verzeichnen die Wirkungsgeschichte des vierten Evangeliums. Die Titel über den Evangelien sind im wesentlichen ökumenisch einheitlich überliefert und Justin kennt den Ausdruck „Evangelium" bereits als Buchtitel, wie der bei ihm belegte Plural „Evangelien" hinreichend zeigt (apol 1, 66,3; s.u. Kap. V 5). Die besondere Bedeutung des Jüngers Thomas im Osten ab dem dritten Jahrhundert muß nicht bewiesen werden. Aber Charlesworth will die Thomastradition als Vorstufe der Johannestradition erweisen. Das vermag nicht einmal der älteste dafür vorgebrachte Beleg-

---

[137] Diese Deutung setzt z.B. Zahn, Joh (6. Aufl.) 674 voraus; Charlesworth, Disciple 116 A. 334 findet diese Auslegung bei Lüdemann, Auferstehung 188 (engl. Übersetzung 153) und lehnt sie ohne weitere Begründung ab.

text, ein Irenäusfragment aus koptischen Katenen (408–410). Dieses reichlich unbekannte Textstück polemisiert nicht gegen Thomas (so 408), sondern füllt eine Erzähllücke im Joh-Ev. Wie Charlesworth hat der Verfasser des Katenenfragments bemerkt, daß Thomas in Joh 20,25 von der Seitenwunde weiß, ohne daß ausdrücklich berichtet wurde, woher Thomas dies weiß. Die Katene schließt aus Joh 19f., der Lieblingsjünger habe dem bei der Kreuzigung abwesenden Thomas vom Lanzenstich berichtet.

Bei seinen Hypothesen berücksichtigt Charlesworth die johanneischen Briefe kaum. Seiner Hypothese nach müßten sie wohl von Thomas dem Zwilling geschrieben sein. M.E. beansprucht 1Joh 1 eine derartige „apostolische" Zeugenschaft, ohne einen Namen zu nennen. Schwierig dürfte es sein, die Selbstbezeichnung „Presbyteros" in den kleinen Briefen bei einem Mitglied des Zwölferkreises wie Thomas zu erklären. Joh 21 datiert Charlesworth in das letzte Jahrzehnt des ersten Jahrhunderts (398; vgl. 19). Der Verfasser des Nachtrags habe vermutlich die Zebedaiden genannt, um das Joh-Ev mit den Synoptikern zu harmonisieren. Dabei erfahren wir, daß der Verfasser des Nachtrags anders als der Autor von Joh 1–20 die Synoptiker gekannt habe (399).

(16) Zusammenfassung der dargestellten Positionen. Das 21. Kap. des Joh-Ev hat in neuerer Zeit zunehmend mehr Beachtung erhalten. Meist wird es als in sich homogener Nachtrag angesehen (Ausnahme: Thyen). Der theologische Sinn dieses Nachtrags wird selten genug gesucht. Doch unter den Vermutungen zu Joh 21 findet sich immer wieder die These, das Kapitel baue eine Brücke vom Joh-Ev zu den Synoptikern und erlaube die kirchliche Anerkennung des Joh-Ev (Bultmann; Brown; Stenger; Wengst; Charlesworth). Anders als einst Bultmann zeichnet sich immer stärker die Tendenz ab, vom Evangelisten zum Verfasser von Joh 21 keinen theologischen Bruch anzunehmen (Ausnahme: Schmithals). Es ist von daher eher von einer „johanneischen" als einer „kirchlichen Redaktion" zu reden.

2 Johannes 21 und die johanneische Schule

Der überlieferte Text des Joh-Ev endet mit Joh 21. Doch viele Forscher halten gerade dieses Kapitel für einen Nachtrag, der an ein bereits vorhandenes Joh-Ev angehängt wurde. Diese These verbinden viele Forscher mit der Annahme einer johanneischen Schule, die johanneische Überlieferung bewahrte und ergänzte. Auf der Suche nach Selbstreflexionen der Evangelisten sind diese Thesen von einiger Bedeutung. Wenn Joh 21 erst von einem Mitglied der johanneischen Schule an Joh 1–20 angehängt wurde,[138] sind auch zwei Selbstreflexionen zu

---

[138] Im folgenden rede ich von dem „Verfasser von Joh 21", wenn ich den Autor der überlieferten Worte von Joh 21 meine. Die Bezeichnung wurde aus praktischen Gründen gewählt,

unterscheiden: Die Selbstreflexion des Verfassers von Joh 1–20 und die Selbstreflexion des durch Joh 21 abgeschlossenen Werkes. In diesem Teilkapitel untersuche ich zunächst das Verhältnis von Joh 21 zum restlichen Evangelium (2.1)
und bespreche dann die Annahme einer johanneischen Schule (2.2).

2.1 Das problematische Verhältnis von Joh 21 zu Joh 1–20

Das 21. Kapitel des Joh-Ev paßt nicht bruchlos zum Rest des Evangeliums.
Literarkritisch scheint es daher ausgemacht, daß dieses Kapitel sekundär an das
Evangelium angefügt wurde. Doch Literarkritik ohne Redaktionskritik hilft nur
zum Verstehen des erschlossenen, nicht des überlieferten Textes. Die literarkritische Abtrennung des Kapitels ist nur dann erkenntnisfördernd für das überlieferte Evangelium, wenn zu erklären ist, wie die ursprüngliche Einheit in die
sekundäre einfließen konnte: Verstehe ich die Endgestalt nicht, kann die erschlossene vorherige Gestalt nicht historisch verifiziert werden. So bedingen
sich Literarkritik und Redaktionskritik gegenseitig. Um den überlieferten Text
verstehen zu können, ist der literarkritischen Fragestellung eine redaktionskritische Frage beizuordnen: Bündelt Joh 21 Linien aus Joh 1–20, um sie abzu-
schließen, oder ist die Anknüpfung an Joh 1–20 eher gewaltsam und vorher nicht
angelegt und brüchig? Handelt es sich also eher um einen bündelnden *Epilog,* auf
den hin das Evangelium angelegt ist, oder wird Joh 21 eher als *Nachtrag* aus
einer gegenüber Joh 1–20 veränderten Problemlage heraus verständlich? Argumente, die die redaktionelle Verbindung verständlich machen, können jeweils
auch für die literarische Einheitlichkeit angeführt werden und widersprechen
einer literarkritischen Abtrennung. Argumente, die den Bruch zwischen Joh 1–
20 und 21 betonen, stützen den Nachtragscharakter, erschweren aber die Erklärung der überlieferten Endgestalt. Dieses Dilemma verlangt, die Argumente für
Verbindung und Bruch zwischen Joh 1–20 und 21 zu gewichten.

Der weitgehende Konsens der Wissenschaft hält den Bruch gegenüber der
Verbindung für stärker und sieht daher in Joh 21 einen Nachtrag.[139] In jüngerer
Zeit votieren vermehrt Forscher dafür, daß Joh 21 immer schon das Joh-Ev
abgeschlossen habe. Neben den gleich vorzustellenden Argumenten für die Ko-

---

obwohl nicht auszuschließen ist, daß Joh 21 von mehreren Verfassern (vgl. Joh 21,24b) verant-
wortet wurde.

[139] Vgl. o. 1.3–13. Weitere Exegeten, die in Joh 21 einen Nachtrag sehen, nennt etwa
SCHNELLE, Christologie 25 A.94; THYEN, Art. Johannesevangelium: „Nirgends ist der Konsens so groß wie in dem Urteil, … Joh 21 [sei] ein Nachtrag von anderer Hand" (204),
allerdings stellt sich gerade THYEN gegen diesen Konsens, indem er Kap. 21 dem Prolog
ähnlich zum Schlüssel des Ev. machen will (bes. 210 f.). Umfassende Literaturübersichten bei
SCHMITHALS, Johannesevangelium 46–48. 220–223.

härenz von Joh 1–21 haben einzelne Forscher sublime Argumente gesucht, um die Kohärenz von Joh 1–21 nachzuweisen.[140]

So versucht neben anderen Reim, die Einheit von Joh 1–21 zu erweisen.[141] Dazu postuliert er u.a. eine zweite Joh-Version, die ein erschlossenes 4. synoptisches Evangelium in nicht überarbeiteter Form (!) verarbeitet hätte (336 A. 20).[142] Die Treue im Umgang mit seiner Tradition hätte u.a. zu der Stellung von Joh 20,30f. geführt, obwohl der Evangelist sein Evangelium erst mit 21,25 zu beschließen gedachte (336). Für sein konservatives Ergebnis braucht Reim ungleich mehr Hypothesen als die meisten Exegeten, die in Joh 21 einen Nachtrag sehen.

Minear will in Joh 20,30f. den Abschluß nur für das Thema „Sehen" und „Glauben" annehmen, das in Joh 20 entfaltet werde.[143] Petrus und der Lieblingsjünger seien ab 20,10 als Fischer in Galiläa zu denken – sie hätten das leere Grab falsch gedeutet (91). Die Angaben οἱ μαθηταί Joh 20,18.19.20 bzw. οἱ ἄλλοι μ. Joh 20,25 stünden für eine Jüngergruppe ohne Petrus und den Lieblingsjünger. Doch gerade der *ausdrückliche* Hinweis, daß Thomas, einer der Zwölf, bei der ersten Erscheinung nicht anwesend war (Joh 20,24b), impliziert, daß der restliche Kreis komplett war. Mit dieser Prämisse fällt m.E. die Hauptthese des Aufsatzes.

Busse sieht im Auftreten der Hellenen (Joh 12,20ff.) einen vom Evangelisten bewußt geschaffenen Vorverweis auf die Heidenmission, von der Joh 21 berichte.[144] Daß Joh 21,6 mit dem Ziehen an dem Netz auf das Ziehen Joh 12,32 anspielt (2098), wäre nur dann als bewußte Anspielung des Evangelisten sinnvoll, wenn nicht Petrus das Netz einholen würde. Zwar redet Joh 12,26, wie Busse anmerkt, von Dienern Jesu (aaO.), aber Joh 21 verklammert nicht diese beiden Verse. Denn statt Dienern holt ausdrücklich Petrus allein das Netz ein. Wenn man Joh 12 und 21 vergleicht, würde in Joh 21 Petrus die Aufgabe erfüllen, die der Auferstandene gemäß Joh 12 für sich selbst ankündigte.

Die genannten neueren Argumente für die Kohärenz von Joh 1–21 verlangen, mit den Bedenken gegen die Kohärenz aufgewogen zu werden. Im Gegensatz zu den Nachträgen zum Mk-Ev kann für Joh 21 jedoch keine textkritische Argumentation angeboten werden. Die Beweislast für den Nachtragscharakter des

---

[140] KLINGER in FRANZMANN-KLINGER, Stories 15 meint, sublime „Inklusionen" anführen zu können zwischen 1,37–39 und 21,19b–23 und schließt daraus auf einen Autor dieser Inklusionen. Schon die Co-Autorin FRANZMANN meldet in einer eigenen „Conclusion" (aaO. 14f.) Bedenken an und vermutet „The hand of a skillful redactor". Im selben Heft des St. Vladimir's Theological Quarterly sammeln auch ELLIS, Authenticity und BRECK, Appendix z.T. gesuchte Argumente, um Joh 21 demselben Autor wie Joh 1–20 zuordnen zu können. Für Authentizität von Joh 21 auch SEGOVIA, Farewell passim, bes. 167f.; STIMPFLE, Blinde 252 vermutet epilogartige Zweckbestimmung, nachdem er einige Argumente für den Nachtragscharakter gewürdigt hat, vgl. aaO. 253. Einzelne Beobachtungen erklären die Arbeitsweise des Redaktors von Joh 21, vgl. 2.1.1.

[141] REIM, Johannes passim (1976). Seitenzahlen im Text beziehen sich auf diese Ausgabe.

[142] REIM, Johannes 336 A. 20 (= REIM, Jochanan 395 A. 1) faßt Ergebnisse zusammen, die ausführlicher in REIM, Jochanan 238–246 entfaltet sind.

[143] MINEAR, Functions passim (1983). Die Seitenzahlen im folgenden Absatz beiehen sich auf diesen Aufsatz. An M. lehnt sich VORSTER, Growth an (bes. 2210. 2219. 2221), ohne neue Argumente zu nennen.

[144] BUSSE, Hellenen passim (1992). Die Seitenzahlen im folgenden Absatz beziehen sich auf diesen Aufsatz.

Kapitels hat also der Exeget zu tragen, auch wenn er sich, wie hier, auf einen breiten Konsens der Forscher berufen kann. Neben manchen längst bekannten und nur zu referierenden Argumenten ist die positive theologische Bedeutung des Kapitels 21 hervorzuheben.[145]

2.1.1 Argumente für die Kohärenz von Joh 1–21

(1) Das gewichtigste Argument für die Einheitlichkeit von Joh 1–21 ist die Textüberlieferung des Evangeliums. Kein Textzeuge belegt eine Fassung von Joh 1–20 ohne Joh 21.[146]

Auch der von M. Lattke wiederum eingebrachte Hinweis auf eine Stelle bei Tertullian belegt nicht eine Version des Joh-Ev, die mit Joh 20,31 endete.[147] Zwar nennt Tertullian dort Joh 20,31 „clausula" des Joh-Ev.[148] Die Stelle belegt aber nicht für diesen Kirchenvater eine Version des Evangeliums ohne Joh 21. So kann er 1Joh 5,16f. ebenso als clausula des 1Joh bezeichnen, ohne dadurch eine Version des 1Joh ohne 1Joh 5,18–21 zu belegen.[149] Daß auch beim Joh-Ev der Ausdruck clausula nicht gepreßt werden darf, zeigen die Anspielungen auf Joh 21, die sich eindeutig bei Tertullian nachweisen lassen.[150] Sowohl die Metapher des „Gebunden werdens" für den Tod des Petrus (Joh 21,18) wie den unerwarteten Tod des Johannes vor der Wiederkunft des Herrn (Joh 21,23) kennt dieser Kirchenvater.[151]

---

[145] Üblich ist v.a. die negative Darstellung des Kapitels, mit der gegenüber dem Korpus des Evangeliums der Nachtragscharakter herausgestellt wird. S.o. Kap. III 1.

[146] Erst im 20.Jh. findet sich das Joh-Ev in apokopierter Form, vgl. THYEN, Erzählung 2026; DERS., Werk 120f.; DERS., Joh 21, 147, der sich über Hotelbibeln empört, die das Joh-Ev ohne Joh 21 abdrucken.

[147] LATTKE, Buchschluß 288–292. L. verweist auf Tertullian, advPrax. 25,4. LATTKES Ersterkundungsanspruch (aaO. 289) übersieht die entsprechende Argumentation VAGANAYS, Finale 515f. (veröffentlicht 1936), die BROWN, Joh II, 1057 referiert und aaO. zurückweist: „[T]his need means no more than that Tertullian anticipated the modern belief that ch. xxi was added after the Gospel had apparently concluded." Ohne Überprüfung bzw. explizite Zustimmung referiert LATTKES These z.B. BECKER, Joh II 753f. (3. Aufl.).

[148] Tertullian, advPrax 25,4: „Ipsa quoque clausula euangelii propter quid consignat haec scripta, nisi *ut credatis* (inquit) *Iesum Christum Filium Dei?*"

[149] Tertullian, pud 19,27 (Dekkers): „Prospiciebat enim clausulam litterarum suarum, et illi praestruebat hos sensus dicturus in fine manifestius: ,Si quis scit fratrem' …"

[150] LATTKE, Buchschluß 291 möchte diese Anspielungen mit „Lieblingsjünger-/Johannes-bzw. Petrustraditionen" erklären, die u.a. in „demjenigen – vielleicht frei kursierenden – Bruchstück literarische Gestalt angenommen haben, das als 21. Kapitel des Johannesevangeliums in die Geschichte des neutestamentlichen Kanons Eingang gefuden hat." Joh 21 ist Anhang, nicht Bruchstück. Tertullian von dessen vermeintlicher mündlicher Vorstufe abhängig machen zu wollen, erscheint gesucht; vgl. HENGEL, Frage 218 A. 36.

[151] Tertullian, scor. 15,3 (Kellner-E.): „Nero war der erste, der zu Rom den aufkeimenden Glauben mit Blut düngte. Damals wird Petrus wirklich von einem andern gegürtet, indem er an das Kreuz festgebunden wird"; (Reiffenscheid-W.) 15,3: „[O]rientem fidem Romae primus Nero cruentauit. Tunc Petrus ab altero cingitur, cum cruci adstringitur". Tertullian, an. 50,5 (Waszink, dt.): „Auch Johannes starb, von dem man vergebens gehofft hatte, daß er bis zur Ankunft des Herrn am Leben bleiben würde"; (Waszink): „Obiit et Iohannes, quem in aduentum domini remansurum frustra fuerat spes".

(2) Einen Hinweis auf die mit Joh 20,31 endende Urversion des Joh-Ev wollen einige Forscher im 1Joh ausmachen. Die etwas indirekte Argumentation geht davon aus, daß 1Joh 5,13 auf Joh 20,31 anspielt. Die Ähnlichkeit beider Verse ist offensichtlich. Wer in 1Joh 1 eine Adaption von Joh 1 sieht, wird auch hier eine Abhängigkeit von Joh 20,31 anerkennen. Doch zu einem Argument für einen Abschluß des Joh-Ev mit Joh 20,31 wird die Anspielung erst durch eine Zusatzannahme, nach der 1Joh 5,13 ursprünglich den 1Joh abschloß und erst sekundär durch 1Joh 5,14–21 erweitert wurde.[152] So würde der erschlossene 1Joh dem erschlossenen Joh-Ev entsprechen.

Doch diese Argumentationskette steht auf schwachen Beinen. Wäre wenigstens der vermutete Nachtrag 1Joh 5,14–21 mit Joh 21 inhaltlich verwandt, könnte *eine* Redaktion an den johanneischen Schriften vermutet werden. Doch dafür gibt es keine Anzeichen. Die komplizierte Folge von literarischen Abhängigkeiten nimmt diesem Argument seine Plausibilität: Joh 1–20 läge dem ursprünglichen Brief 1Joh 1,1–5,13 zugrunde. Den Brief hätte eine Redaktion erweitert, eine andere Redaktion hätte dann noch das Evangelium um Joh 21 bereichert.

(3) Einige explizite Hinweise in Joh 21 stützen sich auf das Joh-Ev. So zuerst die Zählung „dritte Erscheinung" 21,14. Ferner der Hinweis auf die Fußwaschungsgeschichte in Joh 21,20. Der bestimmte Artikel vor der ersten Nennung der Jünger in 21,1 (τοῖς μαθηταῖς) vor deren namentlicher Aufzählung setzt wohl ebenfalls voraus, daß diese bereits bekannt sind. Tod und Auferstehung setzen die Näherbestimmung Jesu als „auferstanden von den Toten" voraus. Doch diese Rückverweise belegen nicht zwingend die ursprüngliche Kohärenz, sondern zeigen nur, daß Joh 21 nicht unabhängig von Joh 1–20 überliefert werden wollte.

(4) Besondere Beachtung fanden sprachliche Argumente für oder gegen die gleiche Verfasserschaft. Die Detailarbeit kann hier entfallen. Zunächst fanden Ruckstuhl / Dschulnigg in dem Kapitel ähnlich viele johanneische Eigentümlichkeiten wie in den vorangehenden. Gegen deren Methode ist allerdings einzuwenden, daß sie signifikante Abweichungen nicht berücksichtigt. Solche Abweichungen vom sonstigen johanneischen Sprachgebrauch hat M. É. Boismard gesammelt, dessen Beobachtungen gerne zitiert werden,[153] ohne daß freilich

---

[152] Etwa BULTMANN, 1–3Joh, 87; DERS., Redaktion, 382–388; WENGST, 1–3Joh, 27. 124f.; vgl. VOUGA, 1–3Joh, 78: „Der Verfasser [von 1Joh 5fin, T.H.] hat lediglich die Form des Anhangs von Joh 20,30–21,25 übernommen"; vorsichtig KLAUCK, 1Joh 318: „5,14–21 bildet einen Nachtrag oder ein Postskript, möglicherweise von späterer, zweiter Hand"; ähnlich aaO. 23. 195. 318–321. 329. 340. 343. Dagegen: STEGEMANN, Kindlein 290f., der Schlußermahnungen für ein Gattungsmerkmal hält und auf ähnliche Beobachtungen v.a. in Jud 22 hinweist (aaO. 290).

[153] BOISMARD, Chapitre. Lobend etwa BROWN, Joh II 1067 A.*; vgl. HOFRICHTER, Joh 21, 209–212.

dessen These einer lukanischen Verfasserschaft der Nachträge viele Anhänger fand.[154]

Signifikant sind solche Spracheigentümlichkeiten in Joh 21, die nicht durch die dargestellte Sache gefordert sind und gleichzeitig dem Befund des Joh-Ev entgegenlaufen. Etwa das kausative ἀπό in 21,6, wofür in Joh 1–20 διά steht,[155] das partitive ἀπό (21,10), wofür sonst ἐκ steht,[156] ἰσχύειν (21,6) statt δύνασθαι,[157] die Vokabel ἀρνίον (21,15) für ἀμνός.[158] Doch diese sprachlichen Argumente können keine Beweise erbringen. Es könnte bei den genannten Stellen jeweils die unjohanneische Sprachform einer Quelle übernommen worden sein oder einfach eine Sprachvariation bei ein und demselben Autor vorliegen.

2.1.2 Argumente für den Nachtragscharakter von Joh 21

Für den Nachtragscharakter von Joh 21 hat die kritische Exegese fleißig Argumente gesammelt.[159] Die Argumente werden hier in drei Gruppen vorgestellt und bewertet. Zunächst kommen solche Argumente in den Blick, die Joh 21 gegenüber Joh 20 als unpassend erweisen (I). Einige Beobachtungen zeigen, daß Joh 21 dem Evangelium als Ganzen problematisch gegenübersteht (II). Ferner sind noch traditionsgeschichtliche Erwägungen für den sekundären Charakter von Joh 21 zu diskutieren (III).

(I) Brüche zwischen Joh 20 und 21

(1) 20,30f. schließt seinerseits das Evangelium. „Keine geschichtliche Schrift des NT's und wenige Geschichtswerke des Altertums haben einen so deutlichen Abschluß wie das 4. Ev[angelium] an 20,30f.".[160] Dieses Argument kann sicher nicht durch Umstellungen der Schlußformel entkräftet werden. Entsprechende ältere Versuche lehnen heutige Kommentatoren zu Recht einhellig ab.[161] Zu 21,25 s.u. 4.5.

(2) Nach der Beauftragung der Jünger in Joh 20,22f. überrascht, daß die Jünger in 21 als Fischer tätig sind. Von diesem ursprünglichen Beruf wissen wohl die synoptischen Berufungsgeschichten, nicht aber die johanneischen in Joh 1.

(3) Der Ortswechsel von Jerusalem nach Galiläa ist in Joh 21 zwar vorausgesetzt, aber weder berichtet noch motiviert. Wäre Joh 21 an einem Ausgleich von Mt und Lk interessiert,[162] die ja bekanntlich die Erscheinungsgeschichten auf Galiläa und Jerusalem vertei-

---

[154] Etwa THYEN, ThR 39, 67f.; ThR 42, 252 („abwegig"); BROWN, Joh II 1080.

[155] BROWN, Joh II 1071.

[156] BROWN, Joh II 1073.

[157] BROWN, Joh II 1071.

[158] BROWN, Joh II 1105.

[159] Ältere Exegetenvoten zu Joh 21 referiert z.B. STANTON, Joh 17–32.

[160] ZAHN, Einleitung II 492. ZAHN, aaO. 495–502 will freilich den Nachweis führen, daß Joh noch zu Lebzeiten des Johannes in dessen Auftrag von einem Vertrauten geschrieben wurde (vgl. das „Ergebnis" aaO. 502).

[161] Joh 20,30f. wird versetzt hinter 21,23 (M.-J. LAGRANGE); hinter 21,24 (L. VAGANAY); dagegen BULTMANN, Joh 542 A. 3; SCHNACKENBURG, Joh III 444f.

[162] So BULTMANN, Joh 546.

len, hätte Joh 21 den Ortswechsel in irgendeiner Weise erklären müssen. So liegt die
Vermutung nahe, Joh 21 habe den Ort Galiläa mit der Tradition vom Fischwunder übernommen, ohne die widersprüchliche Lokalisierung der Erscheinungsgeschichten aufar-
beiten zu wollen.

(4) Die Zählung in Joh 21,14 setzt zwei Erscheinungen vor den Jüngern voraus. Damit
ist die Erscheinung vor Maria 20,14–17 übergangen, weil sie nicht vor Jüngern stattfand.[163] Mit der Zählung wertet Joh 21,14 die Jüngerzugehörigkeit über die Erscheinung
des Auferstandenen – eine Rangfolge, die schwerlich aus dem Geist von Joh 1–20 verständlich würde. Jürgen Becker sammelt in einem Exkurs die Aussagen zur Rolle der Frau
im Joh-Ev. Er konstatiert, daß der Evangelist in Anknüpfung an den ihm vorliegenden
Passionsbericht die Bedeutung der Frauen im Umkreis Jesu hervorhebe.[164] Die Zählung
des Nachtrags mißachtet diese Hervorhebung.

(II) Spannungen zwischen Joh 21 und Joh 1–20

(1) Die Zebedaiden werden erstmals in 21,2 genannt. Wäre diese späte Nennung inhaltlich bedingt, wäre zu erwarten, daß diese Notiz in irgendeiner Weise aufgenommen
wird. Das passiert aber nicht. Das in den Synoptikern so wichtige Brüderpaar nennt Joh
21,2 ganz nebenbei. Freilich muß dies nicht für den Nachtragscharakter von Joh 21
sprechen, sondern kann auf die dort verwendete Quelle hinweisen.

(2) Erst im Kapitel 21 kommen Probleme der Gemeindeleitung zur Sprache. Es ist
wohl nicht passend, dem Joh-Ev jegliche ekklesiologischen Ansätze abzusprechen.[165]
Doch tritt in Joh 1–20 der Verbund der Christen untereinander stark zurück gegenüber der
betonten Verbindung des einzelnen Christen zum Herrn.[166] Die horizontale Verbindung
der Christen untereinander kommt im Evangelium nur ansatzweise zur Sprache. So scheint
die in Joh 17 angedeutete Gemeinde der Freunde im 1Joh energisch unterstrichen. Doch
diese Ansätze verlangen keine Leitungsperson; diese Ansätze führen nicht organisch zur
Herausbildung kirchlicher Amtsstrukturen.[167] Der Auftrag des Auferstandenen an Petrus
in Joh 21 „Weide meine Lämmer" überträgt so eine Aufgabe, die noch im restlichen
Evangelium unproblematisiert der Herr selbst inne hatte. Gerade weil das Bild von Hirte
und Herde in Joh 21,15–17 an die Bilderwelt von Joh 10 anschließt, fällt der Unterschied
besonders auf.

(3) Die Art und Weise, wie Petrus in Kap. 21 zur Sprache kommt, gibt dem Petrusbild
im Joh-Ev eigene Konturen. Der Bruch zum vorangehenden Kapitel wird erträglich, weil
auch dort die Jünger Jesu eine besondere Beauftragung erhalten haben. Joh 20,22 f.

---

[163] HAENCHEN, Joh 583.
[164] BECKER, Joh II 727–732 (3. Aufl. – der Exkurs findet sich erstmals in dieser Aufl.). Zu
BECKERS Drei-Schichten-Modell aus erschlossenen schriftlichen Vorlagen (u.a. dem Passionsbericht), dem „Evangelisten" und der „Kirchlichen Redaktion" s.o. Kap. III 1.4. AaO. 731:
„Die Abfolge: Erscheinung vor Maria, Erscheinung vor den Jüngern, Erscheinung für Thomas
ist dabei sicher überlegt und besitzt nicht von ungefähr am Anfang und Schluß abermals eine
weibliche und eine männliche Person mit einer Schlüsselrolle". Die Summe aaO. 732: „E [der
Evangelist, T.H.] hat … erkennbar gemacht, wie das gläubige Verhältnis zum Gesandten des
Vaters geschlechtsspezifische Unterscheidungen überholt".
[165] Vgl. das abwägende Urteil von ROLOFF, Kirche 290f. 299–309.
[166] Nach ROLOFF, Kirche 299–302. 307f. Die vom Joh-Ev benützten Bilder unterstützen
diese Hervorhebung der vertikalen Verbindung zwischen einzelnen und dem Herrn: Die Trau-
ben einer Rebe leben von ihrer Wurzel, einen Zusammenhalt untereinander brauchen sie nicht.
[167] Vgl. ROLOFF, Kirche 297.

übergibt den Jüngern den heiligen Geist zur Sündenvergebung oder -belassung. Für eine Sonderrolle des Petrus aber, wie sie Joh 21,15–19 festschreibt, gibt es in Joh 1–20 keine Ansatzpunkte. Eine Sprecherrolle des Petrus kennen wohl die Synoptiker, das Joh-Ev hat sonst Petrus nur sprechen lassen, um ihn hinter dem Lieblingsjünger einzuordnen.[168]

(4) Die Angabe, daß 153 Fische gefangen wurden, Joh 21,11, deutet auf eine dem Evangelium sonst fremde Zahlenspekulation hin, auch wenn der Hintersinn dieser Spekulation wohl für immer unlösbar bleibt.[169]

(5) Eine besondere Möglichkeit, das Kapitel 21 zum Evangelium zu ordnen, schlagen Brown und Hengel vor.[170] Sie deuten Joh 1,1–18 und 21 als Prolog und Epilog der Herausgeber. Doch der Prolog spannt keinen Bogen zu Joh 21, sondern zu Joh 20. Die Thomasgeschichte nimmt auf, was es nach dem Tod des irdischen Jesus heißt, daß der Herr λόγος ist (s.u. 3).

(6) Manche Exegeten vermissen die sonst im Evangelium übliche christologische Auswertung des Wunders. Die Wundererzählung in Joh 21 illustriert offenbar nicht den Herrn, sondern die christliche Mission.[171]

(7) Rudolf Schnackenburg hat auf die signifikant abweichende Erzählweise in Joh 21 hingewiesen: „Diese merkwürdige Verflechtung verschiedener Erzählfäden ist sonst nicht die Art des Evangelisten".[172]

(III) Weitere Argumente für den Nachtragscharakter von Joh 21

(1) Der Nachtragscharakter von Joh 21 zeigt sich auch daran, daß dieses Kapitel eine vorösterliche Erzählung zu einer Geschichte vom Auferstandenen umformt. Diese Umformung ist freilich auch anders gedeutet worden. Bultmann vermutete in seinem Joh-Kommentar, Lk 5,1–11 sei traditionsgeschichtlich jünger als die verwandte Tradition hinter Joh 21. Anders als noch in seiner „Geschichte der synoptischen Tradition" meinte Bultmann im Kommentar, Joh 21 habe den ursprünglichen Rahmen einer Ostergeschichte erhalten.[173] Sein Hauptargument steht dabei auf schwachen Füßen. Er meint, die Rehabi-

---

[168] Joh 6,68 f. spricht Petrus mit Jesus; damit begründet sich aber keine Sprecherrolle des Petrus für die Zwölf wie bei den Synoptikern; solche „Sprecherrollen" verteilt Joh an mehrere Jünger, etwa Thomas (Joh 14,5–7) oder Philippus in 14,8–11.

[169] Die Entschlüsselungen referieren die Kommentare z.St. Im Ergebnis sind sich, soweit ich sehe, alle einig: Die Zahl hat wohl einen Hintersinn, der sich nicht mehr dekodieren läßt. BULTMANN, Joh 549 A. 1; BARRETT, Joh 556 („... die wahrscheinlichste Lösung ist: Sie [die Zahl 153, T.H.] stellt die ganze Fülle jener dar, die von den christlichen Fischern, den Aposteln ... ,gefangen werden' ..."); BROWN, Joh II 1074–1076; SCHNACKENBURG, Joh III 426 („Symbol der Universalität"); BECKER, Joh II 642 (3. Aufl.: 767); HAENCHEN, Joh 587; SMITH, Controversies 148 f. A. 22a; CHARLESWORTH, Disciple 36 A. 31.

[170] BROWN, Joh I, XXXVIII; DERS., Joh II 1079. Vgl. THYEN, ThR 42, 218. Daß B. die „gewollte Korrespondenz zum Johannesprolog sichtbar" mache, wie THYEN aaO. behauptet, kann ich nicht finden. Daß einem Epilog ein Prolog entspreche (BROWN, aaO.), bleibt formal. Ohne inhaltliche Begründung auch HENGEL, Frage 157 („es ist sehr wohl möglich, daß derselbe [der Prolog des Joh-Ev, T. H.] erst bei der Endredaktion dem Evangelium vorangestellt wurde"); vgl. aaO. 252; vgl. FREY bei HENGEL, Frage 408 A. 467.

[171] SCHNACKENBURG, Joh III 407; BEASLEY-MURRAY, Joh 396.

[172] SCHNACKENBURG, Joh III 407.

[173] BULTMANN, Geschichte 232: „Die Variante Joh. 21,1–14 scheint mir eine spätere Fassung zu sein, die auf Lk irgendwie zurückgehen wird", vgl. aaO. 246; DERS., Joh 545 f.; vgl. BROWN, Joh II 1091.

litierung des Petrus sei erst nach dessen Verleugnung sinnvoll. Doch der Ausruf Petri in Lk 5,8 setzt nicht dessen Verleugnung voraus. Nicht eine Tat, sondern sein Mensch-Sein ängstigt ihn angesichts der Begegnung mit dem Heiligen. Die Angst, die Petrus befällt, als er Jesu göttliche Macht erkennt, erklärt sich hinreichend aus dem biblischen Topos, daß es für einen Menschen gefährlich bzw. tödlich ist, Gott zu sehen (Gen 32,31; Ex 33,20; Ri 6,22f.; 13,22; Jes 6,5).

Die Geschichte vom wunderbaren Fischfang erzählt Lukas im ursprünglichen Kontext der Berufung der Jünger während Jesu irdischer Zeit. V.a. Rudolf Pesch versuchte dies nachzuweisen. Im Ergebnis ist ihm zuzustimmen, auch wenn man seiner Erklärung von Joh 21 im einzelnen nicht folgen kann. Pesch unterscheidet zwei unabhängige Traditionen in Joh 21,1–14: das eigentliche Fischwunder und eine nachösterliche Erscheinungsgeschichte. Erst als die beiden Traditionen verknüpft wurden, wurde die Fischwundergeschichte zu einer Erscheinungsgeschichte umgeformt. Bei der Verknüpfung gab die Ostergeschichte auch den Rahmen für die ursprünglich vorösterliche Fischwundergeschichte ab (vgl. u. 4.1.1).

(2) Die Möglichkeit Joh 21 an Joh 1–20 anzufügen, setzt einen noch nicht durchgängig sakrosankten Text voraus. Die Perikope von der Ehebrecherin (Joh 7,53–8,11) gelangt nachträglich in den Text des Joh-Ev. Doch gerade sie erweist eher die Tenazität[174] der Textüberlieferung als die Offenheit für Erweiterungen. Obwohl sie schon gegen Anfang des 2. Jahrhunderts dem Papias bekannt war (s.u. Kap. IV 4.5), gelangte sie nicht unwidersprochen in den Text des vierten Evangeliums. Noch erhaltene Textzeugen belegen, wie die Perikope in der Vierevangeliensammlung herumgereicht wurde,[175] ehe sie ihre Ruhestätte als Anhang zu Joh 7 fand.

Joh 21 muß früher als die Perikope von der Ehebrecherin fest mit dem Joh-Ev verbunden gewesen sein. Andernfalls wären wie bei jener noch Spuren in der Textüberlieferung zu erwarten. Allerdings war der Zusammenhang von Joh 1–20 schon so gefestigt, als Joh 21 angefügt wurde, daß naheliegende Eingriffe in Joh 20 nicht mehr vorgenommen wurden. Etwa der ursprüngliche Schluß wurde nicht weggebrochen oder nach hinten versetzt. Stimmt man der Hypothese zu, daß Joh 21 einen Anhang zum Joh-Ev darstellt, dürfte es zugleich die letzte Veränderung des Textes gewesen sein, die keine Spuren in der Textüberlieferung mehr hinterließ.

Insgesamt erscheint es wohlbegründet, Joh 21 als Nachtrag zu Joh 1–20 anzusehen. Der Nachtrag knüpft an Joh 1–20 an, setzt aber andere theologische Spitzen.

---

[174] Ich übernehme den Begriff „Tenazität" von B. und K. ALAND, den DIES., Text 79 bestimmen als „die Hartnäckigkeit, mit der sie [die neutestamentliche Überlieferung, T. H.] einmal vorhandene Lesarten und Textformen festhält". Kurz nach diesem Zitat wird die Perikope von der Ehebrecherin als Beispiel genannt.

[175] S. Apparat zu Joh 7,52. Die Perikope findet sich nach Joh 7,36 in der Minuskel 225 (12. Jh.); nach Joh 7,52 in der vorwiegend westlichen Überlieferung (Majuskel D 05, der Vulgata und einigen Altlateinern, dem Mehrheitstext u.a.); nach Joh 21,25 in der Minuskelfamilie f1, nach Lk 21,38 in der Ferrar-Gruppe (Minuskelfamilie f13), am Schluß des Lk-Ev in einer Korrektur der Minuskel 1333, deren ursprünglicher Text (11. Jh.) die Perikope überging. Zu ähnlichen Perikopen in der armenischen Überlieferung, positioniert im längeren Mk-Zusatzschluß, s. U. BECKER, Jesus 8–43: Ergebnis: „Die Ehebrecherinperikope ist erst in 3. Jh. aus außerkanonischer Überlieferung in das Tetraevangelium aufgenommen worden" (aaO. 39); ALAND, Glosse 39–46. A. möchte zeigen, „daß die Perikope bereits im 2. Jahrhundert ihren Weg in die später kanonischen Evangelien begann" (aaO. 40).

2.1.3 Die relative Abgeschlossenheit von Joh 21

Joh 21 läßt sich in mehrere relativ geschlossene Einheiten untergliedern: Joh 21,1–14/ 15–19/ 20–23/ 24/ 25. Trotzdem dürfte Joh 21 eine literarische Einheit darstellen.[176] Ältere Versuche betonen Zäsuren im Kapitel, nicht zuletzt, um die Teile vor den angenommenen Zäsuren als literarisch einheitlich dem restlichen Evangelium belassen zu können.

Manche Exegeten beschränken ihre Anhangsthesen auf Joh 21,19–25, andere Exegeten versuchen, nur die beiden letzten Verse als Nachtrag zu deuten. Die Verse 19 und 23 lassen sich hypothetisch als Neuansätze verstehen. Diese angenommenen Anhänge scheitern an den ungleich gewichtigeren Brüchen zwischen Joh 20 und 21. Diskussionswürdig an diesen Thesen ist allerdings, ob sie verlangen, eine weitere literarische Schicht anzunehmen. Freilich kompliziert jede weitere angenommene Schicht die Hypothesen und bedarf gewichtiger Gründe.[177]

Thorwald Lorenzen schlug vor, zwischen Joh 21,17 und 18 eine entscheidende Zäsur zu erkennen. Erst in Joh 21,18–25 sei eine nachjohanneische Redaktion am Werke.[178] Doch seine Argumente, Joh 21,18–25 vom restlichen Evangelium abzuheben, greifen v.a. gegenüber Joh 1–20. Daß Joh 21,20 den Lieblingsjünger neu vorstellt, während Joh 21,7 diesen einfach nennen kann, verlangt nicht, verschiedene Verfasser beider Stellen zu vermuten. Die Neuvorstellung erklärt sich aus dem Interesse an der Biographie der ersten Zeugen (s.u. 4.3). Gegen eine Abtrennung von Joh 21,18–25 sprechen die inneren Verbindungen des Kapitels. Schon der Hinweis auf das Gürten des Petrus in Joh 21,7 dürfte im Blick auf 21,18 in die Fischwundererzählung eingebracht worden sein. Ferner würde dem Restkapitel ohne 21,18 ff. ein Abschluß fehlen. Einen solchen hätte der Anhang verdrängt. Wie unwahrscheinlich solch eine Verdrängungshypothese ist, zeigt Joh 20,30 f., die belassenen Abschlußverse.

Mit noch weniger sekundärem Gut als Lorenzen versucht Wilkens auszukommen. Nach ihm sind nur die Verse Joh 21,24 f. von einer Redaktion, „die für das Werk des Evangelisten eintritt und diesen zugleich mit dem Lieblingsjünger identifiziert".[179] Doch diese Konstruktion scheitert an dem fragmentarischen Charakter, den Joh 21 ohne die Verse 24 f. hinterlassen würde. Erst V 24 macht die rätselhafte konditionale Antwort Jesu an Petrus sinnvoll, indem er das „Bleiben" des Lieblingsjüngers als „Bleiben" seines Werkes interpretiert (s.u. 4.2.1). So gibt erst das präsentische Partizip μαρτυρῶν den vorangehenden Versen eine Pointe.[180]

---

[176] Die kompositorische Einheit von Joh 21 unterstreicht auch Wiarda, John 55–71, bes. 55–57.

[177] Hofrichter, Joh 21, 217–226 will drei z.T. sich widersprechende Schichten in Joh 21 unterscheiden, deren Reste er durch vokabelstatistische Argumente aus Joh 21 herausfiltern will. M.E. können die durch ihn vermuteten Torsi so nicht hinreichend plausibel gemacht werden.

[178] Lorenzen, Lieblingsjünger 70. L. referiert Ergebnisse seiner ungedruckten Diss., vgl. aaO. 9. 61. 70.

[179] Wilkens, Entstehungsgeschichte 159; vgl. aaO. 172. Vgl. Thyen, ThR 42, 215.

[180] So zu Recht Thyen, ThR 42, 229. 237.

Joh 21,25 ist nicht als textkritisch sekundär zu erweisen, wie es noch Tischendorf mit „seinem" Sinaiticus versuchte. Zwar fehlt der Vers in der ursprünglichen Version, wurde aber noch von der selben Hand nachgetragen.[181]

2.2 Die Annahme einer johanneischen Schule

Joh 21 ergänzt Joh 1–20 bei allen konstatierbaren Unterschieden doch in einem im wesentlichen ähnlichen Duktus. Um die Nähe der verschiedenen Verfasser zu erklären, hat sich in der neueren Exegese durchgesetzt, eine johanneische Schule anzunehmen.[182] Der Ausdruck johanneische Schule scheint geeignet, um die in Joh 1–21 und 1–3Joh feststellbare Eigenart, den besonderen *modus loquendi* dieser Schriften, zu erklären.

Beim Joh-Ev hat die Annahme einer „Schule", eines „Kreises" um den Evangelisten Johannes wohl die längste Tradition. Schon die altkirchlichen Zeugnisse berichten von Schülern oder Mitarbeitern, die Johannes umgeben. Der Greis hatte einen Kreis um sich geschart.

Für die Verbreitung dieser These in neueren exegetischen Werken dürfte Culpeppers Studie „The Johannine School" wegweisend gewesen sein.[183] Culpepper nennt drei Wege, die zur These einer johanneischen Schule geführt haben: (1) die Hinweise der Kirchenväter, (2) die sprachlichen Übereinstimmungen und (3) durchgängige Einzelthemen.[184] Sein eigener „vierter" Weg zur Bestimmung der johanneischen Schule kommt methodisch dem formgeschichtlichen Ansatz gegenüber Texten nahe. So bestimmt er zunächst die „Gattung" an Hand von ähnlichen Phänomenen in der Antike: Er sammelt Berichte über Schulverbände in der Antike und erhält so zeitgenössisches Material, um die These einer johanneischen Schule zu illustrieren. Dem „Sitz im Leben" entspricht das Zusammenleben innerhalb solcher Schulen. Durch die Vergleichstexte sensibilisiert, kann Culpepper dann zeigen, daß das Joh-Ev und die Briefe sich aus einem analogen Schulverband heraus am besten verstehen lassen.

---

[181] SCHNACKENBURG, Joh III 445 mit A. 95; HENGEL, Frage 272 A. 195; TROBISCH, Endredaktion 149–154.

[182] Die Rede von einer johanneischen Schule war seit dem 19. Jh. verbreitet – CULPEPPER sammelt die Belege (s. nächste Anm.). Nach seiner Studie und meist mit ausdrücklichem Bezug auf ihn reden von einer johanneischen Schule z.B.: BECKER, Joh I 40–43 (3. Aufl.: 47–50); STRECKER, Anfänge passim; DERS., 1–3Joh 19–28; BERGER, Exegese 226–234; SCHNELLE, Christologie 53–59; DERS., Schule passim; KLAUCK, 1Joh 45f.; ROLOFF, Kirche 292f. HENGEL, Frage betont, daß für die Joh-Schriften eine Einzelpersönlichkeit wohl federführend war, die Schule also keine institutionalisierte Nachfolge voraussetzte (s. Sachregister s.v. johanneische Schule). Mit dieser Einschränkung redet auch er von einer „Schule" des „Alten". Kritisch gegen den Schulbegriff in neuerer Zeit v.a. SCHMITHALS, vgl. o. 1.13.

[183] In einer dichten Einleitung zur Forschungsgeschichte belegt CULPEPPER, School 1–38 die vielfältigen Thesen zur johanneischen Schule. Den Begriff „Schule des Johannes" findet C. erstmals im Vorwort zu E. RENANS Leben Jesu (1863) belegt (aaO. XVII.4). Nach OVERBECK, Joh 78: „kommt Rothe, Die Anfänge der christlichen Kirche, Wittenberg 1837 I, 352f. auch auf die ‚Schule des Johannes' zu reden". Wichtige Beiträge zur „johanneischen Schule" lieferten u.v.a. J.B. LIGHTFOOT (CULPEPPER aaO. 4f.) und BOUSSET (aaO. 9. 12; vgl. 204f.).

[184] So CULPEPPER, School 37; in anderer Reihenfoge aaO. XVII.

Wieweit geht die Abgrenzung der Johannes-Schule? Ist es angemessen, im soziologischen Sinne von einer „Sekte" zu reden?[185] Schon die Frage verlangt, genauer Rechenschaft zu geben, welche Form von „Schule" für den johanneischen Kreis angemessen sein soll.

Freilich bedürfen die am Wort „Schule" angeknüpften Konnotationen je einer eigenen Prüfung, wieweit sie auf die Tradenten der johanneischen Überlieferung anzuwenden sind. Neben den Beobachtungen nach Culpeppers „viertem Weg" sind dazu auch Ergebnisse der ersten drei „Wege" zur Bestimmung der johanneischen Schule von Bedeutung. Die wichtigsten Konstituenda einer „Schule" in der Antike sind nach Culpepper[186]:
– Bedeutung von Freundschaft und Gemeinschaft
– Bedeutender Gründer
– Beachtung der Lehren des Gründers
– Mitglieder der Schule sind Schüler des Gründers
– Lehren und Lernen sind Gemeinschaftsaktivitäten
– Gemeinsame Mahlzeit im Gedenken an den Gründer
– Regeln und typische Handlungen prägen das Leben der Mitglieder
– Distanz gegenüber der sonstigen Gesellschaft
– Organisationsstrukturen, um den Fortbestand zu sichern
Mit diesem Katalog läßt sich ein Gruppenleben als „schulisch" bezeichnen. Bei der Anwendung des Katalogs auf die johanneische Schule sind m.E. allerdings einzelne Punkte nur verändert brauchbar.[187]

Die „johanneische Schule" läßt sich aus den drei Briefen und dem Joh-Ev erschließen.[188] Diese Quellen berichten nicht direkt vom Zusammenleben der hinter diesen Schriften stehenden Gemeinde. Entsprechend der Quellenlage kann daher weniger das tägliche Leben der johanneischen Gruppe erschlossen werden. Dieses Zusammenleben erhält in den genannten Schriften sein Fundament und seinen Anlaß. Statt der täglichen Lebensvollzüge kommen – durch die johanneischen Schriften bedingt – andere Merkmale dieser Gruppe in den Blick: (1) Das Schulhaupt; (2) Besondere theologische Topoi; (3) Der johanneische Soziolekt; (4) Quellensammlungen der johanneischen Schule; (5) Explizite Zeugnisse von einem Personenkreis um den Evangelisten. Im folgenden sammle

---

[185] Vgl. BECKER, Joh I 45–47, der wagt, „das joh Christentum in seinem gesamten Außenverhältnis mit der Kennzeichnung als Sekte" zu belegen (aaO. 47). ROLOFF, Kirche 308: „Ein sektenhafter Zug ist unverkennbar"; vgl. aaO. 292. KÄSEMANN vermutet beim Joh-Ev eine so konventikelhafte Gruppe (z.B. DERS., Wille 73. 130 [2. Aufl.]) am Werke, daß er dessen Kanonisierung als Irrtum unter der „providentia dei" deuten will (aaO. 74). Kritisch gegen das Wort „Sekte" wendet sich z.B. KLAUCK, Johannesbriefe 173 f., der mehr das negativ besetzte Wort „Sekte", als die mit dem soziologischen Begriff „Sekte" für die johanneische Gemeinde erarbeiteten Tendenzen ablehnt; allgemeine Ablehnung des Begriffs bei HENGEL, Frage 97 A. 3.

[186] CULPEPPER, School 258 f.; referiert z.B. bei STRECKER, 1–3Joh, 20; RUCKSTUHL, Antithese 226.

[187] CULPEPPER, School 287–289 findet alle Charakteristika einer antiken Schule bei Johannes wieder. Zwischen einer johanneischen Schule und einer johanneischen Gemeinde kann man unterscheiden, ohne daß C.s Beobachtungen unbrauchbar würden.

[188] Zur Sonderstellung der Apk s.u. 5.3.

ich die Argumente, die für die Annahme einer johanneischen Schule sprechen, und versuche, die besonderen Konturen dieser Schule hervorzuheben.

(1) Das Schulhaupt. Der „Jünger, den Jesus liebte", in der deutschsprachigen Forschung meist „Lieblingsjünger" genannt,[189] stellt ein Spezifikum des vierten Evangeliums dar. Seine herausragende Rolle für die johanneische Überlieferung und Schule steht außer Frage. Daß diesem Jünger eine historische Person entsprach, sollte nicht mehr bestritten werden.[190] Bultmanns Versuch, den Lieblingsjünger in Joh 1–20 als symbolische Figur zu deuten, die erst in Joh 21 historisiert wurde, scheitert daran, daß er den Wechsel von einer symbolischen zu einer historischen Person nicht motivieren kann.[191] Diese Person führt Joh 21 als Autor des Joh-Ev vor. Jürgen Roloff hat die Funktion des Lieblingsjüngers mit dem Lehrer der Gerechtigkeit der Qumrantexte verglichen.[192] Beide gelten als selbstverständliche Autorität der Gemeinschaften, die sich ihrer erinnern.

Soweit läßt sich der Konsens der Exegeten noch herstellen. Jeder weitergehende Versuch, diesen Lieblingsjünger mit einer sonst bekannten Person zu identifizieren, galt als geradezu anstößig.[193] Diese Frage, *die* johanneische Frage, wurde fast einmütig für unlösbar erklärt.[194] In neuerer Zeit haben sich v.a. Hengel und Charlesworth dieser Frage gewidmet.[195]

Die Bezeichnung des Jüngers als dessen, den Jesus liebte, dürfte sich kaum dieser selbst gegeben haben.[196] Daran scheitert der Versuch, dem Lieblingsjünger die direkte Verfasserschaft des vierten Evangeliums zuzuschreiben. Derjenige, der schreibt, will zwar das Zeugnis dieses Lieblingsjüngers wiedergeben, ist aber selbst von dieser Person unterschieden.

---

[189] Anders etwa RUCKSTUHL, der vom „Vorzugsjünger" spricht, etwa: DERS, Aussage 328; Jünger 356.

[190] Besonders LORENZEN, Lieblingsjünger 76–82 sammelte dafür überzeugende Argumente schon aus Joh 1–20. Diese sind u.a.: Der Lieblingsjünger wird anderen historischen Personen gegenübergestellt (77 f.); der Versuch, ihn mit überlieferten Traditionen zu verbinden, verlangt wohl eine historische Persönlichkeit (79); CHARLESWORTH, Disciple 11–14. 20. Eine ungeschichtliche Symbolgestalt vermuteten hinter dem Lieblingsjünger u.a. LIETZMANN, Geschichte 1, 248; KÄSEMANN, Ketzer 180; KRAGERUD, Lieblingsjünger z.B. 113. 149, vgl. LORENZEN aaO. 74–76; KÜGLER, Jünger 483f. (vgl. THEOBALD, Rez. Kügler 140); BONSACK, Presbyteros 60–62; WELCK, Zeichen 318–320. 340f.; THYEN, Joh 21, 162f.

[191] Zu BULTMANNS These, z.B. in Joh 369. 543 (vgl. o. 1.3), kritisch: KÜMMEL, Einleitung 203; KRAGERUD, Lieblingsjünger 49f.; SMITH, Composition 220–223; LORENZEN, Lieblingsjünger 74f. A. 3.

[192] ROLOFF, Lieblingsjünger passim.

[193] Die z.T. vagen Vermutungen erklären die heute übliche Zurückhaltung. Identifikationsversuche referieren etwa BROWN, Joh I, XCV–XCVIII; KRAGERUD, Lieblingsjünger 42–46; LORENZEN, Lieblingsjünger 76f. A. 9; THYEN, ThR 42, 228; KÜMMEL, Einleitung 203f.; umfassend: CHARLESWORTH, Disciple 127–224.

[194] KÜMMEL, Einleitung 204; BECKER, Joh I 48–50. (3. Aufl.: 62–64).

[195] Zu HENGEL s.o. 1.10; zu CHARLESWORTH s.o. 1.15.

[196] So z.B. CULPEPPER, John 66; CHARLESWORTH, Disciple 27. 30. 33.

Die Benennung deutet vielmehr auf einen Schülerkreis um ihn, der mit dem Namen die Einzigartigkeit des Ahnherrn und die besondere Nähe zum irdischen Jesus ausdrückt. Das Evangelium in seiner vorfindlichen Form nennt diesen Jünger ab dem 13. Kapitel wiederholt. Da der Nachtrag Kap. 21 besonderen Wert auf diesen Zeugen zu legen scheint, nimmt z.B. Becker an, daß alle Stellen, bei denen vom „Jünger, den Jesus liebte" die Rede ist, von späterer Hand, der „Kirchlichen Redaktion", herstammen.[197] Für die nachträgliche Einfügung spreche auch die geringe Verknüpfung der Lieblingsjüngernennungen im Kontext des Joh-Ev. Dieses Argument läßt sich m.E. für Joh 13,23–26 nicht erhärten.[198]

Becker deutet Joh 13,23–25 als Interpretation der „Kirchlichen Redaktion", die durch die Erweiterung den alten Zusammenhang zwischen 13,22 und 13,26 aufbreche.[199] Doch Joh 13,26 schließt nicht an 13,22 an. Jesus antwortet in V 26; auf die Frage in V 25 fin versteht sich dies, nicht aber auf die unausgesprochene Ratlosigkeit der Jünger in V 22. Auch wenn der redaktionelle Anteil erweitert wird, bleiben Probleme, die nur durch weitere Eingriffe in den überlieferten Text gestützt werden könnten. Weder der vermeintlich „saubere" Anschluß des V 26b an V 22,[200] noch des V 27b an V 22 können die Annahme redaktioneller Einfügung des Lieblingsjüngers an dieser Stelle stützen.[201] Den Lieblingsjünger verwebt wenigstens Joh 13 so in das Gefüge des Evangeliums, daß seine Nennung nicht leicht als sekundäre Zufügung vom ursprünglichen Evangelium geschieden werden kann.

In der kirchlichen Tradition über den Verfasser des vierten Evangeliums wird seit Irenäus der Zebedaide Johannes genannt. Diese Identifikation ist von der kritischen Forschung freilich zu Recht in Frage gestellt worden. Sie dürfte heute nur noch sinnvoll sein, wenn man fragt, ob sich der Verfasser des überlieferten Textes auf die Autorität des Zebedaiden berief (s.u. Kap. IV 3).

---

[197] BECKER, Joh II 518 (3. Aufl.); vgl. den Exkurs aaO. 516–523. Die redaktionelle Zusammengehörigkeit der Lieblingsjüngerstellen vermuten u.a. KRAGERUD, Lieblingsjünger 40; HOFFMANN zu SCHNACKENBURG, Jünger (bibl. Angaben dort) 133; ROLOFF, Lieblingsjünger 133; CULPEPPER, John 66. 72; zur „Lieblingsjüngerredaktion" bei SCHMITHALS s.o. 1.13.
[198] So zu Recht SCHNACKENBURG, Joh III 456.
[199] BECKER, Joh II 513 (3. Aufl.): Es ergäben sich „bei Herausnahme von V 23–25 und V 28f. zwischen V 22 und V 26 und zwischen V 27 und V 29 [gemeint ist wohl V 30, T.H.] auffällig glatte Übergänge".
[200] So ROLOFF, Lieblingsjünger 133 A. 1 (redaktionell; vielleicht parallel zum Nachtrag Joh 21; V 27f. biegen die Erzählung ab und seien sekundär; sekundär offenbar auch gegenüber der „letzte[n] Redaktionstufe" [aaO. 134], da V 28 den Lieblingsjünger nicht von den Kenntnislosen ausnehme, wie es nach der Zeichenhandlung V 26b mit V 27 zu erwarten wäre); LORENZEN, Lieblingsjünger 14: „… bietet V. 26b einen literarisch sauberen Anschluß auf [sic] V. 22" (aaO.). LORENZEN sieht in 23–26a redaktionelle Arbeit des *Evangelisten* Joh (vokabelstatistische Begründung aaO. 15 f. A. 21).
[201] HAENCHEN, Joh 463, vermutet, daß „eine der erstaunlichsten Szenen des vierten Evangeliums durch eine töricht arbeitende Redaktion verdorben worden" sei. Er vermutet Redaktion in 13,23–27a. Für einen glatten Anschluß in V 27b schlägt HAENCHEN vor, statt dem Personalpron. 3. Pers. zu lesen „Judas, dem Sohn Simons des Iskarioten" (aaO.).

(2) Besondere theologische Topoi. Der besonderen Sprache des Joh-Ev entsprechen besondere Inhalte. Die johanneische Theologie dürfte so prägend für die christliche Überlieferung gewesen sein, daß es schwerfällt, besondere theologische Topoi gegenüber anderen biblischen Zeugnissen in ihr zu gewärtigen. Es kann hier nicht darum gehen, das christologische Konzept etwa eines Paulus mit dem johanneischen zu vergleichen. Kaum zweifelbar wäre freilich unter dem für Johannes anachronistischen Lemma „Christologie" die Mitte seiner Theologie zu suchen. Doch mit dem Zentrum „Christologie" kann eine theologische Konzeption im Neuen Testament kaum auffallen.

Im Chor der biblischen theologischen Konzepte fallen bei Joh ungleich unbedeutendere Topoi auf, die freilich auf eine Gemeinschaft hindeuten, in denen diese Topoi überliefert wurden. Außer den gemeinchristlichen und grundlegenden theologischen Topoi etwa von Tod und Auferstehung Jesu Christi finden sich folgende Topoi nur – oder fast nur – in den johanneischen Schriften:

– der christologische Titel „Logos" (vgl. aber Apk 19,13[202])
– der „Jünger, den Jesus liebte"
– Tod Jesu am Freitag, während die Passalämmer geschlachtet werden (vgl. aber 1Kor 5,7)
– die Zeugniskette: Gott, dessen Exeget der Herr, dessen Exeget der Lieblingsjünger ist.
– die Parakletvorstellung (s.u. 4.2.2)
– das Chrisma[203]

Statt die Liste inhaltlicher Spezifika der johanneischen Schriften zu verlängern, gilt es, der unsachgemäßen Aufteilung in sprachliche und inhaltliche Spezifika zu wehren. Dem besonderen Inhalt entspricht i.a. auch eine besondere Sprache et vice versa.

(3) Der johanneische Soziolekt. Der besondere modus loquendi der johanneischen Schriften wurde bereits als eine der wichtigsten Stützen für die These einer johanneischen Schule genannt. Typische Wendungen und Vokabeln in spezifischer Bedeutung fallen jedem Leser johanneischer Schriften sofort auf. Udo Schnelle hat einen recht ausführlichen Katalog solcher johanneischer Eigentümlichkeiten gesammelt.[204] Dieser Katalog bedarf hier keiner Wiederholung.

---

[202] FREY bei HENGEL, Frage 403–409 macht plausibel, daß Apk 19,13b die spätalttestamentliche Rede vom personifizierten Logos (Sap 18,15 f.) in traditionsgeschichtlich gegenüber Joh 1 und 1Joh 1 älterer Form aufnimmt.

[203] Die Vokabel χρῖσμα (1Joh 2,20.27) steht wohl für einen spezifisch johanneischen Ritus, dessen Verständnis im einzelnen Schwierigkeiten macht. Den biblischen Kontext und die Wirkungsgeschichte bei Kirchenvätern und Gnostikern referiert KLAUCK, 1Joh 156–160; vgl. auch WENGST, 1–3Joh 109 f.: „Das ,Salböl' dürfte demnach den Geist in seiner belehrenden Funktion bezeichnen" (aaO. 110). BULTMANN, 1–3Joh 42 f.; STRECKER, 1–3Joh 125–128.

[204] SCHNELLE, Christologie 53 f.

Dagegen sind an dieser Stelle die Beobachtungen von Ruckstuhl und Dschulnigg zu prüfen.[205] Sie stellen die Diskussion über Stilmerkmale nicht nur auf einen methodisch gesicherten Boden. Auch für Joh 21 kommen sie dabei zu dem Ergebnis, daß derselbe Verfasser in diesem Kapitel, wie im übrigen Evangelium sich durch seine sprachlichen Eigenheiten erweisen läßt.[206] Bedeutsam ist bei dieser Stiluntersuchung, daß die Stilmerkmale auf einen „Idiolekt", nicht auf einen „Soziolekt" zielen: Sie sammeln sachlich unbedeutende Eigenheiten, die i. a. ein imitierender Schüler nicht mitübernehme, selbst wenn er bestimmte Spracheigentümlichkeiten zu adaptieren versuche.

Doch die ausgewählten Stilmerkmale können für Joh 21 schwerlich nachweisen, daß hier derselbe Idiolekt wie im restlichen Evangelium vorliegt, also vom selben Verfasser auszugehen ist. So überzeugend das Verfahren im großen ist, inhaltlich unbedeutende Stilmerkmale zu katalogisieren, um einen Idiolekt nachzuweisen, so sehr bedarf dieses Verfahren der Gegenprobe, um in einzelnen Abschnitten Imitation auszuschließen. Übernimmt man die Argumentationsmethode Ruckstuhls und Dschulniggs, sprechen gerade die sachlich unbedeutenden, aber im Evangelium einmaligen Abweichungen (s.o.) bei der Partikelverwendung gegen die Annahme ein und desselben Autors für Joh 1–20 und Joh 21.

Nun könnten diese kleinen Abweichungen lediglich aus Traditionsstücken mitgeschleppt worden sein. Doch eine derartige Treue gegenüber den Spracheigentümlichkeiten einer Quelle würde beim Verfasser des Evangeliums auffallen. Denn für Joh 1–20 konnten die beiden Autoren aufweisen, daß die Stileigentümlichkeiten so homogen verteilt sind, daß eine Quelle des Joh-Ev stilistisch nicht nachweisbar ist. Etwa die seit Bultmann gerne postulierte Semeiaquelle hat keine signifikanten Spuren bezüglich der getesteten Spracheigentümlichkeiten hinterlassen. Der Verfasser verstand es, seinem Material seine Sprache aufzuprägen. So sprechen die kleinen stilistischen Abweichungen in Joh 21 gegenüber dem Sprachgebrauch in Joh 1–20 eher für verschiedene Verfasser. Die zahlreichen Ähnlichkeiten im Stil dagegen verweisen auf eine gewisse Sprachgemeinschaft der zu unterscheidenden Verfasser.

Die Annahme, daß der Verfasser von Joh 21 mit dem Verfasser von Joh 1–20 derselben „johanneischen Schule" angehörte, erlaubt, den ambivalenten sprachlichen Befund zu erklären. Individuelle Spracheigentümlichkeiten zeugen von einzelnen, unterschiedlichen Autoren. Die zahlreichen Sprachähnlichkeiten erklären sich aus der gemeinsamen Zugehörigkeit zur sprachbildenden johanneischen Schule.

(4) Quellensammlungen der johanneischen Schule. Joh 21 erwies sich als Nachtrag, setzt also die Überlieferung des vorangehenden Evangeliums voraus. Obwohl Joh 21 das ältere Werk Joh 1–20 durch einen Nachtrag verändert, läßt der Verfasser von Joh 21 das ursprüngliche Ende des Evangeliums, Joh 20,30f., unangetastet stehen. So zeigt der Verfasser von Joh 21, daß er Joh 1–20 eine gewisse Autorität zumißt. Die Briefe, insbesondere die kleinen Joh-Briefe stützen

---

[205] Einschlägig ist jetzt die von RUCKSTUHL über seine früheren Ansätze hinausgehende Arbeit, die er zusammen mit seinem Schüler DSCHULNIGG publizierte, s. DIES.: Stilkritik und Verfasserfrage im Johannesevangelium (...), NTOA 17, 1991. Zu diesem Ansatz lobend HENGEL, Frage 240–242.
[206] So die „Stilmerkmale Gruppe A" in Joh 21,2f.5–13.15.17.22f. nach DENS., Stilkritik 202f.

allein durch die Tatsache, daß sie erhalten geblieben sind, die Annahme, daß sie ähnlich hochgeschätzt wurden. Ohne die Autorität des Briefschreibers wäre ein so knappes Privatschreiben wie der 3Joh schwerlich erhalten geblieben.[207]

Alle weiteren Thesen über die johanneischen Schulbücher verbieten sich, weil Quellen dafür fehlen. Für eine Sammlung Joh-Ev mit den drei Briefen gibt es keine Testimonien. Die ältesten Zeugnisse über die Joh-Briefe deuten eher darauf hin, daß die Briefe nicht unbestritten zusammengehörig benützt wurden (vgl. u. 5.3).

(5) Explizite Zeugnisse von einem Kreis um den Evangelisten. Die Annahme einer johanneischen Schule braucht sich nicht als moderne Konstruktion diffamieren zu lassen. Neben den vielverhandelten „Wir"-Stellen[208] (bes. Joh 1,14; 21,24; 1Joh 1,1) gibt es altkirchliche Belege für einen Kreis um den Evangelisten.[209] So berichtet der Kanon Muratori vom vierten Evangelisten: „Als ihn seine Mitjünger und Bischöfe aufforderten, sagte er: ‚Fastet mit mir von heute an drei Tage lang, und was einem jeden offenbart werden wird, wollen wir einander berichten.'"[210] Eine ähnliche Äußerung aus den Hypotyposen des Klemens Al. überliefert Eusebios: Johannes habe sein Evangelium verfaßt, „ermuntert von seinen Getreuen".[211] Diese und weitere altkirchliche Hinweise[212] auf einen Schülerkreis um den Verfasser des vierten Evangeliums widersprechen der Tendenz der kirchlichen Tradition, das vierte Evangelium auf den einen Zebedaiden zurückzuführen. Schon von daher verdienen diese Hinweise, daraufhin untersucht zu werden, ob sie historische Erinnerungen enthalten, bevor sie als „späte Fabeleien" abgewertet werden.[213]

3 Die Selbstreflexion auf das Medium „Wort" in Joh 20,24–31

In Kap. III 2.1 sammelten wir die Gründe, die es geraten erscheinen lassen, Joh 21 als Nachtrag an das ursprünglich in sich geschlossene Evangelium zu verstehen. Wenn Kap. 21 ein sekundärer Schluß ist, ist in Joh 20 der primäre zu

---

[207] Nach HENGEL, Frage 113. 125.

[208] Eine neuere Sichtung bietet der Exkurs „Die Wir-Form" bei KLAUCK, 1Joh 73–77; vgl. HENGEL, Frage 224f.

[209] Die einschlägigen Stellen finden sich bei ZAHN, Einleitung II 454f. 466f. A. 4–6; In neuerer Zeit: HENGEL, Frage 97 A. 4; HAHNEMAN, Fragment 188f.

[210] CanMur (Ritter) Z. 10–13; (Zahn): „cohortantibus condescipulis et ep[i]s[copis] suisl dixit conieiunate mihi odie triduo et quidl cuique fuerit reuelatum alterutruml nobis ennarremus".

[211] Klemens Al. bei Eusebios, h.e. 6,14,7 (Schwartz): „προτραπέντα ὑπὸ τῶν γνωρίμων".

[212] Zu Papias als Johannesschüler s.u. Kap. IV 4. Den vielleicht vollständigsten Katalog derartiger Hinweise hat ZAHN, Geschichte II 37f. A. 1 aufgelistet.

[213] So allerdings ZAHN, Geschichte II 37f. A. 1 (auf S. 38). Er redet von „den späten Fabeleien in den Acta Timothei", die den Apostel Johannes zum Redaktor des vierfältigen Evangeliums machen; vgl. DERS., Geschichte I 943 A. 1.

suchen. Tatsächlich schließt auch Kap. 20 das Evangelium Joh 1–20 ab, indem es die Situation seiner Leser reflektiert und dabei das ganze bisherige Werk in den Blick nimmt. So erweist auch der in sich geschlossene Bogen von Joh 1–20 indirekt den Nachtragscharakter von Joh 21.

3.1 Joh 1–20 als relativ geschlossene Einheit

Die These eines Nachtrags in Kap. 21 legt die Frage nahe, ob der Verfasser von Joh 21 auch sonst im Evangelium Spuren hinterlassen hat. Um die Ausrichtung einer redaktionellen Bearbeitung des Joh-Ev zu untersuchen, wäre es wohl methodisch am sichersten, von Joh 21 auszugehen. Keine andere redaktionelle Bearbeitung des Joh-Ev ist so unbestritten wie die in Joh 21. Doch in unserer Studie soll nicht weiter nach vermeintlichen redaktionellen Zusätzen in Joh 1–20 gefahndet werden. Daß derselbe Verfasser, der Joh 21 schrieb, auch verschiedentlich im Evangelium seine Anmerkungen anbrachte, erscheint mir allerdings unwahrscheinlich. Der Verfasser von Joh 21 ging ausgesprochen ehrfurchtsvoll mit dem ihm vorliegenden Text vor. Hätte ein Autor, der sich erlaubt, in die Brotrede (Joh 6) einzugreifen, nicht erst recht erlaubt, die störenden Abschluß- verse Joh 20,30f. zu streichen oder zu versetzen? Hätte ein gegenüber seinem überlieferten Stoff freierer Autor erst ganz am Schluß Petrus mit der Hirtenauf- gabe durch den Auferstandenen betraut, ohne dieses hohe Amt vorher etwas vorzubereiten?

Weitere Probleme ergeben sich aus der Benützung der Synoptiker in Joh 21. Der Nachtrag versetzt die lukanische Fischwundergeschichte in die nachöster- liche Zeit (vgl. u. 4.1). So bleibt Joh 1–20 unangetastet. Auch so zeigt sich der Nachtrag als ausgesprochen vorsichtig im Umgang mit dem Text des Evangeli- ums Joh 1–20.

3.1.1 Die sichtbare Zeit des Logos als inhaltliche Begrenzung des Evangeliums

Der Bogen über Kapitel 1–20 ist mit Selbstreflexionen und Inklusionen der Randkapitel nur formal beschrieben. Die formalen Beobachtungen verlangen, auf ihre inhaltliche Begründung hin befragt zu werden. Welche inhaltlichen Gründe lassen sich für die Geschlossenheit von Joh 1–20 plausibel machen?

Die inhaltliche Geschlossenheit von Joh 1–20 versteht sich nicht von selbst. Daß die Evangelien verschiedene Anfangs- und Endpunkte setzen können, zei- gen schon die Synoptiker. Daß das vierte Evangelium Kindheitsgeschichten nicht überliefert, unterscheidet es von den großen Synoptikern. Daß es Oster- erscheinungen berichtet, geht über den Erzählrahmen des Mk-Ev hinaus. Wenn der „Berichtzeitraum" eines Evangeliums nicht selbstverständlich ist, könnte er zufällig sein. Doch die Schlußbemerkung (20,30f.) betont, daß nicht Stoffmangel den Abschluß nötig machte. Der Evangelist setzte also die Grenzpunkte seines Evangeliums bewußt in Joh 1–20. Es gibt eine inhaltliche Geschlossenheit von Joh 1–20: Diese Kapitel erzählen eine herausragende und genau begrenzte Episode aus der Geschichte des Logos. Dieser Logos war vor der Schöpfung und wird immer sein. Welches Prinzip begrenzt die in Joh 1–20 erzählte Zeit des Logos? Ferdinand Hahn hat aufgezeigt, daß das Evangelium die *sichtbare* Zeit des Logos berichtet.[214]

Die Zeit, in der der Logos sichtbar ist, die Zeit des „Sehens", ist begrenzt.[215] Dagegen sollte nicht voreilig von einer übertragenen Bedeutung des „Sehens" geredet werden. Das Evangelium erhält seine Begrenzung gerade von einer nicht übertragenen Bedeutung des Sehens. Es berichtet von der *vergangenen* Möglichkeit des Sehens. So setzt der Erzählrahmen des Joh-Ev ein gewisses historisches Bewußtsein voraus. Die Zeit, über die im Joh-Ev berichtet wird, ist von der Zeit, in der das Joh-Ev rezipiert wird, grundsätzlich unterschieden.

3.1.2 Bleibende Worte vergangener Zeichen

Die Zeit des Sehens ist begrenzt und steckt so einen Rahmen ab für den Stoff des Joh-Ev. Doch welche Rolle spielt die Zeit des Sehens, nachdem diese Zeit vergangen ist? Unjohanneisch ausgedrückt lautet die Frage: Welche Bedeutung hat die Geschichte des irdischen Jesus für die Zeit der Kirche? Daß dieser vergangenen Zeit des Sehens eine besondere Rolle zugemessen wird, zeigt schon die Tatsache, daß das Evangelium diese Zeit beschreibt. Auch ohne ausdrücklichen Hinweis versteht es sich von selbst, daß alles im Evangelium Berichtete deshalb niedergeschrieben ist, weil ihm bleibende Bedeutung zugestanden wird. Doch worin besteht die bleibende Bedeutung?

Überlegungen, welchen bleibenden Wert das vierte Evangelium bestimmten Ereignissen, Taten oder Worten zugemessen wissen will, sollten von den ausdrücklichen Hinweisen des Evangeliums ausgehen. Nach dem Joh-Ev betont Jesus, daß seine Jünger seine Worte bewahren sollen. Es gibt im Joh-Ev einzelne Hinweise auf die bleibende Bedeutung von Ereignissen, die in der Zeit des „Sehens" passierten. Nie jedoch gibt es einen Hinweis auf die bleibende Bedeutung der Semeia, die Jesus tat. Nie heißt es „bewahret diese Zeichen" o.ä. Die bleibende Bedeutung der Zeichenhandlungen könnte auch dadurch ausgedrückt werden, daß die Kraft, Wunder zu wirken, an die Jünger weitergeht, ähnlich der lukanischen Berichte von den Taten der Apostel. Aber kein Hinweis im Evangelium bietet sich an für eine Interpretation in dieser Richtung. Aus dieser Problem-

---

[214] HAHN, Sehen passim, bes. 126–130.

[215] HAHN, Sehen 130: „Vom ‚Sehen' und ‚Glauben' ist an vielen Stellen die Rede, ohne daß auf das Problem der Einmaligkeit der Geschichte Jesu und der damit gegebenen Unwiederholbarkeit des ‚Sehens' Bezug genommen wird."

lage heraus konnte Bultmann vorschlagen, daß die Zeichen im Joh-Ev nur mitge-
schleppte Reste einer theologischen Konzeption sind, die der Evangelist zu überwinden gedachte (dazu u.). Zeichenkritische Hinweise im Evangelium scheinen
diese Radikallösung zu unterstützen. Doch diese theologische Geringschätzung
der Zeichen erklärt das Evangelium letztlich nicht überzeugend.

Mißlich für eine zeichenkritische Deutung des Joh-Ev ist schon, daß der Evangelist eine Position so ausführlich zu Worte kommen läßt, die er angeblich
überwinden will. Gerade die wunderkritischen Sätze zeigen, daß er durchaus
kritisieren kann. Aber diese kritischen Bemerkungen fallen nicht immer. Im
Gegenteil, bei manchen Zuschauern scheint es durch Zeichen zum Glauben
gekommen zu sein – und nicht immer ist ausgemacht, daß deren Glaube defizitär
sein soll. Johannes hätte an diesen Stellen seine Theologie verraten oder vergessen – das eine ist so unwahrscheinlich wie das andere. So weisen auch mehrere
neuere Arbeiten auf Probleme in der Bultmannschen These hin, die das „Sehen"
radikal dem „Hören" des Wortes unterordnen will.

Bultmann deutet die Stellen, in denen die Wunder positiv vermerkt werden, als
mitgeschleppten Rest einer Quelle, die der Evangelist kritisch rezipiert hätte. In
den zeichenkritischen Bemerkungen wäre so die eigentliche Absicht des Evangelisten zu finden. Dagegen wendet sich vehement Schnelle[216] und referiert
dabei die Argumente Für und Wider der Bultmannschen Deutung aus der unübersehbar gewordenen Literatur. Schnelles Resümee: Die Zeichen seien vollgültiger
Glaubensgrund neben den Worten Jesu.

Beide Lösungen geben m.E. den johanneischen Befund einseitig wieder. Wei-
terführender erscheint es mir, auch hier zu unterscheiden zwischen ehemaliger
Bedeutung der Zeichen z.Z. des irdischen Jesu und deren Bedeutung z.Z. der
späteren Gemeinden. Jesu Zeichen sind für den Evangelisten ein Phänomen der
Vergangenheit. Sie mögen in der Vergangenheit Glauben erwirkt haben, nicht
aber in der Gegenwart der Leserschaft des Evangeliums. So erklären sich die
zeichenkritischen Bemerkungen (Joh 4,48; 6,26f.30) als in die Zeit Jesu zurück-
projizierte Probleme späterer Generationen. Die Zeichen wirkten einst Glauben,
die Worte von und über Jesus wirken weiterhin Glauben. So ist die Aussage über
wahre Jüngerschaft Joh 8,31 offen für spätere Generationen: „Wenn ihr bleibt in
meinem Wort, werdet ihr wahrhaft meine Jünger sein" (vgl. Joh 14,15.21.23;
15,20a; 17,6.14.20).

Die „Zeichen" können nicht pauschal dem „Wort" oder den „Worten" unter-
oder übergeordnet werden. Beachtet man die bleibende Bedeutung der Worte
und Taten Jesu allerdings, ergibt sich ein Bild, das der Bultmannschen Deutung
sehr nahe kommt. Klarer als manche seiner Ausleger unterscheidet der Evangelist die Zeit des Sehens, von der er im Evangelium berichtet, von der Zeit des
Hörens, für die er sein Evangelium niederschrieb. Die Semeia sind ein Phäno-

---

[216] SCHNELLE, Christologie 186–188.

men der Zeit des Sehens, in der Zeit des Hörens bleiben sie als die Berichte über die Zeichen. In diesem Sinn zielt das niedergeschriebene Evangelium auf eine „Horizontverschmelzung" der gegenwärtigen Geschichte, in der das Evangelium gelesen wird, mit der vergangenen Geschichte, von der das Evangelium Zeugnis ablegt.[217]

Das schriftliche Evangelium überträgt die „Ereignisse"[218], die Semeia, in Worte. Der Weg vom sichtbaren Zeichen zum Wort ist auch innerhalb des Evangeliums angelegt. In den einzelnen Themenblöcken eröffnen i.a. Zeichenhandlungen die Offenbarungsreden Jesu.[219]

In Joh 20 blicken zwei Abschnitte auf das bisherige Evangelium als Ganzes: Eine narrative Selbstreflexion (Joh 20,24–29) und eine Schlußsentenz (Joh 20,30f.). Die Thomasgeschichte Joh 20,24–29 bietet dem Leser aus nachapostolischer Zeit eine Identifikationsfigur an. Johanneischer ausgedrückt heißt das: Nach der Zeit, in der persönlicher Kontakt mit dem irdischen Jesus möglich war, verbürgt das Evangelium das Zeugnis ohne Abstriche. Die Schlußsentenz Joh 20,30f. benennt explizit die Absicht des ganzen bisherigen Evangeliums.

3.2 Die ursprüngliche Schlußnotiz: Joh 20,30f.

Die zwei Verse Joh 20,30f. nehmen das ganze Evangelium in den Blick.[220] Nur so läßt sich der Hinweis auf übergangenes Material verstehen. Die beiden Sätze formulieren so explizit die Intention des Joh-Ev als Ganzen; es handelt sich also um eine explizite Selbstreflexion, um „metanarrative" Sätze.

Für unsere Fragestellung sind alle Beobachtungen von Bedeutung, die diese Reflexionen erhellen. Zunächst ist zu klären, wer für den Wortlaut der Abschlußverse verantwortlich ist. Die Reflexion über ein Werk als Ganzes muß normalerweise derjenige formulieren, der auch das Werk gestaltet. In unserem Fall also der Evangelist. Doch im Gefolge von Rudolf Bultmann wurden die ursprünglichen Abschlußverse nicht als eigenständige Formulierungen des Evangelisten angesehen.

Dessen These geht von der Tatsache aus, daß in Joh 20,30 die Taten Jesu als σημεῖα bezeichnet werden. Wenigstens im zweiten Teil des Evangeliums hatte Jesus v.a. Reden gehalten. Diese auffällige Zusammenfassung des Evangeliums unter dem Stichwort „Zeichen" erklärt Bultmann mit der These, der Evangelist habe hier Worte aus der „Semeia-Quelle"[221] übernommen. Der Evangelist habe das ursprüngliche Ende dieser Quelle an

---

[217] HAHN, Sehen 140f.
[218] Das deutsche Wort „Ereignis" verweist auf den Sehakt: Ereignisse sind etymologisch „Eräugnisse".
[219] Vgl. BULTMANN, Art. Joh 844.
[220] BAUER, Joh 233.
[221] BULTMANN, Joh s. Register s.v. σημεῖα-Quelle. Die Geschichte dieser These, BULTMANNS Vorgänger – er selbst nennt FAURE, aaO. 78 A. 4 –, den Siegeszug und die Angriffe

den Schluß seines Evangeliums gestellt, ohne den nun unpassenden Begriff σημεῖον zu verändern.[222] Daß diese Erklärung zu den Kabinettstücken literarkritischer Interpretation gehört, zeigen unfreiwillig die Versuche, diese Verse schlüssig im jetzigen Kontext zu erklären, ohne auf ein versprengtes Stück einer erschlossenen Quelle zurückzugreifen.[223] Denn die Vokabel σημεῖα kann schwerlich die Berichte über Jesus zusammenfassen: „[N]iemals wird ein Wort Jesu als σημεῖον bezeichnet".[224] Genau darin liegt das Problem. Wie kann das worthafte Wirken Jesu, Joh 13–20, dann in Joh 20 mit dieser Vokabel zusammengefaßt werden? In seiner einschlägigen Monographie bezieht Bittner σημεῖα auf die Wunder in Joh 1–12 und vermutet,[225] daß die weiteren Kap. dazu dienen, die Zuverlässigkeit der Zeugen der Zeichen zu unterstreichen.[226] Diese Unterordnung des Redeteiles unter die Zeichen ist nur als ebenso einseitige Antwort auf die Bultmannsche Gegenposition zu entschuldigen.[227] Der Zusatz „vor den Jüngern" gibt dem Evangelium eine sachliche Grenze. Andere Zeichen und andere Lehren als die vor den Jüngern geschehenen, kommen für das Evangelium nicht in Betracht.

Doch die Frage nach der vermutlichen Herkunft der Vokabel σημεῖα in Joh 20,30 sollte nicht die Interpretation der zwei Verse beherrschen.[228] Selbst wenn sie übernommen wurde aus einer schriftlichen Vorlage, bleibt die Beobachtung von Bedeutung, daß sie auf das Evangelium als Ganzes zurückblickt. Der Satz formuliert eine Selbstreflexion auf das niedergeschriebene Evangelium. Das unterstreicht auch der Hinweis auf das Buch. Das Evangelium soll in geschriebener Form wirken.[229] Die Vokabel γέγραπται κτλ. bleibt sonst im Evangelium weitgehend dem Tenach, unserem Alten Testament, vorbehalten.[230] Zu Recht

---

gegen die These in der Exegese arbeiten bereits Monographien auf: HEEKERENS, Zeichenquelle; VAN BELLE, Bron (erweitert als DERS., Signs [1994]; aaO. 294–357 umfassende Lit.). Die Existenz einer Semeia-Quelle bestreiten neben den genannten Monographien u.a.: BITTNER, Zeichen 2–14; SCHNELLE, Christologie 168–182; HENGEL, Frage 59. 197. 246–248.

[222] BULTMANN, Joh 541f. (auch hierin bezieht er sich auf FAURE aaO. 541 A. 2); DERS., Art. Joh 842; BECKER, Joh II 632f. (3. Aufl. 756f.).

[223] So SCHNELLE, Christologie 152–156; BITTNER, Zeichen bes. 212f. Beide halten die Hypothese einer Semeia-Quelle für unbegründet; s.o. vorletzte A.

[224] SCHNELLE, Christologie 161–166 untersucht die Verwendung des Begriffs bei Joh. Zitat aaO. 165. Ähnlich BITTNER, Zeichen 220f.

[225] BITTNER, Zeichen 221: „Als σημεῖα bezeichnet es [das Joh-Ev, T.H.] nur die Wundertaten Jesu während seiner öffentlichen Wirksamkeit, ohne dass von diesem Gebrauch des Begriffes auch nur einmal abgewichen wird. In welchem Verhältnis diese σημεῖα zu den übrigen Teiles [sic!] des Evangeliums stehen, wird zu erarbeiten sein."

[226] BITTNER, Zeichen 224.

[227] BULTMANN äußert sich über Wort und Werk bei Joh z.B. in seiner Theologie 413: „sein Werk – sind seine Worte". Ähnlich: DERS., Joh 346.

[228] KAMMLER, Zeichen bezieht das ταῦτα in Joh 20,31 auf Joh 20,19–29 (aaO. 202 A. 40; vgl. 210) und deutet die σημεῖα auf die österlichen Selbsterweise Jesu. So will K. in Joh 20,30f. formuliert finden, daß allein die Zeugen des Auferstandenen legitimiert seien, das Jesuszeugnis an spätere Christen zu vermitteln (aaO. 203). Diese Auslegung scheitert m.E. daran, daß das vorgeschlagene Verständnis der Vokabel σημεῖα nirgends im Joh-Ev vorbereitet wird. Erwägenswert an dieser Deutung ist allerdings, ob der Anhang Joh 21 eine entsprechende Deutung von Joh 20,30f. voraussetzt.

[229] Vgl. SÖDING, Schrift 351–354. 367–371.

[230] AT Zitate mit γράφω: Joh 1,45 (Mose als Autor); 5,46 (Mose); 8,17 (Gesetz); Schrift-

hebt Culpepper hervor, daß mit der Selbstbezeichnung βίβλιον die eigene Schrift neben die anerkannte heilige Schrift gestellt werden soll.[231] Die Verse 20,30f. weisen auf übergangenes Material hin. Das vorliegende Buch stellt eine Auswahl dar. Wären die übergangenen Berichte von irgendeiner Bedeutung, wäre zu erwarten, daß die Auswahl begründet wird. In welcher Form die anderen Zeichen dem Autor vorliegen, läßt sich aus der Formulierung nicht erheben. Der bestimmte Artikel[232] im Hinweis auf das eigene Buch (ἐν τῷ βιβλίῳ τούτῳ, Joh 20,30 fin) setzt nur die Existenz anderer Bücher voraus, verlangt aber nicht, daß in diesen anderen Büchern auch von „Zeichen Jesu" die Rede ist. Ein solches Gegenüber von Büchern ist freilich auch nicht auszuschließen. Solche anderen Bücher mit Berichten von Jesu „Zeichen" hätte der Verfasser allerdings eindeutig abgewertet. Die Auswahl dieses Buches steht unter dem Ziel, das Heil zu vermitteln, indem es den Glauben stärkt (s.u). Für weitere Bücher bleibt keine Aufgabe ausgespart. Wäre die Notiz über dieses Buch als ein indirekter Hinweis etwa auf die Synoptiker zu werten, wären die Synoptiker mit der Notiz als letztlich irrelevant für das angegebene Ziel zur Seite gerückt. Das mit Joh 20,30f. abgeschlossene Buch beansprucht, für sich allein stehen zu können.

Angeredet ist die Leserschaft des Evangeliums mit der 2. Person pl. Daß nicht nur die Jünger eigentliche Adressaten dieses Verses sind, ergibt sich daraus, daß sie im V 30 berichtend genannt sind. Zwei ἵνα-Sätze geben explizit den Sinn der Niederschrift an (V 31b/c). Diese beiden Sätze verwenden das Verb πιστεύειν. Das Evangelium zielt darauf, vorhandenen Glauben zu vertiefen.[233] Daß beim ersten Verb die Textüberlieferung schwankt zwischen Präsens und Aorist, hat Bultmann wohl zu Recht als sachlich unbedeutende Varianten angesehen.[234] In

---

zitate mit γεγραμμένος: Joh 2,17; 6,31.45; 10,34; 12,14.16; 15,25; Ausnahmen: Joh 19,19–22 (Titel am Kreuz von Pilatus – aus der Perspektive des Evangelisten schreibt Pilatus unwissend die Wahrheit); 21,24 (Lieblingsjünger) und nachjohanneisch Joh 8,8 (Jesus). Γραφή für den Tenach: Joh 2,22; 5,39; 7,38.42; 10,35; 13,18; 17,12; 19,24.28.36f.; 20,9. Γράμμα für die Schrift im Munde der Juden: Joh 5,47 (Gegensatz: ῥῆμα Jesu); 7,15. M. WOLTER wies mich per Brief vom 03.10.98 auf eine Differenz bei der johanneischen Verwendung der Vokabel γράφω hin, die bei einer Bezugnahme auf das AT absolut, hier aber mit „anaphorischer Deixis (ταῦτα) gebraucht wird"; vgl. aber Joh 12,16.
[231] CULPEPPER, School 275; vgl. BITTNER, Zeichen 206; zurückhaltend: SÖDING, Schrift 353 A. 45.
[232] Die erste Hand des Pap. 66 hat den Artikel nicht; es dürfte ein Homoioteleuton vorliegen, vgl. das τούτῳ am Versende. Schon die erste Korrektur des Papyrus hat den Fehler getilgt.
[233] BROWN, Joh II 1060. Ausführlich FEE, Text 2193–2205 (Lit.). Er begründet, daß die Präsensform besser belegt sei (2194–2198), und stützt dann die These, daß sich das Evangelium an bereits Glaubende wendet (2199–2205). Anders CARSON, Purpose 639–651, der Argumente dafür sammelt, daß Joh 20,30f. (und damit das Joh-Ev) an nichtchristliche Gottesfürchtige gerichtet sei.
[234] BULTMANN, Joh 541 A.7; ähnlich viele Exegeten, vgl. FEE, Text 2193 A. 1. Gegen die gepreßten Versuche, mittels des vermeintlich ingressiven Aoristes das Joh-Ev zur Missionsschrift zu erklären, wenden sich zu Recht z.B. BECKER, Joh II 633 (3. Aufl. 757); BROWN, Joh II 1056. Vgl. BITTNER, Zeichen 211–213; CHARLESWORTH, Disciple 432f.

den Nebensätzen wechselt die grammatikalische Form des Verbs πιστεύειν vom finiten Verb zum Partizip. So kann der Evangelist zunächst die inhaltliche Seite des Glaubens entfalten: Auf das finite Verb folgt ein explikatives ὅτι: „... damit ihr glaubt, daß Jesus ist der Christus, der Sohn Gottes". Die Hoheitstitel bündeln den Zweck des Evangeliums Jesu Christi und gründen so die Glaubensaussage auf die Person Jesu Christi.[235]

Der zweite Nebensatz mit partizipialen πιστεύειν beschreibt die Folgen des Glaubens für die Glaubenden: „... damit ihr als Glaubende Leben habt in seinem Namen".

3.3 Thomas und die Leser des Evangeliums

Die Perikope Joh 20,24–29 steht als letzte Erzähleinheit des ursprünglichen Evangeliums am Übergang von der Welt des Textes zur Welt der Leser. Im folgenden soll gezeigt werden, daß der Evangelist diese besondere Stellung der Perikope reflektiert hat.

3.3.1 Die Thomasgeschichte als Komposition des Evangelisten

Die Abgrenzung der Perikope ist kaum umstritten: Die Verse Joh 20,24–29 gehören zusammen. Die Perikope scheint in den Versen 28 und 29 zwei Spitzen zu haben. Die Anrede an Thomas steht scheinbar unvermittelt neben der Anrede an die Leser des Evangeliums. Doch die beiden Spitzen gehören zusammen: Die letzte Erzählung des Evangeliums läßt die Person des Thomas durchsichtig werden für die Leserschaft des Evangeliums. Isoliert man Joh 20,24–29 vom vorangehenden Evangelium, ist es schwierig, den Zusammenhang zwischen Thomasgeschichte und der direkten Rede an die Leser des Evangeliums zu verstehen.

Von den Auslegungsfragen zur Thomasgeschichte sind hier nur solche zu verhandeln, die Auswirkungen auf die Einordnung der Geschichte in Joh 1–20 zeitigen.

Die Thomasgeschichte ist vom Evangelisten zumindest stark gestaltet. So gibt es überzeugende Anzeichen dafür, daß die Thomasgeschichte nie unabhängig von ihrem jetzigen Kontext existierte. Sie setzt die erste Erscheinungsgeschichte voraus.[236] Auch wenn die Thomasgeschichte in der Sprache des Evangelisten formuliert ist, wäre es möglich, daß sie auf eine ältere Tradition zurückgeht. Dafür spräche der Hinweis auf den Zwölferkreis (Joh 20,24), den der Evangelist sonst im Evangelium sehr zurücktreten läßt.[237] Selbst wenn der Evangelist Grundzüge der Thomasgeschichte übernommen haben sollte, hätte er sie seinem Anlie-

---

[235] Dazu SÖDING, Schrift 355–360 (Lit.).
[236] BULTMANN, Joh 537.
[237] So BULTMANN, Joh 537. Zum Zurücktreten des Zwölferkreises bei Joh: AaO. 80 A. 4. 340.

gen untergeordnet. Die Spitze der in Joh 20 überlieferten Thomasgeschichte, das Thomasbekenntnis und die Antwort des Auferstandenen, tragen unverkennbar das sprachliche Antlitz des Evangelisten. Der Titel „Gott" für Jesus inkludiert Anfang und Ende von Joh 1–20.[238] Zieht man Bilanz zur Frage Quellenabhängigkeit oder Neuformulierung durch den Evangelisten, sprechen wohl gewichtige Gründe für letzteres: Die Thomasgeschichte stellt eine bewußte Neuformulierung des Evangelisten dar, der die erste Erscheinungsgeschichte verdoppelt.[239]

Mehrere Einzelzüge zeugen noch von der Abhängigkeit der Thomasgeschichte von der ersten Erscheinungsgeschichte.[240] Bei beiden Perikopen handelt es sich um Erscheinungsgeschichten. Der Auferstandene Jesus kommt jeweils durch geschlossene Türen (Joh 20,19/26). Beide Szenen finden am gleichen Wochentag statt, am Sonntag: In Joh 20,19b fällt die erste Erscheinung auf den Abend desselben Tages, an dem auch die Erscheinung vor Maria stattfand. Joh 20,1 weist diesen Tag aus als den ersten Tag nach dem Sabbat, also einen Sonntag.[241] Am gleichen Ort ist der gleiche Kreis von Personen – von Thomas abgesehen – anwesend.

Daß Thomas bei der ersten Erscheinung nicht anwesend war, erfährt der Leser des Evangeliums erst nachträglich in Joh 20,24. Die erste Erscheinungsgeschichte deutet das Fehlen des Jüngers nicht an, die Beauftragung in Joh 20,22f. zielt auf Vollständigkeit des Jüngerkreises ohne Judas.[242]

3.3.2 Thomas als Identifikationsfigur für die Leserschaft des Evangeliums

Die Thomasgeschichte im Joh-Ev erläutert für den Leser, wie das Wort Jesu im Wort des Evangeliums wirkt. Der Übergang von der Thomasanrede zur Anrede der Leser gibt den Horizont ab, in dem die Thomasgeschichte gelesen werden soll. In dieser Geschichte bietet der Evangelist sein Evangelium als Brücke zwischen Jesus Christus und den Lesern an. Der Evangelist läßt den Thomas abwesend sein bei einer Erscheinung des Herrn. Dadurch stellt der Evangelist den Thomas in eine Situation, die vergleichbar ist mit der Situation der Leser des Evangeliums.

Thomas erfährt von der Erscheinung Jesu nur durch Worte anderer. Er hört von Jesus, ohne ihn zu sehen. Nur Berichte, also Worte, erzählen von der Erscheinung

---

[238] So häufig beobachtet, z.B. BECKER, ThR 47, 330f.; RILEY, Resurrection 109. Den Titel „Gott" für Jesus kennen im NT außer dem Joh-Ev (Joh 1,1b.18b; 20,28) noch: 1Joh 5,20; Apk 4,11; Hebr 1,8f.; Tit 2,13; vielleicht die Doxologie Röm 9,5; vgl. BAUER, Wb s.v. θεός 2. (725); STRECKER, Theologie 120f.

[239] Mit SCHNACKENBURG, Joh III 391; BECKER, Joh II 626–628 (3. Aufl. 740f.); KOHLER, Kreuz 162; KREMER, Hand 2170 A. 51. Gegen BULTMANN, Joh 537, der v.a. wegen der Nennung der „Zwölf" für Tradition plädiert. Vgl. RILEY, Resurrection 82–99. 104 (Lit.). THYEN, Joh 21, 153 vermutet, Joh habe die Thomasgeschichte aus der „Notiz οἱ δὲ ἐδίστασαν von Mt 28,17 herausgesponnen".

[240] BECKER, Joh II 626f. (3. Aufl. 739f.).

[241] BULTMANN, Joh 529 A. 9. 535. 538.

[242] Mit vielen anderen z.B. BULTMANN, Joh 534. 537; KREMER, Hand 2158.

des Auferstandenen. Thomas weist dieses „Medium" für die Auferstehungsbotschaft zurück. Auf die Leser übertragen, heißt das: Der bloße Bericht des
Evangeliums kann sowenig Glauben schaffen wie der bloße Bericht der Jünger
an Thomas. Erst wenn das Wort des Herrn den einzelnen direkt erreicht, kommt
es zum Glauben. Die Begegnung mit dem Herrn ist nicht leichthin vermittelbar
durch Berichte anderer. Mit der Person des Thomas thematisiert der Evangelist
das Problem der wortförmigen Vermittlung des Heils über andere Zeugen. Nur
durch das nicht weiter erläuterte Fehlen dieses Jüngers kann er zu einer Identifikationsfigur werden, ohne daß seine Rolle auf dieses Identifikationsangebot
beschränkt werden muß. Das Angebot von Identifikationsfiguren ist dem Evangelisten nicht fremd.[243]

In neuerer Zeit vermuten Riley und Charlesworth hinter der Person des Thomas im Joh-
Ev eine Art Schule des Thomas. Im einzelnen gehen ihre Vorstellungen weit auseinander.
Riley meint, in der „community of Thomas" die Gegner des Joh-Ev erkennen zu können.[244] Er stützt seine These, indem er ein negatives Thomasbild bei Joh belegen will.[245]
Charlesworth dagegen meint, Thomas verbürge als der Lieblingsjünger das vierte Evangelium und seine Rolle sei erst durch späteren westlichen Einfluß in Vergessenheit geraten
(s.o. 1.15). Entsprechend müht sich Charlesworth zu zeigen, daß Thomas in Joh 1–20 als
der ideale Jünger vorgestellt werde.[246] Beide Rekonstruktionen können nicht zeigen, daß
die literarische Figur des Thomas im Joh-Ev für eine reale Gruppe steht. Die widersprechenden Auslegungen zeigen die Schwierigkeit des vermuteten Rückschlusses.

Der Evangelist will die Berichterstatter des Thomas nicht als zweifelhafte
Zeugen diffamieren, im Gegenteil: Die Gruppe der Jünger berichtet aus der Perspektive des Erzählers durchaus zutreffend ihre Widerfahrnisse. Trotz dieser her-
vorragenden Autorität der Berichterstatter besteht Thomas auf einer eigenen Begegnung. Für diese Forderung einer persönlichen Aneignung wird Thomas nicht
getadelt. Der Auferstandene wird auf diesen Aspekt seiner Forderung eingehen.

Thomas hört zwar von der Erscheinung nur über Dritte, aber er gehört auch zu
den Jüngern Jesu. D.h. er hatte persönlichen Umgang mit dem irdischen Jesus –
darin ist er den Lesern unüberholbar voraus. Sein Zweifel an der Erscheinung
senkt ihn auf die Ebene der Leser: Er hört von Jesus, ist ihm aber nicht begegnet
im qualifizierten Sinn.[247]

Thomas wünscht, den Auferstandenen zu sehen und zu betasten. Wohl wird
Thomas den Auferstandenen zu sehen bekommen, nicht aber betasten. Es gibt

---

[243] Brown, Joh II 1031 vergleicht die Rolle des Thomas mit der des Lazarus: „a somewhat
similar individualization and dramatization"; zu Lazarus vgl. aaO. Joh I 429.
[244] Riley, Resurrection 69–82 u.ö.
[245] Riley, Resurrection 79: „Thomas is cast as one who is wrong, ignorant and unbe-
lieving".
[246] Charlesworth, Disciple 307–314, z.B. 310: „Thomas stands out as representative of
the disciples".
[247] Kremer, Hand 2169: „Die Zeichnung des Thomas eignet sich daher zur Identifikation
der Leser mit ihm, sowohl mit seinem Zweifel als auch mit seinem Glauben."

keine Anzeichen dafür, daß zwischen Sehen und Tasten ein gravierender Unterschied intendiert ist. Das Thema des Tastens ist für die Leser des Evangeliums schon vorbereitet in der Erscheinung des Auferstandenen vor Maria. Dort wird das Tasten ausdrücklich abgelehnt, hier schweigend übergangen.

Vielleicht ist mit diesem Hinweis eine Periodisierung der Seinsweisen Christi intendiert: der Irdische ist hörbar, sichtbar und tastbar; der wiedererscheinende Auferstandene in den ersten Erscheinungen ist hörbar und sichtbar, nicht aber tastbar. Entsprechend kann er auch durch verschlossene Türen gehen (Joh 20,19. 26). Bevor er Fleisch annahm und nachdem er zuletzt vor Thomas sichtbar war, ist Jesus Christus Logos (Joh 1), nicht sichtbar, aber hörbar (Joh 20,29).

Im Gegensatz zu den Lesern des Evangeliums besteht für Thomas noch die Möglichkeit, dem Auferstandenen leiblich zu begegnen und ihn dabei zu sehen. Die Pointe der Erzählung besteht darin, daß diese Möglichkeit zur leiblichen Begegnung keinen Mangel bei denen impliziert, die ihm nicht mehr leiblich begegnen können: Bei Thomas führt das Wort des Auferstandenen zum Bekenntnis, nicht die Berührung des Leibes. Wie das Wort des Auferstandenen den Thomas zum Bekenntnis überführt, so mag das Evangelium auch wirken und verstanden werden, ohne daß es die z.Z. der Niederschrift des Evangeliums vergangene Zeit der leiblichen Erscheinung des Auferstandenen als unüberwindlicher Mangel stehen läßt. Wie der Makarismus bei Thomas gewirkt hatte, mag das Evangelium bei seinen Lesern wirken.

Das Verstehen der Stelle hängt davon ab, wie Joh 20,27fin ausgelegt wird. Versteht man V 27 als Schelte des Auferstandenen gegenüber Thomas, dann wäre Thomas ein negatives Beispiel, dessen Fehler die Leser tunlichst vermeiden mögen. Der Fehler des Thomas wäre ein Zweifeln, das sich darin ausdrückte, daß er nicht schon auf den Bericht der Jünger hin, sondern erst durch das Wort des Auferstandenen zum Glauben gekommen wäre. Wer den Fehler des Thomas nicht nachmachen will, hätte also seine inneren Bedenken selbständig zu überwinden. Die Verheißung der Seligpreisung V 29 wäre nicht Zuspruch Jesu, sondern Anspruch, den sich jeder verdienen könnte, der blind glaubt. Aus dem Jünger Thomas wird so ein moralisches Negativbeispiel unter der Überschrift „Der ungläubige Thomas". Die sprichwörtliche Redensart vom ungläubigen Thomas zeugt von der Verbreitung dieser moralisierenden Auslegung.

Eine andere, ungleich tiefer gehende Auslegung hat Karl Barth der Thomasperikope gegeben. Er unterstreicht, daß auf die Anrede des Auferstandenen hin Thomas zum Bekenntnis kommt. „‚Sei nicht ungläubig, sondern gläubig!' sagt Jesus zu Thomas (Joh. 20,27f.), und das ist nun keine Parenese [sic], das ist ein Machtwort, auf das Thomas denn auch sofort die entsprechende Antwort gibt: ‚Mein Herr und mein Gott!'".[248] Thomas ist so der aufrichtige Jünger, den der Auferstandene einer besonderen Begegnung würdigt. Die Glaubensbedingun-

---

[248] BARTH, KD III/2, 2. Aufl. 1959, 538.

gen, die er zunächst einfordert, sind ihm zwar angeboten worden, aber er bedurfte nicht der Erfüllung dieser Glaubensbedingungen. Das Wort hat ihn überwunden. Glaube ist nicht moralische Forderung, sondern creatura verbi.

Ähnlich wie Karl Barth stellt auch Rudolf Bultmann die Bedeutung des Wortes in den Vordergrund bei seiner Interpretation der Thomasgeschichte. Die große Gemeinsamkeit zwischen den beiden Theologen überwiegt, auch wenn Bultmann im einzelnen andere Aspekte betont. Er sieht im Thomasbekenntnis die selbstverständliche Antwort auf das Wort Jesu. Dabei unterstreicht Bultmann vor allem die negative Seite der Geschichte und sieht in ihr den letzten großen Ausbruch gegen den verbreiteten Wunderglauben:

„[S]o ist der Hörer und Leser gewarnt, sie [die Ostergeschichten, T.H.] als mehr zu nehmen, als sie sein können: weder als Erzählungen von Ereignissen, wie er sie selbst zu erleben wünschen oder hoffen könnte, noch auch als einen Ersatz für solche eigenen Erlebnisse, sodaß die Erlebnisse Anderer ihm gleichsam die Realität der Auferstehung Jesu garantieren könnten, – vielmehr als verkündigendes Wort, in dem die erzählten Ereignisse zu symbolischen Bildern geworden sind für die Gemeinschaft, in der der zum Vater Aufgefahrene mit den Seinen steht."[249]

In diesem Satz versteckt, deutet Bultmann auf die Kraft der Worte hin, zwischen dem Auferstandenen und den Gläubigen zu vermitteln. Karl Barth hat in seiner Auslegung der Thomasgeschichte diesen Aspekt unterstrichen und vom Machtwort des Auferstandenen gesprochen, der nicht nur Realität beschreibt, sondern neu erschafft.

So wie diese beiden Theologen das Thema „Wort" in den Vordergrund stellen, erklärt sich die Stellung der Perikope am Ende des ursprünglichen Evangeliums. Vergleicht man andersgeartete neuere Auslegungen, zeigt sich, wie stark die Barthsche und Bultmannsche Lösung anderen Auslegungen überlegen ist, die in der Thomasgeschichte v.a. eine antidoketische Pointe sehen wollen.

Diese antidoketische Ausrichtung muß der Geschichte übergestülpt werden.[250] Wäre es das Ziel der Thomasgeschichte, Jesu wahre Menschheit bis hin zu seiner leiblichen Auferstehung zu unterstreichen, hätte der Verfasser schwerlich versäumt, ausdrücklich zu bestätigen, daß Thomas in die Wundmale faßt. Dem Kirchenvater Augustin ist dieser Umstand nicht verborgen geblieben. Er fragt wenigstens noch, was es bedeute, daß das Evangelium nicht ausdrücklich berichte, Thomas habe die Wundmale berührt.[251] Auch der Umstand, daß der Auferstandene trotz verschlossener Türen vor den Jüngern erscheint, macht eine antidoketische Ausrichtung sehr unwahrscheinlich.

---

[249] BULTMANN, Joh 540.
[250] RICHTER, in: DERS., Studien 141; SCHNELLE, Christologie 156–161. Weitere antidoketische Auslegungen referiert THYEN, ThR 42, 263, der sich selbst neuerdings scharf gegen antidoketische Auslegungen wendet: DERS., Joh 21, 179 f. Gegen antidoketische Auslegungen auch: SCHNACKENBURG, Joh III 396 A. 106; BECKER, Joh II 740 f. (3. Aufl.); vgl. aaO. 745–752; KREMER, Hand 2170.
[251] Augustin, in Joh tract. 121 (Specht 3,357 f.); KREMER, Hand 2153 A. 1.

3.3.3 Das Evangelium unter der Verheißung des Auferstandenen

Barth und Bultmann finden in der Thomasgeschichte die Bedeutung des Wortes thematisiert. Sie haben damit den wesentlichen Punkt der Perikope angesprochen. Doch die Abschlußgeschichte verlangt zwei Präzisierungen.

(1) Es geht nicht um die unvermittelte Autorität des Wortes Jesu, sondern um die vermittelte Autorität des niedergeschriebenen Evangeliums. Gegenüber anderen Stellen im Evangelium, in denen der Evangelist seine Leser direkt anspricht (Joh 3,11ff.; 4,48; 11,9f.25; 12,35),[252] hat diese Leseranrede am Schluß des Evangeliums die Aufgabe, das Evangelium als Ganzes zu reflektieren.

(2) Die Vermittlung der Botschaft über Jesu Auferstehung im Wort allein genügt noch nicht, um die Absicht des Evangeliums zu benennen. Im schlechten Sinne könnte es wirken wie der Bericht der Mitjünger auf Thomas. Dann würde es versuchen, eine Erfahrung im Wort weiterzugeben, ohne das die erwünschte Wirkung einträfe. Daß allerdings der Auferstandene sich auf den Wunsch des Thomas einläßt, verändert die Situation. Ohne persönliche Begegnung wäre Thomas nicht zum qualifizierten Glauben gekommen. Nun waren es aber Worte Jesu, die ihm zum Glauben brachten, nicht das Tasten.[253]

Die Seligpreisung der Nicht-Sehenden sollte nicht rückwirkend verstanden werden, als ob die Zeit des Sehens durch sie abgewertet werden sollte. Sonst stünde das ganze vorangehende Zeugnis unter diesem Verdikt.[254] Es geht um eine unverkürzte Weitergabe der Wahrheit, auch wenn die Möglichkeit des unvermittelten Kontaktes mit dem Auferstandenen nicht mehr gegeben ist. Die Seligpreisung blickt nach vorne auf die Zeit nach den letzten Erscheinungen des Auferstandenen.

Hätte Thomas von der Möglichkeit, den Auferstandenen zu berühren, Gebrauch gemacht, wäre seine Position nicht mehr auf die Situation der Leser übertragbar gewesen. In der überlieferten Perikope steht Thomas mit beiden Gruppen verbunden zwischen den Zeiten: Er sieht den Auferstandenen und unterscheidet sich darin von der Leserschaft des Evangeliums. Aber die Perikope knüpft nicht an diese besondere Möglichkeit des Thomas an. Der Evangelist betont die Anrede an Thomas. Jesu Wort ändert den Thomas.

Soweit das Evangelium in der Lage ist, die Macht dieses Wortes Jesu zu bewahren, teilt es auch dessen Möglichkeit, Glauben zu schaffen. Das Evangelium beansprucht seine Autorität nicht nur aus der Wahrheit des in ihm Berichteten – das könnten die Mitjünger auch gegenüber Thomas beanspruchen –, es erhält seine Autorität aus der Seligpreisung des Auferstandenen. Unter dieser Autorität kann es seine Leser zu einem Bekenntnis führen wie Thomas.

---

[252] Vgl. KREMER, Hand 2169.

[253] KREMER, Hand 2178 weist hin auf Lk 24,42: Das Betasten helfe nicht. Lit. dazu aaO. in A. 72.

[254] BARRETT, Joh 549f.; JUDGE, Note 2189.

Für die Vermittlung des wahren Zeugnisses werden in Joh 1–20 keine bestimmten Personen vorgesehen. Der Versuch der „Mitjünger", die Botschaft des Auferstandenen an Thomas zu vermitteln, erreicht sein Ziel nicht und wird auch durch den Makarismus nicht restituiert. Will man aus Joh 20,19–29 ein Votum über die Kirche als Heilsmittlerin herauslesen, kann es nur ein negatives sein. Die Vermittlung des Glaubens geschieht in einer persönlichen Begegnung mit dem Auferstandenen. Diese persönliche Begegnung findet statt durch Worte des Auferstandenen. Wie diese Worte des Auferstandenen den Thomas zum Bekenntnis überwältigen, so kann auch das Evangelium versuchen, die Begegnung mit dem Herrn zu vermitteln. Das niedergeschriebene Evangelium steht zwischen dem Herrn und dem einzelnen, der schon etwas über Jesus Christus gehört hat – wie Thomas.

Diese Zwischenstellung des niedergeschriebenen Evangeliums begründet seine Bedeutung. Bleibt diese Zwischenstellung undeutlich, kommen schnell andere Größen ins Gespräch, um die Mittlerrolle aufzufüllen, etwa die Kirche.[255]

Die Hervorhebung des Wortes am Schluß des Evangeliums entspricht dem Prolog.[256] Schon dort wechselt der Bericht über den Logos zum „Wir" der Gemeinde. Nimmt man mit O. Hofius das Verhältnis des „logos asarkos" zum „logos ensarkos" als Gliederung des Hymnus Joh 1,1–18,[257] dann antizipiert der Prolog tatsächlich Joh 1–20: Joh 1–20 berichtet vom „logos ensarkos", der Prolog eröffnet aber mit der überzeitlichen Bedeutung des Logos, der schon immer war, also nun auch, nachdem der Logos nicht mehr im Fleische ist, weiterwirken kann: Als Machtwort des Auferstandenen, das durch das niedergeschriebene Evangelium seine Leser erreicht.

Im Proömium des 1Joh betonen die hinter dem „Wir" des Briefes stehenden Schreiber, daß sie ihre Autorität zum Schreiben dadurch haben, daß sie Jesus Christus gesehen, gehört und betastet haben.[258] 1Joh 1,1 nimmt wohl Bezug auf die Thomasperikope,[259] d.h. der Brief fängt da an, wo das Evangelium ursprünglich aufhörte.

---

[255] Dieses Gefälle deutet sich etwa bei KREMER, Hand an: Zunächst redet er vom niedergeschriebenen Evangelium (aaO. 2176), dann aber von der Kirche, die das Wort verkündigt (aaO. 2180).

[256] Vgl. BEASLEY-MURRAY, Joh 395.

[257] HOFIUS, Struktur passim, vgl. sein Resümee aaO. 25.

[258] Hinter dem Neutrum ὅ im Briefprolog dürfte „Jesus Christus" zu denken sein; vgl. KLAUCK, 1Joh 58–60.

[259] KLAUCK, 1Joh 61 schreibt, nachdem er Joh 20,29 zitiert: „Damit stehen wir bei der Erzählung vom ‚ungläubigen' Thomas Joh 20,24–29, an die unwillkürlich als erstes denkt, wer in 1Joh 1,1e die Worte vernimmt: ‚was unsere Hände betastet haben'". Zum zeitlichen Verhältnis von Joh 1–20 und 1Joh s.u. 5.3.1.

4 Die Verknüpfung johanneischer und außerjohanneischer Überlieferung in Joh 21

In Joh 21 zeigen sich vielfältige Ähnlichkeiten zu Texten aus der synoptischen Tradition. Der erste Abschnitt (4.1) benennt die Stellen aus den Synoptikern, die zu einzelnen Teilen von Joh 21 ähnlich sind, und versucht, die Überlieferungswege zu klären. Nach dieser diachronen und partikularen Betrachtung versuchen die folgenden Abschnitte, die kompositorische und damit auch redaktionelle Absicht des Kapitels Joh 21 auf der Ebene der Textsynchronie dieses Kapitels zu erheben. Auf dieser Ebene soll untersucht werden, welche Rolle der Verfasser von Joh 21 dem Lieblingsjünger und Petrus zukommen läßt (4.2). Der folgende Abschnitt stellt die besondere Art vor, durch die Joh 21 schriftliche Überlieferungen verbürgt (4.3). Schließlich erläutert der letzte Abschnitt, inwiefern Joh 21,25 mehrere schriftliche Berichte über die Taten Jesu voraussetzt (4.4).

4.1 Joh 21 und die synoptische Tradition

Im Joh-Ev finden sich manche Worte, Motive und Erzählzüge, die auf Erzählungen anspielen, die wir aus den Synoptikern kennen. Umstritten ist dabei, ob das Joh-Ev direkt literarisch von den Synoptikern abhängt, oder ob das Joh-Ev aus ähnlichen Quellen schöpft, wie sie auch die Synoptiker benützen, ohne die Synoptiker selbst zu kennen.

Entscheidend in dieser Frage ist es, ob im Joh-Ev ein redaktioneller Vers eines Synoptikers nachgewiesen werden kann. Ist ein sicher redaktionell durch einen Synoptiker erstellter Vers im Joh-Ev vorausgesetzt, würde das Joh-Ev den betreffenden Synoptiker kennen müssen und nicht nur eine vorsynoptische Quelle.[260] Eine entsprechende Untersuchung ist auch für Joh 21 unumgänglich. Auch wenn die Abhängigkeit von den Synoptikern für Joh 1–20 und Joh 21 methodisch gleichartig zu überprüfen ist, sollte sie doch getrennt bewertet werden. Da Joh 1–20 und Joh 21 verschiedenen literarischen Schichten angehören (s.o. 2.1), ist u.U. auch das Verhältnis zu den Synoptikern bei Joh 1–20 ein anderes als bei Joh 21. In der Zeit, die zwischen der Abfassung von Joh 1–20 und der Abfassung von Joh 21 verflossen ist, könnte sich das Verhältnis zu den Synoptikern intensiviert haben.[261] Die Synoptikerrezeption von Joh 1–20 gibt gleichsam ein Mindestmaß für Joh 21 ab. Wäre Joh 1–20 sicher literarisch abhängig von den Synoptikern,

---

[260] So geht etwa SCHNELLE, Christologie 122. 129 f. methodisch vor, bei dem Versuch, die Abhängigkeit von Joh 6,1–25 von Mk 6,32–52 zu beweisen.

[261] Daß Joh 1–20 literarisch von den Synoptikern abhängt, der jüngere Text Joh 21 dagegen nicht mehr, ist historisch kaum vorstellbar. Dann hätte Joh 21 auf vorsynoptische Quellen zurückgegriffen, obwohl vorher schon die redaktionell bearbeiteten Evangelien in der selben johanneischen Schule bekannt waren.

wäre diese Abhängigkeit auch für Joh 21 anzunehmen. Doch die Frage ist für Joh 1–20 weiterhin nicht eindeutig entschieden.[262] Selbst wenn Joh 1–20 literarisch von den Synoptikern abhängen sollte, wäre eine Intensivierung der Synoptiker-rezeption in Joh 21 noch denkbar, etwa in der Art, daß nicht nur der Verfasser von Joh 21 die Synoptiker kennt, sondern eine entsprechende Kenntnis auch bei seinen Lesern voraussetzt und positiv würdigt.[263] Ob Joh 1–20 bei seinen Lesern eine Kenntnis der Synoptiker voraussetzt, ist schwer zu sagen. Selbst wenn die Leser von Joh 1–20 die Synoptiker kennen sollten, würde Joh 1–20 an diese Kenntnis reichlich kritisch anknüpfen (vgl. o. 3.2 zu Joh 20,30f.).

Tatsächlich gibt es Gründe für die Annahme, daß sich das Verhältnis zu den Synoptikern bei Joh 21 gegenüber Joh 1–20 intensiviert hat. In Joh 21 verdichten sich die synoptikernahen Stellen gegenüber Joh 1–20.[264] Ferner zeigt sich ein Unterschied in der Synoptikerrezeption zwischen Joh 1–20 und Joh 21, wenn man beachtet, welcher Zeitphase einzelne Erzählungen zugeordnet werden. Bei allen Unterschieden im Detail, berichten die Evangelien über Jesus in einer übereinstimmenden Zeitfolge. Jesu öffentliche Wirksamkeit erst außerhalb, dann in Jerusalem (im Joh-Ev freilich mehrfach), seine Kreuzigung, Grablegung und Erscheinung des Auferstandenen sind in ihrer Zeitfolge festgelegt. Entsprechend lassen sich Zeitphasen unterscheiden, z.B. vorösterliche Jesustraditionen, Grabes-geschichten und Erscheinungsgeschichten. Wenn in Joh 1–20 einzelne Erzählun-gen[265] Ähnlichkeiten zu synoptischer Überlieferung aufweisen, ordnen sie die Erzählungen in dieselbe Zeitphase ein. Vorösterliche Erzählungen der Synopti-ker zeigen Ähnlichkeiten mit vorösterlichen Erzählungen im Joh-Ev. Ein Bei-spiel: Mk 6,32–52 und Joh 6,1–25 sind im Mk und im Joh-Ev der Zeitphase des öffentlichen Wirkens Jesu zugeordnet, in beiden Evangelien handelt es sich also um vorösterliche Jesustraditionen. Entsprechend sind die ähnlichen Stellen Lk 24,12 und Joh 20,3–5 in beiden Evangelien Grabesgeschichten. Auch für die

---

[262] Die Literatur zum Thema ist in Forschungsberichten aufgearbeitet: SMITH, Gospels (1992, vgl. o. 1.7); sein Resümee aaO. 185: „Thus our survey of the question of John and the Synoptics ends on an ambiguous note". BECKER, Methoden 21–28; B. verficht freilich selbst die immer stärker angegriffene BULTMANNsche Position, die das Joh-Ev ohne Kenntnis der Synoptiker erklären will, vgl. BECKER, Joh I 36–38. Gegenposition etwa bei THYEN, Art. Johannesevangelium 208: „... bahnt sich doch ein neuer Konsensus darüber an, daß jedenfalls derjenige, dem wir das Evangelium in seiner überlieferten Gestalt verdanken, die Synoptiker kannte und benutzte". Gegen diesen 1988 konstatierten „Konsens" wendet sich 1995 z.B. CHARLESWORTH, Disciple 18.

[263] Vgl. RUCKSTUHL, Aussage 351; DERS., Jünger 366: „Die Johanneschristen mußten aus dem Ghetto ihres bisherigen Daseins ausbrechen und sich dem größeren Verband petrinischer Kirchen anschließen". Pointiert deutet R., daß sich die Johanneschristen „in ihrer Not gerade zu Petrus flüchteten" (aaO.). Ähnlich SMITH, Theology 46, vgl. o. 1.7.

[264] Davon gehen etwa BULTMANN, THYEN und SCHMITHALS aus, auch wenn sie aus dieser Beobachtung ganz unterschiedliche Konsequenzen ziehen (vgl. o. 1.3; 1.11; 1.13).

[265] Für die Wortüberlieferung ist diese Beobachtung einzuschränken: Vgl. Joh 20,23 und Mt 16,19; 18,18.

johanneischen Erscheinungsgeschichten finden sich synoptische Parallelen bei den synoptischen Erscheinungsgeschichten.[266]

In Joh 21 dagegen finden sich Ähnlichkeiten zu synoptischen Stellen, die Joh 21 als Erscheinungsgeschichten darstellt, obwohl die entsprechenden synoptischen Stellen in vorösterlicher Zeit verankert sind. Es stellt sich die Frage, welche Zuweisung wohl die ältere ist: Entweder sind Erscheinungsgeschichten zu vorösterlichen Erzählungen geworden, dann hätte Joh 21 den ursprünglichen Zeitrahmen treuer bewahrt als die Synoptiker. Diese Möglichkeit wird heute kaum noch vertreten.[267] Der umgedrehte Weg ist sehr viel wahrscheinlicher: Erst Joh 21 verschiebt vorösterliche Erzählungen in die Zeit nach der Auferstehung. Eine solche Verschiebung des Zeitrahmens gibt es beim Erzählstoff in Joh 1–20 nicht. Insofern fällt die Verwendung von synoptischen Stoffen in Joh 21 gegenüber Joh 1–20 auf. Es dürfte daher lohnend sein, für Joh 21 die Ähnlichkeiten zu synoptischen Überlieferungen genauer zu prüfen. Dazu sollen zunächst die einschlägigen Parallelstellen vorgestellt und das Verhältnis zu Joh 21 bewertet werden. Dabei geht es zunächst um die Traditionen, die der Verfasser von Joh 21 selbst kannte, dann aber auch um die Kenntnisse von Traditionsstoffen, die der Verfasser von Joh 21 bei seinen Lesern voraussetzt.

Kenntnis von synoptischer Überlieferung beim Verfasser von Joh 21 läßt sich vor allem bei zwei Stellen in Joh 21 vermuten. Zunächst ist das Verhältnis der johanneischen Fischfanggeschichte Joh 21,1–14 zur lukanischen Darstellung von der Berufung der ersten Jünger in Lk 5,1–11 zu klären (4.1.1). Dann geht es um die Ähnlichkeit zwischen dem Wort Jesu an Petrus „Weide meine Lämmer" (Joh 21,15–17) zu dem Petrus-Fels-Wort in Mt 16 (4.1.2). Die behandelten Stellen aus Mt 16 und Lk 5 sind Sondergutstellen. Daß Joh 21 auf zwei Sondergutstellen zweier unterschiedlicher Evangelien anspielt, ist anschließend noch zu würdigen (4.1.3). Im folgenden Abschnitt frage ich nach der Herkunft der Abendmahlsanspielungen in Joh 21,9–13 (4.1.4). Schließlich untersuche ich eine Überlieferung, die in Joh 21,20–23 zitiert wird. Wieweit diese Überlieferung über die johanneische Tradition hinaus auf synoptische Tradition hinweist, fragt der letzte Unterabschnitt (4.1.5).

4.1.1 Die Verarbeitung von Lk 5,1–11 in Joh 21,1–14

Joh 21,1–14 steht mit Lk 5,1–11 in einem verwandtschaftlichen Verhältnis.[268] Zu viele Ähnlichkeiten lassen eine völlig unabhängige Vorgeschichte beider

---

[266] Vgl. Joh 20,19–23 und Lk 24,36–43.
[267] Vgl. Pesch, Fischfang 111–113 (Lit.): das für Erscheinungsgeschichten typische Wiedererkennungsmotiv ist in Joh 21 nur aufgesetzt; Becker, Joh II 638 f. (2. Aufl.). Als ursprüngliche Erscheinungsgeschichte deutete die Tradition hinter Joh 21/Lk 5 z.B. Bultmann, vgl. o. 1.3.
[268] So etwa Bultmann, Joh z.St.; Pesch, Fischfang 13–38. 53–85. 107–110; Lorenzen, Lieblingsjünger 67–69.

Perikopen ausschließen. Doch wie ist diese Vorgeschichte genauer zu bestimmen? Sind Lk 5 und Joh 21 nur Geschwister einer gemeinsamen älteren Tradition? Oder hat der Verfasser von Joh 21,1–14 die lukanische Perikope im Verbund des Lk-Ev vorgefunden?

Um diese Frage zu beantworten, sind zunächst redaktionell lukanische Stücke in Lk 5,1–11 auszumachen. Dann ist zu untersuchen, ob Joh 21 ein solches redaktionell lukanisches Stück voraussetzt. Erst wenn dieser Nachweis gelungen ist, ist es naheliegend, für den Verfasser von Joh 21 anzunehmen, daß er das Lk-Ev vorliegen hatte.

Der erste Schritt, lukanische Redaktion in Lk 5,1–11 nachzuweisen, bereitet einige Schwierigkeiten. Lk 5,1–11 könnte eine uns unbekannte Quelle bearbeitet haben, die dann auch unabhängig von ihrer lukanischen Bearbeitung zu Joh 21 gelangt sein könnte. Doch Frans Neirynck hat gewichtige Argumente vorgebracht, daß Lk 5,1–11 literarisch die Vorlage für Joh 21 abgab. M.E. sind dessen Argumente zumindest plausibler als gelegentlich postulierte verwickelte Textrezeptionen, für die keine Belege aufgewiesen werden können.[269]

Der Deutung Neiryncks hat Fortna widersprochen,[270] v.a. weil das Lk-Ev als Vorlage von Joh 21 für die Leser von Joh 21 keine erhellenden Einsichten ermöglichen würde. Anders dagegen würde die durch Fortna erschlossene Quelle von Joh 21* die joh Redaktion auch für die Leser verständlich machen. Er beschränkt sich dabei auf eine „Quelle", die hinter der Fischfanggeschichte stünde; die weiteren Bezüge zu Synoptikerstoffen übergeht er (392 f.) bzw. wertet er als belastend für die Annahme von Synoptikerrezeption in Joh 21 (399 A. 48; vgl. 393 zu Lk 24). Nur dadurch kann er seiner angenommenen Quelle und den uns erhaltenen Quellen die gleiche Bedeutung zusprechen (393: „their [i.e. the synoptics, T. H.] use by the Fourth Evangelist is equally hypothetical"; vgl. 396). Weil Fortna die unterschiedlichen Szenen in Joh 21 isoliert, setzt er sich nicht mit dem Argument auseinander, daß gerade die Mehrzahl von Sondergutanspielungen in Joh 21 gegen die These spricht, daß Joh nur von verlorenen Quellen und nicht von den Evangelien direkt abhängt (vgl. u. 4.1.3).

Joh 21 verarbeitet das Lk-Sondergut anders als etwa Lk und Mt ihrerseits den Mk-Stoff übernehmen. Zwar erzählt Joh 21,1–14 in vielen Einzelzügen dieselbe Geschichte wie Lk 5,1–11.[271] Nur die zwischen Synoptikern übliche Übernahme von einzelnen Formulierungen tritt bei Joh 21 auffällig zurück.

Kaum ein Wort haben die sachlich verwandten Erzählungen gemeinsam. Ausnahmen bestätigen die Regel. Lk 5 und Joh 21 heben die außerordentlich große

---

[269] NEIRYNCK, John 605–609. Vor N. haben ähnliches versucht: ECKHARDT nach THYEN, ThR 42, 238; THYEN, Entwicklungen 261 ff., vgl. DERS., ThR 42, 247. BAMMEL, Resurrection 629–631 vermutet eine Petrustradition über dessen Selbsttaufe als Quelle von Joh 21. Dies sei eine Tradition, die bereits der Redaktor von Joh 21 nicht mehr verstanden hätte (aaO. 631). Der Beitrag vermutet, daß diese „Quelle" ursprünglich im EvPetr zu finden gewesen war (aaO. 622 f.; 631 A. 55).

[270] FORTNA, Reading 387–399. Im folgenden Absatz verweisen die Zahlen in Klammern auf diesen Aufsatz.

[271] Die Gemeinsamkeiten zählt z.B. BROWN, Joh II 1090 auf; vgl. FORTNA, Reading 390.

Fischmenge mit fast derselben Formulierung hervor: πλῆθος ἰχθύων πολύ (Lk 5,6), ἀπὸ τοῦ πλήθους τῶν ἰχθύων (Joh 21,6).[272] Ähnliche Vokabeln verbinden auch Lk 5,3 ἐμβὰς ... εἰς ἓν τῶν πλοίων mit Joh 21,3: ἐνέβησαν εἰς τὸ πλοῖον. Die sachlich gleiche Aussage, daß die Jünger während der Nacht nichts fingen, formulieren Lk 5,5 und Joh 21,3 mit der Vokabel νύξ, beide haben οὐδέν für die Verneinung.

Daß die Zebedaiden in Joh 21,2 sehr auffallen, ist eine Standardbeobachtung. Das Joh-Ev nennt dieses Brüderpaar vorher nicht. Die spätere kirchliche Tradition identifiziert den Verfasser des Joh-Ev mit dem Zebedaiden Johannes (vgl. u. Kap. IV 3). Für diese kirchliche Tradition ist die einzige Nennung der Zebedaiden in Joh 21,2 natürlich sehr bedeutsam geworden. Doch diese besondere Bedeutung der Zebedaiden läßt der Text von Joh 21 selbst kaum erahnen. So wichtig der eine Zebedaide Johannes in der späteren Tradition für das Joh-Ev wurde, so unbedeutend ist er hier in Joh 21. Die Nennung der Zebedaiden in Joh 21,2 erklärt sich wohl am besten, wenn der Verfasser von Joh 21 diese Personen in seiner Quelle vorfand und in seinen Text übernahm. Diese Quelle muß nicht erschlossen werden, da Lk 5,1–11 die Nennung der Zebedaiden in Joh 21,2 m.E. hinreichend plausibel macht.

Joh 21,2 nennt Simon Petrus als ersten Jünger und „die (Söhne) des Zebedäus" als letzte der namentlich genannten Jünger. In der Zusammenstellung von Simon Petrus und den Zebedaiden kann Joh 21,2 an Lk 5,10a anknüpfen. Dieser Versteil faßt die Berufung des Simon (Lk 5,10; Lk 5,8: „Simon Petrus"[273]) und die der Zebedaiden zusammen. Lk dürfte die Zebedaiden (Lk 5,10a) redaktionell an dieser Stelle der Geschichte eingefügt haben. Lukanische Redaktion in Lk 5,10a läßt sich zunächst sprachlich stützen. Der Satzanschluß in Lk 5,10 mit ὁμοίως δὲ καί ist wohl lukanisch (ähnlich Lk 10,32 [Sondergut]).[274] Indem Lk das Brüderpaar mit Petrus zusammenstellt, gelangen auch die Zebedaiden unter die Verheißung des Herrn, Menschenfischer zu werden. Mk und ihm folgend Mt nennen das Brüderpaar erst nach der schon erfolgten Berufung des Petrus, sie trennen also diese Personen, wenn sie von deren Berufung berichten.

Die Zusammenstellung der Zebedaiden mit Petrus in der Fischwundergeschichte setzt die Jüngerliste Joh 21,2 voraus. So könnte Joh 21,2 die Zebedaiden aus der Fischwundergeschichte Lk 5,1–11 übernommen haben. Ohne diese literarische Abhängigkeit wäre die Nennung der Zebedaiden in Joh 21,2 m.E. unmotiviert und die Zusammenstellung mit Petrus in Joh 21 eine Parallelentwicklung zu Lk 5.

---

[272] Neirynck, John 606.

[273] Beide Namen Simon Petrus nebeneinander finden sich im Lk-Ev nur in Lk 5,8 (vgl. Apg 10,18; 11,13) und im Mt-Ev nur in Mt 16,16 (vgl. aber 4,18; 10,2). Im Joh-Ev häufiger, nach Bauer, s.v. Πέτρος (1319).

[274] Pesch, Fischfang 71 vgl. 58.

Nimmt man die Beobachtungen zusammen, kann man verstehen, daß Ernst Haenchen zu Joh 21,1–14 resümierte: „Der Autor unseres Kapitels dürfte mindestens das Lukasevangelium gekannt haben".[275]

In seiner Fischfangerzählung berichtet Lk, das Netz habe zu reißen gedroht (Lk 5,6). Lk befrachtet das Fischernetz mit einer Symbolik, die schwerlich mündlich weitergegeben wurde. Übertragen auf die Sachebene geht es bei dieser Symbolik vom zu reißen drohenden Netz um die durch große Missionserfolge bedrohte Einheit der Kirche. Solche bedeutungsschwangeren Nebenzüge sprechen gegen eine mündliche Überlieferung des Stoffes, sie deuten eher hin auf die Hand eines schriftlichen Bearbeiters, der sich mit einiger Wahrscheinlichkeit als Lk erweisen läßt. Diese Symbolik zielt nämlich auf das Thema Einheit der Kirche, das Lk auch andernorts hervorhebt. Hier wie sonst öfters unterstreicht Lk, daß die Kirche in der ersten Zeit noch durch Einheit gekennzeichnet gewesen sei (vgl. Apg 2,44; 4,32). Wie in Lk 5 symbolisiert das *eine* Netz in Joh 21 die Einheit der Kirche.

Insgesamt verwendet Joh 21 nicht dieselben Bausteine, sondern übernimmt den Bauplan der Geschichte Lk 5,1–11. Trotz der Unterschiede in der Darstellung läßt sich redaktionell lukanisches Material in Joh 21,1–14 und somit die Kenntnis des Lk-Ev beim Autor von Joh 21 annehmen.

4.1.2 Die Verarbeitung von Mt 16,17–19 in Joh 21,15–17

Das Petrus-Fels-Wort aus dem Mt-Ev und die dreimalige Anweisung an Petrus „Weide meine Lämmer" sind loci classici aller späteren Diskussionen um die Bedeutung des Apostels Petrus. Die beiden Stellen verbindet vielleicht aber nicht nur die Wirkungsgeschichte. Auch wenn man die anachronistische Frage nach dem Petrusprimat von den Bibelstellen fernhält, fallen sachliche Gemeinsamkeiten auf, die Joh 21,15–17 mit Mt 16,17–19 verbinden.[276]

Die petrinische Vorrangstellung bündeln beide Bibelstellen zu einer Funktion, die Petrus für die eine Kirche bzw. Herde Jesu Christi wahrnehmen soll (vgl. u. 4.2.3). Neben dieser grundsätzlichen Übereinstimmung weisen beide Stellen inhaltliche Ähnlichkeiten auf. In beiden Fällen spricht ὁ Ἰησοῦς zu Petrus (Mt 16,17/Joh 21,15). Im Mt-Ev redet freilich der irdische Jesus, während im Kontext von Joh 21 der Auferstandene zu Petrus spricht.

Auch hier ist zu prüfen, ob gemeinsame Tradition hinter den beiden Stellen die Ähnlichkeiten hinreichend erklärt oder ob Joh 21,15–17 als literarisch abhängig von Mt 16,17–19 zu erweisen ist.[277]

---

[275] HAENCHEN, Joh 585.

[276] Vgl. BROWN, Joh I 301 f.; DAVIES-ALLISON, Mt II 602–615.

[277] Ohne sich auf eine literarische Abhängigkeit festzulegen, konstatieren etwa: HAENCHEN, Joh 588: „Die in Joh 21,15–17 wiedergegebene Tradition scheint die von Mt 16,17

Bei Mt 16,17–19 handelt es sich um Mt-Sondergut. In der Rahmung der Petrus-Fels-Worte (Mt 16,13–16.20) folgt Mt seiner markinischen Vorlage. Für die so gerahmten Verse Mt 16,17–19 sind sehr unterschiedliche Traditionsgeschichten vermutet worden. Eine umfassende Darstellung bietet Ulrich Luz, an die ich mich hier anschließe. Luz untersucht die Herkunft der Verse 17 und 18 f. getrennt. Entsprechend stelle ich erst die Ähnlichkeiten zwischen Mt 16,17 und Joh 21,15–17 vor (1), dann die zwischen Mt 16,18 f. und Joh 21,15–17 (2).

(1) *Mt 16,17 und Joh 21,15–17.* Mt 16,17 deutet Luz als redaktionelle Überleitung des Evangelisten, die Mt erlaubt, das vormatthäische Gut der Verse 18 f. einzubauen. Folgende Argumente nennt er für seine These: Zunächst sind Vermutungen äußerst unwahrscheinlich, die für Mt 16,17 einen vom Petrusbekenntnis abgelösten Kontext postulieren. Der Inhalt der in Mt 16,17 angesprochenen Offenbarung muß vorher genannt gewesen sein. So erweist sich V 17 als abhängige Ergänzung. Da Mk diese Ergänzung schwerlich gestrichen hätte, dürfte er sie noch nicht gekannt haben. Für ihre Herkunft bleibt so nur die Zeit zwischen nachmarkinischen Zusätzen bis zur matthäischen Redaktion. Wegen matthäischer Spracheigentümlichkeiten dürfte Mt 16,17 als redaktioneller Vers anzusehen sein.[278]

Damit wäre auch die Anrede an Petrus als „Simon, Sohn des Jona" in Mt 16,17 als ein redaktionelles Element bei Mt festgeschrieben. Für diese Anrede findet sich nur eine Parallele im Neuen Testament, nämlich in Joh 21,15: Σίμων ᾽Ιωάννου Joh 21,15/ Σίμων Βαριωνᾶ Mt 16,17. Beide Stellen nennen in unterschiedlicher Sprache den Namen des Vaters des Petrus. Der griechischen Benennung „Johannes" entspricht das aramaisierende „Jona" im „Bar-Jona" des Mt-Sondergutes.[279] In Joh 21,15 sind verschiedene Anredeformen überliefert. Als verläßlich wird i.a. die der matthäischen Anrede weniger ähnliche Form Σίμων ᾽Ιωάννου angesehen, statt der Anrede Σίμων ᾽Ιωνᾶ.

Wäre die Anrede an Petrus redaktionell matthäisch, spräche die Ähnlichkeit zu der Joh 21 vorkommenden Anrede an Petrus gegen eine bloße Traditionsverwandtschaft zwischen Joh 21 und Mt 16. Die Benennung des Petrus in Mt 16,17 bewiese dann letztlich, daß Joh 21 literarisch vom Mt-Ev abhinge. Diese Argumentation trägt nur, wenn der ganze Vers Mt 16,17 samt der darin enthaltenen Benennung des Petrus durch Mt redaktionell gebildet wurde. Doch die Benennung des Petrus könnte durchaus ein vorgegebenes Überlieferungselement sein,

---

benutzte Überlieferung zu kennen"; Luz, Mt II 458 vermerkt die „enge Sachparallele Joh 21,15–17".

[278] So im Gefolge von Vögtle v.a. Luz, Mt II 454, der aaO. auch die Matthäismen aufzählt.

[279] Vgl. Rüger, Art. Aramäisch, 603 f. (sub 1.6); Bauer, Wb s.v. (268). Luz, Mt II 454 A. 15 fin.: „Schwierig bleibt Βαριωνά, da Mt Aramaismen eher vermeidet". Davies-Allison, Mt II 622, die eine red. Änderung des Mt nicht ausschließen, durch die Petrus mit dem Propheten Jona in Beziehung gebracht werden soll.

das Mt in den sonst redaktionell geschaffenen Vers Mt 16,17 aufnimmt. Wieder öffnet sich so eine Möglichkeit, daß Joh 21 nur von einer Quelle des Mt-Ev, nicht von diesem selbst abhängig ist. Tatsächlich gibt es gerade bei der Namensbezeichnung des Petrus als „Simon, Bariona" (Mt 16,17) einen sprachlichen Hinweis darauf, daß Mt hier einen Traditionssplitter aufgenommen hat. Die aramaisierende Anrede „Bariona" für „Sohn des Jona" fällt innerhalb der Mt-Redaktion auf. Sonst streicht der erste Evangelist gelegentlich Aramaismen, die er in seiner Markusvorlage vorfand.[280] Es könnte also gerade die aramaisierende Anrede ein vormatthäisches Traditionsstück innerhalb des sonst redaktionellen Verses Mt 16,17 sein. Die Ähnlichkeit zwischen Joh 21,6 und Mt 16,17 in der Anrede des Petrus genügt also allein noch nicht, um für Joh 21 eine literarische Abhängigkeit vom Mt-Ev zu erweisen.

(2) *Mt 16,18f. und Joh 21,15–17.* Joh 21,15–17 stimmt inhaltlich auch mit Mt 16,18f. in manchen Punkten überein. Jesus redet in beiden Perikopen direkt zu Petrus. In beiden Fällen beauftragt Jesus den Petrus, für die Gläubigen zu sorgen. Die Bezeichnungen für die Gemeinschaft der Gläubigen wechselt von „οἰκοδομήσω μου τὴν ἐκκλησίαν" zu „ποίμαινε τὰ πρόβατά μου" (Joh 21,16fin) bzw. „βόσκε τὰ πρόβατά μου" (Joh 21,17fin). Die unterschiedlichen Bezeichnungen zielen in beiden Fällen auf dieselbe Größe: Die alle Gläubigen umfassende Gemeinschaft der Gläubigen.[281] Die Kirche bzw. Herde wird in beiden Fällen durch das Possessivpronomen μου an Jesus gebunden. Die futurische Formulierung in Mt 16,18 erlaubt zu sagen: sie wird an den Auferstandenen gebunden. Die Funktion des Petrus ist in beiden Fällen bildlich ausgedrückt. Nach Mt verheißt Jesus dem Petrus, Fels zu sein, auf dem Jesus seine Kirche bauen wird. Das Bild vom „Felsen" dürfte ähnlich biblisch vorgeprägt sein,[282] wie die johanneische Beauftragung, „Hirte" zu sein.

Unmatthäische Eigentümlichkeiten lassen Luz für Mt 16,18b.19bc eine vormatthäische Tradition annehmen, die der Evangelist mit einer Einführung versah: Die Worte Κἀγὼ δέ σοι λέγω ὅτι (Mt 16,18a) seien matthäisch.[283] Ebenso gestaltet der Evangelist wohl redaktionell Mt 16,19a als Übergangswendung für den traditionellen Versteil 19bc. Die beiden Traditionen V 18b und V 19bc dürften unabhängig voneinander zu Mt gelangt sein, da sie außerhalb von Mt 16 getrennte Parallelen haben. Für unsere Frage bleibt somit die hinter Mt 16,18 stehende Tradition bedeutsam.

---

[280] So nach LUZ, Mt I 56 A. 98; vgl. LUZ, Mt II 454 A. 15.

[281] Für Mt: Luz Mt II 461f.: Daß die Gesamtkirche angesprochen ist, ergibt sich daraus, „daß Jesus ja nur *eine* ἐκκλησία bauen kann" und aus dem Bild der Kirche als Bau, das auf den Gottesvolkgedanken anspielt. Die Argumentation gilt für Joh 21 analog.

[282] Vgl. LUZ, Mt II 462f., der u.a. auf die Zionstradition des Jerusalemer Tempels (Jes 28,14–22) verweist.

[283] LUZ, Mt II 454.

Die hinter Mt 16,18 zu vermutende Tradition könnte auch unabhängig vom ersten Evangelisten zu dem Verfasser des johanneischen Nachtragskapitels gekommen sein. Diese Möglichkeit ist nicht auszuschließen. Doch gegen diese Möglichkeit sprechen drei sich gegenseitig verstärkende Beobachtungen.

(1) Mt 16,17 f. und Joh 21,15–17 sind szenisch ähnlich angelegt.

(2) In Mt 16,17 und in Joh 21,15 finden sich ähnliche Benennungen für Petrus, die zumindest einen gemeinsamen Traditionshintergrund nahelegen.

(3) Inhaltlich beauftragt Jesus in beiden Perikopen dieselbe Person, für die Gesamtkirche wirksam zu sein (Mt 16,18/Joh 21,16 f.).

Die Punkte (2) und (3) nennen Traditionen bzw. Motive, die sich innerhalb der vier Evangelien nur bei den genannten zwei Stellen finden, dort aber in beiden Perikopen verbunden vorliegen. Beide Motive sind wahrscheinlich erst durch die Einleitung Mt 16,18a verbunden worden, diese Einleitung stammt vom Redaktor Mt. Diese Indizien machen m.E. die Annahme plausibel, daß Joh 21,15–17 die matthäische Szene Mt 16,17 f. voraussetzt.[284]

4.1.3 Disparate Sondergutüberlieferungen als Hinweis auf literarische Verarbeitung

In Joh 21 sind mehrere Themenkomplexe verbunden, die sich getrennt auch bei den Synoptikern finden. Dabei bezieht sich Joh 21 auf Sondergut des Mt und Sondergut des Lk. Ein „wasserdichter" Beweis für die literarische Abhängigkeit des Kap. Joh 21 von den großen Synoptikern läßt sich nicht erbringen. Lk 5,1–11 ist als literarische Vorlage von Joh 21 einigermaßen gut gesichert, Mt 16,17 f. dagegen konnte nur als wahrscheinliche literarische Vorlage von Joh 21 bezeichnet werden. In beiden Fällen für sich genommen läßt sich letztlich nicht ausschließen, daß Joh 21 vielleicht nur aus denselben Überlieferungen schöpfte, die uns im Mt-Ev und Lk-Ev vorliegen. In diesem Fall wären die Überlieferungen zum Verfasser von Joh 21 noch unabhängig vom Mt- und Lk-Ev gelangt.

Wäre nur eine Sonderüberlieferung zum Joh-Ev hinzugetreten, wäre es gut vorstellbar, daß die Tradenten dieser Überlieferung auch zur johanneischen Schule gelangten. Nun liegen aber mindestens zwei solche Überlieferungen vor. Die

---

[284] Schmithals, Johannesevangelium 238 beruft sich auf Holtzmann und erweitert eine Vermutung Harnacks (vgl. Frank, Sinn 141 A. 43; Luz, Mt II 464 A. 80): „[E]s dünkt mich mehr als nur wahrscheinlich zu sein, daß uns mit Mt 16, (17) 18–19 eine römische Interpolation aus der Zeit der Kanonbildung begegnet". Mt 16, (17) 18 f. und Joh 21 gingen dann letztlich auf dieselbe Lieblingsjüngerredaktion zurück (vgl. aaO. 238–240). Schmithals setzt diese Redaktion in Rom zwischen 160 und 180 an (vgl. o. 1.13). Für einen so späten Eingriff finden sich weder Verteidigungen der ältesten, dann fast zeitgleichen Kirchenväter noch Hinweise in der Textüberlieferung. Wenn man bedenkt, daß der längere Mk-Zusatzschluß für Irenäus schon unhinterfragt Schluß des Mk-Ev war (s.u. Kap. V 3.2) und trotzdem viele Textzeugen dessen zweifelhafte Echtheit vermerken, wenn sie ihn überhaupt lesen (vgl. o. Kap. II 1.1), wird die Annahme Schmithals' m.E. sehr unwahrscheinlich.

Kombination der beiden Überlieferungen in Joh 21 spricht m.E. für die Annahme, daß Joh 21 die Sonderguttraditionen aus den schriftlich fixierten Evangelien entnahm.

Diese Annahme läßt sich indirekt stützen: Die gegenteilige Annahme müßte ein Zusammenkommen von Möglichkeiten voraussetzen, das in seiner Summe sehr unwahrscheinlich wird. Angenommen, es existierten tatsächlich die vermuteten vormatthäischen und vorlukanischen Traditionen, dann hätten sie einerseits recht frei kursieren müssen, um zu Mt bzw. Lk und unabhängig von diesen Evangelien auch zum Verfasser von Joh 21 gelangen zu können. Andererseits hätten diese Traditionen nirgends sonst in der urchristlichen Überlieferung Spuren hinterlassen. Dieser Überlieferungsweg ist zwar möglich, aber nicht sehr wahrscheinlich. Gegenüber Hypothesen, die mehrere Vorstufen erschließen müssen, erscheint mir die Annahme ungleich plausibler, daß Joh 21 literarisch von Mt und Lk abhängig ist.

4.1.4 Die Erscheinungsgeschichte in Joh 21,9–13 und mögliche synoptische Parallelen

Neben den beiden bereits vorgestellten Stellen finden sich noch einzelne Motive und Szenen in Joh 21,9–13, für die in den Synoptikern Parallelstellen zu finden sind. V.a. für die Abendmahlsanspielungen in Joh 21,9–13 ist zu prüfen, ob sie hinreichen, eine redaktionell formulierte Vorlage in einem der synoptischen Evangelien ausfindig zu machen.

Die Jünger kommen ans Festland und gewahren neben einem Kohlenfeuer[285] nicht zuerst den Herrn, sondern einen Fisch und ein Brot. Diese Gegenstände erhalten durch ihre ausdrückliche Nennung besonderes Gewicht.[286] Nachdem der wundersame Fischfang gesichert im Netz vorliegt, fordert Jesus zum Mahl auf. Dem Zeitrahmen der Fischwundergeschichte folgend, fordert er zum Frühstück auf (Joh 21,12). Die Formulierungen in Joh 21,9–13 spielen mehrfach auf Abendmahlshandlungen an. Einige dieser Anspielungen zeigen Ähnlichkeiten zu synoptischen Berichten.

Jesus ist allein mit seinen Jüngern. Er nimmt zuerst Brot. Die Vokabelreihenfolge „er nahm" und „er gab" trennt einen natürlicherweise zusammengehörigen Handlungsablauf. Daß beide Handlungen einzeln benannt werden, spielt wohl auf eine Abendmahlshandlung an. Im Kontext der Einsetzungsworte bedarf es der getrennten Nennung, weil zwischen beiden Handlungen die Deuteworte

---

[285] Die Vokabel für das Kohlenfeuer findet sich im Evangelium schon bei der Verleugnungsszene Joh 18,18. Ob mit diesem Stichwort auch Erinnerungen an diese Geschichte geknüpft werden sollen (so etwa THYEN, Joh 21, 159 A. 33), erscheint mir unbeweisbar.

[286] Die beiden Nahrungsmittel, Fisch und Brot, führt Joh 21,9 ohne Artikel ein. Joh 21,13 bezieht sich auf Brot und Fisch und nennt beide mit bestimmtem Artikel in umgedrehter Reihenfolge.

gesprochen werden. Die Vokabeln „λαμβάνειν" und „διδόναι" für die entsprechenden Handlungen haben z.b. die Abendmahlsworte synoptischer Provenienz gemeinsam mit unserer Stelle.[287] Wie dort verwendet Jesus auch hier Brot, ἄρτον. Die Anspielungen sind insgesamt zu unspezifisch, um eine bestimmte z.B. synoptische Form der Einsetzungsworte als literarischen Hintergrund erweisen zu können. Allgemeine liturgische Hintergründe würden die Abendmahlsanspielungen in Joh 21,9–13 schon hinreichend erklären.

Einzelne Anspielungen auf das Abendmahl in Joh 21 finden sich bereits in Joh 6 vorgebildet. Die Gemeinsamkeiten zwischen Joh 6 und 21 unterstreicht derselbe Ort der Handlung. Nur diese beiden Szenen lokalisiert das Joh-Ev am See Tiberias.[288] In Joh 6,11 wie hier in Joh 21 besteht das Mahl aus Brot (ἄρτον) und Fisch (ὀψάριον). Die Reihenfolge gleicht sich in beiden Fällen.[289]

Insgesamt kann für Joh 21,9–13 eine literarische Vorlage bei den Synoptikern nicht nachgewiesen werden. Vielmehr genügen die johanneischen Überlieferungen neben allgemeinen liturgischen Anspielungen, um die Abendmahlsanspielungen in Joh 21,9–13 zu erklären.

4.1.5 Ein Wort Jesu an Petrus und seine zwei Kommentierungen in Joh 21,20–23

Joh 21,22 f. spielt in zwei Formulierungen auf ein Wort Jesu an. Zunächst sagt der Auferstandene zu Petrus. „Wenn ich will, daß er bleibt, bis ich komme, was (bedeutet das schon) für dich?" Joh 21,23 fügt erläuternd an: „Es ging nämlich das derartige Wort aus zu den Brüdern, daß jener Jünger nicht stürbe; Jesus sagte aber nicht zu ihm, daß er nicht stürbe, sondern: Wenn ich will, daß er bleibt, bis ich komme, was (bedeutet das schon) für dich?"

Der zitierte Abschnitt blickt auf eine etwas verwickelte Auslegungsgeschichte eines Wortes Jesu zurück. Da in dieser Auslegungsgeschichte johanneische und außerjohanneische Überlieferungen verknüpft werden, lohnt es sich, dieser Geschichte in ihren unterschiedlichen Phasen genauer nachzugehen. In dieser Auslegungsgeschichte sind drei Textstufen zu unterscheiden. Am Anfang steht ein Wort Jesu, dann folgt eine Auslegung des Wortes Jesu, im folgenden „Auslegung der Brüder" genannt. Zuletzt korrigiert der Verfasser von Joh 21 diese Auslegung der Brüder. Diese drei Textstufen sollen im folgenden in ihrer Abfolge erklärt werden (1–6).

---

[287] Beim Brotwort: Mk 14,22; Mt 26,26; Lk 22,19; vgl. 1Kor 11,23. Beim Kelchwort: Mk 14,23; Mt 26,27; Lk 22,20 nimmt die Verben mit der Partikel „ὡσαύτως" auf; vgl. Lk 24,30.

[288] BROWN, Joh II 1099.

[289] Ungeklärt wie in Joh 6 ist auch hier, wie ein Fisch zu der Ehre kommen kann, auf die Elemente des Abendmahls zu verweisen. Schwerlich stand das Akrostichon ἰχθύς dafür Pate, da in beiden Fällen die Vokabel ὀψάριον verwendet wird.

Das Wort Jesu nennt der Abschnitt anfangs und wiederholt es nach der Auslegung der Brüder. Zunächst wird dieses Wort Jesu (1), dann die Auslegung der Brüder vorgestellt werden (2). Darauf stelle ich eine Hypothese vor (3), die versucht, die Auslegung der Brüder in die Wirkungsgeschichte des Jesuslogions von Mk 9,1parr zu stellen (4–6). Die Überlieferung des Jesuslogions Mk 9,1parr in den kirchlichen Evangelien (4) bereitet die Voraussetzungen, für den anschließend dargestellten Erklärungsversuch (5), aus dem heraus dann auch die Korrektur verständlich wird, die der Verfasser von Joh 21 an der Auslegung der Brüder vornimmt (6).

(1) Das Wort Jesu Joh 21,22.23 fin. Joh 21,22 f. nennt ein Wort Jesu an Petrus und argumentiert mit dem zweimal gleich angeführten Wortlaut: „ἐὰν αὐτὸν θέλω μένειν ἕως ἔρχομαι, τί πρὸς σέ;" (Joh 21,22.23 fin). Dieses Wort Jesu setzt eine Szene voraus, in der die drei beteiligten Personen vorgestellt werden. Im Kontext von Joh 21 spricht Jesus zu Petrus über den Lieblingsjünger. Die Herkunft dieses Jesuswortes gibt Rätsel auf. Im Joh-Ev findet sich keine Szene und kein Wort Jesu, aus dem heraus sich das hier angedeutete Jesuslogion erschließen ließe. Wäre Joh 21 auch in den Versen 22 f. der kunstvolle Epilog des Evangeliums, wäre eine Vorbereitung dieses Logions im Evangelium zu erwarten. Eine solche fehlt aber. Die Verheißung und deren Anwendung auf den Lieblingsjünger setzen vielmehr eine Eschatologie voraus, die dem vierten Evangelium sonst fremd ist.[290]

Das Wort Jesu könnte aus einer sonst im Joh-Ev übergangenen Quelle stammen. Das Stichwort „Bleiben" in Joh 21,22 f. klingt johanneisch, etwas auffälliger im johanneischen Kontext ist die zeitliche Begrenzung „bis ich komme". Der Hinweis auf Jesu Kommen thematisiert die Wiederkunft Jesu. Im Joh-Ev spricht Jesus vielfach von seiner Verherrlichung, von seinem Weggang und seiner Erhöhung, allerdings selten von seiner Wiederkehr. Die nicht eben zahlreichen Ausnahmen (z.B. Joh 14,3.18b.28)[291] betonen eher, *daß* Jesus wiederkommen wird, sie entfalten nicht die Zeit bis zu Jesu Wiederkunft wie das Wort in Joh 21. Eine Herkunft aus der johanneischen Schulüberlieferung ist daher nicht sehr wahrscheinlich.

Der Verfasser von Joh 21 identifiziert sich mit dem Wort Jesu soweit, daß er eine Fehlinterpretation dieses Wortes ausdrücklich korrigiert.[292] Genauere histo-

---

[290] Vgl. SCHNACKENBURG, Joh III 417. 441 – wieder erscheint nur die Apokalypse als nahe Parallele: SCHNACKENBURG, III 441 f. BECKER, Joh II 649 (2. Aufl.): „Nun vertritt die KR [die kirchliche Redaktion, die nach B. Joh 21 verfaßte, T.H.] … wohl die traditionelle Vorstellung von der Parusie des Herrn …, aber nirgends mehr solche Naherwartung."

[291] Vom zukünftigen Sehen Jesu reden z.B. Joh 14,19.21; 16,16.22 f.; 1Joh 3,2; vielleicht 1Joh 2,28. Zur Wiederkunft Jesu im Joh-Ev s. z.B. BULTMANN, Theologie 410 f. 437, der die Parusieaussagen im Joh-Ev als traditionelle Redeweise interpretiert, die der Evangelist mit der Osterverheißung identifiziere: „Auferstehung und Parusie Jesu sind für Johannes identisch" (aaO. 410); ferner transformiere Joh die Parusieaussagen zu einem inneren Geschehen (aaO. 410 mit Hinweis auf Joh 14,22 f.).

[292] Zur Korrektur des Verfassers von Joh 21 an der Auslegung der Brüder s.u. (6).

risch verifizierbare Aussagen über die Herkunft des Wortes Jesu in Joh 21,22.
23 fin sind m.E. nicht möglich.

(2) Die Auslegung der Brüder Joh 21,23. Nachdem das Wort Jesu in Joh 21,22
erstmals genannt wurde, nennt der folgende Vers eine Auslegung in Joh 21,23*.
Joh 21,23 führt eine Auslegung des Wortes Jesu so ein, daß die Kenntnis der
Auslegung bei den Lesern von Joh 21 vorausgesetzt wird: „ἐξῆλθεν οὖν οὗτος
ὁ λόγος εἰς τοὺς ἀδελφοὺς ὅτι ...“ („Es gelangte nun das Wort derartig zu den
Brüdern ...“).[293] Mit dem vorangestellten[294] adjektivischen Demonstrativpronomen („derartig“) zu dem Nomen λόγος deutet der Verfasser von Joh 21 darauf
hin, daß er das Wort Jesu von der Auslegung (Joh 21,23a) unterscheidet und
unterschieden wissen will (vgl. Joh 21,23b).

Welche Menschen die Auslegung aufbrachten, läßt sich nurmehr vermuten.
Leider vermeidet Joh 21 jegliche Angabe über die Herkunft der Auslegung.[295]
Allein daß es auch bei den „Brüdern“ auftauchte, besagt der Vers Joh 21,23a.
Diese Brüder sind für Verfasser und Leser offenbar bekannt, da sie Joh 21,23
ohne Näherbestimmung mit bestimmten Artikel nennt.

Der „D-Text“[296] des Cantabrigiensis fügt nach den Brüdern noch die Worte
„καὶ ἔδοξαν“ ein und klärt so die Position der Brüder zum Inhalt der Auslegung:
„und sie (sc. die Brüder) meinten, daß dieser nicht stürbe ...“ Nach dieser Textüberlieferung hätten die Brüder die Auslegung also zustimmend aufgenommen
und sich den Inhalt der Verheißung zu eigen gemacht. Da der Cantabrigiensis
hier aber allein gegen die restliche Textüberlieferung steht, dürfte er schwerlich
den ursprünglichen Text bewahrt haben. Daß die Brüder die Verheißung zustimmend aufgenommen haben, ist zwar naheliegend, aber der zuverlässigere Text
läßt offen, welche Position die Brüder zu der u.a. durch sie bekanntgewordenen
Auslegung einnahmen.

---

[293] KÜGLER, Jünger 483 behauptet, der Text setzte das Gerücht nicht als bekannt voraus,
weil er es voll ausformuliere. Diese Argumentation ist angreifbar: Um seinen Einwand identifizierbar zu machen, zitiert der Verfasser von Joh 21 die abgelehnte Version ausdrücklich.
Warum sollte der Verfasser ein unbekanntes Gerücht einführen und dann widerlegen? Für
KÜGLERS Gesamtthese hat diese Stelle einige Bedeutung, weil durch seine Interpretation der
„letzte Anhalt für die historische Existenz einer der erzählten Lieblingsjüngerfigur entsprechenden Person gefallen“ sei (aaO. 484). THYEN, Joh 21, 164 nennt diese Auslegung einen
„Geniestreich“ (aaO. 164) und meint, Joh 21,22f. setze „doch zwingend seinen Tod voraus“
(aaO. 164), pflichtet aber trotzdem KÜGLERS Fiktionsthese bei (aaO. 162; s.a. o. 1.11).
[294] ALAND, Synopse z.St. nennt einige Textzeugen (u.a. Alexandrinus und wahrscheinlich
Pap. 59), die das Demonstrativum nachstellen. Derartige Umstellungen sind bei οὗτος gerade
im Joh-Ev häufig, vgl. BAUER, Wb s.v. 2b (1208). Dort ist bei den Belegstellen nach Mk 14,30
vl. „J“ für das Joh-Ev zu ergänzen; zu den leichten Sinnverschiebungen durch die Umstellungen s. ZAHN, Joh 700f. A. 95.
[295] Zu ἐξέρχομαι in diesem Sinne nennt BAUER, Wb s.v. 2b (556) neben Joh 21,23 u.a. Mt
9,26 (ἐξῆλθεν ἡ φήμη); Lk 4,14 (φήμη ἐξῆλθεν); 7,17 (ἐξῆλθεν ὁ λόγος οὗτος); Mk 1,28
(ἐξῆλθεν ἡ ἀκοή).
[296] Die Bezeichnung folgt dem Vorschlag von ALAND-ALAND, Text 74, vgl. 78f.

In welcher Zeit sollen diese Brüder nach Joh 21 die Auslegung verbreitet haben? Die Auslegung kam zu einem bestimmten Zeitpunkt in der Vergangenheit auf (ἐξῆλθεν οὖν). Eine inhaltliche Erwägung läßt die Herkunftszeit noch etwas einschränken. Die Auslegung konnte nur entstehen, solange der Lieblingsjünger noch lebte.[297] Daß dieser lebte, wäre selbstverständlich, wenn mit den Brüdern auf die Jünger Jesu verwiesen werden sollte. Immerhin deutet Joh 20,17 eine derartige Bezeichnung „Brüder" für die Jünger Jesu an.[298] Dann hätte der Verfasser von Joh 21 den Mitbrüdern des Petrus, also den anderen Jüngern Jesu unterstellt, sie hätten ein ursprünglich an Petrus gerichtetes Wort eigentümlich ausgelegt.[299] Dann würde letztlich der Verfasser von Joh 21 die übrigen Jünger gegen Petrus ausspielen. Doch diese Deutung ist kaum haltbar. Der Verfasser von Joh 21 setzt vielmehr voraus, daß die „Brüder" zu einer gegenüber Petrus späteren Gruppe von Christen gehören. Denn in Joh 21,23 verläßt der Verfasser von Joh 21 die Erzählzeit deutlich: Er bezieht sich nicht mehr auf die noch in Joh 21,22 dargestellte Zeit des Petrus, sondern blickt auf diese zurück.[300] Darauf weist neben dem οὖν in Joh 21,23 auch der Wechsel der Zeitstufe beim Verb: In Joh 21,22 spricht (λέγει) Jesus zu Petrus; Joh 21,23 erinnert daran, was Jesus zu Petrus gesagt hatte (εἶπεν). Die „Brüder" gehören nicht mehr in die Zeit des Petrus.

Wenn mit den „Brüdern" auch nicht die Jünger Jesu gemeint sind, muß es sich doch um eine Gruppe handeln, die den Lesern von Joh 21 vertraut ist. Die über die Brüder bekannt gewordene Auslegung ist bei den Adressaten von Joh 21 schon einige Zeit bekannt und vor allem beachtet. Das zeigt sich indirekt daran, daß sie zu Irritationen führte, die den Verfasser von Joh 21 zu einer Klarstellung veranlassen.

Eine bestimmte Gruppe von Personen innerhalb des johanneischen Kreises, die als „die Brüder" bezeichnet werden, kennt 3Joh 3.5.10.[301] Dort steht die Bezeichnung für Wandermissionare des johanneischen Kreises. Eine entsprechende Referenz des Begriffs in Joh 21,23 auf Wandermissionare ist daher immerhin erwägenswert.

Die Brüder haben eine Auslegung eines Wortes Jesu bekanntgemacht. Doch wie konnte die Auslegung entstehen?

---

[297] Vgl. ZAHN, Joh 701, der allerdings daraus schließen will, daß der Lieblingsjünger z.Z. der Abfassung von Joh 21 noch lebte.

[298] So etwa RESE, Selbstzeugnis 87; THYEN, Joh 21, 165. Doch die Gleichsetzung „Jünger" und „Brüder" ist durch Joh 20,17 keinesfalls sicher. Der Auftrag Jesu an Maria: „Gehe zu meinen Brüdern" (Joh 20,17) führt schwerlich den Jüngerkreis als „Brüder" ein, da schon der folgende Vers zur üblichen Bezeichnung „die Jünger" zurückkehrt.

[299] Diese Konsequenz impliziert z.B. die Auslegung RESES, Selbstzeugnis 87.

[300] KÜGLER, Jünger 365. Der Wechsel in der anvisierten Zeit macht es auch sehr unwahrscheinlich, daß sich die „Brüder" auf die leiblichen Brüder Jesu (vgl. Joh 7,3.5.10) beziehen.

[301] Vgl. KLAUCK, 2/3Joh 83. 89f. 104. Ob der dreimalige pluralische Gebrauch von „Brüder" im 1Joh eine festumrissene Gruppe voraussetzt, ist schwer zu sagen, vgl. 1Joh 3,13f.16.

(3) Die Auslegung der Brüder und Mk 9,1parr. Um die genauere Herkunft des Wortes der Brüder sicher herauszuarbeiten, fehlen eindeutige Quellen. Wenn im folgenden trotzdem ein Versuch vorgestellt wird, muß die Hypothetik dieses Versuches ausdrücklich festgehalten werden.

Ausgangspunkt des Versuches ist die Beobachtung zu Joh 21, daß dort redaktionelles Synoptikergut aus Lk 5,1–11 und vielleicht auch aus Mt 16 verwendet wurde. In Analogie dazu meine ich, daß sich auch die Auslegung der Brüder plausibel erklären läßt, wenn sie auf dem Hintergrund synoptischer Tradition verstanden wird. Im Fall der Auslegung der Brüder läßt sich keinesfalls eine Abhängigkeit von synoptischen Evangelien, nicht einmal eine sichere gemeinsame Traditionsgrundlage *nachweisen*. Doch da der Verfasser von Joh 21 an anderen Stellen synoptische Überlieferungen voraussetzt, ist m.E. eine Überprüfung zweckmäßig, ob eine bestimmte Synoptikerstelle die dunkle Herkunft der Auslegung des Wortes Jesu nachvollziehbar machen kann. Eine solche Synoptikerstelle, die wichtige thematische Voraussetzungen für die Auslegung der Brüder bereitstellen kann, ist das Jesuslogion in Mk 9,1/ Lk 9,27/ Mt 16,28.

(4) Das Jesuslogion Mk 9,1parr. Die drei Synoptiker überliefern das Jesuslogion in großer wörtlicher Übereinstimmung. Um das Jesuslogion in Joh 21,22f. zu verstehen, ist es zunächst notwendig, die unterschiedlichen Ausprägungen von Mk 9,1parr zu betrachten. Dann läßt sich beurteilen, ob eine der redaktionellen Bearbeitungen oder eine anzunehmende Vorform des Jesuslogions zu der Auslegung der Brüder Joh 21,23* hinführt.

Markus 9,1	Matthäus 16,28	Lukas 9,27
ἀμὴν λέγω ὑμῖν ὅτι εἰσίν τινες ὧδε τῶν ἑστηκότων οἵτινες οὐ μὴ γεύσωνται θανάτου ἕως ἂν ἴδωσιν τὴν βασιλείαν τοῦ θεοῦ ἐληλυθυῖαν ἐν δυνάμει	ἀμὴν λέγω ὑμῖν ὅτι εἰσίν τινες τῶν ὧδε ἑστώτων οἵτινες οὐ μὴ γεύσωνται θανάτου ἕως ἂν ἴδωσιν τὸν υἱὸν τοῦ ἀνθρώπου ἐρχόμενον ἐν τῇ βασιλείᾳ αὐτοῦ	λέγω δὲ ἀληθῶς, εἰσίν τινες τῶν αὐτοῦ ἑστηκότων οἳ οὐ μὴ γεύσωνται θανάτου ἕως ἂν ἴδωσιν τὴν βασιλείαν τοῦ θεοῦ

Bei aller Übereinstimmung in der Überlieferung des Logions zeigen die Synoptiker auch theologisch bedeutsame Unterschiede, die durch kleine Eingriffe in den Wortbestand ausgedrückt werden.

Noch bei Mk ist klar, daß das Logion den Zeitraum bis zum Kommen der Gottesherrschaft einschränkt.[302] Weil sich die Ankunft der Gottesherrschaft unerwartet verzögert, versichert das Logion, daß die ersehnte und verheißene Gottesherrschaft *bald* eintreffen werde. Vergleichbare Probleme verhandelt etwa Paulus in 1Thess 4,15–17. Nach Paulus allerdings sterben Christen nur ausnahmsweise vor der Wiederkunft des Herrn.[303]

---

[302] Sollte Mk die Verheißung Mk 9,1 mit der Verwandlungsgeschichte (Mk 9,2–8) erfüllt wissen wollen, hätte ihn schon Mt nicht mehr verstanden, vgl. DAVIES-ALLISON, Mt II 677–681.

[303] Mit GRÄSSER, Problem 135; MARXSEN, Evangelist 140 A. 1.

Dort, wo das Logion Mk 9,1 weitertradiert wurde, war dies schon die Regel. Dieses Wort tröstet, indem es die Wiederkunft des Herrn nicht als beliebig zukünftig ankündigt.[304] Wenigstens einer der damals bei Jesus Stehenden wird noch leben, wenn die Gottesherrschaft mit Macht kommt.[305] Das Logion zielt auf das Kommen der Gottesherrschaft mit Macht, nicht auf die Art und Weise des Sehens. Spätestens wenn der letzte Zeuge gestorben ist, der den irdischen Jesus noch gesehen hat, bedarf dieses Logion der Erläuterung. Aus dem unkommentierten Logion bei Mk ist wohl darauf zu schließen, daß für ihn diese Phase noch nicht erreicht war und daher keine Probleme bereitete.

Mt verändert das Logion, um ausdrücklich den Menschensohn mit der erwarteten Basileia zu verknüpfen. Diese Verknüpfung dürfte auch Mk vorausgesetzt haben, wenn er das Menschensohnwort Mk 8,38 zur Ankündigung des Gottesreiches Mk 9,1 stellt.[306] Joh 21,22 f. setzt die bei Mt explizierte Hervorhebung der Person des wiederkommenden Herrn voraus.

Lk interpretiert das Logion auf seine Weise. Er streicht das „in Macht gekommen" des Mk und kann so das „Sehen" betonen. Er löst dabei zwar nicht die zukünftige in präsentische Eschatologie auf,[307] aber der präsentische Aspekt ist der bei aller lukanischen Traditionstreue gegenüber Mk wohl eigene Interpretationsanteil. Wie Simeon „dürfen die Zeitgenossen Jesu sterben, weil sie ihn gesehen haben".[308] Diese Interpretation erlaubt dem Evangelisten, das Logion weiterzuüberliefern, auch wenn kein möglicher Zeitgenosse Jesu mehr bekannt ist. Diese Interpretation des Logions durch Lk führt aber nicht dazu, nach möglichen letzten Zeitgenossen Jesu Ausschau zu halten.

Ähnlich verwendet auch das Joh-Ev in Joh 1–20 einen zu Mk 9,1parr zumindest verwandten Traditionsstoff in Joh 8,52 fin: „Wenn einer mein Wort bewahrt, wird er keinesfalls den Tod schmecken bis in Ewigkeit". Ob in Joh 8,52 eine Parallelentwicklung zu den Synoptikern vorliegt, oder ob Joh 8,52 literarisch von diesen abhängt, kann hier offen bleiben.

Die bislang genannten Stellen Mk 9,1parr und eingeschränkt auch Joh 8,52 zeigen ihre Verwandtschaft durch gemeinsame Vokabeln. Das Wort der Brüder Joh 21,23 „Jener Jünger stirbt nicht" deutet ein Jesuslogion in einer Art und Weise, daß es zwar inhaltlich aus den vorgestellten Jesuslogien der Synoptiker heraus zu erklären ist, aber sprachlich stark abweicht. Daß die Auslegung der Brüder in die Traditionslinie des Logions Mk 9,1parr gehört, läßt sich zwar vermuten, nicht aber belegen.[309] Erst recht fehlen sprachliche Hinweise, um die mögliche Vorlage von Joh 21,23 genauer zu bestimmen.

---

[304] Bultmann, Geschichte 128: „[E]ine Gemeindebildung als Trostwort wegen des Ausbleibens der Parusie".

[305] Grässer, Problem 132 widerlegt überzeugend Deutungsversuche, die darauf zielen, die ausgebliebene Parusie mit dem Markustext in Einklang zu bringen.

[306] Zur Kontextverknüpfung von Mk 9,1 s. Öhler, Verklärung 197 f. 217.

[307] Vor dieser Deutung warnt zu Recht Schneider, Lk I 213.

[308] Bovon, Lk I 486; ähnlich Grässer, Problem 136 f.

[309] Entsprechend vorsichtig formulieren auch die Exegeten über Verbindungen zu Mk 9,1parr, z.B. Thyen, Joh 21, 165: „ein immerhin möglicher Gedanke". Charlesworth, Disciple 43: „The Johannine Christians preserved an otherwise unknown apocalyptic saying of Jesus (which is reminiscent of Mark 9:1 and parallels)".

(5) Ein Erklärungsversuch zu Joh 21,22 f. Die Auslegung der Brüder bezeugt, daß zwei unterschiedliche theologische Konzeptionen aufeinandergetroffen sind. Auf der einen Seite steht eine Hoffnung auf baldige Wiederkehr des Herrn, wie sie der johanneischen Überlieferung fremd ist. Auf der anderen Seite bezieht sich die Auslegung der Brüder auf den Lieblingsjünger, eine spezifische Gestalt der johanneischen Schule.

Daß die Auslegung der Brüder (Joh 21,23*) nicht aus der johanneischen Tradition herausgewachsen ist, läßt sich auch indirekt erweisen durch die ganz anders geartete Ausrichtung des verwandten Traditionsstoffes in Joh 8,52 fin. Joh 8,52 spricht mit Worten aus Mk 9,1parr eine ähnliche Verheißung Jesu aus wie auch Joh 21,22 f., geht dabei aber andere Wege als die Synoptiker. Die eigenständige Verarbeitung des Themas „nicht Sterben" in Joh 8,52 führt gerade nicht zu Joh 21. Joh 8,52 liegt auf der Linie der präsentischen und individualisierenden Eschatologie wie das sachlich identische Logion Joh 8,51. Eine apokalyptische Ausrichtung, die auf eine Wiederkunft des Herrn hofft, blendet Joh 8,51 f. aus. Dagegen geht das Wort Jesu, die Auslegung der Brüder und auch die Korrekur des Verfassers von Joh 21 von einer zukünftigen Wiederkunft Jesu mit überindividueller Bedeutung aus. Diese drei Texte entstammen daher kaum einer präsentisch-individuellen Eschatologie, wie sie Joh 8,51 f. voraussetzt.

Das Jesuslogion hinter Joh 21,22 f. und die Auslegung der Brüder deutet auf eine neuartige Begegnung zwischen synoptischer und johanneischer Überlieferung, die in Joh 1–20 so nicht sichtbar wird. Bei dieser Begegnung sind die gemeinsamen Themen nicht mehr vollständig in eine johanneische Sprache und Theologie umgegossen worden, sondern führten in Joh 21 zu einer eigenständigen, in der johanneischen Überlieferung vorher unbekannten Erwartung: Mit dem Altern des Lieblingsjüngers rückt die Wiederkunft des Herrn näher. Aus dem Logion Mk 9,1parr heraus wäre verständlich, daß man im „Alten" Johannes bald den letzten Zeitgenossen sucht und findet.[310] So würde die Auslegung Joh 21,23a eine frühe Wirkungsgeschichte des Logions Mk 9,1parr darstellen.[311]

Dabei stellt sich die Frage, ob die Wirkungsgeschichte von einem uns verlorenen Jesuslogion ausging und unabhängig von dessen synoptischer Bearbeitung zu Joh 21,23* führte, oder ob Joh 21,23* eine bestimmte synoptische Version des Jesuslogions voraussetzt. Für diese Frage wäre ein genauer Wortlaut der Auslegung der Brüder unerläßlich. Da die Auslegung der Brüder nur noch indirekt in Joh 21,23 vorliegt, wird man die Frage offen lassen müssen. Der Verfasser von Joh 21 hat schwerlich hinter der Auslegung der Brüder eine bestimmte synoptische Quelle gekannt oder vermutet. Er hätte sonst kaum mit einem Gerücht

---

[310] Den Hinweis auf noch lebende Zeugen eines Geschehnisses kennt auch 1Kor 15,6, auch dort findet sich die Vokabel μένειν für das Leben der Zeugen; vgl. BULTMANN, Joh 553 A. 8.

[311] KÜNZI, Naherwartungslogion passim arbeitet monographisch die nachbiblische Wirkungsgeschichte des Logions auf. Die Linien von Mk 9,1 zu Joh 21 übergeht HAENCHEN, Weg 300–307; ein knapper Hinweis bei: DERS., Joh 600. S. aber aaO. 451.

argumentiert, wenn ihm ein bestimmter Text als Herkunftsort bekannt gewesen wäre. Für den Verfasser von Joh 21 wurde die Auslegung der Brüder durch eine außerjohanneische theologische Konzeption angeregt, ohne daß er dazu genauere Angaben machen zu konnte.

Die Begegnung zweier theologischer Konzeptionen sagt noch nichts darüber aus, von welcher Seite diese Begegnung eingeleitet wurde. Die Andeutung über die Herkunft der Auslegung in Joh 21,23 legt wohl nahe, daß die Auslegung von außen an die Johanneer herangetragen wurde. Für die Verbindung des Logions Mk 9,1parr mit dem Lieblingsjünger läßt sich eine Vermutung aufstellen.[312] Durch das Logion Mk 9,1parr steigt die Erwartung auf die Wiederkunft des Herrn mit dem Tod der Zeitgenossen Jesu. Das altkirchliche Zeugnis vom hohen Alter des Evangelisten stützt die entsprechende Vermutung:[313] Der greise Verfasser des Joh-Ev war der letzte oder einer der letzten bekannten Augenzeugen Jesu, so daß es nahelag, das synoptische Wort auf ihn anzuwenden, so wie er für die Tradenten der synoptischen Tradition bekannt wurde. Die Auslegung der Brüder wendet diese Erwartung ausdrücklich auf den Lieblingsjünger an. Noch Joh 21 deutet an, daß die Auslegung der Brüder von außen zur johanneischen Überlieferung herangetragen wurde. Über die Herkunft des Wortes Jesu gibt der Text einen Hinweis, indem er es an Petrus gerichtet sein läßt. Denn Joh 21,22f. läßt die Verheißung über den Lieblingsjünger nicht an diesen gerichtet sein, sondern an Petrus. Darin könnte sich die Erinnerung erhalten haben, daß die Verheißung über den Lieblingsjünger, wie sie die Auslegung der Brüder ausdrückt, nicht aus der Überlieferung des Lieblingsjüngers selbst entstammt.

Wie auch immer die Überlieferungswege im einzelnen vonstatten gingen, ein Ergebnis ist sicherer als die vermuteten Vorstufen: Mit den „Brüdern" von Joh 21,23 tritt zu der johanneischen Eigentradition eine andere hinzu. Die Auslegung der Brüder setzt eine Öffnung zu einer nicht-johanneischen theologischen Konzeption voraus.

(6) Die Korrektur der Auslegung der Brüder durch den Verfasser von Joh 21. Joh 21 begegnet Irritationen, die durch die Auslegung der Brüder provoziert wurden, nachdem der Lieblingsjünger verstorben war.[314] Joh 21 bietet nun eine

---

[312] Vgl. BULTMANN, Joh 554, der allerdings die Verbindung zwischen Weissagung und Lieblingsjünger auf den Verfasser von Joh 21 zurückführt. Dieser Verfasser habe ein umlaufendes Gerücht genutzt, um das mit Joh 21 abgeschlossene Joh-Ev unter die Autorität eines alten Zeugen zu stellen. B. übersieht m.E., daß die Verbindung der Verheißung mit dem Lieblingsjünger bereits durch die kritisierte Auslegung der Brüder vollzogen war.
[313] Zum hohen Alter des Evangelisten z.B. CULLMANN, Kreis 61. 83. Einen „Altersstil" will u.a. HENGEL, Frage 152–154 (Lit.) im Corpus Johanneum finden, dem entspreche die häufige Anrede „Kindlein" (aaO. 153). Das hohe Alter des Briefschreibers erkläre auch, warum er sich in 1Joh 5,14–21 wiederhole und kein klares Ende finde (aaO. 153). Daß derartige Deutungen des Stils kaum sichere Schlüsse zulassen, versteht sich von selbst.
[314] RESE, Selbstzeugnis 87f. behauptet, aus Joh 21,23f. sei nicht herauszulesen, daß der Lieblingsjünger verstorben ist. Doch die durch RESE angenommene Deutung des „Bleibens" von 21,24 (aaO. 88) impliziert den leiblichen Tod des Zeugen. So kann man auch die gekünstel-

Interpretation an, die das Wort Jesu als bleibend gültige Verheißung aufweist. Dazu stützt sich der Verfasser von Joh 21 in Joh 21,23b auf den Wortlaut des Jesuslogions und führt vor, an welcher Stelle die Auslegung der Brüder falsch interpretierte: Die Auslegung meint das μένειν mit „nicht sterben" interpretieren zu dürfen, Joh 21,24 dagegen interpretiert dieses Verb als „bleiben" im Zeugnis des Joh-Ev.[315] Die Korrektur teilt mit der Auslegung der Brüder die apokalyptische Ausrichtung der Parusiehoffnung. Das Bleiben des Jüngers im Joh-Ev dauert an, bis der Herr wiederkehrt. So autorisiert der Verfasser von Joh 21 das Joh-Ev mit der Person des Lieblingsjüngers, indem er letztlich auf das Wort Jesu Joh 21,22 f. zurückgreift nicht auf johanneischen Traditionen aus Joh 1–20.

Wie die Traditionslinie von Mk 9,1parr zu Joh 8,51f. verlängert werden kann, um Traditionen zu sichern, läßt sich an einem Beispiel aus dem Thomasevangelium (EvThom) illustrieren. Am Anfang des EvThom (log. [Präf.+]1) bzw. im parallelen Oxyrhynchos-Papyrus 654 heißt es: „Dies sind die geheimen Worte, die Jesus der Lebendige sagte und die Didymus Judas Thomas aufgeschrieben hat. Und er sagte: Wer die Interpretation dieser Worte findet, wird den Tod nicht schmecken."[316] Das Logion aus dem EvThom stellt die eigenen Texte an die Stelle, an der in Joh 8,51f. die Worte Jesu stehen. Die historische Person des Thomas als des Autors und Zeugen, der etwas über Jesus berichten kann, tritt hinter den aufgezeichneten Worten völlig zurück. Joh 8,51f. führt eher zu EvThom 1.18 f. als zu Joh 21,23, der Korrektur des Verfassers von Joh 21 an der Auslegung der Brüder.

Bedeutsam ist nun, mit welchen Argumenten der Verfasser von Joh 21 das Wort Jesu über die Auslegung der Brüder stellt. Die Szene, in der Joh 21 das Herrenwort festhält, setzt einen Überlieferungsweg voraus, der zwar nicht als historisch gelten kann, aber vom Verfasser von Joh 21 kaum grundlos vermerkt wurde. Nach Joh 21 handelt es sich bei dem Wort Jesu ursprünglich um ein Wort, das Jesus an Petrus richtet, wie Joh 21,22 f. zweimal hervorhebt.[317] Die Szene in Joh 21,20 legt sogar nahe, daß Jesus das Wort Joh 21,22b.23 fin allein an Petrus

---

ten Interpretation von 21,24b entgehen, die versucht, 3. Pers. sg. und 1. Pers. pl. im selben Satz auf dieselbe Person, nämlich den Lieblingsjünger zu beziehen. Das Beispiel Josephus, bell. 3,202 verfängt nicht (aaO. 89 A. 47): Hier ist ein „ἔμοιγε δοκεῖν" in den Bericht über Josephus in 3. Pers. eingefügt; daher bezweifelt KÜGLER, Jünger 407, vgl. 409, zu Recht den Belegcharakter der Stelle. KÜGLER, Jünger 405f. 433. 476f. 483f. meint, bezüglich des Ablebens bleibe Joh 21 unauflösbar ambivalent ebenso wie auch die hypothetische Auslegung von Joh 21,22 f. (so aaO. 403). Joh 21,24 verlangt, das Wollen Jesu aus 21,22 f. als gegeben zu nehmen, sonst bleibt der Erzählereinspruch gegen die Auslegung der Brüder unbegründet. Weil Joh 21 nach K. nicht den Tod des Lieblingsjüngers voraussetze, kann er seine These vom fiktionalen Charakter des Lieblingsjüngers auch für das 21. Kap. aufrecht erhalten (so bes. aaO. 483f.).

[315] ZAHN, Joh 701–704 deutet Joh 21,24 nicht als Lösung des Verfassers von Joh 21 gegen die in Joh 21,23 abgelehnte Auslegung von Joh 21,22 und meint daher folgern zu müssen, der Lieblingsjünger lebe noch, als der „Schüler des Apostels" (aaO. 704) die Feder führe.

[316] EvThom, Präf und Log. 1. Pap. Oxy. 654,1–5: „Dies sind die Worte, die <…| Jesus sprach, der lebendige, u<nd …| und Thomas, und er sprach <…| diese Worte <…| wird er nicht schmecken"; Übers.: B. BLATZ, in: NT Apo ⁵I, 98. Vgl. EvThom, log. 18f.

[317] Joh 21,22: λέγει αὐτῷ bzw. Joh 21,23 οὐκ εἶπεν δὲ αὐτῷ.

richtet. Nach der Logik der Szene muß das Wort Jesu, wenn es aufbewahrt wurde, anfangs von Petrus weitergegeben worden sein, es handelt sich also bei diesem Wort um eine letztlich petrinische Überlieferung. Nach Joh 21,22f. wäre die petrinische Tradition von Unbekannten ausgelegt worden und diese Auslegung zu den „Brüdern" gelangt. Mit seiner Korrektur in Joh 21,23 stellt der Verfasser von Joh 21 den überlieferten Wortlaut des Wortes Jesu an Petrus über die Auslegung, wie sie zu den Brüdern gelangte.

Hier zeigt sich erstmals im Joh-Ev, daß neben dem Lieblingsjünger ein anderer Jünger Jesu Jesusüberlieferung verbürgen kann: Die Auslegung der Brüder ist als die jüngere Überlieferungsstufe am ursprünglicheren Wortlaut der „Petrusüberlieferung" zu messen. Hier keimt der Gedanke, daß die relevante Jesusüberlieferung an bestimmten Personen aus dem Umkreis Jesu festgemacht werden muß. Daß die Person des Petrus dabei eine besondere Rolle zugesprochen bekommt, wird sich als entwicklungsfähig erweisen.

4.2 Der Lieblingsjünger und Petrus als Hauptpersonen in Joh 21

Wie weite Teile des vorangehenden Evangeliums erzählt auch Joh 21 von einzelnen Jüngern und Jesus. Doch Joh 21 widmet den Jüngern sehr viel mehr Aufmerksamkeit als das vorangehende Evangelium. Etwas überspitzt ausgedrückt, dienen die Jünger in Joh 1–20 als Mitspieler, um die durch Jesus besetzte Hauptrolle zu fördern. Die Rolle der Jünger geht meist darin auf, Jesus in verschiedenen Konstellationen und Begebenheiten herauszustellen und ihn durch Anfragen zu weiteren Ausführungen zu veranlassen. Unabhängig von dieser Mitspielerrolle kommen die Jünger in Joh 1–20 kaum vor. Diese Gewichtung zwischen Jüngern und Jesus scheint Joh 21 geradezu zu vertauschen. Der Nachtrag Joh 21 hebt die Personen des Petrus und des Lieblingsjüngers besonders hervor. Joh 21 stellt v.a. Begebenheiten dieser beiden Jünger vor, der Auferstandene wird dieser Hauptaufgabe geradezu untergeordnet.

Die höhere Gewichtung der Jünger gegenüber Jesus in Joh 21 kann auch einen weiteren Umstand erklären. Joh 21 versetzt Erzählungen über den vorösterlichen Jesus in die nachösterliche Zeit.[318] Diese relativ massive zeitliche Versetzung könnte eine bewußte theologische Spitze enthalten, etwa in der Art, daß der Auferstandene mit seiner Autorität Worte des vorösterlichen Jesus überbietet (vgl. o. Kap. II 2). Doch der Verfasser von Joh 21 deutet keine solchen Tendenzen an. Er ändert zwar den zeitlichen Rahmen der Erzählüberlieferungen, aber er benützt den veränderten zeitlichen Rahmen nicht weiter. Joh 21 erzählt Erscheinungsgeschichten, ohne darauf Wert zu legen, daß Jesus hier nach seiner Aufer-

---

[318] Sehr unwahrscheinlich ist dagegen, daß Lk eine Erscheinungsgeschichte in vorösterliche Zeit versetzte, vgl. o. 4.1.1.

stehung handelt.[319] Die Fischfanggeschichte Joh 21,1–14 verlangt an keiner Stelle, daß der Auferstandene und nicht etwa wie in Lk 5 der vorösterliche Jesus tätig ist.[320] Zwar überträgt wohl erst der Verfasser von Joh 21 die vorösterliche Jesuserzählung Lk 5,1–11 (eventuell auch Mt 16) in nachösterliche Zeit, aber keine erkennbare theologische Absicht veranlaßt ihn dazu. Daß Joh 21 vom nachösterlichen Jesus erzählt, erklärt sich eher aus dem Umstand, daß das vorangehende Joh-Ev nicht mehr erlaubte, vorösterliche Begebenheiten über Jesus nachzutragen. Da Joh 20 bereits Erscheinungsgeschichten erzählt, hätte Joh 21 nicht vorösterliche Geschichten anfügen können, ohne den vorgegebenen Zeitrahmen von Joh 1–20 massiv zu stören. So zeigt der Verfasser von Joh 21 einerseits eine gewisse Ehrfurcht vor dem Text des vorangehenden Evangeliums, da er nicht mehr in diesen Text eingreift und sich auch nicht erlaubt, dessen zeitliche Gliederung massiv zu zerstören.[321] Der Verfasser von Joh 21 zeigt andererseits, daß sein Nachtrag *nicht* vorrangig an der Person Jesu interessiert ist, denn er überträgt vorösterliche in nachösterliche Erzählungen, ohne diese Übertragung christologisch zu motivieren. So läßt sich vermuten, daß der Verfasser von Joh 21 letztlich Jesuserzählungen aus ihrem überlieferten biographischen Rahmen in einen anderen überträgt, um Erzählungen über die Jünger nachtragen zu können.

Das wäre nicht so auffällig, wäre nicht gerade Joh 1–20 geradezu einseitig an der Person Jesu interessiert. Dies zeigt ein Vergleich mit thematisch ähnlichen Geschichten bei den Synoptikern. Etwa bei der Speisungsgeschichte Joh 6,1–15 zentriert die johanneische Darstellung alle Aktivitäten auf Jesus, während in den synoptischen Parallelen die Jünger auch aktiv beteiligt sind. Die Fischfanggeschichte Joh 21,1–14 wird dagegen konsequent aus der Perspektive der Jünger erzählt.[322]

Die Jünger, unter ihnen v.a. der Lieblingsjünger und Petrus, werden in gewisser Weise zu Hauptpersonen des Nachtragskapitels. Das besondere Interesse an diesen beiden Jüngern kann helfen, die theologische Absicht des Verfassers von Joh 21 zu erklären. Dazu soll herausgearbeitet werden, auf welches Ziel hin der Verfasser von Joh 21 den Lieblingsjünger und Petrus im Nachtrag darstellt.

---

[319] Bei den zwei Erscheinungsgeschichten vor den Jüngern in Joh 20 dagegen ist der vorangehende Kreuzestod Jesu konstitutiv: Erst nach der Verherrlichung soll der Geist weitergegeben werden (Joh 20,22; vgl. 7,39; 14,16f.); die Thomasgeschichte setzt die Seitenwunde und Nägelmale voraus (Joh 20,25.27 vgl. 19,34; 20,20). Auch die Erscheinung Jesu vor Maria Magdalena betont den Sonderstatus Jesu zwischen Auferstehung und Weggang zum Vater (Joh 20,17) und erklärt so das Berührungsverbot.

[320] Das für Erscheinungsgeschichten typische Motiv des Nicht-Erkennens (Joh 21,4) erklärt nicht, warum Joh 21 den zeitlichen Rahmen gewechselt haben sollte: Im Kontext von Lk 5 war Jesus am Seeufer für die Fischer auch unbekannt.

[321] Entsprechend beläßt der Verfasser von Joh 21 auch Joh 20,30f. an seiner Stelle, vgl. o. 3.1.

[322] NEIRYNCK, John 605.

Für den Lieblingsjünger nennt der Verfasser von Joh 21 ausdrücklich die Aufgaben (4.2.1). Die in Joh 21 vermerkte Aufgabe für den Lieblingsjünger überschneidet sich zum Teil mit einem Aufgabenfeld, für das im vorangehenden Evangelium der Paraklet eingeführt wurde. Wie sich Paraklet und Lieblingsjünger zueinander verhalten, soll im zweiten Abschnitt (4.2.2) erläutert werden. Schließlich befaßt sich der dritte Abschnitt mit der besonderen Rolle, die Joh 21 dem Petrus zumißt, vor dem Hintergrund des Petrusbildes von Joh 1–20 (4.2.3).

4.2.1 Der Lieblingsjünger in Joh 21

Joh 21,24a betraut den Lieblingsjünger mit einer Aufgabe, die bis in die Gegenwart der Gemeinde reicht: „οὗτός ἐστιν ὁ μαθητὴς ὁ μαρτυρῶν περὶ τούτων καὶ ὁ γράψας ταῦτα". Eine bleibende Bedeutung hatte auch schon Joh 19,35 für den Lieblingsjünger[323] festgehalten.[324] Anders als in Joh 19,35 knüpft nach Joh 21,24 das Zeugnis nicht nur an die Person des Lieblingsjüngers an, sondern an dessen schriftliches Werk. Beim Lieblingsjünger gründet sich der Gegenwartsbezug auf das schriftliche Werk, das er hinterließ. Dieses „schrieb" er einst, in ihm „bezeugt" er dauerhaft.[325] Dementsprechend wechselt die Aktionsart vom Präsens (μαρτυρῶν) zum Aorist (γράψας). Entsprechend interpretiert der Verfasser von Joh 21 das μένειν im Wort Jesu Joh 21,22.23f in gegen die Auslegung der Brüder (Joh 21,23a, vgl. o. 4.1.5). Das Evangelium des Lieblingsjüngers bleibt, bis der Herr wiederkommt. Der Lieblingsjünger lebt in gewissem Sinne in seinem Kerygma weiter. Die an das physische Leben des letzten oder vermeintlich letzten Jüngers Jesu geknüpften eschatologischen Hoffnungen werden mit Joh 21,24 auf das schriftliche Evangelium übertragen.[326]

So verbürgt nach Joh 21,24 der Lieblingsjünger als eine individuelle und geschichtliche Persönlichkeit die Zuverlässigkeit des geschriebenen Evangeliums. Das Evangelium behauptet einen Autor zu haben, der durch seine Nähe zum irdischen Jesus („lag an der Brust") und besondere theologische Erkenntnis (z.B. Joh 21,7) gegenüber den anderen Jüngern ausgezeichnet sein soll.

---

[323] Obwohl Joh 19,35 nicht ausdrücklich den Lieblingsjünger nennt, dürfte sich dieser Vers auf ihn beziehen, vgl. Joh 19,26f.

[324] Ähnlich auch 3Joh 12.

[325] Vgl. ZAHN, Joh 704 (693 1. Aufl.).

[326] Die Deutung des Bleibens auf das Bleiben des Evangeliums verficht schon OVERBECK, Joh 448. 449 gegen eine Wolke von Zeugen (LUTHER, STRAUSS, B. WEISS, ZAHN u.a.; Belege aaO. 448). Wie OVERBECK: BARRETT, Joh 558; SCHNACKENBURG, Joh III 444 A. 93; THYEN, ThR 42, 229; DERS., Joh 21, 169 A. 54; BONSACK, Presbyteros 59; WELCK, Zeichen 327–331 u.a. Diese Deutung ist der kondizionalen Entschuldigung eindeutig vorzuziehen gegen z.B. BEASLEY-MURRAY, Joh 412. Für den Verfasser von Joh 21 ist es offenbar wenig sinnvoll, den Termin der Wiederkunft Christi zu berechnen: Dem „Bleiben" eines Schriftwerkes sind anders als der Lebenszeit eines Jüngers keine absehbaren Grenzen gesetzt.

Der zweite Halbsatz des Verses 24 „und wir wissen, daß sein Zeugnis wahr ist" deutet auf eine Gruppe hin, die dem Zeugnis des Lieblingsjüngers bereits gegenübersteht. Das Zeugnis des Lieblingsjüngers ging in die Hände einer Gruppe über, jene „wir", die sich ungenannt für dieses Zeugnis verbürgen. Das ist wohl nur innerhalb ihres Kreises sinnvoll. Ginge diese Versicherung nach „außen", wäre das „wir" wohl zu erläutern.

Der Lieblingsjünger verstarb, obwohl der Herr nicht wiedererschien. Das geht aus Joh 21,23 zweifelsfrei hervor. Mit diesem Hinweis dürfte auch erwiesen sein, daß sich hinter dem Lieblingsjünger eine historische Persönlichkeit verbirgt.[327]

Mit scharfen Worten, aber ohne überzeugen zu können, geht Theodor Zahn über die Stelle hinweg, die ihm eigentlich Zweifel an der zebedäischen Verfasserschaft des Evangeliums hätte abnötigen müssen: „Es sollte doch endlich einleuchten, daß ein Mensch von gesunden Sinnen so nur schreiben konnte, solange Jo lebte".[328] Wenn der Lieblingsjünger noch gelebt hätte, als der Hinweis Joh 21,24 geschrieben wurde, wäre der zweite Versteil überflüssig. Entweder hätten sich unnötigerweise weitere Zeugen für den Lieblingsjünger verbürgt, als ob der Meister solcher Bürgen bedürfte. Oder der „Alte" wäre innerhalb eines Verses vom Singular zum Plural übergegangen – eine ähnlich unwahrscheinliche Annahme.

Joh 21 blickt auf den Tod einer historischen Person zurück. Die historische Persönlichkeit des Lieblingsjüngers verbürgt das Joh-Ev.[329] Wohl weil dieser Jünger die schriftliche Überlieferung verbürgt, erinnert der Nachtrag in Joh 21,20 noch einmal an die besonders enge Verbindung des Lieblingsjüngers zum irdischen Jesus. Joh 21,20 zitiert dazu aus der ersten Vorstellung dieses Jüngers in Joh 13,23–25.[330] Joh 21,20 erweckt leicht den Eindruck, eine lange nicht genannte Person wieder vorstellen zu wollen. Aber der Lieblingsjünger trat schon in 21,7 auf. Bultmann beobachtet diese Auffälligkeit und postuliert für Joh 21,20 eine sekundäre Interpolation im Nachtrag, ohne diese motivieren zu können.[331] Viel wahrscheinlicher erscheint es mir dagegen, daß der Verfasser von Joh 21 an

---

[327] Mit HAENCHEN, Joh 592; SCHNACKENBURG, Joh III 415. 443; CULPEPPER, School 265; DERS., Anatomy 47; BECKER, Joh II (3. Aufl.) 519; THYEN, Art. Joh 214; u.v.a.; vorsichtig ablehnend NEIRYNCK, John 613–615. Zur Behauptung einer Symbolgestalt s.o. 2.2.1

[328] ZAHN, Joh 702 (1. Aufl. 691). „Eine verschämte apologetische Berücksichtigung von Zweifeln in dieser Beziehung ohne irgend ein apologetisch wirksames Argument wäre nicht nur ein Anachronismus, sondern auch eine Absurdität". ZAHN, Joh 703 f. A. 99 auf S. 704 (1. Aufl. 692 A. 99); vgl. ZAHN, Einleitung II 500–502. Dagegen ist zu sagen: Der Verfasser von Joh 21 hat offenbar keine übermäßige Beweislast abzuarbeiten, das durch ZAHN angesprochene Problem ist nicht seines.

[329] BONSACK, Presbyteros 60–62 postuliert für die Lieblingsjüngergestalt eine Amtsnachfolge. Doch eine solche Amtsnachfolge würde den in Joh 21,22 f. besprochenen Hoffnungen die Grundlage entziehen. Auch die Korrektur des Verfassers von Joh 21 in Joh 21,23b zielt nicht auf eine Amtsnachfolge einer Lieblingsjüngerinstitution, sondern auf das Bleiben des einen historischen Lieblingsjüngers in seinem Zeugnis, Joh 21,24 (vgl. o. 4.1.5). Gegen B. auch BECKER, Joh II (3. Aufl.) 519.

[330] NEIRYNCK, John 612.

[331] BULTMANN, Joh 553 A. 5; kritisch z.B. SCHNACKENBURG, Joh III 440 A. 80.

die literarisch zuerst genannte Sonderrolle des Lieblingsjüngers (Joh 13) erinnern wollte, bevor er nun in einer zweiten Szene Petrus nach der Bedeutung des Lieblingsjüngers fragen läßt.

4.2.2 Die historische Person des Lieblingsjüngers und der Paraklet

In Joh 21 verbürgt die historische Person des Lieblingsjüngers die Überlieferung der Gemeinde. Diese Autorisierung der Überlieferung reibt sich z.t. mit der Gestalt des Parakleten in den Abschiedsreden.[332] Dort gewährt der Paraklet die bleibende Gemeinschaft der Gemeinde mit dem Vater und dem Auferstandenen (Joh 14,16), er lehrt als der heilige Geist (Joh 14,26), er bezeugt für den Herrn (Joh 15,26), er ersetzt den irdischen Jesus vollgültig (Joh 16,7). Die exklusive Bezeichnung „Paraklet" deutet auf eine besondere Aufgabe hin, die diese Gestalt von der in vielen Wirkungen ähnlichen Gestalt des heiligen Geistes unterscheiden soll.[333] Statt der gemeinchristlichen Vokabel „Geist" wählt das Joh-Ev eine exklusive. Diese Differenzierung dürfte mit der stillschweigenden Ausblendung von Exorzismen und ekstatischen Phänomenen zusammenhängen, die typisch für das Evangelium ist. Der Paraklet steht offenbar allein für worthafte Zeugnisse des Geistes: „*Eine* der vielen urchristlichen Geistesgaben wird zur Geistesgabe schlechthin: das Wort".[334] Nicht Personen aus dem Umkreis Jesu, nicht das Festhalten an bestimmter Überlieferung, sondern eine historisch nicht fixierte, prophetische Gestalt des Parakleten hält die Verbindung zu Gott. Der Paraklet wirkt dabei in der Gemeinde.

Auch der 1Joh kennt den Parakleten. Der Brief nennt den Parakleten als himmlischen Fürsprecher (1Joh 2,1), nicht als prophetische Mittlergestalt. Nach 1Joh 2,1 wirkt der Paraklet im Himmel. Wie der Briefautor zu dieser veränderten Deutung des Parakleten kommt, läßt sich nur noch vermuten. 1Joh ist wohl jünger als Joh 1–20 (vgl. u. 5.3.1). Trotzdem dürfte die Parakletvorstellung im 1Joh an eine traditionsgeschichtlich ältere Stufe anknüpfen als die Parakletvorstellung der Abschiedsreden.[335] 1Joh nennt die Aufgaben des Parakleten, die

---

[332] Die Literatur zum Parakleten sichten Exkurse in den Kommentaren, etwa BECKER, Joh II 470–475 (3. Aufl.: 563–568); BROWN, Joh II 1135–1144. Neuere Gesamtinterpretationen streben MÜLLER, Parakletvorstellung (1974); DIETZFELBINGER, Paraklet (1985); KAMMLER, Jesus (1996) an; vgl. ASHTON, Paraclete (1992). Die Konkurrenz von Paraklet und Lieblingsjünger vermerken: THYEN, Joh 13, 354; WILCKENS, Paraklet 199–203 (Er will im Lieblingsjünger das Symbol der nachösterlichen Gemeinde wiederfinden. Seine Vermutung fällt mit der symbolischen Auslegung des Lieblingsjüngers; so schon BECKER, ThR 47, 342); vgl. STIMPFLE, Blinde 269.

[333] DIETZFELBINGER, Paraklet 398 wies auf die intendierte Differenzierung hin zwischen Paraklet und heiligem Geist.

[334] DIETZFELBINGER, Paraklet 401. Hervorh. im Orig. Vgl. KÄSEMANN, Wille 84 (2. Aufl.; 3. Aufl.: 99): „Zum ersten Male in der christlichen Geschichte wird mit der Verheißung des Parakleten der Geist ausschließlich an das Wort Jesu gebunden"; KAMMLER, Jesus 115. 182.

[335] So KLAUCK, 1Joh 105: 1Joh 2,1 füge sich nahtlos in die Traditionsgeschichte vom himmlischen Fürsprecher, während die Parakletfigur der Abschiedsreden eine fortgeschrittene

dieser vor Gott wahrnimmt. So bleibt im 1Joh die ehemals „irdische" Aufgabe des Parakleten verwaist und sucht nach neuer Füllung.[336]

Die Abschiedsreden des Joh-Ev deuten an, daß der Paraklet in bestimmten vorgeformten Bahnen wirken wird. So verheißt der scheidende Jesus, daß er den Parakleten in die Hände der Jünger geben wird. So ist wohl das betonte δώσει ὑμῖν in Joh 14,16 zu verstehen. Ferner bindet den Parakleten, was der irdische Jesus gesagt hatte (Joh 14,26; 15,26). Doch jegliche institutionelle Bindung oder Fixierung auf eine bestimmte Persönlichkeit paßt nicht zu dieser Parakletgestalt.[337] In diesem Punkt widerstreitet die Parakletgestalt der Art, wie der Lieblingsjünger die Überlieferung nach Joh 21,24a verbürgt. Der Lieblingsjünger erhält nicht die Würde des Parakleten, er hat die Würde besonderer Zeugenschaft durch seine enge Verbindung zum irdischen Jesus.

Manche Ausleger deuten den Lieblingsjünger als Inkarnation des Parakleten.[338] Diese naheliegende Vermittlung hat den Nachteil, daß sie nirgends im Evangelium behauptet wird. Alle weiteren Erwägungen, den Parakleten als Ablösung des verstorbenen Lieblingsjüngers zu deuten,[339] kranken ebenfalls an fehlenden Belegen. Das Nachtragskapitel redet nicht vom Parakleten, obwohl dort der Tod des Lieblingsjüngers vorausgesetzt ist. Lieblingsjünger und Paraklet erfüllen für die Gemeinde zwar ähnliche Aufgaben, aber beide setzen einen ganz anders gearteten Gedankenrahmen voraus. Mit dem „Bleiben" des Lieblingsjüngers in seinem schriftlichen Zeugnis hätte der Paraklet nur noch eine stark eingeschränkte Aufgabe. Joh 21,24 bindet die schriftliche Hinterlassenschaft an den einen Zeugen aus der Zeit Jesu und schränkt so eine weitgehend ungebundene Vermittlung ein, wie sie der Paraklet in den Abschiedsreden zugesprochen bekommt. Wollte man systematisieren, was im Joh-Ev unverbunden nebeneinander bleibt, müßte der Paraklet nach dem physischen Tod des Lieblingsjüngers dessen Zeugnis unterstützen.

Reflexionsstufe repräsentiert. Daher rede Joh 14,16 auch von einem anderen Parakleten, der gesandt würde (aaO. 104). Ähnlich HENGEL, Frage 169. Vgl. WENGST, 1–3 Joh 62f.

[336] Wenn Joh 21 die Parakletverwendung von 1Joh 2,1 voraussetzt, erübrigt es sich, die Aufgaben des Lieblingsjüngers mit denen des Parakleten auszugleichen. Nach Joh 21 übernimmt der Lieblingsjünger mit seinem Zeugnis eine Aufgabe in der Gemeinde, die nach der Deutung des 1Joh nicht mehr mit der des Prakleten konkurriert.

[337] Entsprechend redet DIETZFELBINGER, Paraklet 390–394 auch vom Gegenüber Gemeinde-Paraklet. Erst in einer späteren Phase (1Joh 4,1) haben sich vermeintliche Geistträger verteidigen müssen (aaO. 394f.). Gegen die exklusive Bindung der Parakletverheißung an die Jünger argumentiert KAMMLER, Jesus 122–124; K. allerdings will die Parakletaussagen durch das mit Joh 1–20 identifizierte Zeugnis des Lieblingsjüngers normiert wissen. Zur Überlagerung von Lieblingsjünger und Paraklet s. aaO. 114. 123. 183: „das … Zeugnis des Geistparakleten von Jesus Christus, das mit dem Lieblingsjünger sachlich identisch ist …".

[338] So LOISY, SASSE, KRAGERUD nach BROWN, Joh II 1142; vgl. SMITH, Joh 79: „analogous roles"; CULPEPPER, Anatomy 122f.; CHARLESWORTH, Disciple 244. 297f.; KAMMLER, Jesus 114. Kritisch dagegen BECKER, Joh II 439. 474f. (3. Aufl.: 522f. 568); DERS., ThR 47, 343.

[339] So etwa BROWN, Joh II 1142f.; ähnlich CULPEPPER, School 267–270 (These 269).

4.2.3 Petrus in Joh 21

In diesem Abschnitt soll das Petrusbild des Nachtragskapitels mit dem Petrusbild des vorangehenden Evangeliums verglichen werden.

Das Joh-Ev berichtet von der Berufung des Petrus (Joh 1,40–42; Nennung in
1,44). Am Ende der Brotrede spricht Petrus ein Bekenntnis (Joh 6,68). In der
Fußwaschungsgeschichte hat er eine herausgehobene Bedeutung als Sprecher
(Joh 13,6.8.9.24). Übereifrig zeigt ihn die Verratsszene (Joh 18,10f.). Seine
Verleugnung mit Ankündigung (Joh 13,36–38) und Ausführung (18,15–18/25/
26f.) ist in die Passionsgeschichte eingewoben. Zusammen mit dem Lieblingsjünger läuft er zum Grab (Joh 20,3–10). Petrus sieht zuerst in das leere Grab
hinein (Joh 20,6) – ist aber nicht wirklich erster Auferstehungszeuge (so aber
1Kor 15,5; Lk 24,34).

Die johanneische Grabesgeschichte zielt darauf, die Person des Lieblingsjüngers über die Person des Petrus zu stellen.[340] Die Überlieferung, daß Petrus
zuerst am Grab Jesu war, wird in Joh 20 zwar aufgenommen, aber nur der
Lieblingsjünger versteht nach der johanneischen Darstellung, aus dem Gesehe-
nen die richtigen Schlüsse zu ziehen. Nur er kommt angesichts des leeren Grabes
zum Glauben (Joh 20,8).[341]

Insgesamt knüpft Joh 1–20 an die besondere Bedeutung des Petrus an, macht
aber nicht ihn zum bedeutendsten Jünger, sondern den Lieblingsjünger. Etwas
überspitzt gesagt: Joh 1–20 stellt Petrus dar, um durch dessen Ansehen dem
Ahnherrn der johanneischen Überlieferung noch mehr Würde zu verleihen.

Auf der Ebene der dargestellten Geschichten in Joh 1–20 kann man streiten, ob
Petrus gegenüber dem Lieblingsjünger relativ gleichwertig dargestellt wird, oder
ob Petrus unter dem Lieblingsjünger rangiert. Eindeutig fällt das Urteil zuungun-
sten des Petrus aus, wenn man nach der Bedeutung der beiden Jünger für die
spätere Gemeinde bzw. für die Leser des Evangeliums fragt.[342] Der Lieblingsjünger eröffnet theologische Einsichten, die über den Zeitraum der Berichterstat-
tung hinaus bedeutsam bleiben, die Bedeutung des Petrus dagegen beschränkt
Joh 1–20 weitgehend auf die Zeit, in der er lebte. So kommt der Lieblingsjünger

---

[340] Eine früher verbreitete These hielt Lk 24,12 für eine Glosse, die aus der Kenntnis der
johanneischen Grabesgeschichte heraus das Lk-Ev ergänzt. Zur Ursprünglichkeit von Lk 24,12,
obwohl von NA 25. Aufl. noch als „Western-non-interpolation" ausgeschieden, s. ALAND,
Studien 74f. 156–172. Zu Lk 24,12 speziell aaO. 168. Vgl. THYEN, Kontext 120. Ob Joh 20,3–
10 direkt das Lk-Ev verwendete, oder nur eine auch hinter Lk 24,12 stehende Tradition, muß
hier offen gelassen werden.

[341] Zur abweichenden Deutung des Verses durch CHARLESWORTH, Disciple s.o. 1.15.

[342] Die Positionen zum Verhältnis Petrus – Lieblingsjünger referiert QUAST, Peter 8–12. Ein
freundschaftliches Miteinander beider bei unterschiedlichen Funktionen will HARTIN, Role
passim (Ergebnis aaO. 58) aus dem Evangelium herauslesen. Daß diese unterschiedliche Funktion allerdings eine starke Wertung impliziert, kann er nur schwer umgehen. Vermittelnd
QUAST, Peter 137–149: Der Nachtrag (dazu aaO. 125–133) unterstreiche eine in Joh 1–20
angelegte Aufgabe des Petrus.

schon am Grab zum Glauben und bleibt so vorbildlich bis in die Gegenwart der johanneischen Gemeinde hinein. Der Umstand dagegen, daß Petrus zuerst am Grab war, wird für spätere Christen eine leere historische Notiz.

In Joh 21 allerdings bekommt Petrus ausdrücklich eine bleibende Bedeutung zugesprochen: Er soll der Hirt der Gemeinde werden (s.o. 4.1.2). Nicht etwa den Lieblingsjünger, sondern den Petrus setzt Jesus zum Hirten ein. Joh 21 legitimiert so eine Führungsrolle des Petrus. Weitere Andeutungen, wie diese Führungsrolle im Gemeindeleben nach dem Tod des Petrus weitergeführt werden soll, fehlen in Joh 21. Mit dieser Aufgabe, wie auch immer sie konkret zu verstehen sein mag, macht Joh 21 den Petrus neben dem Lieblingsjünger zu einer zweiten bedeutsamen Person aus apostolischer Zeit. Der Lieblingsjünger als Identifikationsfigur und wenigstens fiktionaler Gründer der johanneischen Schule erhält nun einen Jünger neben sich gestellt, dessen Aufgabenbereich sehr weitgehende Kompetenzen impliziert.

Joh 21 berichtet ohne jegliche polemische Note von dieser Beauftragung des Petrus durch den Auferstandenen. Der Nachtrag dürfte sogar versuchen, mit einer weiteren Andeutung das Ansehen des Petrus zu heben. Joh 21,19f. berichtet verschlüsselt vom Märtyrertod des Petrus.[343] Indem der Verfasser von Joh 21 auf dieses Todesschicksal des Petrus hinweist, bescheinigt er dem Petrus, schließlich als treuer Zeuge zu sterben. Sollte die dreimalige Frage Jesu an Petrus in Joh 21,15–17 auf sein dreimaliges Verleugnen anspielen,[344] bestätigt der Hinweis auf seinen Märtyrertod, daß Petrus nun zuverlässig geworden ist.

Die ehemals reservierte Art des Evangelisten gegenüber einer bleibenden Bedeutung des Petrus, wie sie noch die Grabesgeschichte widerspiegelt, ist in Joh 21 zu einem versöhnbaren Nebeneinander gereift. Beide, Petrus und der Lieblingsjünger, bekommen schließlich in Joh 21 bleibende Bedeutung zugesprochen.

Diese bleibende Bedeutung erhält Petrus erst im Verlauf von Joh 21 zugesprochen. Zunächst in Joh 21,7 ist Petrus noch von der Einsicht des Lieblingsjüngers abhängig. Petrus erkennt den Herrn erst durch den Hinweis des Lieblingsjüngers. Joh 21,7 ordnet so den Petrus unter den Lieblingsjünger. Doch diese Abhängigkeit oder Unterordnung des Petrus hebt Joh 21,15–19 auf. Petrus erhält in Joh 21

---

[343] Die außerjohanneischen Belege zum Märtyrertod Petri sammelt HENGEL, Frage 210f. A. 19; SCHNACKENBURG, Joh III 438 A. 76.

[344] Schon die Kirchenväter haben die dreimalige Aufforderung auf das dreimalige Leugnen des Petrus bezogen (vgl. Mk 14,30parr; Joh 13,38). Nach ZAHN, Joh 695 (1. Aufl. 684) A. 85 mit Verweis auf Ephraim, ev. conc. expos. p. 237: „Nocte negavit Simon, die autem confessus est. Ad prunas negavit, ad prunas confessus est"; ähnlich HAENCHEN, Joh 586; SMITH, Controversies 149. BULTMANN, Joh 551 meint eher, die Feierlichkeit der Beauftragung sei durch die Regel *de tri* unterstrichen. Ein rechtlicher Aspekt der dreimaligen Frage hat keinen Anhalt im Text, so SCHNACKENBURG, Joh III 435. CHARLESWORTH, Disciple 32 vermutet eine sublime Parallele zu der Folge von ἀγαπάω, ἀγαπάω, φιλέω gegenüber dem Lieblingsjünger in Joh 13,23; 19,26; 20,2.

seine besondere Aufgabe direkt vom auferstandenen Herrn. So steht Petrus schließlich auf gleicher Ebene mit dem Lieblingsjünger.

Die Hirtenaufgabe für Petrus, wie sie Joh 21 schildert, war offenbar auch nach dem leiblichen Tod des Petrus so bedeutend, daß sie zu einer ausführlichen Auseinandersetzung in Joh 21 Anlaß gab. Wäre der Auftrag an Petrus nicht in irgendeiner Weise auch bleibend bedeutsam, wäre der Auftrag an Petrus nicht auch irgendwie von der historischen Person des Petrus abtrennbar, warum hätte man über diesen Auftrag nach dem Tod des einzigen Inhabers Petrus noch ausdrücklich verhandeln sollen? Offenbar war die besondere Beauftragung des Petrus durch den Herrn gerade nach dem Tod des Petrus erläuterungsbedürftig im johanneischen Kontext.

Daß Joh 21 schon auf den Tod des Petrus zurückblickt und trotzdem noch einmal dessen besondere Beauftragung durch den Auferstandenen nennt, spricht gegen die Annahme Beckers, daß sich mit dem Märtyrertod des Petrus die Aufgabe erledigt habe.[345]
Noch unwahrscheinlicher ist m.E. eine Auslegung, die von verschlüsselter Ironie ausgeht. So deutet Stimpfle die Beauftragung und will in ihr eine verschlüsselte Ironie sehen: „Die wissenden Insider verstehen – die scheinbar verstehenden Outsider fühlen sich bestätigt".[346] Läßt man die Frage dahingestellt, ob ein johanneisches Mißverständnis in einer nachösterlichen Erzählung überhaupt angebracht wäre, sind immer noch genügend Gründe anzuführen, die gegen eine ironische Beauftragung des Petrus durch den Auferstandenen sprechen. Doppeldeutige Reden im Evangelium beziehen sich auf theologische Topoi, nicht auf Beauftragungen. Nikodemus wie die Samaritanerin bleiben „Outsider", weil sie den tieferen theologischen Sinn der Worte Jesu nicht nachvollziehen können. Daß Jesus in gleicher Weise auch konkrete Aufträge ironisiert und so die Beauftragten anführt, läßt sich m.E. damit nicht belegen. Gegen eine ironische Abwertung des Petrus in Joh 21 sprechen auch andere Aussagen über Petrus. Stimpfle übergeht in seiner Interpretation die Aussage Joh 21,11, daß Petrus das Netz einholte. Wollte man diese Aussage ebenfalls als ironisch bezeichnen, müßte dem Evangelisten eine Abwertung kirchlicher Einheit unterstellt werden. Zudem muß Stimpfle postulieren, daß das Evangelium nur unter Mißverstehen der ironischen Intention in den Kanon aufgenommen werden konnte.[347] Der Übergang des Evangeliums von Insidern zu Outsidern wäre also ohne literarischen Niederschlag geschehen. Die Interpretation Stimpfles, Joh 21 stelle Petrus ironisch dar, ist also erheblichen Bedenken ausgesetzt. Weil er Ironie gegenüber Petrus in Joh 21 annimmt, kann Stimpfle behaupten, daß im Joh-Ev ein einheitliches Petrusbild vorliege, das bis Joh 21 reiche. Der Zweifel an der Ironiethese in Joh 21 verlangt daher auch, an der Einheitlichkeit des Petrusbildes in Joh 1–21 zu zweifeln.

Nachdem Jesus verschlüsselt auf den Tod des Petrus hinwies und der Verfasser von Joh 21 in einem Erläuterungssatz (Joh 21,19a) die Interpretation stützte, sagt Jesus zu Petrus: „ἀκολούθει μοι" (Joh 21,19b; vgl. 21,22 fin). Diese Aufforde-

---

[345] So schließt BECKER, Joh II (3. Aufl.) 771, weil Joh 21 keine Weitergabe des Auftrags andeute.
[346] STIMPFLE, Blinde 261; vgl. aaO. 260 A. 72: „Auf diesem Hintergrund dürfte auch die Übertragung der Hirtenfunktion zum johanneischen Repertoire ironisierender Verfremdung gehören".
[347] STIMPFLE, Blinde 272.

rung Jesu an Petrus, ihm nachzufolgen, zielt schwerlich auf eine über die Lebenszeit des Petrus hinausreichende Bedeutung, die als Petrusnachfolge o.ä. initiiert werden sollte (vgl. 21,20 über den Lieblingsjünger als ἀκολουθοῦντα). Die Vokabel „nachfolgen" eignet sich eher dazu, das Verhältnis des historischen Petrus zum Auferstandenen zu beschreiben, eine Übertragung auf eine Petrusfunktion als „Nachfolge" widerspricht dem persönlichen Charakter der mit ἀκολουθεῖν ausgedrückten Lebensweise.[348]

Die mit der Vokabel „Nachfolge" ausgedrückte persönliche Bindung an Jesus dürfte auch der Grund sein, warum die Schriften des Neuen Testaments ausgesprochen selten davon reden, daß jemand dem Auferstandenen „nachfolge". Die Evangelien verwenden die Vokabel fast nur in Bezug auf den irdischen Jesus.[349] Das Nachfolgewort (Mk 8,34f. par Mt 16,24–28 par Lk 9,23–27) ist zumindest offen für eine allgemeine christliche Maxime unter dem Stichwort „Nachfolge".[350]

Wenn der Ruf in die Nachfolge der persönliche Aspekt des Auftrages an Petrus ist, welches ist dann der Aspekt seiner Beauftragung, der nach dem Tod des Petrus noch virulent bleibt? Terence Smith nimmt „pro-Peter groups" an, auf deren Polemik Joh 21 antworte.[351] Eine solche erschlossene Gruppe läßt sich auch andernorts aufzeigen. Der kürzere Markus-Zusatzschluß (Mk 16,8 concl. br.) redet immerhin von οἱ περὶ τὸν Πέτρον, auf die die Überlieferung des Mk-Ev zurückgeführt wird.[352] Tatsächlich erklärt sich das Petrusbild von Joh 21 schlüssig, wenn nicht die Person des Petrus aus der Vergangenheit, sondern die bleibend auf diese Person zurückgeführte Tradition verlangte, noch einmal über das Verhältnis von Petrus und Lieblingsjünger zu reden.

4.3 Von einem zu mehreren Traditionsgaranten

In Joh 21,15–24a agieren neben dem auferstandenen Herrn nur noch Petrus und der Lieblingsjünger. Der Abschnitt blickt dabei auf den Tod sowohl des Petrus als auch des Lieblingsjüngers zurück. Beide Jünger sind offenbar nach ihrem Tod noch einmal außerordentlich wichtig geworden. Doch nur für einen,

---

[348] In Abgrenzung von anderen ähnlichen Konzepten der Nachahmung hat diesen persönlichen Zug v.a. HENGEL, Nachfolge passim, bes. 37f. 68–70, herausgearbeitet.

[349] KUHN, Nachfolge 119f. vermerkt nur die Auffälligkeit in Joh 21; sein Aufsatz legt allerdings den Schwerpunkt auf Texte, die vor 70 n.Chr. niedergeschrieben wurden (aaO. 105 v.a. Mk-Ev; Logienquelle).

[350] Sonst vermeiden die Synoptiker die Vokabel als allgemeine Umschreibung für das christliche Leben. Die wenigen Ausnahmen entstammen kleinasiatischer Tradition. Nur dort finden sich Belege, nämlich in 1Petr 2,21 (ἐπακολουθεῖν) und Apk 14,4; dazu s. HENGEL, Nachfolge 69. Joh 8,12; 10,5.27 benützen ἀκολουθεῖν so, daß dieses Verb auch bedeuten kann: dem Auferstandenen nachfolgen.

[351] SMITH, Controversies 148. 150.

[352] Zum kürzeren Zusatzschluß s.u. Kap. V 3.1.

den Lieblingsjünger, erläutert Joh 21 ausdrücklich die über seinen leiblichen Tod hinausreichende Bedeutung.

4.3.1 Die Traditionssicherung durch einzelne Jünger Jesu

Warum nach dem leiblichen Tod des Lieblingsjüngers noch einmal von diesem geredet wird, verrät Joh 21,24a. Dieser Vers erklärt den Lieblingsjünger zum Traditionsgaranten des Joh-Ev. Damit hat Joh 21 eine Einzelperson mit einer Aufgabe versehen, für die im Mt- und Lk-Ev die Gemeinschaft der Jünger Jesu einsteht. Wenn Mt und Lk je auf ihre Weise die Jünger Jesu als Garanten der Jesusüberlieferung gegenüber Mk rehabilitieren (s.o. Kap. II 2/3), stellen sie die Traditionsgaranten als Gruppe vor: Die Elf bzw. Zwölf sollen die Jesusüberlieferung historisch verbürgen („kollektive Traditionssicherung"). Entsprechende Hinweise auf die Gemeinschaft der Apostel als verbindliche Traditionsgaranten für die weitere Zeit der Kirche finden sich auch außerhalb der Evangelien (z.B. Eph 2,20; 3,5; Jud 17 vgl. 3.20; 2Petr 1,16; 3,2). Diese kollektive apostolische Traditionssicherung verbürgt zuverlässige Jesusüberlieferung historisch und erlaubt so, manche Überlieferungen auszuscheiden. So schwierig diese kollektive Traditionssicherung im Detail zu überprüfen sein mag, sie setzt überhaupt eine historische Absicherung der Überlieferung voraus. Sie erlaubt z.B., kategorial zwischen christlichen Prophetenworten und Jesusüberlieferung zu unterscheiden. Daß bei Jesustraditionen eine Verbindung zu den Jüngern Jesu verlangt wird, setzt ein Gespür und Interesse für die historische Herkunft einer Jesusüberlieferung voraus. Überlieferungen, die nicht beanspruchen, auf alte Zeugen zurückzugehen, oder die offensichtlich nicht auf solche zurückgehen, werden durch die kollektive apostolische Traditionssicherung obsolet gemacht.

Dic Traditionssicherung über die Gemeinschaft der Apostel oder über einen zuverlässigen Zeugen genügt zwar gegenüber offensichtlich unhistorischen Überlieferungen als Kriterium, nicht aber, wenn verschiedene vermeintlich alte Überlieferungen gegeneinander stehen. Das Mt- und das Lk-Ev gehen davon aus, daß die elf Jünger eine homogene Überlieferung begründen. Joh 1–20 grenzt sich gegen andere Überlieferungen ab (s.o. 3). Dabei stellt der Verfasser von Joh 1–20 den Lieblingsjünger über alle anderen Jünger Jesu. Diese Stellung des Lieblingsjüngers zielt darauf, jede außerjohanneische Überlieferung entweder dem Zeugnis des Lieblingsjüngers unterzuordnen oder abzulehnen.[353]

Im Verlauf von Joh 21 verliert der Lieblingsjünger seine exklusive Rolle. In Joh 21,15–17 setzt der Auferstandene den Petrus zum Hirten ein. Bei dieser Aufgabe untersteht Petrus nicht mehr dem Lieblingsjünger. Es ist sicherlich sehr schwer, das bildhafte Wort Jesu „weide meine Schafe" in konkrete Aufgaben zu übertragen. Die Übertragung von „meine Schafe" auf die Gemeinde Jesu ist wohl

---

[353] Auf dieser Linie liegt auch noch Joh 21,7.

naheliegend. Doch wie soll das „Weiden" aussehen? Einen Hinweis über die Aufgaben des Hirten gibt Joh 10, die Hirtenrede. Joh 10 beschreibt Jesu Arbeit als Hirte. Wenn man die Hirtenaufgaben Jesu heranzieht, um die Hirtenaufgaben des Petrus zu erläutern, muß geprüft werden, welche der in Joh 10 genannten Aufgaben Jesu auf die Hirtenaufgabe des Petrus übertragen werden können. Ungeeignet für eine solche Übertragung dürfte der stellvertretende Tod des Hirten für seine Herde (Joh 10,11.15.17f., vgl. 15,13) sein. Bei den Andeutungen in Joh 21,18f. finden sich keine Hinweise dafür, daß Petrus sein Leben stellvertretend für die Gemeinde hingibt. Joh 10 beschreibt eine weitere Arbeitsweise des „Weidens", die sich eignet, den Auftrag an Petrus „Weide meine Herde" zu illustrieren. Nach Joh 10 besteht ein gewichtiger Teil der Aufgabe des Hirten darin, seine Herde zu rufen, seine φωνή für die Herde einzusetzen (Joh 10,3–5.16.27). Dadurch, daß der Auferstandene direkt Petrus beauftragt, seine Herde zu weiden, autorisiert er indirekt auch Petrus, seine Stimme zu erheben. Wenn Petrus entsprechend seine Aufgabe wahrnimmt, seine Stimme an die Gemeinde richtet, entstehen dadurch Petrusüberlieferungen. Solche Petrusüberlieferungen können aufgezeichnet werden und bleiben, auch wenn Petrus selbst nicht mehr lebt.[354]

Aus der Perspektive des Verfassers von Joh 21 ergibt sich dann etwa folgendes Bild: Dem Verfasser liegen bestimmte Petrusüberlieferungen vor, deren außerjohanneische Herkunft offensichtlich ist. Mit den Personen des Petrus und des Lieblingsjüngers kann Joh 21 das Verhältnis der petrinischen zur johanneischen Überlieferung klären. Der Verfasser von Joh 21 stellt die Petrusüberlieferungen auf dieselbe Höhe wie die johanneische Überlieferung. Nach Joh 21 erteilt der Auferstandene dem Petrus einen eigenständigen Auftrag, der letzlich erklärbar macht, wie es zu eigenständigen Petrusüberlieferungen kommen konnte. Daß der Verfasser von Joh 21 durch Petrusüberlieferungen motiviert wurde, nach dem Tod des Petrus noch einmal von diesem Jünger Jesu zu berichten, läßt sich nicht beweisen. Ich will im folgenden Argumente sammeln, die diese Vermutung plausibel machen können.

4.3.2 Die Traditionssicherung durch mehrere einzelne Jünger Jesu

Joh 21 trennt die Aufgabenbereiche des Petrus von denen des Lieblingsjüngers. So können diese zwei Jünger Jesu verschiedene Aufgaben übernehmen und schließlich auch verschiedene Überlieferungen verbürgen. Darauf dürfte die Dar-

---

[354] Vgl. RUCKSTUHL, Jünger 357: „Die Verheißung, dieser Jünger werde bis zum endzeitlichen Kommen Jesu bleiben, erfüllt sich nach V. 24 darin, daß sein Zeugnis für Jesus, das in der vorliegenden Evangelienschrift verwahrt ist, auch nach seinem Tod weiterhin lebendig und wirksam bleibt. Daraus wird man ableiten dürfen, daß auch das Zeugnis, das Simon Petrus durch seine apostolische Arbeit und seinen Tod für die Kirche des auferstandenen Herrn abgelegt hat, in seiner Wirkungsgeschichte weiterlebt".

stellung des Petrus und des Lieblingsjüngers in Joh 21 zielen. Joh 21 läßt prinzipiell zu, daß mehrere Überlieferungen nebeneinander auf zuverlässige Zeugen zurückgehen, ohne daß die Überlieferungen schon durch ihre Unterschiedlichkeit sich als unzuverlässig erweisen würden.[355] Auch wenn Joh 21 nur zwei einzelne Jünger vorstellt, um Traditionen zu verbürgen, ist damit das Prinzip der Traditionssicherung durch die Gemeinschaft der Jünger („kollektive Traditionssicherung") ebenso aufgehoben wie die Traditionssicherung allein durch einen einzigen Zeugen („individuelle Traditionssicherung").

Die Traditionssicherung durch mehrere einzelne Jünger setzt den historisierenden Ansatz der kollektiven Traditionssicherung voraus. Darüber hinaus ermöglicht sie, unterschiedliche Zeugnisse auf unterschiedliche Beauftragungen einzelner Zeugen aus dem Umkreis Jesu zurückzuführen (vgl. Joh 21,22f.: τί πρὸς σέ;). So können unterschiedliche Überlieferungen gleichzeitig historisch verankert sein und sich doch im einzelnen unterscheiden. Dieses Modell der Traditionssicherung erlaubt, den Umstand zu reflektieren, daß unterschiedliche Zeugen unterschiedliche Zeugnisse hervorbringen können und enthält sich dabei eines Urteils für oder gegen ein einzelnes Zeugnis eines Jüngers. In diese Richtung weist Joh 21. Das Nachtragskapitel thematisiert Petrus und den Lieblingsjünger und klärt das Verhältnis ihrer Überlieferungen.

Eine Art mehrfacher individueller Traditionssicherung ließ sich schon in Joh 21,20–23 aufzeigen. Der Verfasser von Joh 21 korrigiert eine Auslegung der Brüder, indem er herausstellt, daß das Wort Jesu ursprünglich an Petrus gerichtet gewesen sei. An den Wortlaut dieser „Petrusüberlieferung" knüpft der Verfasser von Joh 21 dann positiv an, wenn er das Bleiben des Lieblingsjüngers in seinem Evangelium herausstellt (vgl. o. 4.1.5).

Joh 21,23f. vermerkt nur für den Lieblingsjünger, daß er im Zeugnis „bleibt". Ein entsprechend ausdrücklicher Hinweis, daß auch Petrus in seinem Zeugnis „bleibt", fehlt in Joh 21. Aber es dürfte erst die Auslegung der Brüder (Joh 21,23a) zusammen mit dem erst kürzlich erfolgten Tod des Lieblingsjüngers den Verfasser von Joh 21 veranlaßt haben, das Bleiben des Lieblingsjüngers in dessen Zeugnis zu explizieren. Der Tod des Petrus dagegen liegt z.Z. von Joh 21 bereits gut drei Jahrzehnte zurück. Der Übergang von dessen physischem Leben zum „Bleiben" in seinem Zeugnis bedarf z.Z. von Joh 21 keiner Erklärung mehr. Liegt dem Verfasser von Joh 21 Petrusüberlieferung vor, gibt es für ihn keinen Anlaß, das Bleiben des Petrus in dessen Überlieferung hervorzuheben. Eher ist der umgedrehte Weg denkbar, daß Joh 21,23f. an das „Bleiben" des Petrus in seiner Petrusüberlieferung anknüpft, wenn der Vers vom „Bleiben" des Lieblingsjüngers in seinem Zeugnis spricht.

---

[355] Die Traditionssicherung durch eine Gemeinschaft von Jüngern dagegen sieht nicht vor, daß mehrere Traditionen auf Jünger Jesu zurückgehen und sich trotzdem widersprechen.

4.3.3 Die Petrusüberlieferungen hinter Joh 21

Ein schwieriges Problem bleibt bei dieser Erwägung bestehen. Es ist nicht zu sagen, für welche Schriften „Petrus" in Joh 21 stehen soll. Die wenig später bei Papias nachweisbare Petrus-Markus-Tradition behauptet, der ehemalige Dolmetscher des Petrus sei Markus gewesen, der im Mk-Ev das Petrus-Zeugnis erhalten habe.[356] Doch dieses Erklärungsmodell kann schwerlich Joh 21 erklären. Ob Joh 21 das Mk-Ev überhaupt voraussetzt, läßt sich weder belegen noch widerlegen. Selbst wenn der Verfasser von Joh 21 das Mk-Ev gekannt haben sollte, hat er wohl kaum die Person des Petrus allein als Bürgen für das Mk-Ev angesehen, wie es die kirchliche Tradition tat. Wahrscheinlich gehörte zu den Texten, die der Verfasser von Joh 21 kannte, das Lk-Ev, vielleicht auch das Mt-Ev (vgl. o. 4.1.1; 4.1.2). Ob er aber diese Texte als Petrustraditionen versteht, darüber gibt Joh 21 keine Aufschlüsse. Eine genauere Festlegung auf bestimmte Texte, die Joh 21 mit dem Namen des Petrus verbindet, ist m.E. nicht möglich.

Die Theorie, daß Petrus eine bestimmte schriftliche Überlieferung verbürgt, konzentrierte die kirchliche Tradition bald auf das Mk-Ev. Die kirchliche Tradition über die Evangelisten verbindet das erste Evangelium mit dem Apostel Matthäus und sieht hinter dem Lk-Ev die Autorität des Apostels Paulus, weil Lukas ein Begleiter des Paulus sei. Damit führen die kirchlichen Traditionen neben Petrus noch Matthäus und Paulus als Traditionsgaranten ein. Diese weiteren individuellen Traditionsgaranten werden in Joh 21 noch nicht sichtbar. Doch die kirchlichen Traditionen über die Evangelien gehen Bahnen weiter, die in Joh 21 angelegt sind.

In Joh 21 verbürgen zwei verschiedene Jünger Jesu zwei verschiedene Jesusüberlieferungen. Damit liegt eine mehrfache individuelle Traditionssicherung vor. Das Prinzip dieser Traditionssicherung teilen Joh 21 und die kirchlichen Traditionen über die Evangelien, auch wenn der Person des Petrus unterschiedliche Schriften zugeordnet werden und der Kreis der Traditionsgaranten noch erweitert wird.

4.4 Der Blick auf mehrere schriftliche Berichte über die Taten Jesu in Joh 21,25

Der Abschlußvers Joh 21,25 blickt über das Joh-Ev hinaus. Er kopiert und verändert Joh 20,30. Wie dieser Vers weist er über den vorher dargebotenen Stoff hinaus. Bezeichnend ist jedoch, daß nun die Stoffbegrenzung anders motiviert wird:

---

[356] Vgl. u. Kap. IV 4.3. Quellen zur Petrus-Markus-Tradition sammeln z.B.: ZAHN, Geschichte I 156 A. 2; HENGEL, Probleme 244–252; vgl. DERS., Frage 206 A. 7.

Joh 20,30: „πολλὰ μὲν οὖν καὶ ἄλλα σημεῖα ἐποίησεν ὁ Ἰησοῦς ἐνώπιον τῶν μαθητῶν αὐτοῦ, ἃ οὐκ ἔστιν γεγραμμένα ἐν τῷ βιβλίῳ τούτῳ" „Viele freilich nun auch andere Zeichen machte Jesus vor seinen Jüngern, die nicht in diesem Buch aufgeschrieben sind."

Joh 21,25: „ἔστιν δὲ καὶ ἄλλα πολλὰ ἃ ἐποίησεν ὁ Ἰησοῦς, ἅτινα ἐὰν γράφηται καθ᾽ ἕν, οὐδ᾽ αὐτὸν οἶμαι τὸν κόσμον χωρῆσαι τὰ γραφόμενα βιβλία" „Es gibt freilich auch viele andere (Dinge), die Jesus machte, welche, würden sie alle auflistend/ nacheinander (καθ᾽ ἕν) geschrieben, nicht einmal, glaube ich, daß selbst die Welt die Bücher (!) fassen könnte, die geschrieben würden."

Joh 20 verweist auf eine kaum erschöpfbare „Quelle"[357], die dem Buch Joh 1–20 zugrundelag. Aus dieser reichen „Quelle" wählte der Verfasser für das durch Joh 20,30 f. beendete Buch aus. Den Verweis auf einen reicheren Ursprung in Joh 20,30 wandelt Joh 21,25 in einen Ausblick auf die prinzipiell begrenzten Möglichkeiten der schriftlichen Fixierung selbst in vielen Büchern.

Joh 20,30 weist indirekt auf weitere Taten Jesu, die in Joh 1–20 übergangen worden sind. Dieser Vers begründet also die Auswahl des schriftlichen Zeugnisses gegenüber der größeren Anzahl von *Taten* Jesu. Joh 21,25 begründet die Auswahl des dargebotenen Stoffes gegenüber anderen *Büchern* über die Taten Jesu. Joh 21,25 erklärt das „Medium" Buch überhaupt für letztlich nicht ausreichend, um angemessen von Jesu Taten zu berichten. So thematisiert Joh 21,25 das Problem *schriftlicher* Traditionen über Jesus grundsätzlich.[358] Dieses Problem wird wohl erst vor dem Horizont mehrerer schriftlicher Berichte virulent. So wie Joh 21,25 grundsätzlich die Insuffizienz schriftlicher Jesusüberlieferung herausstellt, entschuldigt der Vers zugleich die vorliegende schriftliche Überlieferung: Sollten in der durch Joh 21,25 beschlossenen Schrift Lücken festgestellt werden, beträfe ein solcher Mangel die prinzipielle Insuffizienz des Mediums Buch.

Wenn auch die Leser von Joh 21 mehrere schriftliche Evangelienbücher kennten, hätte Joh 21,25 einen nicht nur floskelhaften Sinn.[359] Joh 21,25 läßt sich in verschiedenen Richtungen lesen. Zunächst erklärt der Vers, warum die vorliegende Schrift aufhört. Da sie letztlich ihrem Inhalt nie Genüge leisten könnte, kann sie auch in der vorliegenden Form aufhören. Joh 21,25 kann aber auch

---

[357] Der Ausdruck wird hier im weiten Sinn von mündlicher oder schriftlicher Überlieferung gebraucht.
[358] So schon Origenes. In Auseinandersetzung mit der platonischen Schriftkritik verweist Origenes, inJoh 13,5 (Preuschen 230, Z. 6–10) auf Stellen des NT, in denen angedeutet wird, daß nicht alle göttlichen Mysterien schriftlich ausgedrückt werden können: Neben Joh 21,25 nennt er Apk 10,4; 2Kor 12,4; vgl. Origenes, Cels 6,6; Origenes, inJoh 5,3 bei Eusebios, h.e. 6,25,9; dazu STRATHMANN, Origenes 233–236.
[359] So z.B. OVERBECK, Joh 455 (zu ihm s.u. 5.1.3); ähnlich THYEN, Joh 21, 157 A. 29; Joh 21,25 werten z.B. ab: HAENCHEN, Joh 592: „Entgleisung des Schriftstellers"; BECKER, Joh II 651 zu diesem Vers: „Die rhetorische Übertreibung grenzt allerdings schon an die Erträglichkeitsschwelle, d.h. so gibt sich gegenüber 20,30f. ein Epigone zu erkennen".

erklären, wie mehrere Bücher über die Taten Jesu nebeneinander bestehen können, ohne daß dieses Nebeneinander gleich auf die Unangemessenheit der Bücher hinweisen muß. So ermöglicht Joh 21,25, mehrere Bücher über Jesus nebeneinander stehen zu lassen, ohne diese Bücher auf eines hin zu redigieren.

5 Die Sammlung mehrerer Evangelien und
die johanneische Schule

Das Nachtragskapitel Joh 21 befaßt sich u.a. auch mit außerjohanneischem Überlieferungsgut und setzt z.T. auch bei seinen Lesern voraus, daß sie die Texte kennen, auf die angespielt wird. Die Anspielungen in Joh 21 setzen also eine wie auch immer geartete Verknüpfung der unterschiedlichen Erzählungen auch bei den Lesern von Joh 21 voraus. Das folgende Teilkapitel (Kap. III 5) untersucht, welche Voraussetzungen der Verfasser von Joh 21 dafür schafft, daß mehrere Evangelien nebeneinander benützt werden. Es geht letztlich darum, ob Joh 21 unterstützt, daß mehrere Evangelien als in sich geschlossene Werke nebeneinander gestellt werden und so eine Evangeliensammlung entsteht. Da der Verfasser von Joh 21 ein Mitglied der johanneischen Schule ist, geht es bei dieser Frage auch darum, ob eine Evangeliensammlung oder sogar die Vierevangeliensammlung aus der johanneischen Schule heraus zu erklären ist.

Zunächst orientiert ein Abschnitt über Forscher in den letzten gut hundert Jahren, die unsere Vierevangeliensammlung auf Anhänger des vierten Evangeliums oder seinen Verfasser zurückführten (5.1).

Obwohl sich diese Forschervoten im einzelnen unterscheiden, entsprechen sie einer bis ins zweite Jahrhundert zurückverfolgbaren Überlieferung, die behauptet, Johannes habe die anderen drei Synoptiker herausgegeben. Ein zweiter Abschnitt stellt diese Überlieferung vor (5.2).

Diese Überlieferung unterscheidet nicht zwischen Joh 1–20 und Joh 21, sondern redet von dem Verfasser des Joh-Ev. Doch die Unterscheidung ist wichtig, wenn es darum geht, nach dem historischen Ursprung von Evangeliensammlungen zu fragen. Die Unterschiede zwischen Joh 1–20 und dem Nachtragskapitel betreffen auch das Verhältnis zu den Synoptikern. Es ist daher anzunehmen, daß sich dieses Verhältnis im Verlauf der johanneischen Überlieferung wandelte. Die Öffnung hin zu den Synoptikern ist innerhalb des Joh-Ev im Nachtragskapitel zweifellos am größten. Daher soll im folgenden gefragt werden, ob die Öffnung hin auf die Synoptiker, wie sie in Joh 21 sichtbar wurde, und eine Sammlung mehrerer Evangelien näher zusammengehören. Dafür ist Joh 21 in die Geschichte der johanneischen Schule einzuordnen. Eine Geschichte der johanneischen Schule zu rekonstruieren, erlauben die schriftlichen Zeugnisse dieser Schule, Joh 1–20; Joh 21; 1–3Joh (s.o. 2.2). Nachdem die relative Chronologie dieser Schriften begründet wurde, läßt sich die absolute Chronologie für Joh 21 eingrenzen (5.3).

Joh 21 ist nicht nur literarisch abhängig vom Lk-Ev und vielleicht auch vom Mt-Ev, es setzt z.T. auch Kenntnisse synoptischen Stoffes bei seinen Lesern voraus. Wieweit Joh 21 theologische Voraussetzungen für eine Evangeliensammlung bereitstellt, untersucht der vierte und letzte Abschnitt (5.4).

5.1 Johannes als Keimzelle der Vierevangeliensammlung in der Forschung

In der wissenschaftlichen Rekonstruktion der Kanonsgeschichte gab es im Verlauf der letzten gut hundert Jahre gelegentlich Forscher, die die herausragende Bedeutung des Joh-Ev für die Ausbildung der Vierevangeliensammlung behaupteten. Sechs entsprechende Thesen stellen die folgenden Abschnitte vor.[360]
(1) Theodor Zahn. Unter der Überschrift „Der Ursprung der Evangeliensammlung" führt Zahn die Zusammenstellung der vier Evangelien auf den Apostel Johannes zurück.[361] Für seine Untersuchung meint Zahn sich auf die vier kirchlich anerkannten Evangelien beschränken zu können. Zwar kennt und beachtet er zahlreiche andere Schriften, die mit den Evangelien vergleichbar wären, doch alle diese kann er mit der Bemerkung zur Seite schieben: „Daß innerhalb der Jahre 90–130 in irgend einer Gemeinde ein anderes Ev. außer den genannten gottesdienstlich gebraucht worden sei, läßt sich durch nichts wahrscheinlich machen, geschweige denn beweisen".[362] Unter den vier kirchlich verlesenen Evangelien fällt dann nach Zahn dem Johannes geradezu selbstverständlich die Rolle zu, die vier Evangelien zu sammeln. Schließlich versteht er das vierte Evangelium als eine Schrift, die der Zebedaide Johannes schon immer als Ergänzung der anderen drei Evangelien verstanden wissen wollte.[363] So sieht Zahn im wesentlichen die kirchlichen Traditionen über Ursprung und Veranlassung der vier Evangelien bestätigt.[364] Bei dieser Annahme verwundert es dann nicht, wenn Zahn davon ausgeht, daß die Vierevangeliensammlung seit unvordenklichen Zeiten in der Kirche vorausgesetzt wird. Ein Zeitpunkt, den er gelegentlich mit „um 100 n.Chr." numerisch ausdrückt.[365]

---

[360] Eher thetisch setzt auch GOODSPEED, Formation 35–41 eine Johannesthese voraus. In neuster Zeit gibt es gelegentlich Vermutungen, daß Joh 21 mit der Evangeliensammlung zusammenhänge, so z.B. RUCKSTUHL, Jünger 366; THYEN, Joh 21, 157 A. 29. Als Textstück der für die Endredaktion des NT zuständigen Gruppe will TROBISCH, Endredaktion 148–154 Joh 21 deuten.

[361] ZAHN, Geschichte I 941–950; zusammengefaßt in DERS., Grundriß 38–40, vgl. SWARAT, Kirche 285f. 316f.

[362] ZAHN, Geschichte I 942.

[363] ZAHN, Geschichte I 945–947. 948f.: „Nicht nur Kenntnis dieser, sondern auch fortdauernden Gebrauch derselben setzt das 4. Ev voraus".

[364] ZAHN, Geschichte I 949.

[365] ZAHN, Grundriß 41: „... als sicher darf gelten, daß um die Jahre 80–110 sowohl das ‚vierfaltige' [sic!] Ev als das Corpus der 13 Briefe des Paulus entstanden und in den gottes-

Zahn sieht keinerlei Probleme darin, daß mehrere Evangelien nebeneinander benützt werden. Daß die einzelnen Evangelisten wenigstens ursprünglich ihre Quellenschriften ablösen wollen, übergeht Zahn bei seinem Ansatz. Nach seiner Darstellung wären die Gemeinden geradezu natürlich daran interessiert gewesen, möglichst viele alte Zeugnisse zu sammeln.[366] Immerhin hatten wenigstens die Evangelisten nicht dieses reine Sammlerinteresse (vgl. o. Kap. II 2 f.; III 3). Die zeitliche Ansetzung der Vierevangeliensammlung durch Zahn hat wenig Nachfolger in diesem Jahrhundert gefunden (vgl. u. Kap. V 1).

(2) Adolf Harnack. Adolf Harnack rekonstruiert unter der Überschrift „Das εὐαγγέλιον τετράμορφον" in seiner „Geschichte der urchristlichen Litteratur" folgenden Ursprung der Vierevangeliensammlung:

> „Der Presbyter aber approbirt dies Evangelium [das Mk-Ev, T.H.] und sucht die Differenzen zwischen ihm und der Geschichte, wie er sie kannte und erzählte, durch eine Erwägung der Schranken, die dem Marcusev, naturnothwendig gezogen waren, auszugleichen. Sehen wir hier nicht wirklich in die Entstehungsgeschichte des εὐαγγέλιον τετράμορφον hinein! können wir überhaupt tiefer in die Brunnenstube dieser Entstehung eindringen! Dass die Bemühungen des Presbyters, d.h. des 4. Evangelisten, wirklich Erfolg gehabt haben, dass er also – allein oder mit Anderen – das εὐαγγέλιον τετράμορφον begründet resp. vorbereitet hat, lernen wir aus Papias und aus der vollzogenen Thatsache".[367]

Harnack kann als Kenner der patristischen Quellen v.a. zeigen, daß die Vierevangeliensammlung älter ist, als die Angriffe der „Aloger" auf das Joh-Ev. Allerdings modifiziert er seine These später. 1912 schreibt er gegen Overbecks Johannesthese: Overbeck habe sich „für seine Hypothese vom begründenden Anteil des ‚Johannes' … an dem Evangelienkanon bzw. an dem N.T. auf die ganz junge Johannes-Legende zu berufen kein Bedenken getragen".[368] In derselben Schrift deutet er den Vierevangelienkanon als Kompromißlösung, die faktisch zum Johannesprimat geführt habe.[369] Welche Personen er hinter diesem Kompromiß vermutet, verrät das unpersönliche „man" bei Harnack nicht. Jedenfalls wurde dieser Kompromiß in Kleinasien geschlossen, weiß Harnack.[370] Freilich sind im einzelnen noch manche Fragen zu klären. Insbesondere bleibt die Frage,

---

dienstlichen Gebrauch der heidenchristlichen Gemeinden auf der ganzen Linie von Antiochien bis Rom eingeführt worden sind …"

[366] ZAHN, Geschichte I 942 f. 950.

[367] HARNACK, Geschichte II,1, 692; Schreibung des Originals wurde belassen. Das „aber" an dritter Stelle des ersten Satzes grenzt die Arbeit des „Presbyteros" von erschlossenen Gegnern des Mk-Ev ab.

[368] HARNACK, Entstehung 16 f. A. 7 auf S. 17. Es folgen bei H. die unten referierten Stellen OVERBECKS.

[369] HARNACK, Entstehung 49 f. mit A. 2.

[370] HARNACK, Entstehung 50. Dort fällt auch der Satz: „Der Kompromiß ist unter dem Zeichen des Johannesevangeliums geschehen." Wäre nicht im selben Buch die Kritik an dem Basler Patristiker zu finden, hätte ich diesen Satz i.S. OVERBECKS gelesen. So bleibt er m.E. proteisch.

wie die Sammlung mehrerer Evangelien mit der Theologie des vierten Evangeliums zusammenhängt.

(3) Paul Wernle. Paul Wernle veröffentlichte 1900 im ersten Band der Zeitschrift für neutestamentliche Wissenschaft den Aufsatz: „Altchristliche Apologetik im Neuen Testament. Ein Beitrag zur Evangelienfrage". Der Aufsatz ist wohl etwas in Vergessenheit geraten, vielleicht nicht nur wegen seines Alters. Die Hauptthesen zu den Evangelien, etwa die Ausrichtung des Joh-Ev auf griechisch gebildete Leser, dürften unhaltbar sein. Einzelne nebenbei fallende Sätze befassen sich jedoch mit der Rolle des Joh-Ev unter den Evangelien. Ohne im einzelnen Begründungen zu liefern, erhält das Joh-Ev dabei eine Spitzenrolle unter den Evangelien. Paul Wernle ist somit zu den Vertretern der Johannesthese zu rechnen.

Nachdem Wernle die Ausrichtungen der Synoptiker referiert, kommt er schließlich auf das Joh-Ev zu sprechen. Dessen Autor habe die Synoptiker gekannt und „konnte schon gar nicht mehr auf die Idee kommen, die früheren Evangelien durch sein eigenes zu verdrängen".[371] „Was er schrieb, will ganz als Ergänzungsschrift betrachtet werden, die durchaus das Frühere als bekannt voraussetzt und bloss richtig beleuchten will. Es ist ein theologischer Commentar zu den Synoptikern, der den Lesern desselben die richtige höhere Auffassung Jesu an die Hand gibt."[372] In Joh 21 sei der Autor des Joh-Ev am kühnsten: „Sein Verhältniss zu Petrus lässt sich am leichtesten so deuten, dass der Autor seiner neuen Überlieferung neben der älteren petrinischen zum Recht verhelfen will".[373]

Franz Overbeck referiert diesen Aufsatz kritisch:[374] Wenn der Evangelist die Synoptiker kannte, dann wollte er sie verdrängen: „Wer überbietet, wenigstens wer es mit Bewußtsein tut …, der will verdrängen, oder er weiß nicht was er will und hat keinen Willen".[375] Der Einwand Overbecks trifft Wernles These nur, weil beide nicht zwischen Joh 1–20 und Joh 1–21 unterscheiden. Overbeck sieht den „Grundfehler" in Wernles Deutung von Joh 21, weil dieser Petrus und Johannes als Zeugen des Lebens Jesu parallelisiere.[376] Doch das Evangelium wolle gerade die Berufskreise der beiden Jünger unterscheiden.

(4) Franz Overbeck. Franz Overbecks Arbeiten zum Joh-Ev wurden posthum von Carl Albrecht Bernoulli 1911 herausgegeben unter dem Titel: „Das Johannesevangelium. Studien zur Kritik seiner Erforschung". An dieser Stelle ist aus dem vielbeachteten Buch nur ein Kapitel zu skizzieren: „Die Aufnahme des 4. Evangeliums im Kanon".[377] Overbeck unterscheidet zwischen der Idee des

---

[371] WERNLE, Apologetik 52.
[372] WERNLE, Apologetik 53.
[373] WERNLE, Apologetik 62.
[374] OVERBECK, Joh 113–116.
[375] OVERBECK, Joh 113. Kommasetzung nach Orig.
[376] OVERBECK, Joh 115.
[377] OVERBECK, Joh 481–491.

Kanons und deren Ausführung.[378] Die Idee des Kanons findet er zu einem nicht ungewichtigen Anteil vom Autor des Joh-Ev selbst begründet. Overbeck war der wortgewaltige Verfechter der Einheit des Joh-Ev, er verwahrt sich insbesondere dagegen, Joh 21 vom restlichen Evangelium abzusondern, wie es Ferdinand Christian Baur postulierte.[379]

Der Autor des Evangeliums habe in Joh 21,20–24 sein Evangelium selbst kanonisieren wollen.[380] Im Neuen Testament könnte höchstens die Apokalypse mit Apk 22,18f. eine vergleichbare Selbstkanonisierung bieten.[381] Eigentlich sei allerdings die Kanonisierung des eigenen Evangeliums gegen die synoptischen Evangelien gerichtet gewesen und Joh habe somit die Idee des viergestaltigen Evangeliums wider Willen begründet.[382] Die Idee des Kanons kam von ihm, in der Durchführung siegten andere. Auf lange Sicht habe der Evangelist sogar gesiegt, weil ihm der Primat unter den drei „Pairs"[383] immer wieder zugebilligt wurde.[384]

(5) J. H. Crehan. Auf dem Oxforder Kongreß „The Four Gospels in 1957" vertrat der Jesuit Crehan die These, der vierte Evangelist begründe die Vierevangeliensammlung.[385] Crehan hält den Bericht über die Herausgabe der Evangelien durch Johannes nach den Acta Timothei für historisch.[386] Bereits Papias deute Apk 4,7 auf die ihm bekannten vier Evangelien.[387] So steht für Crehan nichts mehr im Wege, die Vierersammlung bereits für den Lehrer des Papias, den Apostel Johannes, vorauszusetzen.[388] Schließlich deutet Crehan Joh 21,24 so, daß Johannes hier mit dem ersten Pronomen die drei Synoptiker verbürge (μαρτυρῶν

---

[378] OVERBECK, Joh 487. 490.

[379] Diese These durchzieht das Werk: OVERBECK, Joh 16: „Ist dies Kapitel ein ursprünglicher Bestandteil des Evangeliums, (was Baur nur ohne Grund leugnet) …"; ähnlich 23. 25. 82f. 95. 104 (ein wahrzunehmender Fortschritt JÜLICHERS sei dessen „Korrektur des verhängnisvollen Mißgriffs Baurs"); usw. Seine eigene Darstellung aaO. 434–455. BAUR, Untersuchungen 235–237, begründet, warum er Joh 20,30f. (!) und 21 für unecht hält.

[380] OVERBECK, Joh 481. 485f. 488f.

[381] Vgl. OVERBECK, Joh 488.

[382] OVERBECK, Joh 484–489 in mehreren z.T. parallelen Argumentationen, die wohl BERNOULLI hier nebeneinander bewahrt hat. Zur Rekonstruktion des Buches aus rd. 1500 Zetteln OVERBECKS durch BERNOULLI s. aaO. VII.

[383] OVERBECK, Joh 483.

[384] OVERBECK, Joh 484: „Denn seit das 4. Evangelium im Kanon steht, hat es nie aufgehört unter Umständen, d.h. in gewissen Perioden der Kirchengeschichte und in gewissen Kreisen der Christenheit für das ‚Hauptevangelium' zu gelten, dazu hat es insbesondere nicht erst auf Luther oder gar noch modernere Schätzungen zu warten gehabt".

[385] CREHAN, Character 3–13.

[386] CREHAN, Character 5f.

[387] CREHAN, Character 9 vgl. 11: Da diese Auslegung von Apk 4,7 bei Viktorinus und Irenäus vorkomme, beide aber unabhängig voneinander seien (so mit LOOFS aaO. 9 A. 2) müsse sie auf deren gemeinsame Quelle Papias zurückgehen. CREHAN überdehnt hier den Argumentationsbogen m.E., wenn er behauptet, daß die Auslegungsgemeinsamkeit bei den Kirchenvätern *allein* durch die verlorene Quelle Papias zu erklären sei.

[388] CREHAN, Character 11.

περὶ τούτων), mit dem folgenden Pronomen dagegen sich als Verfasser des vierten Evangeliums ausweise (γράψας ταῦτα).[389] Daß sich auch nur ein Pronomen auf die drei Synoptiker bezieht, bereitet der Text von Joh 21 ebensowenig vor wie den Wechsel der Bezugsgrößen in einem Vers. So schafft es Crehan kaum, die Johanneslegenden mit Joh 21 organisch zusammenzufügen. Der Aufsatz hat wenig Resonanz gefunden.[390]

(6) Isidor Frank. In seiner Freiburger Dissertation aus dem Jahr 1969 folgt Isidor Frank in manchen Einzelheiten den Pfaden Harnacks und Overbecks.[391] Die Arbeit wurde 1971 unter dem Titel: „Der Sinn der Kanonbildung. Eine historisch-theologische Untersuchung der Zeit vom 1. Clemensbrief bis Irenäus von Lyon" veröffentlicht. Isidor Frank mustert die erhaltenen Kirchenvätertexte des zweiten Jahrhunderts und formuliert dann die These, daß „die Einheit der vier Evangelien – und überhaupt der kanonischen Schriften – erst eigentlich durch einen ‚Kanon im Kanon' – nämlich durch das Johannesevangelium – gesichert werden kann, so scheint das für Irenäus wie für die folgenden Jahrhunderte schon selbstverständlich geworden zu sein".[392]

In der Zeit vom 1Clem bis Justin setze sich, so Frank, die Tendenz durch, nach der das Apostelkollegium entscheidender Garant der rechten Lehre sei. Justin habe mit seiner philosophisch geprägten Logosspekulation dem späteren Sieg des Joh-Ev den Weg bereitet.[393] In einer zweiten Phase zwischen Justin und Irenäus bezeuge v.a. das Muratorische Fragment eine ursprünglich römische Theologie, die das Joh-Ev kraft der Autorität aller Apostel zum Kanon im Kanon setze.[394]

Leider setzt sich Frank explizit nur in einer Anmerkung mit den Vorgängern seiner These auseinander. Zwar findet sich Harnacks „Geschichte" im Literaturverzeichnis, doch in seiner einschlägigen Anmerkung verweist Frank nur auf Harnacks knappe Darstellung in seinem Buch „Die Entstehung des Neuen Testamentes und die wichtigsten Folgen der neuen Schöpfung".[395] Gegenüber Overbeck und Harnack betont Frank, daß das vierte Evangelium nicht nur einmal bei der Entstehung der Evangeliensammlung bedeutsam war, sondern seine geistige Führerrolle als „Kanon im Kanon" behalte.[396] Wieweit die rekonstruierte Kanonisierung dem Anliegen des Joh-Ev selber entspricht, erwägt Frank nicht. Er beschränkt seine Untersuchung explizit auf das zweite Jahrhundert.[397]

---

[389] CREHAN, Character 13.

[390] Der Aufsatz ist wenig rezipiert worden; etwa VON CAMPENHAUSEN, Entstehung 288 A. 213 beschränkt sich auf eine ablehnende Bemerkung. FRANK, Sinn; BRUCE, Canon; McDONALD, Formation scheinen ihn nicht zu kennen.

[391] Zu dieser Arbeit s. E. DASSMANN, ZKG 84 (1973) 314–317 und A. STROBEL, ThLZ 98 (1973) 298–301.

[392] FRANK, Sinn 195. Die These deutet FRANK bereits aaO. 38 an.

[393] FRANK, Sinn 20.122.

[394] FRANK, Sinn 184; vgl. 195.

[395] So FRANK, Sinn 210f. A. 1 auf S. 211.

[396] FRANK, Sinn 210f. A. 1 auf S. 211.

[397] FRANK, Sinn 16.

5.2 Ein alter Bericht über Johannes als Herausgeber der Synoptiker

Der Kirchenvater Eusebios überliefert eine ältere Quelle über die Herkunft der Vierevangeliensammlung (h.e. 3,24,6f.):

> „Matthäus, der zunächst unter den Hebräern gepredigt hatte, schrieb, als er auch noch zu anderen Völkern gehen wollte, das von ihm verkündete Evangelium in seiner Muttersprache; denn er suchte denen, von welchen er schied, durch die Schrift das zu ersetzen, was sie durch sein Fortgehen verloren. Nachdem nun Markus und Lukas die von ihnen gepredigten Evangelien herausgegeben hatten, sah sich nach der Überlieferung schließlich auch Johannes, der sich ständig mit der mündlichen Predigt des Evangeliums beschäftigt hatte, zur Niederschrift veranlaßt, und zwar aus folgendem Grunde: Nachdem die zuerst geschriebenen drei Evangelien bereits allen und auch dem Johannes zur Kenntnis gekommen waren, nahm dieser sie, wie man berichtet, an und bestätigte ihre Wahrheit und erklärte, es fehle den Schriften nur noch eine Darstellung dessen, was Jesus zunächst, zu Beginn seiner Lehrtätigkeit, getan habe. Und wahr ist das Wort."[398]

Leider handelt es sich um eine anonyme Quelle des Kirchenvaters,[399] der sie durch eingeschobenes φασί bzw. φασίν als überliefertes Gut ausweist und ihr mit seinem abschließenden Satz zustimmt: „Und wahr ist das Wort".

Adolf Harnack hat die besondere Bedeutung dieser Stelle hervorgehoben: „Eigenthümlich aber ist unserem Stück die ausdrückliche Aussage, Johannes habe die drei früheren Evangelien gebilligt; allein die Weise, in der das geschieht (resp. das μέν bei ἀποδέξασθαι), erinnert frappant an das Presbyterzeugniss über Marcus bei Papias."[400] Entscheidend ist nun die zeitliche Einordnung dieser Quelle. Dabei dürfte wiederum die Argumentation Harnacks überzeugen: Die Quelle ist älter als die Kritik der „Aloger" am Joh-Ev. Es „wäre eine sonderbare Taktik gewesen, der radicalen Verwerfung des einen Evangeliums mit der Herabsetzung der drei anderen zu begegnen."[401] Gegen die Argumentation der „Aloger" wäre nur die Gleichwertigkeit der Evangelien zu betonen, so wie es Irenäus macht.

Die Hervorhebung des Johannes, die diese Quelle mit Papias und dem Fragmentum Muratori vereint, setzt vielmehr eine ältere Kritik am Mk-Ev voraus. Dieser Kritik billigen die genannten Quellen ein gewisses Recht zu: Mk hat nicht ganz die rechte Ordnung, gemessen an der johanneischen Anordnung des Stof-

---

[398] Übersetzung nach Haeuser/Gärtner bei Eusebios, h.e. (Kraft) 173f., der abschließende Satz lautet dort: „Mit dieser Erklärung hatte er auch recht" (aaO. 174). Der griechische Text formuliert unpersönlich. In der bei KRAFT abgedruckten Übers. scheint Eusebios den Absichten des Johannes beizupflichten. Der Kirchenvater wollte schwerlich den Evangelisten Johannes bewerten, sein Abschlußsatz stimmt daher wohl der zitierten Überlieferung zu. Entsprechend übersetzt auch HARNACK, Geschichte II 1, 689: „Diese Behauptung ist richtig".

[399] Während der letzten Korrekturen sehe ich, daß HILL, Papias pass. mit beachtenswerten Argumenten den Abschnitt auf Papias zurückführt.

[400] HARNACK, Geschichte II 1, 690.

[401] HARNACK, Geschichte II 1, 688.

fes, aber geradezu großzügig kann dieses Evangelium doch als wahrhaftig zugelassen werden, weil kein Wort des Evangeliums ohne Autorität des Apostels
Petrus sei (s.u. Kap. IV 4.3).

Die kirchlichen Legenden über die Evangelisten erlauben nur mit größter
Vorsicht historische Rückschlüsse. Hinter den legendarischen Ausmalungen zeigt
die durch Eusebios zitierte Quelle noch einen beachtlich alten Hinweis darauf,
daß die Autorität des vierten Evangeliums die Vierevangeliensammlung autori-
sierte. Den Autoritätsvorsprung des Joh-Ev bezeugt die zitierte Quelle schon vor
den Angriffen der Aloger und damit noch vor dem Ende des zweiten Jahrhunderts. Die hohe Einschätzung des vierten Evangeliums ist auch älter als der
Versuch des Irenäus, die Gleichwertigkeit aller vier kirchlichen Evangelien zu
untermauern. Die bei Eusebios erhaltene Quelle reicht also noch in vorirenäische
Zeit zurück. Damit dürfte sie für uns das älteste Zeugnis über die Herausgabe der
Evangelien enthalten.

5.3 Geschichtliche Einordnung von Joh 21 in die johanneischen Schriften

Die Vertreter der Johannesthese und auch die kirchliche Überlieferung unterscheiden nicht zwischen Joh 1–20 und dem Nachtragskapitel. Ohne diese Unterscheidung wird letztlich der Verfasser des Evangeliums zum Ahnherrn der Vierevangeliensammlung. Doch in Joh 1–20 finden sich mehrfach Hinweise dafür,
daß diese Kapitel nicht in bewußter Auseinandersetzung mit den Synoptikern
gelesen werden wollen (vgl. o. 3.2). Ohne die Unterscheidung von Joh 1–20 und
Joh 21 fehlt der These vom johanneischen Ursprung der Evangeliensammlung
daher die rechte Überzeugungskraft. Das Verhältnis zu den Synoptikern hat sich
verändert in der Zeit, die zwischen der Abfassung von Joh 1–20 und Joh 21
vergangen ist. Da das Verhältnis zwischen johanneischer Schule und der synoptischen Überlieferung nicht konstant ist, muß es historisch differenziert betrachtet werden. Die unterschiedlichen literarischen Zeugnisse repräsentieren vielleicht auch unterschiedliche Bezüge zur synoptischen Überlieferung.

Für die weiteren Erwägungen wird zwischen Joh 1–20 und Joh 21 unterschieden. Mit Joh 1–20, Joh 21 und den drei Joh-Briefen sind also fünf literarische
Zeugnisse der johanneischen Schule unterscheidbar.[402] Die kleinen Johannesbriefe (2Joh/ 3Joh), wegen ihrer Verfasserangabe auch „Presbyterbriefe" nenn-
bar, sind für unsere Fragestellung relativ unergiebig. Diese kleinen Briefe sind

---

[402] Die Apk gehört nicht zur johanneischen Schule im o. 2.2 vorgestellten Sinne; sie teilt
z.B. nicht den johanneischen Soziolekt. Obwohl sie schon bei Irenäus auf denselben Verfasser
wie das Joh-Ev zurückgeführt wird, gehört sie nicht in die hier vorgestellte Entwicklung der
johanneischen Schule. Zum Verhältnis der Apk zur johanneischen Schule s.o. 1.10.

wohl vor Joh-Ev und 1Joh zu datieren.[403] Es bleibt also die Aufgabe, die Abfolge von Joh 1–20, Joh 21 und 1Joh zu klären. Da Joh 21 Joh 1–20 voraussetzt, bleibt zu untersuchen, wie 1Joh in die Abfolge von Joh 1–21 einzugliedern ist.

5.3.1 Die relative und absolute Datierung von Joh 1–20 und 1Joh

Die Reihenfolge Joh 1–20 vor dem 1Joh schien lange Zeit communis opinio. Schnelle und sein Lehrer Strecker versuchen zu zeigen, daß das Evangelium erst nach dem großen Brief niedergeschrieben wurde.[404] Diese These kann m.E. nicht überzeugen. Die Ähnlichkeiten des Briefprologs gegenüber dem Evangelienprolog lassen sich wohl nur als literarische Abhängigkeit des Briefes vom Evangelium erklären.[405] Eine mehr oder weniger parallele Abfassung ist so auch unwahrscheinlich.[406]

Der 1Joh zeugt von innergemeindlichen bzw. innerschulischen Differenzen. Der 1Joh präzisiert christologische Bekenntnisse. Hans von Campenhausen hat darauf hingewiesen, daß noch im 1Joh diese Präzisierung des Bekenntnisses nachvollziehbar ist.[407] Das ursprüngliche Bekenntnis „Jesus ist der Christus/ der Sohn Gottes" stellt der Autor zwar noch gegen seine Widersacher (1Joh 2,22; 4,15; 5,1). Doch dieses Bekenntnis läuft ins Leere. Die Gegner können soweit noch miteinstimmen. Erst der Zusatz: „der ins Fleisch gekommen ist" (1Joh 4,2 vgl. 2Joh 7) unterscheidet die eigene Christologie von der der Gegner: So wird im Duktus des Briefes noch erkennbar das alte christliche Bekenntnis erweitert, um den ursprünglich nicht eindeutigen Sinn in der Auseinandersetzung eindeutiger zu formulieren.

Diese Beobachtungen von Campenhausens am Text nehmen Vermutungen über externe Streitgründe ihre Plausibilität. Durch einen äußeren Grund will Stegemann den Streit erklären.[408] Dabei bezeichnet er seinen Aufsatz als „Andeutungen"[409] zur Bestimmung

---

[403] So mit STRECKER, SCHNELLE und HENGEL u.a. s. SCHNELLE, Einleitung 500–504 (Lit.); vgl. o. 1.12. Die Datierung stützt sich u.a. darauf, die absolute Verfasserangabe 2Joh 1/ 3Joh 1 ὁ πρεσβύτερος mit dem Papiaszeugnis auf den Presbyter Johannes zu deuten (vgl. Kap. IV 3).

[404] Vgl. o. 1.12.

[405] Argumente gegen STRECKER/SCHNELLE vermerken z.B: VOUGA, 1–3Joh 11–13; KLAUCK, Johannesbriefe 105–109; DERS., 1Joh 46f.; (gegen die Annahme von historischen Dependenzen schon EBRARD aaO. 46 A. 129); THEOBALD, Fleischwerdung 421–437; SCHMITHALS, Johannesevangelium 204f. Da HENGEL, Frage, die Endredaktion des Joh-Ev nach dem Tod des „Alten" ansetzt (aaO. z.B. 257–259. 269), neigt er zur These von STRECKER/SCHNELLE, leider ohne auf Gegenargumente einzugehen (z.B. aaO. 156. 157 A. 20; 163 A. 36).

[406] WINDISCH, Joh (2. Aufl.), 110: „Trotz weitgehender innerer Zusammengehörigkeit haben beide Schriften [Joh und 1Joh, T.H.] literarisch keine Beziehung zu einander."; Ähnlich STRECKER s.o. 1.12; HENGEL, Frage 220: Die Herausgabe der Quellenschriften des verewigten Alten erfolgte gleichzeitig; die Endredaktion des Evangeliums allerdings erst nach den Briefen (so aaO. 162. 202).

[407] VON CAMPENHAUSEN, Bekenntnis 249–254.

[408] STEGEMANN, Kindlein passim.

[409] STEGEMANN, Kindlein 294.

der Gegner im 1Joh. Er deutet den 1Joh nicht nur als Lehrstreit gegen eine häretische Front, sondern meint, der Streit sei durch Maßnahmen der römischen Behörden angeheizt worden.[410] Der Ernst der Streitigkeiten wäre wohl durch Lehrdifferenzen im zentralen Gebiet, nämlich der Christologie, schon hinreichend erklärt und bedürfte nicht zusätzlicher Gründe, wiewohl diese die Brisanz zu illustrieren vermögen.

Über die Bestimmung des zeitlichen Verhältnisses des 1Joh zum Joh-Ev hinaus geht die von Brown favorisierte These, der 1Joh beziehe Stellung im Streit um die rechte Auslegung des Joh-Ev.[411] Dabei betone der 1Joh die Bedeutung des irdischen Jesus für die Christologie, der große Johannesbrief sei also dezidiert „antidoketisch". Die Gegner des Briefes dagegen neigten zu einer doketischen Interpretation desselben Evangeliums. Das Evangelium, gemeint ist hierbei Joh 1,19–20,31,[412] war offenbar nicht geschützt gegen manche doketische Auslegung. Culpepper zieht die Parallele zum Auslegungsstreit um das rechte Verständnis des Joh-Ev im 20. Jh.: Die Gegner des 1Joh können auf ähnliche Stellen hingewiesen haben, die später auch Ernst Käsemann für seine These vom naiven Doketismus im Joh-Ev gesammelt hat.[413]

Die absolute Chronologie der beiden johanneischen Texte erhält von Joh 1–20 her einen Terminus post quem. Daß Joh 1–20 zumindest nach 70 n.Chr geschrieben ist, dürfte Joh 11,48 sicherstellen.[414] Die verbreitete Datierung „um 100" dürfte einiges für sich haben.[415] Wer für Joh 1–20 Kenntnis der synoptischen Evangelien voraussetzt, wird kaum lange vor 100 n.Chr. datieren können und eher die Jahre zwischen 100–110 favorisieren.[416] Doch auch wenn Joh 1–20 nur ähnliche Quellen wie die Synoptiker benützt haben sollte, dürfte es eher gegen Ende des ersten Jahrhunderts verfaßt worden sein als kurz nach 70. Im allgemeinen sind die johanneischen Perikopen formgeschichtlich weiterentwickelt gegenüber den ähnlichen Stellen aus den Synoptikern. Daher dürfte Joh 1–20 auch zeitlich nach dem Lk- oder Mt-Ev anzusetzen sein, selbst wenn es nicht von den Synoptikern literarisch abhängt.

Ein Terminus ad quem ergibt sich für Joh 1–20 und 1Joh aus der Notiz des Eusebios, Papias habe 1Joh gekannt (h.e. 3,39,17). Damit kann der 1Joh schwerlich nach 120 n.Chr. entstanden sein.[417] Zwischen der Entstehung des Evangeliums und den Streitigkeiten um das Joh-Ev, die der 1Joh voraussetzt, dürften

---

[410] Stegemann, Kindlein 291–294.

[411] Brown, 1–3Joh Vorwort; Vouga, School 378f. A. 18 zeigt, wie sich 1Joh 4,2 auf Joh 6,51–58 und 1Joh 5,5f. auf Joh 19,34 beziehen.

[412] Brown geht davon aus, daß erst nachdem 1Joh vorlag, das Joh-Ev durch den Prolog und Joh 21 gerahmt wurde, vgl. o. 1.6.

[413] Culpepper, School 283; vgl. Thyen, ThR 42, 259.

[414] So z.B. Schnelle, Einleitung 540.

[415] Kümmel, Einleitung 211: „im letzten Jahrzehnt des 1. Jh. geschrieben". K geht davon aus, daß das Joh-Ev „höchstwahrscheinlich" (aaO., vgl. aaO. 169) das Lk-Ev gekannt hat.

[416] So Schnelle, Einleitung 541 (Lit.).

[417] Zur Datierung des Papias s.u. Kap. IV 1.2.

einige Jahre anzusetzen sein, so daß Joh 1–20 um 90–100, der 1Joh um 100–110 zu datieren sein dürfte.

Wenn 1Joh nach dem Evangelium verfaßt wurde, ist noch nicht geklärt, in welchem Verhältnis 1Joh zu Joh 21 steht. Auch Joh 21 setzt Joh 1–20 voraus. Die Ausrichtung von Joh 21 und 1Joh ist jedenfalls zu unterschiedlich, um für beide Schriftstücke dieselbe theologische Grundtendenz anzunehmen (s.o. 2.1.2.3).

5.3.2 Die relative und absolute Datierung von Joh 21 und 1Joh

Zwischen Joh 21 und dem 1Joh lassen sich keine literarischen Abhängigkeiten erweisen. Beide setzen Joh 1–20 voraus. Erwägungen über die inhaltliche Entwicklung des im 1Joh thematisierten Streites lassen allerdings wahrscheinlich machen, daß Joh 21 nach dem 1Joh verfaßt wurde. 1Joh argumentiert in enger Anlehnung an Joh 1–20 und an anerkannte Glaubensformeln der Gemeinde. Joh 21 erweitert die Perspektive und befaßt sich mit außerjohanneischen Überlieferungen, zu denen das Lk-Ev, wahrscheinlich auch das Mt-Ev zu zählen ist (s.o. 4.1). Da Joh 21 die Argumentationsbasis gegenüber 1Joh erweitert, dürfte Joh 21 jünger sein als 1Joh.

Joh 21 dürfte nicht nur ein spätes, sondern das letzte Zeugnis der johanneischen Schule sein. Keine spätere Schrift führt die Spezifika der johanneischen Schule fort, ohne zugleich auch mit synoptischen Überlieferungen durchwachsen zu sein. Joh 21 steht so am Ende der Geschichte der johanneischen Schule und am Anfang der Gemeinden, die sich auf mehrere Evangelien als Urkunden berufen.

Die absolute Chronologie von Joh 21 erhält durch Joh 1–20 bzw. 1Joh einen Terminus a quo. So ist Joh 21 schwerlich vor 100 entstanden. Schwieriger ist es, für Joh 21 einen Terminus ad quem zu finden. Für Joh 21 abgetrennt von Joh 1–20 lassen sich schwer vor Irenäus eindeutige Testimonien finden.[418] Etwas festere Grenzen erhält man, wenn man für die Datierung die einheitliche Textüberlieferung von Joh 1–21 bedenkt. Die einheitliche Textüberlieferung wäre kaum vorstellbar, wenn Joh 1–20 selbständig verbreitet gewesen wäre. Daher setzen Testimonien für einen Abschnitt aus Joh 1–20 wohl schon Joh 1–21 voraus. So begrenzt Papias von Hierapolis die Abfassungszeit für Joh 21, da er das Joh-Ev kennen dürfte (s.u. Kap. IV 4). Der Nachtrag wurde also nach 100 und vor 120 an Joh 1–20 angefügt, so daß von einer Entstehungszeit „um 110 n.Chr." geredet werden kann.

An welchem Ort der Verfasser von Joh 21 tätig war, läßt Joh 21 nicht erschließen. Die kirchliche Tradition lokalisiert den Lieblingsjünger in Ephesus.[419] Da

---

[418] Daß Irenäus Joh 21 voraussetzt, geht z.B. aus advhaer 3,1,2, griechisch bei Eusebios, h.e. 5,8,4 hervor: ἔπειτα Ἰωάννης, ὁ μαθητὴς τοῦ κυρίου, ὁ καὶ ἐπὶ τὸ στῆθος αὐτοῦ ἀναπεσών, καὶ αὐτὸς ἐξέδωκεν τὸ εὐαγγέλιον".

[419] Zur Ephesustradition s.u. Kap. IV 3.1.

eine solche Tradition schwerlich ohne jeglichen historischen Anhalt entsteht, dürfte wenigstens die letzte Wirkungsphase der johanneischen Schule in Ephesus zu lokalisieren sein.[420]

5.3.3 Eigenständigkeit und Öffnung der johanneischen Schule

Im Verlauf der Geschichte hat sich die Eigenständigkeit des johanneischen Christentums erst herausgebildet. In der johanneischen Schule sind von alters her Jesusüberlieferungen bekannt. Der Verfasser von Joh 1–20 kann auf verschiedene Überlieferungen zurückgreifen, unter denen auch synoptische Traditionen, wenn nicht sogar einzelne synoptische Evangelien selbst gewesen sein dürften. Der Verfasser von Joh 1–20 prägt dabei allen fremden Traditionen seine Sprache auf. Das Netz seiner Sprache und seiner Theologie umschließt Joh 1–20 so dicht, daß synoptische Stoffe nicht als Fremdkörper auffallen.[421]

Die größte Eigenständigkeit der johanneischen Schule dürfte historisch z.Z. der Abfassung des Evangeliums und des 1Joh anzusetzen sein. Die johanneische Sprache und die besonderen theologischen Topoi belegen eine relative Eigenständigkeit für die Verfasser von Joh 1–20 und 1Joh (vgl. o. 2.2.2f.). Die eigenständige Ausformung der johanneischen Überlieferung ermöglicht, daß einzelne Daten im Joh-Ev den Synoptikern widersprechen. Wie weit diese Eigenständigkeit gefestigt war, läßt sich feststellen, wenn man die spätere Vierevangeliensammlung betrachtet. Wäre das Joh-Ev nicht als weitgehend geschlossenes, in sich abgerundetes Werk neben die Synoptiker geraten, wäre es erklärungsbedürftig, warum die Widersprüche nicht ausgeglichen worden sind. Leichte Eingriffe hätten etwa den Todestag Jesu mit der synoptischen Datierung vereinen lassen. Einen solchen Eingriff bezeugt die Textüberlieferung nicht. Stattdessen läßt sich in der frühen Kirchengeschichte nur eine Ablehnung des Evangeliums als Ganzen belegen.[422] Über einzelne Textstellen des Joh-Ev konnte offenbar nicht frei verfügt werden, so weit war die Integrität des Evangeliums geschützt. Die stehengebliebenen Widersprüche zeugen so von einer relativen textlichen Integrität der einzelnen Evangelien. Ähnlich wie das Joh-Ev gegenüber den Synoptikern sind auch umgedreht die drei Synoptiker nicht zur Verfügungsmasse des Joh-Ev geworden.

Bevor Joh 21 johanneische Spezifika mit synoptischen Texten zusammenbringt, lebte die johanneische Schule in einer Eigenständigkeit, die es ihr erlaubte, ihre Sondertraditionen zu entwickeln und zu sammeln. Doch die Eigenständigkeit verliert z.Z. von Joh 21 ihre Isoliertheit. Das Nachtragskapitel Joh 21 stellt

---

[420] Zur Lokalisierung der johanneischen Schule in der Zeit, bevor Joh 21 verfaßt wurde, s.o. 1.9 zu WENGST.

[421] Die Vorgeschichte des Joh-Ev beschreibt mehrfach R. E. BROWN, vgl. o. 1.6.

[422] So die Hinweise auf eine Bekämpfung des Joh-Ev bei Irenäus; indirekt auch im CanMur (s.u. Kap. V 7.4 und 7.6).

neben dem Lieblingsjünger noch einen weiteren Traditionsträger vor und ermöglicht so, daß deren schriftliche Hinterlassenschaften in ähnlicher Beziehung gesehen werden wie die in der Erzählung auftretenden Personen.

Nun ist zu prüfen, wie nah das Ende der eigenständig auftretenden johanneischen Schule und der Anfang der Sammlung von Evangelien zusammengehören. Die schmale Quellenbasis verlangt Zurückhaltung bei den Schlüssen. Es kann sich bei der folgenden Rekonstruktion der johanneischen Spätgeschichte nur um einen Lösungsvorschlag handeln. Der Lösungsvorschlag geht von einer Öffnung der johanneischen Gemeinde aus, die auf eine vorangegangene, weitgehend eigenständige Entwicklungsphase der johanneischen Schule folgt.

Eine aktuelle Auseinandersetzung innerhalb des johanneischen Kreises, die nicht erst aus einer tatsächlichen oder vermeintlichen Rückprojektion auf frühere Geschehnisse herausgefiltert werden muß, dokumentiert der 1Joh. 1Joh 2,19 setzt innerjohanneische Spaltungen voraus, die der 1Joh beheben will, indem er innerjohanneische Traditionen auslegt (s.o. 5.3.1). Der 1Joh beruft sich dabei nicht auf den Presbyter oder den Lieblingsjünger. Dieses Schweigen über den Ahnherrn der johanneischen Schule ist schwer beredt zu machen.

In Joh 21,23 blickt der Verfasser des Nachtragskapitels auf eine nicht allzu lang vergangene Zeit zurück, wenn er auf eine Auslegung der Brüder verweist (s.o. 4.1.5). Da Joh 21 später als 1Joh verfaßt wurde, blickt Joh 21,23 in eine Zeit zurück, in der ungefähr auch der 1Joh entstand.[423] Die Auslegung der Brüder setzt voraus, daß der Lieblingsjünger noch lebt. Nicht ein Wort, das der Lieblingsjünger spricht oder gesprochen hat, sondern allein das Faktum seines physischen Lebens ermöglicht die Auslegung der Brüder. Sie hoffen auf die Wiederkunft des Herrn, solange der Lieblingsjünger noch lebt.

Mit dem Tod des Lieblingsjüngers sind diese Hoffnungen obsolet geworden. In dieser Situation kritisiert der Verfasser von Joh 21 zunächst die Auslegung der Brüder (Joh 21,23) und verbindet die historische Person des Lieblingsjüngers mit dem Joh-Ev samt seines Nachtrags (Joh 21,24).

Die historischen Personen, auf die sich Joh 21 beruft, Petrus und der Lieblingsjünger, sind z.Z. der Abfassung von Joh 21 bereits verstorben. Es geht in Joh 21 kaum um nachträgliche Legendenbildungen über das Leben der ehemaligen Begleiter Jesu, sondern um die schriftlichen Hinterlassenschaften der verstorbenen Autoritäten (vgl. o. 4.3). Der Verfasser des Nachtrags baut mit Joh 21 eine Brücke für petrinische Überlieferungen.

Was veranlaßt den Verfasser von Joh 21, sich für eine außerjohanneische Überlieferung zu öffnen? Zu dieser Frage läßt sich eine Vermutung äußern. Die theologische Ausrichtung von 1Joh sollte nicht gegen Joh 21 ausgespielt werden; beides sind Schriften aus der johanneischen Schule, die zeitlich nicht allzu weit

---

[423] Freilich gibt es keinen Hinweis darauf, daß die Auslegung der Brüder und die im 1Joh vermerkten Spaltungen direkt etwas miteinander zu tun hätten.

auseinanderliegen dürften. Beide mühen sich, die Überlieferung Joh 1–20 gegen Fehlinterpretationen zu schützen.[424] In diesem Zusammenhang stellt Joh 21 heraus, daß neben dem Zeugnis des Lieblingsjüngers auch Petrus ein Zeuge Jesu sein kann. Wenn so der Verfasser von Joh 21 auf außerjohanneische Überlieferungen zugeht, erklärt sich dies plausibel aus der Problemlage des 1Joh heraus. Der Verfasser von Joh 21 gehört zu dem Teil der johanneischen Schule, der die Argumentation des 1Joh für die geschichtliche Verankerung des irdischen Jesus fortsetzt; dazu bezieht sich der Verfasser von Joh 21 auch auf andere Berichte neben Joh 1–20, die von dem ins Fleisch gekommenen Jesus (vgl. 1Joh 4,2), also seiner irdischen Wirksamkeit berichten. Zu diese Berichten gehört nachweislich das Lk-Ev, wahrscheinlich auch das Mt-Ev (s.o. 4.1).

Der Teil der johanneischen Schule, der sich hinter Joh 21 sammelte, öffnet sich für andere Überlieferungen. Die Öffnung eines Teiles der johanneischen Schule schenkt den christlichen Gemeinden außerhalb der johanneischen Schule nicht nur das Joh-Ev, sondern bereitet gleichzeitig vor, mehrere Überlieferungen über das Leben Jesu zu sammeln. Der andere Teil der johanneischen Schule verschwindet für uns weitgehend im Dunkel der Geschichte.

5.4 Johanneische Theologie und die Sammlung der Evangelien

Die Frage nach einem historischen Ausgangspunkt für die Vierevangeliensammlung impliziert, daß die Vierevangeliensammlung eine bestimmte Herkunft hat und nicht etwa viele unterschiedliche und zum Teil zufällige Gründe erst in ihrer Summe das Ergebnis der Vierevangeliensammlung ermöglichen. Dabei ist von Bedeutung, daß es Anzeichen für ein punktuelles Entstehen der Vierevangeliensammlung gibt (s.u. 6). Daher ist es legitim, nach einem Hauptgrund für die Vierersammlung zu suchen und nicht eine anonyme, letztlich nicht mehr durchschaubare Abfolge von Einzelschritten anzunehmen, die schließlich zu der Vierersammlung führen. Das punktuelle Entstehen der Vierevangeliensammlung legt nahe, auch historisch eine bestimmte Herkunft für diese Sammlung anzunehmen.

Welche Theologie erlaubt, die vier Evangelienbücher zusammenzustellen? Die Synoptiker unverändert neben dem Joh-Ev stehen zu lassen trotz einzelner z.T. massiver Widersprüche, verlangt eine Perspektive, von der aus die sonst manifesten Unterschiede unbedeutend sind.

Dies könnte die Perspektive eines Menschen sein, der sich um Ausgleich bemüht, und daher nebeneinanderstellt, was nicht nebeneinander paßt. Kompromißbereite Vereinheitlichung hätte mit kleinen Eingriffen manch manifesten

---

[424] Zum Bezug von 1Joh auf Joh 1–20 s.o. 5.3.1. Der Bezug von Joh 21 auf Joh 1–20 ergibt sich schon aus der Tatsache, daß Joh 21 Nachtrag zu Joh 1–20 ist.

Widerspruch der Schriften beseitigen können. Die Widersprüche waren schon zu einer Zeit bekannt, als noch kein abgesicherter Vierevangelienkanon jegliche Abänderung oder Glättung unmöglich machte. Die ältesten Berichte über mehrere Evangelien unterstreichen, daß die einzelnen Widersprüche durch eine übergreifende Einheitlichkeit aufgehoben werden. Diese übergreifende Einheit zu formulieren, verlangt eine sehr hohe Perspektive.

Diese hohe Perspektive könnte den vier Evangelien von außen aufgedrängt worden sein. Dann würde die Redaktion der Vierevangeliensammlung an keine theologische Ausprägung innerhalb der vier einzelnen Evangelien anknüpfen. Eine solche externe Redaktion, die Evangelien zusammenstellt, läßt sich nicht belegen, allerdings auch nicht widerlegen. Bevor eine externe Sammelredaktion postuliert wird, sollte überprüft werden, ob die Annahme einer solchen Sammelredaktion überhaupt nötig ist.

Die Untersuchung der Selbstreflexionen der Synoptiker zeigte, wie jedes einzelne synoptische Evangelium sich dagegen sträubt, mit seinen Vorlagen zusammen benützt zu werden (Kap. II). Sucht man innerhalb der Evangelien nach einer theologischen Höhe, die ausreichend sein könnte, um in den Evangelienbüchern das Evangelium zu sehen, bleibt schließlich nur das Joh-Ev übrig, genauer Joh 21. Der Verfasser von Joh 21 ergänzt Joh 1–20 und öffnet diese johanneische Überlieferung mit der Person des Petrus für außerjohanneische Überlieferungen. Statt die schriftliche Überlieferung auf die Apostel zurückzuführen, wie es das Mt- und das Lk-Ev auf ihre Weise tun, verbürgen nach Joh 21 einzelne Vertraute Jesu die Überlieferungen (s.o. 4.3 f.).

Wenn also innerhalb der vier kirchlichen Evangelien nach einer Redaktionsschicht gesucht wird, aus der heraus sich die Sammlung mehrerer Evangelien am ehesten erklären läßt, wird man wohl auf Joh 21 verweisen müssen. Doch warum sollte man innerhalb der vier kirchlichen Evangelien nach dem Ursprung der Vierevangeliensammlung suchen? Es wäre möglich, daß der erste Auslöser für eine Sammlung mehrerer Evangelien von einer uns unbekannten „Instanz" ausging. Die Existenz einer solchen „Instanz" müßte allein aus ihrem Werk, der Evangeliensammlung erschlossen werden, ohne daß für sie direkte oder auch indirekte Quellen vorlägen. Die Existenz einer solchen „Instanz" läßt sich nicht ausschließen; fraglich ist jedoch, ob eine rein postulierte Evangeliensammelredaktion notwendig ist, um die historische Herkunft der Vierevangeliensammlung zu erklären.

Der Versuch, Joh 21 als Beginn der Nebeneinanderstellung von Evangelien zu deuten, strebt an, so lang wie möglich ohne eine rein postulierte „Evangeliensammelredaktion" auszukommen. Erst wenn die durch Quellentexte belegten „Instanzen" nicht genügen, um die Evangeliensammlung zu erklären, sollte m.E. eine postulierte Redaktion zur Evangeliensammlung erwogen werden.

Der Versuch, die Öffnung der johanneischen Schule als ersten Schritt auf dem Weg zur Vierevangeliensammlung zu deuten, schließt nicht aus, daß undurch-

sichtige Zufälle und weitere Instanzen mitbeteiligt waren bei der Evangeliensammlung. Doch meine ich, in der johanneischen Schule eine wesentliche Voraussetzung orten zu können, die zur Vierersammlung führt.

Wenn die Sammlung mehrerer Evangelien aus der johanneischen Schule heraus entstanden ist, erklärt sich leicht, warum von der johanneischen Schule keine
Nachwirkungen zu erheben sind.[425] Während wenigstens für das Mt-Ev eine
eigenständige Existenz historisch belegbar ist (s.u. Kap. V 2), konnte bislang
noch nie eine Schrift gezeigt werden, die als Evangelium allein auf das Joh-Ev
verweist, abgesehen vom 1Joh. War das kirchliche Überleben der johanneischen
Schule auf die Rückendeckung durch die Synoptiker angewiesen, muß diese
Beobachtung zumindest nicht verwundern. Die johanneische Schule öffnet sich
mit Joh 21 für die petrinische Tradition. Diese Öffnung führt schließlich zur
Verbindung der synoptischen und der johanneischen Tradition, so daß eine eigenständige Wirkungsgeschichte allein des Joh-Ev nicht mehr möglich war.

6 Die Evangelienüberschriften, die Vierevangeliensammlung und Joh 21

Dieses Teilkapitel betrachtet zunächst die Evangelienüberschriften und kommt
dann wieder auf Joh 21 zurück. Bei den Überschriften zu den Evangelien wird
zuerst die Überlieferung geklärt. Dabei ist auch zu fragen, was zuerst vorlag, die
Überschriften oder die Vierersammlung. Es ist also das zeitliche Verhältnis der
Überschriften zur Vierevangeliensammlung zu bestimmen (6.1). Die Überschrif-
ten werden sodann in ihrer besonderen sprachlichen Form gewürdigt unter der
Fragestellung, welche Bedeutung sie den einzelnen durch sie überschriebenen
Werken zumessen. Es geht dabei gleichsam um eine „Theologie" der Evange-
lienüberschriften (6.2). Diese „Theologie" erlaubt schließlich, das Verhältnis der
Überschriften zur theologischen Ausrichtung von Joh 21 zu beschreiben (6.3).

6.1 Überlieferung und Alter der Evangelienüberschriften

In den Handschriften finden sich Überschriften über den einzelnen Evangeli-
en. Die Überschriften weichen in Einzelheiten voneinander ab, v.a. jüngere Textzeugen neigen dazu, durch Zusätze die Überschriften zu verlängern. In diesem
Teilkapitel geht es um den Kern der Evangelienüberschriften, der aus drei Worten besteht: εὐαγγέλιον κατά [Eigenname im Akkusativ]. Dieser Kern der Überschriften gehört zu den festen Bestandteilen der Textüberlieferung. Sicher ist

---

[425] So z.B. HENGEL, Frage 220–223.

dies wenigstens für den Bestandteil „κατά [Eigenname]".[426] Die große Einmütigkeit, mit der die verschiedenen alten Textzeugen diese Überschriften wiedergeben, zeugt von deren hohem Alter.[427] Den lange Zeit wenig beachteten
Evangelienüberschriften widmete Martin Hengel in neuerer Zeit besondere Aufmerksamkeit. Indem er an die Forschungen von Zahn und Harnack erinnert,
weist Hengel nach, daß die Titel in der Form „εὐαγγέλιον κατά ..." zu den festen
Bestandteilen der ältesten Überlieferung gehören.

Anders als Zahn und Harnack hält freilich Hengel die Überschriften für älter
als die Zusammenstellung der Vierevangeliensammlung und verweist dazu auf
die wechselnde Anordnung der einzelnen Evangelien.[428] Weil die Überschriften
konstanter überliefert seien als die Reihenfolge der einzelnen Evangelien, seien
die Überschriften älter.[429] Hengel möchte zeigen, daß die Überschriften den
Evangelien jeweils gleichsam als Rückenschild zugefügt wurden, als in größeren
Gemeinden mehrere Evangelienbücher benützt wurden.[430]

Doch dieser Schluß beachtet nicht, daß die *Zugehörigkeit* der Evangelien zur
Vierersammlung konstant bleibt, auch wenn die *Reihenfolge* wechselt. Die Reihenfolge ist auch noch bei Irenäus keinesfalls fixiert, trotzdem grenzt Irenäus die
vier kirchlichen Evangelien scharf von anderen ab.[431] Die wechselnde Reihenfolge reicht also noch nicht aus, um die Existenz einer Evangeliensammlung zu
widerlegen. Es müßte auch noch die Zugehörigkeit von einzelnen Schriften
wechseln.

Daß die Überschriften nicht schon über den einzelnen Evangelien standen,
sondern erst mit der Vierevangeliensammlung geprägt wurden, läßt sich indirekt
erweisen. Die Form der Evangelienüberschriften, also ein Titel, dem nach einem
κατά der Eigenname des Verfassers der Schrift folgt, ist weitgehend analogielos

---

[426] Nach ZAHN, Geschichte I 166 A. 2 bzw. HENGEL, Evangelienüberschriften 10 hat allein
der Vaticanus von den alten Textzeugen nur κατά mit Eigennamen ohne εὐαγγέλιον vorher
(sog. „Kurzform"). Die Papyri (Pap. 66. 75 und die zusammengehörigen Fragmente Pap. 4. 64.
67) wiederholen εὐαγγέλιον (sog. „Langform") nach HENGEL aaO. 11. Schon der Sinaiticus
mischt Kurz- und Langform. Angesichts der einmütigen Papyrusüberlieferung dürfte die Langform der Überschriften ursprünglich sein, mit HENGEL aaO. 10–12.
[427] HENGEL, Evangelienüberschriften 12; ähnlich, allerdings für die Kurzform votiert
HARNACK, Entstehung 47 f. Einmütig übernehmen die christlichen Autoren die Formulierung
mit κατά und Akk.: HENGEL, Evangelienüberschriften 9; vgl. ZAHN, Geschichte I 164 f.; DERS.,
Mt 5–9; nachweisbar ab Irenäus, s.u. Kap. V 7.6.
[428] HENGEL, Evangelienüberschriften 10–13, vgl. aaO. 43. Dabei wendet sich HENGEL
dagegen, die Einführung der Überschriften mit dem Viererkanon zu verbinden. Die Überschriften können sicherlich nicht einen *Kanon* der vier Evangelien belegen; wenigstens ZAHN redet,
soweit ich sehe, auch konsequent von der *Sammlung* der vier Evangelien (z.B. DERS., Mt 6). Die
Argumentation HENGELS wendet sich allerdings auch gegen die Verbindung der Überschriften
mit der Vierevangelien*sammlung*. Wie ZAHN auch CHILDS, Testament 152.
[429] HENGEL, Evangelienüberschriften 13.
[430] HENGEL, Evangelienüberschriften 37. 47. Eine bibliothekarische Praxis vermutet auch
HARNACK hinter den Überschriften, vgl. HARNACK, Entstehung 46 f. 67.
[431] S.u. Kap. V 7.6.

in der Antike.[432] Diese Form der Überschriften findet sich über allen vier Evangelien, die einzeln zu unterschiedlichen Zeiten und unterschiedlichen Orten entstanden sind. Die einheitliche Überlieferung der vier Überschriften in der Vierersammlung macht es also sehr unwahrscheinlich, daß die einzelnen Evangelien bereits die Überschriften in derselben Form hatten, als sie entstanden. Wie sollte die ungebräuchliche Werktitulierung an unterschiedlichen Orten und Zeiten in gleicher Form entstanden sein? Dann wäre die einheitliche Bezeichnung „(εὐαγγέλιον) κατά [Eigenname]" eher verwunderlich. Wären die Evangelientitel unabhängig voneinander entstanden, wäre kaum eine so gleichförmige Überschrift in einer so ungewöhnlichen Form zu erwarten.

Wären unterschiedliche (Teil-)sammlungen verbreitet gewesen, wären zumindest auch andere Überschriften zu erwarten. Die in anderen Überlieferungsfragen aufweisbare Tenazität der handschriftlichen Überlieferung hätte uns dann auch Spuren dieser anderen Überschriften erhalten müssen. Eine Textbezeugung für abweichende Überschriften fehlt allerdings.[433] Daher ist es auch sehr unwahrscheinlich, daß sich die Vierersammlung erst allmählich aus der Verwendung unterschiedlicher Evangelien heraus entwickelt hat, obwohl dies häufig angenommen wird.[434] Ein längerer Prozeß unterschiedlicher Evangelienzusammenstellungen hätte nicht zu einer höchst einheitlichen Überlieferung einer höchst ungewöhnlichen Überschrift geführt. Die im wesentlichen einheitliche Überlieferung der Überschriften verlangt, von einer punktuellen Herkunft der Über-

---

[432] S. HENGEL, Evangelienüberschriften 9 („nur wenige ganz späte Belege"); ZAHN, Geschichte I 166 A. 1, der schon 2Makk 2,13 „ἐν τοῖς ὑπομνηματισμοῖς τοῖς κατὰ τὸν Νεεμίαν" als unvergleichlich zurückweist. Nehemia ist nicht als Autor, sondern als „Held der Geschichtserzählung gedacht" (aaO.); vgl. HENGEL, aaO. 9 A. 8. Auf die Stelle 2Makk 2,13 verweisen z.B. BAUER, Wb s.v. κατά II 7 c (828); BDR § 224,2 A. 4. Sachlich nahe an die Evangelienüberschriften kommt die bei den Kirchenvätern auftretende Bezeichnung für die LXX: „ἡ παλαιὰ διαθήκη κατὰ τοὺς ἑβδομήκοντα", so einmal in der handschriftlichen Überlieferung, in der Subscriptio zur Genesis im Vaticanus, s. LXX (Rahlfs) z.St.; vgl. HENGEL, aaO. 10. Doch dieser Titel adaptiert eher die Evangelienüberschriften als umgedreht. Noch Justin (vgl. dial 68,7 u.ö.) und Irenäus (vgl. advhaer 3,21,2) umschreiben die LXX, ohne κατά mit Akkusativ zu verwenden.

[433] Daß Schriften, die die Vierevangeliensammlung voraussetzen, die Bezeichnung kopieren, darf nicht verwundern. Zum Titel des EvPetr s.u. Kap. V 4.1.3.

[434] Daß die Vierevangeliensammlung allmählich gewachsen sei, vermuten die meisten Forscher, z.B.: ZAHN, Bemerkungen 19f.: „Durch successive Einführung der einzelnen Bücher in den gottesdienstlichen Gebrauch entsteht allmählig die Evangeliensammlung"; BAUER, Rechtgläubigkeit 214f. (gegen dessen Argumente aber: VON CAMPENHAUSEN, Entstehung 228f. A. 242 auf S. 229); MOULE, Birth 187f.; VON CAMPENHAUSEN aaO. 202; aaO. 204 argumentiert er wegen der belegbaren wechselnden Reihenfolge der Evangelien: „Spuren einer einmaligen, die weitere Entwicklung bestimmenden ,Ausgabe' lassen sich also nicht ausmachen. Die Beschränkung auf vier ,kanonische' Evangelien muß demnach als Resultat einer allmählichen, zunächst wohl begrenzten Entwicklung begriffen werden, die sich in der Abwehr des markionitischen Evangeliums und sonstiger ketzerischer Evangelien verbreitet und schließlich durchgesetzt hat".

schriften auszugehen.[435] So dürfte die besondere Form der Evangelienbezeichnung mit „(εὐαγγέλιον) κατά [Eigenname]" auf dieselbe Redaktion zurückgehen, die auch die so überschriebenen Evangelien zusammenstellte. Diese Überschriften sind wohl der einzige „Text", der sicher auf die Redaktion der Vierevangeliensammlung zurückgeht.

Diese Beobachtung hat für das Mk-Ev Bedeutung. Denn dieses älteste Evangelium läßt sich über Anspielungen u.ä. kaum als Bestandteil einer Evangeliensammlung belegen. Es müßte einer der wenigen Sondergutverse dieses Evangeliums nachgewiesen werden, wollte man aus Anspielungen auf die Kenntnis und Benützung dieses Evangeliums schließen. So belegt die feste Überlieferung der *vier* Evangelienüberschriften, daß die Sammlung der Evangelien nicht nur Lk, Mt und Joh umfaßte, sondern offenbar auch das Mk-Ev. Anders wäre es kaum erklärbar, daß auch dieses Evangelium unbestritten die Überschrift (εὐαγγέλιον) κατὰ Μᾶρκον erhielt.

Die Überschriftenredaktion läßt sich über die Textbezeugung ansatzweise datieren. Die erhaltenen Textzeugen für die Überschriften reichen zwar nicht in die Zeit vor Irenäus zurück.[436] Allerdings weist die weitgehende Einheitlichkeit bei der Bezeugung der Überschriften in die erste Hälfte des zweiten Jahrhunderts.

Etwas genauere Daten sind zu erschließen, wenn man die Textüberlieferung der Überschriften vergleicht mit der Textüberlieferung der Zusatzschlüsse zum Mk-Ev. Dieser Vergleich geht in zwei Schritten vor: Zunächst soll die Textbezeugung für Überschriften und Zusatzschlüsse daraufhin befragt werden, welche dieser Texte im Sinne einer relativen Chronologie älter sind. Dann kann die bei den Zusatzschlüssen mögliche absolute Datierung weiterhelfen, die Überschriften zu datieren.

Bei der Textbezeugung erweisen sich die markinischen Zusatzschlüsse mit einiger Sicherheit als sekundäre Zusätze, weil einige gewichtige Textzeugen die Zusatzschlüsse gar nicht überliefern (u.a. Sinaiticus und Vaticanus, s.o. Kap. II 1.1). Für die Überschriften läßt sich durch die Textbezeugung kaum ihr sekundärer Charakter erweisen. Von den achtzehn ältesten Textzeugen für die Evangelien (bis 3. Jh.) lassen zwölf nicht zu, über die Existenz oder Nichtexistenz einer Überschrift Aussagen zu machen.[437] Von den verbleibenden sechs Zeugen setzen

---

[435] STANTON, Fourfold Gospel 334 übersieht die Ungewöhnlichkeit der Formulierung mit κατά und kann daher für eine sukzessive Entstehung der Vierevangeliensammlung plädieren (aaO. 340).

[436] Die Überschriften mit κατά c. Akk. weist NA 27. Aufl. (Datierungen auch nach NA 27. Aufl.) in der Inscriptio des Joh-Ev nach, u.a.: Pap. 66 („ca. 200"); Pap. 75 (3. Jh.). NA nennt nicht alle Belege, s.u.; vgl. auch HENGEL, Evangelienüberschriften 10–12; TROBISCH, Endredaktion 59 A. 154.

[437] ALAND-ALAND, Text geben für die Textüberlieferung des Neuen Testaments in der Zeit 2., 2.–3. und 3. Jh. 34 Papyri und 3 Majuskeln an. Die Majuskeln fallen als mögliche Belege aus, da sie Apg (0189), Röm (0220) und einen Diatessaron-Text (0212) bezeugen. Keine Evangelientexte lesen 16 der 34 Papyri. Von den verbleibenden 18 Papyri lassen 12 keine Entscheidung zu, weil sie Textausschnitte bieten, die keine Überschriften erwarten lassen.

fünf nachweislich die Evangelienüberschriften voraus, ein Zeuge erlaubt keine eindeutige Entscheidung.[438]

Auch die Textzeugen, welche die Zusatzschlüsse lesen, deuten zum Teil noch an, daß diese Zusätze sekundär sind. So notieren für den längeren Zusatzschluß manche Textzeugen kritische Vorbehalte, um die nicht ganz eindeutige Überlieferungslage festzuhalten. Bei den Überschriften sind solche Vorbehalte nicht vermerkt. So erweisen sich die Überschriften als fester bezeugt und damit älter als beide Zusatzschlüsse. Diese relative Chronologie bekommt nun Bedeutung für die absolute Chronologie der Überschriften.

Für die Zusatzschlüsse läßt sich in der absoluten Chronologie ein hohes Alter plausibel machen, das für die Überschriften einen terminus ad quem hergibt. Den längeren Zusatzschluß setzt schon Irenäus als Ende des Mk-Ev voraus (s.u. Kap. V 3.2). Irenäus schreibt um 180 n.Chr. Der längere Zusatzschluß ist jünger als der kürzere (s.u. Kap. V 3.1). Auch der kürzere Zusatzschluß ist noch unsicherer belegt als die Überschriften. Beide Zusatzschlüsse müssen schon einige Jahre oder Jahrzehnte vor Irenäus entstanden sein, wenn dieser schon selbstverständlich den längeren Zusatzschluß als Ende des Mk-Ev versteht. D.h. die beiden Zusatzschlüse sind noch in der ersten Hälfte des zweiten Jahrhunderts entstanden.

Nimmt man diese Datierung der Zusatzschlüsse zusammen mit der Beobachtung aus der Textüberlieferung, daß die Überschriften älter sind als die Zusatzschlüsse, ergibt das absolute Alter der Zusatzschlüsse einen terminus ad quem für die Überschriften: Die Überschriften sind noch vor der Mitte des zweiten Jahrhunderts zu datieren. Die unterschiedliche Textbezeugung dürfte nur möglich sein, wenn zwischen den Überschriften und Zusatzschlüssen einige Jahre verstrichen sind. D.h. schließlich, daß die Überschriften schon in den ersten Jahrzehnten des zweiten Jahrhunderts entstanden sind. Da die Überschriften die Vierersammlung voraussetzen, heißt dies: Die Vierevangeliensammlung ist wohl bereits in den ersten Jahrzehnten des zweiten Jahrhunderts entstanden (ca. 110–140). Freilich ist diese Argumentation aus der Textüberlieferung heraus mit einigen Unsicherheitsfaktoren besetzt und soll nicht allein die Datierung der Vierevangeliensammlung tragen müssen.

Bei dieser Argumentation kann der Vergleich zwischen Überschriften und Zusatzschlüssen problematisiert werden. Die Argumentation setzt voraus, daß in der Textüberlieferung im wesentlichen Überschriften und Zusatzschlüsse ähn-

---

[438] Die Pap. 4. 64. 66. 67. 75 belegen die Evangelienüberschriften. Unsicher bleibt Pap. 1 (= PapOx 2). Dieser Papyrus aus einem Kodex beginnt zwar mit Mt 1,1, überliefert aber außer der Seitenzählung mit Alpha (verso) und Beta (recto) keine weiteren Textzusätze, vgl. das Faksimile auf dem Vorsatzblatt bei: B. P. Grenfell-A. S. Hunt (Hgg.): The Oxyrhynchus Papyri, Bd. 1, London 1898. Dort läßt sich auch erkennen, wie knapp über der Seitenzählung das Papyrusfragment abbricht. Ob über der Seitenzählung oder an anderer Stelle noch eine Überschrift vermutet werden darf, wage ich nicht zu entscheiden.

lich behandelt werden. Diese Voraussetzung ist zwar nicht beweisbar, aber ernsthaft problematisch für den Schluß wäre nur der Nachweis, daß Schlußabschnitte
eher weggelassen werden oder einen Vermerk über ihren unsicheren Zusammenhang mit dem Werk erhalten als Überschriften.

Es läßt sich ferner fragen, ob die im einzelnen voneinander abweichenden
Überschriften zulassen, von einer im *wesentlichen* einheitlichen Überlieferung
der Überschriften zu reden. Als wesentlich bezeichne ich den Kern der Überlieferung in der Form κατά mit Eigennamen im Akkusativ. Bei diesem Kern stimmen
alle gewichtigen Textzeugen überein, wenn sie eine Überschrift lesen, fast alle
stellen sogar εὐαγγέλιον voran.[439]

Welche Überschriften die einzelnen Evangelien hatten, bevor sie in der Evangeliensammlung Überschriften erhielten, läßt sich schwer feststellen. Unter welchem Titel das
Mk- und Joh-Ev ursprünglich standen, läßt sich m.E. nicht mehr erheben. Schwerlich sind
alle Eigennamen erfunden.[440] Für das Mt-Ev besteht immerhin die Möglichkeit, daß es
schon den Ausdruck „Evangelium" als Werktitel verwendete (vgl. o. Kap. II 2). Der
ursprüngliche Titel des Lk-Ev im lukanischen Doppelwerk läßt sich vielleicht aus dem
Prolog der Apg heraus erschließen. Apg 1,1 blickt auf das Lk-Ev zurück und bezeichnet
dieses Werk so, daß der Titel etwa lauten müßte „τοῦ (Λουκᾶ) πρῶτος λόγος".[441] Die
Formulierung der Überschriften in der Form „Evangelium nach …" sind schwerlich
schon vorgeformt in den Überschriften, die über den einzelnen Evangelien zu vermuten
sind.

6.2 Die „Theologie" der Überschriften

Nachdem die äußere Bezeugung und Datierung der Überschriften besprochen
wurde, soll nun deren Inhalt gewürdigt werden. Die Überschriften der Evangeli-
en in der Viererersammlung sind nicht nur eine praktische Hilfe, um die Werke zu
unterscheiden. Die besondere Form der Überschriften reflektiert das besondere
Verhältnis des einen Evangeliums zu den vier schriftlichen Werken. Die Überschriften in der Form „Evangelium nach …" ordnen die vier Werke eigentümlich

---

[439] Vgl. o. A. 426. Die Differenz zwischen Kurz- und Langform betrifft nicht den signifi-
kanten und weitgehend analogielosen Gebrauch der κατά-Formulierung für einen Autor. Es gibt
Anlaß zur Vermutung, daß NA 27. Aufl. die Titel nicht ganz zuverlässig nachweist; so fehlt z.B.
der Hinweis auf die Subscriptio nach Lk 24,53 „εὐαγγέλιον κατὰ Λουκᾶν" in Pap. 75, vgl.
Bovon, Lk I 33. Daß Pap. 4 den Titel εὐαγγέλιον κατὰ Μαθθαῖον liest, verschweigt NA 27.
Aufl., vgl. Trobisch, Endredaktion 45 A. 92.

[440] Den Eigennamen Markus bezeugt schon der Presbyter, auf den sich Papias beruft, als
Autor des Mk-Ev nach Eusebios, h.e. 3,39,15 (dazu u. Kap. IV 4.3). Papias oder eine vor-
papianische Quelle kennt auch Matthäus als Autor des Werkes, das wir Mt-Ev zu nennen
gewohnt sind (Eusebios, h.e. 3,39,16). Die Werke lassen sich zweifellos identifizieren, auch
wenn der Begriff „Evangelium" für diese Werke in den Zitaten fehlt.

[441] Beim dritten Evangelium läßt sich m.E. nicht nachweisen, daß der Name bereits vor der
Überschriftenredaktion mit dem Werk verbunden war (vgl. u. Kap. V 6.3).

dem einen Evangelium zu. Eigentümlich ist an dieser Zuordnung, daß sie sowohl die unerreichbare Fülle des maßgeblichen Evangeliums festhält, als auch eine inhaltliche Beziehung zwischen dem einen Evangelium und den vier Einzelwerken herstellt.

Allein die Tatsache, daß unter der gleichartigen Überschrift „Evangelium" nicht ein Werk folgt, sondern vier, zeugt davon, daß ein einzelnes schriftliches Werk dem vorgegebenen Thema nicht zu genügen vermag. Die Evangelienredaktion setzt offenbar voraus, daß *das* Evangelium Jesu nicht vorliegt und auch nicht erstellt werden kann. Daher stellt sie vier verschiedene Werke nebeneinander. Das Evangelium Jesu Christi entzieht sich einer „einfachen" schriftlichen Fixierung.

Die Redaktion nennt die tatsächlichen Verfasser der einzelnen schriftlichen Werke, um die Unterschiedenheit zu bezeichnen. Dieses Anliegen wäre mit den üblichen Titelformen auch möglich gewesen, die den Verfasser im Genetiv nennen.[442] Die Redaktion weicht von dieser üblichen Titulierung ab, indem sie den Eigennamen auf die Präposition κατά im Akkusativ folgen läßt. Welcher Gedanke diese besondere Titulierung hervorrief, läßt sich nicht aus formal ähnlichen Titeln erheben, weil es solche nicht gibt. Die Ausdeutungen der Kirchenväter unterliegen dem Verdacht, nicht die Überschrift auszulegen, sondern die ihnen vertraute Praxis im Umgang mit den vier Evangelien auf diese Überschriften zurückzuprojizieren.[443] Die Wortwahl, genauer die Präposition κατά muß schließlich den Weg weisen, um die besondere Bedeutung der Titelformulierung zu umreißen. Die ungewöhnliche Einführung des Evangelienautors verringert gegenüber einer Genetivformulierung die gestalterische Freiheit des Autors gegenüber seinem Thema. Das eine Evangelium bindet in gewisser Weise den mit κατά angeschlossenen Verfasser. Das Evangelium ist gleichsam normgebend über dem einzelnen Werk vorzustellen,[444] das in seiner besonderen Ausprägung dieser Norm zu entsprechen versucht.[445] Die ungewöhnliche Titulierung impli-

---

[442] Der Vorschlag BAUERS, Wb s.v. II 7 (828) das κατά mit Akk. in den Evangelienüberschriften als Umschreibung eines Genetivs zu vestehen, erklärt nicht die ungewöhnliche Formulierung; kritisch auch HENGEL, Evangelienüberschriften 10; CHILDS, Testament 152. Als Fall sui generis vermerkt BDR § 224.2 die Präposition in den Überschriften. Die zwei dort in A. 4 genannten ähnlichen Formulierungen erklären nicht die Eigenart der Überschriften: 2Makk 2,13 ist nur scheinbar vergleichbar, die Kirchenväterbenennung der LXX adaptiert die Evangelienüberschriften; vgl. o. A. 432.

[443] Die Belege sammelt ZAHN, Mt 6f. A. 4, u.a.: Origenes, phil. 5,6 (= in Joh 5,7); der gr. Text findet sich auf dem Vorsatzblatt dieser Arbeit; dazu ZAHN, Geschichte I 412.

[444] Die Präposition κατά impliziert in ihrer Grundbedeutung eine Bewegung von oben nach unten; der adverbielle Gebrauch und die Verbvorsilbe (z.B. in καταβαίνω gegenüber ἀναβαίνω) verdeutlichen diese Bedeutung. So steht das vorangestellte Evangelium gleichsam auf einer Höhe, von der herab es der einzelne Autor aufnimmt.

[445] Zur häufigen distributiven Komponente der Präposition mit Akk. vgl. BAUER, Wb s.v. κατά II 1d (825); 2b (825); 3 (826); BDR § 224.3.

ziert, daß die niedergeschriebenen Evangelien gleichsam Abbilder des urbildlichen Evangeliums sind.[446]

Diese vier Werke nähern sich dem einen Evangelium an, ohne es einzeln vollständig abbilden zu können.[447] Die Überschriften verbinden die vier Werke mit einzelnen Personen, ohne daß diesen Personen ein besonderer Titel o.ä. beigegeben wird. Daß die Werke dieser Verfasser fixiert werden, läßt sich wohl nur erklären, wenn jedem einzelnen Verfasser ein unverzichtbarer Anteil für die Annäherung an das eine Evangelium zugetraut wird.

Wie die in den Evangelienüberschriften genannten Autoren für ihre Aufgabe qualifiziert sind, sagen die Überschriften nicht. Innerhalb der Werke äußern sich nur Lk und Joh zu ihrer „Qualifikation". Joh 21 autorisiert den Verfasser des Werkes durch dessen unüberbietbare Nähe zum irdischen Jesus (Joh 21,20.24). Allerdings sind auch Petrusüberlieferungen durch einen besonderen Auftrag des Auferstandenen autorisiert (Joh 21,15–19). Zwei einzelne Jünger Jesu können so unterschiedliche Überlieferungen verbürgen (vgl. o. 4.4). So gibt es in Joh 21 einen historisierenden Maßstab, um die Zuverlässigkeit von Jesusüberlieferungen zu belegen.[448] Auch Lk zeigt eine historisierende Tendenz, wenn er in seinem Prolog über seine Arbeit reflektiert. Aber Lk argumentiert gerade nicht mit seiner Nähe zu den dargestellten Dingen, sondern mit seiner persönlichen Akribie (vgl. o. Kap. II 3.1).

Die Überschriften haben sich eher der historisierenden Autorisierung der Überlieferung von Joh 21 angeschlossen, wenn sie die einzelnen Evangelien unverändert nebeneinanderstellen. Mehrere einzelne Personen verbürgen unterschiedliche Überlieferungen. Das Verhältnis des einen Evangeliums zu den vier einzelnen Werken drücken die Überschriften gleichförmig aus. Die vier einzelnen Werke bekommen gleich hohe Autorität zugemessen und werden entsprechend nicht gegeneinander ausgespielt, nicht als dissonant aufgenommen, sondern als unterschiedliche Zeugen derselben maßgeblichen Bezugsgröße verstanden. Diese Bezugsgröße bezeichnen die Überschriften mit dem Evangelium im Singular.

---

[446] Grundlegend dazu: ZAHN, Geschichte I 164–167; DERS., Einleitung II 173–176; DERS., Mt 6–9; DERS., Grundriß 16. HARNACK, Geschichte II 1, 681 stimmt in der Deutung der Überschrift ausdrücklich ZAHN zu.

[447] Bereits Irenäus erklärt die vier Evangelien zur vollständigen Abbildung des einen Evangeliums, wenn er vom εὐαγγέλιον τετράμορφον spricht. Ob die vier Evangelien zusammen tatsächlich eine vollständige Abbildung des einen Evangeliums darstellen sollen, verraten die Überschriften nicht. Die Redaktion hat faktisch vier Werke zusammengestellt, ohne schon dadurch andere Werke auszuschließen. Erst wenn die vier Evangelien auch als vollständige Abbildung des einen Evangeliums gelten wie bei Irenäus, kommt der Vierersammlung auch eine abgrenzende Komponente zu. M.E. sollte man nicht zu schnell die irenäische Interpretation in die Überschriften der Evangelien einlesen und das eine Evangelium mit dem viergestaltigen Evangelium identifizieren (so aber z.B. ZAHN, Mt 6; vgl. die Überschrift bei HARNACK, Geschichte II 1, 681).

[448] Einer historisierenden Argumentation bedient sich auch die Korrektur des Verfassers von Joh 21 gegenüber der Auslegung der Brüder in Joh 21,23 (vgl. 4.1.5).

Wie das Evangelium zu einem Maßstab werden kann, bleibt zunächst undeutlich. So wäre es möglich, daß ein bestimmter theologischer Inhalt als Maßstab verstanden wird, dem sich die vier Einzelwerke annähern. Doch schwerlich handelt es sich bei dem unverschriftbaren Evangelium um einen bestimmten zeitlosen Lehrinhalt. Dann wäre die Unterschiedlichkeit der verschiedenen Evangelien anstößig. Wahrscheinlich enthält der Begriff „Evangelium" in den Überschriften eine historisierende Komponente. Die vier gleichförmigen Überschriften drücken aus, daß das Evangelium ein Geschehnis ist, dem sich die unterschiedlichen Einzelwerke jeweils nähern. Die Überschriften allein sichern diese Deutung des Begriffs Evangelium noch nicht. Zumindest nicht lange nach der Zusammenstellung der vier Evangelien sind Traditionsketten belegbar, die ausdrücklich den historischen Bezug der Evangelienverfasser zu dem geschichtlichen Ereignis thematisieren, über das sie berichten.

Die kirchliche Tradition nennt bald für die Evangelisten Traditionsketten, die deren Zuverlässigkeit unterstreichen sollen. Mt gilt wie Joh als Jünger des Herrn, Mk und Lk als Begleiter von Petrus bzw. Paulus. Daß hinter dem Mk-Ev die Autorität des Petrus steht, behauptet bereits der Presbyter, auf den sich Papias beruft (s.u. Kap. IV 4.3). Die Einteilung der Evangelien in apostolische Zeugnisse und Zeugnisse von Apostelschülern kennt schon Justin (zwischen 150 und 160 n.Chr., s.u. Kap. V 5.3), seit Irenäus ist sie Allgemeingut der kirchlichen Überlieferung. Die kirchlichen Traditionen sind also vor 150 n.Chr. entstanden. Mit diesem terminus ad quem 150 n.Chr. können die kirchlichen Traditionen nicht sehr viel später entstanden sein als die Vierevangeliensammlung.

Die kirchlichen Traditionen könnten freilich älter sein als die Vierevangeliensammlung. Wer z.B. in den kirchlichen Traditionen über die Evangelien ein im wesentlichen treues Abbild der Historie sieht, geht selbstverständlich davon aus, daß die kirchlichen Traditionen längst vor der Zusammenstellung der Evangelien bekannt waren.[449] Aus Mangel an Quellen läßt sich diese Vermutung schwer widerlegen. Doch wenigstens die Redaktion, welche die Überschriften über die Evangelien stellte, dürfte die kirchlichen Traditionen nicht gekannt haben. Das ergibt sich aus folgender Erwägung. Die Überschriften bezeichnen alle vier Werke gleichartig. Differenzierungen, etwa von Apostelschülern und Aposteln, fehlen. Setzt man die kirchlichen Traditionen voraus, würde einmal der Traditionsgarant und Verfasser selbst, dann aber „nur" der Verfasser genannt. Die für

---

[449] Die Historizität dieser kirchlichen Überlieferung verteidigt z.B. ZAHN, mit Einschränkungen auch HENGEL. Für das Joh-Ev entspricht die Überlieferung dem in Joh 21 befestigten Selbstzeugnis des Werkes. Das Mt-Ev äußert sich nicht über seinen Autor; trotzdem erscheint mir eine Abfassung durch den Jünger Matthäus geradezu ausgeschlossen. Die Argumente sind vielfältig ausgetauscht: Warum sollte ein Apostel Matthäus das Werk eines Apostelschülers (das Mk-Ev) ausschreiben? Die Petrusdarstellung des Mk-Ev paßt kaum zu der Behauptung, Mk sei der Dolmetscher des Apostelfürsten gewesen (s.a. Kap. IV 4.3 und die dortigen Verweise). Zur Problematik der Lk-Paulus-Tradition s.u. Kap. V 6.2.

die Traditionsketten im Sinne der kirchlichen Traditionen weniger bedeutsamen Verfasser wären statt der bedeutsamen Traditionsgaranten genannt. Wären die kirchlichen Traditionen schon z.Z. der Überschriften vorausgesetzt gewesen, wäre wohl der jeweilige Traditionsgarant gleichartig genannt gewesen, und der aufzeichnende Schüler eines solchen Garanten wäre wohl davon abgesetzt worden. Das Mk-Ev etwa hätte „Evangelium nach Petrus aufgezeichnet durch Markus" o.ä. heißen müssen, wäre die Petrus-Markus-Tradition schon zur Zeit der Überschriften bekannt gewesen.[450]

Die kirchlichen Traditionen beanspruchen einzelne Apostel, um überkommene Traditionen zu verbürgen. Der gedankliche Rahmen zu einer solchen historisierenden Traditionssicherung findet sich wiederum in Joh 21 angelegt. Von Joh 21 bis zu den kirchlichen Traditionen über die Evangelisten sind jedoch noch einige Zwischenschritte nötig, die von Joh 21 her nicht belegt werden können. So argumentiert Joh 21 nur mit der Person des Petrus neben dem Lieblingsjünger, während die kirchlichen Traditionen den Jünger Matthäus und Paulus noch dazufügen und die Bedeutung der Petrusüberlieferung auf das Mk-Ev beschränken. Die kirchlichen Traditionen über die Evangelisten sind wohl jünger als Joh 21. Die Entstehungszeit der kirchlichen Traditionen über die Evangelisten läßt sich somit etwa auf die Zeit zwischen 110 und 150 n.Chr. eingrenzen.

6.3 Die Evangelienüberschriften und Joh 21

In diesem Abschnitt soll untersucht werden, wie nah zeitlich und theologisch die „Überschriftenredaktion" an Joh 21 heranreicht. Joh 21 setzt bei seinen Lesern die Kenntnis des Lk-Ev voraus, und knüpft an diese Kenntnis an (s.o. 4.1.1). So bereitet Joh 21 eine Evangeliensammlung vor, die zumindest aus diesen beiden Evangelien besteht. Joh 21 setzt wahrscheinlich auch das Mt-Ev voraus (s.o. 4.1.2).[451] Wie diese Vorgaben aus Joh 21 zur Vierevangeliensammlung führen, läßt sich nicht direkt sagen. Joh 21 könnte mit dem Lk-Ev (und vielleicht auch dem Mt-Ev) eine relativ zufällige Auswahl neben Joh 1–21 vorausgesetzt haben. Doch die einheitliche Überlieferung der ungewöhnlichen Überschriften über den vier kirchlichen Evangelien spricht dafür, daß schon sehr bald genau diese vier Evangelien nebeneinander benützt wurden. Sollten andere Sammlungen auch verbreitet gewesen sein, hätten sie zumindest die Textüberlieferung nicht mehr beeinflussen können.

---

[450] Ein Gespür dafür, daß der traditionelle Name „Evangelium nach Markus" den Schreiber über den vermeintlich eigentlichen Autor „Petrus" hebt, läßt sich recht früh belegen, wenn im Zusammenhang der Petrus-Markus-Tradition das Evangelium τὸ λεγόμενον κατὰ Μᾶρκον εὐαγγέλιον genannt wird. So in einer Überlieferung bei Eusebios, h.e. 2,15,1, die nach Eusebios, h.e. 2,15,2 auf Klemens Al. und Papias zurückgehen soll.

[451] Für das Mk-Ev läßt sich m.E. aus Joh 21 nichts erheben.

Es bleibt die Frage, ob mit Joh 21 auch die Überschriften über den vier Evangelien verfaßt wurden. Das hieße, daß der Verfasser von Joh 21 auch derjenige war, der die Sammlung der vier Evangelien schuf. Doch diese Gleichzeitigkeit von Joh 21 und den Evangelienüberschriften läßt sich nicht erweisen. Joh 21 fördert jedenfalls die Begegnung von johanneischer und synoptischer Tradition, bereitet somit einer Evangeliensammlung den Weg.

In Joh 21 finden sich Ansätze zu einer Reflexion über die Evangelien, wie sie die Überschriften erkennen lassen. So stellt Joh 21,25 eine unerreichbare Fülle historischer Ereignisse den begrenzten Möglichkeiten schriftlicher Werke gegenüber (s.o. 4.4). Derselbe Vers beendet gleichzeitig das Joh-Ev, das ein einzelner Zeuge verbürgt. Die ebenfalls in Joh 21 angelegte mehrfache individuelle Traditionssicherung (s.o. 4.3) entfalten die kirchlichen Traditionen über die vier Evangelisten noch vor der Mitte des zweiten Jahrhunderts.

Die drei Größen, Joh 21 (ca. 110 n.Chr.), die Viereevangeliensammlung (ca. 110–140 n.Chr.) und die kirchlichen Traditionen über die Evangelisten (ca. 110–150 n.Chr.) gehören zeitlich und sachlich eng zusammen. Doch es bleiben Zwischenschritte möglich, so daß Joh 21 eine Entwicklung einleitet, die fortgesetzt wird durch die Zusammenstellung vierer Evangelien und die kirchlichen Traditionen über die Evangelisten. Diese möglichen Entwicklungsschritte sollten aber nicht darüber hinwegtäuschen, daß Joh 21 wesentliche Ansätze für die Sammlung mehrerer Evangelien vorlegt, die auch in den Überschriften reflektiert werden.

7 Zusammenfassung Kap. III

Der erste Abschnitt gibt einen Überblick über neuere Positionen zur Spätgeschichte der johanneischen Schule und insbesondere zu Joh 21.

Der zweite Abschnitt begründet, warum Joh 1–20 als ursprünglich in sich geschlossenes Werk von dem Nachtrag Joh 21 literarisch zu trennen ist. Aus dem Blickwinkel von Joh 1–20 gesehen ist Joh 21 daher „sekundär", trotzdem gehört auch der Verfasser des Nachtrages zur johanneischen Schule.

Der dritte Abschnitt befaßt sich mit Joh 1–20. Die Abschlußgeschichten (Joh 20,24–29) und die Abschlußverse (Joh 20,30f.) zeigen die gedankliche Geschlossenheit von Joh 1–20 und die intendierte Eigenständigkeit von Joh 1–20 gegenüber anderen Überlieferungen, zu denen vielleicht auch die synoptischen Evangelien gehören.

Der vierte Abschnitt befaßt sich mit außerjohanneischen Einflüssen, soweit sie in Joh 21 sichtbar werden. Zunächst wird versucht, die außerjohanneischen Überlieferungen genauer zuzuordnen. Joh 21 knüpft positiv an das Lk-Ev, vielleicht auch an das Mt-Ev an. Dann werden die besonderen Aufgaben vorgestellt, die nach Joh 21 für den Lieblingsjünger und für Petrus vorgesehen sind. Da Petrus

direkt vom Auferstandenen einen Auftrag erhält, kommt er nach Joh 21 auf
dieselbe Ebene wie der Lieblingsjünger. So können nun Überlieferungen des
Petrus mit der Überlieferung des Lieblingsjüngers verbunden werden.

Der fünfte Abschnitt versucht, Joh 21 und den Ursprung der Vierevangeliensammlung in Beziehung zu setzen. Sein besonderes wirkungsgeschichtliches
Potential zeigt das Nachtragskapitel, wenn dessen Öffnung hin zu außerjohan-
neischer Überlieferung beachtet wird. Diese Öffnung läßt sich in die Geschichte
der johanneischen Schule einzeichnen. Joh 21 (um 110 n.Chr.) dürfte Probleme
um die richtige Interpretation der johanneischen Überlieferung (Joh 1–20) aufnehmen, wie sie vorher im 1Joh (um 100–110 n.Chr.) bereits aufgetreten sind.
1Joh blickt auf ein innerjohanneisches Schisma zurück und wehrt sich gegen
eine Position, die bestreitet, daß Jesus Christus ins Fleisch gekommen sei. Joh 21
erklärt das Joh-Ev (Joh 1–21) zum Vermächtnis des Lieblingsjüngers und verbürgt so Joh 1–21 mit einem engen Vertrauten Jesu. In Fortsetzung der innerjohanneischen Auseinandersetzung von 1Joh öffnet Joh 21 die johanneische Überlieferung für andere Zeugnisse, um mit diesen die historische Verankerung des
Jesuszeugnisses zu unterstreichen. Innerhalb der vier kirchlichen Evangelien
dürfte der Verfasser von Joh 21 am nähesten zu der Sammlung der Evangelien
hinführen.

Der sechste Abschnitt betrachtet die Evangelienüberschriften. Diese sind im
wesentlichen so einheitlich überliefert, daß sie gleichzeitig entstanden sein dürften und eine punktuelle Entstehung der Vierevangeliensammlung noch in den
erste Jahrzehnten des zweiten Jahrhunderts anzunehmen ist (ca. 110–140 n.Chr.).
Die Einheitlichkeit der Überlieferung legt auch nahe, daß schon von Anfang an
das Mk-Ev zu dieser Sammlung gehörte. Die Redaktion der Vierevangeliensammlung impliziert eine theologische Überlegung, die aus den Überschriften
ersichtlich wird. Die Redaktion hält prinzipiell daran fest, daß *das* Evangelium
nicht in Worte zu fassen ist: Trotzdem stellt sie vier schriftliche Werke zusammen, die das urbildliche Evangelium abbilden (κατά mit Akk.). Diese theologische Überlegung knüpft so eng an theologische Linien an, die Joh 21 vorbereitet,
daß die Entstehung der Vierevangeliensammlung und die Spätgeschichte der
johanneischen Schule, wie sie in Joh 21 sichtbar wird, wohl nahe zusammengehören. Insgesamt dürfte der Verfasser von Joh 21 die wesentlichen Ansatzpunkte
bereitgestellt haben, die nach Ausweis der Evangelienüberschriften auch die
Zusammenstellung der Evangelien leitete.

Kapitel IV

Papias und die Vierevangeliensammlung

Die historische Einordnung der Vierevangeliensammlung verlangt auch, in die frühe Kirchengeschichte zu blicken. Die Eckpunkte der Vierersammlung sind mit Texten belegbar: Auf der einen Seite stehen die Texte, die später kanonisiert wurden, auf der anderen Seite finden sich Kirchenschriftsteller, die eine Vierevangeliensammlung bezeugen. Zwischen beiden Eckpunkten herrscht weitgehend historisches Dunkel. Diese dunkle Phase soll im folgenden überbrückt werden.

In den Kap. II und III wurden vom Neuen Testament her die Brückenpfeiler geprüft. In Joh 21 scheint mir dieser neutestamentliche Brückenkopf gefunden zu sein, der zur Vierevangeliensammlung führt. Von diesem Brückenkopf wurde am Schluß des letzten Kapitels ein Brückenarm aufgebaut, der weit hinaus ragt in das quellenlose Dunkel der Entstehung der Vierevangeliensammlung. Nun bedarf dieser Brückenarm einer Abstützung auf der anderen Seite. Ihm sollte ein Brückenarm aus früher patristischer Zeit entgegenkommen. Ich meine diesen Arm bei Papias von Hierapolis finden zu können. Diesem Bischof Papias ist daher das vierte Kapitel meiner Arbeit gewidmet.

1 Papias als historische Quelle

Die schwierige Überlieferungslage des papianischen Werkes allein schon bedingt Vorbemerkungen zur Erschließung der Papiastexte. Nur wenige Zeilen unbestritten echter Texte sind uns von Papias von Hierapolis erhalten geblieben. Diese Texte sind in der kritischen Forschung außerordentlich umstritten.[1] Die Berichte des Papias lassen sich kaum mit den Hypothesen der modernen Einleitungswissenschaft harmonisieren. Es fehlt auch nicht an unverhohlener Kritik gegen Papias: „Der Bischof *Papias* von Hierapolis in Kleinasien sammelte vor 150 eifrig alles, was er an alten Traditionen zusammenbringen konnte … Bis heute werden seine Notizen über die Entstehung der Evangelien unendlich viel

---

[1] Bereits 1873 vermerkt RENAN, Antechrist 562: „Ç'a été le sort de cet ἀρχαῖος ἀνήρ d'être mal compris".

diskutiert. Sie sind samt und sonders geschichtlich wertlos."[2] Dieses Diktum Hans Conzelmanns zitieren die Papiasausleger mit mehr oder weniger Sympathie.[3]

Für unsere Fragestellung hat allerdings das Werk des Papias eine herausragende Bedeutung. Papias belegt für uns erstmals unbestreitbar, daß mehrere Evangelien nebeneinander vorlagen. Wie auch immer die Fähigkeiten des Papias einzuschätzen sind, achtlos an seinem Werk vorbei zu gehen, hieße, die Entwicklung der Evangeliensammlung im zweiten Jahrhundert fast gänzlich im quellenlosen Dunkel zu belassen.

Bei der zeitlichen Ansetzung des Papias erlaubt eine Bemerkung des Irenäus, einen terminus ad quem anzugeben. Irenäus als ältester Zeuge des Papias bezeichnet ihn als ἀρχαῖος ἀνήρ.[4] Da Irenäus um 180 sein Hauptwerk geschrieben haben dürfte,[5] kann Papias schwerlich allzu weit in das zweite Jahrhundert hinein gelebt haben. Dafür spricht auch ein Nachfolger des Papias auf dem Bischofsstuhl, der sich in die Regierungszeit Mark Aurels (161–180) einordnen läßt. Bischof Apolinarios[6] von Hierapolis richtet eine Apologie an diesen Kaiser.[7] Ob Apolinarios freilich direkter Nachfolger von Papias war, läßt sich nicht mehr sagen.

Als Terminus post quem gilt i.a. die Abfassung der Evangelien. Der unbestritten mit Papias verbundene Bischofstitel[8] sowie der in seinem Proömium ange-

---

[2] Conzelmann, Geschichte 17.

[3] Etwa Zuntz, Papiana 254, letztlich zustimmend, aaO. 263: „Auf die alte Frage aber, welchen Wert das Zeugnis des Papias … habe, ist die Antwort wieder einmal: Null". Eine positive Auswertung des Papiaszeugnisses versuchte in neuerer Zeit v.a. Hengel, Frage 75–107.

[4] Irenäus, advhaer 5,33,4 („vetus homo"), griechisch bei Eusebios, h.e. 3,39,1 = Papias, frgm 1 (Körtner).

[5] So etwa Jaschke, Art. Irenäus 258; „in der Zeit von 180 und 185 zu datieren" nach Brox in der Einl. zu seiner Irenäus-Ausgabe, FC 8/1, 17.

[6] In der Schreibweise Apolinarius (gr.: Ἀπολινάριος) statt Apollinarius folge ich Zahn, vgl. Swarat, Kirche 229 mit A. 109.

[7] Eusebios, h.e. 4,26,1; 4,27. Dieser Bischof beteiligt sich an einem Osterstreit in Laodikeia nach Eusebios, h.e. 4,26,3, den Zahn nach Larfeld, Johannes 12 auf 166/167 datieren konnte; Leimbach, Art. Papias 647. Zu den Quellen s. Zahn, Apostel 126 A. 1; vgl. Altaner-Stuiber, Patrologie 62 f.

[8] Der Titel findet sich belegt bei Eusebios, h.e. 2,15,2; 3,36,2. Soweit ich sehe, problematisiert kein späterer Kirchenvater den Titel. Daß Irenäus, advhaer 5,33,4 bei seiner einzigen Nennung des Papias diesen neben „Hörer des Johannes" nicht auch noch Bischof nennt, sollte nicht gegen die Historizität des Titels gewendet werden, vgl. Irenäus über Polykarp: Irenäus, ep. Flor. (bei Eusebios, h.e. 5,20,5 f.; ohne Titel) und Irenäus, advhaer 3,3,4 (mit Titel). Die mit dem Dienst als Bischof verbundene Ortsgebundenheit erklärt, warum Papias durchreisende Christen befragt, statt selbst auf Forschungsreise zu gehen, dazu u. 2.3.3. Kritisch gegen den Titel aber Deeks, Papias 324 A. 4 (S. 328). Doch diese Kritik steht im Dienst einer etwas unkritischen Einordnung des Papias in die joh. Tradition, die kein Interesse an kirchlichen Strukturen oder institutioneller Uniformität habe (aaO. 326). Dieser Rekonstruktion widerspricht das auch durch Deeks eingestandene historische Interesse des Papias (aaO. 327), das nicht zu der geistgeleiteten Gemeinde paßt, wie sie Deeks im Umfeld des Papias vermutet (aaO. 326).

deutete Abstand zu den ersten Zeugen verbietet es, die Wirksamkeit des Papias noch ins erste Jahrhundert zu verlegen. Fragmente, die eindeutigere Hinweise abgeben könnten, sind ausgesprochen umstritten. So bleibt als wahrscheinlichster Zeitraum seiner Wirksamkeit etwa die Regierungszeit des Kaisers Trajan (98–117)[9] oder Hadrian (117–138).[10] Die Kenntnis mehrerer Evangelien im Werk des Papias lassen es etwa um 120–130 n.Chr. ansetzen.

Papias war Bischof in Hierapolis, einer Stadt in Phrygien am Lykostal nahe der Grenze zu Karien, noch in Sichtweite von Laodikeia und rund 20 km von Kolossä entfernt.[11] Während der Regierungszeit Neros verwüstete ein Erdbeben die Stadt (um 60 n. Chr.).[12] Vor dem Erdbeben scheint reger Handel geherrscht zu haben, die Archäologen fanden zahlreiche Münzen aus der Zeit vor dem Beben und dann wieder aus der Zeit Trajans.[13] In dieser neuen Blütezeit dürfte Papias sein Bischofsamt ausgeübt haben.

Die erhaltenen Reste des papianischen Werkes sammeln verschiedene Textausgaben. Besonders gut zugänglich sind die Fragmente im Anhang der Alandschen Synopse, in der zweisprachigen Ausgabe der Apostolischen Väter von Lindemann-Paulsen,[14] sowie in den Monographien Kürzingers[15] und Körtners. Der Vollständigkeit der letztgenannten Monographie wegen, werde ich der Zählung Körtners (Kör.) folgen.

Alle Fragmente sind demselben fünfbändigen Werk des Papias entnommen.[16] Ein vom Text abgelöster Forschungsbericht kann entfallen, da neuere Berichte vorliegen. Einmal referiert Körtner (1983) die Papiasliteratur mit Tendenz zur Vollständigkeit wenigstens bezüglich der deutschsprachigen Forschung, zum anderen berücksichtigt Schoedel in seinem 1993 veröffentlichten Überblick auch

---

[9] KÖRTNER, Papias 88–94. 225 favorisiert für die Abfassung des Papiaswerkes 110 n. Chr. Freilich nennt er auch die seiner Meinung nach nur partielle Kenntnis des Corpus Johanneum als Argument (aaO. 226) für diese gemäßigte Frühdatierung. Vgl. seine Diskussion der z.T. extremen Datierungen vor 100 oder nach 150 aaO. 89–94.

[10] So ZAHN, Apostel 112: „… empfiehlt sich als ungefähre Abfassungszeit die mittlere Regierungszeit Hadrians".

[11] S. die Karten bei JOHNSON, Laodicea 3; BHH 2, 1964, 976; die wenigen frühen Zeugnisse über das Christentum in Hierapolis sammelt KIRKLAND, Beginnings 115–118. Die heißen Quellen der Stadt, jetzt Pamukkale genannt, zählen zu den größten Touristenattraktionen der Türkei. Einen Eindruck vermittelt die Bildtafel in „Das Große Bibellexikon", 2, 1988, 575. LARFELD, Johannes 1 nennt die alte Ortsbezeichnung „Tambuk-Kalessi", die MAIER, Johannesoffenbarung 2 und (noch 1983) KÖRTNER, Papias 95 nennen. Der nach LARFELD, Johannes 4 A. 1 falsche Name „Pambuk-Kalessi", deutsch „Baumwollburg" (aaO.), hat sich zumindest in der Form Pamukkale durchgesetzt. Vgl. JOHNSON, Laodicea 12 A. 25; KOENIGS, Türkei 144.

[12] JOHNSON, Laodicea 13; KIRKLAND, Beginnings 121f.

[13] So JOHNSON, Laodicea 13: „… only in the middle of Trajan's reign, fifty years later, do a few types of coins begin again to appear".

[14] LINDEMANN-PAULSEN, Väter 286–303. Die Übersetzung fertigte LINDEMANN.

[15] KÜRZINGER, Papias 89–127. Armenische Fragmente hg. v. F. Siegert aaO. 128–137; Anhang zu Aristion v. F. SIEGERT aaO. 138.

[16] Vgl. Eusebios, h.e. 3,39,1.

neuere Literatur und einige bei Körtner übergangene englischsprachige Voten zu Papias.[17]

Unter unserer speziellen Fragestellung ist das bei Eusebios überlieferte Proömium des Papiaswerkes von herausragender Bedeutung, weil Papias in diesem auf Quellen hinweist, die er für sein Werk benützt. Dieses Proömium ist unbestritten echt. Doch die wenigen Worte dieses Proömiums haben eine Vielzahl sich widerstreitender Hypothesen hervorgerufen.

Unter den neueren Auslegern zog Gerhard Maier daraus die Konsequenz, dieses Papiasproömium nicht mehr zum Ausgangspunkt seiner Papias-Rekonstruktion zu machen. Er geht von den übrigen, kritisch geprüften Fragmenten aus und will so eine festere Plattform erhalten, auf der sich die Deutungen des Proömiums bewähren sollen.[18] Doch da kaum ein weiteres Fragment des Papias ähnlich viel unzweifelbar echtes Material bietet, bleibe ich bei dem traditionellen Weg, der vom Proömium ausgeht. Diese Vorgehensweise hat auch für sich, daß im Proömium eher programmatische Äußerungen zu erwarten sind als in einzelnen Fragmenten des Werkes, die nach Interessen anderer ausgewählt wurden.

2 Das Proömium des Papiaswerkes bei Eusebios

Das Proömium des papianischen Werkes λογίων κυριακῶν ἐξήγησις überliefert Eusebios im dritten Buch seiner Kirchengeschichte im letzten Kapitel.[19] Dieses Kapitel (h.e. 3,39) ist ganz der Person des Papias gewidmet. Wieweit Eusebios durch die Art des Zitats eine bestimmte Interpretation des Papiaswerkes fördert, läßt sich nur feststellen, wenn der Kontext des Papiasfragmentes mitbeachtet wird. Um die Tendenz des Eusebios von der Absicht des Papias abheben zu können, lasse ich eine Übersetzung des Papiasfragments samt des engeren Kontextes bei Eusebios folgen. Im weiteren Verlauf untersuche ich die auf Papias selbst zurückgehenden Worte genauer.

---

[17] Körtner, Papias; das Fehlen einiger englischsprachiger Papiasliteraturtitel bei Körtner bemängelt Hengel, Frage 76 A. 232. Schoedel, Papias verhandelt zunächst systematisch die Papiasprobleme (aaO. 235–259) und trägt dann neuere Lit. (ab ca. 1980) in einem extra Kap. nach (aaO. 259–270).

[18] Maier, Johannesoffenbarung 7. 21. 50.

[19] Vgl. Irenäus, advhaer 5,33,3 bei Eusebios, h.e. 3,39,1. Zum abweichenden Titel λόγων bei Theophylakt schon Schleiermacher, Zeugnisse 364 A. 3: „[A]llein weit eher kann dieses aus λογίων, wie die Handschriften des Eusebius einstimmig zu haben scheinen, entstanden sein als umgekehrt". Vgl. Kürzinger, Papias 70 A. 4 (S. 84); Körtner, Papias 25 mit A. 1 (S. 237). Schwartz, Tod 58 deutet den Genetiv ἐξεγήσεως bei Irenäus wohl zutreffend als abhängig von der vorher genannten Buchzahl.

2.1 Der Kontext bei Eusebios

Eusebios stellt im dritten Buch seiner Kirchengeschichte den apostolischen Ursprung der Kirche dar. Er teilt dabei seinen Stoff ein nach den Herrschaftszeiten der römischen Kaiser. Im näheren Kontext des Papiaskapitels läßt der Kirchenvater seine Quellen zum Christentum unter Kaiser Trajan sprechen. Dabei stellt Eusebios die heilige Vierzahl der Evangelien, „ἡ ἁγία τῶν εὐαγ γελίων τετρακτύς"[20] vor und berichtet von deren apostolischen Wurzeln. Die kanonische Bedeutung der Evangelien nach Mt, Mk, Lk und Joh steht für Eusebios dabei unhinterfragt fest. In diesem Zusammenhang kommt Eusebios auf die kleinasiatischen Apostelschüler zu sprechen. Er nennt Polykarp und ordnet in diese Zeit auch das Wirken des Papias und des Ignatios.[21] Nachdem er sich zu Polykarp und Ignatios geäußert hat, referiert Eusebios aus dem Werk des Papias. Die Tendenz seines Papiasreferates ließe sich besser erheben, wenn wir seine Zitate auch andernorts fänden. Doch diese Möglichkeit, dem Kirchenvater gleichsam über die Schulter zu schauen, haben wir nicht. Trotzdem besteht Anlaß zur Annahme, daß Eusebios mehr von Papias las, als er zitiert. Die von ihm angeführten papianischen Erzählungen haben eine einheitliche Tendenz. Eusebios referiert das Werk des Papias so, als ob er versuche, möglichst vollständig die Absonderlichkeiten des Papias zu notieren. Schwerlich wird das Werk des Papias so angemessen dargestellt. Eusebios vermerkt auch ausdrücklich, daß er von Papias nicht sonderlich viel hält und bescheinigt dem Papias einen ausgesprochen kleinen Verstand.[22] Freilich dürfte dem Kirchenvater allein schon der Chiliasmus des Papias für sein Urteil genügt haben.[23] Die abfällige Bemerkung des Eusebios über Papias gibt zur Vorsicht Anlaß. Eusebios scheint alles gesammelt zu haben, was geeignet ist, Papias in schlechtem Licht erscheinen zu lassen.[24] Es kann dabei offen bleiben, ob Eusebios das Werk des Papias zu diesem Zweck selbst durchstudierte oder sich ohne Namensnennung auf jemanden stützte, dessen Tendenz er sich aneignete.[25] Wenigstens das Proömium hat er selbst studiert und

---

[20] Eusebios, h.e. 3,25,1. S. auch SELLEW, Eusebius 110–113.

[21] Eusebios, h.e. 3,36,2 = Papias, frgm 4 (Körtner): „Zu seiner [d.h. des Polykarps, T.H.] Zeit machte sich Papias, Bischof der Kirche zu Hierapolis, bekannt sowie der jetzt noch von den meisten hochgefeierte Ignatius …".

[22] Eusebios, h.e. 3,39,13.

[23] So LARFELD, Johannes 18 f.; MAIER, Johannesoffenbarung 8; KÖRTNER, Papias 13 A. 6 (S. 233); HENGEL, Frage 77; dem Eusebios beipflichtend dagegen ZUNTZ, Papiana 256: „Das ist das Urteil des überlegenen Kenners".

[24] So schon ZAHN, Geschichte I 865; Ausführlich: GIORDANO, Commentari passim; vgl. KÖHLER, Rezeption 151–153; KÖRTNER, Papias 83 f.; SELLEW, Eusebius 124. GRANTS These, Eusebios habe zunächst neutraler über Papias gedacht und erst später seine Position verschärft, lehnen u.a. ab: KÖHLER, Rezeption 151 A. 4; KÖRTNER, Papias 86 A. 9 (262f.); positive Aufnahme der These bei SCHOEDEL, Papias 249 vgl. aaO. 238 A. 14; 270 (Lit.).

[25] GUSTAFSSON, Eusebius 431 f. vermutet, Eusebios habe seine Papias-Kenntnis durch Klemens Al. vermittelt bekommen, weil Eusebios sonst bei direkten Zitaten das Buch der Fund-

ausgelegt. Da er das Proömium ausdrücklich dem Irenäus widersprechend deutet, hätte er es schwerlich versäumt, einen Urheber seiner Deutung zu nennen,
zumal wenn er dafür auf Klemens hätte verweisen können.

2.2 Übersetzung Eusebios h.e. 3,39,1–7

Die Übersetzung versucht den Duktus des Originals erkennbar zu erhalten,
auch wenn die deutsche Syntax darunter leidet. Im Deutschen notwendige Zusätze, die im Griechischen keine Entsprechung haben, sind in runden Klammern
angeführt. Der griechische Text kann in der von Schwartz dargebotenen Form als
gesichert gelten. Die wenigen diskussionswürdigen Korrekturvorschläge gründen sich in Interpretationsschwierigkeiten, sie erwachsen nicht aus abweichenden Textüberlieferungen. Daher werden diese Vorschläge im Rahmen der Interpretation besprochen.

(1) (Von) Papias aber überliefert (man) Schriftwerke, fünf an der Zahl, welche
auch überschrieben sind: „(von der) Auslegung (der) zum Herrn (gehörigen)
Worte". (An) diese erinnert auch Irenäus, (meinend,)[26] daß sie als einzige von
ihm geschrieben worden sind, indem (er) hierbei etwa sagt:
„Diese (Dinge) bezeugt aber auch Papias, der einerseits Hörer (des) Johannes,
(des) Polykarp anderseits Gefährte war, (ein) Mann (aus) altehrwürdiger (Zeit),
schriftlich in dem vierten seiner Bücher. Denn es gibt fünf (von) ihm zusammen-
geordnete Bücher."

(2) Und der Irenäus (schreibt) zwar diese (Dinge). Er selbst freilich, der
Papias, läßt einerseits niemals erkennen gemäß dem Proömium seiner Worte, daß
er (ein) Ohrenzeuge und (ein) Augenzeuge der heiligen Apostel gewesen (wäre):
er lehrte aber, die (Dinge) des Glaubens übernommen zu haben von den Vertrauten jener (sc. Apostel); in diesen Formulierungen spricht er:

(3) „Ich werde (die Mühe) aber nicht scheuen, daß ich dir auch dazuordne in
die Auslegungen, soviel (ich) einst bei den Presbytern gut gelernt und gut (ins
Gedächtnis) brachte, indem (ich) deren Wahrheit befestige. Denn nicht freute ich
mich (über die,) die viele (Dinge) sagen – wie die Vielen –, sondern (ich) freute
(mich über die,) die das Wahre lehren, und nicht (freute ich mich über die,) die
fremde Gebote (ins Gedächtnis) bringen, sondern (ich freute mich über die,) die
(Gebote ins Gedächtnis bringen, die) [direkt] von dem Herrn dem Glauben
gegeben wurden und (die) von der Wahrheit selbst herstammen. (4) Sooft aber
auch einer irgendwo kam, der den Presbytern nachgefolgt war, erforschte ich die

---

stelle nenne. Der Schluß gilt nicht für das Fragment aus h.e. 3,39,3 f., denn dies ordnet Eusebios
ausdrücklich dem Proömium zu (h.e., 3,39,2).

[26] Das ὡς mit Partizip im Nebensatz leitet i.a. einen subjektiven Grund ein, vgl. BDR § 425,
3 mit A. 3.

Worte der Presbyter: Was Andreas oder was Petrus sagte, oder was Philippus oder was Thomas oder Jakobus oder was Johannes oder Matthäus oder irgendein anderer der Schüler des Herrn (sagte), und welche (Dinge sowohl) Aristion (als) auch der Presbyter Johannes, des Herrn Schüler, sagen. Denn nicht nahm ich an, daß mir die (Dinge) aus den Büchern soviel nützen, wie die (Dinge) von der lebendigen und dauerhaften Stimme her (sind/waren)."

(5) An dieser Stelle (ist es) auch wert zu beachten, daß er den Namen (eines) Johannes zweimal aufzählt; deren ersten er einerseits einreiht mit Petrus und Jakobus und Matthäus und den übrigen Aposteln, klar den Evangelisten bezeichnend, den anderen Johannes andererseits, die Rede abgetrennt, ordnet er ein unter andere, nach der Aufzählung der Apostel, indem er ihm den Aristion vorordnet, klar auch nennt er ihn Presbyter. (6) Daher wird auch durch diese die Geschichte als wahr aufgezeigt, die gesagt haben, daß zwei denselben Namen benützten in der Asia und (die gesagt haben, daß) in Ephesus Gräber errichtet worden sind, und beide noch jetzt (Grab des) Johannes genannt werden. Auf diese (Dinge) auch den Sinn zu richten, ist notwendig; denn es ist wahrscheinlich, daß der zweite (Johannes), – außer jemand wünschte, daß es der erste (wäre) –, die unter dem Namen (des) Johannes überlieferte Apokalypse geschaut hat. (7) Und der nun aber von uns vorgestellte Papias bekennt, einerseits die Worte der Apostel bei denen empfangen zu haben, die ihnen (sc. den Aposteln) nachgefolgt waren, andererseits sagt er selbst, daß er (des) Aristion und des Presbyters Johannes Ohrenzeuge war. Indem (er) durch Namensnennung jedenfalls vielfältig an sie erinnert in seinen Zusammenstellungen, verwendet er deren Überlieferungen.

2.3 Einzelauslegung zum Papiasproömium bei Eusebios

In dem Bericht des Eusebios über Papias zitiert der Kirchenvater aus dem Proömium des Papias. Diese authentischen Worte des Papias in h.e. 3,39 §§ 3 und 4 sollen im folgenden genauer betrachtet werden. Das geschieht in vier Schritten, die sich an der Reihenfolge des Textes orientieren:

2.3.1 Der ursprüngliche Kontext des Proömiumfragmentes bei Papias
2.3.2 Einzelauslegungen zu h.e. 3,39,3
2.3.3 Einzelauslegungen zu h.e. 3,39,4
2.3.4 Der syntaktische Anschluß der Nebensätze in h.e. 3,39,4

2.3.1 Der ursprüngliche Kontext des Proömiumfragmentes bei Papias

Zunächst erscheint es mir von Bedeutung, den ursprünglichen Kontext der überlieferten Worte bei Papias zu erwägen. Eusebios sagt, er habe diese Worte dem Proömium des papianischen Werkes entnommen. Es wäre jedoch falsch, daraus zu schließen, die bei Eusebios überlieferten Worte hätten das Werk des Papias eröffnet.

Es gibt im Text bei Eusebios Anzeichen dafür, daß Papias vor dem ersten zitierten Satz ursprünglich noch etwas geschrieben hat.[27] Darauf deutet zunächst die Partikel δέ, der ein komplementäres μέν vorangestellt gewesen sein dürfte. Auch das καί im ersten Satz erklärt sich am einfachsten, wenn vorher andere Quellen genannt wurden.[28] Die Widmung σοί verlangt eine vorherige namentliche Einführung des Menschen, dem die Ausführungen des Papias gewidmet sind. Auch wenn es sich nur um eine Fiktion handeln sollte, wäre ein Name zu erwarten. Der formal ähnliche Lukasprolog legt das nahe.[29] Müßig freilich sind alle Versuche, die angeschriebene Person zu identifizieren.

Ferner legt das Verb συγκατατάσσειν, deutsch etwa „mithineinordnen", „einreihen"[30], nahe, daß Papias unmittelbar vorher die Texte besprach, u.a. die ἑρμηνεῖαι, zu denen er jetzt noch etwas dazuordnen will.[31] Auch ein Vergleich mit ähnlichen Proömien spricht eher dafür, daß wenigstens ein Satz vorausging. So etwa beim ähnlichen Lukasprolog.

Der Kirchenvater hat wohl nicht den Anfang des Proömiums zitiert. So gut dies gesichert sein mag, so unmöglich scheint es, etwas Zuverlässiges über das vorher Verlorene zu extrapolieren. Papias dürfte in dem vorangehenden Satz eine weitere von ihm gesammelte Quelle genannt haben. Eine Quelle zudem, die verdient, vor den Worten der Presbyter genannt zu werden. Sinnvoll wäre zudem, daß die vorangehenden Quellen die Grundlage bieten für die eingeflochtenen Worte der Presbyter. Dann hätte Eusebios uns das Fragment ab der Stelle mitgeteilt, ab der Papias von seinen mündlichen Quellen berichtet, nachdem er seine schriftlichen Quellen genannt hat.[32]

---

[27] Zahn, Apostel 131; Maier, Johannesoffenbarung 50f.; Körtner, Papias 77.

[28] Weiffenbach, Papias Proömium 16–23. 60f. wollte das καί in § 3 (5. Wort) und § 4 (4. Wort) trotz der vielen Zwischenglieder korrespondieren lassen. Er übersetzte die Partikel mit „einmal einerseits" und „anderseits" (aaO. 20) und folgerte daraus, Papias habe nur mündliche Quellen geboten (aaO. 22). Dagegen schon überzeugend Lightfoot, Essays 158 A. 1, vgl. Körtner, Papias 15 mit A. 20 (S. 234). 77.

[29] Zu den Parallelen zwischen dem Lk- und dem Papiasprolog s.u. 4.5. Die Parallelen referieren die Lk-Kommentare, z.B. Nolland, Lk I 4f. oder Bovon, Lk I 30–33.

[30] So Bauer, Wb s.v. (1543).

[31] So Zahn, Apostel 131f. Weiffenbach, Papias Proömium 49 möchte nur die Auslegung „etwas zusammenordnen" zulassen. Dagegen Schwartz, Tod 57 A. 1; Zahn, Apostel 132 A. 1. Ähnlich wie W. neuerdings Kürzinger, Papias 80f.: Das Verb umschreibe eine rhetorischen Regeln entsprechende Darstellungsweise. Diese Deutung sei gestützt durch das andere Fachwort aus der Rhetorik: K. übersetzt ἑρμηνείας mit „stilgerechte Darstellung" (aaO. 81). Mit der Stütze fällt die angeblich gestützte erste Interpretation s.u. 4.3.2.

[32] So v.a. Zahn, Apostel 135f.; Maier, Johannesoffenbarung 51.

2.3.2 Einzelauslegungen zu h.e. 3,39,3

Die Bedeutung des Wortes ἑρμηνεία ist umstritten. Es dürfte sich um Auslegungen handeln.[33] An dieses Wort heften sich weitreichende Folgerungen. Papias lege nicht Evangelien aus, sondern versuche „eine Art selbständiges Evangelium" zu schreiben.[34] Doch dagegen sind gewichtige Einwände zu richten. Nicht nur, daß Papias statt einem singularischen Wort für sein Werk Plurale benützt, deutet seine vom Evangelium unterschiedene Form an.[35] Ferner reflektiert Papias seinen Abstand zu den Stoffen, über die er berichtet. Anders als vor ihm noch die Evangelisten gibt er jeweils den Tradenten seiner Stoffe an (s.u. 2.6).

Papias will dabei nicht seine eigenen Künste vorführen, sondern nur weitergeben, was er einst (ποτέ) gelernt hatte. Die Aoriste (ἔμαθον/ἐμνημόνευσα) entsprechen der zurückliegenden und abgeschlossenen Lehrzeit des Verfassers. Die Verben zeigen, daß es sich um mündliche Überlieferungen handelt. Diese Überlieferungen waren Papias schon damals wichtig, da er sie gut (καλῶς) gelernt hat, wie er zweimal betont. Papias hat diese Worte bei den Presbytern gelernt. Παρά mit Genetiv umschreibt die persönliche Schülerschaft.[36] Die Quelle seiner Lehren sind Presbyter (s.u. 2.4).

Papias verbürgt sich für die Wahrheit seiner mündlichen Quellen. Er gibt keine Begründung an, durch die es möglich wäre, seine Bürgschaft zu bewerten. Grammatikalisch könnte sich das Pronomen αὐτῶν auch auf die Presbyter beziehen. Doch es wäre widersinnig, wenn der späte Überlieferer sich für die Zuverlässigkeit der ehemaligen Überlieferungsträger verbürgen sollte, wenn gerade die Herkunft dieser Quellen deren besonderen Wert begründen soll. Daher liegt es nahe,

---

[33] BAUER, Wb s.v. 2 (627): „Auslegung". Vgl. LIGHTFOOT, Essays 156: The word „expresses the idea of a commentary on some text". Schon L. aaO. widerlegt die These, ἐξήγησις könnte hier auch für eine textunabhängige Erzählung stehen. L. aaO. 156. 160 verweist auf entsprechende Verwendung des Wortes in Eusebios, h.e. 4,23,6; Irenäus, advhaer 1,3,6; in jüngster Zeit ähnlich BAUM, Kommentator 270–273.

[34] So ZYROS nach KÖRTNER, Papias 163. AaO. 164 bezeichnet K. diese Ansicht als „gar nicht so aus der Luft gegriffen". KÜRZINGER, Papias 76 vgl. 47 übersetzt mit „Darbietung, Darstellung, Mitteilung". Papias habe keine Vorlage, die er auslegt, sondern schreibe unabhängig. Die Hypothese scheitert schon an den Notizen über die ersten beiden Evangelien, weil diese Notizen in einem von den Evangelien unabhängigen Werk erstaunlich wären, vgl. SCHOEDEL, Papias 269f.

[35] Das konzediert KÖRTNER, Papias 165.

[36] So insbesondere ZAHN, Apostel 123. 133; WEIFFENBACH, Papias Proömium 26; LARFELD, Johannes 26. Vgl. BAUER, Wb s.v. ἀκούειν 1bβ; 3d (62). KÜRZINGER, Papias 79 meint, das Verb ἔμαθον sei „hier in der allgemeinen Grundbedeutung von ‚in Erfahrung bringen' zu verstehen" – so sei hier letztlich an einen unpersönlichen Überlieferungsprozeß gedacht. Daß μανθάνειν παρά τινος für unpersönliches „in Erfahrung bringen" stehen kann, belegt KÜRZINGER nicht. Ebenso bleibt es eine *petitio*, daß μνημονεύειν i.S. von niederschreiben zu verstehen sei. Die Mk-Notiz preßt K. entsprechend zu „was Markus schrieb (aufzeichnete), hat er mit Sorgfalt geschrieben" (aaO. 79 A. 36 [S. 86]; vgl. aaO. 12 A. 6 [S. 27]).

daß Papias sich für die eingeflochtenen Auslegungen verbürgt, d.h. für die Genauigkeit, mit der *er* die Worte der Presbyter bewahrt hat.[37]

Auch der zweite Satz des § 3 stellt heraus, warum Papias besonders geeignet ist, zuverlässige Überlieferungen zu bieten. Nicht nur die Quelle einst war ehrwürdig, auch er war schon immer kritisch gegenüber Schwätzern. Schwer ist im zweiten Satz zu unterscheiden, wieviele der Aussagen reine Topik sind und wieviele konkreten Erfahrungen entsprechen. Immerhin scheint Papias auf Leute anzuspielen, die mit ihren Überlieferungen unkritisch umgehen. Die Überlieferungen kann er dabei als ἐντολαί bezeichnen. Ähnlich dem v.a. johanneischen Sprachgebrauch faßt Papias die Lehren Jesu mit dem Wort „Gebote" zusammen.[38]

Konkret klingt der Vorwurf, daß gewisse Leute fremde Gebote ins Gedächtnis bringen. Die dunkle Bemerkung regt die Phantasie des Auslegers an.[39] Mehr als Vermutungen sind freilich nicht möglich. Fremd sind Gebote für Papias dann, wenn sie keine Abkunft vom Herrn beanspruchen können. Papias meint mit dem Herrn offenbar den irdischen Jesus, denn er verweist auf eine Kette historischer Tradenten; diese Tradentenkette ist wohl nur sinnvoll, wenn sie zu einer bestimmten historischen Person führt. Prophetische Worte des himmlischen Christus ließen sich so nicht herausfiltern; sie stehen offenbar für Papias nicht zur Diskussion. Der letzte Satz von § 3 parallelisiert den κύριος mit der ἀλήθεια.[40] Die dabei implizierte personale Identifikation der Wahrheit mit dem inkarnierten Herrn ist spezifisch johanneisch (s.u. 4.2). Wie im ersten Satz des Fragments gibt παρά mit Genetiv die Quelle an, hier der Herr. Für die Wahrheit als Quelle der Gebote[41] ist die Partikel ἀπό gewählt. Papias läßt die Partikel παρά trotzdem

---

[37] KÖRTNER, Papias 160 interpretiert die Papiasäußerung mit der Bemerkung über die Arbeitsweise des Markus in Eusebios, h.e. 3,39,15 fin.; vgl. aber LARFELD, Johannes 29.

[38] S. BAUER, Wb s.v. ἐντολή 2b (543). Ob er damit die christliche Religion als nova lex bezeichnen will, erlauben die wenigen Worte nicht zu sagen. So nach BAUER, Wb aaO. 2f.: 1Tim 6,14; 2Petr 2,21; 3,2 (hier auch die apostolische Vermittlung). Vgl. WEIFFENBACH, Papias Proömium 60; LARFELD, Johannes 31.

[39] WEIFFENBACH, Papias Proömium 57 A. 2: „Daß bei den ‚ἀλλ. ἐντ.' an den *Paulinismus* gedacht oder mitgedacht werden könne, ist ein jetzt wohl veralteter Traum einiger [der] früheren Tübinger." (Herv. im Orig.) HILGENFELD, Einleitung 57: „[W]elche man sich als redselige Pauliner vorstellen kann", von Paulus als Gegner des Papias auch aaO. 58; als ein neuerer „Tübinger" erweist sich BAUER, Rechtgläubigkeit 217.

[40] Eine grammatikalisch mögliche Übersetzungsvariante fand ich in der dt. Übers. (H. BALD) des Kommentars BARRETT, Joh 121: (Ich hatte Freude an denen) „welche die ... aus dem Glauben entspringenden Gebote der Wahrheit bieten". Offenbar bezieht BALD ἀπ' αὐτῆς auf τῇ πίστει statt auf das nachfolgende τῆς ἀληθείας wie sonst zumeist. Der von BALD in der Übersetzung vorausgesetzte Bezug erscheint mir unwahrscheinlich, da er ein tautologisches Kriterium für Gebote voraussetzen würde. Im englischen Orig. seines Kommentars übersetzt BARRETT, Joh (engl.) 106: „springing from the truth itself".

[41] Die Mehrzahl der Handschriften liest παραγινομένοις, vgl. App. zur Stelle. Das hieße, die Tradenten der Gebote (Bezug zum τοῖς) müssen von der Wahrheit selbst herkommen. Gegen diese Lesart überzeugend schon WEIFFENBACH, Papias Proömium 8 f.: Das τοῖς wäre

nicht weg, sondern fügt sie ans Verb (παραγίνομαι). Die Partikelfolge παρά (mit Gen.) und ἀπό setzt bei aller Gleichsetzung von Kyrios und Wahrheit ein Gefälle beider Quellen voraus. Die Wahrheit ist die unpersönliche Quelle, von der wir über den Kyrios wissen.

Der Herr hat die Gebote τῇ πίστει gegeben. Diese Bestimmung hat eine Parallele in einem bei Irenäus überlieferten Papiasfragment, Fragment 1 (Körtner). Dort heißt es in der lateinischen Übersetzung: „Et adiecit dicens: Haec autem credibilia sunt credentibus."[42]

2.3.3 Einzelauslegungen zu h.e. 3,39,4

In den beiden Sätzen des § 3 und eingangs von § 4 nennt Papias die Quellen, auf die er sich direkt stützt. Dann geht er in § 4 noch weiter zurück zu dem Ursprung, dem seine Informanten verpflichtet sind. Diese Zeugenkette läßt auf einiges historisches Bewußtsein schließen (s.u. 2.6).

Der erste Satz von § 4 beschreibt ein weiteres Verfahren des Papias, an gute mündliche Quellen zu kommen. Er wendet sich an Begleiter der Presbyter. Wiederum sind die Presbyter Garanten der Überlieferungen. Offenbar gibt es von diesen Presbytern auch Überlieferungen, die Papias nicht „einst gut gelernt" hat. Papias verwendet auf die Überlieferungen der Presbyter einige Mühe. Sooft einer kam, begann er zu forschen (ἀνακρίνειν). In gewählter Sprache setzt Papias ein εἰ mit Optativ, um den iterativen Aspekt seiner Mühen zu unterstreichen.[43]

Einen Begleiter der Presbyter nennt Papias παρηκολουθηκώς, also einen Menschen, der persönlichen Kontakt hatte mit den Presbytern.[44] Leicht übersieht man das καί vor dem Partizip Perfekt. Es ist wohl so zu deuten, daß sich Papias *auch* als ein Begleiter der Presbyter versteht.[45] So dürfte es Eusebios verstanden haben, weil er von Papias berichtet, dieser hätte behauptet (φησί), ein Ohrenzeuge des Aristion und des Presbyters Johannes gewesen zu sein.[46] Bei derartigen

---

dafür nach dem Objektsakkusativ zu erwarten bzw. zu wiederholen. Ferner beziehen sich die Verben im Satz auf die Qualität der Äußerungen, nicht auf die der Tradenten.

[42] Irenäus, advhaer 5,33,4 = Papias frgm 1 (Körtner).

[43] WEIFFENBACH, Papias Proömium 63; LARFELD, Johannes 32; LIDDELL-SCOTT, Lexicon s.v. εἰ B III 2 (481): „when apodosis is past, denoting customary or repeated action …"; vgl. BDR § 367.

[44] Entsprechend betont die von Papias weitergegebene Presbyterüberlieferung zum Evangelisten Mk, dieser habe den Herrn weder gehört, noch sei er ihm nachgefolgt (παρηκολούθησεν). Vgl. LARFELD, Johannes 32f. KÖRTNER, Papias 130f. betont zu Recht, daß diese Personen ihre Autorität nicht ortsgebunden haben. Mit der Ortsgebundenheit eines Bischofs erklärte schon ZAHN, Apostel 141, die Arbeitsweise des Papias, ähnlich BAUM, Papias 32.

[45] Entsprechend übersetzt etwa SWARAT, Kirche 226. HILGENFELD, Einleitung 56 A. 6 will es mit „gar" übersetzen, es führe eine Steigerung ein. SCHWARTZ, Tod 61 mit A. 1 übersetzt „wirklich".

[46] Eusebios, h.e. 3,39,7 (Schwartz): „Ἀριστίωνος δὲ καὶ τοῦ πρεσβυτέρου Ἰωάννου αὐτήκοον ἑαυτόν φησι γενέσθαι".

παρηκολουθηκότες betreibt Papias seine Forschungen. Ἀνακρίνειν bezeichnet das genaue Ausforschen. Das Verb dürfte der Gerichtssprache entstammen. Als terminus technicus für das Ausforschen der Schrift findet sich das Verb in der Apg. Die Juden in der Synagoge Beröas „nahmen das Wort bereitwillig auf und forschten täglich in der Schrift, ob es sich so verhielte" (Apg 17,11). Wohl wollte Papias von den Presbyterbegleitern sammeln, was diese „gut gelernt und gut im Gedächtnis behalten haben".

Der syntaktische Anschluß der Nebensätze hat zu gelehrten Diskussionen Anlaß gegeben und soll in einem eigenen Abschnitt verhandelt werden (2.3.4). Die zwei Nebensätze nennen Reihen von Personen. Die erste Reihe nennt solche, die wir Apostel zu nennen pflegen. Zur Reihenfolge der genannten Personen s.u. 2.4.

Der zweite Nebensatz nennt Aristion, eine sonst kaum bekannte Person (s.u. Kap. V 3.2) und den Presbyter Johannes. Um diesen Johannes streiten sich die Gelehrten. Die zweifache Nennung eines Johannes gibt Rätsel auf (s.u. 2.6). Die älteren Versuche, einen der beiden Johannes durch eine Konjektur zu beseitigen, werden zu Recht heute durchgängig abgelehnt.[47]

Auch die beiden nachgestellten Personen Aristion und Johannes bezeichnet Papias ausdrücklich als τοῦ κυρίου μαθηταί. So verbindet die zwei syntaktisch einzeln genannten Personen Aristion und Johannes der Titel „Schüler des Herrn" mit den vorher genannten Personen. Auch an dieser Stelle fehlt es nicht an Eingriffen in den Text.[48] Theodor Mommsen schlug 1902 vor, hier der syrischen Übersetzung des Eusebios zu folgen und das zweite κυρίου μαθηταί zu streichen.[49] Doch die syrische Übersetzung interpretiert gerne den Eusebianischen Text, ihr zu folgen kommt einer Konjektur gleich.[50] Hier ist sie abzulehnen.[51]

Der hier zweifellos schwierige Text verlangt nach einer Erklärung. Was verbindet Papias für eine Vorstellung mit dem Titel „Schüler des Herrn"? Er könnte

---

[47] Zu älteren Konjekturen KÖRTNER, Papias 72–76. Zu RENANS Vorschlag, in der ersten Reihe ἢ τί Ἰωάννης zu streichen und in der zweiten Reihe μαθητῶν einzufügen nach οἱ τοῦ κυρίου, s.: WEIFFENBACH, Papias Proömium 11; LARFELD, Johannes 102.

[48] Die älteren Vorschläge stellen u.a. vor: LEIMBACH, Art. Papias 643f., (Ablehnung aaO. 645); LARFELD, Johannes 102f. 110–113 (Ablehnung aaO.); auch dessen eigener Vorschlag „τοῦ Ἰωάννου μαθηταί" (aaO. 113–136) zu konjizieren, überzeugt nicht. Die bei ihm angenommene Abkürzung der Eigennamen, die zur Verlesung aller späteren Texte geführt haben soll, läßt sich erst viel später belegen – vgl. HENGEL, Frage 79f.; KÖRTNER, Papias 74.

[49] MOMMSEN, Papianisches 156–159. ABRAMOWSKI, Erinnerungen 348f. A. 21. ZUNTZ, Papiana 258f. stimmt MOMMSEN emphatisch zu und versieht dessen Artikel mit einem „tolle lege" (aaO. 258 A. 14). Ihm folgt LÖHR, Beobachtungen 237.

[50] Vgl.: Die Kirchengeschichte des Eusebios. Aus dem Syrischen übersetzt von E. Nestle, TU 6/2, 101; LARFELD, Johannes 26: „nicht sehr korrekte, um 350 entstandene syrische Übersetzung des Eusebius"; ähnlich aaO. 109. Auch HENGEL mündlich gegen ABRAMOWSKI, vgl. DIES., Erinnerungen 348f. A. 28.

[51] Mit CORSSEN, Eusebius 244; ZAHN, Mt 10 A. 14; OVERBECK, Joh 187 („unhaltbar"); SCHWARTZ, Tod 57 („Mißgriff"); LARFELD, Zeugnis 501 („Gewaltstreich"); MAIER, Johannesoffenbarung 59; KÖRTNER, Papias 74; HENGEL, Frage 79 A. 242.

in abgeschliffener Bedeutung „Schüler des Herrn" als Ausdruck für „Christen" verwenden.[52] Doch die Feststellung, daß Andreas, Petrus etc. Christen waren, wäre mehr als entbehrlich. In seiner Zeugenkette muß der Titel eine besondere Bedeutung haben, und zwar eine solche, die Aristion, den Presbyter Johannes sowie alle Zeugen der ersten Reihe besonders auszeichnet.

Der Titel „Schüler des Herrn" bezeichnet kaum spezifisch die direkten Schüler des irdischen Jesus. Die Zeugen der ersten Reihe können wohl alle beanspruchen, den Herrn selber gesehen zu haben. Für die zweite Gruppe bereitet diese Annahme schon chronologisch größte Schwierigkeiten.[53] Näher liegt da schon die Annahme, daß in Kleinasien Christen aus Palästina den Ehrentitel „Schüler des Herrn" erhalten hätten.[54] Papias selber legitimiert seine Quellen allerdings nicht geographisch. Bedeutsam sind ihm solche Personen, die die Wahrheit lehren. Papias vertraut darauf, wenn er die persönliche Rückbindung an den Kyrios nachvollziehen kann. Die Kette mündlicher Überlieferung soll also bis zum Herrn zurückgehen. Das meint er wohl auch, Aristion und dem Presbyter Johannes zubilligen zu können und nennt sie daher „Schüler des Herrn".[55]

Der Bezeichnung „Presbyteros" vor Johannes hat vielfältige Diskussionen veranlaßt. Nach der wahrscheinlichsten Deutung des zweiten Nebensatzes (s.u. 2.3.4) waren wohl beide, Aristion und Johannes, Presbyter im papianischen Sinne. Wenn nun ein Johannes noch einmal ausdrücklich Presbyter genannt wird, bedarf dies einer Erklärung. Johannes war vielleicht für Papias ein πρεσβύτερος κατ' ἐξοχήν. Doch das verrät der zweite Nebensatz nicht. Wahrscheinlicher ist, daß der den ursprünglichen Lesern vertraute Presbytertitel den zuletzt genannten Johannes von dem vorher genannten Johannes unterscheiden soll (vgl. u. 2.4).

2.3.4 Der syntaktische Anschluß der Nebensätze in h.e. 3,39,4

Der § 4 des Papiasfragmentes bei Eusebios bietet zwei Nebensätze, deren Verbindung zum Hauptsatz umstritten ist.

(1) *Der erste Nebensatz.* Der erste Satzteil bietet eine Aufzählung von Personen. Die Reihe beginnt mit Andreas, nennt weitere Männer und schließt mit der Formel „und andere Schüler des Herrn". Für das Verständnis des Papias ist es von großer Bedeutung, diesen Satzteil richtig zuzuordnen. Dafür gibt es zwei philologisch korrekte Möglichkeiten. Die erste Möglichkeit hätte zur Folge, daß Papias Presbyter und Apostel identifiziert, die zweite, daß er beide Gruppen unterscheidet.

---

[52] So WEIZSÄCKER nach ZAHN, Apostel 138f. A. 2.
[53] So zu Recht KÖRTNER, Papias 126.
[54] So KÖRTNER, Papias 127 mit A. 34 (S. 291).
[55] Freilich müßte eine solche Kette mündlicher Zeugen letztlich bis nach Palästina nachvollziehbar sein, ohne daß diese geographische Abkunft betont wäre.

Philologisch wäre es möglich, diese Personenreihe als Entfaltung der im Hauptsatz summarisch genannten Presbyter zu verstehen. Das hieße, Papias würde Petrus, Johannes und all die anderen Personen, die wir Apostel zu nennen gewöhnt sind, als Presbyter anreden.[56] Die andere Deutung versteht den Satzteil als indirekten Fragesatz, der das Frageziel eine Stufe tiefer ansetzt als die Worte der Presbyter: Papias forscht nach den Worten der Presbyter nicht als Selbstzweck, sondern möchte aus diesen Presbyterworten herausfinden, was die Begleiter des irdischen Jesus sagten.[57]

Die Entscheidung über die richtige Auslegung kann nicht allein durch grammatikalische Argumente gefällt werden. Die Abwägung der inhaltlichen Argumente erfolgt unten (2.4–7).

Die erste Reihe von Personen sieht Papias offenbar als geschlossene Größe, ohne alle Dazugehörigen zu nennen.[58] Daher beschließt er die Reihe mit „und die anderen Jünger des Herrn". Die Bezeichnung οἱ μαθηταί für die Jünger Jesu findet sich häufig in den Evangelien und der Apostelgeschichte.[59] Auffällig ist, daß bei Papias sowohl die Gruppenbezeichnung „die Zwölf" als auch der Titel „Apostel" fehlen (s.u. 4.2). Es geht Papias um das Zeugnis jedes einzelnen Mitgliedes dieses Kreises. Die singularische Verbform unterstreicht das Interesse an dem Einzelzeugnis. Zwar kann ein Singular bei mehreren Subjekten stehen, die durch ein ἤ verbunden sind.[60] Doch insbesondere bei sprechenden Personen wirkt der Singular abtrennend im Sinne von: was jeder einzelne sagt. Der nachfolgende Relativsatz unterstreicht die Auffälligkeit, indem er seinem Zweierpaar ein pluralisches Verb zuordnet.

(2) *Der zweite Nebensatz.* An die erste Reihe der Zeugen schließt Papias in einem zweiten Nebensatz zwei weitere Personen an. Es könnte sich bei diesem Nebensatz entweder um einen weiteren indirekten Fragesatz handeln oder um einen Relativsatz. Der für die philologische Diskussion aufgewandte Scharfsinn entspricht vielleicht nicht ganz der überschaubaren Bedeutung des zu erwartenden Ergebnisses.

Naheliegend wäre es, den zweiten Nebensatz als vom Hauptverb abhängigen Relativsatz zu verstehen. Papias forschte, „... was auch Aristion und der Presbyter Johannes ...

---

[56] So die bei KÖRTNER, Papias 77 A. 179 genannten Forscher; bes. ZAHN, Apostel 134–136; LEIMBACH, Art. Papias passim; auch HENGEL, Frage 105 A. 33.

[57] So manche Ausleger, vgl. KÖRTNER, Papias 77 A. 178 (auf S. 255 f.).

[58] KÖRTNER, Papias 177 verweist ferner noch auf den bestimmten Artikel vor „μαθηταί", der diese Gruppe als festumschlossen ausweist.

[59] Selten im NT dagegen die Bezeichnung μαθηταὶ τοῦ κυρίου; so nur Apg 9,1; das Personalpronomen αὐτοῦ nach μαθηταί bezieht sich in den Evangelien gelegentlich auf den kurz zuvor genannten κύριος: Lk 11,1 (vgl. 10,41); Joh 20,26. Da die Evangelien fast durchgängig die Gemeinschaft des irdischen Jesus thematisieren, fügen sie als Genetivbestimmung meist Jesus bzw. Personalpronomen für Jesus an.

[60] BDR § 135 Nr. 4 A. 6 verweist auf Mt 5,18; 12,25; 18,8 und Eph 5,5.

sagen".[61] Doch diese Deutung des zweiten Nebensatzes als Relativsatz ist eher unwahrscheinlich.[62] Nach dieser Deutung wäre unterstrichen, daß die gesuchten Worte dem entsprechen, was auch Aristion und der Presbyter Johannes sagen.[63] Dagegen ist inhaltlich zu argumentieren: Schwerlich hätte Papias Zeugen der ersten Generation am Maßstab von Zeugen der zweiten Generation gemessen.[64]

Wohl ist auch der zweite Nebensatz eher als indirekter Fragesatz zu deuten.[65] Wahrscheinlich hängt der zweite Nebensatz nur vom Hauptverb ab und steht parallel zum Objekt des Hauptsatzes, so daß paraphrasierend zu übersetzen ist: „Ich forschte nach den Mitteilungen der Presbyter, was Andreas etc. gesagt haben und (forschte,) was Aristion und … Johannes … sagen". Schüler der zuletzt Genannten würden nach Worten ihrer Lehrer gefragt. Dann dürften Aristion und der Presbyter Johannes ihrerseits als Presbyter zu bezeichnen sein. Die Hervorhebung dieser beiden könnte schon dadurch motiviert sein, daß diese beiden zur Zeit der Forschungen noch reden, also leben. Oder dadurch, daß Papias einst mit gerade diesen beiden Zeugen in einem innigen Verhältnis stand, nämlich bei diesen einst gelernt hatte. Dann früge er nun nach den weiteren Worten seiner einstigen Lehrer. Eusebios selbst scheint die Worte des Papias so verstanden zu haben (h.e. 3,39,7).[66]

2.4 Der Titel Presbyter bei Papias

Das rechte Verständnis der Vokabel πρεσβύτερος im überlieferten Papiasproömium hat für die Auslegung einige Bedeutung. Manche alte Streitfrage zum Proömium gründet letztlich in der Deutung dieses Ausdrucks bei Papias.

Die Vokabel stellt den Komparativ von πρεσβύς „alt" dar und steht substantiviert mit dem Artikel oft für einen älteren Mann.[67] Zweifellos benützt Papias die Vokabel etwas spezieller. Er verwendet sie in dem kurzen Text dreimal pluralisch mit Artikel (οἱ πρεσβύτεροι) und einmal singularisch in der Verbindung „ὁ πρεσβύτερος Ἰωάννης".[68] Welche Vorstellung verbirgt sich hinter diesem Sprachgebrauch?

---

[61] So auch Körtner, Papias 77. A. 183 auf S. 256f. nennt Vorgänger dieser Deutung. Zuntz, Papiana 259 vermutet, daß ein angeblich fehlendes „Prädikat-Verb" vom Schreiber des Eusebios ausgelassen wurde.

[62] So Leimbach nach Larfeld, Johannes 62. Leimbach will auch den Relativsatz vom Schluß des vorangehenden Satzteiles abhängig machen. Dagegen argumentiert Larfeld aaO. 62–64 treffend. Bei Parallelisierung zum ersten Nebensatz wäre statt dem ἤ ein καί zu erwarten (aaO. 62).

[63] Larfeld, Johannes 62 ist Recht zu geben, daß diese Bedeutung wohl verlangte, das „τέ" nachzustellen, der Text also lauten müßte: „ἃ Ἀριστίον τε καί …".

[64] Mit Larfeld, Johannes 64.

[65] Weiffenbach, Papias Proömium 96f.; Larfeld, Johannes 57: „Nahezu allgemeine Übereinstimmung herrscht in der Auffassung desselben [Nebensatzes, T.H.] als eines indirekten Fragesatzes… Das Relativpronomen ἅ vertritt das Fragewort τί" (im Orig. z.T. hervorgehoben). Zum Wechsel der einleitenden Partikel s. Weiffenbach, Papias Proömium 112; Larfeld, Johannes 57.

[66] Mit Larfeld, Johannes 91f.

[67] Vgl. Bauer, Wb s.v. 1a (1402).

[68] Vgl. Papias bei Eusebios, h.e. 3,39,15: „καὶ τοῦθ᾽ ὁ πρεσβύτερος ἔλεγεν". Ob Papias

Zunächst zeigt Papias, daß er mit den Presbytern eine bestimmte und bekannte Personenklasse anspricht. Doch das Proömium selbst bietet wenig Material für eine präzise Deutung des Begriffs. Für die weitere Deutung ist es daher von Bedeutung, welche Texte herangezogen werden, um den papianischen Begriff zu erläutern.

Es scheint naheliegend, zunächst vom Sprachgebrauch der neutestamentlichen Schriften auszugehen. Doch im Neuen Testament findet die Vokabel meist einen anderen Referenzrahmen als bei Papias. Im Neuen Testament steht sie für ein bestimmtes Gemeindeamt: Innerhalb einer Ortsgemeinde üben die Presbyter bestimmte Funktionen aus.[69] Diese neutestamentliche Verwendung des Ausdrucks „Presbyter" paßt nicht zum papianischen Presbyterbegriff. Denn Papias berichtet, er habe einst bei *den* Presbytern gelernt (h.e 3,39,3).[70] Diese Presbyter sind nicht durch ihre Gemeindefunktion bestimmt, sondern durch ihre Verbindung zu Andreas, Petrus und den anderen Ohren- und Augenzeugen des Herrn. Wegen dieser Nähe forscht er nach den Worten der Presbyter.[71]

Wahrscheinlich steht bei Papias der Ausdruck nicht für bestimmte Gemeindeleiter, sondern für eine Klasse von Personen, für die unabhängig von einer Ortsgemeinde dieser Titel benützt wurde. Tatsächlich läßt sich ein entsprechender Presbyterbegriff bei Irenäus belegen. Irenäus stellt nicht einzelne Personen vor, die er verschiedentlich als „die Presbyter" zitiert, sondern erläutert den Ausdruck „die Presbyter" als spezifischen Klassenbegriff. Nachdem durch Irenäus der Blick für einen spezifischen Presbyterbegriff geschärft ist, läßt sich dieser Begriff nicht nur bei Papias, sondern sogar im Neuen Testament noch aufzeigen.

---

mit „der Presbyter" auf den Presbyter Johannes verweist, läßt sich aus der Darstellung des Eusebios nicht mehr zweifelsfrei erheben. Im ersten Satz von § 14 verweist Eusebios zwar auf Überlieferungen des Presbyters Johannes und Erzählungen des Aristion bei Papias. Der zweite Satz § 14 markiert aber einen Einschnitt bei den vorgestellten Texten, so daß § 15 nicht zu den durch Eusebios beschriebenen Überlieferungen des Aristion und Presbyters Johannes aus § 14, 1. Satz gehören muß. Sollte dem Eusebios die Identität des Presbyters aus § 15 klar gewesen sein, dürfte er an den Presbyter Johannes gedacht haben, da er in § 14 allein bei Johannes den Titel ὁ πρεσβύτερος (§ 14) nennt und dessen Gut bei Papias wie auch den Text § 15 als „παράδοσις" bezeichnet. Aristion scheidet als Kandidat für den anonymen Presbyter in § 15 ferner aus, weil Eusebios dessen Texte bei Papias § 14 so beschreibt, daß die Überlieferung in § 15 kaum dazu paßt. Eusebios bezeichnet die bei Papias vorgefundenen Werke des Aristion als ἄλλας ... τῶν τοῦ κυρίου λόγων διηγήσεις. Solche Werke erläutern wohl Worte des Herrn und nicht Lebensumstände der Evangelisten wie die Überlieferung des Presbyters in § 15.

[69] Vgl. Bornkamm, ThWNT 6, bes. 662–666; jetzt umfassend: Campbell, Elders (1994; Lit.), der sich bemüht, die Bezeichnung „Presbyter" als Ehrentitel, nicht als Gemeindeamt zu verstehen (aaO. 238–246). Leider berücksichtigt Campbell weder Papias noch Irenäus bei seiner Darstellung.

[70] Die Gruppe war fest umrissen, wie es schon der bestimmte Artikel andeutet, vgl. Weiffenbach, Papias Proömium 39; Larfeld, Johannes 69.

[71] Sollten unter den Presbytern, die in Ortsgemeinden tätig waren, bedeutende und erhaltenswerte Worte gesprochen worden sein, hätte kaum der kollektive Hinweis auf den Titel genügt, um ihre Bedeutung als Quelle für Worte der Vertrauten Jesu zu bezeichnen.

Irenäus erläutert, daß dieser Titel Personen verliehen wird, die Schüler der Apostel waren, insbesondere Schüler des Apostels Johannes.[72] Überlieferungen dieser Presbyter zitiert Irenäus gelegentlich als hohe Autorität.[73] Der Ehrentitel gründet sich also auf eine Ursprungssituation, die nicht wiederholbar ist. Entsprechend stellt Irenäus auch die Presbyter im Brief an Florinos vor: „οἱ πρὸ ὑμῶν πρεσβύτεροι, οἱ καὶ τοῖς ἀποστόλοις συμφοιτήσαντες".[74] Die so beschriebene Bedingung, den Ehrentitel „Presbyter" zu erhalten, können natürlich schon in der Jugendzeit des Irenäus nur physisch alte Menschen erfüllen. Diese Apostelschüler genießen selbstverständlich besonderes Ansehen in den christlichen Gemeinden. Das zeigt Irenäus nicht nur in seinen Berufungen auf Presbyter in diesem Sinn, sondern auch dadurch, daß er einzelne Christen auf „ihre" Presbyter ansprechen kann.[75]

Auch weitere Väterstellen zeigen, daß sich dieser spezifische Ausdruck Presbyter eingebürgert hatte für den Kreis der Menschen, die direkte Schüler der Apostel waren. Ähnlich sieht auch Klemens Alexandrinus die Presbyter als Bindeglieder zwischen seinen Quellen und den Aposteln.[76]

---

[72] Irenäus, advhaer 2,22,5 (Brox): „sicut evangelium et omnes seniores testantur qui in Asia apud Iohannem discipulum domini convenerunt … Quidam autem eorum non solum Iohannem, sed et alios apostolos viderunt, et haec eadem ab ipsis audierunt, et testantur de huismodi relatione" (z.T. gr. bei Eusebios, h.e. 3,23,3); advhaer 4,26,2 (Rousseau): „eis qui in Ecclesia sunt presbyteris obaudire oportet, his qui successionem habent ab Apostolis"; advhaer 4,26,4 (Rousseau): „[oportet] adhaerere vero his qui et Apostolorum, sicut paediximus, doctrinam custodiunt et cum presbyterii ordine sermonem sanum et conversationem sine offensa praestant …"; advhaer 4,27,1 (Rousseau): „audivi a quodam presbytero, qui audierat ab his qui Apostolos viderant, et ab his qui didicerant" (hier scheint der Titel auch auf Enkelschüler der Apostel erweitert zu sein, vgl. KÖRTNER, Papias 37 A. 97 auf S. 242 mit Lit.; die arm. Übersetzung setzt die präzise Def. voraus nach ROUSSEAU, App. z.St.: „ab apostolis qui eos etiam viderat"); advhaer 5,5,1 (Rousseau): „dicunt Presbyteri qui sunt Apostolorum discipuli; advhaer 5,33,3 (Rousseau): „Presbyteri meminerunt, qui Johannem discipulum Domini viderunt, audisse se ab eo … docebat Dominus et dicebat"; advhaer 5,36,2 (Rousseau): „dicunt Presbyteri Apostolorum discipuli"; Nennungen auch Irenäus, advhaer 4,28,1; 5,36,1; Irenäus, epideixis 61; epideixis 3 (Rousseau): „presbyteri, apostolorum discipuli, tradiderunt nobis" – Zu den Presbytern bei Irenäus s. BORNKAMM, ThWNT 6, 677 f.; BROX, Offenbarung 150–157; KÖRTNER, Papias 36–43. 117.
[73] Zusammenstellung bei PREUSCHEN, Antilegomena 63–71 (gr.-lat.). 152–159 (deutsch). Die Presbyterüberlieferung bei Irenäus, advhaer 5,36,1f. wollte LIGHTFOOT, Essays 194–198 auf Papias selbst zurückführen. Sein Indizienbeweis ist interessant, aber nicht zwingend; vgl. HENGEL, Frage 24. Ähnliches Thema und ähnliche Gedanken im wenig vorangehenden Stück (aaO. 5,33,3f. = frgm 1 [Körtner]) bezeugen nur die Nähe des Papias zu seinen Lehrern. Gegen den weitergehenden Versuch, alle Presbyterstücke bei Irenäus auf Papias zurückzuführen (so HEITMÜLLER, Tradition 193; ferner CORSSEN; LOOFS und HARNACK), s. KÖRTNER, Papias 36–43; vgl. SWARAT, Kirche 232–234.
[74] Irenäus bei Eusebios, h.e. 5,20,4 (Schwartz). Der zitierte Satz präzisiert eine sonst vielleicht unspezifisch mißverstandene Verwendung des Begriffs „Presbyter"; entsprechend nennt Irenäus den Polykarp im selben Brief „ὁ μακάριος καὶ ἀποστολικὸς πρεσβύτερος" (aaO. 5,20,7).
[75] Vgl. Irenäus bei Eusebios, h.e. 5,20,4: οἱ πρὸ ἡμῶν πρεσβύτεροι.
[76] Klemens Al., strom 1,11,3; dazu BORNKAMM, ThWNT 6, 67 f. Einen über die Grenze der Apostelschüler hinausgehenden Kreis ehrwürdiger Personen nennt er auch Presbyter in den frgm 8; 22; 25 nach KÖRTNER, Papias 117.

Ein Gespür für die historische Ausgangssituation, die den Titel ermöglicht, hat auch noch Eusebios, wenn er Papias als Ohrenzeugen des Aristion und des Presbyters Johannes vorstellt (h.e. 3,39,7): Und der nun aber von uns vorgestellte Papias bekennt, einerseits die Worte der Apostel bei denen empfangen zu haben, die ihnen (sc. den Aposteln) nachgefolgt waren, andererseits sagt er selbst, daß er (des) Aristion und des Presbyters Johannes Ohrenzeuge war. Indem (er) durch Namensnennung jedenfalls vielfältig an sie erinnert in seinen Zusammenstellungen, verwendet er deren Überlieferungen.

Diese Worte könnten so verstanden werden, als ob Eusebios die Presbyter des Papias mit Aposteln identifiziere. Da dieses Mißverständnis in der weiteren Auslegung zu erheblich abweichenden Ergebnissen führt, muß es hier besprochen werden.

Das Mißverständnis besteht darin, daß die Gleichheit der Vokabel παρηκολουθηκώς bei Papias (bei Eusebios, h.e. 3,39,4) und in der eusebianischen Paraphrase dazu (παρηκολουθηκότων 3,39,7) verleitet, hinter beiden Bezeichnungen dieselbe Personenklasse zu vermuten.[77] Papias hat von Schülern der Presbyter Worte der Presbyter erhalten, aus denen er Worte der Ohrenzeugen Jesu erhob. Doch der Kirchenhistoriker identifiziert hier nicht Ohrenzeugen Jesu und Presbyter. Er übergeht nur in der papianischen Zeugenreihe das späteste Glied, die Presbyterschüler. Eine Stufe tiefer ansetzend, erklärt er durchaus korrekt, Papias habe die Worte der Apostel von deren Begleitern, den Presbytern nämlich, übernommen. Korrekt gibt er auch die unterschiedlichen Zeitstufen wieder, mit denen Papias zwei unterschiedliche Lebensphasen bezeichnet: Die längst vergangene Ausbildung bei den Presbytern und die bis zur Abfassung des Werkes ausgeübte kritische Sichtung der Worte der Presbyterschüler (s.u. 2.5).

Eusebios wählt das Wort für die persönliche Schülerschaft (παρηκολουθηκώς), um das Verhältnis zwischen Aposteln und Presbytern zu bestimmen.[78] Papias hatte dieselbe Vokabel angewendet für das Verhältnis zwischen Presbytern und deren Schülern. Daraus ist zu schließen, daß wenigstens für Eusebios die Bezeichnung ὁ παρηκολουθηκώς nicht titular für eine Personenklasse verstanden wurde, sondern funktional die Beziehung zwischen Lehrern und Schülern beschreibt.

Das Papiasproömium verliert manche enigmatische Seite, wenn man sieht, daß Papias den spezifischen Presbyterbegriff voraussetzt, den für uns spätere Kirchenväter erläutern.

---

[77] Vgl. LARFELD, Johannes 84–88; L. meint aus dem zitierten § 7 des Eusebios herauslesen zu müssen, Eusebios würde hier anders als § 2 die Presbyter mit den Aposteln identifizieren („... sahen wir bereits ..., daß Eusebius sich eines fundamentalen Irrtums schuldig gemacht hat" aaO. 88, vgl. aaO. 93–96). L. verwirft die oben vorgeschlagene Deutung nicht zuletzt, weil er meint, die Presbyter seien ein Gemeindeamt. Gegen L.aaO. 96 ist daher auch Eusebios vom Vorwurf freizusprechen, „innerhalb des engen Bereiches von einem Dutzend Zeilen das Wort πρεσβύτεροι in dreifacher Bedeutung aufgeführt" zu haben (im Orig. z.T. hervorg.).

[78] MAIER, Johannesoffenbarung 54 verweist auf Timotheus als Begleiter des Apostels (1Tim 4,6; 2Tim 3,10) und identifiziert so Apostel und Presbyter, weil deren Schüler mit demselben Verb bezeichnet werden – doch das Partizip παρηκολουθηκώς führt Papias nicht titular ein, es bezeichnet das persönliche Schülerverhältnis, das zwischen Aposteln und Presbytern ebenso bestehen kann wie zwischen Presbytern und deren Schülern.

Papias und Irenäus bzw. Eusebios stimmen darin überein, *wie* die Hierarchien innerhalb der Zeugenketten zu definieren sind. Grundlegend für Apostel und Presbyter im spezifischen Sinn ist eine persönliche Schülerschaft. Apostel sind Ohrenzeugen des irdischen Jesus. Presbyter im spezifischen Sinne sind dadurch definiert, daß sie persönliche Schüler der Apostel sind.

Die Personenklassen unterscheiden sich zwar durch ihre unterschiedliche Nähe zum Kyrios, beide Gruppen definieren sich aber über eine Kette von Ohrenzeugen. So wird das Verständnis des Apostels als Ohrenzeuge des Herrn eine Generation weiter getragen: Der Presbytertitel kommt denjenigen Christen zu, die Ohrenzeugen von Aposteln sind. Bei dieser Verwendung des Ausdrucks Presbyter versteht es sich, daß der Titel nicht weitergegeben werden kann.[79] Und diese spezifische Verwendung des Ausdrucks „Presbyter" impliziert, daß ein Apostel niemals ein Presbyter sein kann.[80]

Geht man bei der Untersuchung des papianischen Ausdrucks „Presbyter" vom Neuen Testament aus, scheint die distinkte Trennung von Apostel- und Presbyterklasse angreifbar. Natürlich kann nicht das Gemeindeamt eines Presbyters gegen die vorgestellte Deutung eingebracht werden. Aber der 1Petr will zweifellos von einem Apostel geschrieben sein und doch bezeichnet sich der Verfasser in 1Petr 5,1 als συμπρεσβύτερος. Im Rahmen der Autorenfiktion des 1Petr hieße dies, daß der Apostel Petrus sich als Presbyter bezeichnen würde. Aber diese Stelle dürfte eher den Titel des wahren Briefautors wiedergeben, der hier gleichsam seine Petrusfiktion vergißt.[81] So unterstützt die Stelle sogar eher einen historisch verorteten Presbyterbegriff.

Die für Papias vorgeschlagene spezifische Verwendung des Ausdrucks „Presbyter" kann zwei neutestamentliche Belegstellen für sich verbuchen. Im Neuen Testament stellt der Presbyter der kleinen Johannesbriefe eine Ausnahme dar.[82]

---

[79] Sonst wäre die namenlose Hervorhebung dieser Leute erstaunlich. Dieses Argument dürfte auch gegen die These sprechen, Papias beziehe sich auf Gemeindeälteste, so etwa WEIFFENBACH, Papias Proömium 39–46, vgl. aber aaO. 42: „… muß man sich gegenwärtig halten, daß es bei den einzelnen Klassen von Persönlichkeiten … dem Pap[ias] nicht auf deren *amtlichen* Character und *kirchliche* Qualität ankommt" (Herv. im Orig.); LARFELD, Johannes 70–81.

[80] Daß Papias Presbyter und Apostel identifiziere, behauptet v.a. ZAHN, Apostel 123–131 und sieht daher keinen Anlaß, mit Eusebios zwischen einem Apostel und einem Presbyter Johannes zu unterscheiden. AaO. 130f.: „Erst in dem jetzt abgelaufenen Jahrhundert hat Eus. gläubige Nachfolger gefunden"; im auslaufenden 20. Jh. allerdings steht ZAHNS Position zunehmend einsamer. Ihm folgen u.a. MAIER, Johannesoffenbarung 54f.; MUNCK und BAUM. REGUL, Evangelienprologe 118–125 argumentiert überzeugend für die Unterscheidung von Presbyter und Apostel bei Papias v.a. gegen MUNCK, Presbyters 240, der wegen der vermeintlichen Apostelschülerschaft des Papias eine unhaltbare Frühdatierung vorschlägt; dazu auch KÖRTNER, Papias 90. Als geradezu selbstverständlich setzt BAUM, Papias 27f. Presbyter und Apostel gleich: „Alle Angehörigen der erstgenannten Gruppe bezeichnet er [sc. Papias, T.H.] außerdem als πρεσβύτερος". Die weiteren Einsprüche BAUMS gegen die Unterscheidung von Presbyter und Apostel Johannes bei HENGEL, Frage basieren auf dieser Fehldeutung, die Presbyter und Apostel bei Papias gleichsetzt.

[81] BROX, 1Petr 228. Vgl. KÖRTNER, Papias 120.

[82] Daß der Presbyter der kleinen Joh-Briefe im NT eine Ausnahme bildet, vermerken die

Dieser Presbyter hat seinen Titel offenbar ohne Anbindung an eine bestimmte Ortsgemeinde. Die besondere Autorität, mit der er das Wort ergreift, erläutert der spezifische Begriff eines „Presbyters", wie ihn auch Papias belegt.[83] Die Bezeichnung bei Papias „ὁ πρεσβύτερος Ἰωάννης" setzt voraus, daß dieser Johannes ein direkter Schüler eines Apostels ist. Insbesondere wenn dieser Presbyter der einzige seiner Art war für die angeschriebenen Gemeinden (2Joh) bzw. Gaius (3Joh), erklärt sich die knappe Selbstvorstellung hinreichend. Daß Apostel und Jünger unterschieden werden konnten, belegt auch das Philipperevangelium aus Nag Hammadi.[84]

Die spezifische Verwendung des Ausdrucks „Presbyteros" läßt sich geographisch v.a. in Kleinasien belegen: Wenigstens die frühste Wirkungsgeschichte des 1Petr, wenn nicht seine Herkunft selber, verweisen auf Kleinasien.[85] Papias lebte dort, Irenäus lernte dort. Etwas unsicher bleibt die angeführte Klemensstelle. Der Alexandriner stellt als ehrwürdige Quelle eine Person vor, die er „sizilianische Biene" nennt, wohl meint er Pantainos.[86] Auch wenn dieser Lehrer seinem Namen nach aus Sizilien stammen dürfte, hat er für Klemens eine besondere Bedeutung, weil er Traditionsketten bis zu den Vetrauten Jesu vorweisen könne.

Zusammenfassend läßt sich sagen: Papias benützt den Ausdruck „Presbyter" als Ehrentitel für Personen, die einen persönlichen Kontakt mit Ohren- und Augenzeugen Jesu hatten und daher Jesusüberlieferungen durch ihr Zeugnis verbürgen können.

2.5 Zeitstufen im Papiasfragment

In den Sätzen des Proömiums sind vier Zeitstufen zu unterscheiden. Mit dem Futur ὀκνήσω blickt Papias voraus auf das beginnende Werk. Er beginnt aber das Werk nicht, ohne seine besondere Eignung dafür zu unterstreichen. Die Eignung hat ihren Ursprung in der wohl einige Zeit zurückliegenden Ausbildung des Papias. Für die Aktivitäten in dieser Ausbildungszeit wählt Papias Aoristformen (ἔμαθον/ ἐμνημόνευσα). Die Handlungen nach der Zeit der Ausbildung bis zur

---

einschlägigen Untersuchungen, z.B. BORNKAMM, ThWNT 6, 670–670; KARRER, Ältestenamt 187f. A. 181; KLAUCK, 2/3Joh 29–33; CAMPBELL, Elders 207f.

[83] So auch BORNKAMM, ThWNT 6, 671f.; HENGEL, Frage 103f.

[84] EvPhil (NHC II 3) § 35: „Die Apostel sagten zu den Jüngern …" Übers. nach H.-M. SCHENKE, in: NT Apo ⁵I 159; Hinweis auf diese Stelle bei VON CAMPENHAUSEN, Entstehung 156 A. 117.

[85] Vgl. SCHNELLE, Einleitung 458–460. GOPPELT, 1Petr 66 favorisiert römische Verfasserschaft des 1Petr. Die ältesten Testimonien des Briefes entsprechen seiner kleinasiatischen Adresse, vgl. ROLOFF bei GOPPELT, 1Petr 70–72.

[86] So versteht Klemens schon Eusebios, h.e. 5,11,2. Vgl. STÄHLIN z.St. Klemens, strom 1,11,3 (Bd. 3, 19 A. 4).

Abfassung des Werkes beschreibt Papias mit Verben im Imperfekt.[87] Das Imperfekt deutet an, daß diese Handlungen entweder durchgängig vorhanden waren oder immer wieder zu bestimmten Aktivitäten führten: ἔχαιρον, ἀνέκρινον, ὑπελάμβανον.[88]

Einen Sonderfall stellt die präsentische Verbform λέγουσιν in § 4 dar. Sie ist vom Hauptverb ἀνέκρινον abhängig. Sie drückt so aus, daß Aristion und der Presbyter Johannes zur Zeit der Nachforschungen noch sprechen (können).[89] Die Worte der Jesusbegleiter sind längst gesprochen, Papias forschte, was jeder einzelne sagte (εἶπεν).[90] Wohl sind diese Zeugen bereits verstorben. Diese Unterscheidung sollte nicht als rhetorische Modifikation ohne inhaltlichen Grund bagatellisiert werden.[91]

Bei dem Verb λέγουσιν sollte neben der Zeitstufe auch der Numerus beachtet werden: Aristion und der Presbyter Johannes bindet Papias zusammen unter einer pluralischen Verbform. Sie sprechen offenbar dasselbe. Bei den Aposteln interessiert jeweils die Einzelaussage, Papias fragt nach dem, was jeder einzeln sagte. Der Plural bei Aristion und Johannes könnte so andeuten, daß diese beiden ein übereinstimmendes Zeugnis bewahren.

2.6 Ein Johannes zweimal genannt?

Das Papiasproömium § 4 nennt einmal einen Johannes zwischen Jakobus und Matthäus und dann einen Johannes im Verbund mit Aristion. Es stellt sich die Frage, ob Papias damit zwei verschiedene Personen bezeichnet, oder ob er dieselbe Person in zwei verschiedenen Verbindungen nennt. Zur Beantwortung dieser Frage können Irenäus und Eusebios nicht als Kronzeugen auftreten. Der jüngere Eusebios sieht sich nämlich genötigt, dem älteren Irenäus ausdrücklich zu widersprechen. Nach Irenäus benennt Papias zweimal dieselbe Person, nach Eusebios dagegen bezieht sich Papias auf zwei verschiedene Personen, die beide

---

[87] Den Wechsel von Aorist zum Imperfekt macht LARFELD, Johannes 88 f. plausibel als zeitlich getrennte Phasen.

[88] LARFELD, Johannes 29 f. (zu ἔχαιρον); 34 f. (zu ἀνέκρινον und den übrigen Imperfekta des Fragments).

[89] Aristion und der Presbyter Johannes lebten wenigstens noch zur Zeit der Nachforschungen, so schon LÜTZELBERGER, Tradition 87 (nicht mehr z.Z. der Niederschrift). 90. 93; WOTKE, Papias 969; HARNACK, Geschichte II 1, 357; u.a., s. KÖRTNER 126 A. 21 (S. 290); DEEKS, Papias 297; vielleicht leben beide auch noch z.Z. der Abfassung des Werkes, so LARFELD, Johannes 139. 147.

[90] VIELHAUER, Geschichte 457 zitiert zweimal fälschlich pl. (εἶπον).

[91] So schon EWALD nach WEIFFENBACH, Papias Proömium 103 A. 1; LIGHTFOOT, Essays 150 A. 3 („the tense should probably be regarded as a historic present introduced for the sake of variety"); ferner SCHWARTZ, Tod 58 („ein sachlicher Gegensatz steckt nicht dahinter"); ähnlich 62; neuerdings wieder SCHOEDEL, Papias 250 A. 31; dagegen schon WEIFFENBACH aaO. und fast alle späteren Ausleger.

Johannes heißen. Bevor dem einen oder dem anderen Recht gegeben werden soll, sind die Argumente zu prüfen.

Die beiden Lösungen finden bis heute Gefolgsleute unter den Gelehrten. Neben der Flucht in Konjekturen finden sich zwei große Parteien: Die eine Partei sieht wie Irenäus in beiden genannten Johannes bei Papias ein und dieselbe Person. So deutet v.a. Theodor Zahn.[92] Die andere Partei, vertreten u.a. durch Weiffenbach[93], Lightfoot[94], Larfeld[95], Körtner[96] und Hengel[97] unterscheidet beide Personen.

Für die Unterscheidung zweier Johannes spricht:

(1) Beide Nennungen kommen in getrennten Satzteilen zu stehen. Darauf weist schon Eusebios hin: „διαστείλας τὸν λόγον" (h.e. 3,39,5).

(2) Die unterschiedlichen Zeitstufen. Der zuerst genannte Johannes sagte (Aorist) etwas, der mit Aristion genannte Presbyter Johannes sagt (Präsens) etwas (s.o. 2.5). Papias behauptet, bei den Presbytern gelernt zu haben (§ 3). Die in der Reihung genannten Apostel waren aber z.T. längst verstorben, als Papias hätte beginnen können, deren Worte zu lernen.[98]

(3) Die Zusammenstellung des Zebedaiden Johannes mit Aristion wäre verwunderlich. Die Zusammengehörigkeit beider unterstreicht das pluralische Verb „λέγουσιν". Ein Presbyter Johannes dagegen kann neben einem Aristion gut genannt werden, insbesondere wenn Aristion seinerseits Presbyter war.

(4) Beide Reihen verbindet die Bezeichnung „Schüler des Herrn"; doch nur bei der ersten Reihe setzt Papias den bestimmten Artikel zu der Bezeichnung „Schüler" hinzu.[99]

(5) Die Folge von bestimmtem Artikel, Näherbestimmung/Titel und Eigennamen kann dazu dienen, verschiedene Personen gleichen Namens durch eine eindeutige Näherbestimmung zu unterscheiden.[100] Deutlicher wäre die Unterscheidung allerdings, wenn der unterscheidende Titel nachgestellt würde. Formuliert man diese Konstruktion, versteht man, daß Papias anders aufreiht. Die nach

---

[92] Die zahlreichen Äußerungen ZAHNS zu Papias sichtet SWARAT, Kirche 222–231. Dort findet sich auch ein Forschungsüberblick. Wie ZAHN u.a. LEIMBACH, Art. Papias 645. In neuerer Zeit wiederum MAIER, Johannesoffenbarung 55–59. Vgl. die Wolke von Zeugen bei KÖRTNER, Papias 123 A. 3 (S. 287).

[93] WEIFFENBACH, Papias Proömium 98f. 115f. Vgl. KÖRTNER, Papias 123 A. 3 (S. 287).

[94] LIGHTFOOT, Essays 144.

[95] LARFELD, Johannes passim, bes. 60f. 69; DERS., Zeugnis 498.

[96] KÖRTNER, Papias 123–125.

[97] HENGEL, Frage 78f.

[98] LARFELD, Johannes 53.

[99] Mit best. Artikel zitiert etwa STRECKER, Theologie 441 das Papiasfragment: „οἱ τοῦ κυρίου μαθηταὶ λέγουσιν"; diese Lesart, nur durch eine Handschrift belegt, verweist SCHWARTZ in den Apparat seiner Ausgabe.

[100] ZAHN, Apostel 142 A. 1 nennt als biblisches Beispiel Lk 24,10: ἡ Μαγδαληνὴ Μαρία. Er nennt die Stelle als Ausnahme; normalerweise werde eine solche Präzisierung appositionell angefügt, daher auch die v.l. zu Lk 24,10.

Zahn eindeutige Folge müßte lauten: Ἀριστίων καὶ Ἰωάννης ὁ πρεσβύτερος τοῦ κυρίου μαθηταί. Diese Reihung dürfte sich Papias hier verbeten haben, da der weitere Titel τοῦ κυρίου μαθηταί sonst zu weit von Aristion weggerückt worden wäre.

Für die Gleichsetzung zweier Personen mit dem Namen Johannes sprechen weniger gewichtige Gründe: Die Doppelung soll eine Eusebianische Erfindung sein, um die Apk schlecht zu machen.[101] Auch der gleiche Titel „Schüler des Herrn" für beide Gruppen darf nicht so verstanden werden, daß sich die beiden Nennungen eines „Johannes" auf dieselbe Person beziehen müssen.

Für Eusebios hat die Unterscheidung der beiden Johannes Bedeutung wegen der Apokalypse. Der Kirchenvater benützt die Unterscheidung, um einen Keil zwischen das Evangelium und die Johannesapokalypse zu treiben. Einmal findet er den *Apostel* Johannes und zögert nicht lange, diesem das geschätzte Evangelium κατὰ Ἰωάννην zuzuweisen. Dem anderen Johannes kann er dann geradezu großmütig die ungeliebte Apokalypse überlassen, zumal dieser andere Johannes gegenüber einem Apostel ungleich weniger Würde hat. Diese Zuweisungen führt der Historiker Eusebios als Vermutung ein, die für ihn zwar plausibel ist. Aber es handelt sich eben um eine Vermutung, über die auch anders gedacht werden kann, d.h. doch wohl: Eusebios kann sich für seine Vermutung nicht auf ältere Quellen stützen, geschweige denn auf Papias selbst.[102] Die Vermutung entspringt vielmehr seiner eigenen Kombinationsgabe. Die Art, wie Eusebios die zwei Personen mit demselben Namen für sein Anliegen benützt, ist offenbar jünger als die Unterscheidung der beiden Personen. Die eusebianische Benützung der Unterscheidung zweier Personen mit dem Namen Johannes dürfte sich als unhistorisch erweisen. Die papianische Unterscheidung dagegen erhält durch weitere Belege von zwei Johannes in der Asia Unterstützung (s.u. 3).

Hier ist der Beitrag von Eduard Schwartz zu referieren.[103] In seiner vielbeachteten Abhandlung zum Tod der Söhne Zebedaei macht er wahrscheinlich, daß der Zebedaide Johannes wie sein Bruder eines gewaltsamen Todes gestorben sein muß.[104] Sonst wäre die Überlieferung des Jesuswortes vom gewaltsamen Tod der Zebedaiden unerklärlich. Von Ephesus ausgehend, habe sich dann eine Legende herausbilden können, die den Johannes als Urapostel von Ephesus für sich reklamierte. Die historische Notiz vom Märtyrertod des Zebedaiden wurde daher unterdrückt zugunsten der Legende eines langen Lebens des

---

[101] ZAHN, Grundriß 71 bezeichnet die Unterscheidung als „das gelehrte Fündlein", vgl. aaO. 57.

[102] Mit CORSSEN, Evangelium 210: „Schon die Form, in der diese Vermutung auftritt, zeigt, dass sie keinerlei Anhalt in dem Werke des Papias gehabt haben kann".

[103] Veröffentlicht in den Abhandlungen der Göttinger Gesellschaft der Wissenschaften, N.F. 7/5, 1904, Wiederabdruck in den Gesammelten Schriften 5, Berlin 1963, 48–123; diese Ausgabe wird hier zitiert.

[104] SCHWARTZ, Tod 51 datiert den Märtyrertod auf „43 oder 44". Daher möchte er auch aaO. den in Gal 2,9 genannten Johannes nicht als den Zebedaiden verstanden wissen.

Apostels, das er schließlich in Ephesus verbrachte.[105] Literarischen Niederschlag habe diese Legende in dem Zusatz Joh 21 gefunden.[106] So hätte Kleinasien auch einen Apostel aufführen können, ohne neidvoll vor Rom vergehen zu müssen. Trotz der vielen wichtigen Einzelbeobachtungen dieses Aufsatzes muß die Grundthese von der ephesinischen Johanneslegende ihrerseits ins Reich der Legende verwiesen werden.[107] Die Argumentation von Schwartz ist vielmehr geeignet, die Historizität eines in Ephesus wirksamen Johannes zu beglaubigen.

Widersprüchliche Aussagen zum Tod eines Johannes entstehen nicht durch die schwartzsche Johanneslegende, sondern erst durch die Identifikation des ephesinischen Johannes mit dem Zebedaiden.[108] Die ephesinische Gemeinde schmückt sich ursprünglich nicht mit dem Zebedaiden, sie hat mit dem Presbyter Johannes an Ehre genug. Die wenigen Berichte über das friedliche Lebensende des Johannes in Ephesus sind ein glänzender Beweis für die Wahrheitsliebe der ephesinischen Kirche.[109]

Die vorgestellte Interpretation sammelt die Indizien dafür, daß Papias zwei verschiedene Personen namens „Johannes" unterschied, einmal den sonst Zebedaiden genannten Bruder des Jakobus, zum anderen einen in Kleinasien offenbar hochangesehenen Presbyter Johannes. Martin Hengel hat die These zu untermauern verstanden, daß diese Unterscheidung historisch korrekt ist.[110]

2.7 Papias' kritische Auseinandersetzung mit den Überlieferungen

Darf man bei Papias ein irgendwie geartetes historisches Bewußtsein annehmen?[111] Dieser Frage soll nun im Zusammenhang nachgegangen werden. Ein Historiker pflegt mit Quellen zu arbeiten. Ein Mindestmaß an kritischem Um-

---

[105] SCHWARTZ, Tod bes. 113–123. SCHWARTZ kommt zu diesem Urteil, weil er Papias eher als Tradenten einer Legende ansehen will, als verschiedene Johannes zu erwägen. Die Person des Presbyters Johannes wirkte in Ephesus – Legende sei nur die spätere Identifizierung mit dem Zebedaiden.

[106] Wohl der schwächste Punkt in der Argumentation von S. ist, daß er Joh 21,22 als Zusatz zum Zusatz erklären muß (aaO. 117).

[107] Schon ZAHN, Einleitung II 453 A. 2 (auf S. 464–466) argumentiert gegen die „Keckheit" SCHWARTZ'.

[108] Die Belege für ein Martyrium sammelt HENGEL, Frage 88–91. Ergebnis aaO. 91: „Da die Tradition vom Martyrium des Zebedaiden Johannes gegenüber der sonst einheitlichen späteren kirchlichen Tradition die ‚lectio difficilior' darstellt, hat m.E. die Nachricht des Papias, die bald zugunsten der Apostolizität des ephesinischen Johannes, von dem kein Martyrium mit tödlichem Ausgang überliefert ist, verdrängt wurde, doch eine gewisse Plausibilität." (Hervor. i. Orig.).

[109] LARFELD, Johannes 156. Vgl. dessen Auseinandersetzung mit der These von SCHWARTZ aaO. 148–157.

[110] Der Beweisgang durchzieht das Werk: HENGEL, Frage; dazu o. Kap III 1.10. Als Stationen der Argumentation lassen sich angeben: 92–94 (Unterscheidung zweier Johannes bei Papias); 113: Der Alte der kleinen Joh-Briefe sei mit dem Alten bei Papias zu identifizieren. Erst später werde der Zebedaide mit dem Alten Johannes identifiziert (z.B. 118f., vielleicht angeregt durch den „Alten": 318). Briefe und Joh-Ev seien vom selben Autor (z.B. 123), was u.a. durch dessen Idiolekt belegt werde, der das Joh-Ev mit 1–3Joh verbinde (238–248).

[111] WEIFFENBACH, Papias Proömium 55 A. 1 gegen Kritiker des Papias: „Vielmehr verrät das im Fragmente geschilderte ganze *Verfahren* desselben wenigstens eine *kritische Tendenz …*

gang mit diesen Quellen sollte jemand zeigen, dem ein historisches Bewußtsein zugebilligt werden kann. Welche Quellen nimmt Papias in den Blick und wie reflektiert er über diese? – so läßt sich die Frage nach seinem historischen Bewußtsein umformulieren.

Die bedeutsamste und erste Quelle ist für Papias der Kyrios, der Herr. Dieser ist für ihn nur über Traditionsketten zugänglich. Die Traditionen überliefern Schüler des Herrn. Dabei unterscheidet Papias mehrere Stufen von Tradenten. Innerhalb dieser Stufen besteht für ihn ein eindeutiges Gefälle in der Wertigkeit. Die Reihe vom Kyrios bis zu Papias läßt sich in folgendes Schema bringen:

(1) Die Quelle: Der Kyrios bzw. die Wahrheit
(2) Die Reihe der unmittelbaren Schüler des irdischen Jesus[112]
(3) Die Presbyter, Schüler der unmittelbaren Schüler
(4) Die Begleiter der Presbyter – u.a. Papias selbst

Schon die Abgrenzung der Tradentenstufen voneinander bezeugt letztlich historisches Bewußtsein. Papias sammelt aus Quellen, die er historisch verortet. Damit zeigt er, daß er ein Weitersprudeln dieser Quellen jetzt nicht mehr annimmt. Die Zeit der zu untersuchenden Quellen ist für ihn ein abgeschlossenes Forschungsfeld. Einen ähnlichen Abschluß der relevanten Quellen setzt die Idee des Kanons voraus. Der Kanon versiegelt die Sammlung der brauchbaren Traditionen. Bei Papias findet sich dieser Abschluß. Sein unermüdliches Forschen zielt auf Vollständigkeit, nicht auf Menge.[113]

Papias forscht nicht mehr in der γραφή, unserem Alten Testament, um das Zeugnis von Jesus Christus zu stützen. Statt auf die Schrift beruft er sich auf ehrwürdige Zeugen. Dabei sammelt er nicht einfach die Überlieferungen oder stellt sie nur zusammen, sondern offenbar nennt er jeweils die Herkunft der Überlieferung. So jedenfalls berichtet es Eusebios über Papias.[114] Auch hierin unterscheidet er sich etwa von Lukas, der nur pauschal auf seine Vorgänger hinweist (Lk 1,1–4).[115]

---

und den besten Willen, der Wahrheit auf die Spur zu kommen, wobei freilich eine zu massive Gläubigkeit mitunterlief" (Herv. im Orig.).

[112] Die Bezeichnungen „unmittelbarer Schüler des irdischen Jesus" bzw. „Schüler der Schüler" sollen die Bezeichnungen „Schüler des Herrn" für zwei durch Papias unterschiedene Gruppen aufnehmen. Inhaltlich stimmt die Bezeichnung „Schüler des irdischen Jesus" bei Papias weitgehend überein mit der Bezeichnung „Apostel" bei Lk (vgl. o. Kap. II 3.2.5).

[113] Mit WEIFFENBACH, Papias Proömium 70f.

[114] Eusebios, h.e. 3,39,7 (Schwartz): „τίθησιν αὐτῶν [sc. Aristion und Presbyter Johannes] παραδόσεις"; aaO. § 9: „ὑπὸ τῶν τοῦ Φιλίππου θυγατέρων"; aaO. § 14: „παραδίδωσιν Ἀριστίωνος ... τῶν τοῦ κυρίου λόγων διηγήσεις καὶ τοῦ πρεβυτέρου Ἰωάννου παραδόσεις"; § 15: „ὁ πρεσβύτερος ἔλεγεν". Bei manchen Verweisen nennt zumindest Eusebios keine bestimmte Quelle, die Papias angegeben habe, so ungeschriebene Überlieferungen (§ 11–13); die Mt-Überlieferung (§ 16) sowie die Erzählung über die sündige Frau (§ 17). Daß sich letztere im Hebräerevangelium finde, dürfte eine gelehrte Anmerkung des Eusebios sein, vgl. u. 4.5.

[115] ZAHN, Geschichte I 868 A. 1: Die „Genauigkeit der Quellenangabe bei Papias ... bildet einen scharfen Gegensatz zu Allem, was wir von der, kurz gesagt, apokryphen evangelischen

Gegen die historische Verantwortlicheit des Papias wird gerne der letzte Satz des bei Eusebios überlieferten Proömiums angeführt: „Denn nicht nahm ich an, daß mir die (Dinge) aus den Büchern soviel nützen, wie die (Dinge) von der lebendigen und dauerhaften Stimme her." Diese Hochschätzung zeigt sich auch im johanneischen Kreis: Die kleinen Johannesbriefe entschuldigen die schriftliche Form der Kommunikation (2Joh 12; 3Joh 14). Doch die Zeit des mündlich überlieferten Wortes ist für Papias nicht nur momentan sistiert, wie beim Briefschreiber, diese ist für ihn gänzlich vorbei.[116] Das Problem bespricht auch Irenäus in seinem Brief an Florinos.[117] Noch Klemens Al. „entschuldigt" sein Werk ähnlich: Da die letzten Augen- und Ohrenzeugenberichte verloren zu gehen drohen, heißt es jetzt für ihn die Vorteile der Niederschrift nützen.[118]

Wäre das Imperfekt im zitierten letzten Satz des überlieferten Proömiums (ὑπελάμβανον) nicht als ehemalige und jetzt revidierte Ansicht der Vergangenheit gemeint, wäre die eigene Buchproduktion des Papias sehr erstaunlich. Die inhaltliche Argumentation läßt sich grammatikalisch stützen. Das griechische Imperfekt bezeichnet „den mit einer gewissen Dauer verbundenen Verlauf früherer Handlungen und Vorgänge"[119]. Dieses Imperfekt übersehen[120] oder übergehen[121] die Ausleger allzu gerne.[122]

---

und apostelgeschichtlichen Literatur wissen"; gegen KÖRTNER, Papias 227, vgl. aber aaO. 164f.

[116] Treffend HOLTZMANN, Lehrbuch 95 (3. Aufl. 1892 entspricht 1. Aufl. 1875, 113; Schreibweise belassen): „Was in seiner Jugend noch zeitgemäss erscheinen konnte, war es in seinem Alter nicht mehr in gleichem Maasse". Allerdings schließt sich H. der Deutung WEIFFENBACHS, Papias Proömium 130. 137f. an: Das Imperfekt bezeichne vielmehr die Gleichzeitigkeit der inneren „Motivirung" (aaO. 95 A. 6) der drei Imperfekta. Daran ist richtig, daß Papias eine Abneigung gegen Bücher früher lange Zeit hatte. Daß er diese Meinung jetzt aufrecht erhält oder gar gegen die Evangelien polemisiert, sagt die Imperfektform gerade nicht.

[117] Erhalten bei Eusebios, h.e. 5,20,6f. Dazu BARRETT, Joh 116; HENGEL, Frage 132.

[118] Auch Klemens Al. entschuldigt sein schriftliches Werk geradezu dadurch, daß er nun im hohen Alter der Nachwelt retten will, was sonst verloren ginge, da er es von altehrwürdigen Lehrern mündlich gehört hatte, so in der Einleitung seiner „Teppiche", strom 1,11,1–1,12,1; 1,14,1–4. Klemens fußt kaum auf den zarten Anmerkungen zur Schriftlichkeit aus 2/3Joh, sondern schöpft auch hier aus den Bemerkungen platonischer Provenienz über die Gefahr der Verschriftung, z.B. Platon, Phaidr 275A–276E; ep. 2, 314B-C; ep. 7, 341B-E. Z.T. zitiert er diese Stellen explizit in entsprechenden Kontexten, vgl. strom 4,65,1–4,66,4.

[119] E. BORNEMANN/ E. RISCH: Griechische Grammatik, 2. Aufl., Frankfurt u.a. 1978, 220 (= § 214.1).

[120] Ohne weitere Bemerkung zum Text übersetzen VIELHAUER, Geschichte 760 und VON CAMPENHAUSEN, Entstehung 154 präsentisch.

[121] KÖRTNER, Papias 57 übersetzt korrekt: „... ich war der Ansicht ...". Seine Paraphrase aaO. 162 bzw. seine Ausführungen 182–184. 227 allerdings unterstellen dem Papias, er würde weiterhin mündliche den schriftlichen Überlieferungen vorziehen. Ähnlich ZUNTZ, Papiana 257: „Mit dem letzten Satz weist Papias zurück auf das bedenkliche Prinzip, zu dem er sich am Anfang dieses Exzerpts bekannt hatte".

[122] LARFELD, Johannes 35 behauptet, die Imperfekta hätten durch Präsensformen ersetzt werden können. Die Imperfekta geben eine „ständige Geistesrichtung", „Anschauungen und Bestrebungen" (aaO.) *der Vergangenheit* an. Von diesen Bestrebungen etc. darf man angeblich

Papias stützt sich auf Zeugen, die es bald nicht mehr geben wird.[123] Auch das legitimiert sein Werk. Irenäus zeigt diesen Umschwung, wenn er nach einem offenbar mündlich tradierten Zitat der Presbyter anfügt: „Dies aber bezeugt bestätigend auch Papias ... schriftlich in dem vierten seiner Bücher."[124] Papias überführt die Ketten mündlicher Überlieferung in die feste schriftliche Form.

So dürfte sich auch sein Meinungsumschwung bezüglich der mündlichen Tradition erklären. Sollte Papias im nicht überlieferten Teil des Proömiums auf seine schriftlichen Quellen eingegangen sein, wäre das Votum zur mündlichen Tradition vielleicht einzuschränken auf Buchproduktionen, die sich neben Überlieferungen von Augen- und Ohrenzeugen stellen wollten, ohne ihre Legitimation vom Herrn her als der Wahrheit selbst aufzuweisen. Immerhin bezeugt Eusebios, daß Papias selbst in seinem Werk schriftliche Überlieferungen verwendet, neben dem Mk- und Mt-Ev zumindest den 1Petr und 1Joh. Dem Papias kann daher keine grundsätzliche und fortbestehende Abneigung gegenüber Büchern unterstellt werden. Als er seine fünf Bücher schrieb, gab es für ihn durchaus Bücher, auf die er zurückgriff.

Das Wenige, das wir über diese Bücher wissen, genügt immerhin, um bei Papias für zwei Traditionsgaranten für die Jesusüberlieferung sehr geringes Interesse festzustellen. Papias stützt sich nicht mehr auf *die* heilige Schrift, wenn er etwas über den Herrn als der Wahrheit selbst erheben will. Das trennt ihn von den neutestamentlichen Autoren. Und Papias beruft sich nicht auf historisch unvermittelte Eingebungen des Geistes oder des Parakleten. Stattdessen waren ihm Augen- und Ohrenzeugen des Herrn bedeutsam. In seinem fünfbändigen Werk fixiert er selbst die lebendige und dauerhafte Stimme und leitet so eine neue Phase im Umgang mit der Tradition ein.[125] Daß Papias in diesem Punkt seine frühere Meinung revidiert hat, zeugt von einer bedeutsamen Wende im Umgang mit den Zeugnissen über Jesus. Papias beargwöhnt nicht mehr grundsätzlich schriftliche Quellen und zieht diesen mündliche Überlieferungen vor, sondern er benützt seine zusätzlichen Überlieferungen, um die schriftlichen zu interpretieren. Hans von Campenhausen hat die geistesgeschichtliche Wende scharf herausgearbeitet: „Papias sammelt bezeichnenderweise nicht einfach Jesusworte,

---

voraussetzen, „daß er ihnen auch in der Folgezeit seines Lebens huldigen wird." (aaO. 35). Letzteren Schluß geben die imperfekten Verbformen allein nicht her, vielmehr gibt es Gründe, daß Papias seine „Bestrebungen" bezüglich der mündlichen Rede geändert hat. Nur so erklärt sich seine eigene Buchproduktion. Vgl. WEIFFENBACH, Papias Proömium 137f., der dann freilich seine These stützen will, Papias habe nur mündliche Quellen verwertet (aaO. 141).

[123] KÖRTNER, Papias 132.

[124] Irenäus, advhaer 5,33,4 = Papias, frgm 1 (Körtner): „Haec autem et Papias ... per scripturam testimonium perhibet in quarto librorum suorum". Übersetzung ZAHN, Apostel 89, dort z.T. mit Hervorh.

[125] Vgl. HEARD, Quotations 133f.: „It may be, indeed, that Papias did live through the transition to such a new estimate of the Gospels ...". Den Umschwung bei Papias selbst hat DEEKS, Papias 299f. herausgearbeitet.

sondern das, was aus ältester Zeit zu ihrem richtigen Verständnis beigebracht werden kann. Die Frage nach dem ursprünglich Richtigen und Gültigen spiegelt ein vorgerücktes Stadium der Traditionsentwicklung und der Auseinandersetzung wider, wie es beispielsweise für Ignatios noch nicht bestanden hatte. Diese veränderte Fragestellung wird einmal auch die formell verbindliche Sichtung und Sicherung der Tradition, d.h. die Begründung des neutestamentlichen Kanons erzwingen."[126] Nur den Bischof Papias habe diese neue Fragestellung noch nicht erreicht: „Aber gerade Papias scheint einer solchen Regelung noch gänzlich fern zu stehen und strebt in seiner Begeisterung für die mündliche Überlieferung fast in die entgegengesetzte Richtung."[127] Dieser Vorwurf verfehlt das im erhaltenen Proömium vorgestellte Programm des Papias. Papias versucht, die Wahrheit über den Herrn durch historische Rückfrage zu sichern. Der heilsgeschichtliche Aufriß des irenäischen Werkes gegen die Gnostiker entfaltet diesen Ansatz.

3 Der Zebedaide und der Presbyter Johannes

In der johanneischen Schule gab es eine herausragende Persönlichkeit, den Jünger, den Jesus liebte. Die kirchliche Tradition identifiziert diesen Jünger mit dem Zebedaiden Johannes. Nun tritt mit der Person des Presbyters Johannes eine weitere Person auf, deren Verbindung zum Joh-Ev, zur johanneischen Schule und zum Zebedaiden Johannes geklärt werden muß.

3.1 Die Unterscheidung des Zebedaiden vom Presbyter Johannes

Das Papiasproömium legt nahe, daß es zwei Schüler des Herrn mit Namen Johannes gab. Der erste war Augen- und Ohrenzeuge des Herrn, der zweite Presbyter. Auch außerhalb des Papiaszeugnisses gibt es Hinweise auf zwei Personen mit dem Namen „Johannes" aus der frühen Zeit des Christentums.[128]

(1) Dionysios von Alexandrien weiß von zwei Gräbern zu berichten, die Johannesgrab genannt werden: „Ich glaube, daß irgendein anderer von denen, die in Asien weilten, der Verfasser der Apokalypse war, da man auch sagt, in Ephesus seien zwei Gräber gewesen, und jedes davon heiße Johannesgrab."[129]

(2) Die Apostolischen Konstitutionen überliefern Bischofslisten, für die von Aposteln[130] eingesetzen Bischöfe, u.a. für Ephesus. Dort habe ein Johannes, im

---

[126] Von Campenhausen, Entstehung 159.

[127] Von Campenhausen, Entstehung 159. Vgl. Körtner, Papias 226–228. Den Umschwung in der Kanonsgeschichte dürfte dagegen Maier, Johannesoffenbarung 59 f. richtig gesehen haben.

[128] Die Stellen finden sich bei Zahn, Apostel 124 A. 1 (S. 124–126).

[129] Dionysios von Alexandrien bei Eusebios, h.e. 7,25,16.

[130] So die im fortlaufenden Text nicht wiederholte Überschrift zu Kap. 46 (Metzger 3,22, Z.

jetzigen Kontext ist der Apostel gemeint, einen Johannes als Bischof eingesetzt: „Τῆς δὲ Ἐφέσου Τιμόθεος μὲν ὑπὸ Παύλου, Ἰωάννης δὲ ὑπ᾽ ἐμοῦ Ἰωάννου".[131] Diese Stelle verrät, daß noch im vierten Jahrhundert zwei Personen mit dem Namen „Johannes" in Ephesus lokalisiert wurden.

(3) Hieronymus berichtet in seinem Katalog bedeutender Männer der Christenheit („De viris illustribus") auch über Papias. Wie überhaupt bei diesem Werk hängt auch sein Bericht über Papias in vielen Einzelheiten von Eusebios ab.[132] Bei Eusebios aber konnte er die Ansicht nicht finden, daß die kleinen Johannesbriefe nicht der Apostel Johannes, sondern der Presbyter Johannes verfaßt hätte.[133] Hieronymus verbindet auch den Bericht von den zwei Johannesgräbern mit seiner Vermutung.[134]

Die genannten Stellen unterscheiden zwei offenbar nahe zusammengehörige Personen mit Namen Johannes und unterstützen so die vorgeschlagene Papiasinterpretation.[135]

3.2 Die Identifizierung des Evangelisten Johannes mit dem Zebedaiden seit Irenäus

Eusebios unterscheidet zwei Personen mit dem Namen „Johannes". Vor ihm hat schon Irenäus den Apostel Johannes und Zebedaiden identifiziert. Für die Zeit vor Irenäus bleibt außer der Papiasstelle kein Beleg, der den Apostel Johannes eindeutig mit dem Verfasser des Joh-Ev identifiziert oder ihn eindeutig unterscheidet. Vor Irenäus nennt etwa Justin schon einen Apostel Johannes als Verfasser der Apokalypse, doch bleibt unklar, ob er denselben Verfasser auch für das Evangelium annimmt.[136]

---

21): „Τίνας ἐπισκόπους πέμποντες ἐχειροτόνησαν οἱ ἅγιοι ἀπόστολοι." METZGER liest wohl versehentlich „οἱ ἅγιοι".

[131] ApoKon 7,46,7 (Metzger).Vgl. ZAHN, Apostel 125; LARFELD, Johannes 100.

[132] BERNOULLI, in: Hieronymus, vir.ill. (Bernoulli) XII: „Es mochte eben in seinen Augen keine Verpflichtung mehr bestehen, sich mit einer Litteratur selber noch abzugeben, die er der Hauptsache nach in der Kirchengeschichte des Eusebius schon abgehandelt fand. Da hatte er ja den Rohstoff, um seine Waffen zu schmieden."

[133] Hieronymus, vir.ill. 18,3 (Ceresa-Castaldo): „Hoc autem dicimus propter superiorem opinionem qua a plerisque rettulimus traditum duas posteriores epistulas Iohannis non apostoli esse, sed presbyteri". Nach KÖRTNER, Papias 125 ist dies eine reine Hypothese des Hieronymus.

[134] Hieronymus, vir.ill. 9,5 (Ceresa-Castaldo): „Iohannis presbyteri asseruntur, cuius et hodie alterum sepulchrum apud Ephesum ostenditur; et nonnulli putant duas memorias eiusdem Iohannis evangelistae esse"; vgl. LARFELD, Johannes 100.

[135] Weitere Beispiele für die Nennung zweier Personen mit dem Namen „Johannes" nebeneinander listet HENGEL, Frage 90f. auf.

[136] Justin, dial 81,4 (Goodspeed): „καὶ ἔπειτα καὶ παρ᾽ ἡμῖν ἀνήρ τις, ᾧ ὄνομα Ἰωάννης, εἷς τῶν ἀποστόλων τοῦ Χριστοῦ, ἐν ἀποκαλύψει γενομένῃ αὐτῷ χίλια ἔτη ποιήσειν ἐν Ἱερουσαλήμ ...". Die Stelle nennt KÖRTNER, Papias 128 A. 43 (S. 293) versehentlich als „Dial 8,1".

Nach Irenäus identifiziert Klemens Al. den Apostel Johannes mit dem Greis (γέϱων), von dem er die später vielfach adaptierte Legende von der Bekehrung des Räuberhauptmanns berichtet.[137] In der kirchlichen Tradition siegte die bei Irenäus belegte Identifizierung vom Apostel Johannes mit dem Verfasser des vierten Evangeliums.

Schon von daher verdienen die wenigen Hinweise auf unterschiedliche Personen mit dem Namen „Johannes" besondere Beachtung. Diese Unterscheidung läßt sich nicht als „Fündlein" des Eusebios abtun, da sie auch unabhängig von diesem Kirchenvater Spuren hinterlassen hat. So dürfte die Bemerkung aus den Apostolischen Konstitutionen, daß der Apostel Johannes in Ephesus einen „Johannes" als Bischof einsetzte, schwerlich auf Eusebios zurückgehen. Anzeichen dafür, daß auch Polykrates von Ephesus den Verfasser des vierten Evangeliums vom Apostel unterschied, hat scharfsinnig Hengel herausgearbeitet.[138]

3.3 Der Alte Johannes als der Evangelist?

Das Corpus Johanneum umfaßt nach der Tradition neben dem Evangelium und den drei Briefen noch die Johannesapokalypse. Seit Irenäus werden Joh-Ev, 1–3Joh und Apk demselben Verfasser, dem Zebedaiden und Apostel Johannes zugeschrieben. Doch diese Zurückführung des Corpus Johanneum auf einen Autor ist abzuweisen. Die Apokalypse unterscheidet sich sprachlich so stark von den übrigen johanneischen Schriften, daß es unhaltbar ist, denselben Verfasser anzunehmen. Die Schwierigkeiten nennt schon Dionysios von Alexandrien.[139]

Doch mehrere Personen mit dem Namen „Johannes" scheinen auch dieses Problem lösen zu lassen. Ähnlich wie Eusebios, freilich aus anderen Gründen als dieser, vermutete etwa Bousset den Presbyter Johannes als Verfasser der Apokalypse.[140] Doch derartige Hypothesen klären wenig mehr als sie behaupten. Schon innerhalb der Schriften des Evangeliums und den drei Briefen gibt es genug Unterschiede, um mehrere Verfasser mit Namen Johannes unterzubringen.

Vor gut 150 Jahren konnte der ehemalige Nürnberger Pfarrer Ernst Carl Julius Lützelberger noch einen Sturm der Entrüstung hervorrufen mit seiner Behauptung, das Evangelium stamme nicht vom Zebedaiden, sondern „nur" vom Pres-

---

[137] Johannes als Apostel bei Klemens Al., Quis div. 42,1.10 (= Eusebios, h.e. 3,23,6.14); Johannes im hohen Alter 42,12 (= 3,23,17); ein Greis (42,13 = 3,23,17; 42,14 = 3,23,18). Vgl. HENGEL, Frage 29 A. 49; 42 A. 98.

[138] HENGEL, Frage 33–37. 115.

[139] Dionysios von Alexandrien bei Eusebios, h.e. 7,25. Einen gelehrten Katalog der Unterschiede und Gemeinsamkeiten bietet in neuster Zeit FREY als „Appendix" bei HENGEL, Frage 326–429.

[140] BOUSSET, Johannesapokalypse 39. 49 nach KÖRTNER, Papias 127 A. 39 (S. 292).

byter Johannes.[141] Heute ist der Zebedaide Johannes kaum noch diskussionswürdig, wenn es um darum geht, den Autor des vierten Evangeliums zu identifizieren.

Nicht mehr die historische Wahrheit der kirchlichen Johanneslegende, sondern nur noch ihre historische Herkunft bewegte den Philologen Larfeld. Er möchte aufzeigen, daß aus dem Papiaszeugnis zu lesen sei, dieser habe den Zebedaiden als Verfasser des Evangeliums angenommen. Larfeld argumentiert indirekt, er will die Gegenannahme als unhaltbar erweisen. Wenn Papias statt des Zebedaiden den Presbyter Johannes als Autor angenommen hätte, hätte er das ausdrücklich schreiben müssen, um Verwechslungen zu vermeiden. Diese Bemerkung hätte sich Eusebios nicht entgehen lassen, um die große Dummheit des Papias mit dieser Annahme nachdrücklich zu unterstreichen. Doch die Beweisfolge Larfelds ist zu entkräften, wenn nach Papias der Verfasser des Evangeliums seine Autorität letztlich vom Apostel Johannes ableitet, so wie der Evangelist Markus nach der Papiasnotiz bei Eusebios auf den Apostel Petrus fuße. Der Presbyter als Verfasser des Evangeliums hätte eine dem Markus ähnliche abgeleitete Autorität. Zwar prägte die Sprache des Presbyters das Evangelium, für die Schüler des Presbyters – wie wohl für diesen selbst – war allein der Ursprung der Tradition beim Zebedaiden Grund und Ursache der Autorität des Werkes. Eusebios kann dann bei Papias nicht den Traditionsgaranten des vierten Evangeliums kritisieren, den Zebedaiden Johannes, sondern nur die Unterscheidung von diesem Apostel und einem gleichnamigen Schüler. Die Eusebianische Darstellung des Papiaszeugnisses bleibt also schlüssig, auch wenn Papias den Presbyter Johannes für den Verfasser des vierten Evangeliums hielt.

Die kritische Wissenschaft weist in sehr großer Einmütigkeit die kirchliche Tradition zurück, nach der der Zebedaide Johannes der Autor des Joh-Ev sei.[142] Doch die Unterscheidung von Apostel und Presbyter Johannes verlangt, die Verfasserfrage noch einmal zu stellen.

In jüngster Zeit hat Martin Hengel die Hypothese vertreten, der Presbyter Johannes habe das Evangelium und die Briefe verfaßt (vgl. o. Kap. III 1.10). Hengel notiert zwar gelegentlich literarische Bearbeitungen des überlieferten Joh-Ev und weist dabei v.a. auf Joh 21 hin; wie stark die Vorlage des Presbyters bearbeitet wurde, wird bei Hengel nicht immer deutlich. Hengel erwägt, daß der Presbyter Johannes mit dem „Lieblingsjünger" auf den Zebedaiden Johannes verweisen wollte.[143] Sollte der Zebedaide Johannes einst der Lehrer des Presbyters Johannes geworden sein, wäre es möglich, daß der Presbyter Johannes seine Autorität von seinem Lehrer ableitete. Mit dieser Vermutung ließe sich sowohl die papianische Unterscheidung von Zebedaiden und Presbyter erklären wie die irenäische Identifikation des Evangelienverfassers mit dem Zebedaiden. Papias hätte ausdrücklich den Tradenten, den Presbyter Johannes, genannt, während Irenäus die Arbeit des Schülers ignorierte. Doch weder das Verhältnis des Pres-

---

[141] Lützelberger, Tradition nach Leimbach, Art. Papias 646 (Name L. cor. nach RE 24, 1913, 307); vgl. Harnack, Geschichte II 1, 678; Swarat, Kirche 223.

[142] Vgl. Kümmel, Einleitung 162–164 (Lit.); Schnelle, Einleitung 537 f. (Lit.).

[143] Hengel, Frage 321; vgl. 318.

byters zum Zebedaiden noch die indirekte Bürgschaft des Zebedaiden für das vierte Evangelium läßt sich historisch erweisen. Sollte der Presbyter Johannes Traditionen schriftlich niedergelegt haben, die er von einem anderen Johannes übernommen hatte, wären die unterschiedlichen Hinweise auf zwei nahe zusammengehörige Personen mit dem Namen „Johannes" gut erklärbar. Mehr als diesen Hinweis auf eine mögliche historische Wurzel der genannten Überlieferungen wird man nicht finden.

Ein Motiv aus den Legenden um das Joh-Ev stellt dem Verfasser des Evangeliums einen Schreiber gegenüber. In den Johannesakten des Prochorus (ca. 5. Jh.) stellt sich der apokryphe Verfasser als Diakon Prochorus aus Apg 6,5 vor und will Schreiber des Joh-Ev gewesen sein.[144] In der byzantinischen und russisch-orthodoxen Kunst ist die entsprechende Szene vielfach dargestellt worden. Daß die Unterscheidung des geistigen Verfassers vom Schreiber eine zuverlässige Erinnerung enthält, wird man kaum zu sagen wagen. Die Unterscheidung von Autor und Schreiber läßt sich auch ohne historische Erinnerung aus Joh 21,24 herauslesen. Allerdings legt Joh 21,24 nahe, zwischen einem geistigen Autor, dem Lieblingsjünger, und *mehreren* „Schülern" zu unterscheiden, wie es u.a. auch der Kanon Muratori voraussetzt. Daß die Prochorusüberlieferung von einem einzelnen Schreiber ausgeht, läßt sich somit nicht als Ausmalung von Joh 21,24 erklären. Diese Überlieferung hat eine formale Parallele im „Argumentum secundum Iohannem", das Papias als Schreiber des Joh-Ev ausgibt.[145] Beide Überlieferungen stimmen darin überein, daß der Evangelist einen einzelnen Schreiber hatte. Die konkrete Angabe, Papias habe das Joh-Ev nach Diktat aufgezeichnet, wird man nicht ernsthaft historisch diskutieren. Daß Papias der Schreiber des vierten Evangeliums war, würde das Verhältnis zwischen Papias und dem Joh-Ev als sehr eng ansehen. Zu überprüfen wird allerdings sein, ob Papias eine etwas weniger enge Verbindung zum vierten Evangelium zugesprochen werden kann.

4 Papias und die johanneische Schule

Mehrere Fragmente berichten über Papias, er sei Schüler (eines) Johannes gewesen. Meist meinen die Zeugen mit diesem Johannes den Evangelisten, den sie i.a. mit dem Zebedaiden gleichsetzen. Kritische Wissenschaftler haben dagegen jegliche Verbindung zwischen Papias und Johannes bzw. dem Joh-Ev zur Legende ohne historischen Wert erklärt.[146]

---

[144] Vgl. Acta Johannis (Prochorus); Text bei ZAHN, Johannesakten 154 Z. 1–158 Z. 6; dazu Überblick in NT Apo ⁵II 385–391.

[145] Papias, frgm 20 (Körtner): „Descripsit [sc. Papias, T.H.] vero Evangelium dictante Iohanne recte".

[146] So u.a. REGUL, Evangelienprologe 82. 113–158. 195; ähnlich, ohne Verweis auf REGUL: KÖRTNER, Papias, s.u. 4.2.

Larfeld baut eine wenig tragfähige Hilfskonstruktion auf, die Papias letztlich mit dem Zebedaiden verbinden soll:[147] Der Apostel Johannes sei zugleich Gemeindevorsteher gewesen, daher sei die Bezeichnung Presbyter für den Apostel *auch* angemessen. Diese Konstruktion hat mehrere schwache Stellen. Zunächst dürfte die Deutung von „Presbyter" bei Papias als Amtsbezeichnung unhaltbar sein. Ferner wäre die Präzisierung des Presbyters Johannes im zweiten Nebensatz des § 4 zur Unterscheidung vom Apostel ungeeignet, wenn beiden dieser Titel zustände. Daß „Petrus" im 1 Petr 5,1 sich als Presbyter bezeichnet, sollte nicht als Beleg dafür gewertet werden,[148] daß ein Apostel sich gleichzeitig auch als Presbyter verstehen kann (s.o. 2.4).

Die Unterscheidung von Apostel Johannes und Presbyter Johannes verlangt, das Verhältnis des Papias zu einem „Johannes" für beide Personen getrennt zu untersuchen. Es kann dem Papias eine Verbindung zum Apostel Johannes abgesprochen werden und doch eine Abhängigkeit vom Presbyter Johannes bestehen.

4.1 Fragmente, die Papias zum Johannesschüler erklären

Die wenigen Papiasfragmente reden wiederholt davon, daß Papias Schüler des Evangelisten war. Die älteste Quelle für diese Behauptung überliefert Irenäus. Er führt Papias ein als: „Papias Johannis auditor", griechisch bei Eusebios „Παπίας ὁ Ἰωάννου μὲν ἀκουστής".[149] Dieser Kirchenvater ist allerdings auch dafür verantwortlich, daß die Johannesschülerschaft für unhistorisch gehalten wird. Aus dem Irenäischen Kontext ergibt sich, daß hier der Apostel Johannes als Lehrer des Papias gemeint sein muß, der seinerseits die Presbyter lehrte.[150] So würde Papias selbst in die Generation der Presbyter gehören.

Andererseits spricht auch Irenäus manchmal so von Johannes, daß man einen Presbyter und den Apostel diesen Namens unterscheiden kann, ohne von Irenäus freilich dazu angehalten zu werden. So vermeidet Irenäus den Titel „Apostel" für Johannes weitgehend, der doch für den Zebedaiden selbstverständlich wäre.[151] Wie Irenäus erklären auch die Fragmente 2 (Körtner) und 10 (Körtner) Papias zum Schüler des Apostels Johannes.

Hieronymus läßt Papias wohl einen Schüler des Johannes sein; aber er macht an dieser Stelle nicht eindeutig klar, welchen Johannes er meint. Auch die aus Eusebios angefügte Unterscheidung zweier Personen mit dem Namen „Johannes" veranlaßt ihn nicht, den Lehrer des Papias eindeutig zu bestimmen.[152] Andernorts nennt Hieronymus Papias einen Hörer des Evangelisten Johannes.[153]

---

[147] LARFELD, Johannes 161–171.
[148] So LARFELD, Johannes 168 f.
[149] Papias, frgm 1 (Körtner) = Irenäus, advhaer 5,33,4 = Eusebios, h.e. 3,39,1.
[150] Irenäus, advhaer 5,33,3: „quemadmodum Presbyteri meminerunt, qui Johannem discipulum Domini viderunt, audisse se ab eo …".
[151] HENGEL, Frage 20.
[152] Papias, frgm 7 (Körtner) = Hieronymus, vir ill. 18,1.
[153] Papias, frgm 9 (Körtner) = Hieronymus, ep. 75,3.

Zum Evangelisten Johannes ordnen auch weitere Fragmente den Papias, die beide Anastasius Sinaita überliefert.

Frgm 15: „Sie empfingen die Grundlage zu ihrem Chiliasmus von Papias, dem vortrefflichen, dem Hierapolitaner, der mit dem Busenfreund [des Herrn] verkehrt hat, ..."[154]

Frgm 16: „Die älteren der kirchlichen Exegeten nun, um nur zu sagen Philo ... und Papias, der bedeutende hierapolitanische Schüler des Evangelisten Johannes ..."[155]

Diese Fragmente setzen höchstwahrscheinlich den Evangelisten mit dem Zebedaiden gleich. Fragment 17 tut dies ausdrücklich.

Die Krone setzt diesen Überlieferungen das „argumentum secundum Iohannem", Fragment 20 (Körtner), auf. Nach diesem sei Papias nicht nur Schüler (eines) Johannes gewesen, sondern hätte sogar für diesen nach Diktat das Evangelium geschrieben. „Descripsit vero Evangelium dictante Iohanne recte".[156] Daß dieser Johannes der Zebedaide sei, behauptet der Prolog nicht explizit; freilich wurde er immer so verstanden.

Die ehemals verbreitete Datierung des Prologs ins zweite Jahrhundert würde der Bemerkung eine besondere Bedeutung geben. In seiner monographischen Besprechung der sogenannten antimarkionitischen Evangelienprologe nennt Regul vielfältige Argumente, die darauf hindeuten, daß diese Prologe zumindest aus nacheusebianischer Zeit stammen.[157] Ein Argument für die Spätdatierung entnimmt Regul der Papiasnotiz des Prologs. Seine ausführliche Argumentation zum Verhältnis zwischen Papias und Johannes verdient daher in unserem Zusammenhang Beachtung.[158]

Regul behauptet, Eusebios könne bei Papias keine Bemerkung über das Joh-Ev vorgefunden haben. Hätte er eine solche gefunden, hätte er sie zwingend überliefert.[159] Zahlreiche Vorschläge, die das Schweigen des Eusebios erklären sollten, entkräftet Regul dabei.[160] Allerdings erwägt er nicht die Möglichkeit,

---

[154] Papias, frgm 15 (Körtner). Übers.: KÖRTNER.

[155] Papias, frgm 16 (Körtner). Übers.: KÖRTNER.

[156] Papias, frgm 20 (Körtner); die Textrekonstruktion bei REGUL, Evangelienprologe 34 weicht in den zitierten Worten nicht ab; vgl. LARFELD, Johannes 174 f.; ZAHN, Geschichte I 899–901: Mit diesem im wesentlichen echten Fragment hätte Papias der Meinung entgegentreten wollen, das Joh-Ev sei ein opus posthumum, meint ZAHN aaO. 900: „Jedem Leser des 21. Kapitels, zumal dem, welcher das οἴδαμεν in v. 24 beachtete, konnte dies Bedenken aufsteigen ...".

[157] REGUL, Evangelienprologe 197: Die Quelle des Prologs sei „kaum vor dem vierten Jahrhundert" anzusetzen. MCDONALD, Prologues 262 f. favorisiert für die Abfassungszeit das vierte Jh.: Der Prolog setzte Tertullian, advMarc 4.5,3 voraus und mißverstehe die Stelle (so aaO. 263).

[158] KÖRTNER, Papias (1983) übergeht, soweit ich sehe, das Werk REGULS, Evangelienprologe von 1968.

[159] REGUL, Evangelienprologe 148 f.

[160] REGUL, Evangelienprologe 145–149.

daß Eusebios nur Teile des papianischen Werkes vorliegen hatte, in denen er womöglich tatsächlich keine Bemerkung des Papias über das vierte Evangelium fand. Das Schweigen des Eusebios über ein Zeugnis des Papias zu Joh (und Lk) erlaubt nicht, daraus zu schließen, Papias habe solche Zeugnisse nicht in seinem fünfbändigen Werk gehabt. Die Anklänge an die johanneische und lukanische Sprache im überlieferten Papiasproömium erhalten daher eine größere Bedeutung, als Regul eingestehen will.[161] Der sog. antimarkionitische Evangelienprolog reiht sich in die Zeugen ein, die Papias als Schüler des Verfassers des vierten Evangeliums kennen. Es dürfte eine unhistorische Ausmalung des Prologverfassers sein, wenn er von Papias behauptet, er habe dem Evangelisten Johannes die Niederschrift besorgt. Will man der Beziehung zwischen Papias und dem Evangelisten allerdings jeglichen historischen Ursprung absprechen, müßte die sonderbare Behauptung des Prologs erklärt werden. Plausibel erscheint diese Behauptung, wenn sie eine Erinnerung an die Zugehörigkeit des Papias zur johanneischen Schule ausmalt.

Die Behauptung, daß Papias eine Verbindung zu einem Johannes habe, ist am besten bezeugt unter allen Behauptungen über Papias. Wer jegliche Verbindung zwischen Papias und der johanneischen Schule für unhistorisch erklärt, müßte m.E. eine plausible Erklärung bieten können, warum Papias so vielfältig mit dem vierten Evangelium in Zusammenhang gebracht wird. Die wohl älteste derartige Bemerkung stammt von Irenäus. Die weiteren entsprechenden Bemerkungen weichen in Einzelheiten voneinander ab, so daß die Bemerkung des Irenäus nicht genügt, um die vielfältigen Notizen allein anzuregen. Neben diese Notizen über die Verbindung des Papias zum Evangelisten treten sprachliche Indizien, die nahelegen, daß Papias das Joh-Ev gekannt hat.

4.2 *Johanneische Sprache bei Papias*

Ulrich H.J. Körtner versucht in seiner Monographie zu Papias den Nachweis zu führen, daß Papias das Joh-Ev nicht gekannt habe.[162] Trotzdem zweifelt er nicht an der Bemerkung des Eusebios, Papias habe den 1Joh benützt. Zunächst wäre diese Teilkenntnis des Corpus Johanneum erstaunlich. Keinem geringeren als Harnack war die unbestreitbare Kenntnis des 1Joh Grund genug, für Papias auch die Kenntnis des Joh-Ev anzunehmen.[163] Ferner läßt sich in den wenigen

---

[161] REGUL, Evangelienprologe 158 moniert, es fehle bei den Sprachanklängen ein „durchschlagender Beweis". Soweit die wenigen Worte des Prologs überhaupt Sprachanklänge aufzeigen können, sind diese sowohl zum Joh-Ev wie zum Lk-Prolog beträchtlich.

[162] Z.B. KÖRTNER, Papias 170. 172. 173–176. 193. 197f. Ähnlich ZUNTZ, Papiana 261: „[M]an darf zweifeln, ob er es gekannt hat". Im 19. Jh. etwa WEIFFENBACH, Papias Proömium 83f. 143, der v.a. auf die untergeordnete Stellung des vermeintlichen Autors bei Papias hinweist.

[163] HARNACK, Geschichte II 1, 658, so bereits LIGHTFOOT, Essays 186. Zustimmend z.B. LARFELD, Johannes 175. KÖRTNER, Papias 174 A. 17 (S. 317) nennt weitere Forscher, bezeich-

Zeilen des papianischen Proömiums schon soviel johanneisches Gedanken- und Sprachgut nachweisen, daß die These Körtners kaum haltbar ist.

In seinem Proömium sagt Papias: „… ich freute mich über die, die das Wahre lehren, und … die Gebote ins Gedächtnis bringen, die direkt von dem Herrn dem Glauben gegeben wurden und die von der Wahrheit selbst herstammen".[164] Als Quelle der Gebote gibt Papias den Kyrios an, den er mit der Wahrheit selbst zumindest parallelisiert, wenn nicht identifiziert. Wohl nur ein ausdrückliches Zitat aus dem Evangelium könnte johanneische Prägung der papianischen Ausdrucksweise noch eindeutiger beweisen als diese Anspielung auf Joh 14,6. Die johanneische Prägung dieser Papiasstelle ist vielfach aufgefallen.[165] Weil Körtner für Papias die Kenntnis des Joh-Ev ausschließen will, müht er sich, die signifikant johanneischen Worte anders zu erklären.[166] Doch er zeigt nur, daß „Wahrheit" auch außerhalb des Joh-Ev als absoluter Maßstab benützt wird.[167] Die Parallelisierung bzw. Identifizierung von der Wahrheit mit dem Herrn, erklärt sich aber aus den angegebenen Stellen bei Körtner gerade nicht. Auch die Stellen aus dem 1Joh genügen nicht, wiewohl sie freilich dem Evangelium sehr nahe kommen.[168] So beruft sich etwa 3Joh 12 auf „die Wahrheit selbst".[169]

Papias hat Freude an Geboten, die vom Herrn gegeben wurden (ἐντολάς … δεδομένας). Diese Verbindung von Nomen und Verb findet sich häufig im Corpus Johanneum: Joh 12,49 (vom Vater an Jesus); 13,34 (Jesus gibt neues Gebot); 1Joh 3,23 (Jesus Christus gab uns das Gebot); Joh 11,57 (Hohepriester und Pharisäer geben Gebote).[170] Papias läßt die Gebote „dem Glauben" gegeben sein. Das erinnert an die Bestimmung des Joh-Ev, für den Glauben geschrieben zu sein, so Joh 20,31; vgl. 19,35.

Die Reihenfolge der Jünger Jesu im ersten Nebensatz des § 4 zeigt johanneische Einflüsse. Die ersten vier Jünger entsprechen der johanneischen Reihenfolge. Nur (!) im Joh-Ev kommt Andreas an erster Stelle noch vor Petrus zu stehen. Die späteren Legenden um die Abfassung des Joh-Ev entsprechen dieser

---

net aber deren Behauptung als „eine haltlose Unterstellung, die den Namen ‚Argumentation' nicht verdient" (aaO. 174). M.E. müht sich Körtner zu wenig, seine eigene These historisch plausibel zu machen.

[164] Papias bei Eusebios, h.e. 3,39,3; zur Übersetzung s.o. 2.2.

[165] Corssen nach Leimbach, Art. Papias 652; Zahn, Geschichte I 902; Heard, Quotations 131; Maier, Johannesoffenbarung 51 f. (A. 198 weitere Forscher).

[166] Vgl. Körtner, Papias 202: „Wie der Verweis auf die ἀλήθεια im Papiasprolog vermuten läßt, blieb Papias von der in Kleinasien neuen Theologie nicht gänzlich unbeeinflußt. Doch entscheidender Einfluß auf sein Denken und sein schriftstellerisches Werk blieb ihr versagt. Nicht der fiktive Presbyter der deuterojohanneischen Schriften, sondern der historische Wanderprediger Johannes und seine Mitbrüder formten die Theologie des Hierapolitaners."

[167] Körtner, Papias 174 A. 12 (S. 317).

[168] Körtner, Papias 174 verweist auf 1Joh 5,6 und die Formulierung ἐκ τῆς ἀληθείας 1Joh 2,21; 3,19.

[169] Diese und andere Stellen diskutiert etwa Klauck, 2/3Joh 117 f.

[170] Vgl. Hengel, Frage 105 A. 30.

Hervorhebung, indem sie dem Andreas eine besondere Rolle bei der Abfassung des Evangeliums zusprechen.[171] So heißt es im Kanon Muratori: „In derselben Nacht wurde dem Andreas, einem der Apostel, offenbart, daß Johannes in seinem Namen, indem alle (es) überprüfen sollten, alles niederschreiben sollte".[172] Die Nennung des Andreas an erster Stelle in der Aufzählung der Augen und Ohrenzeugen Jesu ist für sich allein ein starkes Indiz für eine Abhängigkeit des Papias vom Joh-Ev.[173]

Wie das Joh-Ev vermeidet Papias auch den Titel „Apostel". In keinem der erhaltenen Fragmente verwendet Papias diesen Titel.[174] Die Zwölfzahl der Apostel tritt beim Joh-Ev stark zurück. Die papianische Rückfrage nach den Worten der einzelnen „Apostel" bricht die Geschlossenheit dieser Gruppenbezeichnung auf. Wie bei Johannes gründet sich für Papias die Einheit der Wahrheit exklusiv auf den Kyrios – einzelne Augen- und Ohrenzeugen bezeugen dieses Fundament.

Daß die Bezeichnung ὁ πρεσβύτερος, so wie sie Papias verwendet, im Neuen Testament allein bei 2/3Joh Parallelen hat, wurde oben bereits vermerkt (2.4). Die Selbstbezeichnung des Briefschreibers der kleinen Johannesbriefe verwendet diesen Titel wie Papias und unterscheidet sich darin vom sonstigen Gebrauch im Neuen Testament.

Gelegentlich wird vorgebracht, Papias könne das Joh-Ev nicht gekannt haben, weil Eusebios sonst eine entsprechende Bemerkung aufgezeichnet hätte. Vergleiche mit anderen Autoren, deren Werke uns noch vorliegen, lehren, daß dem Schweigen des Eusebios nicht allzu viel Wert beizumessen ist.[175] Zudem würde das Schweigen nur beredt gemacht werden können, wenn Eusebios das papianische Werk vollständig gekannt hätte und sich der Mühe unterzogen hätte, Aufzeichnungen eines Mannes genau durchzustudieren, den er für ausnehmend töricht hielt. Somit erübrigt es sich, einer unbeweisbaren Vermutung Lightfoots nachzugehen, der annahm, Papias sage nichts zum Joh-Ev, da die Bedeutung und Würde dieses Evangeliums seinen Lesern selbstverständlich war.[176]

---

[171] Zur Sonderrolle des Andreas im Joh-Ev vgl.: ZAHN, Geschichte II 46; MAIER, Johannesoffenbarung 36; HENGEL, Frage 85 f.

[172] CanMur Z. 13–16; Übers. SCHNEEMELCHER aus NT Apo ^{5}I 28; vgl. u. Kap. V 7.4.2.

[173] LIGHTFOOT, Essays 193; ZAHN, Geschichte I 902 mit A. 3; LARFELD, Johannes 41. KÖRTNER, Papias § 26.2 bes. S. 179 betont die Unterschiede zum Joh-Ev; dagegen HENGEL, Frage 80–86. WEIFFENBACH, Papias Proömium 79–95 vermutet eine alphabetische Reihe, von der nur begründet abgewichen sein soll (aaO. 91–95).

[174] LIGHTFOOT, Essays 189 A. 2; ZAHN, Apostel 135 A. 2; LARFELD, Johannes 168; HENGEL, Frage 80.

[175] Vgl. HENGEL, Frage 87 f. Anders dagegen REGUL, Evangelienprologe 145–158; vgl. o. 4.1.

[176] LIGHTFOOT, Essays 182. Sein Vergleich aaO. ursprünglich veröffentlicht im „Contemporary Review" 1875: „It would have been as idle as if the writer in this Review were to vouchsafe the information that ‚Napoleon I was a great ruler of the French who made war against England'". Dagegen sammelt REGUL, Evangelienprologe 145 A. 2 einen Katalog von Wiederholungen, die sich bei Eusebios finden, wenn er sich zu den Evangelisten äußert.

4.3 Das Presbyterzitat über das Markusevangelium

Das Presbyterzitat über das Mk-Ev ist die älteste Äußerung über dieses Evangelium, die uns erhalten geblieben ist. Dieses Zeugnis ist zunächst für das Mk-Ev bedeutsam; für unsere Fragestellung ist eine in diesem Zeugnis enthaltene Kritik am Mk-Ev wichtig, weil diese Kritik einen Maßstab über dem Mk-Ev voraussetzt.

Schleiermachers Aufsatz zu den Papiasnotizen über die Evangelien hat seine Spuren in die Forschung eingeprägt wie kaum ein anderes Werk über Papias. Nach Schleiermacher rede Papias über eine andere Schrift als unser Mk-Ev.[177] Nur die Namensgleichheit habe bei Eusebios das Mißverständnis hervorgerufen. Nur wegen dieses Mißverständnisses sei das papianische Mk-Zeugnis überliefert.[178] Diese Vermutung Schleiermachers hat zu Recht heute keine Anhänger mehr.[179] Eusebios selbst spricht ausdrücklich dagegen. Er hatte das papianische Werk zumindest in noch größerem Maße als wir vorliegen. Da hätte er es schwerlich versäumt, auf eine abweichende Mk-Fassung bei Papias hinzuweisen. Vielmehr führt er ausdrücklich eine Bemerkung über den *Evangelisten* Mk an (h.e. 3,39,14).[180] Andere Notizen über das Mk-Ev (Eusebios h.e. 2,15,7; s.o. Kap III 4) widersprechen zudem der Vermutung Schleiermachers. Papias berichtet über das später kanonisch gewordene Evangelium.

Die frühen Zeugnisse über das Mk-Ev verbinden den Autor des zweiten Evangeliums mit dem Apostel Petrus. Dabei lassen sich zwei verschiedene Versionen unterscheiden. Die einen Zeugnisse berichten, Mk habe seine Autorität durch den Apostel Petrus, wobei der Evangelist hinter dem Apostel zurückbleibt. So berichtet es auch der Presbyter, den Eusebios im Papiaskapitel zu Wort kommen läßt. Ein anderes Zeugnis geht noch darüber hinaus: Petrus habe das Schreiben seines Dolmetschers nachträglich gleichsam promulgiert, so überliefert bei Eusebios, h.e. 2,15,1f.[181] Diese Version der Markus-Petrus-Geschichte trägt Züge der nachträglichen Verteidigung gegenüber Verdächtigungen, wie sie aus der ersten Bemerkung erwachsen konnten. Es dürfte also eine sekundäre Version sein.

Die ältere Mk-Notiz lobt das Mk-Ev als vollständige, aber ungeordnete Sammlung petrinischer Urüberlieferung.[182] Diese Mk-Tradition findet sich auch im Presbyterzitat, das Eusebios aus dem Werk des Papias übernommen hat. Die Zitationsformel legt nahe, daß die Markusnotiz schon bei Papias ein Zitat eines

---

[177] SCHLEIERMACHER, Zeugnisse 386–392.
[178] Vgl. SCHLEIERMACHER, Zeugnisse 390.
[179] Vgl. SCHOEDEL, Papias 254f.; ZAHN, Geschichte I 873f.
[180] Vgl. KÖRTNER, Papias 155. 207 A. 2 (S. 336).
[181] Eusebios hat diese Bemerkung in den Hypotyposen des Klemens Al. gefunden, so h.e. 2,15,2, und behauptet, auch Papias würde dies bezeugen. So wurde die Stelle zum Papias frgm 3 (Körtner). Doch der Wortlaut dürfte auf Klemens zurückgehen, nur Eusebios sah eine Ähnlichkeit in der Argumentation; vgl. SCHOEDEL, Papias 257 A. 47; 260f.
[182] ZUNTZ, Papiana 261 A. 21 unterstreicht, daß Mk Worte des Herrn sammelt, nicht die Predigten des Petrus. Das ist korrekt, unterscheidet aber künstlich. Die Autorität des Petrus war wohl dieselbe, die auch Mk fixiert: der Herr.

Presbyters war. Der Singular mit dem bestimmten Artikel („ὁ πρεσβύτερος") wäre am leichtesten verständlich, wenn Papias wiederum den im Prolog bereits so eingeführten Presbyter Johannes zitiert.[183]

Die indirekte Überlieferung des Zitats durch Eusebios erlaubt nicht sicher zu sagen, welche Worte auf den Presbyter und welche Worte auf Papias selbst zurückgehen. Durch die Einführung (§ 15a) gesichert, geht der erste Satz (§ 15b) auf das Konto des Presbyters. Schon mit dem zweiten Satz (§ 15c) dürfte Papias die zitierten Worte erläutern. Dafür spricht die inhaltliche Parallelität der Sätze zwei bis vier (§ 15c-e) zu dem ersten.

4.3.1 Übersetzung

„(§ 15a) Und dies sagte der Presbyter: (§ 15b) Markus war einerseits Übersetzer des Petrus geworden, soviel er [sc. Markus] im Gedächtnis behielt, schrieb er genau auf, nicht freilich in der Ordnung (schrieb er) die (Dinge, die) vom Herrn sowohl gesagt worden sind als auch getan worden sind. (§ 15c) Denn weder hörte er den Herrn noch begleitete er ihn, später andererseits, wie ich sagte, (begleitete er) den Petrus; (§ 15d) der machte für die Bedürfnisse die Lehren, aber er machte nicht ebenso die Anordnung der Worte des Herren, so daß Markus nichts verfehlte, wenn er einige (Dinge) schrieb, wie er sich erinnerte. (§ 15e) Denn für eines tat er Vorsorge, (dafür daß) er keines (der Dinge,) von denen er gehört hatte, vergesse oder er irgendetwas in diesen verfälschte. (§ 16) Diese (Dinge) einerseits nun werden durch Papias über Markus berichtet."[184]

4.3.2 Das Johannesevangelium als Bewertungsmaßstab

Die Mk-Notiz lobt und tadelt das Mk-Ev zugleich. Beide Seiten bei diesem ältesten Zeugnis über das Mk-Ev sind zu beachten. Zunächst würdigt die Notiz das Mk-Ev, da in ihm die Worte des Apostels Petrus fixiert vorliegen. § 15e erläutert etwas umständlich, daß im Mk-Ev die Petrusüberlieferung bezüglich der Herrenworte sowohl vollständig wie unverfälscht zugänglich sei. Diese Erläuterung impliziert, daß jedes Wort des Mk-Ev apostolische Autorität genießt, weil jedes Wort auf Petrus zurückgeht. Die Bemerkung bündelt die Petrusüberlieferung über Herrenworte indirekt an das Mk-Ev, da der Hermeneut Markus Vorsorge tat, daß nichts verlorenginge. Jesusüberlieferungen wie die des EvPetr würden sich mit der Erläuterung § 15e nicht vertragen.

---

[183] So die meisten Ausleger, vgl. Körtner, Papias 123 mit A. 2 (S. 287). 207; Regul, Evangelienprologe 131f. A. 3 dagegen zeigt sich hier kritisch und bestreitet eine längere persönliche Verbindung zwischen einem Presbyter Johannes und Papias. Immerhin mißt Papias dem Presbyter einige Autorität zu, wenn er dessen Worte zur Taxierung einer Jesusüberlieferung heranzieht.

[184] Eusebios, h.e. 3,39,15f.

Wenn so das Mk-Ev über Petrus apostolische Autorität zugesprochen be-
kommt, erlaubt sich der Presbyter trotzdem auch, dieses Werk zu tadeln. Der
Presbyter kritisiert, dem Mk-Ev mangle es an der rechten Ordnung. Wer solchen
Tadel ausspricht, muß wohl seinerseits eine Autorität über dem Mk-Ev für sich
beanspruchen können. Die Anordnung (τάξις) zu bemängeln, verlangt, einen
Maßstab für die rechte Anordnung anzulegen.[185]

Es fehlt nicht an älteren Versuchen, das Lk-Ev[186] oder das Mt-Ev[187] zum
Vergleichsmaßstab zu machen. Doch diese Versuche können nicht überzeugen.
Zwar zeigt der Papiasprolog formale Ähnlichkeit mit dem Prolog des Lk-Ev,
aber von einer Hervorhebung dieses Evangeliums ist bei Papias nichts zu finden.
Mt als Maßstab hätte den Vorteil, daß wenigstens das Zitat bei Eusebios über Mt
der Mk-Notiz folgt. Aber gerade der Inhalt dieser Notiz läßt es als wenig wahrscheinlich erscheinen, daß Mt für Mk einen Maßstab abgeben könnte. Dann hätte
wenigstens eine der angenommenen Übersetzungen als verbindlich bzw. „maß-
stabsfähig" hervorgehoben werden müssen. Bei diesen beiden Synoptikern als
Maßstab gegenüber Mk wäre es freilich auch schwieriger anzugeben, was bei
Mk an Ordnung fehlen sollte. Wäre es das Fehlen der Kindheits- und Ostergeschichten, wie Körtner vermutet, wäre die angefügte Versicherung unverständlich, Mk habe besonders darauf geachtet, nichts zu vergessen.

Mangelnde Anordnung kritisiert der zitierte Presbyter *innerhalb* des überlieferten Mk-Ev. An welchem Maßstab mißt der Presbyter dann? Hatte er vielleicht
eine eigene Leben-Jesu-Vorstellung im Kopf, hinter der das Mk-Ev zurückblieb?
So jedenfalls vermutet vorsichtig Körtner,[188] wenn er auch seinen Lesern zuge-
steht, sich an dieser anachronistischen Theorie zu stoßen.[189] Tatsächlich wäre es
mehr als erstaunlich, daß ein schriftlicher Text gegenüber nicht fixierten Vorstellungen gerade eine fehlerhafte Anordnung vorgeworfen bekommen soll. Die
Schwierigkeiten ergeben sich für Körtner nur, weil er sich einen naheliegenden
Weg verbaut hat. Der Presbyter mißt das Mk-Ev am Joh-Ev.[190]

Die Vermutung, daß das Joh-Ev als Maßstab über die anderen gesetzt wurde,
erhält von anderer Stelle Unterstützung. So wird schon ab dem zweiten Jahrhundert belegbar das Joh-Ev als Maßstab über andere Evangelien gestellt. So in dem

---

[185] Ein beredtes Beispiel dafür gibt ZUNTZ, Papiana 262 ab. Für ihn bezeugt die angeblich
unsinnige Behauptung über mangelnde Anordnung des Mk-Ev nur, daß der zitierte Presbyter
ähnlich beschränkt war wie Papias selber. Unsinnig ist die Behauptung über Mk nur, wenn
moderne Maßstäbe angelegt werden.
[186] So die bei KÖRTNER, Papias 174 A. 6 (S. 316) genannten, z.B. MUNCK, Tradition 251;
vgl. WEHNERT, Passagen 57–59. Dagegen schon SCHWARTZ, Tod 78.
[187] So die bei KÖRTNER, Papias 213 A. 48 (S. 340) genannten. U.a. HOLTZMANN, Lehrbuch
97; vgl. MAIER, Johannesoffenbarung 24.
[188] KÖRTNER, Papias 213–215.
[189] KÖRTNER, Papias 213.
[190] So LIGHTFOOT, Essays 165. 205–207; SCHWARTZ, Tod 78; HENGEL, Frage 87; BAUCK-
HAM, Papias 50.

bei Eusebios, h.e. 6,14,7 überlieferten Wort eines Presbyters (Pantaios?) über die Anordnung der Evangelien (περὶ τῆς τάξεως τῶν εὐαγγελίων), die Klemens in seinen Hypotyposen zur Bibel verarbeitet hatte.[191] Obwohl die Quelle eindeutig den Synoptikern den Vorrang an Alter beläßt, stellt sie das Joh-Ev hoch über die anderen, indem sie sagt: „Zuletzt Johannes, als er sah, daß die leiblichen Dinge in den Evangelien bekanntgemacht worden waren, verfaßte er, ermahnt von den Freunden und vom Geist inspiriert, ein geistliches Evangelium."[192] Auch der Kanon Muratori dürfte bei Mk Mängel in der Reihenfolge kritisiert haben.[193] Noch Theodor von Mopsuestia unterstreicht die richtige Ordnung (ordo) im Joh-Ev.[194]

Die Parallelen zu der bei Papias überlieferten Kritik mangelnder Taxis verstehen das griechische Wort i.S. von Anordnung. Daran dürfte der Versuch Kürzingers scheitern, mehrere Worte in den Notizen über die beiden ersten Evangelien als rhetorische Fachvokabeln zu deuten.[195] Er führt dies für die Vokabeln τάξις, χρεία, διάλεκτος und ἑρμηνευτής/ ἑρμηνεύω vor. Die Erwägungen sind unterschiedlich plausibel. Besonders wenig überzeugend ist die Deutung der letzten Vokabeln. Kürzinger will die Hermeneutentätigkeit des Markus als stilistische Gestaltung verstehen, nicht als Übersetzung. Das dürfte schon daran scheitern, daß dieselbe Vokabel in der Mt-Notiz eindeutig Übersetzungstätigkeit benennt.[196] Damit fällt auch die Vermutung, nach der διάλεκτος nur den hebräischen Stil in der griechischen Sprache meine. Der Ausdruck τάξις mag im Kontext rhetorischer Diskussionen etwas anderes als die Reihenfolge in der Anordnung bezeichnen. Hier aber geht es um die Reihenfolge, wie die oben zitierten Paralleltexte belegen. Für die im Kontext schwierige Vokabel χρεία mag eine rhetorische Sonderbedeutung angenommen werden.[197]

Daß der Presbyter dem Mk-Ev gleichzeitig indirekte apostolische Abkunft von Petrus und mangelnde Taxis attestiert, ermöglicht, das Mk-Ev unverändert neben anderen Evangelien zu lesen. Unverändert muß es bleiben, weil jede

---

[191] MAIER, Johannesoffenbarung 24.

[192] Eusebios, h.e. 6,14,7 (Schwartz): „τὸν μέντοι Ἰωάννην ἔσχατον, συνιδόντα ὅτι τὰ σωματικὰ ἐν τοῖς εὐαγγελίοις δεδήλωται, προτραπέντα ὑπὸ τῶν γνωρίμων, πνεύματι θεοφορηθέντα πνευματικὸν εὐαγγέλιον." Übersetzung HENGEL, Frage 116. Dazu HARNACK, Geschichte II 1, 671 f. 685.

[193] So jedenfalls HARNACK, Geschichte II 1, 684 mit A. 1. Bekanntlich sind von diesem Kanon nur die letzten Worte zum Mk-Ev erhalten, deren Deutung nicht gesichert ist. Die Deutung H.s erhält Gewicht, weil der CanMur in seinem Bericht über das Joh-Ev hervorhebt, daß dessen Anordnung „per ordinem" sei, so H. aaO. 685. Allerdings könnte diese Kanonsliste als eigenständige Quelle ausfallen, da sie vielleicht von Papias abhängig ist, so LIGHTFOOT, Essays 207 u.a., vgl. MAIER, Johannesoffenbarung 9. 25; vorsichtig SCHWARTZ, Tod 81 f.: Beide stünden auf der gleichen Stufe der Tradition; ähnlich aaO. 87; vgl. HENGEL, Evangelienüberschriften 18.

[194] Theodor von Mopsuestia, in Joh Prol. nach MERKEL, Pluralität 128, Z. 57 f.: „At insuper magnam curam adhibuit, ut ordinate texeret narrationem suam"; vgl. aaO. Z. 65: „Ordinate prosequitur narrando quae ab illis praetermissa sunt ..."; ähnlich aaO. 130, Z. 82–94.

[195] So KÜRZINGER in vier Aufsätzen, die jetzt gesammelt vorliegen in: DERS., Papias 9–87.

[196] Ablehnend auch BLACK, Use 31–41; SCHOEDEL, Papias 263 f.

[197] So KÜRZINGER, Papias 12 A. 7 (S. 27); 51–55.

Veränderung Worte des Petrus verändern würde. Die behauptete mangelnde Anordnung des Mk-Ev dagegen erlaubt, theologische Intentionen des Mk-Ev zu übergehen, die sich aus der Anordnung des Mk-Ev ergeben. Damit können die theologischen Eigenheiten des Mk-Ev übergangen werden, wie sie uns die Kompositionskritik aufdeckt. Die richtige theologische Anordnung entnimmt der durch Papias zitierte Presbyter gerade nicht diesem Evangelium. Durch diese Einschränkung wird das Mk-Ev zu einer Sammlung von Einzelworten herabgewürdigt, die ihre theologische Bedeutung von anderer Stelle herleiten muß. Die im Aufbau des Mk-Ev implizierte Jüngerkritik und das Arbeiten mit appellativen Leerstellen im Evangelium können bei dieser Betrachtungsweise nicht mehr erkannt werden. Das Mk-Ev bleibt als Text erhalten, wobei das theologische Anliegen der Großkomposition weitgehend unkenntlich gemacht worden ist.

4.4 Papias und Joh 21

Die Zeugnisse über Papias, die sprachlichen Anklänge im Proömium und das Messen des Mk-Ev am Joh-Ev kommen als Indizien zusammen, um Papias in den Einflußbereich des Joh-Ev zu stellen. Dieses Evangelium erhielt in Joh 21 einen Nachtrag von einem Verfasser aus der johanneischen Schule, der für die Verbreitung des Evangeliums sehr wichtig geworden ist. Nun ist zu klären, wie nah Papias dem Verfasser von Joh 21 gestanden haben mag.

Zeitlich können beide nicht allzu weit von einander abgerückt werden. Die vorgeschlagenen Datierungen lassen zwischen Papias (um 120–130) und Joh 21 (um 110) rund fünfzehn Jahre. Da beide Datierungen nur Annäherungen darstellen, sind größere Abweichungen möglich. Selbst wenn man Papias sehr spät und Joh 21 sehr früh ansetzt, bleiben kaum mehr als zwei Jahrzehnte zwischen beiden. Dehnt man die Datierungen in die andere Richtung, könnte Papias fast zeitgleich mit Joh 21 entstanden sein. Freilich läßt sich eine Kenntnis von Joh 21 bei Papias nicht nachweisen.[198] Die Orte, in denen die beiden Texte entstanden sind, liegen nicht allzuweit auseinander: Die Herkunft des Joh-Ev lokalisiert die kirchliche Überlieferung in Ephesus, Papias war Bischof in dem rd. 150 km entfernten Hierapolis. Beide Städte verbindet eine ausgebaute Straße.[199]

Inhaltlich zeigen Joh 21 und Papias Ähnlichkeiten bei der Traditionssicherung. Hier wie dort besteht Interesse an den Ohrenzeugen Jesu, um schriftliche

---

[198] Ist schon die Kenntnis des vierten Evangeliums bei Papias nur durch einen Indizienbeweis möglich, überrascht es kaum, daß ihm die Kenntnis des Anhangskapitels nicht nachgewiesen werden kann. Maier, Johannesoffenbarung 26 f. sieht in frgm 13 (Körtner) eine Anspielung auf Joh 21,5. Die Rückführung führt über „filioli" zu παιδία auf Joh 21,5 und 1Joh 2,14.18. Aber das kann keinesfalls die Bekanntschaft mit Joh 21 belegen. Es genügt der dem Papias unzweifelbar bekannte 1Joh für diesen Sprachgebrauch.

[199] Vgl. Bruce, Art. Hierapolis 195.

Traditionen zu legitimieren. Wie in der Mk-Notiz erscheint Petrus in der Presbyternotiz als apostolischer Bürge der schriftlichen Evangelientradition außerhalb des
Joh-Ev. Hier wie dort zeigt sich der Umgang mit mehreren synoptischen Quellen.
Hier wie dort liegt der Umschwung von der mündlichen Traditionsvermittlung zu
schriftlicher Fixierung noch nicht lange zurück. Für Joh 21 belegt der Abschlußvers diesen Umschwung, wenn man ihn mit dem ursprünglichen Abschlußvers
Joh 20,31 vergleicht (s.o. Kap. III 4.5). Joh 21 motiviert den Meinungsumschwung gegenüber der mündlichen Tradition. Der Tod des Traditionsgaranten
trat ein, ohne daß die Wiederkunft des Herrn jegliche Sammlung der Urkunden
überflüssig gemacht hätte. Die Zeit der viva vox dieses Zeugen ging so zu Ende –
jetzt muß das Evangelium fixiert werden. Schließlich sammeln Nachlaßverwal-
ter schriftlich, was vorher besondere Ohrenzeugen mündlich bewahren konnten.
Nichts anderes macht Papias. Papias und der Verfasser von Joh 21 gehen z.T.
ähnlich um mit schriftlichen Traditionen über Jesus.

Vergleicht man allerdings die Art und Weise, mit der synoptischen Tradition
umzugehen, deutet Papias auf ein gegenüber Joh 21 fortgeschrittenes Stadium.
Papias sammelt nicht mehr Evangelien, sie liegen ihm bereits vor. Er setzt die
Sammlung wenigstens mehrerer Evangelien voraus (s.u. 4.5). Schon der Presbyter, auf den sich Papias beruft, formuliert für das Mk-Ev die Petrus-Mk-Tradition, die der Überschriftenredaktion wahrscheinlich noch nicht bekannt war (vgl.
o. Kap. III 6). Papias sammelt weiteres Material der Augen- und Ohrenzeugen
Jesu dazu. Inhaltlich verbietet die Presbyternotiz, das Mk-Ev zu verändern, da
jedes einzelne Wort auf Petrus zurückgeführt wird. Mit seinem Material ergänzt
Papias die schriftlichen Überlieferungen. Da Papias über bestimmte Verfasser
der Evangelien redet, unterscheidet er die Werke als Ganze. Die wenigen Merkmale der Evangelienbenützung, die aus dem Papiasproömium herauszulesen
sind, zeigen somit schon einige Besonderheiten der Redaktion, die mit den Überschriften die vier Evangelien zusammenstellte. Die so gebildete Vierevangeliensammlung stellt die einzelnen Werke als Ganze unverändert nebeneinander. Auch
dort unterscheiden die einzelnen Verfassernamen die Evangelien.

4.5 Die Sammlung der Evangelien bei Papias

Abschließend soll das Verhältnis des Papias zu unseren vier Evangelien beleuchtet werden. Zunächst ist zu prüfen, ob Papias die vier Evangelien der
Vierersammlung kannte, sodann wie er diese Schriften gegenüber anderen ein-
schätzte.[200]

---

[200] Zu schnell geht m.E. MAIER, Johannesoffenbarung 26 von der Existenz der Evangelien
auf deren Kanonizität über: „Daß es zu seiner [des Papias T.H.] Zeit die vier kanonischen
Evangelien gab … sollte nicht mehr bestritten werden.“

Aus den bei Eusebios zitierten Voten über Mk und Mt ergibt sich gesichert, daß Papias und seine Leser das Mt- und das Mk-Ev kennen. Für das Lk- und das Joh-Ev überliefert Eusebios keine Notiz. Das Schweigen des Eusebios zur Benützung des Lk- und des Joh-Ev durch Papias beweist keinesfalls, daß Papias diese Schriften nicht gekannt und benützt hat (s.o. 4.2). Eine Bemerkung über das Lk-und das Joh-Ev fand vielleicht schon Eusebios nicht mehr in dem ihm vorliegenden Material des Papias oder er überging sie.[201] Daß Papias das Joh-Ev kannte, ergibt sich aus der breit bezeugten Verbindung des Papias zum Verfasser des Joh-Ev, aus den Sprachanleihen an das Joh-Ev aus dem Proömium (s.o. 4.2) und aus dem Tadel des Presbyters an der Taxis des Mk-Ev (4.3.2).

Auch das Lk-Ev dürfte Papias verwendet haben. Die formale Ähnlichkeit seines Prologs mit dem des dritten Evangeliums ist verschiedentlich vermerkt worden.[202] Wie der Lk-Prolog widmet Papias sein Werk einer Einzelperson, nennt sein „Ich", referiert seine Quellen und unterscheidet diese nach deren Wertigkeit. Diese formalen Anleihen allein genügen kaum, eine literarische Anlehnung des Papias an den Lk-Prolog zu sichern, da bei der stark standardisierten Struktur der Prologe Formparallelen möglich sind, auch wenn die Prologe nicht literarisch voneinander abhängen. Neben den genannten Formparallelen betreffen auch die Vokabelanleihen überwiegend typische Vokabeln von vergleichbaren Prologen.[203] Nur für Prologe ungewöhnliche Vokabeln, die sowohl Lk 1,1–4 als auch das Papiasproömium verwenden, können über die Formparallele hinaus eine literarische Abhängigkeit des Papias vom Lk-Prolog nahelegen.

Mit der Vokabel παρακολουθέω bei Papias läßt sich m.E. dieser Nachweis führen. Bei Papias bezieht sich das Verb eindeutig darauf, *Personen* nachzufolgen. Dieses Verständnis des Verbs ist nach Ausweis der Untersuchung Alexanders für Prologe ungewöhnlich,[204] ergibt sich aber, wenn der Prolog des Lk-Ev im Kontext mehrerer Evangelien gelesen wird. Denn in diesem erweiterten Kontext wird der Prolog des Lk-Ev als Hinweis auf die anderen Evangelien verstanden und entsprechend das Partizip „παρηκολουθηκώς" personal gedeutet, so wie es Papias voraussetzt (vgl. o. Kap. II 3.1.5). Die scharfe Abgrenzung der verschiedenen Generationen von Traditionsgaranten findet sich angelegt in der lukanischen Konzentration des Apostelbegriffs auf Augen- und Ohrenzeugen des irdischen Jesus. So ergibt sich mit einiger Wahrscheinlichkeit, daß bereits der

---

[201] Gelegentlich wurde versucht, die Bemerkungen des Papias zu Lk und Joh aus späteren Quellen zu erschließen. Ob die Bemerkungen bei Irenäus zu Lk und Joh wie die zu Mk und Mt aus Papias stammen, läßt sich freilich nicht mit Sicherheit sagen. LARFELD, Johannes 176 hält dies für „nicht unwahrscheinlich".

[202] Z.B. GUTJAHR, Glaubwürdigkeit 64–66; WEHNERT, Passagen 57 f.

[203] Es stimmen z.B. überein: der Verweis auf die πολλοί (Lk 1,1; Papias bei Eusebios, h.e. 3,39,3) und das ἀκριβῶς γράφειν (Presbyter bei Papias aaO. § 15; vgl. Lk 1,3). Die ähnliche Benennung der Jesusüberlieferung mit λόγοι bzw. λογία (Lk 1,4; Papias aaO. § 15; vgl. § 16) fällt auf, ohne Abhängigkeit belegen zu können.

[204] ALEXANDER, Preface 128–130.

Presbyter des Papias den Lk-Prolog kannte. Papias dürfte also die vier Evangelien Mt, Mk, Lk und Joh gekannt haben.

Die Art, wie Papias über die Evangelisten Mt und Mk spricht, setzt eine Kenntnis der durch diese verfaßten Evangelien auch bei den Lesern des Papias voraus. Soweit ist also von einer Sammlung zu sprechen, die zumindest diese zwei Evangelien enthielt.

Daß auch das Lk- und das Joh-Ev zu dieser Sammlung zu zählen sind, läßt sich nur über Indizien erschließen. Wenn der Presbyter das Joh-Ev als Maßstab über das Mk-Ev stellt, ist dies wohl nur sinnvoll, wenn auch das Joh-Ev bekannt ist, also zur Sammlung gehört. Die Anlehnungen des Papias an den Lk-Prolog sind wahrscheinlich erst ermöglicht worden, als die im Lk-Prolog genannten Quellen des Lk auf die anderen Evangelien bezogen worden sind, also im Kontext einer Evangeliensammlung. So deuten die unterschiedlichen Anleihen des Papiasproömiums und einzelne Fragmente aus seinem Werk darauf, daß Papias die vier Evangelien bei seinen Lesern als bekannt voraussetzt. Papias kennt aber auch Erzählungen, die offensichtlich nicht den vier Evangelien entstammen. Sollte Papias also ein Zeuge sein für eine größere Sammlung von Evangelien?

Papias zielt darauf, nach kritischer Prüfung Worte der Augen- und Ohrenzeugen Jesu aus der mündlichen Überlieferung zu verschriften und mit diesen Worten die schriftlichen Überlieferungen zu erläutern. Papias unterscheidet also zwischen Vorlagen und Kommentaren. Die durch Papias gesammelten Kommentare erweitern also eine Vorlage. Nur die Vorlage ist zu einer Evangeliensammlung zu rechnen, die Zusätze stellt erst Papias dazu. Eindeutig zu den Kommentarteilen des papianischen Werkes gehören die Evangeliennotizen zu Mt und Mk. Die Frage ist nun, ob die Vorlage des Papias mit der Vierevangeliensammlung identifiziert werden darf.

Eusebios berichtet von mancher erstaunlichen Geschichte, die er im Werk des Papias vorfand. Einige dieser Geschichten hat Papias nach Eusebios aus mündlicher Überlieferung beigebracht.[205] Diese Geschichten gehören also nicht zur Vorlage, sondern zum papianischen Kommentar. Es bleiben zwei Erzählungen übrig, die nicht aus den vier Evangelien stammen, die aber Eusebios bei Papias vorfand. Es sind dies die Erzählungen von den Töchtern des Philippus (h.e. 3,39,9) und über eine Frau, die vieler Sünden beschuldigt wird (3,39,17).

Die Art, in der Eusebios über diese Geschichten bei Papias referiert, erlaubt nicht mehr sicher zu sagen, ob Papias diese Geschichten in seiner Vorlage oder in seinen Zusätzen nannte. Bei der ersten Geschichte gibt Eusebios die Töchter des Philippus so als Quelle des Papias an, daß wohl erst Papias diese Erzählung für seine Leser bekannt machen wollte.

Die zweite Geschichte nennt Eusebios, nachdem er feststellt, daß Papias den 1Petr und 1Joh kannte. Eusebios sagt: „Er führt aber auch einen anderen Bericht

---

[205] So Eusebios, h.e. 3,39,11.

an über eine Frau, die vielfältiger Sünden vor dem Herrn beschuldigt wurde, welchen (Bericht) das Evangelium nach den Hebräern enthält".[206] Die Schlußnotiz über das Hebräerevangelium klingt zunächst so, als ob Papias das Hebräerevangelium zu seinen Vorlagen zählte. Diese Deutung ist zwar grammatikalisch möglich, wahrscheinlich aber fügt erst Eusebios diese Quellenangabe an,[207] so daß die Herkunft der Geschichte bei Papias offen bleiben muß.

Man darf Eusebios wohl ein gewisses Interesse zubilligen, möglichst viel Absonderliches über den seiner Meinung nach ausgesprochen verstandesarmen Papias zu berichten. Dann wären die in h.e. 39,9–12.17 genannten Erzählungen sogar als Ausnahmen zu sehen – Ausnahmen, die in einem fünfbändigen Werk die Regel bestätigen würden, daß Papias von den uns bekannten vier Evangelien auszugehen pflegt.[208]

Die beiden genannten Geschichten dürften zudem noch der Vierevangeliensammlung recht nahe gestanden haben. Es gibt zwei größere Abschnitte, die sich nach einiger Verzögerung noch innerhalb der Vierevangeliensammlung etablieren konnten, nämlich der längere Mk-Zusatzschluß und die Perikope von der Ehebrecherin. Für diese beiden Perikopen erweist die Textüberlieferung noch, daß sie erst nachträglich aufgenommen wurden. Diese beiden Perikopen gehören sozusagen zum unscharfen Rand der Vierevangeliensammlung. Weitere apokryphe Perikopen ähnlichen Umfanges sind nicht mehr aufgenommen worden. Diese beiden Perikopen sind also die letzten gewesen, die noch in die Vierevangeliensammlung gekommen sind.

Der Bericht des Eusebios über Papias erlaubt noch, die Sammeltätigkeit des Papias mit den letzten zwei Perikopen zu verbinden, die noch in die Vierevangeliensammlung aufgenommen wurden. So dürfte Eusebios mit der Frau, die vieler Sünden angeklagt wurde (h.e. 3,39,17), auf eine Geschichte bei Papias anspielen, die dem textus receptus folgend in den meisten modernen Bibelausgaben im Joh-Ev gelesen wird.[209] Diese Perikope de adultera läßt sich durch die Textbezeugung zweifelsfrei als Nachtrag erweisen.[210]

---

[206] Eusebios, 3,39,17 (Schwartz): „ἐκτέθειται δὲ καὶ ἄλλην ἱστορίαν περὶ γυναικὸς ἐπὶ πολλαῖς ἁμαρτίαις διαβληθείσης ἐπὶ τοῦ κυρίου, ἣν τὸ καθ᾽ Ἑβραίους εὐαγγέλιον περιέχει."

[207] So mit KÖRTNER, Papias 149. Dies ergibt v.a. ein Vergleich mit der Quellenangabe, die Eusebios, h.e. 4,22,8 vor ein Hegesipp-Zitat stellt: „ἔκ τε τοῦ καθ᾽ Ἑβραίους εὐαγγελίου … τινὰ τίθησιν". Hier wird eindeutig das Hebräerevangelium als Quelle des Hegesipp angegeben. Eine solche Angabe täuscht die Übersetzung bei Eusebios, h.e. 3,39,17 (Kraft) vor: „Ferner führte er aus dem Hebräerevangelium die Geschichte eines Weibes an …".

[208] Gegen KÖRTNER, Papias 228: „Ein 4-Evangelien-Kanon ist bei ihm noch nicht in Sicht." Das andere Extrem, Papias setze unsere vier Evv. als kanonisch voraus, teilen mit ZAHN (vgl. SWARAT, Kirche 315–317) auch Forscher wie LARFELD, Johannes 16.

[209] Die Identifizierung der bei Eusebios genannten Erzählung mit dem Joh-Nachtrag in Joh 7,53–8,11 ist durch Ulrich BECKER, Jesus bes. 92–99 weitgehend gesichert. Er stützt sich auf Rufins Eusebios-Übersetzung, der ausdrücklich beide Stellen aufeinander bezieht (aaO. 93–95). Er entkräftet ferner den Plural ἁμαρτίαι bei Eusebios als Gegenargument (aaO. 95f.). Auch der mit dem Verb διαβάλλεσθαι + ἐπί mit Genitiv angedeutete gerichtliche Rahmen paßt

Ferner nennt Eusebios im Zusammenhang mit Papias einen Aristion (h.e. 3,39,4.5.7.14). Diesen sonst weitgehend unbekannten Aristion bezeichnet eine armenische Handschrift als Verfasser des längeren Mk-Zusatzschlusses (s.u. Kap. V 3.2). Die Nähe zwischen dem unscharfen Randbereich der Vierevange-liensammlung und dem Material, das Papias sammelt, deutet m.E. darauf, daß Papias zeitlich recht nahe zur Redaktion der Vierevangeliensammlung heran-gehört. Bereits Justin kann solche Verbindungen nicht mehr aufweisen.

Papias verteidigt in der bei Eusebios überlieferten Mk-Notiz zumindest die Vollständigkeit des Mk-Ev und hält insoweit die überlieferte Form des Mk-Ev für nicht beliebig veränderbar. Es dürfte sich um nachpapianische Angriffe gegen das zweite Evangelium handeln, wenn schließlich über Petrus berichtet wird, er habe nachträglich das Mk-Ev autorisiert (s.o. 4.3). In der Umgebung des Papias beginnt die Vierevangeliensammlung spröde zu werden gegen Erweiterungen und auch Veränderungen.

Das Papiaszeugnis legt so nahe, den o. Kap. III 6 angegebenen Zeitraum für die Entstehung der Vierevangeliensammlung von ca. 110–140 n.Chr. auf die Jahre 110–120 n.Chr. einzuschränken.

---

durchaus zu Joh 7,53–8,11 (aaO. 96–98). Zustimmend u.a. KÖRTNER, Papias 148f. (Lit. aaO. 149 A. 39 auf S. 302f.).

[210] Die Perikope wird auch an anderen Stellen der Vierevangeliensammlung überliefert, vgl. o. Kap. III 2.1.2 (III) sub (2). Nach NA 27. Aufl. App. z.St. lesen die Perikope zahlreiche Zeugen nicht, darunter u.a.: Papyrus 66 und 75; Sinaiticus; Vaticanus.

Kapitel V

Die Vierevangeliensammlung im zweiten Jahrhundert

In den vorangehenden beiden Kapiteln wurde die Vierevangeliensammlung mit der johanneischen Schule in Zusammenhang gebracht. Das dritte Kapitel zeichnete nach, wie die johanneische Schule sich mit Joh 21 öffnet für synoptische Jesusüberlieferungen. Das vierte Kapitel legt nahe, in Papias von Hierapolis einen frühen Zeugen der Vierevangeliensammlung und zugleich einen späten Abkömmling der johanneischen Schule zu sehen.

Hatte diese Darstellung das Ziel zu beleuchten, welche Ansätze und Voraussetzungen für die Vierevangeliensammlung die johanneische Schule bereitstellt, geht es im folgenden um die früheste Wirkungsgeschichte dieser Sammlung. Welche Spuren hat diese Sammlung hinterlassen? Wer die These der vorangehenden Kapitel für verfehlt hält, wird hier die Frage für zu eng gefaßt halten. Allein, daß sich die vier Evangelien schließlich im kirchlichen Gebrauch durchsetzten, kann nicht zweifelhaft sein. Es bleibt allerdings die Frage, ob die nicht gerade einfach zu beurteilenden Quellen des zweiten Jahrhunderts erlauben, dem Ergebnis die oben vorgestellte Vorgeschichte zuzuordnen.

1 Zum Stand der Forschung über die Vierevangeliensammlung im zweiten Jh.

Die vier Evangelien nach Mt, Mk, Lk und Joh gehören zum Kanon des Neuen Testament.[1] Die neutestamentliche Kanonsgeschichte verbindet neutestamentliche und kirchengeschichtliche Forschung. Sowohl die Einleitungen zum Neuen Testament wie auch die kirchengeschichtlichen Überblickswerke behandeln das Thema „Neutestamentlicher Kanon".

---

[1] In Kap. I 4.2/4.5 haben wir „Vierevangelien*sammlung*" und „Vierevangelien*kanon*" terminologisch unterschieden. Die Sammlung geht der Kanonisierung voraus (s.o. Kap. I 4.5). Die Kanonsgeschichten verhandeln i.a. bei der Geschichte des Vierevangelienkanons Einzelheiten, die nach unserer Terminologie zur Geschichte der Vierevangeliensammlung zu rechnen wären.

Im Bereich der Kanonsgeschichte ist die Kanonisierung der vier Evangelien nur ein Teilaspekt ihrer Forschungen.[2] Doch auch dieses Teilgebiet ist vielfach durchmustert worden. Dabei geht es weniger um die vorgestellte Materialfülle. Das vor rund hundert Jahren durch Zahn und Harnack gesammelte Material ist fast nur durch Neufunde erweitert worden. Doch schon diese beiden Forscher zeigen, wie weit das Spektrum der Forschungsergebnisse auf diesem Gebiet gespannt sein kann.[3] Um in der Kanonsgeschichte, das „zu den allerkompliziertesten Teilen der kirchenhistorischen Wissenschaft"[4] gehört, nicht vorzeitig die Orientierung zu verlieren, empfiehlt es sich, von einem neueren, weitgehend anerkannten Entwurf zur Kanonsgeschichte auszugehen.

1.1 von Campenhausens These über die Entstehung des Vierevangelienkanons

Die Darstellung der Geschichte des Vierevangelienkanons durch Hans von Campenhausen[5] hat auch gegenüber neueren Darstellungen nicht ihre grundsätzliche Bedeutung verloren.[6] Es dürfte das besondere Verdienst von Campenhausens sein, auf die späte *Kanonisierung* der uns bekannten Evangelien hingewiesen zu haben. Er geht dabei von einem sehr präzisen Begriff der kanonischen Bedeutung aus. Die Zitierung eines Evangeliumsverses wurde viel zu eilig als dessen verbindliche Anerkennung angesehen.[7] Diese Bedeutung kann eine ntl. Schrift nach von Campenhausen dann beanspruchen, wenn sie der γραφή, dem Alten Testament, mindestens gleichgestellt wird. Die Zusammenstellung der vier Evangelien kann so von deren Kanonisierung unterschieden werden. Beides kann, muß aber nicht zusammenfallen. Neben der Frage nach dem Zeitpunkt der Kanonisierung der vier Evangelien öffnet sich so die zweite Frage nach dem Zeitpunkt der Zusammenstellung dieser Evangelien.

---

[2] So übergeht z.B. der Themenband JBTh 3 „Zum Problem des biblischen Kanons" (= BALDERMANN, Problem) das Thema fast gänzlich (Nennung aaO. 234. 282).

[3] Die Stationen der Auseinandersetzung beleuchten SWARAT, Kirche 331–341; BEYSCHLAG, Theologie 128 f.

[4] LIETZMANN, Bücher 17.

[5] VON CAMPENHAUSEN, Entstehung bes. 200–207.

[6] Auf ihn und KÜMMEL verweist z.B. VIELHAUER, Geschichte 781–783; vgl. SCHNELLE, Einleitung 401–418. METZGER, Kanon 43 f. wertet innerhalb seines Forschungsüberblickes unter den neueren Veröffentlichungen zum Kanon: „Das bedeutendste ist von Campenhausens Meisterwerk" (aaO. 43). McDONALD, Formation 16: „Hans von Campenhausen's masterful, but highly technical (and consequently often neglected), opus on the canon".

[7] VON CAMPENHAUSEN, Entstehung 197 f.; vgl. die selbstkritischen Bemerkungen bei KÜMMEL, Einleitung 429 A. 30. McDONALD, Formation 28 A. 2 (auf S. 181) moniert an FARMER-FARKASFALVY, Canon, daß sie im alten Stil Zitate als Zeichen der Kanonizität werten: „Since the publication of von Campenhausen's formidable work on the canon, we should have laid to rest these assumptions."

Auch auf dem Bereich des Vierevangelienkanons hat von Campenhausen eine dezidierte These vertreten. Er übernimmt von Harnack die These, daß der Kanon die kirchliche Antwort auf Markions Schriftensammlung darstellt.[8] Aber er erweitert diese These auch auf den Vierevangelienkanon, den noch Harnack für vormarkionitisch hielt.[9] Von Campenhausens Markion-Hypothese fand nicht nur Zustimmung z.B. durch Beyschlag[10] und Hahneman[11], sondern auch Widerspruch z.B. durch Schneemelcher[12], Kümmel[13] und Schnelle[14]. Eine Abmilderung regte Metzger an: „Richtiger wird man annehmen, daß Markions Kanon die Herausbildung eines kirchlichen Kanons beschleunigte, ein Prozeß, der bereits seit der ersten Hälfte des zweiten Jahrhunderts in Gang kam".[15] Martin Hengel hat in seinem Opus zur johanneischen Frage geradezu nebenbei manchen Hinweis auf die gleichberechtigte Verwendung mehrerer Evangelien vor Markion angedeutet. Leider setzt er sich mit der von Campenhausenschen These nicht explizit auseinander.[16]

Die Quellen zu Markion erlauben kaum, die Frage direkt am Beispiel Markions zu beantworten. Zwar stellt schon Irenäus Markions Text als Beschneidung der vier kirchlichen Evangelien dar. Doch ist der Kirchenvater dem Verdacht ausgesetzt, seine nachmarkionitische Perspektive ahistorisch in die Zeit vor Mar-

---

[8] HARNACK bündelt seine Forschungen zur Entstehung des Neuen Testaments in seiner Dogmengeschichte, s. DERS., Lehrbuch I 372–399; zum Vierevangelienkanon bes. aaO. 376 f. A. 1. Zu dessen dogmengeschichtlichem Ansatz s. BEYSCHLAG, Grundriß 157–164.

[9] Eine ausführliche Auseinandersetzung findet sich in der mehrseitigen A. 39 bei VON CAMPENHAUSEN, Entstehung 184–187; vgl. auch 168. 175. 180. 201–204; dabei unterscheidet er nicht zwischen einer Vierevangelien*sammlung* und einem *-kanon*. Nach der o. in Kap. I 4.2 vorgestellten Terminologie wendet sich VON CAMPENHAUSEN dagegen, daß dem Markion eine Vierevangeliensammlung vorlag. Der erste Forscher, der den Impuls zur Kanonsbegrenzung auf Markion zurückführte, war nach METZGER, Kanon 27, Johann Gottfried EICHHORN. Vgl. DERS.: Einleitung in das Neue Testament, 4. Bd., Leipzig 1827, 25 f.

[10] BEYSCHLAG, Grundriß 163.

[11] HAHNEMAN, Fragment 108 f.

[12] SCHNEEMELCHER, Art. Bibel 23 f. 36–38.

[13] KÜMMEL, Einleitung 420–451, zum Vierevangelienkanon speziell aaO. 426–437; KÜMMEL zu VON CAMPENHAUSEN und dessen Vorgängern (HARNACK u.a.) aaO. 430 f.: „So hat Markions Kanon die kirchliche Kanonbildung zwar nicht veranlaßt, wohl aber gefördert" (aaO. 431). Vgl. KÜMMEL, Notwendigkeit passim.

[14] SCHNELLE, Einleitung 413 (vgl. auch 404 A. 224): Die Sammlung der Paulusbriefe und die Evangelien „waren schon längst fester Bestandteil der christlichen Tradition". Ausdrücklich stimmt SCHNELLE aaO. 414 sodann den Ausführungen KÜMMELS zum Thema zu.

[15] METZGER, Kanon 103. Vorsichtiger McDONALD, Formation 88: „[T]he four Gospel canon - probably as a response to the teachings of Marcion".

[16] HENGEL, Frage 14 A. 11 nennt das Werk VON CAMPENHAUSENS, eine inhaltliche Auseinandersetzung findet jedoch nicht statt, auch dort nicht, wo er dessen zeitliche Ansetzung für die Kanonisierung der vier Evangelien vorsichtig nach vorne verlegt, etwa wenn er die Verwendung des Joh durch Tatian bewertet, aaO. 22 A. 27: „Diese gegen die Bedrohung durch das marcionitische ‚Einheitsevangelium' gerichtete ‚Vereinheitlichung' der 4 Evangelien setzt deren seit langem anerkannten kirchlichen Gebrauch im Gottesdienst voraus"; zu Mk 16,9–20: „Der Text mag etwa zwischen 110 und 125 verfaßt worden sein" aaO. 58, freilich bedenkt er den Unterschied zwischen Harmonisierung und Kanonisierung der Evangelien z.B. aaO. 208 f.

kion zurückzuprojizieren. Gegen diesen Vorwurf gilt es, Indizien zu sammeln, die für einen Verbund von Evangelien vor und unabhängig von Markion sprechen. Erst nachdem diese Indizien vorgestellt worden sind, werde ich versuchen, daraus Schlüsse für die Zeit vor Markion zu ziehen (s.u. 6).

Um die Bedeutung des Markion für die Herausbildung des Vierevangelienkanons abschätzen zu können, ist ein Ausblick in die Geschichte der Alten Kirche unumgänglich. Die These von Campenhausens läßt sich chronologisch schwer widerlegen. Sehr rar sind die Quellen, die mehrere Evangelien benützen und eindeutig vor Markion anzusetzen sind. Die Prüfung der von Campenhausenschen These soll an Hand einzelner Texte vorirenäischer Zeit aufgenommen werden, die mehr als ein Evangelium verwenden.[17] An diesen Quellen ist zu prüfen, ob eine Festlegung auf vier Evangelien nur als Abwehr gegen markionitische Ansätze verständlich wird, oder ob sich ohne Bezug auf Markion die Vierevangeliensammlung nachweisen läßt.

Der Übergang von der Vierevangeliensammlung zum Vierevangelienkanon beschließt den Themenbereich dieser Studie. Schon bei Irenäus von Lyon (um 180 n.Chr.) sind alle Merkmale des Vierevangelienkanons aufzuweisen. Er dokumentiert explizit die Autorität der vier getrennten Evangelien als Grundlage seiner theologischen Diskussion. Damit hat er die Konstituenda des Vierevangelienkanons erstmals ausdrücklich formuliert. Die praktische und ökumenische Durchsetzung dieses Kanons mag noch Jahrhunderte dauern. Mit diesem unstrittigen Beleg für die Idee des Vierevangelienkanons schließt der kirchengeschichtliche Ausblick dieser Arbeit

Solange die kirchlichen Autoren keine Rechenschaft über die Herkunft ihrer Jesuszeugnisse ablegen, können deren Hinweise kaum für die Existenz einer Evangeliensammlung ausgewertet werden. Kommen Jesusüberlieferungen vor, die auch unsere Evangelien kennen, ist die Vermutung naheliegend, daß auch aus unseren Evangelien geschöpft wurde. Doch schon die kleinste Abweichung läßt Fragen aufkommen: Gab es neben den uns bekannten Evangelien vielleicht noch einige oder zahlreiche andere, deren abweichende Formulierungen an solchen Stellen noch erahnbar sind? Oder fühlt sich der Autor, einem Lk ähnlich, berechtigt, den Wortbestand zu verändern? Oder zeugen Abweichungen nur von der Unzulänglichkeit eines Gedächtniszitats?

1.2 Der methodische Ansatz Helmut Koesters

Wer bei abweichenden Zitaten an Gedächtnisreferate der Autoren denkt, würde sich von Helmut Koester den Vorwurf einhandeln, viel zu eng am Ergebnis des späteren Kanons orientiert zu sein. Seit seiner Schrift über die Jesustradition in

---

[17] Wegen seiner besonderen Bedeutung wurde Papias von Hierapolis in einem eigenen Kap. vorgestellt.

den Apostolischen Vätern erklärt er die Jesustradition im zweiten Jahrhundert anders.[18] Seiner Ansicht nach spiegeln die vielfältigen Überlieferungen wider, daß noch im zweiten Jahrhundert der Strom mündlicher Überlieferung nicht abgerissen war. Traditionen, die später als apokryph abgewertet und verbannt wurden, kämen ohne nennenswerte Unterschiede neben solchen Traditionen zu stehen, die in den kanonischen Evangelien erhalten geblieben sind: „In bezug auf die Geschichte der synoptischen Tradition stehen die AVV [die Apostolischen Väter, T.H.] also durchaus neben den Evangelien, nicht erst in zeitlicher Nachfolge derselben."[19] Die Apostolischen Väter kennten keine Unterschiede zwischen apokrypher und kanonischer Jesus-Überlieferung.[20] Erst zur Zeit Justins habe sich das Blatt gewendet: „Die Quellen der synoptischen Tradition sind bei Justin fast ausschließlich unsere Evangelien, die Geschichte der Tradition ist bei Justin mithin erstmalig eine Geschichte der Auslegung unserer Evangelien".[21]

Koester nimmt die berühmte Bauersche These auf, daß die Rechtgläubigkeit eine späte Frucht sei gegenüber manchen Strömungen, die erst nachträglich ketzerisch genannt werden.[22] Die Frage nach dem Verhältnis einzelner „Agrapha" zu unseren Evangelien wäre dann grundsätzlich anachronistisch, da eine wertende Unterscheidung zwischen anerkannten Quellen und dunkler Überlieferung erst spät erfolgte. Diese Fragerichtung würde den Siegern im Streit um die kirchliche Orthodoxie auf den Leim gehen. Denn nachträglich hätten die Sieger versucht, ihre Position als die alte und wahre und damit orthodoxe darzustellen und schafften es so, die Unterlegenen als Abweichler und Ketzer verächtlich zu machen. Kurz: Die Sieger schreiben die Geschichte, und der Wissenschaftler hat die Aufgabe, die nachträgliche Darstellung nicht mit der tatsächlichen Geschichte zu verwechseln.[23] Die Warnung ist zu beherzigen. Koester insistiert darauf, die nichtkanonischen Texte mit einzubeziehen bei der Untersuchung des frühen Christentums. Allein das Alter, nicht die Kanonizität darf den Wissenschaftler leiten. Entsprechend nennt schon das Vorwort seiner Einführung in das Neue Testament 60 weitere Schriften, die er neben den 27 kanonischen vorzustellen

---

[18] KOESTER, Überlieferung (1957) kommt für die Apostolischen Väter zu dem Ergebnis, daß die entscheidende Quelle für die Jesustradition nicht unsere synoptischen Evangelien seien, sondern die Gemeinde, „die aus ihren praktischen Bedürfnissen heraus den synoptischen Stoff nicht nur tradierte und anwendete, sondern den schon vorhandenen Stoff neu prägte, umformte und vermehrte" (aaO. 257).

[19] KOESTER, Überlieferung 259.

[20] KOESTER, Überlieferung 265; ähnlich DERS., Herrenworte 223. 236.

[21] KOESTER, Überlieferung 267; ähnlich DERS., Evangelienliteratur 1467.

[22] Vgl. KOESTER, Häretiker 61: „bahnbrechende[] Monographie"; DERS., Gnomai 107: „geniale[] Monographie"; aaO. 112 A. 9: „Natürlich bin ich *Bauers* Arbeit auf Schritt und Tritt verpflichtet"; DERS., Gospels xxx: „epochal work"; DERS., Epilogue 470: „Walter Bauer's book …, one of the most brilliant monographs in the field of New Testament studies". KOESTER berichtet aaO. 467 auch über seine erste Lektüre des Buches im Jahr 1946.

[23] KOESTER, Häretiker 72f., bes. 73 A. 19; DERS., Apocryphal 105–107. 130; DERS., Gospels xxx.

beabsichtigt.[24] Soweit sollte sein Vorgehen nicht umstritten sein. Koesters These warnt zu Recht davor, alles kirchlich Legitimierte mit dem historisch Zuverlässigen zu verwechseln. Aber Koesters These ist gefährdet, allzuleicht apokryphen Texten ein höheres Alter als den kanonisch gewordenen zuzutrauen.

Verschiedenste Texte avancieren so zu Quellen neutestamentlicher Texte, sei es das Thomasevangelium[25], Papyrus Egerton 2[26], das sogenannte Geheime Markusevangelium[27] oder das Petrusevangelium[28]. Der Vorwurf Koesters gegen die traditionelle Exegese spiegelt sich so bei ihm mit umgedrehten Vorzeichen. Er steht damit keinesfalls allein.[29] Bei diesem Verfahren kommen die erhaltenen kanonischen Schriften schnell unter das Verdikt, die Keime urchristlicher Wahrheit unterzupflügen, um den neuen Interessen einer Amtskirche den Boden zu bereiten. Doch manche apokryphe Schrift fristet bei der Mehrzahl der Ausleger nicht etwa aus dogmatischer Voreingenommenheit ein Schattendasein, sondern schlichtweg wegen einer späteren zeitlichen Ansetzung. Dabei geht es nicht um Jahreszahlen, sondern um das Verhältnis der apokryphen Schriften zu den kanonischen. Diese Verhältnisbestimmung ist der diskursiv darstellbare Teil der Diskussion, die bei der inhaltlichen Bewertung apokrypher Schriften oft so stark von „erkenntnisleitenden Interessen" geprägt ist, daß eine wissenschaftliche Aufarbeitung schwierig ist.

Doch auch auf dem nüchternen Bereich der historischen Verortung ist die Beweislage nicht leicht zu erheben. Kommen gemeinsame Traditionen in den

---

[24] KOESTER, Einführung VII.

[25] KOESTER, Apocryphal 114–119; DERS., Einführung 586–589; DERS., Gospels 75–128, bes. 84–86. Der schwierige Vergleich des EvThom mit den kanonischen Evv. wird um die Möglichkeit einer Argumentation aus der Stoffanordnung beraubt, da EvThom die Jesustradition in Einzellogien anordnet, ohne daß bislang ein übergreifendes Anordnungsprinzip gefunden werden konnte: KOESTER, Gospels 81: „There is seemingly no rhyme or reason for the odd sequence in which the sayings occur in the *Gospel of Thomas*". EvThom kann so schwerlich eine Vierevangeliensammlung belegen noch widerlegen.

[26] Dazu u. 4.2.

[27] KOESTERS Thesen zum Geheimen Mk-Ev sammelt sein Schüler SELLEW, Mark 243–247. Da K. das Geheime Mk-Ev zwischen einem erschlossenen Urmarkus, von dem die großen Synoptiker abhingen, und dem sog. kanonischen Mk-Ev anordnet, sind seine Hypothesen für die Frage nach der Vierevangeliensammlung entbehrlich. Positiv zu KOESTER: MEYER, Art. Mark 559. Die Diskussion über das Geheime Mk-Ev faßt LEVIN, History 4270–4292 (Lit.) zusammen. Detaillierte Kritik gegen den Versuch, das Geheime Mk-Ev vor dem Mk-Ev anzusetzen, bieten: NEIRYNCK, Gospels 715–724; ferner der „Excursus on the Secret Gospel of Mark" bei GUNDRY, Mk 603–623.

[28] S.u. 4.1.

[29] BROWN, Gospel 321f. stellt vielfältige Versuche vor, die darin übereinkommen, das wahre und erhaltenswerte Christliche zeitlich *vor* den überlieferten neutestamentlichen Schriften zu verorten. Daß diese Tendenz nicht neu ist, zeigt SEMISCH, Denkwürdigkeiten 70 A. 1, der 1848 schreibt: „Es ist ein für die Charakteristik der modernsten Kritik nicht unwichtiges Phänomen, wie denselben Kritikern, welche an die historische Beglaubigung der kirchlichen Evangelien die ungemessensten [sic], auf jedem anderen Litteraturgebiet unerhörten Forderungen stellen, die zufälligste Möglichkeit zur unwidersprechlichen Thatsache wird, sobald es gilt, den Sturm gegen die Bollwerke der Kirche und des Kanon zu führen."

apokryphen und den kanonischen Texten vor, sind Abhängigkeiten in beiden Richtungen oder unabhängige Parallelentwicklungen möglich. Gegen das verbreitete Urteil, daß kanonische Evangelien älter sein müssen als die apokryphen, kämpft v.a. Koester. Zu den Gefolgsleuten bei seinen methodischen Vorgaben gehört v.a. John Dominic Crossan.[30] Um dem Geschmacksurteil oder Vorurteil zu entkommen, sind verschiedene Beweisgänge möglich. Oft ist es schwierig, die verschiedenen Wahrscheinlichkeitsurteile gegeneinander abzuwägen. Hier muß im Einzelfall überprüft werden.

Unabhängig von der Einzelschrift sind allerdings bestimmte methodische Vorgaben für die Ergebnisse Koesters von nicht unerheblicher Bedeutung. Da die methodischen Strategien zu den unterschiedlichen apokryphen Texten immer wieder in ähnlicher Form auftreten, beschreibe ich vor der inhaltichen Diskussion diese Strategien zusammenhängend (s.u. 1.3).

Neben diesen methodischen Einwänden steht auch ein inhaltliches Argument aus der Kanonsgeschichte gegen den Versuch Koesters, apokryphe Schriften den kanonischen vorzuordnen. Koester ebnet die Kanonsgrenzen zunächst zwar nur methodisch ein, aber aus der methodischen Differenz wird unter der Hand eine inhaltliche.

Kaum eines Wortes würdigt Koester die Vierevangeliensammlung bzw. denkanon. In der umfänglichen Einführung zum NT kommt er im Zusammenhang mit Irenäus auf den Kanon zu sprechen.[31] Ist es vielleicht nur ungeschickt formuliert, wenn er schreibt: „Der neutestamentliche Kanon der Heiligen Schrift, den Irenäus schuf [!] und den er dem Alten Testament zur Seite stellte, umfaßte alle paulinischen Briefe …"[32]? Die Formulierung, Irenäus hätte den Kanon geschaffen, bleibt allerdings bei Koester kein Einzelfall.

In einem einschlägigen Aufsatz fragt er, wie vier Evangelien kanonisch werden konnten.[33] Aber er sieht darin kein theologisches, sondern vielmehr ein politisches Programm zur „Panchristianity"[34]. Immerhin sieht Koester, daß Tatians Diatessaron seinen vermuteten Zielen noch besser gerecht geworden wäre: „One might argue that his contemporary Tatian accomplished the creation of the written canon of this story even more radically …, while Irenaeus created [!] the less perfect ,Four Gospel Canon' … In any case, the latter became the literary fixation of the Panchristian narrative for the ,sacrament' … of the new political entity of the ecumenical church".[35] Schon das Eingeständnis, daß die Fakten nicht zur eigenen Theorie passen („in any case"), hätte zur Vorsicht gemahnen können.

---

[30] Die methodische Anlehnung an KOESTER durchzieht CROSSANS Bücher, z.B. DERS., Cross XI. Auch die Kritik faßt ihn gerne mit KOESTER zusammen, z.B. GUNDRY, Mk 603–623; NEIRYNCK, Gospels 718.

[31] KOESTER, Einführung 438 f.

[32] KOESTER, Einführung 438.

[33] KOESTER, Writings 367.

[34] KOESTER, Writings 369.

[35] KOESTER, Writings 369.

Vorkonstantinische Quellen der Christen durch politische Ziele erklären zu wollen und dabei theologische Gesichtspunkte auszublenden, dürfte den Verhältnissen des zweiten Jahrhunderts kaum gerecht werden. Koesters Darstellung verschweigt zudem, daß Irenäus die Vierevangeliensammlung als selbstverständliche Grundlage seiner Argumentation nehmen konnte (s.u. 7.6) und nicht etwa zu den neuen Errungenschaften gegen die fälschlich sogenannte Gnosis zählt.

Der Ansatz Koesters verlangt trotz der genannten methodischen und inhaltlichen Einschränkung eine Überprüfung. Er übernimmt gleichsam das Amt des Pflichtverteidigers gegen vorschnelle Aburteilung apokrypher Schriften.[36]

So wie im Lk-Ev ein Jesuswort in ursprünglicherer Form bewahrt vorliegen kann als im älteren Mk-Ev, ist dies auch bei apokryphen Evangelien möglich. Doch über den Einzellogien darf die redaktionelle Arbeit der Autoren nicht übersehen werden. Gegen Koester wird sich in jedem hier vorgestellten Einzelfalle zeigen lassen, daß die vermeintlich vor- oder nebensynoptischen Quellen aus apokrypher Überlieferung nicht nur mehrere synoptische, sondern sogar das Joh-Ev voraussetzen. Gerade wenn spezifisch johanneische Topoi verbunden mit redaktionell-synoptischen Elementen vorliegen, unterstützt dies die Annahme einer Vierevangeliensammlung. Wenn zudem Motive zurücktreten, die nicht in diesen vier Evangelien vorkommen, beginnt sich die Vierevangeliensammlung zum Vierevangelienkanon zu entwickeln.

1.3 Zur Erschließung vorkanonischen Materials in apokryphen Texten

Am Ende des zweiten Jahrhunderts zeichnet sich deutlich ab, welche Texte der Jesusüberlieferung kirchlich anerkannt sind und welche nicht. Diese Trennlinie, so unscharf sie im einzelnen auch sein mag, können wir heute nicht mehr beurteilen, weil die als apokryph ausgeschiedenen Texte wenn überhaupt meist nur in zufälliger und fragmentarischer Form überliefert sind. Diese schwierige Überlieferungslage läßt selten eindeutige Schlüsse zu. Um so wichtiger ist, daß Argumentationsstrategien vermieden werden, die Zirkelschlüsse erleichtern. Solche Schlüsse dienten früher vielleicht v.a. dazu, traditionellen Ansichten über die kirchliche Überlieferung den Anschein wissenschaftlicher Absicherung zu geben; in neuerer Zeit sind solche Strategien offenbar populärer zu verbreiten, wenn sie der kirchlichen Überlieferung eine möglichst ungeheuerliche Verdrehung oder dreiste Fälschung unterstellen. Vier Argumentationsmuster kommen dabei immer wieder vor, so daß es angebracht erscheint, diese vorzustellen.

(1) Erschlossene Quelle gegen vorliegenden Text. Bei manchen Vergleichen zwischen neutestamentlichen Apokryphen und kanonischen Evangelien erfährt der Leser nebenbei,

---

[36] BOVON hat KOESTER den Titel „le defénseur des Apocryphes" zugesprochen, vgl. KOESTER, Gospels xxxi.

daß *erschlossene* Traditionen der apokryphen Texte mit vorliegenden Evangelientexten verglichen werden. Es dürfte der exegetischen Klarheit dienen, wenn die verglichenen Texte präzise benannt werden. So können auch mißverständliche Datierungen vermieden werden. Nicht etwa „das Petrusevangelium" zirkulierte in der Mitte des ersten Jahrhunderts, wie es dem eiligen Leser im Anchor Bibel Dictionary s.v.„Peter, Gospel of" vorgestellt wird, sondern die erschlossene Vorlage desselben.[37] Mit den erschlossenen Quellen zu argumentieren, verlangt besondere methodische Vorsicht, wenn die Erkenntnisgewinne die investierten Annahmen übertreffen sollen.

(2) Kombination formgeschichtlicher und literarkritischer Argumente. Textvorformen zu erschließen gehört zum typischen Geschäft wissenschaftlicher Exegese. Wer in einem überlieferten Text Spuren einer verarbeiteten Quelle vermutet, wird die Unterscheidung von erschlossener Quelle und vorliegender Überlieferung zu begründen haben. Im Bereich der neutestamentlichen Apokryphen argumentiert Koester häufig mit Quellen der apokryphen Überlieferung. Er begründet, warum er Quellen zu erschließen wagt. Er vergleicht die themenverwandten Stücke zweier Texte, z.B. eines apokryphen und eines kanonischen Textes nach formgeschichtlichen Kriterien. Innerhalb einer formgeschichtlichen Betrachtung wären auch diese Kriterien weitgehend konsensfähig. Sowie literarische Abhängigkeiten zwischen zwei Texten festgestellt wurden, wird allerdings diese formgeschichtliche Argumentation brüchig. Bei literarischer Arbeit ist mit bewußten Eingriffen zu rechnen, die den Gesetzen der Formgeschichte auch entgegenlaufen können. Etwa bei der frühen Passionsüberlieferung ist oft beobachtet worden, daß ausdrückliche Schriftbezüge vermehrt wurden. Nach dieser Beobachtung deutet das Fehlen eines expliziten Schriftbezuges auf ein älteres Stadium der Überlieferung. Sobald allerdings eine bewußte theologische Redaktionsarbeit die Überlieferung verändert, gilt dieses formgeschichtliche Argument nur noch eingeschränkt. Ein redaktionell bearbeiteter Text kann einen Schriftbeweis der ihm vorliegenden Quelle auch bewußt streichen, er darf deswegen nicht für älter als diese Quelle angesehen werden. Insofern ist es von erheblicher Bedeutung, ob eine uns vorliegende Schrift abhängig von einer oder mehreren kanonischen Schriften ist.[38] Denn dann ist bei einer Einzelstelle zu prüfen, ob die gegenüber den Vorlagen anders überlieferten Stücke redaktionelle Änderungen darstellen. Nur wenn die Abweichung der Gesamttendenz des späteren Schreibens zuwiderläuft, liegt ein Anlaß vor, eine ältere Vorlage in der jüngeren Schrift zu vermuten.[39]

(3) Evangelien-Patchwork als vermeintliches Urevangelium. Bei der Frage nach der Abhängigkeit steht jeweils das Sondergut der Evangelien im Blickpunkt. Ergeben sich bei einer Schrift Parallelen zu Sondergut aller vier kanonischen Evangelien, liegt die Annahme nahe, jene Schrift sei in Kenntnis der kanonischen Evangelien entstanden. Andernfalls wäre in dieser Schrift eine Art Urevangelium erhalten geblieben, aus dem die Evangelisten in unterschiedlicher Ausführlichkeit geschöpft hätten.

---

[37] Mirecki, Art. Peter 278. Erst im Korpus des Artikels (aaO. 280) wird die Datierung des Artikelvorspanns auf die Vorlage eingegrenzt.

[38] Koester sieht das Problem z.B. in bezug auf das Ebionäer-Ev (ders., Evangelienliteratur 1540) oder die EpAp, die auch nach K. alle kanonischen Evangelien benützt (ders., Jesus 188).

[39] Das verschleiern Sätze wie: „Wichtig ist aber vor allem auch hier, zu bestimmen, welchen Sitz im Leben (sc. der Gemeinde) jenes Material hatte ... mag es in den Zusammenhängen, in denen es aufbewahrt wurde, auch immer ‚sekundär' verwendet worden sein." (Koester, Jesus 148 f.); vgl. Koester, Gnomai 124.

Die These vom Urevangelium im Bereich der synoptischen Frage hatte einst hinläng-lich Widerlegung gefunden, die eine Erweiterung auf eine schriftliche Vorlage aller vier Evangelien als wenig aussichtsreiche Hypothese erscheinen lassen müssen.[40] Liegt in der „Quelle" Erzählgut vor, das nur ein Evangelist übernommen hat, müßte die Auslassung in den drei anderen Evangelien erklärbar sein. Innerhalb der synoptischen Evangelien läßt die weitgehend anerkannte Zwei-Quellen-Hypothese keinen Raum für eine weitere ge-meinsame schriftliche Quelle. Wenigstens bei den großen Synoptikern läßt sich der Um-gang mit ihrer Quelle, hier Mk, überprüfen. Beide folgen weitgehend nicht nur dem Wortlaut, sondern auch der Akoluthie des zweiten Evangeliums. In ihrem Sondergut weichen aber Lk und Mt so stark voneinander ab, daß eine dritte schriftliche Quelle zumindest ganz anders behandelt worden sein müßte als Mk. Weist eine Schrift Parallelen zum Sondergut mehrerer Evangelien auf, dürfte sie von diesen Evangelien abhängig sein.

(4) Nachkanonische Bearbeitung. In manchem Fall kann nicht die *überlieferte* apo-kryphe Schrift die Last tragen, die ihr der Ausleger aufbürdet, z.B. wenn die Abhängigkeit der vorliegenden apokryphen Schrift von einem kanonischen Evangelium nicht zu be-streiten ist.[41] Wer trotzdem in apokryphen Überlieferungen älteres Material finden will, kann dann noch ältere Quellen erschließen. Älter als die überlieferten kanonischen Schrif-ten sind nur die erschlossenen Vorlagen der apokryphen Schriften. So kommt es zum Dreischritt: Eine erschlossene christliche Schrift (Stufe 1) dient einer erhaltenen kanoni-schen Schrift (Stufe 2) als Vorlage. Nachdem die jüngere Schrift zur kanonischen avan-cierte, wird die ursprüngliche Vorlage verdrängt oder bearbeitet (Stufe 3).

Dabei wäre der Weg von der erschlossenen Quelle zur vorliegenden Quelle zu motivie-ren. Das Motiv dürfte bei Bearbeitungen, die nachträglich „kanonischen" Stoff in die Vorlagen einfügen, nicht ganz so leicht zu finden sein, wie es zunächst scheint. Die vermeintlichen Bearbeitungen apokrypher Schriften hätten i.a. nicht die theologische Tendenz des apokryphen Stückes beseitigt, sondern nur einzelne z.T. sachlich marginale Züge „nachgetragen". Wer sollte daran ein Interesse gehabt haben?

Spätestens wenn die Thesen auf eine derartige nachkanonische Überarbeitung zurück-greifen müssen, ist Vorsicht angesagt.[42] Die Gefahr des Zirkelschlusses liegt auf der Hand. Wenn wenigstens eine zweite geänderte Version der erschlossenen Schrift vorlie-gen würde, hätten die erschlossenen Vorlagen immerhin die Plausibilität der Logienquelle für sich.[43] Andernfalls schützt keine Quelle vor der exegetischen Beliebigkeit.

---

[40] Vgl. z.B. KÜMMEL, Einleitung 19f.; SCHNELLE, Einleitung 196f.

[41] Vgl. KOESTER, Apocryphal 126 zum EvPetr: „No doubt, several of these features are the result of secondary development. But there are indications that the basis of the Gospel of Peter was a very early form of the passion and resurrection narratives." Zusätze sieht K. in 10:38f.; 10:41–43; 11:46–49 (aaO. 128f. A. 72–74). Er summiert: „The story as reconstructed here is well preserved in its form and could be very old" (aaO. 129). Zur Deutung des EvPetr durch K. kritisch SCHAEFFER, Gospel 12–77. Zur Methode vgl. o. 1.3. Zum Verweis im der Didache auf „das Evangelium" bemerkt KOESTER, Evangelienliteratur 1466: „Aber die entsprechenden Stellen könnten von der Hand des Kompilators stammen, der die Schrift in ihrer endgültigen Form zusammenstellte".

[42] Beim EvPetr distanziert sich KOESTER von den Ergänzungen des „intracanonical stratum" mit dem CROSSAN, Cross 291–293. 413 die Abhängigkeit seiner erschlossenen Schrift von den kanonischen Evangelien verteidigt, s. KOESTER, Gospels 220 A. 2; 231 A. 3.5. Ungleich schär-fer ist die Kritik an CROSSAN bei BROWN, Death 1321–1325. 1332f.; vgl. NEIRYNCK, Gospels passim; SCHAEFFER, Gospel 78–113.

[43] Daß Q ungleich besser gesichert aus Lk und Mt erschlossen werden kann, betonen z.B. NEIRYNCK, Gospels 748; BROWN, Gospel 333; vgl. DERS., Death 1333.

2 Benützung der Jesustradition ohne Reflexion über die Autorität der Quellen

Die Evangelien wurden schon sehr frühzeitig literarisch verwendet. Der Lukasprolog dürfte das früheste explizite Zeugnis dieser literarischen Verarbeitung
schriftlicher Quellen darstellen (s.o. Kap. II 3.1). Im Gegensatz zu späteren
Rückgriffen auf die schriftlichen Evangelien zeigt Lk nicht allzugroße Ehrfurcht
gegenüber dem Wortbestand seiner Quellen. Ein Bewußtsein, an *heiligen* Texten
zu arbeiten, scheint dem dritten Evangelisten abzugehen. Nur so erklärt sich, daß
er seine eigene Akribie und wissenschaftliche Anstrengung den ihm vorliegenden Texten entgegenstellen kann. Daß einzelne altlateinische Textzeugen ausdrücklich die Assistenz des heiligen Geistes bei der lukanischen Arbeit in den
ursprünglichen Text von Lk 1,3 eintragen, zeigt, wie früh die Anstößigkeit empfunden wurde.[44]

Der lukanische Umgang mit den schriftlichen Quellen weicht bald einem
ungleich ehrfürchtigerem. Soweit es unsere kanonischen Evangelien betrifft,
zeigen der 1Petr und die Didache, daß das Mt-Ev als in sich geschlossenes Werk
verstanden wurde.

Die Rezeption des Mt-Ev im 1Petr wurde oft vermutet.[45] Der Nachweis, daß
der Verfasser des 1Petr nicht nur Quellen des Mt-Ev, sondern dieses selbst vorliegen hatte, ist bei den wenigen Anspielungen nicht leicht zu führen. Trotzdem
dürften redaktionelle Anteile des Mt-Ev in den Zitaten des 1Petr gut belegt
sein.[46] Die Abhängigkeit der Didache vom Mt-Ev stellen Massaux und Köhler
ausführlich vor.[47] Allerdings dürfte die Didache von den später kanonisch gewordenen Evangelien auch nur das Mt-Ev benützt haben.[48] Der Didachist kennt
seine Vorlage bereits unter dem Titel „Evangelium".[49] Didache und 1Petr ver-

---

[44] Es sind Altlateiner b (Cod. Veronensis, 5. Jh) und q (Cod. Monacensis 6./7. Jh) neben
einzelnen Handschriften der Vulgata, die wohl in Entsprechung zu Apg 15,28 „et spirito
sancto" ergänzen; vgl. FITZMYER, Lk I 296; BOVON, Lk I 37 A. 47. Wie die vl. deutet Origenes,
jedoch ohne den Text zu ändern: hom in Lk 1,1 (Z. 15–20 [Rauer bei:] Sieben 1, 60f.).

[45] METZNER, Rezeption 1–5 (Lit.).

[46] Die Rezeption des Mt-Ev im 1Petr behandelt nun umfassend METZNER, Rezeption;
Zusammenfassung aaO. 283–295; KÖHLER, Rezeption 484f. hielt die Abhängigkeit des 1Petr
vom Mt-Ev für nicht wahrscheinlich, LUZ, Mt I 76 für möglich.

[47] MASSAUX, Influence 144–180; vgl. Nachtrag des Hg. BELLINZONI aaO. 181f.; KÖHLER,
Rezeption 19–56. Er hält es für sehr wahrscheinlich, „daß der Didachist das Mt gekannt hat und
benützt hat" (aaO. 55). Eine Q-ähnliche, vorsynoptische Quelle vermutet DRAPER, Jesus 283f.
als Vorlage der Didache. Bereits diese Vorlage sei schon als τὸ εὐαγγέλιον (aaO. 284) zitiert
worden.

[48] MASSAUX, Influence 177; KÖHLER, Rezeption 55.

[49] Didache 8,2; 11,3; 15,3.4; dazu MASSAUX, Influence 155. 157. 163. 167; KÖHLER, Rezeption 26f. (Lit.). Er stützt sich dabei u.a. auf WENGST, in: Did (Wengst) 24–32; zustimmend
SCHÖLLGEN, in Did (Schöllgen) 83; FRANKEMÖLLE, Evangelium 33f. GUNDRY, Book 322f.
erkennt zwar an, daß der Didache unser Mt-Ev als Quelle diente, will aber trotzdem die
Bezeichnung εὐαγγέλιον in der Didache noch nicht als literarischen Terminus verstehen.

wenden das Mt-Ev als schriftliche Quelle für ihre Argumentation und messen soweit dem Mt-Ev auch Autorität zu. Wenigstens diese beiden Schriften belegen, daß das Mt-Ev als literarische Komposition verwendet wurde und nicht etwa aus einem Meer von Jesusgeschichten beliebige Versatzstücke herausgefischt wurden.

Allerdings finden sich in christlichen Texten des zweiten Jahrhunderts auch Zitate jesuanischer Überlieferung, die nicht den später kanonisch gewordenen Evangelien entnommen wurden. So schreibt 1Klem 13,2 einem Jesuswort eine höhere Autorität zu als der Bibel des AT.[50] Dabei dürfte der Autor nicht aus unseren Evangelien geschöpft haben.[51] Die Autorität gebührt dem Herrenwort, nicht dessen schriftlicher Fixierung. Die Reihe solcher „apokrypher" Jesusüberlieferungen ließe sich leicht vermehren.

Solange mündliche und schriftliche Überlieferung nebeneinander gleichwertig benützt wird, kann einem bestimmten Schriftstück als Quelle noch keine besondere Autorität zugemessen werden. Sowie bei der Jesusüberlieferung Zweifel aufkommen, genügt nicht mehr die Rückführung auf den Herrn, die Rückführung muß legitimiert werden. Bei einer schriftlichen Quelle muß also die Herkunft dieser Schrift bedacht werden. Dieses Stadium hat der 1Klem noch nicht erreicht. Zur Kanonisierung bestimmter schriftlich gefaßter Evangelien führt seine Aufnahme älterer Quellen nicht. Solange nicht die Überlieferungsquelle mit einbezogen wird in den Autoritätsnachweis, läßt sich weder ein bestimmtes Evangelium noch eine Evangeliensammlung als Vorlage erweisen. Die frühen Schriften der sog. „Apostolischen Väter" betrifft dies durchgehend. Daher können die vielverhandelten Agrapha und Texte dieser Literatur, deren Abkunft aus neutestamentlichen Schriften umstritten ist, für die Frage nach der Vierevangeliensammlung übergangen werden.[52] Die Briefe des Polykarp, der erste Brief des Klemens und des Barnabas lassen nicht erkennen, welche Bedeutung sie den Quellen ihrer Jesusüberlieferung zumessen. Ihre Bedeutung ist nur eine negative: Sie belegen für diese frühe Phase, daß der überlieferte Wortlaut für Jesusgut noch nicht normiert war.[53]

Auch bei Ignatios von Antiochien dürfte noch kein Bewußtsein für die Autorität der Überlieferungsquelle vorliegen. Obwohl es eine klassische Frage der kanonsgeschichtlichen Forschung ist,[54] welche der später kanonisch gewordenen neutestamentlichen Schriften Ignatios in seinen Briefen voraussetzt, zeigen

---

[50] Zu 1Klem 13,1f. s. SCHNEIDER, in: 1Klem (Schneider) 23. 92–95.

[51] So der weitreichende Konsens (u.a. KOESTER, KÖHLER), vgl. SCHNEIDER, in: 1Klem (Schneider) 23f.

[52] Unter den neueren Darstellungen z.B. METZGER, Kanon 48–80.

[53] Zu diesem Ergebnis kommt KOESTER, Überlieferung passim. Zum 2Klem s. jetzt auch: DERS., Gospels 349–360. Zum Verfahren KOESTERS s.o. 1.2f.

[54] In neuerer Zeit z.B.: KOESTER, Überlieferung 6–10, DERS., Gospels 7f.; VON CAMPENHAUSEN, Entstehung 86–88; METZGER, Kanon 52–57; SCHOEDEL, Briefe 35f. (Lit.).

die einschlägigen Untersuchungen zum „Kanon" des Ignatios v.a. eines: Noch
sind nicht bestimmte schriftliche Quellen die Autorität, auf die sich Ignatios zu
beziehen scheint. Die Berufung auf den Herrn kann noch für sich stehen, ohne
durch die Angabe der schriftlichen Quelle legitimiert zu werden. Weit überwiegend sind die angeführten Stellen ihrem Inhalt nach aus unseren Evangelien zu
verifizieren. Die wörtlichen Anleihen legen nahe, daß Ignatios wenigstens unser
Mt-Ev gekannt hat.[55] Einzelne Jesusüberlieferungen lassen sich nicht auf unsere
Evangelien zurückführen. Verglichen mit der im Lukasprolog vorausgesetzten
Vielfalt, scheint aber der Strom der Jesusüberlieferung schon in festeren Kanälen
zu verlaufen.

Der freie Umgang mit den Stoffen der erzählenden Jesusüberlieferung erlaubt
kaum zwingende Thesen. Ob Ignatios bestimmte Schriften frei zitiert, oder uns
nicht mehr erhaltene Schriften, etwa die Quellen des Mt-Ev, wörtlich übernimmt,
läßt sich kaum mehr sagen.[56] Schon die Schreibsituation als Gefangener auf dem
Weg nach Rom verwehrt Ignatios wohl, auf eine Handbibliothek zurückzugreifen.[57] Insgesamt dürfte Ignatios daher weder gegen noch für die Existenz einer
Vierevangeliensammlung Argumente bieten.

Eine Bemerkung aus dem Hirt des Hermas hat Charles Taylor für die Urform der
irenäischen Begründung für die Vierzahl der Evangelien gehalten.[58] Hermas schreibt:
„Und daß du sie [sc. die sich verjüngende Greisin der Vision, T.H.] auf einer Bank sitzen
sahst, bedeutet ihren festen Stand, weil die Bank vier Füße hat und stabil steht. Auch die
Welt hat ihren Halt ja durch die vier Elemente."[59] Treffend bemerkt Norbert Brox zu
dieser Deutung: „Man sollte die Zahl der änigmatischen Texte des PH [Pastor Hermae,
T.H.] dort nicht vermehren, wo er selbst keinen Anlaß dazu gibt."[60]

Die Schwierigkeiten, aus den Werken der Apostolischen Väter etwas über die
Existenz oder Nichtexistenz der Vierevangeliensammlung abzuleiten, wurden
oben bereits vermerkt. Daher werden hier Klemens von Rom, Ignatios, Polykarp
und Hermas nicht eigens besprochen.

Es gibt allerdings auch in der frühen Zeit Anzeichen dafür, daß bestimmten
schriftlichen Zeugnissen über Jesus besondere Autorität zugemessen wurde. Wieweit solche Quellen die Existenz von Evangeliensammlungen stützen, soll im
folgenden geprüft werden. Es geht also um Quellen, die mehrere Evangelien
gleichberechtigt nebeneinander benützen. Bei diesen Quellen ist zu fragen, ob
sie eine bestimmte Evangeliensammlung voraussetzen und an diese anknüpfen.

---

[55] Köhler, Rezeption 95: „Mit an Sicherheit grenzender Wahrscheinlichkeit hat Ignatius
das Mt gekannt und rezipiert".
[56] Vgl. die vorsichtigen Erwägungen Köhlers, Rezeption 95f.
[57] Köhler, Rezeption 73.
[58] Taylor, Charles: The Witness of Hermas to the Four Gospels, London [Cambridge]
1892, 5–10. 146f. nach Brox, Hirt 159 A. 81.
[59] Hermas 21 (=vis 3,13,3); Übers. Brox.
[60] Brox, Hirt 159 A. 81. Gegen Taylors Interpretation auch Koester, Überlieferung
253f.; Metzger, Kanon 72f. A. 39.

3 Harmonisierungen der Evangelien in den Mk-Zusatzschlüssen

Die redaktionelle Arbeit der Evangelisten fügte disparate Überlieferungen zusammen. Dieser redaktionellen Arbeit ist eine harmonisierende Zusammenfügung verwandt. Wenn die Arbeitsweise der Evangelisten auf die einzelnen Evangelien wieder angewandt wird, kommt es zu Evangelienharmonien. Diese Harmonien versuchen, die unterschiedlichen Evangelien unter einen Erzählbogen zu stellen. Das späte Ergebnis aller dieser Bemühungen ist eindeutig: Sie wurden zum Teil sehr schnell, zum Teil sehr langsam in ihrer Bedeutung hinter die getrennten Evangelien gestellt.

Werden unterschiedliche Texte verwendet, sagt dies auch etwas über die Bedeutung der vorliegenden Texte aus. Die berühmteste Harmonie, Tatians Diatessaron, verrät schon im Namen ihre Abkunft von vier getrennten Evangelien. Das Anliegen des Diatessarons zeigt sich auch in anderen Versuchen, thematisch ähnliche Perikopen zusammenzustellen, die in einzelnen Evangelien getrennt vorliegen. Solche Versuche werden im folgenden daraufhin befragt, welche Evangelien sie voraussetzen und welche Autorität sie diesen zumessen.

Bereits im Kap. II 1.1 war von den verschiedenen Abschlüssen Mk-Ev die Rede. Der textkritisch eindeutig ursprüngliche Abschluß mit dem Wort γάρ in Mk 16,8 hat zwei Erweiterungen erfahren. In der durch Aland vorgeschlagenen Nomenklatur handelt es sich bei den Erweiterungen um zwei „Zusatzschlüsse". Diese beiden Erweiterungen schließen sich ursprünglich gegenseitig aus, auch wenn einzelne Textzeugen beide überliefern. Für die Frage nach einer Vierevangeliensammlung sind beide Zusätze von Bedeutung.[61]

3.1 Der „kürzere Markus-Zusatzschluß" (Mk 16,8 conclbrev)

„Alle aber die Anordnungen richteten sie sogleich denen aus, die um Petrus (sind). Nach diesen (Geschehnissen) sandte auch Jesus selbst vom Osten und bis zum Westen durch sie die heilige und unvergängliche Verkündigung des ewigen Heils. Amen"

Der „kürzere Markus-Zusatzschluß" berichtet von der Ausführung des Auftrags an die Frauen. So wird aus einem Appell an die Leser mit vielfältigen Lösungsmöglichkeiten genau eine Darstellung der weiteren Geschichte vorgestellt. Daß diese Lösung sich mit den Fortsetzungen der Mk-Geschichte bei den großen Synoptikern gut verträgt, wird kein Zufall sein.

Die geistige Heimat des Verfassers bleibt dunkel. Im NT ohne Parallele sind mehrere Formulierungen[62] und Sachverhalte, so z.B. die Bezeichnung einer

---

[61] Zu den wenigen, die die Bedeutung des längeren Zusatzschlusses für die Vierevangeliensammlung beachtet haben, gehört CHILDS, Testament 94 f. 206 f.

[62] In den Synoptikern ohne Parallele: ἐξαγγέλλω (im NT nur noch 1Petr 2,9); ἱερός (im NT

Gruppe um Petrus mit „οἱ περὶ τὸν Πέτρον". Einen so bezeichneten Kreis um Petrus nennt auch Ignatios (Sm 3,2).[63] Auch die mehrfache Näherbestimmung des Kerygmas fällt auf. Zu den Attributen „heilig und unvergänglich" tritt noch die qualitative Bestimmung im angehängten Genetiv: Kerygma „des ewigen Heils". Auffällig ist auch die Bezeichnung „Jesus" für den Auferstandenen: Sonst verdrängt eher die Benennung des Auferstandenen mit Κύριος die Benennung „Jesus".

Nach dem Zusatzschluß sandte (ἐξαπέστειλεν) ὁ Ἰησοῦς das Kerygma durch die „um Petrus" in die Welt. Mit dieser Umschreibung hebt der Zusatz in eigentümlicher Weise die besondere Bedeutung des Petrus für einen Kreis um ihn hervor,[64] eine Hervorhebung wie sie schon Mk 16,7 andeutete („seinen Jüngern und dem Petrus").

Theologisch zielt der Zusatz zunächst darauf, die weltweite Verkündigung ausdrücklich auf Jesus zurückzuführen und schreibt betonend αὐτὸς ὁ Ἰησοῦς ... ἐξαπέστειλεν. Im Kontext des Mk-Ev soll Jesus wohl den Jüngling aus Mk 16,5 überbieten.[65] Dieser Bezug zwischen dem Jüngling und Jesus ergibt sich auch, wenn mit einigen Textzeugen ein zweites Verb ἐφάνη im Satz gelesen wird:[66] Nach diesen (Geschehnissen) erschien auch Jesus selbst ...

Weniger der schon z.Z. des Mk-Ev kaum mehr strittige jesuanische Ursprung als vielmehr die irdische Vermittlung dürfte die eigentliche Spitze des Zusatzes sein. Jesus sandte das Kerygma aus „δι' αὐτῶν". Das Personalpronomen bezieht sich auf „die um Petrus". Der kurze Mk-Zusatz unterstreicht durch diese zwei Worte unauffällig aber eindeutig die Vermittlung der Verkündigung durch Petrus und seine Genossen. Blieb ohne diesen kurzen Zusatz die Weitergabe des Evangeliumstoffes eine „unmögliche Möglichkeit" (s.o. Kap. II 1.4.3), so ist nun der Weg des Stoffes geklärt: Die Jünger um Petrus verbreiten die Botschaft.

Die Kürze des Zusatzes verbietet zu entscheiden, ob der auffällig benannte Mittlerkreis exklusiv oder gar abgrenzend polemisch angeführt wird. Ob der kürzere Zusatzschluß wie Mt und Lk das Mk-Ev nur fortschreibt oder eine Harmonisierung mit den bereits vorhandenen Evangelien anbietet, ist zwar nicht mit letzter Sicherheit zu entscheiden. Aber der zweite Satz ist ohne Kenntnis von Mt 28,16–20 kaum verständlich: Wo und wie tat Jesus, was von ihm hier gesagt

---

noch 1Kor 9,13; 2Tim 3,15 und im Namen Hierapolis Kol 4,13); ἄφθαρτος (noch siebenmal in den ntl. Briefen).

[63] Nach ALAND, Schluß 265f. gibt es diese Bezeichnung sogar nur in der conclbrev und bei Ignatios.

[64] Die Formulierung soll nicht etwa Petrus selbst ausschließen, vgl. BAUER, Wb s.v. περί 2aδ (1300): „D[er] Mittelpunkt des Kreises kann mitgemeint sein" mit Bsp.

[65] Vgl. PESCH, Mk II 557f.

[66] Dies Verb lesen der Cod. Athous Laurensis (Ψ 044; 8.–9. Jh.); Lektionar 1602 (8. Jh.); Bobbiensis (k); das Verb mit Objekt αὐτοῖς bezeugen Majuskel 099 (7. Jh.) neben einzelnen Handschriften von Übersetzungen. Ohne zweites Verb (per Subtraktion aus NA 27. Aufl.) z.B.: Regius (Le 019; 8. Jh.); Majuskel 0112 (gehört zu Maj. 083; 6.–7. Jh.); Min. 579 (13. Jh.).

wird? Wohl erst das den Lesern selbstverständliche Szenarium aus dem ersten Evangelium erlaubt, den kurzen Satz zu verstehen.[67]

Das Alter des kurzen Zusatzes läßt sich verschiedentlich eingrenzen. Der einzige Textzeuge, der allein den kurzen Zusatzschluß an Mk 16,8 anhängt, ist uns im Codex Bobbiensis erhalten geblieben. Diese altlateinische Handschrift stammt aus dem 4. oder 5. Jahrhundert, dürfte aber eine sehr viel ältere Texttradition bewahren. Nach Zitaten des kurzen Zusatzes bei Kirchenvätern, die älter sind als dieser Codex, hat Kurt Aland vergeblich gefahndet.[68] Für die Datierung sind Rückschlüsse aus der Textüberlieferung maßgeblich. Der Zusatzschluß ergänzte ursprünglich allein das Mk-Ev, dieses Stadium ist in der Textüberlieferung nur noch im Bobbiensis erhalten. Einzelne andere Textzeugen überliefern beide Zusatzschlüse, dann aber den kürzeren vor dem längeren (vgl. o. Kap. II 1.1).[69] Diese Akoluthie läßt sich wohl nur erklären, wenn der kürzere Zusatzschluß vor dem längeren an das Mk-Ev angefügt wurde. Die sichere Bezeugung des längeren Zusatzschlusses bei Irenäus (s.u.) macht so auch für den kürzeren die erste Hälfte des zweiten Jahrhunderts zur wahrscheinlichen Abfassungszeit.[70]

3.2 Der längere Mk-Zusatzschluß (Mk 16,9–20)

Den Anhang Mk 16,9–20 zitiert schon Irenäus als Ende des Mk-Ev, ohne dabei auf eine unsichere Überlieferungslage hinzuweisen.[71] Somit war der Text schon um 180 n.Chr. selbstverständlicher Bestandteil des Evangeliums, wenigstens in der Umgebung dieses Kirchenvaters. Da Irenäus in Kleinasien aufwuchs und später Bischof im Westen wurde, deckt seine Erfahrung einen nicht unerheblichen Teil des römischen Weltreiches ab. Unsicher ist dagegen, ob der ähnlich weitgereiste Justin nur verwandte Formulierungen benützt, oder auch schon den längeren Zusatzschluß kennt.[72]

---

[67] So SCHMITHALS, Mk II 721; KÖHLER, Rezeption bespricht die Mk-Zusatzschlüsse nicht.

[68] ALAND, Schluß 263 f.

[69] ALAND, Schluß 264 f. Dieses Argument widerstreitet den Versuchen, den kurzen Zusatz sehr spät zu datieren, so z.B. WOHLENBERG, Mk 402: „ein dem apostolischen Zeitalter fern stehender Schriftsteller". ZAHN, Geschichte II 923 betont zwar, daß kein Zeuge bei Mk 16,8 (bei ZAHN „I" genannt) den kurzen (bei ZAHN „II") nach dem langen Zusatz (bei ZAHN „III") liest (in seiner Terminologie: „Und wir finden nirgenwo I + III+ II." aaO.). Trotzdem datiert er den kurzen Zusatz nach dem langen („muthmaßlich ältere Anhang III" aaO. 932; III „spätestens um 130" aaO. 929; „wird II spätestens am Anfang des 4. Jahrhunderts entstanden sein" aaO. 924); vgl. SWARAT, Kirche 68 f.; LOHMEYER, Mk 364.

[70] Detailliert ALAND, Schluß 264–266.

[71] Irenäus, advhaer 3,10,6 (Brox) 94 f. Vgl. WOHLENBERG, Mk 389 f. Testimonien zu Mk 16,9–20 listet HENGEL, Evangelienüberschriften 21 auf: Tertullian, apol 21,23.25 = Mk 16,8.20; Tertullian, praesc 30,16 = Mk 16,17; vgl. 20; Tertullian, adv. Prax. 2,1 = Mk 16,19; unsicher: Hermas 102,2 = Mk 16,15.19.

[72] Justin, apol 45,5 (Goodspeed): „οἱ ἀπόστολοι αὐτοῦ ἐξελθόντες πανταχοῦ ἐκήρυξαν"; vgl. ZAHN, Geschichte I 515: „Hat Justins Freund den wahrscheinlich unechten Schluß des Mc.

Trotzdem spricht schon die äußere Bezeugung der zwölf Verse dagegen, daß sie ursprünglich zum Text des Mk-Ev gehören. Nicht nur traditionsverhaftete Forscher haben die markinische Herkunft des Zusatzes zu erweisen versucht. Die einen mühten sich, die Echtheit des ganzen Abschnittes, die anderen wenigstens von Teilen desselben zu begründen.

Die schwer übersehbare Literaturmenge zum längeren Zusatzschluß liegt bereits monographisch aufbereitet vor.[73] Unter den kritischen Wissenschaftlern sind die Vertreter der Echtheit des längeren Zusatzes rar geworden. Nach dem gelehrten Vorstoß John W. Burgons im letzten Jahrhundert (1871),[74] der noch die Echtheit nachweisen wollte, müht sich unter fast demselben Buchtitel William R. Farmer gut hundert Jahre später (1974) nur noch, die Frage für offen zu erklären.[75] Selbst dieser vorsichtige Versuch muß als Rückschritt gewertet werden. Bei der äußeren Bezeugung übergeht Farmer als energischer Vertreter einer modifizierten Griesbach-Hypothese die ältesten Zeugen für den Mk-Schluß mit 16,8, die Seitenreferenten Mt und Lk. Sein Versuch, die äußeren Zeugen zu einer lokalen Sondertradition zu erklären bzw. deren Bedeutung durch gegenseitige Abhängigkeit zu entkräften, hat in der Tendenz ähnlich schon Burgon versucht und wurde durch Zahn widerlegt.[76]

Der andere, bis in die Gegenwart immer wieder aufkommende Versuch meint, in Teilen des längeren Zusatzes altes Gut zu finden. Daß der Zusatz aus älteren Bausteinen zusammengefügt wurde, ist natürlich nicht auszuschließen. Doch die zahlreichen Versuche, Vorstufen aus Mk 16,9–20 herauszukristallisieren, sind wenig verheißungsvoll. Meist sind diese Versuche vom Interesse geleitet, den vermeintlich verlorenen Mk-Schluß wiederzuentdecken.

Die älteren und neueren Versuche benötigen mehrere unbewiesene Annahmen. In älterer Zeit haben Rohrbach und Harnack aus dem längeren Zusatz und Joh 21 einen vermeintlich ursprünglichen Mk-Schluß erschlossen.[77] In neuerer Zeit vermutete Eta Linnemann hinter Mk 16,15–20 und Mt 28,16f. den echten Mk-Schluß.[78] An Kühnheit

---

für sein Diatessaron ausgebeutet, so hat es nichts Bedenkliches, auch bei Justin einen Wortanklang an dieses zweifelhafte Stück anzuerkennen". Vgl. WOHLENBERG, Mk 390.

[73] Die Forschungsgeschichte referieren HUG, finale (1978) 11–32 und DEPASSE-LIVET, problème (1970), 9–36 (non vidi); die Vollständigkeit ihrer Lit.-Liste (aaO. x-xxi) loben z.B. FARMER, Verses x; ALAND, Schluß 268 A. 27.

[74] BURGON, Verses. Zu diesem Buch ZAHN, Geschichte II 910 f.: Eine „in der That glänzende Monographie".

[75] FARMER, Verses 109: „While no final results have been produced, this exploratory study clearly supports the view that we should consider the question of the last twelve verses of Mark ‚still open‘".

[76] ZAHN, Geschichte II 911–920.

[77] ROHRBACH, Berichte (1898). Das überaus scharfsinnige Buch, dessen Vorarbeit HARNACK, Geschichte II 1, 696f. Beachtung schenkte, unterscheidet eine ältere petrinische und eine rd. fünfzig Jahre jüngere johanneisch-lukanische Presbytertradition der Auferstehung Jesu (z.B. aaO. 62f.). Letztere habe mit der Entfernung des Mk-Schlusses der petrinischen Tradition ihr Überleben erschwert. R. rekonstruiert v.a. aus Joh 21 diesen angeblich verlorenen Mk-Schluß. Die z.T. dünnen Bretter dieser Hypothese bekommen sodann beträchtliche Probleme aus den widersprüchlichen Erscheinungsgeschichten aufgebürdet. Kritik an R. üben: HORN, Abfassung 94–167; vgl. ZAHN, Einleitung II 232 A. 5 (S. 243) und 235 A. 8 (244f.); 238; Kritik an den „Verlusttheorien" allgemein: ALAND, Schluß 268–274.

[78] LINNEMANN, Markusschluß (1969); dagegen ALAND, Markusschluß (1970); vgl. DERS., Schluß 273f.

der Konstruktion übertrifft sie wohl nur Schmithals, der aus verschiedenen Stücken des Mk-Ev eine Entwicklungsgeschichte konstruiert.[79] Diese Vermutungen haben sich als nicht annehmbar erwiesen. Sie wiederum zu referieren, täte ihnen zu viel der Ehre.[80]

Insgesamt dürften die Vermutungen über die Vorgeschichte der Verse Mk 16,9–20 vor allem empfehlen, den überlieferten Text zu würdigen. Daß dieser Zusatz die unterschiedlichen Erscheinungsgeschichten harmonisiert, ist vielfach aufgefallen. Er setzt sicher lukanische Erzählungen, u.a. die Emmausgeschichte, voraus.[81] Die Kenntnis des Joh-Ev ergibt sich daraus, daß Mk 16,9 auf die Ersterscheinung des Auferstandenen vor Maria Magdalena verweist, die innerhalb der später kanonisch gewordenen Evangelien nur aus Joh 20,14–18 ableitbar ist.

Der Verfasser entnimmt fast alle Motive kanonischer Überlieferung, so finden sich die angekündigten Zeichen an unterschiedlichen Stellen in der lukanischen Apostelgeschichte. Allein, daß tödliches Gift für Glaubende ungefährlich sei, findet sich nicht in der Apg. Allerdings berichtet Papias nach dem Zeugnis des Eusebios eine ähnliche Geschichte, so daß der entsprechende Traditionsstrom nicht völlig beliebig ist.

Auch der matthäische Missionsbefehl dürfte vorauszusetzen sein. Daß die Kenntnis des Mk-Ev nicht mit Sicherheit nachzuweisen ist,[82] darf nicht verwundern. Die Überlieferung des Zusatzes allein als Anhang des Mk-Ev verlangt, den Zusatz in die markinische Wirkungsgeschichte zu stellen.[83] Die sprachlichen Unterschiede zum Mk-Ev sind vielfach gesammelt worden (vgl. o. Kap. II 1.1). Sehr auffällig ist z.B. die abweichende Wochentagsbenennung, bei der die Ordi-

---

[79] SCHMITHALS, Markusschluß (1972); DERS., Mk II 715–717.

[80] Vgl. ALAND, Schluß 273 f.

[81] ZAHN, Geschichte I 912–914; II 935; LOHMEYER, Mk 361: „[E]s ist zweifellos der lukanische Bericht von den Jüngern gemeint, die nach Emmaus wandern"; DILLON, Eye 95 A. 72; 148 f. PESCH, Mk II 543 f. benennt die Ähnlichkeiten zu Lk und Apg und meint, Mk 16,9–20 hinge nur von derselben Tradition, nicht aber von der lukanische Redaktion ab. Ob Lk bei der Emmausgeschichte auf Tradition zurückgriff, ist keinesfalls gesichert. Die Art einer summarischen Anspielung auf unterschiedliche Erscheinungsgeschichten setzt jedenfalls eine literarische Abhängigkeit voraus. Will man nicht die Existenz einer zu Lk 24 ähnlichen, aber von dieser unabhängigen Geschichte postulieren, führt kein Weg daran vorbei, Mk 16,14 vom Lk-Ev literarisch abhängig zu sehen. Für das Verhältnis Mk 16,18f./Apg 1,9–11; 28,3–6 gilt das analog.

[82] GNILKA, Mk II 352: „[D]ie Kenntnis des Markus- und Mattäus[sic!]-Evangeliums kann nicht erwiesen werden". KÖHLER, Rezeption übergeht die Mk-Zusätze.

[83] Dagegen behauptet HORNSCHUH, Studien 14 f., dic EpAp sei von Mk 16,9–20, nicht aber vom Mk-Ev abhängig (aaO. 11 f.). Der apokryphe Brief wäre so ein Beleg für die Unabhängigkeit des Zusatzes vom Mk-Ev, folgert HORNSCHUH aaO. 15 und beruft sich auf LOHMEYER, Mk 361, der v.a. wegen des Bruchs zw. Mk 16,8/16,9–20 im Zusatz eine „selbständige Epitome" sehen wollte. Doch H. konnte nicht die Unkenntnis des Mk in EpAp nachweisen, er fand keine der raren Sondergutstellen des Mk (vgl. aaO. 10 f.). Unabhängigkeit von den schriftlichen Evangelien behauptete auch HUG, finale passim. Seine Annahmen mündlicher Tradition übergehen den anhypostatischen Charakter der angedeuteten Erzählungen im Zusatz; kritisch auch HENGEL, Evangelienüberschriften 21 f. A. 47 auf S. 22.

nalzahl griechisch korrekter benützt wird, als die hebraisierende Formulierung in Mk 16,2.

Inhaltlich bestätigt der Zusatz das oben dargestellte markinische Programm gerade in seiner Abgrenzung: Die Jüngerschelte durch den Auferstandenen korrigiert die markinische Jüngerflucht in Analogie zum lukanischen Bericht.[84] Nachdem die Schelte ausgesprochen wurde, ist der Weg zu einem neuen Auftrag durch den Auferstandenen offen. Mit diesem Ansatz hatten auch Mt, Lk und Joh die Verkündigung der Kirche anknüpfen lassen an die apostolischen Anfänge. Nun bieten die Elf die irdische Kontinuität zu Jesus, dessen himmlische Assistenz zugleich unterstrichen wird. Daß die Elf mit dem Kyrios in einer ὁ μέν – ἐκεῖνοι δέ Konstruktion verbunden sind, unterstreicht auch sprachlich die Hochachtung für diese Gruppe.

Der Zusatz deutet an, daß die Elf beim Mahl zusammen waren, als der Herr erschien. Ähnlich verknüpfen Lk und Joh ihre Erscheinungsgeschichten mit Mahlszenen. Gnilka vermutet, daß die Mahlsituation die Gemeinde daran erinnern soll, „daß bei ihren Zusammenkünften zum Herrenmahl der Auferstandene gegenwärtig ist".[85]

Anders als die Erscheinungsgeschichten der Evangelien erzählt der Zusatz nicht, sondern deutet nur an. Darin erweist sich der Zusatz als abhängige Ergänzung, die nicht verdrängen oder korrigieren, sondern kombinieren will.[86] Der Leser des Zusatzschlusses soll die Andeutungen mit den ausgeführten Erzählungen verbinden. D.h. der längere Zusatzschluß setzt bei seinen Lesern die Kenntnis der einzelnen Evangelien voraus und versucht zu zeigen, wie die unterschiedlichen Erscheinungsgeschichten der einzelnen Evangelien zusammengebracht werden können. Aus einem beziehungslosen Nebeneinander der Erscheinungsgeschichten müht sich der Zusatz, ein geordnetes Nacheinander zu machen. Der längere Zusatz dürfte in seiner überlieferten Form nie ohne den durch ihn harmonisierten Kontext, also die vier Evangelien, existiert haben. So erweist sich der längere Zusatzschluß als Folgephänomen der Vierevangeliensammlung.

Die Art, wie der längere Markuszusatzschluß die vier Evangelien zusammenzulesen erlaubt, dürfte auch eine abgrenzende Komponente gegen weitere Schriften zeitigen, die von Erscheinungen berichten. Der Zusatz zählt die Erscheinungen durch (πρῶτον 16,9; μετὰ δὲ ταῦτα 16,12) und schließt die Reihe mit einem abgrenzenden „schließlich" (ὕστερον 16,14).[87] Indem der Autor zweimal den

---

[84] AMPHOUX, finale 552.

[85] GNILKA, Mk II 355.

[86] Die andeutenden Verweise sprechen gegen die Annahme, Mk 16,9–20 habe unabhängig vom Mk-Ev existiert; gegen HUG, finale 172f. 217.

[87] WOHLENBERG, Mk 392 legt Wert darauf, daß die Vokabel hier nicht mit „zuletzt", sondern mit „später" zu übersetzen sei; ähnlich BAUER, Wb s.v. 2a (1693). Schon die Reihung spricht für ein „schließlich"; die Beauftragung durch den Auferstandenen allerdings verlangt implizit, die letzte zu sein, so mit PESCH, Mk II 552 A. 13.

Unglauben hervorhebt, spricht er den zwei ersten Erscheinungen eine Wirkung ab. Allein die letzte Erscheinung erhält so Bedeutung. Mit dieser Erscheinung ist der weltweite Auftrag zur Verkündigung des Evangeliums verbunden. Die Totalität des Verkündigungsraumes impliziert die Totalität des Verkündigungsinhalts. Damit ist jegliche Verkündigung an die elf Zeugen der dritten Erscheinung gebunden.

Dieses Modell einer apostolischen Grundlegung der Evangeliumsverkündigung durch die Elf läßt keinen Raum für einen Apostel Paulus. Die ähnlich gestaltete apostolische Grundlegung, die Lk in seinem Evangelium (s.o. II 3.2.5) vertritt, zeigt, daß ein derartiges Programm nicht antipaulinisch sein muß. Erinnerungen an den irdischen Jesus werden nach diesem Programm nur durch die elf Apostel begründbar, aber solche Erinnerungen hat der Heidenapostel auch nicht zu bieten.

Zu diesem Text schweigt, soweit ich sehe, von Campenhausen in seinem Buch über die Entstehung der christlichen Bibel. Die Verse sind wenig geeignet, seine These zu stützen, daß die Zusammenstellung der vier Evangelien nach Mt, Mk, Lk und Joh erst als Antwort auf Markion erfolgte. Der längere Zusatzschluß läßt jedenfalls von einer antimarkionitischen Polemik nichts erkennen.

Beachtenswert ist die Zuschreibung dieses Zusatzschlusses an einen Ariston. Die Zuschreibung fußt auf einem Hinweis in einer armenischen Bibelhandschrift. Diese liest über dem Zusatzschluß die Überschrift: „Aristons des Presbyters". Paul Rohrbach berichtet von seiner Autopsie der Handschrift: „[D]ie roten Majuskeln der Überschrift heben den Titel genau so hervor, wie über den Evangelien ‚des Johannes' u. s. w. und charakterisieren das Stück unzweideutig als einem fünften Autor innerhalb der Evangelien zugehörig."[88] Diese Zuschreibung bekommt besondere Bedeutung, wenn man diesen „Ariston" mit dem Presbyterschüler „Aristion" identifizieren darf, von dem Papias nach dem Zeugnis des Eusebios berichtet.[89] Papias nennt Aristion so, daß sich die Lebenszeiten des Aristion und des Papias überschnitten haben dürften (vgl. o. Kap. IV 2.5).

Die Verbindung zwischen dem langen Zusatz und dem durch Papias bekannten Aristion könnte auch eine späte Glosse sein. Der Glossator hätte die Ähnlichkeit der Giftbechergeschichte bei Papias und im langen Zusatz bemerkt und sein gelehrtes Fündlein dem Markustext beigegeben. Die späte Bezeugung der Aristion-Zuschreibung läßt für solche Erwägungen genug Raum. Freilich, wäre die Zuschreibung erst auf diesem Weg entstanden, wäre sie entsprechend auch bei der Perikope de adultera zu erwarten. Zudem wäre es dann ein erstaunlicher

---

[88] ROHRBACH, Berichte 30. Vgl. die Tafel 14b bei METZGER, Text.
[89] Das fehlende Jota in der armenischen Handschrift sollte nicht als Gegenargument verstanden werden, so schon ZAHN, Apostel 129f.; Verschreibung Aristion in Ariston auch bei griechischen Schriftstellern: LARFELD, Johannes 138, vgl. auch aaO. 142; KÖRTNER, Papias 128.

Zufall, daß der Glossator auf Aristion zurückgreift. Wäre nicht der Hinweis auf Papias selbst naheliegender? Gerade die Konkretheit der Angabe dürfte ein Indiz für das hohe Alter der Tradition abgeben.[90]

4 Der freie Umgang mit der Vierevangeliensammlung

Die Freiheit eines Lk, die eigene Person über die verwendeten Überlieferungen zu stellen, galt im zweiten Jahrhundert bald als unerhört. Doch einige wenige, meist nur zufällig erhaltene Jesuserzählungen erlauben sich ähnliche Freiheiten im Umgang mit ihren christlichen Vorlagen. Diese Texte konzentrieren scheinbar ihre Jesusüberlieferung nicht auf die später kanonisch gewordenen Evangelien, sondern entwerfen eigenständige Schriften ähnlicher Art. Doch die Eigenständigkeit dieser Schriften ist genauer zu überprüfen.

Einige dieser aus kirchlicher Perspektive „apokryphen" Evangelien sind eindeutig abhängig von der Vierevangeliensammlung. Sie bezeugen durch ihre eigentümliche Verarbeitung zwar ihre Vorbehalte gegenüber den kirchlichen Evangelien, aber sie belegen indirekt die besondere Bedeutung der Vierersammlung, da sie aus dieser Sammlung ihre Bausteine entnehmen für ihre neuartigen theologischen Gedankengebäude. Zu diesen apokryphen Schriften, die sich auf die Vierersammlung stützen, gehören u.a. die erhaltenen Reste der judenchristlichen Evangelien, das auf PapEg 3 erhaltene christliche Werk, das Straßburger Evangelienfragment, von jüngeren Werken ganz zu schweigen.[91]

Es besteht die Möglichkeit, daß einzelne apokryphe Schriften neben den vier Evangelien vielleicht ein ursprüngliches Jesusbild entfalten und nur durch kirchliche Gewöhnung oder gar zensorische Übergriffe daran gehindert wurden, in der christlichen Kirche weiterzuwirken. Wegen des dazu notwendigen hohen Alters kommen dafür nur wenige einzelne Schriften in Betracht. An erster Stelle ist das Thomasevangelium (EvThom) aus dem Fund von Nag Hammadi zu nennen.[92] Die besonders schwierige Beweislage, die Einzellogien des EvThom als eindeutig von den kirchlichen Evangelien abhängig zu erweisen, wurde o. 1.2 schon angedeutet. Für einzelne Logien lassen sich zwar Ähnlichkeiten zu Sprüchen aus kirchlichen Evangelien angeben, die meist als Abhängigkeit des

---

[90] Die Bewertung der Aristion-Notiz schwankt: durchaus plausibel nach ZAHN, Einleitung II 235 und A. 8 (S. 244 f.); HENGEL, Evangelienüberschriften 21 f. A. 47 auf S. 22; DERS., Frage 57 f. A. 163; SIEGERT bei KÜRZINGER, Papias 138 (Lit.) und viele andere. Zur Vorsicht mahnen z.B. HUG, finale 15–17 (Lit.); GNILKA, Mk II 354. KÖRTNER, Papias 125: „Was wir namentlich durch armenische Überlieferungen über Aristion erfahren, sollte man dort lassen, wohin es gehört, nämlich im Bereich der frommen Legende". Dazu auch A. 12 auf S. 288 f. Vgl. ALAND, Schluß 262.

[91] Vgl. den Überblick bei SCHNEEMELCHER, NT Apo [5]I 80–330.

[92] Nag Hammadi Kodex (NHC) II/2, p. 32,10–51,28; dt. Text übers. v. B. BLATZ, in: NT Apo [5]I 93–113.

EvThom von den kirchlichen Evangelien gewertet werden.[93] Da für die Einzellogien im EvThom bislang kein überzeugendes Anordnungsprinzip gefunden werden konnte,[94] entfallen alle Möglichkeiten, mit der Komposition des EvThom zu argumentieren. Für unsere Frage ist daher eine Auseinandersetzung mit dem EvThom wenig hilfreich. Diese Sammlung von Logien kann weder die Existenz einer Vierevangeliensammlung belegen noch widerlegen.[95]

Drei apokryphe Jesusüberlieferungen, die sicher nicht nach dem zweiten Jahrhundert entstanden sind, bleiben allerdings trotzdem zu untersuchen. Es sind dies: das unbekannte Evangelium, wie es durch Papyrus Egerton 2 bekannt wurde (EgEv), das Petrusevangelium (EvPetr) und die Epistula Apostolorum (EpAp). Diese Schriften zeichnen ein so eigenständiges Jesusbild, daß sie eher mit den kirchlichen Evangelien zu konkurrieren scheinen, als daß sie nahelegen, der Wirkungsgeschichte der Vierevangeliensammlung zugerechnet zu werden. Soweit scheinen diese drei Schriften dagegen zu sprechen, daß frühzeitig unsere vier kirchlichen Evangelien als Quellen für die Kenntnis des irdischen Jesus dominierten. Daher sollen diese apokryphen Texte im folgenden auf ihre Eigenständigkeit und Abhängigkeit gegenüber der Vierevangeliensammlung hin untersucht werden.

4.1 Das Petrusevangelium und die Vierevangeliensammlung

Lange Zeit war das EvPetr v.a. durch eine bei Eusebios überlieferte Notiz des Bischofs Serapion von Antiochia bekannt.[96] Seit rund hundert Jahren bereichert der Fund einer Pergamenthandschrift unsere Kenntnis, die einem Mönch in dessen Grab in Akhmim, Oberägypten, beigelegt wurde.[97] Einmütig identifizie-

---

[93] Einen neueren Überblick bietet TUCKETT, Thomasevangelium 186–200 (Lit.); T. sammelt einige Beispiele, die eine Abhängigkeit des EvThom von redaktionellen Synoptiker-Stellen sehr nahelegen (aaO. 197–200).

[94] Vgl. KOESTER zum EvThom o. 1.2; ähnlich auch TUCKETT, Thomasevangelium 194.

[95] Beim Evangelium nach Philippus (NHC II/3, p. 51,29–86,19) ist m.E. eine Abhängigkeit von den vier kirchlichen Evv. unbestreitbar; es könnte noch ins 2. Jh. gehören (so H.-M. SCHENKE in NT Apo [5]I 151). Ob einzelne Traktate aus den Nag Hammadi-Kodizes andere Evangelien bzw. Sammlungen als die Vierevangeliensammlung nahelegen, konnte hier nicht untersucht werden.

[96] Eusebios, h.e. 6,12,3–6. Zur Stelle s. ZAHN, EvPetr 2–5; 76f.; DERS., Geschichte I 177–179; II 744–751; (Selbstkorrektur ZAHNS bez. des Ursprungs: DERS., EvPetr 3 A. 1. Zu ZAHNS Auslegung des EvPetr allg.: SWARAT, Kirche 97–101); VAGANAY; Évangile 1–8. Zum Titel s.u. 4.1.3. Weitere Nennungen des EvPetr nach LÜHRMANN, POx 4009, 390 A. 1.: Origenes, comm. in Mt 10,17; Eusebios, h.e. 3,3,2; 3,25,6; Hieronymus, vir. ill. 1,5; Decretum Gelasianum; Didymus Alex., EcclT 8,4f.; zu den Testimonien: VAGANAY, Évangile 1–13; DENKER, Stellung 9–30.

[97] Die Fundgeschichte samt Erstausgabe vermerkt z.B. SCHNEEMELCHER, in: NT Apo [5]I 180f. Es ist üblich geworden, neben der gröberen Abschnittseinteilung durch J. A. ROBINSON auch die Einteilung in 60 Verse durch HARNACK (vgl. DERS., Bruchstücke 8) zu nennen.

ren die Forscher die Pergamenthandschrift mit dem durch Serapion verhandelten Evangelium. Eine weitere Forschermeinung zum EvPetr, die als unumstritten gelten kann, ist dessen Pseudonymität.[98]

In jüngster Zeit bemüht sich v.a. Dieter Lührmann darum, unsere Kenntnis des EvPetr zu erweitern, indem er neue und neu identifizierte Papyri dem EvPetr zuordnet. So konnte er die Vermutung des Erstherausgebers Coles[99] festigen, daß der Oxyrhynchus Papyrus 2949 ein Zeuge des EvPetr sei.[100] Das hohe Alter des Papyrus, eine Handschrift aus dem 2.–3. Jahrhundert, hat für die Datierung Bedeutung. Noch älter ist ein weiterer durch Lührmann identifizierter Zeuge des EvPetr, der PapOx 4009 aus dem 2. Jh (!).[101] Durch Analogien mit 2Klem 5,2–4 erschließt Lührmann aus den wenigen Buchstaben einen Textabschnitt. Das apokryphe Wort im 2Klem ist als Dialog zwischen Jesus und Petrus erhalten. Da der Papyrus statt εἶπεν ὁ Ἰησοῦς τῷ Πέτρῳ nur λέγει μοι liest, erweist sich der Ich-Erzähler als Petrus.[102]

4.1.1 Gesamttendenzen des Petrusevangeliums

Die erhaltenen Stücke des EvPetr zeigen mannigfaltige Ähnlichkeiten zu Einzelstellen der kanonischen Evangelien. Bevor Einzelstellen untersucht werden, sollen drei weitgehend anerkannte Gesamttendenzen dieses apokryphen Evangeliums vorgestellt werden: der Antijudaismus (1), die geringen Kenntnisse der palästinischen Verhältnisse im 1. Jh (2) und die hohe Christologie (3).

(1) Der massive Antijudaismus des EvPetr ist vielfach beobachtet worden.[103] Der Verfasser steigert die kritischsten Äußerungen des Joh-Ev und überbietet

---

[98] Natürlich gab es auch hier Außenseiter, die für die Echtheit des EvPetr eintraten, so MANCHAT, vgl. die bei VON SCHUBERT, Composition VIIIf. referierten Hauptthesen desselben; dazu WALTER, Schilderung 426: „abenteuerliche These". Eine neuere Forschungsgeschichte zum EvPetr ist angekündigt für ANRW 2,26,6. Hilfreich ist FUCHS, Petrusevangelium: Konkordanz nach dem Text EvPetr (Mara) aaO. 13–80; umfangreiche, fast vollständige Bibliographie bis ca. 1976, aaO. 81–115, es fehlt z.B. BEYSCHLAG, Überlieferung (München 1969); wenige neuere Lit. bis ca. 1981 bei CHARLESWORTH, Testament 321–327.

[99] COLES, in PapOx 2949 (Coles) 15f.: „Among the Apocrypha its closest resemblances are to the Gospel of Peter, § 2, although even from this it has considerable variations" (aaO. 15). COLES datiert: „I would assign it to the early third or possibly the late second century" (aaO. 15); vgl. WRIGHT, Gospels 222–225; NEIRYNCK, Gospels 733f.

[100] LÜHRMANN, POx 2949, 216–226.

[101] LÜHRMANN, POx 4009; Kurzform desselben: DERS., Petrusevangelium 579–581; Die dort angekündigte Ausgabe ist mittlerweile erschienen: DERS.-P. J. PARSONS, [POx] 4009. Gospel of Peter?, in: R. A. COLES u.a. (Hgg.): The Oxyrhynchus Papyri, Vol. 60, London 1994, 1–5.

[102] LÜHRMANN, POx 4009, 401; vgl. 395. L. dürfte so ein bisher unbekanntes Stück des EvPetr identifiziert haben, auch dieses setzt allerdings seiner Meinung nach schon das Mt-Ev voraus (aaO. 398 A. 26) bzw. die kanonisch gewordenen Evangelien (DERS., Petrusevangelium 581).

[103] So schon ZAHN, EvPetr 23–29; 49: „Ein ‚Antisemit' wie dieser [der Verf. des EvPetr] ...“; 50: „judenfeindliche[] Umdichtung"; 55: „eine von Judenhaß eingegeben Karikatur"; vgl. 73; HARNACK, Bruchstücke 23. 35; VON SCHUBERT, Composition z.B. 67. 170. In neuerer Zeit

auch dessen Tendenz, die offiziellen römischen Stellen von der Schuld am Tode Jesu zu entlasten.

Dagegen vermutet Denker, daß das EvPetr ein judenchristliches Evangelium sei.[104] Die gegen Juden gerichteten Ausfälle seien nur gegen die jüdische Oberschicht gerichtet.[105] Daß die normierende Kraft des Gesetzes zurücktritt, konzediert Denker.[106] Anordnungen des Midrasch zu Dtn 21,22f., nämlich Leichenwaschung und das Kreuz des Gehenkten mitzubegraben, würden nur im EvPetr berücksichtigt: Letzteres wäre die Voraussetzung dafür, „daß PE 39 davon die Rede sein kann, daß das Kreuz mit dem Herrn aus dem Grabe aufersteht. Das PE nimmt also jüdische Gebräuche (vgl PE 18) und jüdische Auslegungsweise auf".[107] Das EvPetr sei „ein Bußruf an Israel".[108] Argumente, die gegen eine Vertrautheit mit palästinischen und jüdischen Verhältnissen sprechen, würdigt Denker nicht. Insgesamt hat das EvPetr gerade so viel jüdische Elemente, wie es zu seiner antijüdischen Grundtendenz benötigt.[109]

(2) Das EvPetr zeigt sich weder mit den geographischen Gegebenheiten Palästinas vertraut, noch zeugen die Beschreibungen jüdischer Sitten von direkter Kenntnis.[110] Auch in diesem Punkt hat sich das apokryphe Evangelium noch weiter von den historischen Wurzeln des irdischen Jesus entfernt als die später kanonisch gewordenen Evangelien.

(3) Der weitgehende Konsens der Forscher schreibt dem EvPetr eine ausgesprochen hohe Christologie zu, die schwerlich den christologischen Entwürfen der Evangelien vorausgehen dürfte. Einst hatte Serapion „Doketen" mit dem EvPetr in Verbindung gebracht: „Durch Leute, die eben dies Evangelium benützten, d. i. durch die Nachfolger seiner Urheber, die wir Doketen nennen, da ja seine Ideen größtenteils dieser Richtung angehören, kamen wir in die Lage, dasselbe zu erhalten und durchzulesen und zu finden, daß zwar das meiste mit der wahren Lehre unseres Erlösers übereinstimmt, manches aber auch davon abweicht, was wir unten für euch anfügten".[111]

---

z.B.: BEYSCHLAG, Überlieferung 36. 44. 47–51; GREEN, Gospel 298–301; BROWN, Gospel 332. 338f.; DERS. Death 1339, vgl. 1347 A. 62; SCHAEFFER, Gospel 241–255. MIRECKI, Art. Gospel übergeht das Thema Antijudaismus im EvPetr.

[104] DENKER, Stellung 78–92.

[105] DENKER, Stellung 82. Dem steht die Übergabe Jesu an den λαός entgegen, EvPetr 2:5.

[106] DENKER, Stellung 85–87. 129.

[107] DENKER, Stellung 81; vgl. 99.

[108] DENKER, Stellung 91.

[109] Gegen DENKER auch SCHNEEMELCHER, NT Apo ⁵I 184; BROWN, Death 1344; SCHAEFFER, Gospel 243–245.

[110] Zur Unkenntnis jüd. Sitten: BROWN, Death 1340; geographische und historische Unzulänglichkeiten: BROWN, Death 1341f. Zu beidem: MARA, in: EvPetr (Mara) 29–33. 79; WRIGHT, Gospels 227; BROWN, Gospel 338; SCHNEEMELCHER, NT Apo ⁵I 183.

[111] Eusebios, h.e. 6,12,6 (Haeuser); (Schwartz): ἐδυνήθημεν γὰρ παρ' ἄλλων τῶν ἀσκησάντων αὐτὸ τοῦτο τὸ εὐαγγέλιον, τοῦτ' ἐστὶν παρὰ τῶν διαδόχων τῶν καταρξαμένων αὐτοῦ, οὓς Δοκητὰς καλοῦμεν (τὰ γὰρ πλείονα φρονήματα ἐκείνων ἐστὶ τῆς διδασκαλίας), χρησάμενοι παρ' αὐτῶν διελθεῖν καὶ εὑρεῖν τὰ μὲν πλείονα τοῦ ὀρθοῦ λόγου τοῦ σωτῆρος, τινὰ δὲ προσδιεσταλμένα, ἃ καὶ ὑπετάξαμεν ὑμῖν.

Exkurs: Doketismus im EvPetr?

Brox hat gemahnt, den Titel „doketisch" nicht allzu unpräzise zu vergeben. Bevor seine inhaltlichen Füllungen des Begriffs zu besprechen sind, gilt es eine auch durch ihn vorgeschlagene terminologische Unterscheidung zu berücksichtigen. Es gelte, zwischen einer christologischen Position und einer historisch verortbaren Gruppe, die mit dieser Position identifiziert wurde, schon terminologisch zu differenzieren. Analog zur Unterscheidung von Gnosis und Gnostizismus wären also doketische und doketistische Tendenzen zu unterscheiden. Doch gerade der Hinweis des Bischof Serapion macht nicht deutlich, ob das EvPetr einer bestimmten doketistischen Gruppe angehört, oder nur doketischen Auslegungen ungeschützt gegenüber steht. Somit läßt sich für das EvPetr die terminologische Differenzierung zwischen doketisch und doketistisch kaum entscheiden.

Drei Stellen im EvPetr sorgten lange Zeit dafür, daß dieses Evangelium als „doketisch" bezeichnet wurde. Diese Stellen sind das Schweigen Jesu während seiner Verspottung bzw. Folterung „ὡς μηδὲν πόνον ἔχων" (EvPetr 4:10) und ferner sein Todesruf „ἡ δύναμίς μου, ἡ δύναμις, κατέλειψάς με" (EvPetr 5:19); schließlich schien das Verb ἀναλαμβάνειν im Aor. pass. (EvPetr 5:19) unmittelbar nach dem Tod, Jesu Auferstehung vom Kreuz weg zu belegen.[112]

Jerry W. McCant untersuchte in neuerer Zeit diese dicta probantia und zeigt, daß keines von ihnen genügt, das EvPetr als doketisches Evangelium zu bezeichnen. Das Schweigen beim Kreuzestod soll nicht die Leidensunfähigkeit herausstellen, sondern nur die Würde des Verurteilten wahren.[113] Mit der Anrede δύναμις umschreibt der Verfasser des EvPetr Gott, ohne an dunkle gnostische Quellen anzuschließen; die Formulierung ist vielmehr eine Anspielung auf Ps 22,1.[114] Auch die Vokabel ἀναλαμβάνειν steht nur für das Sterben Jesu und nicht für eine Auferstehung vom Kreuz weg; dies untermauern die Grabes- und Auferstehungstexte, die für den Leichnam Jesu denselben Titel κύριος verwenden wie für den lebendigen Herrn.[115] Ähnlich ungewöhnlich wäre der Bericht von Nägelmalen (EvPetr 6:21) am Leib des Auferstandenen in einem doketischen Evangelium.[116] Nirgends unterscheidet das EvPetr ein leidensunfähiges Christuspneuma von einem Scheinleib. Daher ist der Titel „doketisch" für das EvPetr unangemessen.[117]

Im Streit um die rechte Bezeichnung sollten die Elemente einer hohen Christologie nicht vergessen werden. Der Titel κύριος, durchgängig vom Erzähler verwendet, steht auch an Stellen, bei denen die kanonischen Evangelien von Jesus reden.[118] Die in den

---

[112] Diese Stellen sammelt schon HARNACK, Bruchstücke 2f.; vgl. VON SCHUBERT, Composition 171f.; leicht verändert auch BEYSCHLAG, Überlieferung 62f.

[113] McCANT, Gospel 262: „Left to die in torments, he maintains his Lordly dignity to the end".

[114] McCANT, Gospel 265.

[115] McCANT, Gospel 266, vgl. 268.

[116] McCANT, Gospel 268; HEAD, Christology 216.

[117] Wie McCANT auch HEAD, Christology passim; VIELHAUER, Geschichte 647; BROX, Doketismus 313 A. 31; „iuxta modum" auch WRIGHT, Apologetic 402–407. 409: „proto-Docetic". Auch DENKER, Stellung hatte den Titel „Doketismus" für das EvPetr zurückgewiesen, nach McCANT, Gospel 261 allerdings aus z.T. ungenügenden Gründen. In ihrer Beurteilung zurückhaltend sind: HARNACK, Rez. von Schubert 12f. (in seiner Auslegung, DERS., Bruchstücke 64–66 vermerkte er noch jeweils die Möglichkeit, die Stellen auch nicht doketisch zu lesen); BEYSCHLAG, Überlieferung 63: „als offene Frage stehen lassen"; BROWN, Death 1338; SCHNEEMELCHER, in: NT Apo ⁵I 183f.

[118] McCANT, Gospel 267 mit A. 57 auf S. 273; HEAD, Christology 211.

kanonischen Evangelien auch vorkommenden apokalyptischen Motive verstärkt das EvPetr. Nicht das Leiden eines Menschen, sondern die Präsenz des rettenden Gottes fokussiert dieser Bericht. Daß der Grabesbote den auferstandenen Herrn nicht ἐσταυρωμένος (so Mk 16,6par Mt 28,5), sondern σταυρωθείς nennt (EvPetr 13:56), entspricht dieser Tendenz: Das Kreuz war so für den Auferstandenen eine Episode der Vergangenheit, es hat keine bleibende Bedeutung hinterlassen.[119]

Die genannten drei Gesamttendenzen legen nahe, das EvPetr zeitlich nach den später kanonisch gewordenen Evangelien einzuordnen.

4.1.2 Das Verhältnis zu den kanonischen Evangelien

Schon wenige Monate nach der Erstveröffentlichung ist der Streit darüber entbrannt, ob das EvPetr von den kanonischen Evangelien abhängig sei. Harnack[120] plädierte auf Unabhängigkeit und sah Zahn in der Rolle des „advocatus diaboli"[121] gegen das EvPetr, v.a weil Zahn dessen Abhängigkeit behauptete. Bei aller Härte des Tons gaben die beiden großen Patristiker dem Streit ein Niveau, das in späteren Veröffentlichungen zum Thema nicht immer erreicht wird.

In neuerer Zeit haben neben Koester v.a. Denker und Crossan das EvPetr gegenüber den kanonischen Evangelien für unabhängig erklärt.[122] Koester hat in Einzelheiten seine

---

[119] WRIGHT, Apologetic 413 f.; VAGANAY, Évangile 328 warnt allerdings vor Überinterpretation: „Les tendances et la manière de l'écrivain apocryphe sont trop grossières pour saisir de telles nuances". Immerhin, im NT findet sich das Partizip nicht titular im Aorist.

[120] HARNACK hat seine Position in den ersten Wochen, nachdem er das EvPetr in der Preußischen Akademie erstmals vorstellte (3./10.11.1892), noch entfaltet und zügig veröffentlicht. Die zweite (und letzte Auflage) der Bruchstücke (März 1893!) trat so an die Öffentlichkeit mit „theilweise conträren Beobachtungen", die er nicht überall ausglich (so aaO. V); das macht die Rezeption seiner Auffassung nicht einfach; trotz anderslautender Äußerungen (aaO. 79 aber A. 1) entkräftet H. Argumente, die für Abhängigkeit des EvPetr von den kanonischen Evv. sprechen; VON SCHUBERT, Composition (z.B. VI–IX; 167) versteht die Argumentationsrichtung als These und widerspricht ihm (157–196); HARNACK, Rez. von Schubert 9: „Ich selbst hatte in meiner Ausgabe ausdrücklich darauf verzichtet, diese Frage zu Ende zu führen"; CROSSAN, Cross 15: „I am not certain whether to deprecate the uncertainty of those judgements due to patchwork publication or to applaud them due to literary sensitivity". Spätere Urteile HARNACKS tendieren zur Abhängigkeitsthese: HARNACK, Rez. von Schubert 13–17 resümiert: „[von Schubert] hat es wahrscheinlich gemacht, dass unsere kanonischen Evv. hinter dem PE liegen, auch das Joh.-Ev" (aaO. 17). DERS., Geschichte II 1 (1897) 474: „… ist es wahrscheinlich, dass es bereits unsere vier Evv. voraussetzt"; vgl. aaO. 622 (Joh unsicher). 624.

[121] HARNACK, Bruchstücke VI: „ZAHN hat in seiner werthvollen Abhandlung gleichsam die Rolle eines advocatus diaboli gegenüber dem Fragmente des Petrus-Ev. übernommen, wie das zu erwarten war." Herv. im Orig. durch Sperrung. Diese Notiz aus der Nachschrift zum Vorwort, während des Druckes entstanden, bezieht sich auf die erste Hälfte der Abhandlung ZAHNS über das EvPetr (in der NKZ 4, 1893, 143–180), die noch im selben Jahr als ZAHN, EvPetr in Buchform veröffentlicht wurde. Zum gespannten Verhältnis zwischen HARNACK und ZAHN s. SWARAT, Kirche 454–460.

[122] Die ältere Forschung zur Frage des literarischen Verhältnisses zwischen EvPetr und den kanonischen Evangelien referieren VAGANAY, Évangile 18–32; DENKER, Stellung 31–57; s.a.

Argumentation geändert, im Ergebnis bleibt er dabei, daß das EvPetr von den später kanonisch gewordenen Evangelien unabhängig sei.[123] Crossan stützt seine These, indem er aus dem EvPetr eine vorsynoptische Quelle erschließt. Erst eine nachkanonische Redaktion hätte zur überlieferten Form des EvPetr geführt.[124] Die methodische Unhaltbarkeit dieses Hypothesengebäudes wurde schon herausgestellt (s.o. 1.3 [4]).

Denker dagegen will die überlieferte Form des EvPetr als unabhängig von der redaktionellen Arbeit aller vier Evangelisten erweisen.[125] Er stützt sich dabei auf neuere Arbeiten, die innerhalb der Passionsgeschichte Tradition und Redaktion unterscheiden. Durchgängig, so meint er, beruhe der gemeinsame Stoff zwischen EvPetr und den kanonischen Evangelien auf einer gemeinsamen Quelle bzw. Überlieferung. Schon bei der Diskussion der Mk-Parallelen fällt auf, daß Denker sich v.a. auf die Passionsüberlieferung stützt. Der markinische Bericht über den Besuch der Frauen am Grab gerät so schon vom Ansatz her aus dem Blick.[126] Gerade an dieser Stelle hatte aber Zahn gezeigt, wie mechanisch das EvPetr seine Wortbausteine aus dem Mk-Ev übernimmt:

„Mr 16,4 wird erzählt, daß die am Grabe anlangenden Weiber … sehen, daß der Stein, um dessen Entfernung sie sich vorher Sorge gemacht haben, abgewälzt sei, und dem zur Erläuterung wird vom Evangelisten beigefügt: ‚denn er *war* sehr groß'. Hier im PE c. 12 sagen die Weiber selbst auf dem Wege zum Grabe: ‚Wer aber wird uns auch den Stein abwälzen, der auf die Thür des Grabes gelegt ist? … Denn groß *war* der Stein, und wir fürchten, daß uns jemand sehe'. Jedermann sieht, daß ein im Munde der Weiber schlechthin unpassendes Imperfektum (ἦν) aus der Quelle herübergenommen und überdies dem erläuternden Satz eine falsche Beziehung gegeben worden ist".[127]

Denker äußert sich nur ganz am Rande zur markinischen Grabesgeschichte, auf das Argument Zahns geht er, soweit ich sehe, nicht ein.[128] Crossan bestätigt auf seine Weise,

---

aaO. 255–257 (Nachtrag zu MARA u. WALTER); CROSSAN, Cross 13–15. Für Unabhängigkeit des EvPetr plädiert auch WALTER, Schilderung 427–429.

[123] KOESTER, Apocryphal 119–123; DERS., Einführung 598 f. benützt die o. vorgestellte Vermischung literarkritischer und formgeschichtlicher Argumentation und nimmt zudem spätere Zufügungen an: „Mögen also auch viele Einzelheiten des Petrusevangeliums erst später hinzugefügt sein …" (aaO. 599). DERS., Gospels 219 vermutet, in der Textüberlieferung sei vielleicht kanonisches Gut zugewachsen. Seine Lösung in DERS., Gospels 238: Er zählt die Verse 7:26f.; 10:40f. (nach 233 A. 2 Interpolation; durch wen bleibt undeutlich); 11:44; 12:50.52.54; 14:59 zu den redaktionellen Einfügungen des ursprünglichen Autors des EvPetr (aaO. 231 A. 3), ohne diese damit wie CROSSAN für nachkanonische Ergänzungen zu erklären (aaO. 231 A. 3.5; 232 A. 1; 233 A. 2; 238 A. 3). Gegen KOESTER: GREEN, Gospel passim bes. 294 f.; vgl. NEIRYNCK, Gospels 719 f.

[124] CROSSAN, Cross 16–30; lobend MIRECKI, Art. Peter 280: „One can expect that all future research on *Gos. Pet.* will need to begin with a serious consideration of Crossan's work"; die so anempfohlene Würdigung wird aber (anders als MIRECKI) nicht die Kritik an CROSSANS These übergehen, die z.B. BROWN, Death 1332f. prägnant referiert (Lit.); vgl. HENGEL, Frage 56 A. 159: „phantastische Konstruktion … Es ist erstaunlich, wie kritiklos H. KOESTER, Gospels, 220 ff., diesen Ausführungen folgt." O'COLLINS-KENDALL, Joseph 236–241; KIRK, Priorities 573–594.

[125] DENKER, Stellung 56 f. u.ö.

[126] Vgl. NEIRYNCK, Gospels 736: EvPetr 12f.:50–57 „is undoubtedly the most ‚Markan' section in the Gospel of Peter".

[127] ZAHN, EvPetr 38f.; Hervorh. i. Orig. durch Sperrdruck; vgl. 52, DENKER, Stellung 31 mit A. 2 auf S. 143 referiert das Argument; SCHAEFFER, Gospel 173–175 versucht auch hier, mündliche Abhängigkeit zu erweisen.

[128] DENKER, Stellung 37f. referiert ausführlich und zustimmend die auf Mikrofilm veröffentlichte Dissertation von JOHNSON, Tomb (1965; Doktorvater war H. KOESTER; vgl.

wie schwer es ist, für diese Stelle Unabhängigkeit von Mk zu postulieren: Um seine Gesamtthese halten zu können, erklärt er die Grabesgeschichte im überlieferten EvPetr für eine nachkanonische Ergänzung.[129]

Das EvPetr setzt aber nicht nur das Mk-Ev voraus. Schon in der Grabesgeschichte finden sich Motive aus den anderen drei kanonischen Evangelien. Diese Neigung zur Vermengung durchzieht das apokryphe Evangelium. Die vielfältig vermerkten Parallelen zum Joh-Ev sind jeweils schwer als eindeutig redaktionell johanneischer Stoff nachzuweisen, da sie keine tragenden Pfeiler der redaktionellen Anordnung des Joh-Ev wiedergeben. Die Parallelen zum Sondergut des vierten Evangeliums betreffen jeweils einzelne Motive, das EvPetr übernimmt keine Erzählabfolge.[130]

So verliert z.B. die Datierung des Todestages Jesu (EvPetr 2:5/Joh 19,31) ihre Beweiskraft, da sie unabhängig vom vierten Evangelium zum EvPetr gelangt sein könnte.[131] Nicht die einzelnen Motive, sondern deren Anzahl macht die Annahme einer gemeinsamen Quelle schwierig. Aus einer vermuteten, für uns nur im vierten Evangelium faßbaren Tradition, müssen dann auch alle anderen Gemeinsamkeiten herrühren. Die wichtigeren Gemeinsamkeiten sind:

– *Jesus sitzt zu Gericht (EvPetr 3:7/Joh 19,13):* Im EvPetr übergibt Herodes Jesus dem Volk, um ihn abzuurteilen und noch vor dem Sabbat zu beerdigen (παρέδωκεν αὐτὸν τῷ λαῷ EvPetr 2:5). An welchen Personenkreis Jesus so übergeben wurde, ist nicht ganz klar. Schon der nächste Halbsatz bezieht sich mit dem Personalpronomen im Plural ad sensum auf „das Volk". Der Verfasser des EvPetr scheint pauschal „die Juden" als Subjekte der folgenden Verspottungen anzusehen. Zu dieser Verspottung gehört auch, daß „sie" ihn auf

---

NEIRYNCK, Gospels 724 A. 52; KIRK, Priorities 573). Nur im Zusammenhang dieses Referates kommt er, soweit ich sehe, auf das Verhältnis zu Mk 16,1–8 zu sprechen (aaO. 38 A. 36 auf S. 145): „PE 50b ist eine Dublette zu PE 52–54. Ist sie vom Verfasser des PE? Dann würde PE 52–54 aus der Tradition stammen, also auch die Parenthese μέγας γὰρ ἦν ὁ λίθος (PE 54)". Das Argument ZAHNS scheint mir so nicht entkräftet, sondern eher verstärkt gegen DENKERS Ergebnis zu sprechen. Wie ZAHN auch VAGANAY, Évangile 53; MASSAUX, Influence (1950) 374.

[129] CROSSAN, Cross 17–21 „The Intracanonical Stratum", vgl. aaO. 286f.; Kritik bei NEIRYNCK, Gospels 739f. KOESTER, Gospels zählt die Verse 12:50.52.54 zu den redaktionellen des ursprünglichen Autors des EvPetr (vgl. aaO. 238 mit A. 3), will aber trotzdem auch diesen Redaktor unabhängig vom Redaktor des Mk-Ev wissen. Er „löst" das Problem, indem er das Imperfekt präsentisch übersetzt: „because the stone is large"; in dem daneben gedruckten Mk-Text übersetzt er: „for it was very large" (aaO. 239); DERS., Evangelienliteratur 1527 behauptet mit Verweis auf JOHNSON, Tomb die Unabhängigkeit EvPetr 12f.:50–57 von Mk.

[130] BROWN, Death 1331. Die Schwierigkeit bliebe auch bei der Annahme umgekehrter Abhängigkeit. Das EvPetr halten für abhängig von Joh z.B. ZAHN, EvPetr 49–52; VON SCHUBERT, Composition 166; VAGANAY, Évangile 59–66; BEYSCHLAG, Überlieferung 62; MARA, in: EvPetr (Mara) passim vgl. 214; HENGEL, Frage 56f. A. 159 (lies Head statt Hedd); KIRK, Priorities passim; vielleicht nur gemeinsame Tradition vermutet HARNACK, Bruchstücke 35. 78f.; zu ihm s.o. A. 120.

[131] Insbesondere DENKER, Stellung 52–56 versucht, die Anklänge zu erklären, indem er für EvPetr und das Joh-Ev eine gemeinsame Vorlage vermutet.

den Richterstuhl setzen: καὶ ἐκάθισαν αὐτὸν ἐπὶ καθέδραν κρίσεως. Diese Verspottung erhält Licht durch Joh 19,13.

In dem Satz Joh 19,13: „Πιλᾶτος … ἤγαγεν ἔξω τὸν Ἰησοῦν καὶ ἐκάθισεν ἐπὶ βήματος εἰς τόπον λεγόμενον κτλ." kann das zweite finite Verb transitiv verstanden werden, so daß Pilatus Jesus auf den Richterstuhl gesetzt habe, statt sich selbst dorthin zu setzen. Mit dieser transitiven Deutung hätte Pilatus mit Jesus einen Spott betreiben mögen, der sich ähnlich der Kreuzesaufschrift nachträglich als tiefe Wahrheit erweisen sollte. Die transitive Deutung hat in der Johannesexegese manche Vertreter gefunden,[132] sie dürfte aber v.a. hinter EvPetr 3:7 stehen. Dort setzt das „Volk" Jesus zum Spott auf den Richterstuhl, ein Spott, in dem die Wahrheit verborgen liegt.[133]

– *Brechen der Gebeine Jesu (EvPetr 4:14/Joh 19,33):* Das Joh-Ev und das EvPetr kennen das Motiv vom Brechen der Beine, um beim Gekreuzigten das Sterben zu beschleunigen. Während bei Joh die Eile der Juden auf dieses Motiv beschränkt ist, geschieht die ganze Verurteilung im EvPetr in großer Hast.[134] Während im Joh-Ev Jesu Tod das Brechen der Beine überflüssig macht, wird im EvPetr das erlösende Brechen der Beine ausdrücklich verwehrt.[135] Der Verfasser des EvPetr stellt auch dieses Motiv unter sein Generalthema, den hier als sadistisch dargestellten Haß der Juden.

– Das Verb τελειόω zur Schrifterfüllung im Zusammenhang mit der Tränkung Jesu am Kreuz vereint beide Evangelien gegen die Synoptiker (EvPetr 5:17/Joh 19,28).[136]

– *Das Grab Jesu wird am Josephsgarten lokalisiert (EvPetr 6:24/19,38.41).*[137]

– Von besonderer Bedeutung für die Abhängigkeitsthesen ist der Abschluß des Akhmim Fragments, EvPetr 14:60, weil er eine Szene wie *Joh 21* einführt. Wie im Joh-Anhang gehen die Jünger nach der Auferstehung wieder zum Fischen mit Fischnetzen[138] am

---

[132] Vgl. die Aufstellung bei BROWN, Death 1388–1393. BROWN selbst favorisiert die intransitive Deutung.

[133] DENKER, Stellung 53 vermutet, EvPetr sei traditionsgeschichtlich älter als die Joh-Parallele, da es der atl. „Vorlage J[e]s 58,2b nähersteht als der historisierende Ausdruck βῆμα bei Joh".

[134] DENKER, Stellung 52: „Im Joh-Ev dient das Motiv der Eile der Juden dazu, die Bitte um das Brechen der Beine zu motivieren. Das PE ist insofern gegenüber der Quelle des Joh-Ev und dem Joh-Ev selbst sekundär, als es diesem Motiv von der Eile der Juden auch in der Erzählung von der Kreuzigung und dem Tode Jesu ein eigenständiges Gewicht gegeben hat." Diese Beobachtung verschärft das Ergebnis DENKERS aaO. 56 „daß das Joh-Ev und PE aus der gleichen Tradition stammen" wohl in Richtung Abhängigkeit.

[135] Wem dieses erlösende Brechen verwehrt wird, ist im Text nicht eindeutig: καὶ ἀγανακτήσαντες ἐπ᾽ αὐτῷ könnte sich auf den Sprecher, also den Verbrecher am Kreuz, oder den in den Worten bezeichneten Herrn beziehen. HARNACK, Bruchstücke 26: „Es ist nicht wahrscheinlich, dass der Erzähler hier über Jesus ganz schweigt, dagegen vom Schächer berichten will"; VAGANAY, Évangile 242 dazu: „Ils en appellent au contexte. Il n'est que de le bien entendre"; nur der Bezug auf Jesus gebe der Stelle eine Pointe, meint MARA, in: EvPetr (Mara) 120–122; WRIGHT, Apologetic A. 14 auf S. 416; KIRK, Priorities 579–581. Auf den Schächer bezieht z.B. VON SCHUBERT, Composition 29.

[136] DENKER, Stellung 53 erklärt die Parallele des Essigtrankes mit dem Motiv des τελειοῦν für nicht beweiskräftig; KOESTER, Gospels 230 vermutet in Joh 19,28 eine Quelle des Joh-Ev, die auch hinter dem EvPetr stehe.

[137] Mit gemeinsamer Tradition ohne Abhängigkeit will DENKER, Stellung 53 die Ähnlichkeit erklären; vgl. ZAHN, EvPetr 51; nach ihm könnte auch Lokaltradition das Motiv im EvPetr erklären.

[138] Vokabel λίνον, für das Fischnetz im NT nur Mk 1,18 nach Minuskel 700.

„Meer", dem See Genezaret.[139] EvPetr leitet wie Joh 21 eine Erscheinungsgeschichte ein. So übergeht das EvPetr die Erscheinungen, die Joh 20 berichtet.[140] In dem erhaltenen Satzteil werden drei Namen genannt, bei denen Levi auffällt, dessen Vatername „(Sohn) des Alphäus" nur aus dem Mk 2,14 und Lk 5,27D bekannt ist. Da das Fragment im Satz aufhört, ist nicht mehr zu sagen, ob noch weitere Jünger aufgezählt wurden. Die Nennung des Levi, Sohn des Alphäus, entspricht zwar nicht Joh 21, widerspricht dieser Stelle allerdings auch nicht, da die dort ungenannten Jünger im EvPetr benannt worden sein könnten,[141] so wie EvPetr auch dem Anführer der Grabwächter einen Namen zu geben wußte.

Der pseudonyme Autor Petrus stellt sich, mit seinem Bruder Andreas verbunden, der weiteren Aufzählung voran. Der nächstgenannte Levi war (ἦν) entsprechend σὺν ἡμῖν, nicht etwa σὺν ἐμοί.[142] Die Nennung des Levi erläutert ein Relativsatz, in dem das Fragment endet. Auffällig in dem Nebensatz ist das Subjekt κύριος, der nur an dieser Stelle im EvPetr ohne Artikel genannt wird.[143] Doch die Überlieferungslage entzieht für diese Stelle allen Erwägungen einen sicheren Boden.

Die erhaltene Einleitung genügt noch, die Kenntnis von Joh 21 beim EvPetr zu behaupten.[144] Eine gemeinsame Tradition erklärt hier die Gemeinsamkeit in der Szene gerade nicht, da der unerklärte Ortswechsel von Jerusalem nach Galiläa neben der unmotivierten Rückkehr der Jünger zum Fischerberuf das Werk des Anhanges ist. Gerade durch die Härte des Anschlusses fiel der Anhang auf. Das EvPetr bietet nur eine wenig glattere Überleitung mit dem Hinweis, daß ein jeder (der „Zwölf") in sein Haus zurückkehrte (EvPetr 14:59fin).[145]

EvPetr bietet Parallelen zum matthäischen Sondergut.[146] Insbesondere die Wächter am Grabe sind hier einschlägig (Mt 27,62–66; 28,11–15/EvPetr 8:30–49). Mit der Erzählung von den Wächtern am Grabe erweitert Mt seinen Mk-Bericht. Das EvPetr übernimmt die Erzählung und gestaltet sie stark aus.

Denker vermutet für die Erweiterungen des Mt gegenüber Mk und für das EvPetr eine gemeinsame Quelle, die Mt und der Verfasser des EvPetr in unterschiedlicher Weise

---

[139] ἡ θάλασσα ohne nähere Bestimmung für den See Genezaret s. BAUER, Wb s.v. 2 (711).

[140] VON SCHUBERT, Composition 145 vermutet dahinter das Motiv, den bis 13:57 aufgenommenen Mk-Faden weiterzuspinnen, und die in Mk 16,7 angekündigte Erscheinung in Galiläa auszuformulieren: „Petrus musste der sein, auf dem die erste Verkündigung ruhte" (aaO. 146).

[141] Mit ZAHN, EvPetr 50; vgl VON SCHUBERT, Composition 150f.; gegen HARNACK, Bruchstücke 35 vgl. 32; DENKER, Stellung 53.

[142] Das singularische Verb begrenzt wohl nicht die Gruppe auf die genannten drei Jünger. Es ist entweder singularisch, weil nur vor dem pluralischen Subjekt genannt (so VAGANAY, Évangile 339), es könnte auch die Begleitung dieses Jüngers besonders hervorheben wollen.

[143] VAGANAY, Évangile 340; vgl. BAUER, Wb s.v. κύριος 1cβ (934); ZAHN, EvPetr 11 (Z. 8) konjiziert auf Vorschlag ROBINSONS den Artikel.

[144] So mit ZAHN, EvPetr 50; VON SCHUBERT, Composition 150–156. 164 u.ö; gegen: HARNACK, Bruchstücke 35; DENKER, Stellung 53.

[145] Vgl. MARA, in: EvPetr (Mara) 210.

[146] Die Listen werden hier nicht im einzelnen wiederholt, s. z.B. BROWN, Death 1329; eine behutsame Auswertung bietet KÖHLER, Rezeption 437–448, der vorsichtig in Richtung Abhängigkeit tendiert, weniger wegen der Parallelmotive, sondern wegen der ähnlichen Akoluthie (aaO. 444. 448).

erweitert hätten. Mt habe seine Tradition verkürzt, die Langform sei in AscJes 3,13ff. erhalten.[147] Da AscJes in der überlieferten Form zweifellos das Mt-Ev voraussetzt,[148] ist es wenig tragfähig, mit einer Parallele zwischen Mt und AscJes einerseits und einer Parallele im EvPetr andererseits auf eine vormatthäische Tradition zu schließen. Es wäre vorher auszuschließen, daß nicht AscJes und EvPetr in ähnlicher Weise matthäisches Sondergut abändern. Versuche, aus dem EvPetr eine vormatthäische Quelle zu rekonstruieren, haben auch Koester, Johnson, Crossan und Walter vorgestellt.[149] Dagegen hat Kirk m.E. überzeugend argumentiert.[150]

Zum lukanischen Sondergut der Passionsgeschichte gehören die Reden der Schächer, die EvPetr wie Lk κακοῦργοι nennt (Lk 23,39–43/EvPetr 4:10.13). Die Rede des einen Schächers macht das EvPetr zum Bekenntnis zu Jesus als dem σωτὴρ τῶν ἀνθρώπων, dem die beteiligten Juden bösartig begegnen.

Das EvPetr hat einige Motive in seiner Passionsgeschichte, die in den kanonischen Evangelien nicht berichtet werden.[151]

Diese Motive stehen fast durchgängig im Dienste der Gesamttendenz des EvPetr: Sie heben die Schuld der Juden hervor und bemühen sich, Pilatus positiv zu zeichnen:
- Anders als Pilatus weigern sich Herodes und „die Juden", ihre Hände zu waschen (EvPetr 1:1f.).
- Pilatus erbittet sich den Leib des Herrn (EvPetr 2:4).
- Juden, nicht Römer verspotten und foltern Jesus (EvPetr 3:6–9; 4:11f.).
- Petrus und seine Gefährten werden gesucht, als ob sie Verbrecher wären und als ob sie den Tempel anzünden wollten (EvPetr 7:26).
- Außer Soldaten kommen auch Älteste und Schriftgelehrte zum Grab (EvPetr 8:31).
- Eine Volksmenge aus Jerusalem und der Umgebung will das versiegelte Grab sehen (EvPetr 9:34).
- Die Soldatengruppe vor Pilatus bekennt: Wahrlich, Sohn Gottes war er (EvPetr 11:45).
- Die Soldaten fürchten, gesteinigt zu werden wegen eines wahrhaftigen Berichtes (EvPetr 11:48).
- Die Frauen fürchten, von den Juden gesehen zu werden (EvPetr 12:52).

---

[147] Denker, Stellung 43.

[148] Allg. Einl. und deutscher Text: C.D.G. Müller: Die Himmelfahrt des Jesaja, NT Apo 5II 547–562. Müller aaO. 548 datiert „frühstens in der zweiten Hälfte des 2. Jh." Zur Mt-Ev bei AscJes: Köhler, Rezeption 303–308; speziell zu AscJes 3,13–18: Verheyden, Ascension passim, der matthäischen Einfluß auf AscJes 3,13–18 nachweist.

[149] Trotz Unterschieden im Detail soll aus dem EvPetr die gegenüber Mt ursprünglichere Wächtergeschichte herausgeschält werden: Walter, Schilderung 421–429; Koester, Gospels 232–237; Crossan, Cross 351f. argumentieren u.a., Mt habe sekundär getilgt, daß die Wächter Auferstehungszeugen seien; Mt wisse aber von der ursprünglichen Abfolge, dies belege Mt 28,11, weil nur so die Wächter berichten könnten „ἅπαντα τὰ γενόμενα".

[150] Kirk, Priorities 586–594: Mt 28,11 ist im jetzigen Kontext durch die Erdbeben, Engelerscheinung etc. (Mt 28,2–4) hinreichend motiviert (aaO. 590). Haltlos sind auch die Versuche Johnsons, Koesters und Crossans, Mt 28,1 als sekundäre Kombination der Zeitangaben aus EvPetr 9:35 und Mk zu erweisen (Kirk aaO. 591–594). Kritisch gegen die genannten Versuche: Schaeffer, Guard 499–507. Sie selbst plädiert für Abhängigkeit des EvPetr vom Mt-Ev durch mündliche Vermittlung.

[151] Liste bei Brown, Death 1331f.

Einige Motive sind offensichtliche Ausgestaltungen älterer Passionsüberlieferung:
– Eine Sonnenfinsternis zur Mittagszeit läßt einige zu Lampen greifen (EvPetr 5:15.18).[152]
– Die Erde bebt beim Entfernen der Nägel (EvPetr 6:21).[153]
– Der Anführer der Tempelwache heißt Petronius (EvPetr 8:31).
– Sieben Siegel verschließen das Grab (EvPetr 8:33 vgl. Mt 27,66).
– Der Grabverschlußstein rollt von selbst (EvPetr 9:37).[154]

Einige Motive lassen sich nur durch Mißverständnisse oder Flüchtigkeiten erklären:
– Herodes hat den Vorsitz im Gericht (EvPetr 2:4).
– Nach Jesu Tod sind die Zwölf noch zusammen (EvPetr 14:59).
– Am letzten Tag der ungesäuerten Brote gehen die Jünger (EvPetr 14:58f.).

Es bleiben die apokryphen Motive der eigentümlichen Christologie des EvPetr, die dem Tod und der Auferstehung die menschlichen Züge Jesu raubt[155]:
– Jesus schweigt während der Kreuzigung (EvPetr 4:10).
– Die aus dem Grab gehenden Wesen sind riesengroß (EvPetr 10:39).
– Jesu Predigt an die κοιμώμενοι nach dem Tod und vor der Auferstehung (EvPetr 10:41).
– Das Kreuz spricht (EvPetr 10:42).

Zwei nichtkanonische Züge verbleiben noch:
– Das explizite Schriftzitat: Die Sonne dürfe nicht auf Ermordete scheinen (EvPetr 2:5; 5:15).[156] Die zweite Verwendung des Schriftzitats (EvPetr 5:15) nimmt wohl eine johanneische Linie auf. Joh 19,31 verbindet auch das Beinbrechen mit dem Hinweis auf den Fluch des am Kreuze Hängenden.[157]
– Am See ist außer Petrus auch Levi, Sohn des Alphäus (EvPetr 14:60; dazu s.o.).

Diese apokryphen Motive im EvPetr sind schwerlich geeignet, das EvPetr zu einem besonders alten Evangelium zu erklären, da sich diese Motive fast durchgängig an Einzelheiten aus den vier später kanonisch gewordenen Evangelien anlehnen. Der Verfasser des EvPetr wählt sich Einzelmotive aus den ihm bekannten Evangelien aus, um seine Darstellung zu gestalten. Dabei überträgt er Formulierungen manchmal gedankenlos in neue Kontexte. Soweit ist davon auszugehen, daß der Verfasser alle vier später kanonisch gewordenen Evangelien kennt.[158]

---

[152] WRIGHT, Apologetic 407f.

[153] WRIGHT, Apologetic 408f.

[154] WRIGHT, Apologetic 411 erwägt, daß mit der geheimnisvollen Selbsttätigkeit ein Eingriff des Kyrios angedeutet werden soll.

[155] Vgl. WRIGHT, Apologetic 411–413.

[156] Der Hinweis auf Dtn 21,22f. expliziert ein schon bei Paulus besprochenes Problem. Anders als bei Paulus geht es nicht um den Fluch des Kreuzestodes, sondern um die Verhinderung des Fluches, der durch das Hängen am Kreuz nach Sonnenuntergang entstünde.

[157] MARA, in: EvPetr (Mara) 86f.; vgl. WRIGHT, Gospels 226f. Gegen DENKER, Stellung 60. 80f.

[158] So mit ZAHN, EvPetr 38–56, z.B. aaO. 47: „Die einzigen Quellen, aus welchen das PE seinen Stoff schöpfte, sind unsere 4 Evv. und zwar diese in einem Text, welcher zu seiner Entwickelung [sic!] schon einige Zeit seit der Entstehung dieser Evv. nötig gehabt hat"; schon in seinem Handexemplar unterstreicht Zahn das Wort „einzige" und notiert am Rand ein Fragezeichen; ähnlich ersetzt er aaO. 49 „einzige Quellen" per Marginalie durch „Hauptquellen" (das Handexemplar befindet sich in der ntl. Seminarbibliothek Erlangen); entspre-

Die Art der Kenntnisnahme der Evangelien ist damit noch nicht entschieden. Brown hat auf die starke Abweichung des Vokabulars gegenüber den thematischen Parallelen der kanonischen Evangelien hingewiesen. Er denkt daher an eine nichtliterarische Abhängigkeit.[159] Gemessen an der Verarbeitung des Mk-Ev bei den großen Synoptikern oder der ähnlich wortgetreuen Übernahme des Stoffes im Diatessaron hat er sicher recht.[160] Doch die verbale Freiheit des EvPetr hat enge Grenzen. Oft lassen sich die Abweichungen von einem Evangelium als Angleichungen an Sachparallelen aus anderen Evangelien erklären. Kirk hat dafür mehrere Beispiele gesammelt.[161]

Das EvPetr enthält Sondergut der vier später kanonisch gewordenen Evangelien. Der Verfasser des EvPetr gestaltet u.a. aus diesem Stoff sein eigenes neues Werk. Er zeigt damit, daß für ihn die Evangelien zwar Materiallieferanten, nicht aber kanonische Schriften sind.

4.1.3 Das Petrusevangelium als Reaktion auf die Vierevangeliensammlung

Die Kenntnis einzelner Stellen der vier Evangelien macht zunächst nur wahrscheinlich, daß der Verfasser des EvPetr auch die vier einzelnen Evangelien der Vierersammlung kennt. Das EvPetr zeigt nicht, daß es bei seinen Lesern an die Kenntnis dieser vier Evangelien anknüpft. Wenn der Verfasser in einer gut sortierten Bibliothek arbeitete, könnte er dort u.a. auch die vier später kanonischen Evangelien ausgeschrieben haben, ohne daß diese Kenntnis einen engeren Zusammenhalt dieser vier Evangelien belegen könnte. Zwei ineinandergreifende Indizien verlangen aber m.E., daß der Verfasser des EvPetr bereits die Vier-

---

chend geändert formuliert sein Grundriß, 30f. 34, vgl. SWARAT, Kirche 100. Kenntnis der vier Evangelien beim EvPetr vertreten: VIELHAUER, Geschichte 645; HENGEL, Frage 56f. A. 159; KÖHLER, Rezeption 437f.; KIRK, Priorities passim; BROWN, Death 1332 A. 21 nennen zahlreiche weitere Forscher. Sehr vorsichtig SCHNEEMELCHER, NT Apo ⁵I 182f.: „Es bleiben viele Fragen offen" (aaO 183).

[159] BROWN, Death 1334–1336, vgl. SCHAEFFER, Guard 507 mit Verweis auf Kap. V und VI ihrer Diss. (= DIES., Gospel 115–181). BROWN vermutet hinter dem EvPetr ungleich kleinere Geister als hinter den kanonischen Evangelien (aaO. 1346f.): „Frequently among ordinary Christians there was (and is) more hostility toward Jews than detectable among official spokesman" (aaO. 1347 A. 62). Es ist schwer zu sagen, ob die Ausnahmen nur diese Regel bestätigen, oder obsolet machen. Mündliche Kenntnis der Evv. vermutete auch VAGANAY, Évangile 81, vgl. KÖHLER, Rezeption 438 A. 2. Gegen BROWN zeigt KIRK, Priorities passim (vgl. aaO. 574) literarische Verarbeitung der kanonischen Evangelien im EvPetr auf.

[160] BROWN, Death 1334 vermerkt explizit den Unterschied zwischen EvPetr und dem Diatessaron Tatians.

[161] Beispiele aus KIRK, Priorities: EvPetr 4:13 baut das Stichwort ὠνείδιζον aus Mt 15,32b/ Mt 27,44 in das Sondergut Lk von den Schächern am Kreuz ein (aaO 576). Die Anordnung der Kreuze der Schächer (Sondergut Lk) neben Jesu, EvPetr 4:10 verwendet eine Formulierung aus Joh 19,18 (aaO. 577). EvPetr 11:45 vermischt die Bekenntnisse unterm Kreuz aus Mk 15,39/ Mt 27,54. Die lukanische Parallele des Bekenntnisses (Lk 23,47) ist vorverlegt in EvPetr 8:28 noch wiederzuerkennen (aaO. 584f.).

evangelien*sammlung* voraussetzt und nicht zufällig u.a. die vier Evangelien der Sammlung benützt. Das erste Indiz ergibt sich aus dem Titel des EvPetr. Der Titel des apokryphen Evangeliums dürfte „Evangelium nach Petrus" nicht „Evangelium des Petrus" lauten.[162] Freilich ist der Titel erst durch Origenes eindeutig belegt.[163] Welchen Titel Serapion wählte, läßt sich aus dem bei Eusebios erhaltenen Brief nicht mit Sicherheit erschließen. Dort schreibt Serapion vom „Evangelium mit (dem) Namen (des) Petrus".[164] Erst die Ursprünglichkeit des bei Eusebios überlieferten Titels des Briefes würde Eindeutigkeit schaffen: „Περὶ τοῦ λεγομένου κατὰ Πέτρον εὐαγγελίου".[165] Die äußerst ungewöhnliche Titulierung in der Form „Evangelium nach [Eigenname]" wäre eine erstaunliche Parallele zu den Überschriften der Vierersammlung, wenn es diese nicht imitierend voraussetzte (vgl. o. Kap. III 6.1).

Das zweite Indiz ergibt sich aus der pseudonymen Verfasserschaft. Die Rückführung auf den Apostel Petrus versucht, „die Schwäche des inneren Zeugnisses durch die Stärke des äusseren" zu ersetzen.[166] Die Pseudonymität erklärt sich am einfachsten als Versuch, die zurückhaltendere Petrus-Mk-Tradition zu überbieten, die das Mk-Ev als Produkt des Übersetzers des Apostels ehren will. Diese Mk-Tradition setzt selbstverständlich voraus, daß ein „Evangelium nach Petrus" nicht existiert. Denn wenn ein Evangelium des Apostels selber existiert hätte, wären die Aufzeichnungen eines Dolmetschers ein klägliches Ersatzstück dagegen. Da die Mk-Notiz schon in ihrer ältesten sicher greifbaren Form das Mk-Ev verteidigt, ohne in irgendeiner Weise auf andere petrinische Überlieferung auch nur polemisch Bezug zu nehmen, muß das EvPetr demgegenüber sekundär sein. Das EvPetr erweist sich so als nachträglicher Versuch, die Autorität wenigstens des Mk-Ev als Schrift des Dolmetschers des Petrus zu überbieten.

---

[162] So ZAHN, EvPetr 56 vgl. 6 A. 2; 16; DERS., Grundriß 31; MARA, in: EvPetr (Mara) 35; HENGEL, Frage 56 f. A. 159 (auf S. 57); DERS., Evangelienüberschriften 18.

[163] Origenes, comm in Mt 10,17 (Klostermann): „τοῦ ἐπιγεγραμμένου κατὰ Πέτρον εὐαγγελίου". Didymus Alex. nennt in einer Liste verfälschter und pseudonymer Schriften, EcclT 8,4 f. (Binder-L.): καὶ γράψας τις ἐπέγραψεν αὐτὸ εὐαγγέ[λι]ον| εἰ τύχοι κατὰ Θωμᾶν ἢ κατὰ Πέ[τρον]; vgl. Eusebios, h.e. 3,3,2 (Schwartz): „τὸ κατ᾽ αυτὸν [sc. Πέτρον, T.H.] ὠνομασμένον εὐαγγέλιον"; 3,25,6 könnte auch „Evangelium des Petrus" voraussetzen, doch der Genetiv dürfte sich durch den Kontext ergeben haben: Die Häretiker bringen Evangelien mit dem Namen der Apostel in Umlauf, solche (Namen wie der eines) Petrus und eines Thomas usw. Der Satz bei Eusebios, h.e. 3,25,6 (Schwartz): „... τὸν κατάλογον πεποιήμεθα, διακρίνοντες τάς ... ἀνωμολογημένας γραφὰς καὶ τὰς ἄλλως παρὰ ταύτας ..., ἵν᾽ εἰδέναι ἔχωμεν αὐτάς τε ταύτας καὶ τὰς ὀνόματι τῶν ἀποστόλων πρὸς τῶν αἱρετικῶν προφερομένας ἤτοι ὡς Πέτρου καὶ Θωμᾶ καὶ Ματθία ἢ καί τινων παρὰ τούτους ἄλλων εὐαγγέλια περιεχούσας ...".

[164] Serapion überliefert bei Eusebios, h.e. 6,12,4 (Schwartz): ὀνόματι Πέτρου εὐαγγέλιον.

[165] Eusebios, h.e. 6,12,2 (Schwartz).

[166] VON SCHUBERT, Composition 158.

Die Entstehungszeit des EvPetr dürfte zeitlich nahe an die Entstehungszeit der Vierevangeliensammlung heranreichen.[167] Wie die Sammlung setzt das EvPetr bereits Joh 21 voraus, wahrscheinlich reagiert das EvPetr schon auf die Mk-Petrus-Tradition, die bei der Formulierung der Überschriften in der Evangeliensammlung noch keine Spuren hinterließ (s.o. Kap. III 6.3). Als terminus ad quem diente lange Zeit der Brief des Serapion aus der Kirchengeschichte des Eusebios, der um 200 Bischof von Antiochia war.[168] Textzeugen aus Ägypten verlangen nun, das apokryphe Evangelium nicht allzu nah an das Ende des zweiten Jahrhunderts zu rücken.[169] Man wird vorsichtig die Entstehungszeit knapp vor der Mitte des zweiten Jahrhunderts ansetzen, etwa 120–150 n.Chr.[170] Die Kenntnis der Vierevangeliensammlung beim EvPetr und das Alter des EvPetr zusammengenommen, machen es sehr unwahrscheinlich, daß die Vierevangeliensammlung erst als kirchliche Reaktion gegen Markion entstanden ist.

4.2 Das Egertonevangelium und die Vierevangeliensammlung

Das mehrseitige Fragment eines „unbekannten Evangeliums" wurde von den Erstherausgebern Bell-Skeat auf die Mitte des zweiten Jahrhunderts datiert.[171] Wäre dieser Papyrus auch, wie weithin angenommen, eine Kompilation aus den vier kanonischen Evangelien, läge tatsächlich ein mit Händen zu greifender Beleg vor für das hohe Alter der Vierevangeliensammlung. Doch die Datierung dieses Papyrus ist nicht gesichert.

Der Kölner Papyrus Köln Nr. 255 erweitert unsere Kenntnis dieses Evangeliums um weitere fünf Zeilen.[172] Es handelt sich bei dem Kölner Papyrus um ein weiteres Bruchstück desselben Papyrus.[173] Das „Egertonevangelium"[174] war bislang auf vier Fragmen-

---

[167] Die Vierersammlung wurde zwischen 110 und 140 n.Chr. erstellt (vgl. o. III 6.1), wohl eher gegen Anfang dieser Zeitspanne, vgl. o. Kap. IV 4.5.

[168] So datiert ZAHN, EvPetr 2.

[169] S.o. A. 99–101. Die Textzeugen stammen aus dem 2.–3. bzw. aus dem 2. Jh.

[170] So etwa BROWN, Death 1342: „first half of the 2d cent"; Ähnlichkeiten mit Passionstraditionen des Barnabasbriefes, Justins und AscJes würden eine Datierung nach 150 unwahrscheinlich machen, so aaO. 1341.

[171] BELL-SKEAT, in: EgEv (Bell-S.) 1–7. Bibliographische Angaben zu den Editionen sammelt SCHNEEMELCHER, NT Apo 5I 82–84; NEIRYNCK, Papyrus 773 A. 1; 774 A. 5; KOESTER, Gospels 205–216; DANIELS, Egerton 1f. 284–289.

[172] GRONEWALD, Evangelium passim edierte das Fragment erstmals. LÜHRMANN, PKöln 2239–2255 stellt das neue Fragment vor. Er korrigiert seine Ansicht aus seinem Mk-Kommentar (LÜHRMANN, Mk 13. 54) und sieht den in PapEg 2/PapKöln 255 erhaltenen Text nicht mehr als Vorstufe für Mk 1,41–45 (aaO. 2248). Auch GAMBLE, Art. Egerton sieht durch den Neufund die Abhängigkeit von Joh als erwiesen an; NEIRYNCK, Gospels 754–756. 771f. (Lit.). KOESTER, Gospels kennt den neuen Fund (vgl. DERS., Gospels 206), ohne seine Thesen zu ändern; DANIELS, Egerton 12. 14 hat den neuen Textfund eingearbeitet.

[173] GRONEWALD, Evangelium 136–138; LÜHRMANN, PKöln 2243: „seine Zugehörigkeit

ten des Pap. Egerton 2 bekannt, wobei vom vierten Fragment einzig ein Sigma auf der Verso zu entziffern ist. Die eingebürgerte Reihenfolge der ersten drei Fragmente ist 1v/1r/ 2r/2v/3v/3r.[175] Am Unterrand des Fragments eins klärt sich nun durch den Kölner Papyrus die Z. 19 Verso, Z. 20–23; Reste von Z. 24 kommen hinzu. Recto beginnt nun nicht mehr mit Z. 22, sondern mit Z. 25. Am Unterrand verändern sich fünf Zeilen: Es klären sich die Z. 42–44 (alt: Z. 39–41), Z. 45–47 sind „neu". Fragment 2 Recto beginnt nun mit Z. 49, früher mit Z. 42. Der griechische Text in der Ausgabe Daniels dürfte der momentan beste sein.[176] Da diese Arbeit nicht ganz leicht zugänglich ist, gebe ich neben seiner neuen Zeilenzählung auch die verbreitete ältere nach Bell-Skeat an.[177]

Fragment	1v	(neu)	1r	(neu)	2r	2v	3v	3r
Bell-Skeat	1–21	—	22–41	—	42–59	60–75	76–81	82–87
Gronewald	1–21	22–24	25–44	45–48	77–94	61–76	55–60	49–54
Daniels	1–21	22–24	25–44	45–48	49–66	67–82	83–88	89–94

Im Zusammenhang mit dem Kölner Papyrus wird das Alter oft nach oben hin korrigiert: Der Papyrus dürfte um 200 geschrieben worden sein.[178] Trotz dieser Korrektur verfügt das EgEv über ein Bezeugungsalter, das bei den Zeugen der kanonischen christlichen Literatur kaum übertroffen wird.

Der Text des EgEv dürfte noch in der ersten Hälfte des zweiten Jahrhunderts entstanden sein. Wiederum hält Koester dieses apokryphe Stück für einen von unseren Evangelien unabhängigen Zeugen.[179] Er hat sich verschiedentlich auch

---

zum selben Papyruscodex steht außer Frage, denn das neue Fragment … läßt sich in das bisher bekannte ohne Schwierigkeiten einfügen".

[174] Ich nenne die durch Pap. Egerton 2 und Pap. Köln 255 bezeugte Schrift „Egertonevangelium" (Abk.: EgEv).

[175] So seit der Erstausgabe durch BELL-SKEAT, vgl. DANIELS, Egerton 7–10. Die Reihenfolge ist alles andere als gesichert, vgl. GRONEWALD, Evangelium 139; NEIRYNCK, Gospels 756 A. 220. GALLIZIA, Egerton 47 schlägt vor, gemäß den Joh-Parallelen zu ordnen: 1v par. Joh 5; 1r par. Joh 7f.; 3r Z. 82 (entspricht Z. 89 neu) par. Joh 10,30; 2v Z. 66 (neu Z. 73) Jordanufer par. Joh 10,40; Elemente aus Joh 11; erst am Schluß kämen die Stücke ohne Parallele zum Joh-Ev in 2r; ihm folgt GRONEWALD, Evangelium 139–142; dagegen: DANIELS, Egerton 9f.: Die Ähnlichkeiten zu Joh lassen sich nicht in die Abfolge des Joh-Ev bringen, z.B.: „the parallel to John 9:29 stands between the parallels to John 5:45 and 5:46" (aaO. 9 A. 2); LÜHRMANN, PKöln nimmt die Abfolgeunsicherheit zum Anlaß, jede Fragmentseite neu zu zählen; er erwägt zudem die Abfolge frgm 1r/1v in Parallele zu Joh 5,14/5,39.45–49.

[176] DANIELS, Egerton 12–21.

[177] Die Zählung von BELL-SKEAT übernehmen MAYEDA und GALLIZIA; Abk. für diese Zählung: „alt".

[178] JEREMIAS/SCHNEEMELCHER, NT Apo [5]I 8 nehmen die Nähe zu Pap. Bodmer 2 zum Anlaß, „eher um 200 als um 150" zu datieren; vgl. KOESTER, Gospels 206; NEIRYNCK, Gospels 753f.; HENGEL, Frage 31f.; GAMBLE, Art. Egerton 317f.; LÜHRMANN, PKöln 2242f. Die Datierungen vor dem Neufund neigten zur Mitte des 2. Jh.s, vgl. NEIRYNCK, Papyrus 773 A. 1. So auch der Erstherausgeber des Neufundes: GRONEWALD, Evangelium 136f. neigt zu einer früheren Datierung: „ca. 150 (?)". Er schließt sehr vorsichtig: „Doch auch bei einer eventuellen Datierung um 200 würde P. Egerton 2 immer noch zu den frühesten christlichen Papyri zählen" (aaO. 137).

[179] KOESTER, Apocryphal 119–123. Er steht damit nicht allein; zu BELL-SKEAT, MAYEDA, DANIELS s.u. KÖHLER, Rezeption nennt ferner: M. HORNSCHUH: Die Anfänge des Christentums in Ägypten, Bonn 1958 (diss. theol. masch.) 23. 27 und C. S. MORGAN: The Comparativ

diesem Papyrusstück zugewandt. Dabei gab er zwar seine Frühdatierung auf,[180] will aber weiterhin in dem Papyrusstück eine von unseren Evangelien unabhängige Überlieferung sehen.[181] Auch wenn ihm nur wenige zu folgen bereit sind,[182] kann diese Annahme nicht übergangen werden. Im Chor der Forscher zum EgEv sind entsprechende Stimmen zwar nicht häufig, aber doch vorhanden,[183] so etwa 1946 Goro Mayeda.[184] Koester bezog sich früher v.a. auf diese Studie.[185] In seinem 1990 veröffentlichten Buch „Ancient Christian Gospels" verweist er nun zusätzlich auf eine Dissertation Jon B. Daniels', durch die seine Thesen „almost complete confirmation" erhielten.[186] Diese 1989 bei James M. Robinson vorgelegte Arbeit versucht wiederum, die Unabhängigkeit des EgEv zu erweisen.[187] Die Monographien Mayedas und Daniels' tragen die Last der Argumentation, auf die Koester verweist. Daher ist von diesen beiden Monographien auszugehen.[188]

Die Erstherausgeber Bell-Skeat hielten zunächst das EgEv für unabhängig von den kanonischen Evangelien, Bell allerdings nahm seine These zurück.[189] Mayeda verteidigt die ursprüngliche Ansicht der Erstherausgeber. Dabei referiert er die ältere, v.a. durch Joachim Jeremias gestützte opinio communis, daß das EgEv von den kanonischen Evangelien abhängig sei.[190] In seiner Studie geht Mayeda Wort für Wort dem Papyrustext entlang und sieht bei keiner Wortverbindung eine zwingende Abhängigkeit vom Joh- oder einem anderen kanoni-

---

Influence of the Gospel of Matthew and Luke on Christian Literature before Irenaeus, Cambridge, Mass. 1970/71 (Diss. Harvard) 476.

[180] KOESTER, Einführung 620f.; DERS., Apocryphal 119–123.

[181] KOESTER, Gospels 205–216.

[182] NEIRYNCK, Papyrus 780 verweist auf CAMERON und CROSSAN.

[183] Einen Überblick über die Forschungsgeschichte zum EgEv bietet z.B. DANIELS, Egerton 27–74.

[184] Goro MAYEDA: Das Leben-Jesu-Fragment. Papyrus Egerton 2 und seine Stellung in der urchristlichen Literaturgeschichte, Bern 1946. Zur Person MAYEDAS s. Lührmann, Fragment 2239f. A. 5.

[185] Noch 1980 sieht KOESTER MAYEDA bestätigt: „no major attempt has been made to refute Mayeda's arguments" (KOESTER, Apocryphal 119). WRIGHT, Gospels 211 (mit A. 22 auf S. 229) weist hin auf eine Widerlegung MAYEDAS durch GALLIZIA, Egerton.

[186] KOESTER, Gospels 207 A. 3; vgl. aaO. 205f. A. 4 (auf S. 206).

[187] Jon B. DANIELS: The Egerton Gospel: Its Place in Early Christianity (Dissertation Claremont Graduate School), Claremont, CA 1989; ich zitiere nach der Microfichekopie: University Microfilms International, Ann Arbor, Michigan 1991.

[188] ERLEMANN, Papyrus 12–32 deutet das EgEv als dem Joh-Ev verwandte, aber nicht abhängige Schrift, die aus derselben mündlichen Jesusüberlieferung schöpfe wie die Synoptiker, ohne deren Werke zu kennen (aaO. 26). Diese konstruierte Herkunft ist nur durch gezwungene Argumentationen möglich, die red. synoptische Wortanleihen im EgEv bagatellisiert; vgl. u. zu DANIELS.

[189] MAYEDA, Leben 67; ein entsprechendes briefliches Zeugnis BELLS zitiert NEIRYNCK, Papyrus 774 A. 5.

[190] MAYEDA, Leben 65–67.

schen Evangelium.[191] Diesem Ergebnis stimmt die neuere Studie Daniels zu. Es geht im wesentlichen um neun Stellen mit besonderer Nähe zum Joh-Ev.

(1) EgEv Z. 7–10 (alt 7–10) Nähe zu Joh 5,39: Die Folge in Z. 7 (alt 7) ἐραυνᾶτε τὰς γραφάς steht wörtlich in Joh 5,39 in ähnlichem Kontext: Jesus spricht hier wie dort zu Juden.

Daniels hält den Kontext für signifikant verschieden.[192] Er behauptet, die hohe Christologie des Joh-Ev sei im EgEv noch nicht voll entwickelt. Im EgEv sei Jesus nur einer der von Mose angekündigten Zeugen, während Joh Jesus als den kosmischen Richter verstehe. Doch der Widerspruch erscheint mir konstruiert. In beiden Fällen ist allein Jesus der Maßstab. Es nimmt dieser Exklusivität nichts, wenn die, die ihn ablehnen, auch andere Zeugen abgelehnt haben. Nur insoweit wird Jesus im EgEv einer unter mehreren. EgEv Z. 18–20 berichtet vom Unglauben gegenüber denen, die bezeugt[193] haben: νῦν κατηγορεῖται [ὑμῶν τὸ ἀ]πιστεῖ[ν] τοῖς ὑπ’ αὐτοῦ [μεμαρτυρη]μένοις.[194] Daniels folgert: „‚[F]or had you believed Moses, you would have believed me, for he wrote about me to your fathers …‘ Here it becomes clear that Egerton’s author understands Jesus to be included as one of those commended by Moses, one among those whom the opponents refuse to believe".[195] Ich kann nicht sehen, daß Jesus hier einer durch Mose angekündigten Gruppe untergeordnet wird; entsprechend schwer fällt es mir auch, hier eine vorjohanneische Christologie zu sehen.

Auch inhaltliche Unterschiede seien zu konstatieren. Im Joh-Ev sei das Verb als Indikativ zu deuten, im EgEv dagegen als Imperativ.[196] Erst der Evangelist Joh habe den vulgäreren Anschluß ἐν αἷς des EgEv zu einem Indikativ mit ὅτι geändert.[197] Einige der durch Mayeda zahlreich zitierten ntl. Textzeugen hätten dann nachträglich die „johanneischer[e]"[198] Abfolge wiederum vulgarisiert und kämen darin mit dem EgEv überein. Bei seiner Darstellung der Ähnlichkeit zwischen Joh 5,39 und Z. 7 stellt Mayeda eine Deutungsvariante gegen die ungleich wichtigere Textgleichheit.[199] M.E. ist nur die umgekehrte Abfolge wahrscheinlich: Einige Textzeugen lesen in Joh 5 einen ähnlichen Text wie das EgEv. Ob sie damit den ursprünglichen Text bewahrt haben, mag man fragen, einen vorjohanneischen Text bezeugen sie jedenfalls nicht.

Die Wortfolge ἐκεῖναί εἰσιν αἱ μαρτυροῦσαι περὶ ἐμοῦ findet sich so eindeutig in EgEv 9f. (alt 9f.) wieder, daß Daniels nur die Vermutung bleibt, Joh 5,39 bearbeite ein traditionelles Logion, von dem das EgEv unabhängig von Joh 5,39 abhänge.[200]

---

[191] Vgl. die Zusammenstellung der „nennenswerten Unterschiede" (aaO. 71) bei MAYEDA, Leben 71f.

[192] DANIELS, Egerton 100; er verweist auf seine Ausführungen „above", wohl aaO. 91–94.

[193] NEIRYNCK, Gospels 755 (vgl. 771) konjiziert [γεγραμ]μένοις statt [μεμαρτυρη]μένοις, so GRONEWALD, Evangelium 140. N. folgt LÜHRMANN, PKöln 2243 mit A. 19; dagegen DANIELS, Egerton 12.

[194] EgEv (Daniels) Z.18–20. Einzelne Buchstaben sind als unsicher erkennbare gekennzeichnet durch winzige Unterpunktierungen; vgl. aaO. 22 zu l. 19/20. Die mir vorliegende Mikroficheedition erlaubt kaum, diese sicher zu erkennen.

[195] DANIELS, Egerton 92. Die vier Auslassungspunkte übernehme ich aus dem Orig.

[196] MAYEDA, Leben 17–21.

[197] MAYEDA, Leben 21.

[198] MAYEDA, Leben 21.

[199] Ähnlich gegen MAYEDA auch GALLIZIA, Egerton 215f.; WRIGHT, Gospels 214. DANIELS, Egerton 101 referiert M. kritiklos.

[200] DANIELS, Egerton 113.

(2) EgEv Z. 10–14 (alt 10–14) Nähe zu Joh 5,45: Auch hier erkläre eine gemeinsame Quelle die Ähnlichkeiten.[201]

(3) EgEv Z. 14–17 (alt 14–17) Nähe zu Joh 9,29: Joh 9,29 sei nicht aus dem spätesten Stratum des Joh-Ev. Eine gemeinsame ältere Quelle erkläre die Ähnlichkeiten.[202]

(4) EgEv Z. 20–23 (alt —) Nähe zu Joh 5,46: Joh 5,47 erweise sich sprachlich als Traditionsgut im Joh-Ev. Ein Dativobjekt für das Verb πιστεύειν bei Joh sei schon etwas ungewöhnliches.[203] Nur Joh 5,46 f. sei zudem noch jemand anderes als Gott oder Jesus die Person des Dativobjektes. M.E. erklärt sich diese „Sonderstellung" hinreichend durch das Thema des Vergleiches von Mose und Jesus im Kontext von Joh 5. Eine alte Tradition hinter Joh 5,46 ist keinesfalls gesichert. Noch unsicherer bleiben somit die Vermutungen, das EgEv sei auch hier nur von einer erschlossenen gemeinsamen Quelle abhängig.

(5) EgEv Z. 26–31 (alt 22–28) Steinigung Jesu: Die Zeilen 26–31 (alt 22–28) berichten von einem Versuch, Jesus zu steinigen.

Mayeda konstatiert für einzelne Wörter und Phrasen die relative Freiheit gegenüber je einem kanonischen Evangelium. Daß die Abweichungen von einem Evangelium auch Angleichungen an andere Evangelien sein können, also die Möglichkeit von Harmonisierungen, erwägt er kaum.[204] Manche Ähnlichkeit zum Joh-Ev vermerkt Mayeda nur, ohne sie mit seiner Gesamtthese in Verbindung zu bringen: Von einem Steinigungsversuch gegen Jesus berichtet allein das Joh-Ev (Joh 8,59; 10,31; 11,8); allein dieses Evangelium unter den kanonischen benützt im Zusammenhang der Steinigung das Verb βαστάζω für „steinigen".[205] Doch das Joh-Ev berichtet mehrmals in unterschiedlichen Worten von der Steinigungsabsicht, so daß eine Abhängigkeit dieser Joh-Stellen vom EgEv geradezu auszuschließen ist.[206] Z. 29.31 (alt 26.28) benützen im selben Kontext wie das Joh-Ev dasselbe Verb πιάζω, das sonst den Evangelien fremd ist, im Joh-Ev aber gehäuft auftritt (Joh 7,30.32.44; 8,20; 10,39; 11,57; vgl. 21,3.10).

(6) EgEv Z. 26–34 (alt 23–31) johanneisches Motiv: Die „Stunde ist noch nicht gekommen" bzw. „die Stunde" als Verweis auf Jesu Tod (vgl. Joh 7,30.44; 8,20b.59a; 10,31.39).

Daß Jesus nicht festgenommen werden konnte, weil seine Stunde noch nicht gekommen war,[207] erklärt Koester zum vorjohanneischen Traditionsmotiv, das der Evangelist

---

[201] DANIELS, Egerton 114–117.

[202] DANIELS, Egerton 117–119.

[203] DANIELS, Egerton 120: Ein Dativobjekt gäbe es nur in 11 von 90 Fällen.

[204] Vgl. MAYEDA, Leben 26. Für die Zeilen 32–41 hat NEIRYNCK, Papyrus 773–779 (Nachträge von 1985 und 1991 aaO. 780–783 widerlegen Einwände) die Verschmelzung themenverwandter synoptischer Stücke nachgewiesen. Gegen BOISMARD legt er Wert darauf, daß EgEv „post-Synoptic" (aaO. 779) sei.

[205] Vgl. auch WRIGHT, Gospels 215; DANIELS, Egerton 98 A. 2: „But ἕλκω and βαστάζειν (as reconstructed by Bell and Skeat) in l. 25 are too hypothetical to rely upon". D. läßt den Text an der Stelle offen.

[206] WRIGHT, Gospels 219.

[207] EgEv 32 f. (alt 28 f.): ὅτι οὔπω ἐ[ληλύθει]/ αὐτοῦ ἡ ὥρα τῆς παραδό[σεως].

mehrmals verwendet hätte.[208] Daniels konstatiert das johanneische Milieu dieser Terminologie, will aber Unterschiede feststellen, die ihm auch hier erlauben sollen, von einer gemeinsamen Tradition auszugehen.[209]

(7) EgEv Z. 43–47 (alt 37–41) Nähe Joh 5,14: Nach Daniels entstamme Joh 5,14 einer Quelle, die auch das EgEv benützt habe.[210]

(8) EgEv Z. 50–54 (alt 44–48) Nähe zu Joh 3,2: Nach Mayeda müssen kleinere Abweichungen gegenüber Joh 3,2a auch hier die Unabhängigkeit der Zeilen 52 f. (neu 45 f.) beweisen.[211] Mit ähnlichen kleineren Abweichungen erwägt Mayeda, daß Irenäus statt aus dem Joh-Ev aus „‚wilden‘ Überlieferungen" geschöpft habe.[212] Kühn vermutet er, „daß das Jesuswort über die vielen Wohnungen isoliert überliefert wurde und Joh und Irenäus es unabhängig voneinander benutzt haben".[213] Daß Irenäus das Joh-Ev voraussetzt, vermerkt Mayeda zwar im Kontext, vermutet aber trotzdem wilde Überlieferungen. Da Irenäus gerade die Exklusivität der vier Evangelien betont, wäre das Nebeneinander kanonischer und „wilder" Überlieferung erklärungsbedürftig.[214] Auch Daniels erklärt die Gemeinsamkeiten hier durch eine gemeinsame mündliche Formulierung, die in unterschiedlichen Kontexten entfaltet werde.[215]

(9) EgEv Z. 89 (alt 82) Nähe zu Joh 10,30: Fast ohne Kontext läßt sich im EgEv die Wortfolge ἕν ἐσμεν erschließen. Das joh. Wort: „Ich und der Vater sind eins" gäbe diesen vereinzelten Worten zumindest einen brauchbaren Sinn.[216]

Insgesamt muß die These Mayedas als verfehlter Versuch gewertet werden, der die Abhängigkeit des EgEv von den vier Evangelien ungerechtfertigt bestrei-

---

[208] KOESTER, Gospels 211: Die Phrase stamme aus einer Quelle des Joh-Ev, einer Quelle „such as the one which is preserved by *Papyrus Egerton 2*". MAYEDA, Leben 29 konstatiert: „Diese Zeilen erinnern an Joh 7,30". Dann verliert er sich in allgemeinen Belegen zum Thema „Stunde", ohne die ganze Phrase von der „noch nicht gekommenen Stunde" zu bedenken. Dagegen schon DODD, Gospel 31; vgl. 27. 32 f.; DODD hält die Abhängigkeit des EgEv vom Joh-Ev für gesichert, von den Synoptikern für möglich (aaO. 45).

[209] DANIELS, Egerton 124–128. Seine These entfaltet D. im Exkurs aaO. 275–280. Da das Motiv von der „Stunde" oder des Kairos für die Passion Jesu wiederholt vorkommt und zudem sogar nach DANIELS in Joh 2,4 unbestritten red. sei, bedarf hier sein Versuch, das EgEv von der Redaktion des Joh-Ev unabhängig zu erklären, besonderer Anstrengung. DANIELS versucht, Joh 7,30 und 8,20 der Urform des Motivs zuzuordnen, aus der der johanneische Redaktion das Motiv entfaltet habe. Hinter den genannten beiden Stellen stehe eine ältere Tradition und nur diese sei im EgEv vorauszusetzen.

[210] DANIELS, Egerton 128 f.

[211] MAYEDA, Leben 38.

[212] MAYEDA, Leben 41.

[213] MAYEDA, Leben 41.

[214] VAN UNNIK, Rez. Mayeda, Leben 120 weist die Vermutung zurück. Die zentraleren Thesen der Arbeit referiert VAN UNNIK leider kommentarlos.

[215] DANIELS, Egerton 130.

[216] Darauf haben z.B. hingewiesen: DODD, Gospel 44, GALLIZIA, Egerton 206.223; WRIGHT, Gospels 219. MAYEDA, Leben 57 nennt DODDS Vorschlag, enthebt sich aber wegen der fragmentarischen Überlieferung der Zeilen jeder Interpretation.

tet.[217] Wäre das EgEv älter als die kanonischen Evangelien,[218] wäre zudem die mehrfach aufgefallene Unkenntnis palästinischer Verhältnisse zu erklären.[219]

Auch die modifizierte Unabhängigkeitsthese, wie sie Daniels vorstellt, hält einer Überprüfung nicht stand. Zwar argumentiert er sehr vorsichtig, betont immer wieder, daß er nur Vermutungen anstelle, doch nicht einmal als plausible Möglichkeit kann seine Einordnung des EgEv in die frühe johanneische Schule überzeugen. Das EgEv sei in der Zeit entstanden, in der sich die johanneische Schule aus der Nähe zur vormarkinischen Überlieferung löst und zunehmend stärker eigenes Gepräge bekommt. Keine Endredaktion eines kirchlichen Evangeliums sei dem EgEv bekannt. Ein derartiges Hypothesengebäude wäre diskussionswürdig, wenn EgEv nur dem Joh-Ev vorausgehen sollte. Dann wäre allerdings auch noch der Charakter der vorjohanneischen Quelle zu klären: Die durch Daniels für diese „Quelle" beanspruchten Stücke sind sehr unterschiedlichen Charakters: Neben Redestoff sollten in ihr Erzählmotive (Steinigung Jesu) und theologische Formulierungen (die Rede von der „Stunde" Jesu für seine Passion) enthalten sein. Dieses Konglomerat vermeintlicher vorjohanneischer Teile macht die These Daniels nicht eben sehr wahrscheinlich. Daß der Autor des EgEv seine Melange johanneischer und synoptischer Stoffe nicht aus einer vorjohanneischen Quellenlage heraus, sondern unter Benützung der kirchlichen Evangelien anfertigte, zeigen schließlich Versatzstücke aus den anderen Evangelien, die der Autor übernommen hat.

Zum Abschnitt über die Aussätzigenheilung hat Neirynck nachgewiesen, daß *nach*synoptischer Stoff im EgEv vorliegt. Er zeigt, daß EgEv Z. 36–39 (alt 33–36) mehrere lukanische Vorzugswörter aus der Geschichte von den zehn Aussätzigen (Lk 17,11–19) und dem barmherzigen Samariter (Lk 10,33f.) verbinde. Die Verbindung erkläre sich durch Assoziation des barmherzigen Samariters mit dem dankbaren Samariter (17,16).[220] Schon die Stichwortassoziation wäre wohl

---

[217] So mit Jeremias und den in NT Apo [5]I 83f. genannten Forschern, u.a. Vielhauer, Geschichte 637f. (Kenntnis, nicht literarische Benützung); Neirynck, Papyrus passim; ferner: Gallizia, Egerton passim (gegen Mayeda bes. 219–223); Gronewald, Evangelium 137 (er vermerkt aaO. A. 1 Mayeda als Ausnahme); Wright, Gospels 210–220; Gamble, Art. Egerton 317f.

[218] Mayeda, Leben 73f. will sich nicht auf ein höheres Alter festlegen lassen, ihm genügt, die Unabhängigkeit beleuchtet zu haben.

[219] Mayeda, Leben 33f. 36f. vermerkt entsprechende Einwürfe, geht aber nicht auf das Problem ein, warum das EgEv gegenüber den kanonischen Evangelien die schlechtere Landeskunde bieten kann. Daß die Antwort Jesu „Gebt dem Kaisers was des Kaisers ist …" im Zusammenhang des EgEv wenn überhaupt erst nach einer „Digression" kommt, erläutert Mayeda: „Das wird ein Beweis dafür sein, daß … die Steuerfrage in ihrer Zuspitzung auf palästinensische Verhältnisse für den Verfasser des Papyrus nicht das dringende Glaubens- und Lebensproblem bedeutete, das sie für die Synoptiker war" (aaO. 51). Koester, Apocryphal 122 A. 57 konstatiert die Milieuferne des EgEv, ohne aber an seiner Unabhängigkeitsthese zu zweifeln.

[220] Neirynck, Papyrus 775f. So erklärt sich der Plural τοῖς ἱερεῦσιν vielleicht durch eine Verschmelzung mit Lk 17,14 aus der Perikope von den zehn Aussätzigen (aaO. 776). Die

hinreichend, den sekundären Charakter der EgEv-Version zu beweisen, zudem zeigt diese keine Vertrautheit mit den Landessitten.[221]

Zu Neiryncks detaillierter Argumentation für die nachsynoptische Herkunft der Aussätzigen-Heilung im EgEv teilt Koester pauschal mit, daß sie ihn nicht überzeugt habe.[222] Differenzierter ist die Argumentation bei Daniels. Er sieht in dem Abschnitt eine vom Mk-Ev unabhängige Entwicklung einer älteren Quelle. Das EgEv habe mit dem Mk-Ev ein gemeinsames Grundgerüst der Erzählung. Nach seiner Tabelle seien gemeinsame Tradition:[223]

EgEv	Abschnittsbenennung	Mk-Ev
Z. 35 (alt 32)	Approach	1,40a
Z. 39f. (alt 36f.)	Request	1,40c
Z. 40f. (alt 37f.)	Reply	1,41b
Z. 41f. (alt 38f.)	Cure	1,41c
Z. 43f. (alt —)	Instructions: Go to priest(s)	1,44b
Z. 45f. (alt —)	Instruction: Make offering	1,44c

Gerade weil die redaktionellen Erweiterungen des Mk fehlten, erweise sich, daß im EgEv eine von der Redaktion des Mk-Ev unabhängige Überlieferung vorliege.[224] Die Abweichungen des EgEv von diesem gemeinsamen Grundstock deutet Daniels als redaktionelle Ergänzungen des EgEv. Seine Tabelle macht einige Probleme nicht deutlich. Im vermeintlich gemeinsamen Stoff zwischen EgEv und Mk erweist sich das apokryphe Evangelium als abhängig vom Mt-Ev, es hat also schwerlich eine vormarkinische Urform erhalten, sondern verbindet schon Mk und Mt: So leitet das EgEv die Perikope weitgehend wörtlich wie Mt ein.[225]

Partizipien συνοδεύων καὶ συνεσθίων nehmen lukanische Sondervokabeln (Lk 15,2; Apg 10,41; 11,3/Apg 9,7) auf (aaO. 775).

[221] Zur Stichwortverknüpfung im EgEv auch Wright, Gospels 218f.

[222] Koester, Gospels 213 mit A. 1: Die in Zeilen 34f. vorausgesetzte Unausgegrenztheit der Aussätzigen zeige „unfamiliarity with the actual practice in Israel". Dies sei aber kein Argument für die Abhängigkeit von den Synoptikern. „I am, therefore, not convinced by the arguments ... put forward by Frans Neirynck"; vgl. Neirynck, Papyrus 774 A. 6.

[223] Leider gibt Daniels, Egerton 151 keine Textsynopse, sondern nur eine Tabelle seiner Abschnittsbenennungen wieder. Ich gebe neben D.s Abschnittsbenennungen auch die Z. des EgEv an.

[224] Red. Mk sei nach Daniels, Egerton 151: Mk 1,40b („Obeisance"); 1,41a („Touch"); 1,42–44a („Cleanliness; Stern Dismissal; Instruction: Say nothing"); 1,44d (Instrucion: For a witness"; 1,45 („Leper's Response").

[225] In seiner Besprechung der Einleitungsformel betont Daniels, Egerton 142f. das Fehlen eines Proskynesegestusses im EgEv, ohne die ansonsten wörtliche Gleichheit mit Mt 8,2 zu vermerken; kritisch auch Neirynck, Gospels 782 (Nachtrag von 1991); Köhler, Rezeption 451 vermerkt die Parallelität. Kürze und Allgemeinheit der Parallele erlauben nach K. keine weitreichenden Schlüsse. Da aber Daniels durch die genannten Ähnlichkeiten das EgEv zumindest in die Vorgeschichte des Joh-Ev einordnen muß, ist diese Ähnlichkeit zu einer spezifisch matthäischen Einleitung von Gewicht.

Mt 8,2:	καὶ ἰδοὺ λεπρὸς προσελθὼν προσεκύνει	αὐτῷ
EgEv Z. 35 (alt 32):[226]	καὶ ἰδοὺ λεπρὸς προσελθὼν	αὐτῷ
dagegen Mk 1,40:	καὶ ἔρχεται πρὸς αὐτὸν λεπρὸς	

Das mit Mt gemeinsame Gut betrifft eine redaktionelle Einleitung des Mt. Die aber läßt sich nicht mehr in das durch Daniels vermutete vorjohanneische Milieu des EgEv einbauen.

Das EgEv kompiliert Material aus allen vier Evangelien, die ihm in ihrer redaktionellen Bearbeitung vorliegen. Der Papyrus erweist sich als freie Nacherzählung von Einzelperikopen aus allen vier kanonischen Evangelien. Die jetzt bevorzugte Datierung um 200 nimmt dem Papyrus die Ehre, der älteste Beleg für die Vierevangeliensammlung zu sein. Auch wenn der Text des EgEv gut 50 Jahre älter ist als der Papyrus, auf dem er erhalten geblieben ist, muß es nicht überraschen, daß das EgEv die vier später kanonisch gewordenen Evangelien kennt.[227] Bei aller Freiheit gegenüber den verwendeten Quellen zeigt das EgEv, daß die Quellen über Jesus auch dann noch aus den vier Evangelien genommen wurden, wenn eine inhaltliche Anknüpfung nicht intendiert ist. Kurz: Noch bevor die Vierevangeliensammlung kanonische Geltung erringen konnte, war sie bereits durch ihre faktische Bedeutung eine Quelle von herausragendem Wert.

4.3 Die Epistula Apostolorum und die Vierevangeliensammlung

Die Epistula Apostolorum (EpAp) ist ein Brief, der im Dialog zwischen dem Auferstandenen und den elf Jüngern Offenbarungswissen verbreitet. Für eine Datierung fehlen eindeutige Hinweise. Wenn trotzdem das zweite Jahrhundert allgemein angenommen wird, so sind dafür v.a. das Milieu und der Umgang mit den kanonischen Evangelien als Hinweise verwendet worden. V.a. wegen des Hinweises auf die Parusie, „Wenn das Hundertstel und das Zwanzigstel vollendet sein wird … wird stattfinden die Ankunft des Vaters"[228], vermutet Hornschuh die Abfassungszeit im ersten Fünftel des zweiten Jahrhunderts.[229] Doch er weist auch auf die Problematik dieser Rechnung hin und datiert schließlich vorsichtiger auf die erste Hälfte des zweiten Jahrhunderts. Hengel rechnet die angegebene

---

[226] EgEv (Daniels) Z. 35 = EgEv (Gallizia) Z. 32; die Kennzeichnung unsicherer und rekonstruierter Buchstaben entfällt bei meiner Wiedergabe aus drucktechnischen Gründen. Die Rekonstruktion ist unumstritten.

[227] KOESTER, Gospels 207 referiert JEREMIAS' These zur Abhängigkeit des EgEv von den vier Evangelien. Er schließt: „If this conclusion were true, *Papyrus Egerton 2* would appear to be, even with a date of ca. 200 CE, a spectacularly early piece of evidence for the establishment of the four-gospel canon of the New Testament" (aaO.). M.E. wäre eher von einer Vierevangeliensammlung zu reden, da die Art der Zusammenfügung des Materials in EgEv keine Ehrfurcht gegenüber einem kanonischen Text bezeugen würde.

[228] EpAp 17(28) kopt. Überl. (Müller).

[229] HORNSCHUH, Studien 117 f.

Stelle vom Todespassa ab und kommt so auf eine „Entstehungszeit zwischen 130 und 150".[230]

Unzweifelbar greift der Brief auf das vierte Evangelium zurück.[231] Daneben ist die Kenntnis der großen Synoptiker gesichert. Allein vom Mk-Ev kommt kein eindeutiges Sondergut so zur Sprache, so daß dessen Kenntnis gesichert werden könnte. Da aber der längere Zusatz, Mk 16,9–20, dem Brief als Vorlage dient, ist wohl auch von der Kenntnis des Mk-Ev auszugehen.[232] Die EpAp erweist sich so als Zeuge einer Vierevangeliensammlung, die unter Vorherrschaft des Joh-Ev frei mit dem überlieferten Stoff umgeht. Nicht die Historizität einzelner Berichte verbürgt dieser Brief, sondern allen Widersachern stellt er die Mauer der Einheit der elf Apostel gegenüber. Auf dieses Fundament, und nur auf dieses Fundament, sei alle Verkündigung zu stellen: „Es gibt keinen anderen legitimen Zugang zu Christus und seiner Offenbarung als über die elf Apostel".[233] Insofern empfiehlt sich der Brief selbst als ‚kanonisch'. Der Brief muß damit nicht gegen die kanonische Geltung einzelner Apostelschriften gerichtet sein. Die EpAp verlangt allerdings, aus den einzelnen Schriften einen Konsens herauszulesen; der Brief verlangt, *das* Evangelium in *den* Evangelien zu sehen und gibt dafür wichtige Hinweise. Die EpAp betont v.a. die fleischliche Auferstehung und wehrt einer doketistischen Christologie. Eine Auseinandersetzung mit Markion findet sich in ihr nicht.[234]

5 Die Evangelien des Justin

Nach den apokryphen Evangelien kommt mit dem Märtyrer Justin ein Kirchenvater in den Blick, von dem einzelne Werke erhalten geblieben sind. Justin läßt sich ungleich genauer datieren als die anonymen oder pseudonymen Schriften. Zudem sind die Schriften Justins direkt überliefert, d.h sie müssen nicht erst aus anderen Werken herausgefiltert werden.

Anders mußten etwa Worte aus dem Werk des Papias aus sehr viel späteren Zitaten erschlossen werden (s.o. Kap. IV 1). Ähnlich indirekt und bruchstückhaft sind die Werke des Basilides und des Valentin überliefert. Basilides dürfte fast ein Zeitgenosse des Papias sein, Valentin wirkte wohl etwas später, wenn auch

---

[230] HENGEL, Frage 60.
[231] HORNSCHUH, Studien 9: „Vom Johannesevangelium darf man sicherlich ohne allen Vorbehalt sowohl behaupten, daß es ihm ‚in Fleisch und Blut übergegangen' sei, als auch, daß es für ihn eine außerordentliche Autorität darstellte"; HENGEL, Frage 60f. Sogar KOESTER, Jesus 188; DERS., Gospels 47f. hält EpAp für abhängig von den überlieferten kanonischen Evangelien.
[232] Umgekehrt will HORNSCHUH, Studien daraus die ehemals unabhängige Existenz des Zusatzes durch EpAp bewiesen finden; vgl. o. zu 3.2.
[233] HORNSCHUH, Studien 83, vgl. aaO. 81–83.
[234] HENGEL, Frage 60.

noch vor der Mitte des zweiten Jahrhunderts.[235] Diese Theologen greift schon Irenäus als Häretiker und Begründer der Gnosis an.[236] In vielen Punkten verurteilt Irenäus die ihm zeitgenössischen Schüler des Basilides und Valentin und überträgt dabei manche Eigenheit oder Neuerung der Schüler auf die Lehrer. Welche Evangelien Basilides und Valentin selbst kannten, benützten und voraussetzten, läßt sich aus den wenigen erhaltenen Texten kaum verifizieren.[237]

Um so wichtiger sind die wenigen Autoren aus dem zweiten Jahrhundert, von denen wir direkt überlieferte Stücke besitzen. Zu diesen Autoren gehört Justin. Dieser redet erstmals von den Evangelien im Plural. Kann er auch als Zeuge der Vierevangeliensammlung angesehen werden?

5.1 Zu Person und Werken Justins

Die erhaltenen Schriften Justins haben beträchtlichen Umfang, verglichen mit den knappen Resten älterer christlicher Schriftsteller wie Papias und anderer, von denen wir nur einzelne Zeilen kennen. Von den acht bei Eusebios, h.e. 4,18,1–6 genannten Schriften sind nur Teile erhalten geblieben. Dazu gehört die sog. erste Apologie (apol), die Justin um einen Anhang erweiterte (apol II).[238] Nach dieser Apologie schrieb er einen „Dialog mit dem Juden Tryphon" nieder (dial). Mit dem Dialog und der Apologie samt Anhang sind die erhaltenen und zweifellos echten Schriften des Märtyrers versammelt, die als Grundlage für die Frage nach den Evangelien bei Justin dienen können.

Schon Eusebios vermerkt, daß er von weiteren Schriften bei den Brüdern gehört hat (h.e. 4,18,8 fin). Neben mancher sicher unechten Schrift kann die im Korpus des Märtyrers Justin überlieferte Schrift „Über die Auferstehung" (resurr) vielleicht als echt gelten.[239] Mit ihr wäre der Beweis für die Kenntnis des vierten

---

[235] HENGEL, Frage 39 datiert Basilides auf „ca. 130 n.Chr."; Valentin wirkte nach MARKSCHIES, Valentinus 335 f. sicher in der Mitte des 2. Jh. in Rom, wohl schon ab etwa 130–140 n.Chr. (vgl. aaO. 298).

[236] Die Berichte über Valentin sichtet MARKSCHIES, Valentinus 293–336; zu Basilides s. HENGEL, Frage 39 f.

[237] Nach MARKSCHIES, Valentinus 196 kannte Valentin sicher das Mt-Ev, vielleicht das Lk-Ev: AaO. läßt M. das Verhältnis zum Joh-Ev offen. In dieser Frage zuversichtlicher HENGEL, Frage 41. Zur Problemlage bei Basilides, vgl. HENGEL, Frage 39 f. (Lit. aaO. 40 A. 87).

[238] Die alte Streitfrage, ob apol II einen Anhang oder ein eigenständiges Buch darstellt, hat MARCOVICH, in: Justin, apol (Marcovich) 8–11 umfassend referiert. Ergebnis: apol II setzt apol voraus und dürfte kurz später als „Appendix" (aaO. 10) geschrieben sein.

[239] Die ältere Lit. sichtet SEMISCH, Justin I 146–161; er selbst hält resurr für echt; so auch ZAHN, Studien 34–37; vgl. HARNACK, Geschichte I 113; für Echtheit in neuerer Zeit nachhaltig: PRIGENT, Justin 36–64 nach ALTANER-STUIBER, Patrologie 68 sub 3a (Lit.); HENGEL, Frage 66 A. 197: „m.E. echte Schrift"; zurückhaltend: SKARSAUNE, Art. Justin 472: „Auch die drei Fragmente aus einer Schrift *Von der Auferstehung* ... werden neuerdings von Prigent als echt anerkannt"; DERS., Proof 8 f.; BELLINZONI, Sayings 5 f. A. 6; LAMPE, Christen 222 A. 373.

Evangeliums bei Justin leicht zu führen. In resurr 9 heißt es: „Καὶ ψηλαφᾶν αὐτὸν ἐπέτρεπεν αὐτοῖς, καὶ τοὺς τύπους τῶν ἥλων ἐν ταῖς χερσὶν ἐπεδείκνυε".[240] Die Nägelmale kommen nur in der johanneischen Thomasgeschichte vor.[241] Die Schrift von der Auferstehung kombiniert aus dem Joh und Lk-Ev die Stellen, die untermauern, daß Jesus leiblich auferstanden ist. Doch im folgenden sollen die unbestritten echten Schriften zu Worte kommen.

An keiner Stelle der erhaltenen Schriften gibt uns Justin einen Katalog der ihm bekannten christlichen Schriften, erst recht nicht äußert er sich zu deren Wert oder Autorität. Innerhalb seiner Ausführungen verwendet er allerdings christliche Überlieferungen und stellt sie neben die Schrift.

Die Person Justins und der Charakter seiner Werke ist bei Rückschlüssen über seine christlichen Quellen zu berücksichtigen. Justin ist in Neapolis, nahe dem vormaligen Samaria in Palästina geboren (apol 1,1). Als er längst in Rom wohnt, nennt er daher die Bewohner Samarias seine Landsleute (dial 120,6). Er ist unbeschnitten (dial 3,4; 10,1; 28,2) und legt daher seinem Tryphon die an ihn gerichtete Anrede „Heide" in den Mund (dial 64,1). Seine Bekehrung zum Christentum stellt Justin dar als späte Folge eines Gesprächs mit einem etwas geheimnisvollen alten Mann. Nach einer ausführlichen Wiedergabe einiger Gesprächsteile vermerkt Justin, daß er diesen Mann nie mehr gesehen hat (dial 8,1). „In meiner Seele fing es sofort an zu brennen, und es erfaßte mich die Liebe zu den Propheten und jenen Männern, welche die Freunde Christi sind".[242] Den Ort des ursprünglichen Dialogs gibt Eusebios mit Ephesus an.[243] Semisch und Zahn haben mit beachtenswerten Indizien auch die Bekehrung dort lokalisiert.[244] Als Justin die Apologie abfaßt, lebt er bereits in Rom.

---

[240] Justin[?], resurr 9 (Otto).

[241] Joh 20,25.27. EvPetr 6:21 hat nur „ἀπέσπασαν τοὺς ἥλους ἀπὸ τῶν χειρῶν τοῦ κυρίου" und dürfte von Joh abhängen s.u. Von der Annagelung Jesu am Kreuz berichtet Justin auch apol 35; dial 97,3: ἐσταύρωσαν αὐτόν, ἐμπήσσοντες τοὺς ἥλους τὰς χεῖρας καὶ τοὺς πόδας αὐτοῦ ὤρυξαν. Die drei Akkusative zwischen dem Partizip und dem finiten Verb lassen sich unterschiedlich zuordnen. Dem zitierten Psalm 22,7 zufolge werden die Hände und die Füsse gebrochen, so daß wohl nur τοὺς ἥλους zum Partizip zu ziehen ist, vgl. auch dial 97,4. Anders apol 35,7: dort werden die Nägel an Händen und Füssen als Beweis der Erfüllung des Psalmworts angeführt; vgl. ZAHN, Geschichte I 530.

[242] Justin, dial 8,1 (Haeuser); ἐμοῦ δὲ παραχρῆμα πῦρ ἐν τῇ ψυχῇ ἀνήφθη, καὶ ἔρως ἔχει με τῶν προφητῶν καὶ τῶν ἀνδρῶν ἐκείνων, οἵ εἰσι Χριστοῦ φίλοι (Goodspeed).

[243] Eusebios, h.e. 4,18,6. Daß Eusebios seine Lokalisierung aus dem uns nicht erhaltenen Proömium schöpfen konnte (so ZAHN, Studien 47), problematisiert VAN WINDEN, Philosopher 21: Die These vom verlorenen Proömium „raises as many problems as it solves" (aaO.).

[244] SEMISCH, Justin I 18–21: Hauptargument ist der Plural „unsere Stadt", dial 2,6 (Goodspeed): τῇ ἡμετέρᾳ πόλει, womit der Gesprächspartner Tryphon eingeschlossen sein muß, da die Geburtsstadt Neapolis aus sachlichen Gründen ausscheidet – sie liegt nicht nahe am Meer (vgl. aber dial 3,1). Für Ephesus votiert auch ZAHN, Studien 46–48, vgl. DERS., Geschichte I 538; VEIL, in: Justin, apol (Veil) XVII: „wahrscheinlich in Kleinasien zu Ephesus", vgl. aaO. XVIII; HARNACK, Geschichte II 1, 281.

Justin verfügt über philosophische Kenntnisse, auch wenn sein eigener Katalog der Philosophenschulen, die er besucht haben will, stilisiert sein mag (dial 2,3–6).[245] Bei der Beurteilung des Berichts am Anfang des Dialogs plädiert von Campenhausen für ein ausgewogenes Urteil jenseits von naiver Annahme der Historizität und Hyperkritik.[246] Justins erhaltene Werke sind zwischen 150 und 160 n. Chr. in Rom entstanden.[247]

Neben seiner schriftlichen Hinterlassenschaft hat Justin auch persönlich gewirkt. Schon Irenäus nennt Tatian einen Hörer bzw. Schüler Justins.[248] Obwohl Irenäus diesem Schüler wenig geneigt ist,[249] zitiert er zweimal Justin.[250] Die Bedeutung Justins für alle späteren Versuche eines Schriftbeweises kann kaum überschätzt werden.[251] Die spärliche Überlieferung seiner Texte wäre geeignet, seine Popularität bei den Nachgeborenen in Zweifel zu ziehen.[252]

Bei der Frage nach den durch Justin verwendeten Schriften ist zu beachten, welche Leserschaft Justin anvisiert. In der Apologie vermeidet er die „Sprache Kanaans", um auch von uneingeweihten Nichtchristen verstanden werden zu können.[253] Gegenüber dem Kaiser sammelt er einen Katalog bekannter alttestamentlicher Schriften mit ihren Vorverweisen auf Christus, um die Wahrheit der scheinbar neuen Religion zu begründen. Dieses Programm Justins verbietet ihm, christliche Urliteratur als Autorität anzuführen.

---

[245] Die These, daß die Bekehrungsgeschichte dial 2–8 ihrer Topik wegen nicht autobiographisch auswertbar sei, ist nicht neu, vgl. SEMISCH, Justin I 15: „Aber man hat in neuern Zeiten diese ganze Erzählung Justin's über die Art seiner Bekehrung zum Christenthume für eine leere Fiktion erklärt ..." SEMISCH selbst argumentiert dagegen aaO. 15–17; ZAHN, Studien 52 f. Die Fiktionsthese vertritt wieder GOODENOUGH, Theology 58 f. (vgl. dazu HYLDAHL, Philosophie 42–50); HYLDAHL, Philosophie passim bes. 148–159. 273 untermauerte sie; bei aller Kritik in anderen Fragen stimmt VAN WINDEN, Philosopher 52 f. 62. 127 hierin HYLDAHL zu.

[246] VON CAMPENHAUSEN, Entstehung 110 A. 165 (Lit.); gegen die These reiner Topik bei den eigenen Bekehrungsberichten streicht SKARSAUNE, Conversion 67–71 die atypischen Momente heraus und stützt so mit dem Differenzkriterium die Historizität wenigstens für Teile des Berichts; detaillierte Hinweise auf Anzeichen überdurchschnittlicher philosophischer Bildung bei Justin sammelt LAMPE, Christen 219–227. 236–245. 353–361.

[247] Die durch HARNACK, Geschichte II 1, 276–281 im einzelnen ausgeführten Datierungen sind allgemein anerkannt: SKARSAUNE, Proof 9; MARCOVICH in: Justin, apol (Marcovich) 11; ausführlich: VEIL, Justinus XXVIII-XXXII: „etwa die Jahre 153–155 n. Chr." (aaO. XXXI).

[248] Irenäus, advhaer 1,28,1 (Brox): „Iustini auditor"; gr. bei Eusebios, h.e. 4,29,3; vgl. 4,29,1. Vgl. Tatian, or. ad Graecos 18,6 (= Justin, frgm 3 [Otto]): „ὁ θαυμασιώτατος Ἰουστῖνος"; HARNACK, Geschichte II 1, 286 f.; SKARSAUNE, Art. Justin 475; daß thematische Gemeinsamkeiten zwischen Justin und Tatian trotz einzelner Unterschiede überwiegen, stellt HYLDAHL, Philosophie 236–255 dar.

[249] Irenäus, advhaer 1,28,1; 3,23,8.

[250] Irenäus, advhaer 4,6,2 = Justin, frgm 1 [Otto]; 5,26,2 = Justin, frgm 2 [Otto].

[251] Vgl. VON CAMPENHAUSEN, Entstehung 109 A. 164.

[252] Zur Überlieferung der Texte Justins: VAN WINDEN, Philosopher 4 f.; MARCOVICH, in: Justin, apol (Marcovich) 1–11.

[253] ZAHN, Geschichte I 467.

Etwas komplizierter ist die anvisierte Leserschaft des Dialogs zu bestimmen. Er dürfte zumindest auch für christliche Leser bestimmt sein.[254] Cosgrove zeigt, wie Justin im Dialog wiederholt christliches Binnenwissen voraussetzt. Doch Justin stellt seine Lehren als Dialog mit einem Rabbi vor. Der Dialog dürfte in weiten Teilen fiktive Züge tragen. Schon Zahn wies darauf hin, „daß der berühmte Rabbi Tarphon aus Palästina ... für den Tryphon des Dialogs wenig mehr als den Namen hergegeben hat."[255] Trotzdem bleibt Justin der Dialogsituation soweit treu, daß er nicht neutestamentliche Schriften als Ausgangspunkt seiner Argumentation verwendet. Justin will im Dialog ausdrücklich nur auf solche Stellen zurückgreifen, die sein jüdisches Gegenüber auch anerkennt.[256] Daraus kann man wohl schließen, daß er auch andere Schriften kennt, aber gegenüber dem „Rabbi Tryphon" nicht einbringt.

5.2 Das Problem der Evangelienbenützung bei Justin

Justin benützt eindeutig schriftliche Quellen bei seiner Jesusüberlieferung.[257] Seine Bezeichnungen für diese Quellen machen das deutlich. Hierher gehört die vielverhandelte Bezeichnung Apomnemoneumata.[258] Die Bezeichnung findet sich gehäuft im Kontext einer Auslegung des Psalmes 22 im dial 100–107. Der meist folgende Genetiv τῶν ἀποστόλων gibt die Autoren an. Dies zeigt apol 66,3: „Denn die Apostel haben in den von ihnen stammenden Denkwürdigkeiten, die Evangelien genannt werden, überliefert, dass sie folgende Weisung empfangen haben ..."[259] Die Angabe impliziert, daß die Denkwürdigkeiten durch ihre apostolische Herkunft Bedeutung beanspruchen dürfen. Justin unterscheidet sogar Apostel und Apostelschüler: „ἐν γὰρ τοῖς ἀπομνημονεύμασιν, ἅ φημι ὑπὸ τῶν ἀποστόλων αὐτοῦ καὶ τῶν ἐκείνοις παρακολουθησάντων συντετάχθαι, γέγραπται ..."[260] Die formale Qualität des Apostolischen wie auch die konkrete geschichtliche Vermittlung z.T. über Apostelschüler haben ihre Parallele in der Presbyternotiz zum Mk-Ev, die Papias zitiert hatte. Aus dieser Quelle erklärt sich

---

[254] So von CAMPENHAUSEN, Entstehung 106 mit Verweis auf dial 30,1; 80. Daß der dial gegenüber apol gerade bei themenverwandten Ausführungen seine Ausrichtung auf christliche Leser zeigt, hat COSGROVE, Justin 215–219 nachgewiesen.

[255] ZAHN, Geschichte I 468; DERS., Studien 65 vgl. aaO. 54–66. Daß später dieselbe These vermeintlich gegen ZAHN bewiesen wurde, gehört zur Ironie der Forschung, vgl. SWARAT, Kirche 259 A. 12.

[256] Justin, dial 32,2; 120,5; Tryphon bestätigt dial 56,16.

[257] Einen Überblick über die Verwendung der Evangelientradition bei Justin sammelt BELLINZONI, Sayings 1–7; vgl. von CAMPENHAUSEN, Entstehung 106–122.

[258] M.E. immer noch grundlegend: SEMISCH, Denkwürdigkeiten (1848). Neuere Untersuchungen: ABRAMOWSKI, Erinnerungen passim; HENGEL, Frage 62f.; THORNTON, Justin 109f. A. 64 (Lit.).

[259] Justin, apol 66,3 (Veil).

[260] Justin, dial 103,8 (Goodspeed).

die Bezeichnung ἀπομνημονεύματα für die Schriften, da dort das Werk des Mk schon als Ergebnis des Erinnerns vorgestellt wurde: Markus schrieb, wie er sich erinnerte (ὡς ἀπεμνημόνευσεν).[261] Die Ähnlichkeit in der Terminologie für die Jesustradition verlangt nicht, daß Justin das Werk des Papias selbst gelesen hat.[262] Für seine Terminologie bedarf schon Justin keiner spezifischen Quelle mehr; was mit den Denkwürdigkeiten des Petrus gemeint ist, setzt er stillschweigend sogar bei seinen Lesern als bekannt voraus (vgl. u. 5.2.2). Den Titel „ἀπομνημονεύματα" aus einer für uns auch bei Papias auftretenden Terminologie heraus abzuleiten,[263] ist vielleicht etwas ungezwungener als die Theorie, Justin habe auf die ihm bekannte Schrift Xenophons Ἀπομνημονεύματα Σωκράτους anspielen wollen.[264]

Von größter Bedeutung ist die Erläuterung dieser Schriften mit dem Relativsatz: ἃ καλεῖται εὐαγγέλια (apol 66,3). Schon allein die Tatsache, daß hier der erste Beleg für Evangelium im Plural vorliegt, gibt dieser Stelle herausragende Bedeutung. Der Plural belegt das literarische Verständnis des Ausdrucks „Evangelium" z.Z. Justins.[265] Dieses literarische Verständnis bestätigen auch weitere Stellen bei Justin, die vom Evangelium im Singular reden.

Diesen Singular εὐαγγέλιον legt Justin seinem Tryphon in den Mund: ὑμῶν δὲ καὶ ἐν τῷ λεγομένῳ εὐαγγελίῳ παραγγέλματα θαυμαστὰ οὕτως καὶ μεγάλα ἐπίσταμαι ... (dial 10,2). Er selbst sagt an anderer Stelle: ἐν τῷ εὐαγγελίῳ δὲ γέγραπται εἰπών· Πάντα μοι παραδέδοται ὑπὸ τοῦ πατρός, καὶ οὐδεὶς γινώσκει τὸν πατέρα εἰ μὴ ὁ υἱός, οὐδὲ τὸν υἱὸν εἰ μὴ ὁ πατὴρ καὶ οἷς ἂν ὁ υἱὸς ἀποκαλύψῃ (dial 100,1). Den zweiten Teil dieses Zitats verwendet Justin fast wörtlich auch in apol 63,3, dort aber liest er Aorist ἔγνω statt des Präsens γινώσκει. Doch mit dem letzten Zitat sind auch die Probleme gegeben: Die nächste Parallele in unseren Evangelien entspricht nicht wörtlich dem Justinschen Zitat:

Πάντα μοι παρεδόθη ὑπὸ τοῦ πατρός μου, καὶ οὐδεὶς ἐπιγινώσκει τόν υἱόν εἰ μὴ ὁ πατήρ, οὐδὲ τὸν πατέρα τις ἐπιγινώσκει εἰ μὴ ὁ υἱὸς καὶ ᾧ ἐὰν βούληται ὁ υἱὸς ἀποκαλύψαι Mt 11,27 par Luk 10,22 (Q).

---

[261] Überliefert bei Eusebios, h.e. 3,39,15; vgl. Kap. IV 4.3.

[262] Eine etwas unglückliche Formulierungen bei HEARD, Papias 126 f. („a deduction from Papias' accounts"/ „borrowed from Papias' description") könnte so verstanden werden, als ob Justin Papias gelesen haben sollte; PILHOFER, Justin 68 A. 37 versteht H. so und wendet sich zu Recht dagegen – zumal Papias sich bei dieser Terminologie auf „den Presbyter", vielleicht den Presbyter Johannes, beruft s.o. Kap IV 4.3.

[263] So schon CREDNER, Beiträge 105; SEMISCH, Denkwürdigkeiten 88 f.; wiederum: HEARD, Papias 125 f.; KÖHLER, Rezeption 261 f. Kritisch dagegen: HYLDAHL nach ABRAMOWSKI, Erinnerungen 344–347.

[264] So schon R. SIMON (1689) nach ZAHN, Geschichte I 473 A. 2; SCHÜTZ (1812) und OLSHAUSEN (1823) nach SEMISCH, Denkwürdigkeiten 37. 40. OLSHAUSEN nimmt er dabei (aaO. 40 A. 1) in Schutz gegen die ihm unterstellte „Absurdität", von den vier Büchern der Schrift des Xenophon auf die vier Evangelien zu schließen. ZAHN, Geschichte I 474 allerdings will diese Parallelität „schwerlich zufällig finden".

[265] So häufig, z.B. VIELHAUER, Geschichte 254; KOESTER, Evangelienliteratur 1467.

Zunächst unterstreichen die Abweichungen die Zuverlässigkeit der Justinschen Textüberlieferung. Entgegen einer sonst beobachteten Tendenz bei Vätertexten, die später kanonisch gewordene Lesart in die Auslegungen einzutragen,[266] blieb der Justinsche Text von solche Eingriffen verschont.[267] Doch die Frage bleibt: Wie erklären sich die Abweichungen?

5.2.1 Justins freier Umgang mit neutestamentlichen Traditionen

„Die Frage nach den Evangelienschriften Justin's ist, wie für die Geschichte der kanonischen Evangelien eine der entscheidendsten, so eine der fleißigst bearbeiteten. Kein Kundiger wird erwarten, daß diese Schrift mit lauter neuen Beweisfaktoren gerechnet habe".[268] Diesen Satz stellte Karl Semisch 1848 der bislang umfangreichsten Untersuchung zu der Evangelienbenützung bei Justin voran. Sein Forschungsüberblick referiert Ergebnisse seit dem ausgehenden 17. Jh.[269] Es gibt kaum eine Lösung der Frage nach den Evangelien des Justin, auf die nicht schon Semisch zurückblicken konnte. Er selbst erklärt die kleinen Abweichungen durch Freiheiten des Märtyrers im Umgang mit den kanonischen Evangelien, sei es, weil er aus dem Gedächtnis zitiert, den hebraisierenden Stil heben will, oder seine Darlegungen dem Kontext anpaßt.[270] Nicht nur einst Zahn, sondern auch in neuerer Zeit z.B. Luise Abramowski halten diese Lösung für die wahrscheinlichste.[271]

Eine zweite Position begnügt sich nicht mit dieser Erklärung, sondern vermutet, daß Justin sehr genau aus Quellen zitiere, die nur nicht unsere vier Evangelien sind. Besonders das EvPetr erfreut sich bei diesen Thesen besonderer Beliebtheit bis in die Gegenwart (s.u. 5.2.3). Zur selben Erklärungsrichtung sind die Versuche zu stellen, die bei Justin Jesustraditionen vermuten, die später als apokryph gewertet wurden.

Ein dritter Weg, neben der Erklärung durch Gedächtniszitate oder apokryphe Quellen, ist die Vermutung von Evangelienharmonien bei Justin. Diesen dritten Weg geht in neuerer Zeit Bellinzoni in einer Studie, die weitgehend positiv rezipiert wird.[272] Schon deswegen bedarf diese Studie einer genaueren Betrachtung.

---

[266] Das gilt insbesondere für den Lemma-Text nach ALAND-ALAND, Text 179 f.

[267] Darauf weisen z.B. hin: BELLINZONI, Sayings 6; KÖHLER, Rezeption 162.

[268] SEMISCH, Denkwürdigkeiten IV.

[269] SEMISCH, Denkwürdigkeiten 16–59.

[270] Dem Beweis widmet er die zweite Hälfte seiner Monographie: SEMISCH, Denkwürdigkeiten 206–410; zustimmend ZAHN, Geschichte I 481–484. Der Verweis auf die Seiten „389 ff." durch BELLINZONI, Sayings 1 A. 2, bzw. auf die Seiten „389–92" bei PETERSEN, Evidence 512 A. 2 ist wenig spezifisch für das Thema bei SEMISCH. Beide Autoren wollen SEMISCH und ZAHN widerlegen, setzen sich aber leider kaum inhaltlich mit deren Argumenten auseinander.

[271] ABRAMOWSKI, Erinnerungen 352 f.; A. zitiert SEMISCH nicht.

[272] Neben KOESTER z.B. auch PETERSEN, Tatian 13 A. 17. Zur Kritik an BELLINZONI durch KÖHLER s.u.

Für Bellinzoni sind die atl. Zitate der Ausgangspunkt seiner Untersuchung. Bei atl. Zitaten erweist sich Justin als durchaus sensibel gegenüber dem Wortbestand. Trotzdem setzen seine Argumente öfters einen Text voraus, der sich in den meisten Septuagintahandschriften nicht nachweisen läßt. Daß Justin trotzdem sehr genau seinem atl. Text gefolgt sein dürfte, erwies die Veröffentlichung einer griechischen Handschrift zu Micha, die Eigentümlichkeiten des Justinschen Textes aufwies.[273] Seitdem festigt sich die Annahme, daß Justin sein AT sehr genau zitiert und auf den Wortlaut achtet.[274] Freilich dürfen nicht moderne philologische Maßstäbe angelegt werden, aber Justin bietet explizit Textkritik. Die Genauigkeit gegenüber dem Text des AT hält er für so wichtig, daß er sich zu der Spitzenaussage hinreißen läßt, es wäre besser, dem Moloch Kinder zu opfern, als den Text der Septuaginta zu ändern. Sein Gesprächspartner Tryphon pflichtet ihm sofort bei: Das Goldene Kalb sei weniger schlimm gewesen als eine Textveränderung in der Schrift (dial 73,5 f.). Bei Mehrfachzitaten können wir die Praxis mit diesen ehernen Grundsätzen vergleichen. Den atl. Stoff in apol, apol II und dial hat Skarsaune überprüft und bei Mehrfachzitaten Differenzen festgestellt. Er meint dabei ganz ähnlich wie Bellinzoni bei der ntl. Überlieferung, mit unterschiedlichen Quellen bei Justin rechnen zu müssen.[275] Daß solche Vermutungen schwerlich belegbar sind, liegt auf der Hand: Keine der vermuteten Vorlagen ist erhalten geblieben. Immerhin hat Skarsaune für seine minutiöse Durchforstung ungleich mehr Material zur Verfügung, da die atl. Zitate und Anspielungen die ntl. um ein Vielfaches übersteigen. Trotz Justins ehernen Theorien zur Texttreue bleiben so wenigstens gegenüber seiner Praxis Fragen offen.

Würde Justin aus dem Kopf zitieren, wären die Abweichungen als ungenaue Erinnerungen verständlich. Bellinzoni versucht, dieses Argument zu widerlegen. Methodisch überzeugend geht sein Widerlegungsversuch aus von Doppelüberlieferungen innerhalb der Justinschen Schriften. Wäre Justin bei seinen abweichenden Zitaten sich selbst treu, wäre die Annahme ungenau memorierter Zitate aufzugeben. Bellinzoni stellt zwölf solcher Doppel- bzw. Mehrfachüberlieferungen vor.[276] Daß kaum eine Doppelüberlieferung wörtlich mit einer anderen übereinstimmt, hätte das Ende der Widerlegung sein können.[277] Doch Bellinzoni glaubt trotzdem nicht daran, daß Justin mit dem Wortlaut seines Stoffes ungezwungen umgeht.

---

[273] BELLINZONI, Sayings 6 f.; vgl. SKARSAUNE, Proof 18 f. in seiner Forschungsgeschichte aaO. 17–23; vgl. HENGEL, Septuaginta 191 A. 25.

[274] So v.a. SKARSAUNE, Proof passim.

[275] SKARSAUNE, Proof 25–92 stellt die Doppelüberlieferungen vor. S. geht von zwei Quellen für die AT-Überlieferung aus (aaO. 8), einzelnen LXX-Mss und einer „Testimonienquelle" (so aaO. 90), die Justin ungleich höher einschätze (aaO. 91). Historisch betrachtet, sei diese Testimonienquelle eine christliche LXX Bearbeitung (vgl. aaO. 8).

[276] BELLINZONI, Sayings 8–47.

[277] SEMISCH, Denkwürdigkeiten 273, in der Abwehr ähnlicher Versuche schreibt 1848: „Es ist nämlich eine schon oft gemachte, aber eben so oft vornehm ignorierte Bemerkung, daß Justin sich in seinen Evangeliencitaten keineswegs gleich bleibe, daß er vielmehr die synoptischen Schriftstellen an verschiedenen Orten verschieden, zum Theil mit höchst bedeutenden Textabweichungen anführe" (im Orig. z.T. mit Hervorh.). BELLINZONI, Sayings 1–7. 139–142 (introduction/conclusion) verschweigt diesen nicht mehr ganz neuen Einwand; aaO. 8 behauptet er pauschal, kleine Abweichungen wären Indikatoren zweier Quellen, die Justin jeweils genau zitiere. Im Verlauf der Darstellung vermerkt er die Abweichungen, ohne, soweit ich sehe, seine Annahme schriftlicher Vorlagen deswegen zu problematisieren.

Für dial 122,1 konzediert er ein Gedächtniszitat für die Abweichung (vgl. Mt 23,15).[278] Einen weiteren „Ausnahmefall" übergeht er in seiner Zusammenfassung. In apol 15,13 und dial 96,3 zitiert Justin ein Jesuslogion, das Stoff aus Mt 5,45 und Lk 6,36 zu verbinden scheint. Die gemeinsamen Worte lauten:[279]

γίνεσθε χρηστοὶ καὶ οἰκτίρμονες, ὡς καὶ ὁ πατὴρ ὑμῶν

Nach verschiedenen Erwägungen resümiert Bellinzoni selbst: „It is possible that this harmony was known to Justin in two different forms … but it is more likely that this saying was known to Justin in a single form which he altered slightly".[280]

Die anderen Fälle will er mit Vorlagen erklären, denen Justin jeweils treu folge, und die für die Abweichungen im Detail verantwortlich seien. Diese Vorlagen seien zwar nicht direkt erhalten, hätten aber verschiedenen Kirchenvätern vorgelegen, bei denen die Spuren der erschlossenen Vorlagen noch zu finden seien.

Dieses Verfahren ist mühsam und methodisch schon mit einer schweren Hypothek belastet: Wer sollte ausschließen, daß ein späterer Kirchenvater statt von der Quelle Justins, von diesem selber abhängig ist, wenn er ähnliches anführt?[281] Überzeugungskraft hätten vielleicht Zitate, die neben den wörtlich bei Justin zu findenden Texten einen größeren Kontext bieten. Doch schon solche Belege kann Bellinzoni nicht vorstellen. Gäbe es einen Text mit ntl. Themen aus der Zeit Justins, der in seinen Wortbestand genau mit einem Zitat Justins übereinstimmte, oder auch nur einen expliziten Hinweis auf eine solche Quelle, wären alle Spekulationen über die Herkunft des Materials bei Justin auf eine qualitativ andere Ebene gehoben.[282] Doch die durch Bellinzoni zusammengetragenen Vätertexte stimmen nicht genau mit den justinschen Abweichungen von den überlieferten Evangelientexten überein.[283] Die Vätertexte zeigen statt wörtlicher Übereinstimmung v.a. formale Parallelen: Sie ergänzen an denselben Stellen wie Justin, aber sie ergänzen inhaltlich verschieden. Diese formalen Parallelen dürften kaum auf eine schriftliche Urform zurückführbar sein. Sie deuten vielmehr auf eine ähnliche Art der Textverarbeitung. Die angemessene Methode, das beobachtete Phänomen zu erklären, wäre weniger

---

[278] Bellinzoni, Sayings 125 vgl. 139. 140. AaO. 140 nennt er auch apol 61,4 als Ausnahme, s.u. 5.2.4 I (l).

[279] Vgl. die Tafel bei Bellinzoni, Sayings 8. Apol 15,13 liest nach dem Imperativ ein δέ, das nach B. aaO. 9 A. 1; 97 nicht zur Quelle gehöre. Literarische Abhängigkeit bei dieser Stelle untermauert Massaux, Influence 20–22. 214f.

[280] Bellinzoni, Sayings 13.

[281] So schränkt Bellinzoni, Sayings 21 selbst seine Thesen zu apol 16,10/63,5 ein; kritisch Strecker, Evangelienharmonie 299 A. 1; Köhler, Rezeption 174. 184f.

[282] Mit den Ähnlichkeiten zwischen Justin und den Pseudoklementinen wollte Kline, Sayings passim beweisen, daß beide eine gemeinsame Quelle benützen. Dagegen Strecker, Evangelienharmonie passim: Die Gemeinsamkeiten betreffen, von Geringfügigkeiten abgesehen, die gemeinsame Abhängigkeit von den Synoptikern.

[283] Bellinzoni, Sayings hat für apol 15,13/dial 96,3: „Although none of these passages agrees exactly" (aaO. 13); apol 16,10/63,5: „It is impossible to conclude whether this variant existed before Justin or whether he himself is its author" (aaO. 21); apol 63,3.13/dial 100,1: „although never in exactly the same words" (aaO. 26); dial 125,4/103,6/apol 16,6/dial 93,2: „Although none of these fathers agrees exactly with the text" (aaO. 42); apol 16,13/dial 35,3: „Although neither of these passages agrees exactly with the text" (aaO. 46); apol 16,7/dial 101,2: Neben der Harmonisierung der Parallelstellen aus Mt/Lk würden die Väter wie Justin eine Stelle appositionell erläutern: Doch gerade die Erläuterung stimmt bei beiden Justinstellen schon nicht überein; apol 16,11/dial 76,5 wird im Haupttext vorgestellt. Zu den weiteren Doppelüberlieferungen führt B. keine Väterparallelen an.

die Literarkritik als vielmehr eine Art „Formgeschichte". Für eine „Formgeschichte" der Aufnahme neutestamentlicher Stoffe hätten die gesammelten Belege interessante Aspekte geliefert, die er aber mit der Frage nach einer schriftlichen Vorlage nicht auswerten kann.

Besonders wichtig für seine Argumentation ist Bellinzoni die Doppelüberlieferung apol 16,11/dial 76,5, denn hier meint er die Quelle schon bei 2Clem 4,5 belegen zu können.[284] Zieht man nur den Mt-Stoff bei der Justinstelle ab, bleibt an Übereinstimmung nur noch: ἐρῶ für ὁμολογήσω, ἐργάται für ἐργαζόμενοι und ἀνομίας für ἀνομίαν. Die letzten beiden Übereinstimmungen finden sich wörtlich in der Lk-Parallele, die allerdings statt 1. Pers. sg. ἐρῶ in 3. Pers. ἐρεῖ formuliert. Die Spur der vermuteten Justinvorlage verschwindet auch hier bis zur Unkenntlichkeit.[285]

Die Vermutungen haben auch von anderer Seite her Kritik erfahren. In seinem Buch über die Rezeption des Matthäusevangeliums im zweiten Jahrhundert geht Köhler wie Bellinzoni von den Mehrfachüberlieferungen bei Justin aus. Doch in seiner Auswertung widerspricht er Bellinzoni. Köhler deutet die kleinen Abweichungen bei Doppelüberlieferungen als Indiz für den gegenüber dem Wortbestand etwas großzügigen Umgang Justins mit der Jesusüberlieferung.[286] Kurz gesagt: Für ihn stützen dieselben Beobachtungen die alte These von den Gedächtniszitaten, die bei Bellinzoni zur Widerlegung dienen sollen.

Bedeutsam bleibt eine andere Beobachtung Bellinzonis. Nachdem er die Wortüberlieferung Jesu bei Justin gesichtet hat, meint er, alle Quellen Justins letztlich auf die später kanonisch gewordenen Evangelien zurückführen zu können. Einen umfänglicheren Rückgriff auf ein uns verlorenes oder apokryphes Evangelium hält er für überflüssig. Mit diesem Ergebnis widerrät Bellinzoni den älteren und neueren Versuchen, hinter einzelnen Stellen bei Justin apokryphe Traditionen bzw. Evangelien zu entlarven (s.u. 5.4).

5.2.2 Unbestrittene Kenntnis des Mt- und Lk-Evangeliums

Trotz kleinerer Abweichungen von unserem Text läßt sich für Justin die Kenntnis des Mt-Ev und des Lk-Ev zweifelsfrei nachweisen. Dies hat mit der gebotenen Umsicht Köhler so ausführlich und überzeugend dargestellt, daß hier auf seine Ergebnisse verwiesen werden kann: „Neben dem Mt ist deutlich am meisten das Lk rezipiert".[287] Die Kenntnis dieser beiden Evangelien und nicht nur einer ihrer Vorstufen gehört zur weitgehenden opinio communis.

---

[284] S. die Synopse bei BELLINZONI, Sayings 22 für apol 16,11/dial 76,5/Mt 7,22f./Lk 13,26 und aaO. 24f. für seine Väterparallelen.

[285] Kritisch auch KÖHLER, Rezeption 185.

[286] KÖHLER, Rezeption 169 zu apol 15,9: „daß Justin ... frei ‚zitierte'"; aaO. 170 zu apol 15,10: „geraffte gedächtnismäßige Wiedergabe"; aaO. 172 zu apol 15,12 „auf der Grundlage von Mt und Lk frei verfahren ... gekürzt und gerafft ... aus gedächtnismäßiger Zitation resultierend"; usw. zusammenfassend aaO. 257: Gegenüber der Annahme von außerkanonischen Quellen erklärt sich der Wortlautbefund „immer genausogut und oft besser, wenn man annimmt, daß Justin unsere Evangelien frei benutzt, Zitate aus ihnen weitgehend nach dem Gedächtnis zitiert ...".

[287] KÖHLER, Rezeption 258.

5.2.3 Ein Beweis für die Kenntnis des Mk-Ev

Der Nachweis, daß ein Autor das zweite Evangelium neben dem ersten und dritten kannte, ist naturgemäß schwierig. Nur wenig Sondergut ermöglicht es zu zeigen, daß Justin nicht auf matthäische oder lukanische Parallelüberlieferung, sondern direkt auf Mk fußt. Zu den wenigen beweiskräftigen Stellen gehört m.E. der nur aus Mk 6,3 bekannte Hinweis, Jesus sei τέκτων gewesen (s.u. 5.3).

Claus Jürgen Thornton hat in jüngster Zeit die vielverhandelte Stelle Justin, dial 106,3 als Beleg für die Kenntnis des Mk-Ev erwiesen. Die Stelle berichtet von Namensänderungen u.a. des Petrus. Da Justin die Stelle auf „seine" Erinnerungen zurückführt, entsteht die Frage, ob Justin auf das EvPetr oder auf die kanonische Evangelienüberlieferung verweist.

Noch ohne Kenntnis des 1886/87 wiederentdeckten EvPetr vermutete Credner, daß Justin neben den vier Evangelien auch das EvPetr verwende.[288] In neuerer Zeit hat sich Pilhofer wieder für diese Lösung stark gemacht.[289] Ein alter Streit, in dem einst auch Harnack und Zahn ihre Positionen bezogen, geht damit in eine neue Runde. Neben allgemeinen Parallelen zwischen dem EvPetr und Justin, dem Antijudaismus[290] und einzelnen Motiven, bemüht Pilhofer v.a. Justin, dial. 106,3 (Goodspeed) für seine These:

Καί τὸ εἰπεῖν μετωνομακέναι αὐτὸν Πέτρον ἕνα τῶν ἀποστόλων, καὶ γεγράφθαι ἐν τοῖς ἀπομνημονεύμασιν αὐτοῦ γεγενημένον καὶ τοῦτο, μετὰ τοῦ καὶ ἄλλους δύο ἀδελφούς, υἱοὺς Ζεβεδαίου ὄντας, ἐπωνομακέναι ὀνόματι τοῦ Βοανεργές, ὅ ἐστιν υἱοὶ βροντῆς, σημαντικὸν ἦν τοῦ αὐτὸν ἐκεῖνον εἶναι, δι' οὗ καὶ τὸ ἐπώνυμον Ἰακὼβ τῷ Ἰσραὴλ ἐπικληθέντι ἐδόθη κτλ.

Der Hinweis auf die Bezeichnung „Donnersöhne" in dial 106,3 zitiert Mk-Sondergut (Mk 3,17). Das EvPetr, wenigstens soweit es uns erhalten ist, kennt diese Bezeichnung nicht. Sogar die griechisch erhaltenen Johannesakten übergehen diesen Ausdruck für die Zebedaiden. Thornton schließt daraus, daß Justin die Bezeichnung aus dem Mk-Ev haben muß.[291] Er zeigt ferner, daß Justin auch den Namenswechsel des Petrus aus dem Mk-Ev entnimmt, weil er einen präzisen Terminus für die Umbenennung wählt, der einen Namenswechsel impliziert (μετονομάζειν), und nicht einen unpräzisen Terminus, der auch für die Verleihung eines Beinamens geeignet wäre (ἐπονομάζειν[292]). Nur das Mk-Ev versteht Petrus als neuen Namen, der den alten ablöst.[293] Das EvPetr allerdings redet

---

[288] CREDNER, Beiträge 259–267; DERS., Geschichte 7–21 blickt schon auf SEMISCH zurück, dem er vorwirft, daß er „oft in blinden Eifer und zelotische Einseitigkeit" ausarte (aaO. 8); zu CREDNER: SEMISCH, Denkwürdigkeiten 43–59; ZAHN, EvPetr V: „Es wäre gewiß lehrreich, (…) alles das, was seit C. Credners ‚Beiträgen zur Einleitung in die biblischen Schriften' (…) über das Petrusevangelium geschrieben worden ist, an dem jetzt ans Licht gekommenen Bruchstück desselben zu messen. Das wäre aber ein grausames Geschäft"; BELLINZONI, Sayings 5; PILHOFER, Justin 60 f.; THORNTON, Justin 93 f. A 1.

[289] PILHOFER, Justin passim.

[290] PILHOFER, Justin 69–71; daß diese Parallele keineswegs spezifisch ist, vermerkt P. zu Recht.

[291] THORNTON, Justin 98; ein Extrakt des Aufsatzes in: DERS., Zeuge 61 A. 159; zur Sache vgl. ZAHN, Geschichte I 510–514.

[292] So Justin, dial 106,3 (Goodspeed) für die Verleihung des Beinamens „Donnersöhne" an die Zebedaiden.

von Simon Petrus, deutet also Petrus als Beinamen des Simon (14:60), es kann also nicht von der Umbennung des Petrus berichten.[294] Der präzise Terminus bei Justin erklärt sich daher nur durch das Mk-Ev.

Der Indizienbeweis Thorntons läßt sich schwer widerlegen. Somit verweist Justin auf das Mk-Ev als „Erinnerung des Petrus".[295] Auch Justin versteht das Mk-Ev als Hinterlassenschaft des Petrus und setzt diese Gleichsetzung offenbar bei seinen Lesern voraus.[296] Somit kennt auch Justin die Tradition, daß Markus auf Petrus fußen soll.

5.2.4   Die umstrittene Kenntnis des Joh-Ev

Justin kennt die Evangelien, die wir als Synoptiker bezeichnen. Nun wird die Frage virulent, ob er auch das vierte Evangelium voraussetzt. Doch diese Frage dürfte „notorisch umstritten"[297] bleiben. Justin bietet weder hinreichend ausgiebige Zitate, noch ist er ganz frei von Anspielungen. Diese schwierige Lage verlangt, die Joh-Kenntnis bei Justin in ihren Pro- und Kontraargumenten unvoreingenommen zu betrachten.

Die Frage, ob Justin das Joh-Ev voraussetzt, wird im folgenden auf drei verschiedenen Ebenen untersucht. Zunächst sind Anspielungen und Zitate auf das Joh-Ev daraufhin zu befragen, ob sie eine Abhängigkeit vom Joh-Ev sichern (I). Dann sind typisch johanneische Motive bei Justin zu besprechen (II). Schließlich bleibt zu untersuchen, ob auch ohne Wort- oder Motivanleihen signifikante Elemente der johanneischen Theologie bei Justin auftreten (III).

(I) Zitate aus dem Johannesevangelium bei Justin? Die Anspielungen auf Stellen des Joh-Ev haben Forscher immer wieder gesammelt. Kaum einer der neueren Forscher hat das Material so scharfsinnig und vollständig zusammengetragen wie Zahn.[298] Doch auch diese Darstellung konnte keinen Konsens hervorrufen. Die Ergebnisse der pauschalen Urteile gehen so stark auseinander, daß ein

---

[293] THORNTON, Justin 104; Mk 14,37 („Simon, schläfst du?") stellt er als Ausnahme dar, welche die Regel bestätige.

[294] THORNTON, Justin 103.

[295] Der Bezug des Reflexivpronomens αὐτοῦ auf Petrus statt auf Christus dürfte dem Justinschen Sprachgebrauch eher entsprechen, da sonst der Genetiv nie das Objekt der Erinnerungen, sondern die Subjekte nennt, die sich erinnern, so ἀπομνήματα τῶν ἀποστόλων, so zumeist; schon CREDNER, Beiträge 132 A. 2, der folgert: „Wir haben also hier ein Evangelium des Petrus". SEMISCH, Denkwürdigkeiten 150 bezieht αὐτοῦ über αὐτόν auf Χριστός als „Hauptsubjekt" des Abschnittes, weil nur dies dem „strengen Sprachgesetz" entspreche; ähnlich LEIPOLDT, Geschichte I 131. SEMISCH erwägt auch (aaO. 150–155) als Möglichkeit, daß Justin hier auf die Petrus-Mk-Tradition anspiele. Dem Konjekturvorschlag OTTOS, in: Justin, dial (Otto) 380 A. 10, αὐτῶν für αὐτοῦ zu lesen, schließt sich VON CAMPENHAUSEN, Entstehung 153 A. 103 an.

[296] THORNTON, Justin 107.

[297] THORNTON, Justin 96.

[298] ZAHN, Geschichte I 516–520. 522–534.

Katalog der Forschermeinungen kaum weiterhilft.[299] Die wichtigsten dicta probantia für die Kenntnis des Joh-Ev bei Justin sind folgende:

(1) Die deutlichste Anspielung an das Joh-Ev findet sich bei Justin, apol 61,4: ἂν μὴ ἀναγεννηθῆτε, οὐ μὴ εἰσέλθητε εἰς τὴν βασιλείαν τῶν οὐρανῶν. Die Anknüpfung an das Nikodemusgespräch war den älteren Auslegern so deutlich, daß noch Theodor Zahn der Vermutung entgegentreten mußte, es könne hier das Joh-Ev von Justin abhängen.[300] Er zeigt ferner, daß eine gemeinsame Quelle mit den PsClem kaum apol 61 erklärt.[301] Es bleibt die durch Bellinzoni erwogene Möglichkeit, daß Justin hier auf eine Taufunterweisung fußt, die ihrerseits Joh 3,5 benützt oder ermöglichte.[302]

(2) dial, 105,3: Jesus als der μονογενής des Vaters, der später als Mensch durch die Jungfrau (geboren) wurde. Diese Präexistenz als einziger Sohn und spätere Geburt ist wohl nur aus einer Kombination von Mt 1/Lk 1, vielleicht Joh 1,13vl[303] und Joh 1,1.14.18 (für Präexistenz / einziggeboren) heraus zu verstehen.[304]

(3) Daß Johannes der Täufer den Christustitel ausdrücklich zurückweist und sich stattdessen „rufende Stimme" nennt, findet sich bei Justin und Johannes.[305]

Justin, dial 88,7:   οὐκ εἰμὶ ὁ Χριστός, ἀλλὰ φωνὴ βοῶντος
Joh 1,20.23   οὐκ εἰμὶ ὁ Χριστός … ἐγὼ φωνὴ βοῶντος

---

[299] Von Loewenich, Johannes 50f. A. 1 stellt schon 1932 ein gutes Dutzend Positionen vor. Er selbst eröffnet seine Darstellung mit der These: „Justin hat das Joh-Ev gekannt" (aaO. 39) und schließt mit dem Resümee: „Die Bekanntschaft des Ju. mit Joh ist ziemlich sicher" (aaO. 50); von Campenhausen, Entstehung 198: „Justin kann das Johannesevangelium nicht fremd geblieben sein; aber er vermeidet, es heranzuziehen"; vgl. aaO. 278; neuere Lit. zum Thema listen auf: Skarsaune, Proof 105 A. 155; Metzger, Kanon 145 A. 5. Kenntnis des Joh bei Justin setzen voraus: Lietzmann, Bücher 43; Hengel, Frage 63–67. Keine Kenntnis des Joh bei Justin u.a.: Bellinzoni, Sayings 138. 140; McDonald, Formation 91 vgl. 88 A. 46 auf S. 190: „probably used only Synoptics"; Koester wiederholt, daß Justin das Joh-Ev nicht kenne: Ders., Einführung 780, vgl. 437; Evangelienliteratur 1476. 1540; Gospels 258 A.1; 360; Gnomai 132 vermutet K., Justin habe das Joh-Ev wegen der Benützung durch die Valentinianer vermieden; Reim, Jochanan 487–534 zusammenfassend 534.

[300] Zahn, Geschichte I 523f. In jüngster Zeit hat Reim, Jochanan 487–534 wieder eine ähnliche These vorgebracht: Justin und das Joh-Ev gingen auf dieselbe Quelle zurück; dazu u. II.

[301] Zahn, Geschichte I 524f.

[302] Bellinzoni, Sayings 135–138; zustimmend etwa von Campenhausen, Entstehung 198 A. 99; Koester, Gospels 257f.

[303] Diese Lesart trägt die Jungfrauengeburt ein in das Joh-Ev. Bezeugung: nach NA 27 die erste Hand des Cantabrigiensis (durch Streichung des pluralischen Relativums) und der Veronensis (durch Umwandlung in singularisches Relativum „qui") und mit geringen Abweichungen Tertullian, wobei wohl an carne Christi 19,24 gedacht sein wird. Die Anwendung des Verses auf die jungfräuliche Abkunft Jesu belegt auch Irenäus, so advhaer 3,16,2 fin; 3,19,2; 3,21,5 vgl. auch 3,21,7. Vgl. Zahn, Geschichte I 518f.; von Loewenich, Johannes 46.

[304] Zu μονογενής bei Justin s. Pendrick, ΜΟΝΟΓΕΝΗΣ 598–600.

[305] Zahn, Geschichte I 523; von Loewenich, Johannes 47; zurückhaltend: Massaux, Influence 84.

(4) apol 69,6: Einen Blinden ἐκ γενετῆς, den Jesus geheilt hat, kennen wir nur aus Joh 9,1.[306]

(II) Johanneische Motive bei Justin? Mehrere johanneische Motivfelder benützt auch Justin. Da er nicht zitiert, ist es jeweils im Einzelfall auch möglich, daß er unabhängig vom Joh-Ev, aber ähnlich wie dieses atl. Motive christologisch aufnimmt. Es ist vor allem die Summe der aus Joh bekannten christologischen Motive, die eine unabhängige Parallelentwicklung bei Justin als unwahrscheinlich erscheinen lassen.

Eine andere Lösung strebt neuerdings Reim an. Er listet zahlreiche, v.a. atl. Motive auf, bei denen sich Justin und Johannes ähneln.[307] In keinem Fall sieht er Abhängigkeit, sondern er vermutet, beide wären von einer gemeinsamen, womöglich samaritanischen Quelle abhängig.[308] Diese These bürdet sich m.E. unüberwindliche chronologische Schwierigkeiten auf. Würde Justin um 150 noch mit einer Quelle des Joh-Ev arbeiten, müßte die Endredaktion des vierten Evangeliums mindestens in die Mitte des zweiten Jahrhunderts gelegt werden. U.a. habe Justin seine Logoslehre noch nicht aus dem Joh-Ev, sondern noch aus dessen Quelle.[309] Demnach wäre noch in der Mitte des zweiten Jahrhunderts ein Joh-Ev ohne 1,1–18 umgelaufen, ohne daß davon irgendwelche Spuren in der Textüberlieferung geblieben wären. Etwas plötzlich hätte Tatian dann allerdings diese Verse verwendet und auch schon in seine Harmonie einbezogen (s.u. 7.1).

(1) Gelegentlich bezeichnet Justin Jesus als Quelle lebendigen Wassers.[310] Doch dieses Motiv wäre nur in größerem johanneischen Kontext beweiskräftig.[311] Die terminologische Breite erlaubt u.U. auch, daß Justin das Motiv aus Jer 2,13 eigenständig entfaltet oder aus der ihm bekannten Apokalypse entlehnt (Joh 4,10.13f.; 7,37–39 auch 6,35 und Apk 7,16f.; 21,6; 22,1f.17).[312]

(2) Justin, dial 110,4 nimmt aus Mi 4,4 das Stichwort ἄμπελος auf und deutet es auf die Kirche. Dies erklärt sich gut aus Joh 15, ist aber auch als Parallelentwicklung möglich.[313]

---

[306] ZAHN, Geschichte I 527f.

[307] REIM, Jochanan 490–534.

[308] So in der Zusammenfassung REIM, Jochanan 534. Dort auch: „Eine gewisse örtliche Nähe von Johannes und Justin wird für ihre geistige Nähe eine Rolle spielen: Beide haben starke Verbindungen zu Samaria." Justin ist dort geboren als Heide und auch als Heide weggegangen. Ich kann darin keine starke Verbindung zu Samaria sehen, die irgendeine geistige Nähe zum Joh-Ev oder einer johanneischen Quelle vermuten läßt.

[309] REIM, Jochanan 492.

[310] Justin, dial 69,6: πηγὴ ὕδατος ζῶντος; dial 114,4: ζῶν ὕδωρ; dial 14,1: τὸ ὕδωρ τῆς ζωῆς.

[311] Genau diesen will ZAHN, Geschichte I 529 für dial 69 nachweisen.

[312] Das Motivfeld vom Lebenswasser beleuchtet FREY, in: HENGEL, Fage 395–398. FREY arbeitet gegen TAEGER, Johannesapokalypse heraus, daß die christologische Konzentration des Motivs beim Joh-Ev weiter fortgeschritten ist als noch in der Apk (aaO. 398). Die Anleihen bei Justin würden dann der Konzentration des Motivs auf Christus entsprechen. Auf die Parallelen bei Justin geht FREY allerdings nur knapp und indirekt ein (aaO. 398).

[313] ZAHN, Geschichte I 529–530.

(3) Wie das Joh-Ev kann Justin Christus als das von Gott den Menschen gesandte Licht bezeichnen. Das Stichwort Licht aus dem Zitat Jes 5,20 in dial 17,2 (die das Licht für Dunkles setzen und das Dunkle für Licht) bezieht Justin auf Christus:

dial 17,3: „κατὰ οὖν τοῦ μόνου ἀμώμου καὶ δικαίου φωτός, τοῖς ἀνθρώποις πεμφθέντος παρὰ τοῦ θεοῦ..." Licht als Christustitel: Joh 1,9; 8,12; 9,5; Licht der Welt, solange er in ihr ist: Joh 12,46.[314]

(4) Die eherne Schlange als Typos für Christus findet sich bei Justin, apol 60,3, vgl. Joh 3,14 aber auch Barn 12,5–7. Da das Motiv nicht eindeutig zuweisbar ist, hat es keine Beweiskraft.[315]

(5) In seinem Bekehrungsbericht beruft sich Justin auf „Freunde Christi" (Χριστοῦ φίλοι, dial 8,1). Eine derartige Benennung erklärt sich schlüssig aus einer entsprechenden Anrede Jesu an seine Gesprächspartner. Zwar findet sich diese Bezeichnung wiederholt im Corpus Johanneum (Joh 15,14f.; 3Joh 15), aber auch in Lk 12,4. Die Lukasstelle bietet aber wenig Anlaß, den Titel „Freunde Christi" zur Selbstbezeichnung zu machen. Anders der Titel im Joh-Ev. Die Bezeichnung entspringt einem der wenigen stark ekklesiologisch motivierten Abschnitte des Joh-Ev, das sonst mit ekklesiologischen Ansätzen sehr zurückhaltend ist.[316] Gerade in den Abschiedsreden zeichnet der johanneische Christus das Bild einer Kirche der „Freunde Christi".

(III) Johanneische Theologie bei Justin? Neben den Anspielungen und gemeinsamen Motiven könnte die eigentümliche Theologie des vierten Evangeliums dessen Kenntnis bei Justin untermauern.

Doch auch die theologischen Anleihen sind, vorsichtig gesagt, nicht immens. Noch am stärksten ist die Gemeinsamkeit zwischen Justin und dem Joh-Ev bei dem Titel „Logos" für Christus. Dieser Titel ist angesichts seiner großen Verbreitung in unterschiedlichen Denksystemen zunächst wenig geeignet, eine spezifische Abhängigkeit zu beweisen. Doch die Rede von der *Fleischwerdung* des Logos läßt sich schwerlich unabhängig von Joh 1,14 verstehen. Diese spezifische Verwendung des Logosbegriffs findet sich bei Justin: „Hier trennt sich Ju[stin] ebenso deutlich von Philo und der Stoa, wie er sich meines Erachtens als Schüler von Joh 1,14 zu erkennen gibt. Es ist doch im höchsten Grade unwahrscheinlich ..., daß diese Aussage ... bei Ju[stin] und Joh[annes] unabhängig voneinander entstanden sein soll".[317] Die Rede von der Fleischwerdung des Logos wiederholt Justin öfters in seinen erhaltenen Werken.[318]

---

[314] Von Loewenich, Johannes 46.

[315] Nach von Loewenich, Johannes 48.

[316] Vgl. Roloff, Kirche 300–302; Klauck, 2/3Joh 126f.

[317] Von Loewenich, Johannes 44. Die Abkürzungen L.s wurden von mir aufgelöst. Zahn, Geschichte I 523: „Es soll überhaupt die altchristliche Schrift noch erst gefunden werden, in welcher Christus der Logos heißt, ohne daß zugleich andere Thatsachen den Beweis lieferten, daß ihr Verfasser entweder zugleich der Verfasser des 4. Ev. oder ein dankbarer Leser desselben

Doch sonst sind die theologischen Anleihen beim vierten Evangelium gering. Justins christologisches Grundgerüst ist die zweimalige Parusie Christi.[319] Christus erschien einmal zum Leiden, er wird dann wieder erscheinen in Herrlichkeit zum Gericht. Eine Wirkung des Auferstandenen auf die Gläubigen vor seiner Wiederkunft tritt stark zurück. Die Entscheidung zu Christus im Bekenntnis entscheidet über das Bestehen im Endgericht. Ewiges Feuer erwartet den Ungläubigen. Anders als Joh aber betont er nicht die unmittelbare Bedeutung der „Entscheidung", diese Entscheidung muß nur noch rechtzeitig vor dem Endgericht stattfinden. Das Gewicht liegt somit nicht auf der Wirkung des Wortes, das zur Annahme drängt, sondern auf der bewußten Entscheidung des Christen, dessen freien Willen zur rechten Entscheidung Justin unterstreicht.

Bei diesem christologischen Grundgerüst tritt johanneische Theologie nicht in den Vordergrund. Wenn allerdings johanneische Theologumena im Text zu finden sind, deutet nichts auf eine gegen das Joh-Ev gerichtete, polemische Situation hin.

5.3 Die Art der Harmonisierungen Justins

Justin zeigt keine Spuren von einer Auseinandersetzung um den rechten Wortlaut der Jesusüberlieferung. Die Einstellung Justins gegenüber den Evangelientexten ist mit der der Mk-Zusatzschlüsse vergleichbar. Nur Justin arbeitet schon explizit mit Literatur, in die er sich nicht mehr ebenbürtig einschaltet. Er gestaltet nicht aus Einzelperikopen neu, sondern kombiniert vorhandene Worte Jesu, er neigt „zur gegenseitigen Ergänzung".[320]

---

gewesen ist"; HENGEL, Frage 50. Die Analogielosigkeit für die Fleischwerdung des Logos unterstreicht auch ABRAMOWSKI, Logos 200: „Die Botschaft von der Inkarnation des Logos lief freilich allem gängigen griechischen und griechisch-jüdischem Denken zuwider, mußte im höchsten Maße anstößig sein"; sie läßt allerdings aaO. 190 das Verhältnis des Logosbegriffs Justins zu Joh 1,14 offen. Frühjüdisch-biblische Spezifika beim ansonsten philosophisch geprägten Logosbegriff Justins arbeiten STUDER, Ansatz 446–448 und EDWARDS, Justin passim heraus. Ohne Kenntnis des Joh-Ev, nur in Abhängigkeit von Philon und der Stoa will CARROLL, Creation 69 den Logosbegriff bei Justin erklären. Auf die genannten Stellen mit der Fleischwerdung geht C. nicht ein. Ähnlich HAHNEMAN, Fragment 97: „The notion of the Logos ... was current throughout the ancient world at that time"; FREY bei HENGEL, Frage 403–409 hält die Logosprädikation aus der Apk für älter als die des Joh-Ev. Aber auch hier würde Justin an die entwickelte Traditionsstufe des Joh-Ev anknüpfen, nicht an die Prädikation der Apk.
[318] Justin verwendet dabei das Verb σαρκοποιέω als Partizip Aorist passiv für Jesus Christus. So apol 32,10 (32,9 Markovich); 66,2 (zweimal); dial 45,4; 84,2; 100,2. Dazu ZAHN, Geschichte I 518 A. 2.
[319] SEMISCH, Justin II 466–450; ZAHN, Geschichte II 44 A. 2; GOODENOUGH, Theology 280–284; SKARSAUNE, Proof 154–156. 285–287.; HENNE, datation 66. Belegstellen: apol 52,3; dial 14,8; 31,1; 32,2; 34,2; 40,4; 49,2; 52,1.4; 110,2; 120,4; 121,3; 126,1; sehr ähnlich dem Konzept Justins ist CanMur 23–25: „de gemino eius aduentu"; s.u. 7.4.
[320] SEMISCH, Denkwürdigkeiten 281.

So verbindet er Einzelangaben. Mk 6,3 versteht Jesus als Zimmermann. Die Berufsangabe fällt im Zusammenhang des Berichts von Jesu Predigt in Nazaret. Die Zuhörer fragen, erstaunt über die Weisheit des Synagogenpredigers Jesu: „Ist dies nicht der Zimmermann". Die synoptische Parallele, Mt 13,55, läßt den *Vater* Jesu Zimmermann sein: „Ist dies nicht der Sohn des Zimmermannes". Mt übernimmt das markinische Stichwort τέϰτων, ändert aber dabei die Aussage. Daß der Sohn den Beruf des Vaters erlernte, entsprach dem Üblichen. So könnten beide Synoptiker Recht haben: Mk, indem er vom Sohn, Mt, indem er vom Beruf des Vaters berichtet. Ein Sonderwissen um den Beruf des Vaters ist bei Mt nicht auszuschließen. Trotzdem ist diese einfache Erklärung unwahrscheinlich. Die Rahmung und Szene der Perikope übernimmt Mt getreulich von Mk, nur das Detail des Berufes Jesu ändert er. Hätte er so ein Sonderwissen eingebracht, hätte er den markinischen Text verändert, ohne diese Änderung in der Perikope oder sonst im Evangelium zu verwenden. Daher dürfte es sich um eine matthäische *Korrektur* der markinischen Angabe handeln.[321]

Mt dürfte versucht haben, einen Spott über Jesus zu entkräften, wie ihn später Kelsos vorbringt.[322] Mt hatte jedenfalls nicht die Ergänzung Justins angestrebt, der Jesus *und* seinen Vater zu Zimmerleuten erklärt (dial 88,8). Diese harmonisierende Ergänzung macht den Eingriff des Mt rückgängig. Justin unterscheidet sich dabei auch von jenen Varianten zu Mk 6,3, die das matthäische Anliegen in den markinischen Text eintragen.[323] Justin sammelt sein Wissen über Jesus aus den Evangelien und referiert verbunden, was bei den Synoptikern getrennt zu finden war.

In seinen Anleihen rafft er gelegentlich, aber nicht so, daß ihm Verdrehungen der Quellen vorgeworfen werden müssen. Gerade seine Kombinationen aus Mt- und Lk-Stoffen zeigen sein sachorientiertes Denken: Er kombiniert, was ihm

---

[321] Exegetenerklärungen referieren DAVIES-ALLISON, Mt II 456f. (Lit.): Sie selbst favorisieren zwei Erklärungen alternativ oder ergänzend: (1) Vater und Sohn waren Zimmerleute; Mt berichtet dies, Mk jenes (2) Mk 6,3 habe gelesen: „Is this not the son of Mary?" und wurde geändert, weil die Bezeichnung Jesu über die Mutter als unpassend empfunden wurde. (2) scheitert an der frühen Bezeugung des Zimmermannberufes Jesu bei Kelsos und Justin; (1) motiviert die matthäische Änderung nicht.

[322] Kelsos bei Origenes, Cels 6,34 (Koetschau 103 Z. 24); Origenes behauptet dagegen, Cels 6,36 (Koetschau 106 Z. 4f.), Kelsos sehe nicht, daß nirgends aufgeschrieben wurde durch die in den Kirchengemeinden benützten Evangelien, daß Jesus selbst „Zimmermann" sei. LUZ, Mt II 385 A. 11 hält diesen Anstoß im „semitischen Milieu des Mt, wo Rabbinen selbstverständlich ein Handwerk ausübten", für unpassend. Weil LUZ das Mt-Ev diesem Milieu zuordnet, muß er auf eine m.E. unwahrscheinlichere Erklärung zurückgreifen: Mt ändere, um Jesus als Wanderprediger lehrend durch das Land ziehen zu lassen.

[323] Dies sind nach NA 27. Aufl.: Minuskeln der Ferrar-Gruppe, 33 (wahrscheinlich); 700; die Altlateiner und einzelne Vulgatahandschriften nebst wenigen bohairischen Zeugen; mit kleinen Abweichungen auch Pap. 45 (wahrscheinlich) neben einzelnen Minuskeln. Warum kein *p*) im App. hinweist auf die Angleichung an Mt, ist mir nicht einsichtig. Auch Origenes (vgl. letzte A.) liest wohl die vl, oder er erweist sich hier als flüchtiger Kenner des Mk-Ev, so KOETSCHAU, in: Origenes, Cels (Koetschau) XIIIf. Kelsos wie Justin bezeugen den „Standardtext".

sachlich verwandt erscheint, also etwa unterschiedliche Einzelzüge der Kindheitsgeschichten aus dem Mt- und Lk-Ev.[324] Bei Justin wuchern nicht etwa zahlreiche weitere Kindheitsgeschichten neben den aus den großen Synoptikern bekannten. Er schmückt nicht aus, sondern gibt das ihm Vorliegende weitgehend inhaltlich getreu wieder. Seiner Sorglosigkeit in der Zitation des genauen Wortlautes entspricht keinesfalls eine Sorglosigkeit gegenüber dem Inhalt der Schrift.

5.4 Der Umfang apokrypher Jesustraditionen bei Justin

Einige wenige Motive überliefert Justin, die er nicht unseren Evangelien entnommen haben kann.

So weiß Justin wiederholt zu vermerken, daß die Magoi aus Arabien kamen.[325] Er erzählt aber nicht etwa weitere Geschichten dieser weitgereisten Leute. Wenig weitere „apokryphe" Züge lassen sich bei Justin finden:

apol 35,6 (Marcovich): καὶ γὰρ, ὡς εἶπεν ὁ προφήτης, διασύροντες αὐτὸν ἐκάθισεν ἐπὶ βήματος καὶ εἶπον· Κρῖνον ἡμῖν. vgl. EvPetr 3:6; beide gehen wohl auf eine transitive Deutung von Joh 19,13 zurück (vgl. o. 4.1.2).

dial 35,3 (Goodspeed): Ἔσονται σχίσματα καὶ αἱρέσεις. Hier ist wahrscheinlich eine Ankündigung aus der synoptischen Apokalyse unter Verwendung von Paulusworten (vgl. 1Kor 11,18 f.) zum Jesuswort avanciert.[326]

dial 47,5 (Goodspeed): Ἐν οἷς ἂν ὑμᾶς καταλάβω, ἐν τούτοις καὶ κρινῶ. Der Einleitung nach ein Agraphon: „διὸ καὶ ὁ ἡμέτερος κύριος Ἰησοῦς Χριστὸς εἶπεν".[327]

dial 76,6 (Goodspeed): καὶ πάλιν ἐν ἑτέροις λόγοις ἔφη· Δίδωμι ὑμῖν ἐξουσίαν καταπατεῖν ἐπάνω ὄφεων καὶ σκορπίων καὶ σκολοπενδρῶν καὶ ἐπάνω πάσης δυνάμεως τοῦ ἐχθροῦ.

---

[324] Die Kombinationen aus Mt und Lk hat SEMISCH, Denkwürdigkeiten 318–327 gemustert.

[325] So dial 77,4; 78,1.2.5.7; 88,1; 102,2; 103,3; 106,4, vgl. 34,4 (Ps 72,10); diese Herkunftsangabe dürfte aus einem „Weissagungsbeweiß" in das Mt-Ev gekommen sein, so SEMISCH, Denkwürdigkeiten 385–387; vgl. ZAHN, Geschichte I 488 f. 543 (Justin schmücke die allgemeine Bezeichnung bei Mt aus); KÖHLER, Rezeption 199 A. 2 (der die Erkenntnisse ZAHNS auf KOESTER zurückführt).

[326] So SEMISCH, Denkwürdigkeiten 391. Parallelen aaO. 393; BELLINZONI, Sayings 101 f. (vgl.131) hält es für wahrscheinlicher, daß das Logion aus aktuellem Anlaß in der frühen Kirche gebildet wurde.

[327] Vgl. SEMISCH, Denkwürdigkeiten 394; Klemens Al., quis 40,1: „Wie ihr gefunden werdet, so werdet ihr (sc. zum Gericht) hinweggeführt", Syr. Liber Graduum, Serm. 3,3; 15,4 nach HOFIUS, in: NT Apo [5]I 78; er erwägt aaO. sub c) „könnte eine knappe Zusammenfassung sein von Mt 24,27 f.40 f. par. sein". BELLINZONI, Sayings 131–134 referiert zahlreiche ähnliche Texte, die alle das Wort nicht Jesus in den Mund legen und so ihre Unabhängigkeit von Justin beweisen sollen (aaO. 132 f.). Justin hätte das Subjekt κύριος seiner Quelle mißverstanden (aaO. 134) und so ein Agraphon erschaffen. Nur mit dieser Vermutung läßt sich hier auf eine verbreitete Quelle schließen.

Neben den apokryphen Worten finden sich auch einige apokryphe Motive bei Justin, die schon ihres geringen Umfanges wegen schwerlich geeignet sind, die Frage nach der Kenntnis der Evangelien durch Justin zu erschüttern.

dial 78,5 nennt eine Höhle als Geburtsort Jesu. Dieses ausschmückende Detail der Geburtsgeschichte findet sich an unterschiedlichen Stellen, ohne daß dafür eine bestimmte Quelle haftbar gemacht werden kann.[328]

dial 88,2 Feuer flammt auf bei der Taufe Jesu.[329]

Insgesamt dürfen die abweichenden Überlieferungen bei Justin nicht darüber hinwegtäuschen, daß er fast alles Material aus den später kanonisch gewordenen Evangelien schöpft. Zwar zitiert Justin aus diesen Evangelien oft so, daß die Einleitungsformel keine schriftliche Vorlage verrät, aber er kennt für diese Quelle auch die Einleitung γέγραπται, nicht dagegen für die vorgestellten apokryphen Worte. Die wenigen überschießenden Elemente entsprechen in ihrem Umfang etwa den Abweichungen des sog. westlichen Textes. Daher ist es nicht sehr wahrscheinlich, daß Justin ein weiteres apokryphes „Evangelium" benützte, aus dem er solche Angaben schöpfen konnte.

5.5 Auswertung Justin

Justin ist bereits ein Zeuge für den literarischen Rückbezug auf Jesus Christus. Ihm liegen sicher unsere drei Synoptiker vor; fast alles, was der Märtyrer über das Leben und Sterben Jesu zu berichten weiß, bezieht er aus diesen drei Evangelien. Er verwendet diese Evangelien sachorientiert, davon zeugen seine Zusammenstellungen ähnlicher Geschichten aus diesen Evangelien.

Nun ist zu fragen, ob Justin eine Evangeliensammlung voraussetzt, oder nur für sich drei oder mehr Evangelien zusammenstellt.[330] Der Nachweis einer Evangeliensammlung über die bei den Lesern vorausgesetzten Kenntnisse von Schriften greift bei Apologien natürlich nicht. Dort setzt Justin keine christlichen Schriftstücke als bekannt voraus. Trotzdem läßt sich m.E. erweisen, daß Justin von einer Evangeliensammlung in christlichen Gemeinden ausgeht.

Die Art, wie Justin die Evangelisten einzeln als Apostel oder Apostelschüler bezeichnet, spricht dafür, daß Justin davon ausgeht, daß die einzelnen Evangelisten und die ihnen zugeordneten Traditionen seinen Lesern bekannt sind (vgl. o. 5.2; 5.2.3). Wenn auch die Leser des Dialogs mehrere Evangelisten unterscheiden, kennen auch sie mehrere Evangelien. Die Evangelien waren also nicht nur

[328] SEMISCH, Denkwürdigkeiten 392; Väterparallelen aaO. 394f.
[329] SEMISCH, Denkwürdigkeiten 390.405f.; PETERSEN, Tatian 14–22 verwendet das Beispiel allerdings, um die freie Textüberlieferung im 2. Jh. zu belegen. Nach PETERSEN, Evidence 516–518 greife Justin bereits auf eine Evangelienharmonie zurück, die dann auch sein Schüler Tatian verwendete. Einer seiner Beweisstellen ist das Motiv „Feuer bei der Taufe Jesu".
[330] Zur Bezeichnung „Evangeliensammlung" s.o. Kap. I 4.2.

momentan durch Justin zusammengestellt. Justin setzt also eine Evangeliensammlung voraus.

Auf das vierte Evangelium greift Justin zumindest ungleich seltener zurück als
auf die Synoptiker. Auch wenn m.E. die Kenntnis des vierten Evangeliums
gesichert ist, tritt dieses Evangelium im Dialog wie in der Apologie stark zurück.
Daraus könnte geschlossen werden, Justin setze eine Dreievangeliensammlung
voraus. Damit lassen sich die Vermutungen zur Evangelienbenützung bei Justin
auf zwei Alternativen beschränken:

(a) Justin setzt eine Dreievangeliensammlung voraus, gelegentlich läßt er
vage Kenntnisse aus dem Joh-Ev einfließen.

(b) Justin setzt die Viervangeliensammlung voraus, benützt aber daraus das
vierte Evangelium ungleich weniger als die ersten drei.

Die These (a) vertritt in neuerer Zeit Bellinzoni.[331] Petersen will darüber
hinaus noch zeigen, daß Justin schon eine Harmonie voraussetze, die Tatian als
Grundlage seines Diatessarons diente. Die Verbindungslinien zu Tatian sind hier
nicht zu untersuchen. Aber wenn Justin eine Harmonie aus den drei Synoptikern
hergestellt oder verwendet hätte,[332] würde Justin als Zeuge gegen eine Vierevangeliensammlung auftreten. Es gäbe dann zumindest in Rom in der Mitte des
zweiten Jahrhunderts eine Dreievangeliensammlung, die nur durch Justin erschließbar wäre.

Gegen diese Annahme sprechen zunächst allgemeine Erwägungen. In der Zeit
Justins sind lokale Sondertraditionen bei der Schriftgrundlage der Evangelien
nicht eben wahrscheinlich. Die weitgereisten Väter wie Justin selbst und eine
Generation später Irenäus berichten keine abweichenden Lesetraditionen der
Evangelien für Palästina bzw. Kleinasien.[333]

Allein aus den Texten Justins läßt sich kaum entscheiden, welche der beiden
sich widersprechenden Thesen vorzuziehen ist. Beide Thesen lassen Fragen
offen. Nimmt man die Viervangeliensammlung als Quelle Justins, bleibt offen,
warum Justin auf das Joh-Ev weit seltener zurückgreift als auf die Synoptiker.
Die durch den Montanismus angefachte Kritik am Joh-Ev setzt erst Jahrzehnte

---

[331] Die älteren Thesen über Evangelienharmonien bei Justin referiert BELLINZONI, Sayings
1f.; PETERSEN, Evidence 512–516.

[332] Ob die Harmonisierungen auf Justin selbst zurückgehen, oder auf eine seiner Quellen,
läßt sich kaum entscheiden. PETERSEN allerdings will Justin von Harmonien abhängig wissen,
die sogar dessen ἀπομνημονεύματα seien. Dabei erklärt P. nicht die Stellen, bei denen Justin
verschiedene Einzelschriften hinter den „Denkwürdigkeiten" voraussetzt, so (1) wenn er den
Plural τῶν ἀποστόλων auflöst in Jesusbegleiter und deren Begleiter (dial 103,8); wenn er (2)
Petrus als einen dieser Zeugen nennt (dial 106,3); oder (3) wenn er von den Evangelien im
Plural berichtet (apol 66,3). Wohl falsch ist die Behauptung PETERSENS aaO. 512 A. 2: „Justin
uses the word εὐαγγέλιον only 4 times, twice in the singular, and twice in the plural". P. gibt
keine Stellen an. Pl. allein apol 66,3; sg. ferner dial 10,2; 100,1; eine vierte Stelle (sg.) wäre
allenfalls Justin [?], resurr 10 (Otto 246): „διὰ παντὸς τοῦ εὐαγγελίου δεικνύντα".

[333] Vgl. STREETER, Gospels 13.

nach Justin ein. Zudem zeigt er auch keinerlei Polemik gegen die Verwendung des Joh-Ev.

Gegen die Annahme einer Dreievangeliensammlung spricht m.E. die Wirkungsgeschichte Justins. Denn der Übergang vom Lehrer Justin zu seinem Schüler Tatian wäre dann verknüpft mit der Einbeziehung des vierten Evangeliums durch Tatian, denn Tatian verwendet eindeutig auch das Joh-Ev für sein Diatessaron. Wie hätte das vierte Evangelium so schnell zur Grundlage des Diatessarons avancieren können, hätte noch der Lehrer des Harmonisten dieses Evangelium nicht gekannt, oder nicht verwenden wollen? Der gegen Ende des Jahrhunderts aufgekommene Streit um das Joh-Ev flammt in Rom auf, ohne daß dabei auf die späte Einführung dieser Schrift bezug genommen wird. Tatian war zu dieser Zeit längst als Ketzer gebrandmarkt, und es wäre ein leichtes gewesen, mit dem verketzerten Überbringer des Joh-Ev dieses selbst ins Zwielicht zu bringen.[334] Allein, man versucht, das Joh-Ev einem Ketzer aus alter Zeit anzuhängen, um es in der Kirche unmöglich zu machen. So zeugt noch die Polemik gegen das Joh-Ev davon, daß es bereits lange bekannt war.[335] Somit dürfte schon Justin wie sein Schüler Tatian auch das Joh-Ev als schriftliche Quelle vorliegen gehabt haben.

Insgesamt neigt sich die Waage zur Möglichkeit (b): Justin setzt die Vierevangeliensammlung voraus, benützt aber das Joh-Ev ungleich weniger als die anderen drei.

6 *Das Evangelium Markions und die Vierevangeliensammlung*

Die Wirksamkeit des Markion in Rom läßt sich relativ gesichert datieren, trotz eines neueren Einwandes.[336] Der Bruch mit der Gemeinde vollzog sich im Sommer 144 n.Chr.[337] Markions Werke sind nur indirekt erhalten geblieben, seine Äußerungen müssen aus den Gegenschriften der Kirchenväter erschlossen werden. Diese Überlieferungslage erschwert, die Frage zu beantworten, ob Markion als Zeuge der Vierevangeliensammlung angesehen werden kann, oder ob er vielmehr belegt, daß es eine solche Sammlung vor ihm noch nicht gab.

---

[334] Irenäus, advhaer 3,23,8 (Brox): „Ein Lügner ist dann natürlich auch Tatian, der diese Lehre oder besser diese Unwissenheit und Blindheit [nämlich daß Adam nicht gerettet wurde, T.H.] als erster aufgebracht hat. Zwar laufen alle Verbindungen der Häretiker über ihn, wie ich gezeigt habe, aber diese Ansicht hat er aus eigenem Interesse dazu erfunden, um vor den anderen etwas Neues einzuführen. Er redet leere Worte, verschafft sich glaubensleere Zuhörer und will als Lehrer gelten …“.

[335] Dies Argument entfaltet v.a. ZAHN, Geschichte I 250. 252–255.

[336] Der Versuch HOFFMANNS, Marcion 44–49; vgl. 74, die Reise Markions nach Rom gänzlich zu bestreiten und daraus weitreichende Schlüsse zu ziehen, wurde durch MAY, Markionbild 404–413 hinreichend widerlegt und letztlich als „Phantasieprodukt" (aaO. 413) bezeichnet.

[337] HARNACK, Marcion 18*–20* nach Tertullian, advMarc 1,19; vgl. LAMPE, Christen 203 f.

6.1 Markion und die Vierevangeliensammlung
in der neueren Forschung

In seiner klassisch gewordenen Monographie meint Harnack, auch wenn er insgesamt die grundlegende Bedeutung des Markion für die Entwicklung des kirchlichen Kanons unterstreicht, daß dem Markion schon eine Vierevangeliensammlung vorliege.[338] So hätte Markion sein Evangelium durch eine doppelte Auswahl erstellt. Zunächst hätte er aus der Sammlung der vier Evangelien nur das dritte, und dann auch aus diesem nur Teile verwendet. Der zweite Auswahlprozeß, die Verkürzung des Lk-Ev, ist weitgehend unbestritten.[339] Daß Markion allerdings das Lk-Ev aus einer Vierersammlung entnahm, bestritt in neuerer Zeit ausdrücklich Hans von Campenhausen.[340] Vor Markion seien die Evangelien noch unverbunden tradiert worden, die Sammlung und schließlich der Viererkanon seien vielmehr die kirchliche Antwort auf Markions neugeschaffenen Kanon.

Die älteste Quelle, die uns für diese Frage noch zur Verfügung steht, ist der Bericht des Irenäus.[341] Dieser stellt die Arbeit des Markion so dar, daß schon vor Markion eine Vierersammlung vorgelegen hätte. Doch von Campenhausen hält diesen Berichterstatter in diesem Punkt für unzuverlässig. Die Darstellung des Markion durch Irenäus zeige nur, daß z.Z. des Irenäus der Gedanke der Vierersammlung sich schon so prägend durchgesetzt habe, daß der Kirchenvater schon

---

[338] HARNACK, Marcion 79. 84f. 211 (dort aber mit der Einschränkung, es fehle noch an formeller Gleichwertigkeit mit dem AT); 249*; DERS., Neue Studien 21f.

[339] In modifizierter Aufnahme von Thesen SEMLERS, BAURS u.a. (vgl. ZAHN, Geschichte I 713–717; KNOX, Marcion 78–83) versucht John KNOX, größere Teile des markionitischen Evangeliums als eine gegenüber dem kirchlich überlieferten dritten Evangelium ältere Version zu erweisen. Das uns überlieferte Lk-Ev sei erst durch eine nachmarkionitische Überarbeitung entstanden, die sich auch auf die Apg erstreckt habe (aaO. 88. 110. 121. 123. 162–167). Auch wenn KNOX die Thesen von 1942 im Vorwort zum Nachdr. 1979 grundsätzlich bestätigt, dürfte sein Versuch als gescheitert gelten, da die Textüberlieferung keine Spuren mehr davon trägt; die Tenazität der Textüberlieferung bewahrt sogar Spuren der vielleicht markionitischen Beendigung des Röm bei Kap. 14 (vgl. ALAND-ALAND, Text 298f.; nach SCHMID, Marcion 293f. wäre die verkürzte Version des Röm noch vormarkionitisch); für ein erst nach Markion bearbeitetes Lk-Ev gibt es dagegen keine Spuren; obwohl er in vielen Einzelheiten KNOX zustimmt, versagt VON CAMPENHAUSEN, Entstehung 152 A. 98; 175 A. 5; 210 A. 158 die Gefolgschaft bei der Spätdatierung des lukanischen Doppelwerkes; die neueren Einleitungen ersparen sich m.E. zu Recht, die Thesen von KNOX zu referieren bzw. zu widerlegen; einen Ur-Lk bei Markion vermuten dagegen wiederum: TOWNSEND, Date (non vidi) und HOFFMANN, Marcion 133f., vgl. 308; dagegen z.B.: WEHNERT, Passagen 55 A. 31 (auf S. 214).

[340] VON CAMPENHAUSEN, Entstehung 184–187 A. 39 u.ö. im Gefolge KNOX, Marcion 152–157. HARNACKS Hinweis auf Tertullian, advMarc 4,3,2 (z.B. DERS., Marcion 78) wird durch VON CAMPENHAUSEN, Entstehung 184–187 A. 39 auf S. 185 als anachronistische Interpretation Tertullians zurückgewiesen.

[341] Die Bemerkungen über Markion bei Justin, apol 1, 26,5; 58,1–3 kritisieren die Theologie, nicht die Schriftedition des Markion.

anachronistisch die späteren Verhältnisse vor Markion zurückverlege.[342] Für den Kirchenvater Tertullian gelte eine entsprechende Befangenheit. Da Tertullian gegenüber Irenäus in der Frage der Evangelienauswahl bei Markion eine eigenständige Argumentation vorlegt, müßte der vermutete Anachronismus beiden Autoren unabhängig voneinander unterlaufen sein. Das macht diese Vermutung nicht eben wahrscheinlicher. Weil von Campenhausen die ältesten Zeugen über Markions Quellen des Anachronismus bezichtigt, sind sie bei ihm für die weitere Untersuchung der Frage für befangen erklärt und ausgeschlossen. Der schwierige Indizienprozeß verlagert sich somit auf allgemeine Erwägungen, wie wahrscheinlich die Annahme einer Evangeliensammlung vor Markion sei.

Doch die Frage nach einem Verbund von mehreren Evangelien als Voraussetzung des Markion läßt sich noch von einer anderen Seite her aufnehmen. Markion kennt schon die kirchliche Tradition, daß Lk Paulusbegleiter gewesen sei. Dies ergibt sich aus der indirekten Argumentation Tertullians noch mit hinreichender Sicherheit.

6.2 Lukas als Paulusschüler bei Markion

Tertullian berichtet davon, daß Markion das Lk-Ev seiner Auswahl zu Grunde lege und konstatiert in diesem Zusammenhang,[343] daß Lk nicht selbst Apostel gewesen sei: „Lucas non apostolus sed apostolicus"[344]. Diese Tradition, die Lk zum Schüler eines Apostels erklärt, findet Tertullian bei Markion vor, denn Tertullian beklagt bei Markion eine Inkonsequenz: Wenn Lk als Schüler von seinem Lehrer abwiche, könnte dieser Vorwurf auch auf Paulus übertragen werden. Schon Paulus selbst war nach Tertullian abhängig von der „auctoritas antecessorum"[345]. Der Vorwurf Tertullians gegen die Inkonsequenz trifft nur, wenn Markion selbst sich auf das Schülerverhältnis zwischen Lk und Paulus beruft. Auf die Tradition von Lk als Apostelschüler stützt sich also schon Markion.[346]

---

[342] Vgl. KNOX, Marcion 156: „Marcion, his enemies claim later, has ‚mutilated' the Gospel … And modern critics have too often taken the ancient critics' word for it".
[343] Tertullian, advMarc 4,2,4f.
[344] Tertullian, advMarc 4,2,4. HAHNEMAN, Fragment 103f. mißdeutet m.E. die Stelle: „Despite Tertullian's implicit witness for the Fourfold Gospel canon (adv. Marc. 4. 2), the Gospel of Luke appears not to have been readily appreciated by him. According to Tertullian, Luke was inferior to Paul as Paul was inferior to the other Apostels"; daß Tertullian hier das markionitische Axiom, bis Paulus sei das Evangelium unverfälscht überliefert worden, ad absurdum führt, scheint H. nicht beachtet zu haben. Seine Interpretation soll den kühnen Schluß stützen, daß der Vierevangelienkanon bei Irenäus und Tertullian noch keineswegs gefestigt war (aaO. 104f.).
[345] Tertullian, advMarc 4,2,5.
[346] HENGEL, Evangelienüberschriften 16; THORNTON, Zeuge 61 erscheint die Annahme plausibel. Der Hinweis auf Pap. 75, 3. Jh., hat freilich keine Beweiskraft für Markion, außer THORNTON könnte belegen, warum „dessen Vorlage ebenfalls weit ins 2. Jh. zurückreichen

Die Argumentation des Tertullian läßt die Begründungszusammenhänge bei Markion erschließen: Ausgehend von Gal 1,6–12 sucht Markion nach dem einen unverfälschten Evangelium, auf das sich schon Paulus bezieht.[347] Er meint mit dem Ausdruck „Evangelium" bei Paulus also ein schriftliches Werk.[348] Weil Paulus „mein Evangelium" sagen kann (Röm 2,16), schließt Markion, daß Paulus genau ein schriftliches Evangelium gekannt habe.[349] So erklärt sich zwanglos, warum Markion das Lk-Ev für seine Evangeliumsausgabe zugrunde legte.[350]

Markion wertet allerdings das Schülerverhältnis anders als die sonstige Lk-Paulus-Tradition.[351] Für ihn verbürgt die Nähe des Lk zu Paulus nicht die Zuverlässigkeit des dritten Evangeliums. Es läßt sich erschließen, daß Markion dem Lk anlastet, das Evangelium seines Lehrers verfälscht zu haben. Dies ergibt sich aus dem Bericht Tertullians (s.o.) und auch aus der Darstellung Markions durch Irenäus. Auch Irenäus argumentiert so, daß Markion die Schülerschaft des Lk bei Paulus zwar voraussetzt, aber negativ bewertet. Daher unterstreicht Irenäus, daß die Verbindung zwischen Paulus und Lk die Zuverlässigkeit des dritten Evangeliums unterstützt: „Weil Lukas bei allem dabei war, hat er alles genau aufgeschrieben, ohne bei einer Lüge oder Übertreibung ertappt werden zu können, weil eben alle diese Dinge so feststehen und er älter ist als alle, die jetzt andere Lehren verbreiten und die Wahrheit nicht kennen."[352] Nach Markion dagegen liegt dieses Evangelium nur noch in der *verfälschten* Version des Lk vor. Für

---

muß" (aaO. 61 A. 163). Lk-Paulus-Tradition bei Markion nahm offenbar schon an: E. C. BLACKMAN: Marcion and His Influence, London 1948, 43 (non vidi), nach: HOFFMANN, Marcion 111 A. 47; H. aaO. verwirft die These leichtfertig: „[C]annot be acceptet in light of the fact that Marcion did not know his *evangelion* as Luke: nullum adscribit auctorem", A[dv]M[arc] 4.2.3." Herv. im Orig.

[347] Vgl. HARNACK, Marcion 78f. A. 2 (auf S. 79).

[348] Die seit HARNACK, Marcion 35 A. 1 beliebte Behauptung, Markion sei der erste gewesen, der unter „Evangelium" ein schriftliches Werk verstand, wiederholen: KOESTER, Gospels 36; GUNDRY, Book 321. 325; dagegen zu Recht HENGEL, Frage 62f.

[349] Den Vorwurf, Röm 2,16 nicht zu verstehen, erhebt Origenes, phil. 5,6 (Harl Z. 29–39) gegenüber Markioniten: „… ῥητὸν ἀποστολικὸν μὴ νενοημένον ὑπὸ τῶν Μαρκίωνος …". Hier Markioniten gegen Markion auszuspielen, besteht m.E. kein Anlaß.

[350] ZAHN, Lk 2. 4; WEHNERT, Passagen 56. Die Vermutung nennt schon HARNACK, Marcion 42, stellt sie aber zurück zugunsten der m.E. sehr viel vageren, daß Markion Lk wählte, weil dieses Evangelium ihm schon von Kindestagen an vertraut gewesen sei; wie H. z.B. SCHMITHALS, Bedeutung 150. VON CAMPENHAUSEN, Entstehung 187: „Warum Markion sein vermeintliches Urevangelium gerade hinter dem Lukasevangelium zu entdecken meinte, läßt sich nicht mehr sicher ausmachen. Das Schülerverhältnis des Lukas zu Paulus kann dabei mitgespielt haben …" Ähnlich auch B. ALAND, Marcion 91; BRUCE, Canon 137: „a matter of speculation".

[351] Die positive Wertung des Schülerzusammenhanges setzt die kirchliche Tradition voraus. Origenes läßt Lk „das durch Paulus gelobte Evangelium" verfertigen (bei Eusebios, h.e. 6,25,6). Sogar der später als Ketzer gebrandmarkte Basilides versteht es als Qualitätskriterium, wenn er sich auf Glaucias als Übersetzer des Petrus berufen kann, vgl. Klemens, strom. 7,106; dazu ZAHN, Geschichte I 157 A. 1.

[352] Irenäus, advhaer 3,14,1 (Brox). Zu den hier verurteilten Gegnern gehören zumindest auch (wenn nicht nur) „qui a Marcione sunt" (advhaer 3,14,4).

Markion war Lk also ein schlechter Schüler, dessen judaisierende Verfälschungen nun erst durch ihn wieder herausgestrichen werden. Die Abwertung des Lk zeigt sich auch an anderer Stelle bei Markion. Aus Kol 4,14 streicht er die Näherbestimmung des dort genannten „Lukas" als „mein geliebter Arzt".[353] Schon Markion benützt die Überlieferung, daß Lk Schüler des Paulus sei, jenes Zeugen also, den Markion wohl allein „Apostel" nennt.[354]

Das vormarkionitische Alter der Lk-Paulus-Tradition bedürfte keiner besonderen Aufmerksamkeit, wenn diese Tradition zuverlässige historische Wurzeln hätte. Über Jahrhunderte war selbstverständlich, daß diese Tradition einfach die Historie widerspiegele. Dagegen stellte sich weitgehend die kritische Forschung[355] und erst in jüngster Zeit hat sich Claus-Jürgen Thornton darum bemüht, die historische Zuverlässigkeit dieser Tradition mit wissenschaftlichen Kriterien zu belegen. Ausgehend von den Wir-Passagen der Apg, schließt er, daß der dritte Evangelist ein persönlicher Zeuge der letzten Paulusreisen war und tatsächlich jener Lk sei, den Paulus im Philemonbrief grüßt. Thorntons Argumentation widerspricht somit insbesondere der Arbeit von Jürgen Wehnert, der zu belegen versucht, daß erst nachträglich das dritte Evangelium mit einer aus dem Corpus Paulinum bekannten Person identifiziert worden sei.[356]

Doch der Befund bei Markion ist wenig geeignet, die Argumentation Thorntons zu stützen. Denn Markion hat offenbar keinen Wert auf die Wir-Stücke der Apg gelegt. Die Vertrautheit des Lk mit einer späten Lebensphase des Apostels Paulus, wie sie Thornton für historisch hält, zielt in eine andere Richtung als der markionitische Umgang mit der vermeintlichen Paulustradition des Lk. Sollte Thornton historisch im Recht sein, hätte schon Markion den biographischen Zusammenhang zwischen Paulus und Lukas nicht mehr verstanden oder nicht mehr gekannt.

Ein wichtiger Pfeiler in der Argumentation Thorntons ist die Behauptung, daß ein Evangelium ohne Titel nicht überliefert werden könne bzw. ein Titelname „Lukas" ohne Verbindung zum Paulusbegleiter ein unwahrscheinlicher Zufall sei.[357] Der Analogieschluß in der Titelfrage von anderen antiken Schriftstücken auf ein Evangelium ist jedoch schwerlich zwingend: Tertullian bezeugt ausdrücklich, daß Markion seinem Evangelium keinen Titel gab. So zeigt der Kirchenvater m.E. nur, daß ein titelloses Werk ungewöhnlich, nicht aber unmöglich war. Es ergäbe sich so auch die Möglichkeit, daß die Zuschreibung an den Apostelschüler Lk aus den Wir-Stücken der Apg und/oder einzelnen Bemerkungen der paulinischen Briefe erschlossen ist. Wäre das dritte Evangelium ohne weitere Erklärung unter der Überschrift eines sonst unbekannten Lk überliefert worden,

---

[353] ZAHN, Lk 3f.; DERS. Geschichte I 647f. 706; aaO. II 528; HARNACK, Marcion 51. 124*; 249* über die in der kirchlichen Tradition für Lk wichtig gewordene Stelle 2Kor 8,18 läßt sich bei Markion nichts erheben; vgl. HARNACK, Marcion 100*f.

[354] Tertullian, advMarc 4,2,4 erläutert „apostoli sectator" mit „Pauli sine dubio"; das könnte ein Hinweis darauf sein, daß Markion Paulus als den Apostel bezeichnet und erst Tertullian diesen Sprachgebrauch erläutert.

[355] Zusammengefaßt ist die Diskussion bei WEHNERT, Passagen 66–124.

[356] WEHNERT, Passagen 54–66.

[357] THORNTON, Zeuge 79: „Will man allen Ernstes annehmen, das 3. Evangelium und Acta seien bis zum Beginn des 2. Jahrhunderts anonym geblieben, dann habe jemand aus völlig unerfindlichen Gründen die Bedeutsamkeit des zuvor marginalen Paulusbegleiters Lukas gesteigert, und wiederum etwa 2 Jahrzehnte später habe man daraufhin seinen Namen für das Doppelwerk beansprucht?"

würde das im zweiten Jahrhundert nachweisbare Interesse an den Autoren hinreichend erklären, wie nachträglich innerhalb des Verbundes von Apg und Paulusbriefen Namensgleichheit ausgedeutet wurde. Allein, die von den Wir-Stücken der Apg herrührende Paulusschülerschaft führt zumindest nicht dazu, Markions Umgang mit Lk zu erklären. Markion stützt sich bei seiner Rekonstruktion kaum auf die Wir-Stücke der Apg. Er hat die Apg entweder nicht gekannt oder explizit verworfen.[358] Wäre für ihn die Paulusschülerschaft über die Wir-Stücke der Apg bewiesen gewesen, hätte er schwerlich die Apg in toto verwerfen können. Sollte er sie nicht gekannt haben, bliebe ohnehin allein die durch die Paulusbriefgrüße angeregte Identifizierung des Evangelisten Lk mit einem Begleiter des Apostels.

Die Lk-Paulus-Tradition setzt höchstwahrscheinlich bereits eine Zusammenstellung des Lk-Ev mit paulinischen Briefen voraus. Die Verwerfung oder Unkenntnis der Apg bei Markion legt einen weiteren Schluß nahe. Für Markion war offenbar die Apg schon vom Evangelium desselben Autors getrennt. Diese Abtrennung erklärt sich wohl nur aus der Zusammenstellung mehrerer themenverwandter Bücher, wie sie Evangeliensammlungen darstellen.[359] Daraus ergibt sich mit einiger Wahrscheinlichkeit, daß Markion *eine* Evangeliensammlung bereits voraussetzte.

Ein Indiz, daß die Abtrennung der Apg vom Lk-Ev nicht einfach deren ursprünglich getrennte Veröffentlichung konserviert, dürfte auch der überlieferte Titel für die Apg darstellen. In der weitgehend einhellig überlieferten Version lautet dieser Titel: „πράξεις ἀποστόλων", „Taten (der) Apostel".[360] Dieser Titel ist schwerlich aus dem Apostolatsverständnis des Lk heraus gewachsen.[361] Lk beschreibt v.a. die Wege des Petrus und des Paulus, dem er bekanntlich fast durchgängig den Aposteltitel verwehrt. Aus der Kenntnis der paulinischen Briefe heraus allerdings konnte der Aposteltitel so sicher auf beide Hauptakteure der Apg übertragen werden, daß die Zurückhaltung des Lk bei der Titelvergabe nicht mehr ins Gewicht fiel. Auch für die Apg zeigt sich so, daß die Zusammenstellung mit anderen christlichen Werken nicht ungebrochen aus ihrer eigenen theologischen Intention erwächst. Der neue Titel über dem lukanischen Werk betont den Zusammenhalt der Apostel Petrus und Paulus. Diese Tendenz verstärkt der CanMur, indem er die Apg mit dem Titel „Taten *aller* Apostel" versieht.

Wenn Markion eine Evangeliensammlung voraussetzt, heißt dies noch nicht, daß er die Vierevangeliensammlung voraussetzt. Aus den indirekten Zeugnissen über Markion läßt sich nur unsicher erschließen, welche weiteren Schriften neben dem Lk-Ev Markion voraussetzt. Daß Markion neben dem dritten Evangelium zumindest noch das erste kannte, verdeutlicht die ausdrückliche Ablehnung von Mt 5,17, auf die Tertullian mehrfach hinweist.[362] Schon die Kenntnis des

---

[358] HARNACK, Marcion 172*–174*.

[359] Vgl. z.B. DIBELIUS, Geschichte 46.

[360] Nach NA 27. Aufl. App. zur Inscriptio Apg u. aaO. unter den variae lectiones minores (S. 735) wurde der Titel unterschiedlich erweitert, nur selten verkürzt. Die erste Hand des Sinaiticus, Minuskel 1175 und wenige weitere Minuskeln haben den Genetiv pl. „Apostel" nicht gelesen. Der Cantabrigiensis liest sg. „πρᾶξις ἀποστόλων".

[361] Vgl. TROBISCH, Endredaktion 61 f.; BRUCE, Canon 162.

[362] Vgl. HARNACK, Marcion 80.

Mk-Ev, wohl auch die des Joh-Ev läßt sich für Markion m.E. nicht nachweisen.[363] An einzelnen Stellen setzt Markion einen Lk-Text voraus, der bereits an andere Evangelien assimiliert wurde (s.u. 7.5.3). Solche Assimilierungen entstehen wohl erst innerhalb einer Evangeliensammlung.

Die Zeugnisse über Markion lassen für sich betrachtet also nicht auf die Vierevangeliensammlung als Voraussetzung des Markion schließen. M.E. ergibt sich aber dieser Schluß aus den Schriftstücken, die bis zur Mitte des zweiten Jahrhunderts entstanden sind und bereits eine Vierevangeliensammlung voraussetzen, so v.a. der längere Mk-Zusatzschluß (s.o. 3.2), das EvPetr und wahrscheinlich auch schon Papias (s.o. Kap. IV 4.5). Die Annahme, daß Markion bereits eine Vierevangeliensammlung kannte, ist von daher gesehen durchaus plausibel.

Bedeutsam ist, daß Markions Evangelium offenbar kaum nennenswerte Stoffe einbrachte, die aus der Perspektive der kirchlichen Evangelien apokryph wären, denn schwerlich hätten sich Irenäus und Tertullian einer entsprechenden Polemik enthalten, hätten solche Vorwürfe einen Anhalt in Markions Text.

7 Die Verbreitung der Vierevangeliensammlung am Ausgang des zweiten Jahrhunderts

Irenäus verdeutlicht, daß die Vierevangeliensammlung eine abgeschlossene Größe war. Der Kirchenvater steht damit in seiner Zeit (um 180 n.Chr.) nicht allein. Im folgenden sollen Zeugen zu Worte kommen, die unterstreichen, daß die Vierersammlung auch unabhängig von Irenäus zur selbstverständlichen Grundlage der Berichte über das Sterben und Auferstehen Jesu geworden war.

7.1 Tatians Diatessaron und die vier Evangelien

Der Kirchenvater Theodoret (gest. um 466) hat uns nicht nur eines der älteren Zeugnisse über das Diatessaron erhalten. Er berichtet auch, daß er 200 Abschriften des Werkes in seiner Diözese gesammelt und vernichtet habe.[364] Die dürftigen auf uns gekommenen Reste des Werkes zeigen, daß Theodoret nur einer unter vielen war, die an dieser antiken Bücherverbrennung beteiligt waren.[365] Da das Werk

---

[363] Die Zuversicht ZAHNS, Geschichte I 653–713 (bes. 675–679: Joh-Kenntnis bei Markion) begrenzt in diesem Punkt REGUL, Evangelienprologe 164–177.

[364] Theodoret, Haereticarum fabularum compendium 1,20 (MPG 83, 372) nach PETERSEN bei KOESTER, Gospels 405. Die Literatur zum Diatessaron sichtet das opus magnum: PETERSEN, Tatian; eine knappe Einführung bietet DERS. bei KOESTER, Gospels 403–430; im größeren Kontext der Harmonien bespricht WÜNSCH, Art. Evangelienharmonie 627–629 Tatians Werk.

[365] HENGEL, Frage 22 A. 27 vermerkt eine nahe bevorstehende Veröffentlichung eines syrischen Diatessaron-Kommentars Ephraims der Chester-Beatty Foundation; vgl. dazu PETERSEN, Tatian 458.

Tatians fast ausschließlich indirekt überliefert ist, gehört die Diatessaron-Forschung zu den kompliziertesten Erschließungsarbeiten im Bereich der Kirchengeschichte.[366] Viele umstrittene Fragen rund um das Diatessaron sind hier nicht zu behandeln. Das Diatessaron dürfte Tatian um 170 n.Chr. verfaßt haben.[367]

Allein die Tatsache, daß Tatian schon mit dem Namen „διὰ τεσσάρων"[368] eine Vierevangeliensammlung als Grundlage angibt, ist für uns von Bedeutung. Es handelt sich zweifellos um unsere vier Evangelien.[369] Mag Tatian auch einzelnen Stoff aus anderen Quellen eingeflochten haben, so zeigt schon sein Titel, daß sogar für ihn die vier Evangelien eine höhere Autorität besitzen als andere mögliche Quellen.

Tatian versucht, die vier Stimmen zu einem Bericht zu vereinen. Er hat wahrscheinlich das vierte Evangelium als Gerüst gewählt, in das er Abschnitte der anderen Evangelien einfügte.[370] Daß er so das vierte zum eigentlichen rechten Hauptevangelium emporhebt, unterscheidet ihn von seinem Lehrer Justin. Tatian schätzt das Joh-Ev offenbar mehr, als dies aus den erhaltenen Werken des Justin sichtbar wird (s.o. Kap. V 5.6).

Tatian zeigt mit seiner Arbeit auch, daß die Vierevangeliensammlung zwar schon herausgehobene Autorität besaß, aber noch nicht in ihrem Wortbestand geschützt verstanden wurde. Er belegt die Vierevangeliensammlung, nicht den Vierevangelienkanon.[371]

7.2 Die Passahomilie des Meliton von Sardes

Meliton von Sardes schreibt zwischen 160 und 170 eine Passahomilie, die bis in unser Jahrhundert hinein nur fragmentarisch bekannt war.[372] Der Abfassungszeitpunkt erweist Meliton als etwas älteren Zeitgenossen des Irenäus. Der nun

---

[366] Von Campenhausen, Entstehung 205 A. 134.

[367] Vgl. Petersen, Art. Diatessaron 189.

[368] Den Titel nennt für uns erstmals Eusebios, h.e. 4,29,6; die Testimonien sichtet umfassend Petersen, Tatian 35–67. Der bei Victor von Capua (6. Jh.) belegte Titel „Diapente" ist demgegenüber sicher sekundär (aaO. 49–51). Die Bezeichnung διὰ τεσσάρων verwendet Origenes, in Joh 5,7 (Preuschen) bzw. phil. 5,6 (Harl) ohne Bezug auf Tatian, um den Singular τὸ εὐαγγέλιον bei Röm 2,16 zu erklären: „... ἕν ἐστι τῇ δυνάμει τὸ ὑπὸ τῶν πολλῶν εὐαγγέλιον ἀναγεγραμμένον καὶ τὸ ἀληθῶς διὰ τεσσάρων ἕν ἐστιν εὐαγγέλιον."

[369] Petersen, Tatian 427 f.

[370] So nach dem Hinweis Aphrahat, Dem. 1,10; Hengel, Frage 22 A. 27; vgl. Merkel, Widersprüche 76. Der Hinweis Theodorets, daß Tatian die Genealogien gestrichen habe, dürfte zutreffen; erst spätere Bearbeiter haben die Genealogien nachgetragen; dazu Merkel, Widersprüche 77–79; Petersen, Tatian 45; Hengel, Evangelienüberschriften 12 A. 19.

[371] In diesem Punkt ist die Formulierung bei Hengel, Frage 22 A. 27 unpräzise; eine gewisse Freiheit gegenüber seinen Quellen bei Tatian betonen Zahn, FGNTK 1, 260, dazu Swarat, Kirche 152–166; vgl. Merkel, Widersprüche 90; Frank, Sinn 139–143.

[372] Zur Passahomilie, deren Fundgeschichte und Quelleneditionen s. Frank, Sinn 143–151; Köhler, Rezeption 505–507; Drobner, Forschung 313–333 (Lit.).

wiederentdeckte vollständige Text vermischt harmonisierend matthäische und johanneische Schriftanspielungen.[373] Dabei regiert die Theologie des vierten Evangeliums,[374] redaktionelle matthäische Anliegen haben dagegen „keinen Einfluß auf die Theologie des Melitos gehabt".[375] Die Passahomilie des Meliton zeigt, daß das Mt-Ev für die Zeit vor 170 „in Kleinasien wohl selbst für den, der mit den matthäischen theologischen Anliegen und inhaltlichen Aussagen wenig anfangen konnte oder wollte, zum akzeptierten und rezipierten Grundbestand evangelischer Überlieferung gehörte".[376] Lk- und Mk-Sondergut lassen sich nicht ebenso sicher nachweisen wie der Rückgriff auf die Evangelien nach Mt und Joh.[377] Meliton setzt bei seinen knappen Anspielungen auf Taten Jesu voraus, daß seine Hörer die ausführlicheren Erzählungen aus den Evangelien kennen.[378] So läßt sich aus der Passahomilie erweisen, daß eine Evangeliensammlung vorliegt, die zumindest das Joh-Ev und das Mt-Ev enthält.

7.3 Kelsos und die Evangelien

Der Platoniker Kelsos hat die Quellentexte der Christen studiert, um deren Haltlosigkeit herauszuarbeiten. Die ausführlichen Zitate aus der Gegenschrift des Origenes ermöglichen eine weitgehend gesicherte Rekonstruktion des sonst verlorenen Textes des Kelsos.[379] Die Schrift des Christengegners dürfte noch ins zweite Jahrhundert gehören, die verbreitete Angabe „um 178" stützt sich auf eine nicht ganz sichere Indizienlage, ebenso die Datierungen ein bis zwei Jahrzehnte früher.[380] Die Heimat des Kelsos wird meist in Alexandria vermutet, aber auch Rom oder andere Orte sind nicht auszuschließen.[381]

---

[373] Die durch HENGEL, Frage 23 A. 29 aufgeführten Einzelnachweise für johanneische Anspielungen (u.a. Ich-bin-Worte; johanneische Datierung des Todes Jesu) müssen hier nicht wiederholt werden. Evangelienzitate in der Passahomilie sichtet auch KÖHLER, Rezeption 505 f. (v.a. Mt).

[374] FRANK, Sinn 148 f.

[375] KÖHLER, Rezeption 506.

[376] KÖHLER, Rezeption 507.

[377] KÖHLER, Rezeption 507.

[378] Z.B. Meliton, Passahomilie 78 (Blank): „Nicht erfüllte mit Furcht die verdorrte Hand, die dem Leib wieder hergestellt wurde; ... noch erschreckte dich jenes unerhörte Zeichen, daß ein Toter aus dem Grab herauskam, in dem er schon vier Tage lag"; Meliton spielt auf die synoptische Heilungsgeschichte Mk 3,1–6par Mt 12,9–14par Lk 6,6–11 und Joh 11,1–44 an.

[379] Über Rekonstruktionen informiet CHADWICK, in: Origenes, Cels (Chadwick) xxii–xxiv (Lit.); PICHLER, Streit 8–14; grundlegend ist Robert BADERS Rekonstruktion der Kelsos-Schrift von 1940. Die Kelsos-Fragmente zitiere ich mit Angabe von Buch, Kapitel der Fundstelle bei Origenes.

[380] Das Jahr 178 favorisierte KEIM, Celsus 261–273; ihm folgen viele Forscher, z.B. MERLAN, Art. Celsus 954; CHADWICK, in: Origenes, Cels (Chadwick) xxvi–xxviii resümiert: „is to be assigned to the period 177–80"; „um 178" auch ALTANER-STUIBER, Patrologie 59 (Lit.), die auch Datierungen um 160 im Lit.-Nachtrag ausweisen, aaO. 554; so auch HENGEL, Frage 28 A.

Kelsos kannte Stoffe aus unseren vier Evangelien.[382] Unterschiedliches Mt-Sondergut setzt Kelsos an mehreren Stellen voraus.[383] Auch Lk läßt sich durch seine Synchronie bei Kelsos nachweisen.[384] Aus dem Mk-Ev hat Kelsos entnommen, daß Jesus Zimmermann war (s.o. 5.4). Das vierte Evangelium ist dem Kelsos höchstwahrscheinlich auch bekannt.[385]

Da Anspielungen und nicht ausführliche Zitate vorliegen,[386] ist durch diese Kenntnisnachweise nicht mit Sicherheit zu sagen, ob Kelsos auf Evangelienharmonien oder getrennte Evangelienschriften zurückgreift.[387] Wahrscheinlich aber verarbeitet er getrennte Evangelien. Er nennt die Schüler (pl.) Jesu als Autoren mehrerer Werke: „οὐ παραπλήσια τοῖς ὑπὸ τῶν μαθητῶν τοῦ Ἰησοῦ γραφεῖσιν".[388] Ferner vermerkt Kelsos Widersprüche bei der Grabesgeschichte: „Καὶ μὴν καὶ πρὸς τὸν αὐτοῦ τοῦδε τάφον ἐλθεῖν ἄγγελον, οἱ μὲν ἕνα, οἱ δὲ δύο, τοὺς ἀποκρινομένους ταῖς γυναιξὶν ὅτι ἀνέστη".[389] So dürfte auch ein

---

48; neuere Darstellungen warnen vor einer allzu genauen Festlegung, so: BORRET, in: Origenes, Cels (Borret) V 122–129; PICHLER, Streit 94–97: „... von der Mitte des 2. Jh.s bis zu Beginn des 3. Jh.s offenzulassen"; BURKE, Art. Celsus 879: „last third of the 2nd century".

[381] So nach PICHLER, Streit 97 f.

[382] Die Stellen, bei denen Kelsos auf Evangelien anspielt, listet BORRET mit Asteriscus auf, in: Origenes, Cels (Borret) V, 260–265; er hat 20 Mt-, 9 Lk-; 6 Joh- und keine Mk-Stellen vermerkt; vgl. KEIM, Celsus 225–230, insbesondere dessen „Sondergutliste" aaO. 228–230; MERLAN, Art. Celsus 958 geht ohne Einzeldiskussion von der Kenntnis der vier Evv. aus; vgl. MERKEL, Widersprüche 9; Belege aaO. 9 f. A. 7; einen forschungsgeschichtlichen Überblick bietet: PICHLER, Streit 43 f.

[383] Kindermord (Mt 2,13.16.20): 1,58; vgl. 1,40; Flucht nach Ägypten (Mt 2,13–21): 1,66; Stern über Bethlehem (Mt 2,9): 1,34; Andere Backe Hinhalten (Mt 5,39) 7,18; 7,58; Zwei Herren Dienen (Mt 6,24par Lk 16,13) 7,68; 8,15; Vögel auf dem Felde (Mt 6,26–29par Lk 12,24) 7,18; Finsternis *und* Beben bei der Kreuzigung (Mt 27,45.51.54) 2,55; wenig beweiskräftig: der Weheruf (vgl. Mt 11,22–24par Lk 10,12–15; Mt 23,13–29) 2,76; vom Dienen (Mt 20,25–27par) 7,18; Essig mit Galle (Mt 27,34 vl wohl nach Ps 69,22 auch z.B. Barnb 7,3; EvPetr 5:16) 4,22. KÖHLER, Rezeption übergeht Kelsos.

[384] Synchronie (Lk 3,1) 1,58, vgl. BORRET z.St. Daneben finden sich lukanische Wörter in harmonisierenden Zitaten.

[385] Listen bietet neben BORRET, in: Origenes, Cels (Borret) V, 264 f. auch HENGEL, Frage 28 A. 48, dort z.T. unsichere Stellen. In der Taufgeschichte Jesu nennt Kelsos 1,41 Johannes d.T. als Zeugen des Geschehens, vgl. Joh 1,32; 1,67 setzt wohl Joh 10,23 f. voraus; das Aufzeigen der Foltermale nach der Auferstehung spielt auf die Thomasgeschichte an (Joh 20,24–29) 2,55; die Gleichsetzung Gott und Geist bei Kelsos 6,71 muß nicht aus Joh 4,24 kommen.

[386] Origenes, Cels. 1,70 (Borret) zitiert zwar eindeutig Lk 22,15 wie MERKEL, Widersprüche 9 A. 7 sub „b)" zu Recht vermerkt, aber hier scheint Origenes, nicht Kelsos zu sprechen.

[387] Vgl. PICHLER, Streit 44. 59. Harmonisierende Anspielungen z.B.: Kamel durchs Nadelöhr (Mt 19,24par Lk 18,25par Mk 10,25) 6,15, vgl. 7,18; Gethsemanigebet Jesu (Mt 26,39par Lk 22,42par Mk 14,36) 2,24.

[388] Origenes, Cels 2,13 (Borret). CHADWICK übersetzt: „nothing like the account which has been written by the disciples of Jesus" und verschleiert so den pl. des gr. Originals. Origenes nimmt den Dativ des Kelsoszitats mit ἐν τοῖς εὐαγγελίοις auf. Schüler (pl.) als Verfasser der angespielten Evv-Stoffe auch Origenes, Cels. 1,68.

[389] Origenes, Cels. 5,52 (Borret). Die Konstruktion mit οἱ μέν – οἱ δέ verlangt genaugenommen je zwei Quellen, die einen bzw. zwei Grabesboten belegen; eine Bedingung, die unsere vier Evangelien erfüllen: Mk 16,5par Mt 28,2 haben einen; Lk 24,4 und Joh 20,12 zwei.

öfters verhandeltes Fragment aus dem zweiten Buch nahelegen, daß Kelsos getrennte Evangelien voraussetzt. Kelsos polemisiert dort gegen die widersprüchlichen Schriften der Christen. Er wirft einigen Gläubigen vor, „as though from a drinking bout, go so far as to oppose themselves and alter the original text of the gospel three or four or several times over, and they change its character to enable them to deny difficulties in face of criticism".[390] Kelsos argumentiert gegen eine Evangeliensammlung, die er bei den Christen vorfindet. Aus den genannten Anspielungen läßt sich entnehmen, daß zu dieser Sammlung die vier später kanonisch gewordenen Evangelien gehörten.[391]

7.4 Das Muratorische Fragment als eine Liste christlicher Schriften um 200 n. Chr.

Ludovico Antonio Muratori veröffentlichte 1740 das Fragment einer Liste biblischer Bücher.[392] Daß dieser in vulgärem Latein verfaßten Liste ein griechisches Original zugrundeliegen dürfte, ist weithin anerkannt.[393] V.a. die Zuschreibung der Sapientia an „Freunde des Salomo" gilt als wichtiges Indiz für ein griechisches Original, das von der durch Philon verfaßten Weisheit sprach und mißverstanden wurde.[394]

---

[390] Kelsos nach Origenes, Cels. 2,27 (Chadwick), gr. (Koetschau=Borret; je als Frgm. des Kelsos gekennzeichnet): „Μετὰ ταῦτά τινας τῶν πιστευόντων φησὶν ὡς ἐκ μέθης ἥκοντας εἰς τὸ ἐφεστάναι αὑτοῖς μεταχαράττειν ἐκ τῆς πρώτης γραφῆς τὸ εὐαγγέλιον τριχῇ καὶ τετραχῇ καὶ πολλαχῇ καὶ μεταπλάττειν, ἵν' ἔχοιεν πρὸς τοὺς ἐλέγχους ἀρνεῖσθαι". Kelsos dürfte an dieser nicht ganz eindeutigen Stelle davon ausgehen, daß ein „Urevangelium" vervielfacht wurde, nicht etwa daß einzelne Textstellen verändert wurden, so auch CHADWICK z. St.; vgl. KEIM, Celsus 225; VON CAMPENHAUSEN, Entstehung 191 f. A. 64 (auf S. 192).

[391] Theoretisch könnte Kelsos eine umfänglichere Sammlung als die Vierersammlung voraussetzen. Die Überlieferungslage erlaubt gegen diese Annahme m.E. keinen Gegenbeweis, allerdings ist die Annahme einer größeren Evangeliensammlung nicht sehr wahrscheinlich, weil eine solche keine Spuren hinterlassen hat.

[392] Die Umstände der Erstveröffentlichung, Codex etc. referiert HAHNEMAN, Fragment 5–22.

[393] Schon ZAHN, Geschichte II 128 f. sammelt nurmehr die Argumente für ein griechisches Original. Zurückhaltend bez. gr. Original: HARNACK, Verfasser 1 A. 5 (nicht aber gegen gr. Orig., so aber FRANK, Sinn 179 A. 8; BRUCE, Canon 159 A. 4 über H.). Für ein lat. Original plädieren neben den bei SUNDBERG, Canon 2 A. 8 aufgelisteten Forschern auch BRUCE, Canon 159. 161 (Bruce Z. deutet „iuris studiosu[m]" als Fachwort in der röm. Verwaltung).167 (lat. Ausdrücke für „Milch" und „Gift" reimen sich); aber B. hat nur schwache Einwände geg. die Verwechslung Philon/Freunde Z. 70 (aaO. 165 f.).

[394] Z. 69–71 (Zahn) „sapilentia ab amicis salomonis in honore ipsiusI scripta"; dt: „die Weisheit von den Freunden des Salomo zu dessen Ehre geschrieben"; das gr. „durch Philon" wurde als „durch Freunde" mißverstanden; die Zuschreibung der Sap an Philon notiert z.B. Hieronymus im Prolog zu den salomonischen Büchern, Vulgata (Weber) 957 Z. 18 f.; dieses Argument für ein gr. Orig. stammt von TREGELLES, 1867 und fand weitgehende Zustimmung: ZAHN, Geschichte II 95–102; DERS., Art. Kanon Mur. 797 f.; VON CAMPENHAUSEN, Entstehung

7.4.1 Die Datierung des Muratorischen Fragments

Dieses griechische Original wurde üblicherweise um die Wende des zweiten zum dritten Jahrhundert datiert.[395] Die Datierung gründete sich auf folgende Bemerkung des Fragmentes (Z. 73–77): „Den Hirten aber hat ganz vor kurzem zu unseren Zeiten in der Stadt Rom Hermas verfaßt, als auf dem Thron der Kirche der Stadt Rom der Bischof Pius, sein Bruder saß".[396]

Diesen alten Konsens über die Datierung hat Albert C. Sundberg jr. angegriffen.[397] In dessen Gefolge hat nun auch Hahneman versucht, das Fragment in das vierte Jahrhundert zu datieren.[398] Er müht sich zunächst, die Unsicherheit der üblicherweise für die Datierung herangezogenen Stellen zu erweisen.[399] Die zitierten Z. 73–77 des Fragmentes ließen angeblich keine eindeutige Datierung zu. Dadurch ist der Weg frei, eine späte Datierung durch allgemeine Erwägungen zum Stand des Kanonisierungsprozesses vorzuschlagen. Ausgangspunkt ist für ihn, daß der CanMur einem strengen Kanonsbegriff genügt: „Das Fragment stellt einen Kanon dar – eine abgeschlossene Sammlung der Schriften".[400] Dann stellt er seine Thesen zur Entwicklung des Kanons vor, die darauf hinauslaufen, daß der Stand des CanMur erst im vierten Jahrhundert erreicht worden sei. Der Vierevangelienkanon gehe zwar dem neutestamentlichen voraus,[401] aber auch dieser müsse später angesetzt werden als dies üblicherweise geschieht: „Die vier später kanonischen Evangelien erfreuten sich breiter Verwendung, aber es gab Einwände; und der vierfältige Evangelienkanon sollte vielleicht nur als Neuerung am Ende des zweiten oder Beginn des dritten Jahrhunderts angesehen werden".[402] Die Gleichwertigkeit unterschiedlicher Evangelien noch nach der Mitte des zweiten Jahrhunderts will er aus vielfach

---

284 A. 199; HAHNEMAN, Fragment 13–17. 201; kritisch gegenüber dem Argument HORBURY, Wisdom 149–152. 157 f.

[395] Ältere Datierungen bei ZAHN, Art. Kanon Mur. 799; vgl. VON CAMPENHAUSEN, Entstehung 283 und den Überblick zu den Datierungen bei HAHNEMAN, Fragment 27–30.

[396] CanMur Z. 73–77 (Schneemelcher); lat. Text (Zahn) „pastorem uerol nuperrim e temporibus nostris in urbel roma herma conscripsit sedente cathel tra urbis romae aeclesiae pio spe [durch Supralinearstrich als Abk. gekennzeichnet] fratrel eius".

[397] SUNDBERG, History (1968) 458 f.; DERS., Canon (1973) pass. AaO. 3 A. 13 verweist S. auf G. KOFFMANE-KUNITZ als Vorgänger für eine Spätdatierung; zu SUNDBERG s. ROBBINS, Graphon 19–37. Falsch ist SUNDBERGS Behauptung aaO., ZAHN, Geschichte II 134 f. datiere in die Mitte des zweiten Jh. ZAHN datiert vielmehr Anfang drittes Jh. (vgl. aaO. 135 f.; DERS., Art. Kanon Mur. 799).

[398] Den Einspruch gegen SUNDBERG durch FERGUSON, Canon (1982) bespricht HAHNEMAN, Fragment 34–36; die Verteidigung der üblichen Frühdatierung durch HENNE, datation (1993) bezieht sich noch nicht auf HAHNEMAN (1992). Die Spätdatierung teilen auch KOESTER, Gospels 243; MCDONALD, Formation 139; ROBBINS, Art. Fragment 929 erspäht einen sich anbahnenden neuen Konsens für die Spätdatierung; DERS., Graphon 37–43 referiert zustimmende, aaO. 44–70 kritische Voten.

[399] Vgl. HAHNEMAN, Fragment 71 f.; vgl. SUNDBERG, Canon 11.

[400] HAHNEMAN, Fragment 131: „The Fragment represents a canon – a closed collection of scriptures".

[401] HAHNEMAN, Fragment 129. 218.

[402] HAHNEMAN, Fragment 130: „The four later canonical gospels enjoyed widespread usage, but there were disputes, and the Fourfold Gospel canon should perhaps be seen as only an innovation at the end of the second and beginning of the third century."

besprochenen Quellen herauslesen. Die oben besprochene Notiz des Serapion über das Evangelium nach Petrus macht er unter der Hand zu einem Beleg für die generelle Gleichrangigkeit des Schreibens in Rhossus; die durch Serapion festgestellte Pseudonymität durch den Hinweis auf fehlende Überlieferungszeugen[403] nennt er eine dogmatische Entscheidung: „Die Kirche in Rhossus las das Evangelium des Petrus am Ende des zweiten Jahrhunderts, mehr noch, sie tat dies mit der ausdrücklichen Billigung des Serapion, des damaligen Bischofs von Antiochia, (eine) Erlaubnis, die er allerdings später zurückzog aus dogmatischen Gründen".[404]

Eine Fehldeutung der Argumentation gegen Markion bringt Hahneman dazu, den anerkannten Status des Lk-Ev zur Zeit des Irenäus und des Tertullian in Zweifel zu ziehen.[405] Beide Kirchenväter unterstrichen gegen Markion, daß die Schülerschaft des Lk bei Paulus die Qualität des dritten Evangeliums verbürgt; dem Lk-Ev eine von Paulus abgeleitete Autorität zuzumessen, war bei diesen wie bei allen späteren Kirchenvätern nie als eine „starke Herabsetzung"[406] des Lk-Ev verstanden worden. Hahneman schließt aus seinem kanonsgeschichtlichen Überblick: „Deshalb würde die Anwesenheit (des) vierfältigen Evangeliums im CanMur, sofern er traditionell datiert würde, überraschen … das Fragment zeigt keine Anzeichen einer (erst) kürzlich (entstandenen) Bildung des vierfältigen Evangeliums".[407] Gelegentliche Zitate apokrypher Texte bei Klemens Al. und Origenes sollen dann schließlich die These tragen, daß die Herausbildung des Schriftkanons ein allmählicher Prozeß war, der im vierten Jahrhundert seinen Höhepunkt erreichte.[408]

Eines der starken Argumente für eine frühe Datierung ist das Verschweigen des Hebr im CanMur;[409] dieses schweigende Übergehen wäre im vierten Jh. schwer möglich. Hahneman will das Argument entkräften, indem er auf mögliche Verstümmelungen der Liste hinweist, durch die der Hebr verloren gegangen sein soll.[410] Mit solchen Vermutungen läßt sich freilich jede späte Datierung begründen.[411]

Der alte Konsensus bei der Datierung dürfte sich als tragfähiger erweisen als die Vermutungen Sundbergs und Hahnemans. Eine überzeugende Zusammenfassung der Argumente gegen Sundberg bietet neuerdings Henne.[412] Er weist auf

---

[403] Serapion bei Eusebios, h.e. 6,12,3 (Schwartz): „τὰ τοιαῦτα οὐ παρελάβομεν". Daß der Bischof die Überlieferungskette überprüfte, zeigt auch sein Hinweis aaO. 6,12,6.

[404] HAHNEMAN, Fragment 100: „The church at Rhossos was reading the Gospel of Peter at the end of the second century, and what is more, with the explicit approval of Serapion, the then bishop of Antioch, permission which he only later withdrew on dogmatic grounds".

[405] HAHNEMAN, Fragment 103f.; vgl. aaO. 109. Ähnlich einst SUNDBERG, History 460.

[406] HAHNEMAN, Fragment 104: „strong depreciation".

[407] HAHNEMAN, Fragment 109: „Consequently the presence of Fourfold Gospel in the Muratorian Fragment, as traditionally dated, would be surprising … the Fragment bears none of the marks of recent development for the Fourfold Gospel".

[408] HAHNEMAN, Fragment 129.

[409] Vgl. z.B. ZAHN, Art. Kanon Mur. 798. 805; VON CAMPENHAUSEN, Entstehung 283 A. 192.

[410] HAHNEMAN, Fragment 25f. 32. 181.

[411] HAHNEMAN, Fragment 26 beruft sich auf ähnliche Operationen, die einst ZAHN, Geschichte II 108–110 unternahm, um das Fehlen des 1Petr zu erklären. Die Kritik an ZAHN fällt auf HAHNEMAN zurück; vgl. VON CAMPENHAUSEN, Entstehung 287 A. 206: „Der gewaltsame Versuch … bedarf keiner Widerlegung mehr"; BRUCE, Canon 165.

[412] HENNE, datation (1993); KAESTLI, place 609–634 (non vidi); vgl. auch HORBURY, Wisdom 158f.

Elemente hin, die eher im ausgehenden zweiten als in späteren Jahrhunderten verständlich wären. Unter anderem erweist sich der CanMur als ein sehr früher Versuch, den Konsens der Evangelien zu formulieren, indem er auf den „Glauben der Gläubigen"[413] verweist, um hinter den Widersprüchen die Einheit zu finden. Der CanMur entfaltet das Kriterium der Einheit noch narrativ. Eine ausgebildete Theologensprache späterer Jahrhunderte fehlt noch.[414]

Die Darstellung des Joh-Ev läßt auf eine Kritik an diesem Evangelium schließen, wie sie um die Wende vom zweiten zum dritten Jh. im Westen belegt ist.[415] Die Rede von der doppelten Parusie ist typisch für das zweite und beginnende dritte Jahrhundert.[416] Somit kann diese Liste wohl als älteste ihrer Art noch ins zweite Jahrhundert gehören.

Die Abfassung des CanMur in Rom ist nicht unbestritten. Die Sicherheit, mit der einst Harnack diese Lokalisierung vetrat, hat schon Hugo Koch erschüttert.[417] Das Fehlen des Hebr bei gleichzeitig unproblematisierter Annahme der Apk deutet allerdings auf eine westliche Herkunft.[418]

7.4.2 Die Vierevangeliensammlung im Muratorischen Fragment

Der CanMur geht von einer fest verbundenen Vierersammlung der Evangelien aus. Mit anderen Evangelien als diesen vier befaßt er sich nicht einmal mehr.[419] Auch wenn der fehlende Anfang nicht mehr zweifelsfrei zu sagen erlaubt, ob diese Liste auch unsere Reihenfolge voraussetzt, versteht sie die Vierzahl als geschlossene und in ihrer Reihenfolge zu beachtende Größe. Zählung und Reihenfolge sind offenbar für die katholischen Briefe noch nicht ähnlich gesichert.

Die vollständig erhaltene Bemerkung zum Joh-Ev lautet im CanMur (Z. 9–16): „Das vierte der Evangelien, des Johannes, (eines) von den Jüngern. Als ihn seine Mitjünger und Bischöfe aufforderten, sagte er: Fastet mit mir von heute ab drei Tage, und was einem jeden offenbart werden wird, wollen wir einander erzählen. In der selben Nacht wurde dem Andreas, einem der Apostel, offenbart,

---

[413] CanMur Z. 18f. (Zahn): „credentium| fidei".

[414] HENNE, datation 65.

[415] HENNE, datation 65f. 67f.; ähnlich schon ZAHN, Geschichte II 46–49, dazu u.

[416] HENNE, datation 66; vgl. o. 5.2.4 (zu Justin).

[417] Gegen HARNACK belegt KOCH, Beweis 151–159, daß ein selbstsicheres „Wir" auch anderen kirchlichen Würdenträgern außer dem Bischof von Rom noch im dritten Jh. möglich war; ferner bezweifelt er, daß „die kühl sachliche und umständliche Ortsangabe ‚in urbe Roma', oder ‚in cathedra urbis Romae ecclesiae'" auf Rom verweist (aaO. 159); vgl. SUNDBERG, Canon 5–7; HAHNEMAN, Fragment 22f. Schon KOCH zitiert nicht mehr die z.T. ähnlichen Argumente gegen Rom bei ZAHN, Geschichte II 132–134; DERS., Art. Kanon Mur. 798, vgl. 799.

[418] VON CAMPENHAUSEN, Entstehung 283 A. 192.

[419] Auf die dadurch implizierte Festigkeit der Vierersammlung hat ZAHN, Art. Kanon Mur. 799f. hingewiesen.

daß Johannes in seinem Namen, indem alle (es) überprüfen sollten, alles nieder-schreiben sollte".[420]

Bei dieser Darstellung ist nicht ganz klar, wer was offenbart bekommt. Die Vorstellung scheint folgende zu sein: Die Jünger Jesu und „Bischöfe" regen diesen an, ein Evangelium zu schreiben.[421] Johannes läßt sich darauf ein und ordnet ein dreitägiges Fasten für das große Vorhaben an. Seine Absichtserklä-rung, daß man dann das Gehörte austauschen möge, dürfte ihre Spitze darin haben, daß Johannes nur einen mündlichen Austausch der Offenbarungen beab-sichtigte, ohne daß im CanMur die Mündlichkeit besonders unterstrichen wäre. Die später gelegentlich noch auftretende Behauptung, Johannes habe lange Zeit sein Evangelium nur mündlich gepredigt, scheint auch hier vorausgesetzt zu sein.[422] Denn nur so erklärt sich m.E. die Sonderoffenbarung des Andreas, nach der Johannes alles unter seinem Namen herausgeben solle: Die Offenbarung des Andreas zielt darauf, die mündlich eingebrachten Offenbarungen des Johannes schriftlich niederzulegen.[423]

Über den Zeitpunkt der Niederschrift schweigt der CanMur; die auch bei Klemens vorausgesetzte Schlußstellung des Johannes, nachdem ihm die anderen Evangelien bekannt wurden, würde in diese Johanneslegende nicht passen. We-nigstens das Lk-Ev müßte erst nach dem Joh-Ev geschrieben sein. Die frühe Ansetzung des Apostolats des Johannes erlaubt dem Fragmentisten sogar, Paulus zum Nachfolger und Nachahmer des Johannes zu erkären: „der selige Apostel Paulus selbst, der Regel seines Vorgängers Johannes folgend …".[424] Die Logik in der zeitlichen Folge opfert der CanMur der ausdrücklichen Einbindung des vier-ten Evangeliums in das Apostelkollegium: Johannes schreibt zwar unter seinem Namen, aber alle haben es überprüft. Die Hervorhebung des Andreas im Johan-

[420] CanMur Z. 9–16 (Schneemelcher). Der überlieferte lat. Text lautet (Zahn): „quarti euangeliorum iohannis ex decipolisl cohortantibus condescipulis et eps [durch Supralinear-strich als Abk. gekennzeichnet] suisl dixit conieunate mihi odie triduo et quidl cuique fuerit reuelatum alterutruml nobis ennarremus eadem nocte reuel latum andreae ex apostolis ut recognisl centibus cuntis iohannis suo nominel cuncta discriberet …".

[421] Ähnlich Klemens Al. bei Eusebios, h.e. 6,14,7 u.a. s. Zahn, Geschichte II 37f. A. 1; Hahneman, Fragment 188f. Doch der CanMur erzählt die konkreten Abfassungsverhältnisse ausführlicher, weswegen Zahn die Joh-Akten des Leucius Charinus als Quelle vermutet, aaO. 38.

[422] Zur lange bevorzugten mündlichen Traditionsvermittlung des Johannes s. Klemens Al. bei Eusebios, h.e. 6,14,7f.; vgl. Papias o. Kap. IV 2.7.

[423] Hahneman, Fragment 190f. sieht durch die Einführung der Offenbarung des Andreas den Zusammenhang unterbrochen und vermutet daher eine Interpolation.

[424] CanMur Z. 47–49 (Schneemelcher); lat. Text (Zahn): „ipse beatusl apostolus paulus sequens prodecessuris suil iohannis ordine …" Eine solche Angabe findet sich nach Harnack, Verfasser 13 „nur noch einmal in der altchristlichen Literatur", nämlich bei Epiphanios, haer 51,12.33. Dort auch die Frühdatierung der Apk z.Z. des Claudius; Harnack, Verfasser 13 A. 2: „Wie man dazu gekommen ist, die Apokalypse so früh anzusetzen, bleibt ein Rätsel"; von Campenhausen, Entstehung 292 A. 230 „seltsame Behauptung". Ob wegen 1Kor 15,7f. die Apk vor der Bekehrung des Paulus angesetzt wurde?

nesabschnitt entspricht der Sonderrolle dieses Apostels im vierten Evangelium als dem erstberufenen Apostel (s.o. Kap. IV 4.2).[425]

Der folgende Abschnitt zielt entsprechend auch auf die Übereinstimmung des vierten mit den übrigen Evangelien. Die so entfaltete Legende versucht für das Joh-Ev folgendes zu unterstreichen: Das Joh-Ev geht auf eine Offenbarung zurück. Der Offenbarungsmittler, von einem „Verfasser" läßt sich nach dieser Legende kaum reden, ist der Apostel Johannes. Damit steht das vierte Evangelium über dem dritten.[426] Lukas ist nur Apostelschüler und schreibt „nur" nach seinem abgeleiteten Kenntnisstand.[427] Johannes wollte von sich aus kein Evangelium niederschreiben. Das johanneische „Wir" von Joh 21,24 wird so erklärt und gleichzeitig das „Wir" des 1Joh davon unterschieden: Im 1Joh redet nach CanMur Z. 29–32 Johannes selbst unter Benützung der ersten Person Plural.[428]

Nach der Aufzählung der vier Evangelien unterstreicht der CanMur deren wesentliche Übereinstimmung. Der Anschluß mit den Worten „et ideo" zeigt noch, daß der Konsens der Evangelien gegenüber dem vierten Evangelium zu beweisen anstand. Die Schlußfolgerung, daß „daher" („et ideo") die abweichenden Anfänge der Evangelien nicht ins Gewicht fallen, kann sich nicht auf alle Evangelien beziehen, sondern wohl v.a. auf die Beglaubigung des Joh-Ev durch eine Offenbarung, wie sie unmittelbar vorher dargestellt wurde: „Schon hieraus ergibt sich, daß l. 16–26 trotz der formell allgemeinen Fassung eine specielle apologetische Beziehung auf das 4. Ev. hat".[429] Dem entspricht das zusammenfassende „ergo" CanMur Z. 26, das sich wiederum auf Johannes bezieht. Zahn vermutet daher eine Apologetik des CanMur für das vierte Evangelium gegen die später sog. Aloger,[430] wie sie auch bei Irenäus anklingt.[431] Der durch die Offenbarung verbürgte einheitliche Geist garantiert, daß die Unterschiede der literarischen Anfänge der Evangelien „ohne allen Belang für den Glauben der Gläubigen" sind.[432]

---

[425] HAHNEMAN, Fragment 191f. sieht die Bedeutung dieser Hervorhebung. Da sie schon bei Papias belegt ist, kann sie schwerlich für eine Spätdatierung des CanMur hergenommen werden.

[426] HARNACK, Geschichte II 1, 684f. vermutete deshalb sogar eine Verbindung des CanMur zu Papias, da Joh bei beiden Maßstab ist.

[427] CanMur Z. 6 (Zahn): „ex opinione" ist etwas dunkel, vgl. VON CAMPENHAUSEN, Entstehung 296 A. 247 (Lit.); nicht nur Gutdünken, sondern eine durch den Verkehr mit Paulus qualifizierte Meinung liest der Fragmentist wohl aus dem Lk-Prolog; die Präzisierung „ex opinione Pauli" benötigt der Fragmentist offenbar nicht.

[428] Die Bemerkung über „seine Bischöfe" sollte man nicht als schlechthin unverständlich abtun. Natürlich können, historisch betrachtet, nicht die Apostel mit Bischöfen Gespräche abgehalten haben. Allein die Bemerkung bedarf einer Erklärung. M.E. verdankt sie sich einer Erinnerung an einen Schülerkreis um Joh, der anachronistisch als Bischofskollegium bezeichnet wurde (s.o. Kap. III 2.2.5).

[429] ZAHN, Geschichte II 46.

[430] ZAHN, Geschichte II 47; DERS., Art. Kanon Mur. 798. 800.

[431] Irenäus, advhaer 3,11,9; dazu VON CAMPENHAUSEN, Entstehung 277f.

[432] Zu CanMur 16–19 (Zahn): „et ideo licit varia sinI culis euangeliorum libris principiaI doceantur nihil tamen differt credenI tium fidei cum uno ac principali sp[irit]u" dessen Kom-

Der CanMur erweist sich nicht als Dekret zur Durchsetzung eines bestimmten Kanons, sondern bewertet die überkommenen Schriften.[433] Der Verfasser des CanMur beruft sich nicht auf seine Machtstellung, wenn er sich gegen Angriffe auf das vierte Evangelium wehrt, sondern er versucht, das vierte Evangelium vor Angriffen zu schützen, indem er betont, daß dieses Evangelium eine frühzeitig durch das Kollegium der Apostel überprüfte Offenbarungsschrift sei. Die Ablehnung des Hirten des Hermas zeigt, daß die Verankerung der Überlieferung in der Zeit der Augenzeugen Jesu für den Fragmentisten entscheidende Bedeutung gewonnen hat. Ein formal verstandenes Kriterium der Apostolizität wird dem Fragmentisten nicht gerecht.[434] Er fragt „nach solchen Schriften, die alt und verläßlich sind. Unter diesen sind die Apostel natürlich die vornehmsten Verfasser, aber sie sind es nicht um ihres apostolischen Ranges willen, sondern als Zeugen des Christus-Geschehens und der ursprünglich übermittelten Lehre".[435]

7.5 Hinweise auf eine Evangeliensammlung aus der Textüberlieferung

Neben den besprochenen Texten lassen sich auch aus der handschriftlichen Überlieferung der neutestamentlichen Texte Schlüsse über das Alter der Vierevangeliensammlung erheben. Allerdings erlauben direkt erhaltene Handschriften nicht, die Vierevangeliensammlung für die Zeit vor Irenäus zu sichern. Auch die ältesten Papyri, die mehrere Evangelien bzw. die Vierevangeliensammlung bezeugen, stammen wohl erst aus dem dritten Jahrhundert.[436]

In jüngster Zeit hat David Trobisch versucht, durch Rückschlüsse aus der handschriftlichen Überlieferung eine „Urausgabe" des Neuen Testamentes zu erschließen. Dieser Versuch wird zunächst vorgestellt (7.5.1). Dann wird die Frage verhandelt, ob die Aufzeichnung der Evangelien in Kodizes statt in Schriftrollen bis in vorirenäische Zeit zurückdatiert werden kann und welche Bedeutung die Kodexform für die Vierevangeliensammlung hat (7.5.2). In einem knappen Ausblick stelle ich die Möglichkeit vor, aus den Angleichungen der Evangelien

---

mentar: ZAHN, Geschichte II 41 A. 1: „*Nihil differt credentium fidei* ist nicht lat., sondern = οὐδὲν διαφέρει τῇ τῶν πιστευόντων (oder πιστῶν) πίστει, ‚ist ohne allen Belang für den Glauben der Gläubigen'".

[433] Vgl. ZAHN, Art. Kanon Mur. 804; VON CAMPENHAUSEN, Entstehung 290.

[434] Dies hat VON CAMPENHAUSEN, Entstehung 294–303 gegen manche Fehldeutung bzw. Inkonsequenz in der Deutung unterstrichen.

[435] VON CAMPENHAUSEN, Entstehung 295.

[436] So Pap. 45, vielleicht auch Pap. 75, der allerdings nur Lk und Joh enthält; beide Pap. datiert NA 27. Aufl. in das 3. Jh. Wenn man mit SKEAT, Manuscript 8 f. die Zusammengehörigkeit der Papyri 4.64.67 voraussetzt, dürfte der ursprüngliche Kodex aus dem späten 2. oder dem frühen 3. Jh. n.Chr. stammen, vgl. SKEAT aaO. 30 f.

untereinander, wie sie in der Textüberlieferung vorkommen, auf das Alter der Vierevangeliensammlung zu schließen (7.5.3).

7.5.1 D. Trobischs These von einer Endredaktion des Neuen Testaments

Eine bislang wenig beachtete Quelle bei Fragen der Herausbildung des neutestamentlichen Kanons hat David Trobisch erschlossen.[437] Er untersucht die erhaltenen Handschriften im Hinblick auf Hinweise über die bei ihnen vorausgesetzten Sammlungen von Schriften. Dabei hat er versucht, „nichttextliche Formmerkmale" der christlichen Handschriften zu sammeln und zeigt bei einigen ihre Unableitbarkeit aus den üblichen Überlieferungsverfahren. So meint er, die Abkürzung bestimmter nomina sacra als vestigium einer Redaktion festmachen zu können,[438] ebenso wie die Verwendung der Kodexform.[439] Auch die Reihenfolge der biblischen Bücher läßt sich trotz einiger Abweichungen nach Trobisch am besten erklären, wenn sie auf eine Urausgabe zurückgehe, die aus vier Teilen bestehe: Der „Apostolos" der Paulusbriefe, zweitens der „Praxapostolos" bestehend aus Apg und katholischen Briefen, drittens das „Evangelium" in vier Teilen, schließlich die Offenbarung.[440] Neben diesen Formmerkmalen sichtet Trobisch auch die Titel der ntl. Schriften, die seiner Deutung nach auf die Endredaktion des Neuen Testaments zurückgehen.[441]

Die detaillierten Untersuchungen sind hier nicht zu wiederholen. Aus den unabhängig voneinander auftretenden und erst christlich belegten Spezifika heraus schließt Trobisch auf eine Endredaktion des Neuen Testaments, die unserem Kanon entsprochen habe. So würde Trobisch unsere Behauptung der punktuellen Entstehung der Vierevangeliensammlung zwar bestätigen, aber sogleich auf das ganze Neue Testament erweitern.

Allein die Untersuchung ist nicht so fest abgesichert, wie es zunächst erscheint. Selbst wenn die Besonderheiten der christlichen Textüberlieferung als hinreichend spezifisch angenommen werden, hat sich Trobisch in seiner Schrift nicht um eine kirchengeschichtliche Absicherung seiner Ergebnisse bemüht.[442] Wo läßt sich eine Urausgabe der 27 Schriften des Neuen Testaments bei erhaltenen Quellen nachweisen? Weder historisch noch geographisch verortet Trobisch

---

[437] TROBISCH, Endredaktion. Ich danke dem Verfasser, daß er mir schon im Frühjahr 1995 eine Kopie seiner Schrift zukommen ließ. Im folgenden beziehe ich mich auf die überarbeitete Druckfassung von 1996.
[438] TROBISCH, Endredaktion 16–31.
[439] TROBISCH, Endredaktion 31–35.
[440] TROBISCH, Endredaktion 35–58.
[441] TROBISCH, Endredaktion 58–68.
[442] TROBISCH, Endredaktion 12: „Ferner bildet die Datierung und Lokalisierung der Erstausgabe des Neuen Testamentes nicht das eigentliche Thema der Untersuchung, sie versteht sich aber als wichtige Vorarbeit dazu."

seine vierteilige Urausgabe.[443] Dieser Mangel ist nicht leicht aufzufüllen. Die Merkmale für die vermeintliche Endredaktion treten zum Teil schon früher auf, als ein in sich geschlossenes Korpus neutestamentlicher Schriften sichtbar wird. Einige Formmerkmale wie etwa die Evangelienüberschriften sind sicher schon im zweiten Jahrhundert festgelegt (s.o. Kap. III 6.1). Doch für diese Zeit läßt sich kein Kirchenvatertext finden, der ein derartiges Ur-NT bestätigen könnte. Zudem erweisen sich die vier Evangelien als ein früher anerkannter Bestandteil der öffentlich zu lesenden Schriften, verglichen etwa mit dem Korpus der katholischen Briefe. Doch einen derartigen Unterschied dürfte es bei einer Urausgabe des gesamten Neuen Testaments schwerlich geben.

Die durch Trobisch untersuchten Spezifika sind vielleicht nicht aus Treue zu einem Ur-NT zu erklären, sondern verdanken sich einer Treue, die neben den Schriften selbst auch einige Schreibeigentümlichkeiten bewahrt. So können in unterschiedlichen Schriftsammlungen dieselben Eigentümlichkeiten auftreten. Formkonstanten belegen nicht zwingend eine Urausgabe, sie können z.B. auch durch eine standardisierte Verwendung, einen „Sitz im Leben", nahegelegt worden sein.[444]

Ist das Ergebnis der Untersuchung Trobischs für das ganze Neue Testament vielleicht etwas zu ungesichert, bleibt zu fragen, ob es beschränkt auf die Vierevangeliensammlung nicht doch überzeugen könnte. Tatsächlich sind viele Beobachtungen zur Textüberlieferung gut geeignet, die äußere Form der hier literarisch über ihren Inhalt erschlossenen Vierevangeliensammlung zu erklären.

7.5.2 Die Vierevangeliensammlung in einem Kodex?

Die Christen haben ihre heiligen Schriften bevorzugt in Kodizes aufgezeichnet. Trobisch hat die überlieferten Handschriften in repräsentativer Zahl statistisch ausgewertet.[445] Die überlieferten Handschriften erlauben noch, von einer besonderen Häufigkeit der Kodizes gegenüber den sonst gebräuchlicheren Schriftrollen zu reden.

Die Vierevangeliensammlung könnte diese Vorliebe plausibel machen. Wenn das eine Evangelium in vierfacher Ausformulierung rezipiert werden soll, erlaubt ein Kodex schnellere Direktvergleiche der unterschiedlichen Einzelberichte. Freilich können die erhaltenen Handschriften nicht beweisen, daß die Vierevangeliensammlung anfänglich bereits in Kodizes aufgezeichnet wurde.

---

[443] Trobisch, Endredaktion 68 impliziert eine Entstehung im 2. Jh.: „...die Kanonische Ausgabe ist im zweiten Jahrhundert zunächst nur ein christliches, literarisches Werk unter vielen".

[444] Zu den urchristlichen Schreibergewohnheiten s. Hengel, Evangelienüberschriften 40–47.

[445] Trobisch, Endredaktion 31–35.

Daß die Sammlung schon von Anfang an in einem Kodex überliefert wurde, kann daher nur als unbeweisbare Vermutung ausgesprochen werden.[446]

Sollte die Kodexform gleichzeitig mit der Vierevangeliensammlung aufgekommen sein, wäre die wechselnde Reihenfolge der Evangelien erklärungsbedürftig.[447] Daß die Reihenfolgen variieren, läßt sich vielfältig aufzeigen. Kaum jemand hat die unterschiedlichen Reihenfolgen aus den alten Quellen so umfangreich erhoben wie Zahn.[448]

Diese Variationen sprechen aber nicht zwingend gegen eine frühe Verwendung von Kodizes. Sie zeigen vielleicht nur, daß die Texte der Evangelien ungleich besser geschützt waren vor Veränderungen als die Reihenfolge dieser Schriften. Da die Kanonslisten noch zu einer Zeit Abwechslungen zeigen, als die Verwendung von Kodizes nachweislich üblich war, sollte gegen eine frühe christliche Verwendung von Kodizes nicht mit den unterschiedlichen Reihenfolgen argumentiert werden.[449]

7.5.3 Textkorrekturen innerhalb der Vierevangeliensammlung

In der Textkritik gelten die Angleichungen eines Evangeliums an Parallelstellen aus anderen Evangelien als hinreichender Hinweis auf sekundären Ursprung solcher Lesarten.[450] Entsprechend beklagt schon Hieronymus, daß ihm immer wieder solche Stellen unterkommen.[451] Für die frühe Geschichte der Vierevangeliensammlung sind diese Angleichungen allerdings kein Ärgernis, sondern ein gutes Indiz für den sich durchsetzenden Gebrauch der Sammlung. Eine genaue Auswertung der harmonisierenden Stellen würde eine eigene Monographie er-

---

[446] Diese Vermutung stützt v.a. TROBISCH, Endredaktion 31–35 (Lit.). Zur Frage Kodex oder Schriftrolle vgl. HENGEL, Evangelienüberschriften 41; VON CAMPENHAUSEN, Entstehung 203 f. (Lit. 204 A. 124). 304. 305 f. A. 282; LLEWELYN, Development 250–256 (Lit.). SKEAT, Irenäus 199 hat seine früheren Vorbehalte gegen frühe Kodexverwendung für die vier Evangelien aufgegeben; vgl. DERS., Manuscript 31–33.

[447] Z.B. ZAHN, Geschichte I 80 argumentiert auch wegen der wechselnden Reihenfolge der christlichen Schriften gegen eine frühe Verwendung von Kodizes; vgl. o. Kap. III 6.1.

[448] ZAHN, Geschichte I 60–84; aaO. II 364–375: Er unterscheidet neben vielen anderen die sog. westliche Reihenfolge, die die Evangelien der Apostel (Mt, Joh) vor die Evangelien der Apostelschüler stellt (Mk, Lk), und die uns vertraute, ursprünglich v.a. im Osten verbreitete Reihenfolge (Mt, Mk, Lk, Joh); vgl. HENGEL, Evangelienüberschriften 13.

[449] STANTON, Fourfold Gospel 337. 340 erwägt, daß die Vierevangeliensammlung aus der Verwendung von Kodizes heraus entstanden sei. Das entscheidende theologische Band, das die Sammlung zusammenhält, ist nicht aus dem Medium „Kodex" heraus zu erklären. Es ist auch nicht erst allmählich entstanden, s.o. Kap. III 6.

[450] So etwa ALAND-ALAND, Text 283 sub 11, nennt „die im allgemeinen gültige Faustregel" und warnt vor ihrer mechanischen Anwendung; vgl. aaO. 303–313. WISSELINK, Assimilation 11 unterscheidet angleichende Auslegungen („harmonization") und angleichende Eingriffe in den Text („assimilation"). Nur letztere sind hier relevant. W. aaO. 53–61 stellt siebzehn Positionen zu den Assimilationen vor.

[451] Hieronymus, ep. ad Damasum, abgedruckt z.B. in der Vulgata (Weber) 1515 f., hier bes. Z. 36–43; vgl. MERKEL, Widersprüche 92; WISSELINK, Assimilation 43 f. (Lit.).

fordern.[452] Im einzelnen läßt sich schwer aufweisen, ob die Harmonisierungen vielleicht Segmente des Diatessarons erhalten haben.[453] Zwar sind die Ursprünge der Angleichungen nicht präzise datierbar, doch dürften einige solche Stellen noch Wurzeln im zweiten Jahrhundert beanspruchen. Für einen so frühen Ansatz sprechen wechselnde Harmonisierungen in den ältesten und besten Textzeugen.[454] Einen wichtigen Argumentationspfeiler gäben sie für unsere Fragestellung nur ab, wenn sie sich vor Markion datieren ließen.[455] Doch eine solch frühe Datierung dürfte schwer beweisbar sein. Daher erscheint mir eine breite Entfaltung dieses Komplexes hier entbehrlich. Zwar lesen schon die besten Textzeugen öfters solche harmonisierenden Varianten, aber Datierungen vor dem Ausgang des zweiten Jahrhunderts sind wohl nicht zu sichern. Allerdings untermalen die Harmonisierungen, daß die Evangelien schon zu einer Zeit nebeneinander benützt wurden, als die Textüberlieferung noch kleine Korrekturen zuließ.[456]

Ein ungefähres Bild der Harmonisierungen ergeben die Hinweise aus dem Apparat des NA 27. Aufl.[457] Die Herausgeber sind mit den Kennzeichnungen von Einflüssen sehr restriktiv umgegangen; eine Überprüfung in Stichproben hat ergeben, daß kein derartig gekennzeichneter Fall unsicher gewesen ist. Harmonisierungen sind fast durchgängig auf offensichtliche Parallelüberlieferungen beschränkt. So sind sie innerhalb der Synoptiker ungleich öfter anzutreffen als etwa im Joh-Ev. Hengel hat auf die z.T. alten Ergänzungen hingewiesen, die johanneisches Gut in die Synoptiker eintragen.[458]

---

[452] Eine entsprechende Studie v.a. für Lk 5,17–26par; Lk 10f.par hat WISSELINK, Assimilation vorgelegt. Eine Erweiterung dieser Arbeit erschwert der Umstand, daß nach Auskunft des Instituts für ntl. Textforschung in Münster vom 7.11.95 der Apparat des NA 27. Aufl. nicht auf Diskette zur Verfügung steht. Meine Zählungen beruhen also auf „analoger" Durchsicht des Apparats.

[453] Diese Möglichkeit thematisiert MERKEL, Widersprüche 91–93 in einem Exkurs (Lit.); WISSELINK, Assimilation 46 A. 14.

[454] Vgl. WISSELINK, Assimilation 44–52 geht den Weg von Hieronymus' Bemerkung zurück und referiert die einschlägige Lit. Daß selbst Pap. 75, Vaticanus u.a. Angleichungen haben, unterstreicht W. aaO. 78. 87. 89. W. zielt (z.B. aaO. 89) darauf, die Abwertung des sog. byz. Textes zu entkräften, soweit sich diese Abwertung auf dessen Assimilierungen beruft. Eine besonders frühe historische Verortung der Assimilierungen ist bei dieser Fragestellung entbehrlich.

[455] Hinweise auf Harmonisierungen, die schon Markion voraussetze, sammelt ZAHN, Geschichte I 674f. A. 3 (brieflicher Hinweis von U. SCHMID, der eine Monographie zum Thema vorbereitet).

[456] WISSELINK, Assimilation 91 u.ö. betont, daß seine Untersuchungen die verbreitete Annahme widerlegen, daß Mt das gebende Ev war, an welches die übrigen hauptsächlich angeglichen worden wären.

[457] HENGEL, Frage 53f. hat erste Hinweise für diese Arbeit gegeben. Solche Kennzeichen sind neben dem *p)* vor den Textzeugen auch explizite Hinweise auf andere Evangelien, z.B. wird Mk 1,10 vl auf Joh 1,33 zurückgeführt. Ich zähle die so gekennzeichneten Stellen doppelt, wenn *p) bis* die Stellen einleitet, so z.B. Mk 15,34.

[458] HENGEL, Frage 58 nennt Mt 27,28 vl (vgl. Joh 19,2); Mt 27,35 vl (Joh 19,24); Lk 23,28 vl (Joh 19,19); Lk 19,45 vl (Joh 2,15); Mt 27,49 vl fügt den Lanzenstich aus Joh 19,34 ein, bezeugt durch Sinaiticus, Vaticanus, Cantabrigiensis u.v.a.; Mt 28,18 vl (Joh 20,21).

Zum Vergleich: Im Joh-Ev sind sieben Paralleleinflüsse ausgewiesen, von denen sechs eine Ergänzung darstellen.[459] Nur in Joh 1,27 ändern schon Papyrus 66 und 75 das sonst überlieferte ἄξιος in das bei allen drei Synoptikern in der Parallele zu findende ἱκανός. Ungleich mehr, nämlich 144 Harmonisierungen vermerkt der Apparat zu Mk.[460] Die Angleichungen zeigen, daß der Wortbestand der getrennten Evangelien zwar schon reichlich fest, nicht aber penibel gesichert war. Weiterreichende Schlüsse aus diesen Harmonisierungen zu ziehen, erscheint mir nicht möglich. Die geringe Zahl der Harmonisierungen bei Joh läßt sich unterschiedlich interpretieren. Es könnte dessen hervorragender Status gegenüber den anderen Evangelien dadurch ausgedrückt sein, daß eher die anderen Evangelien ihm angeglichen werden als umgedreht. Es könnte allerdings auch einfach die geringere Zahl von Parallelüberlieferungen zwischen Joh und den Synoptikern zu weniger Harmonisierungen Anlaß gegeben haben.

7.6 Irenäus und der Vierevangelienkanon

Bei Irenäus (um 180 n.Chr.[461]) treten die vier Evangelien als abgegrenzte Vorgabe auf. Die Benützung der vier kirchlichen Evangelien läßt sich bei ihm zweifelsfrei nachweisen.[462] Überlieferungen über den irdischen Jesus, die auf andere, für uns apokryphe Evangelien hindeuten, sind bei Irenäus kaum auszumachen.[463]

Der Konsens der Vierzahl ist dabei kein formaler oder deklaratorisch durchzusetzender, sondern ein Konsens des wesentlichen Inhaltes. Den wesentlichen theologischen Konsens benennt der Kirchenvater *vor* seinem Hymnus über die Vierzahl der Evangelien: Es gibt keinen anderen Herrn oder Gott als den einen durch die Propheten und Apostel verkündigten.[464] Daß alle Evangelien den einen und einzigen Gott des Alten Testaments als den Vater Jesu Christi darstellen, notiert Irenäus für jedes einzelne Evangelium.[465] Diesen Konsens gründet der Geist.[466]

---

[459] Joh 1,27; 1,33; 1,51 Ergänzung aus Mt; Joh 6,15 aus Mk; Joh 8,59; 21,6 aus Lk.

[460] Nach den Verweiszeichen sind es 44 Ergänzungen, 22 Auslassungen, 3 Umstellungen und 75 Abweichungen. ELLIOTT, Relevance 348–359 hat auf die methodische Schwierigkeit hingewiesen, die Richtung der Harmonisierung nachzuweisen. Meist belegen mehrere Evangelien parallele Lesarten zu einer Parallelstelle, so daß nur die Annahme der Zweiquellentheorie bei Mk die sekundäre Lesart vermuten läßt.

[461] HARNACK, Geschichte II 1, 320 datiert advhaer „181–189"; BROX, in: Irenäus, advhaer (Brox) 101 datiert auf „180–185".

[462] Vgl. HOH, Lehre 21–36 und seine Tabellen aaO. 190–193.

[463] ZAHN, Geschichte I 168 A. 4 nennt Irenäus, advhaer 1,20,2; 2,34,3; HOH, Lehre 82 A. 3 fügt noch Irenäus, advhaer 5,36,2 hinzu.

[464] Irenäus, advhaer 3,9,1.

[465] Zu Mt: advhaer 3,9,1–3; Lk: ebd. 10,1–5; Mk: ebd. 10,6; Joh: ebd. 11,1–6.

[466] Irenäus, advhaer 3,11,8 gr. Frgm. 11 (Brox): „ὁ τῶν ἁπάντων Τεχνίτης Λόγος ... ἔδωκεν ἡμῖν τετράμορφον τὸ εὐαγγέλιον, ἑνὶ δὲ Πνεύματι συνεχόμενον", vgl. Sap 1,7; vielleicht zitiert Irenäus eine ältere Formel.

Für diesen theologischen Konsens benützt Irenäus die Ausdrücke „fides"[467], „principia evangelii"[468] und schließlich „regula veritatis"[469]. Das sogenannte Evangelium der Wahrheit erweist seine Falschheit entsprechend, indem es in keinem Punkt mit den Evangelien der Apostel „zusammenkommt"[470].

Die vier Evangelien konvergieren in der Wahrheit: Wer es unternimmt, eines gegen das andere auszuspielen, interpretiert nicht von der wesentlichen Konvergenz her und verfehlt so mit der regula veritatis auch die theologische Mitte der vier einzelnen Evangelien. Die Vorordnung eines unerreichbaren theologischen Prinzips vor die vier einzelnen Quellen für dieses Prinzip, die unerreichbare Einheit vor der vorliegenden Vierzahl, haben die Überschriften der Evangelien auf ihre Weise ausgedrückt: Das eine Evangelium von und über Jesus Christus liegt in der vierfachen Bezeugung vor. Auch Irenäus setzt diese Überschriften voraus.[471]

Die Festigkeit dieser Entsprechung zwischen *dem* Evangelium und den vier schriftlichen Evangelien erlaubt es Irenäus, ohne erkennbare Vorbehalte zwischen dem Singular „Evangelium" zum Plural „Evangelien" zu wechseln.[472]

Bei Irenäus ist die Ausrichtung auf das Joh-Ev in der Theorie gänzlich aufgegeben, und in der praktischen Umsetzung müht sich der Kirchenvater um eine paritätische Gliederung. Somit stellt Irenäus die Vierzahl als theologisch fundiertes Gebilde vor.

Seine berühmten Bilder, die jede Abweichung von der Vierzahl widersinnig erscheinen lassen sollen, sind hier nicht zu wiederholen (advhaer 3,11,8).[473] In jüngster Zeit hat Skeat beachtliche Argumente vorgebracht, daß dieses Stück

---

[467] Irenäus, advhaer 3,11,1 (Brox): „Hanc fidem adnuntians Iohannes ..."

[468] So Irenäus, advhaer 3,11,7 (Brox): „Et haec quidem sunt principia evangelii, unum Deum fabricatorem ... patrem domini nostri Iesu Christi ..." Aus dem Kontext wird m. E. deutlich, daß principium für „Grundlehre" (so BROX in seiner Übersetzung) steht, nicht für den Anfang (lat. „initium", aaO. 3,10,6) des Evangeliums; Irenäus dürfte in beiden Fällen ἀρχή gelesen haben; daß nicht nur initia, sondern auch theologische Eigenarten für Irenäus in den Blick kommen, zeigt die Formulierung χαρακτὴρ τοῦ εὐαγγελίου lat. character Euangelii, Irenäus, advhaer 3,11,8 (Brox). Der CanMur Z. 17 dagegen dürfte mit „principia" die unterschiedlichen Anfänge der Evangelien ansprechen. In beiden Fällen sei principium i.S. von initium zu verstehen nach ZAHN, Geschichte II 42f.; VON CAMPENHAUSEN, Entstehung 224. 231. 279 A. 166; 291 A. 226.

[469] In unserem Zusammenhang Irenäus, advhaer 3,11,1. Grundlegende Lit. zum Thema: BROX, Offenbarung 105–113; BEYSCHLAG, Grundriß 152–156; NOORMANN, Irenäus 85 A. 92; OHME, Kanon 65–84 (Lit.). Mit diesem Ausdruck versieht Irenäus den theologischen Grundkonsens seines Bekenntnisses, ohne den Wortgehalt zu fixieren. Aus den unterschiedlichen Kontexten dieses Ausdrucks ergibt sich aber, daß die Struktur der Regula fest ist, nämlich die Identität des Schöpfers als Vater Jesu Christi.

[470] Irenäus, advhaer 3,11,9 (Brox): „in nihilo conveniens apostolorum evangeliis".

[471] HOH, Lehre 21: „Der Titel τὸ κατὰ Ματθαῖον wird wie etwas Altbekanntes hingenommen"; zu Lk aaO. 28 mit Verweis auf Irenäus, advhaer 3,12,12 „secundum Lucam" u. ö.; zu Joh aaO. 32.

[472] Die Nachweise bei ZAHN, Geschichte I 162f.

[473] Grundlegend dazu: VON CAMPENHAUSEN, Entstehung 228–234.

nicht erst durch Irenäus formuliert sein dürfte,[474] sondern eher ein übernommenes Traditionsstück darstellt: Er wies hin auf das eingesprengte „φησίν".[475] Ferner ist die hier dargebotene Reihenfolge der Evangelien singulär für Irenäus.[476] Skeat verbietet sich, weiter über die Identifikation der Quelle zu spekulieren.[477] Selbst wenn man diese Beobachtungen als zu schwach gesichert ablehnt, ist es jedenfalls unangemessen, die Ausgrenzung genau vierer Evangelien als Novität des Irenäus zu bezeichnen.

Die bei Irenäus überlieferten Bilder können zwar in ihrer formalen Begründung ihre theologische Beliebigkeit kaum verbergen. Für andere Zahlen hätten sich andere Bilder finden lassen. Der Abschnitt zeigt aber, daß für Irenäus eine Auseinandersetzung um die Vierzahl längst nicht mehr gegeben war. In diesem Punkt sieht er keinen Bedarf für Richtigstellungen. Selbst die Ketzer belegen die „firmitas"[478] der vier Evangelien, sie interpretieren sie nur einseitig. Mehreren Ketzern wirft Irenäus vor, je ein Evangelium gegenüber anderen vorzuziehen.[479] Allein Markion hätte gewagt, den bereits bestehenden Konsens der Schriften durch sein verschnittenes Lk-Ev zu brechen.[480]

Dabei zeigt Irenäus nicht, daß er ein Evangelium besonders verteidigen müßte. Weder sind die Synoptiker dem Joh-Ev nachgeordnet, noch bedarf eines der vier Evangelien nach Irenäus einer besonderen Legitimierung. Hierin zeigt sich ein neuer Gedanke der Vierevangeliensammlung, der zum Vierevangelienkanon überleiten wird. Entstand die Sammlung einst, um das vierte Evangelium zu bestätigen, verbürgen nun die vier, soweit sie übereinstimmen, die regula veritatis gleichwertig.

Freilich genügt der Hinweis auf die Konvergenz der vier Evangelien in wesentlichen Fragen nicht für einen Nachweis, daß *nur* diese vier Evangelien dem Konvergenzkriterium genügen können. Da Irenäus auch weitere Evangelien kennt und nennt, bedarf die Sicherheit, mit der er von der Vierzahl ausgeht, einer

---

[474] Gegen von CAMPENHAUSEN, Entstehung 232, der sich aaO. 258 von verschiedenen Quellenvermutungen abgrenzt.

[475] So Irenäus, advhaer 3,11,8 gr. Frgm. 11 (Brox) Z. 10 „φησίν"; lat.: „inquit"; dt.: „so heißt es"; SKEAT, Irenäus 196.

[476] SKEAT, Irenäus 196. Zur Evangelienreihenfolge bei Irenäus: ZAHN, Geschichte II 364 f.; HOH, Lehre 15–18.

[477] CREHAN, Character 9 vermutete mit anderen Argumenten Papias als Quelle. SKEAT, Irenäus 194 f. zitiert als „original Greek" (aaO. 194) die Rückübersetzung durch A. ROUSSEAU aus SC 211, 163–169, doch seine Argumente (wie die Rückübersetzung) sind hier durch das gr. Frgm. hinreichend gesichert.

[478] Irenäus, advhaer 3,11,7 (Brox): „Tanta est autem circa evangelia haec firmitas, ut et ipsi haeretici testimonium reddant eis et ex ipsis egrediens …"; dt.: „Im Fall der Evangelien ist diese Zuverlässigkeit so groß, daß auch die Häretiker selbst in der Form ein Zeugnis für sie ablegen, daß sie alle von ihnen (sc. den Evangelien) ausgehen …".

[479] Irenäus, advhaer 3,11,7.

[480] Irenäus, advhaer 3,11,7 (Brox) „Marcion autem id quod est secundum Lucam circumcidens"; Markion als einziger Ketzer, der nicht nur in der Interpretation, sondern sogar in der Anerkennung der Schriften abweiche: advhaer 3,12,12.

Begründung. Der Unterschied zwischen den vier kirchlichen Evangelien und anderen Werken ähnlicher Art war wenigstens im Blickwinkel des Irenäus keiner Begründung mehr bedürftig. Ein weiteres Evangelium konnte die Würde der überlieferten Vierersammlung nicht mehr angreifen.

8 Zusammenfassung Kap. IV und V

Kap. IV und V untersuchen die früheste Wirkungsgeschichte der Vierevangeliensammlung. Wegen der besonderen Überlieferungs- und Deutungsprobleme wurde das Papiaszeugnis in einem eigenen Kap. IV vorgestellt.

Ausgangspunkt der Wirkungsgeschichte ist die vermutete Entstehungszeit der Vierevangeliensammlung. Die Zeitspanne, in der die Sammlung entstanden sein dürfte, konnte zunächst mit den Überschriften auf die Jahre zwischen 110 und 140 n.Chr. eingegrenzt werden (Kap. III 6). Die in nur wenigen Fragmenten erhaltenen Zeugnisse des Papias stammen etwa aus der Zeit 120–130 n.Chr. und blicken wahrscheinlich bereits auf die nicht lange vorher entstandene Vierevangeliensammlung zurück (Kap. IV 4). Von daher ergibt sich eine Entstehungszeit der Sammlung etwa zwischen 110 und 120 n.Chr. Doch diese Deutung muß mit Wahrscheinlichkeiten arbeiten, die bei anderen Wertungen auch zu abweichenden Deutungen führen könnten. Daß Papias das Lk- und des Joh-Ev kennt, läßt sich m.E. zwar plausibel machen, nicht aber beweisen.

So bleibt Raum für eine Spätdatierung der Vierevangeliensammlung, wie sie v.a. von Campenhausen vornimmt (Kap. V 1.1). Der kumulativen Widerlegung dieser Spätdatierung dienen die Abschnitte Kap. V 3–6.

Bevor diese Widerlegung aufgenommen werden kann, sind Absicherungen notwendig. Zunächst setze ich mich kritisch mit den Thesen zur Jesusüberlieferung auseinander, die Helmut Koester und seine Schüler vetreten (Kap. V 1.2f.). Sodann ist zu klären, warum die frühen christlichen Schriften des zweiten Jahrhunderts für eine Beweisführung ausfallen: Die meisten dieser frühen Zeugnisse benützen Jesustraditionen, ohne über die Quellen dieser Überlieferung zu reflektieren. So lassen sie nicht zu, die Existenz oder Nichtexistenz einer Evangeliensammlung zu belegen (Kap. V 2).

Die Zusatzschlüsse zum Mk-Ev sind noch vor der Mitte des zweiten Jahrhunderts entstanden (Kap. V 3). Der längere Zusatzschluß deutet Sondergut aus den Erscheinungsgeschichten des Mt-, Lk- und Joh-Ev an und bringt die unverbundenen und sich zum Teil widersprechenden Erzählungen der einzelnen Evangelien in ein geordnetes Nacheinander. Insgesamt erweist sich der Zusatz als Folgephänomen der Vierevangeliensammlung.

Wahrscheinlich auch vor der Mitte des zweiten Jahrhunderts sind auch zwei Fragmente apokrypher Evangelien und die EpAp entstanden (Kap. V 4). Diese Schriften benützen die Evangelien der Vierevangeliensammlung als Materiallieferanten für ihre eigenständigen theologischen Absichten.

Die uns erhaltenen Werke Justins sind zwischen 150 und 160 n.Chr. verfaßt worden (Kap. V 5). Justin setzt in diesen neben dem Mt- und Lk- auch das Mk-Ev voraus. Daß Justin auch das Joh-Ev und nicht nur Vorlagen desselben kennt, läßt sich zwar sehr wahrscheinlich machen, nicht aber beweisen. Justin setzt bei den Lesern des Dialogs die Kenntnis einzelner Evangelienverfasser voraus. Soweit bezieht er sich auf einzelne Evangelien. Diese einzelnen Evangelien harmonisiert Justin öfters sachorientiert ohne weitere Erklärungen, so daß wohl auch seine Leser die einzelnen Evangelien als Teile einer Evangeliensammlung kennen. Zu dieser Sammlung gehören neben den Synoptikern wahrscheinlich das Joh-Ev, das aber Justin, verglichen mit dem Mt- und Lk-Ev, ungleich seltener heranzieht.

Markion versucht in der Mitte des zweiten Jahrhunderts aus dem ihm vorliegenden Lk-Ev das Evangelium des Paulus herauszuschälen (Kap. V 6). Zu dieser Arbeit regt ihn die Lk-Paulus-Tradition an. Markion kennt neben dem Lk-Ev noch das Mt-Ev; das Mk- und Joh-Ev lassen sich bei ihm m.E. nicht nachweisen. Daß Markion die Vierersammlung der Evangelien bereits voraussetzt, wie es schon Irenäus behauptet, läßt sich nicht eindeutig erweisen. Neben Stellen mit Textassimilationen, die Markion übernimmt, macht dies m.E. die von Markion unabhängige Verbreitung der Sammlung sehr wahrscheinlich. Die Vierersammlung benützen unabhängig von Markion wahrscheinlich schon Papias, gut gesichert der längere Mk-Zusatzschluß und mehrere apokryphe Evangelien. Schwerlich benützt Justin eine Evangeliensammlung, die erst als kirchliche Reaktion auf Markions „Kanon" entstanden ist.

In der Zeit von ca. 160–200 n.Chr. setzen unterschiedliche Zeugnisse die Vierevangeliensammlung voraus (Kap. V 7). Zu diesen Zeugnissen gehört das Diatessaron des Tatian und die Passahomilie des Meliton von Sardes. Kelsos polemisiert gegen das Christentum und benützt dabei die Vierevangeliensammlung. Der Kanon Muratori gegen Ende des zweiten Jahrhunderts geht wie selbstverständlich von vier Evangelien aus. Auch in der handschriftlichen Überlieferung des Textes haben sich Spuren der Vierevangeliensammlung erhalten, die bis ins zweite Jahrhundert zurückverfolgt werden können. Wenn um 180 n.Chr. schließlich Irenäus die vier Evangelien der Sammlung gegenüber anderen deutlich hervorhebt, bekräftigt er eine auch unabhängig von ihm verbreitete Sammlung.

Die Vierevangeliensammlung übergibt die Evangelien einer gegenseitigen Interpretation.[481] Durch die Nebeneinanderstellung der vier Berichte über Jesus wird das Gemeinsame der unterschiedenen Evangelien über die einzelnen Ausprägungen gestellt. Dieses Gemeinsame, durch die Überschriften „*das* Evangelium" genannt, kann selbst nicht mehr in einem Metatext aufgehoben werden.

---

[481] Vgl. o. Kap. I 4.4. Aus kirchlichem Engagement heraus hatte z.B. CUNLIFFE-JONES, Gospel 14–24 eine entsprechende Aufgabenstellung an die Exegeten weitergegeben.

Dieses Gemeinsame hat konstitutiv außertextliche Realität. Die thematische Verwandtschaft der vier Evangelien läßt die konkrete außertextliche Realität noch hinreichend genau angeben: Die Vierevangeliensammlung stellt die Person des irdischen Jesus über die vierfache textliche Entsprechung zu dieser Person. So erhält die Vierevangeliensammlung die historische Erinnerung an den irdischen Jesus in den Berichten über ihn, gerade indem sie die unterschiedlichen Berichte über ihn sammelt. Die sich durchsetzende Kanonizität der Vierevangeliensammlung festigt schließlich die vier Ausformulierungen als unüberbietbare Erinnerungen an den auferstandenen Gekreuzigten.

Literaturverzeichnis

Die für Quelleneditionen antiker Texte verwendeten Abkürzungen sind im Verzeichnis „1. Quellen" alphabetisch eingeordnet und werden dort aufgelöst. Kommentare zum Neuen Testament werden mit Verfassernamen und Abkürzung des biblischen Buches zitiert. Mehrbändige Kommentare erhalten zusätzlich noch eine römische Ziffer für die Bandzahl. Diese Bücher sammelt das zweite Verzeichnis.

Die übrige Literatur wird in der Arbeit durch Angabe des Verfassernamens und des ersten Substantivs zitiert. Abweichungen davon sind dem Literaturtitel in eckigen Klammern beigegeben. Die Abkürzungen folgen der 2. Aufl. des Abkürzungsverzeichnisses der TRE, siehe im 3. Verzeichnis unter S. Schwertner. Dort finden sich auch für Reihen etc. die Verlagsorte.

Weitere Abkürzungen:

AncBD	Anchor Bible Dictionary, New York u. a. 1992.
BIntS	Biblical Interpretation Series, Leiden u.a.
WBC	Word Biblical Commentary, Waco, Texas

1 Quellen

Acta Johannis (Prochorus): s.u. 3. Übrige Literatur s.v. Zahn, Johannesakten.
ActaTim: [Polycrates v. Ephesus:] Acta Timothei, MPG 5, 1363–1366.
Aland, Synopse: Synopsis Quattuor Evangeliorum. Locis parallelis evangeliorum apocryphorum et patrum adhibitis, hg. v. K. Aland, 12. Aufl., Stuttgart 1982.
ApKon: Apostolische Konstitutionen
– (Metzger): Les Constitutions Apostoliques, Bd. 1–3, hg. v. M. Metzger, SC 320/329/336, 1985/1986/1987.
Amphilochios von Ikonion, Lehrgedicht
 – (Oberg): Das Lehrgedicht des Amphilochios von Ikonion, JAC 16, 1973, 67–97.
Aphrahat, Dem.: Demonstrationes
– (Bruns): Aphrahat. Unterweisungen, 2 Bde., übers. u. hg. v. P. Bruns, FC 5/1–2, 1991.
Augustin, in Joh tract.: in Johannis evangelium tractatus
 – (Willems): Sancti Aurelii Augustini in Johannis Euangelium Tractatus CXXIV, hg. v. R. Willems, CCL 36, 2. Aufl., 1990.
 – (Specht): Des heiligen Kirchenvaters Aurelius Augustinus Vorträge über das Evangelium des hl. Johannes, übers. v. Thomas Specht, 3. Bd., BKV 19, 1914.
1Clem s. 1Klem

CanMur: Canon Muratori
- (Zahn): s.u. 3. Übrige Literatur s.v. Zahn, Grundriß [s. dort] 77–79.
- (Schneemelcher): Der Canon Muratori, übers. v. W. Schneemelcher, in: NT Apo ⁵I [s. dort] 27–29.
- (Ritter): Das älteste Kanonsverzeichnis, in: A. M. Ritter (Hg.): Alte Kirche, KTGQ 1, 1977, 58–60.

Didache (Schöllgen): s.u. 3. Übrige Literatur s.v. Schöllgen, Didache.
- (Wengst): s.u. 3. Übrige Literatur s.v. Wengst, Didache.

Didymos Alex., EcclT: [commentarius] in Ecclesiasticum (Tura)
- (Binder-L.): Didymos [von Alexandrien] der Blinde: Kommentar zum Ecclesiastes (Tura-Papyrus), Teil 1/1: Kommentar zu Eccl. Kap. 1,1–2,14 (Einleitung, Text, Übersetzung, Indices), hg. v. G. Binder-L. Liesenborghs, PTA 25, 1979.

EgEv: Egertonevangelium
- (Mayeda): s.u. 3. Übrige Literatur s.v. Mayeda, Leben 7–11.
- (Jeremias-S.): Papyrus Egerton 2, hg. u. übers. v. J. Jeremias/W. Schneemelcher, in: NTApo ⁵I [s.d.] 82–85.
- (Gronewald): s.u. 3. Übrige Literatur s.v. Gronewald, Evangelium 138–142.
- (Daniels): s.u. 3. Übrige Literatur s.v. Daniels, Egerton 12–21.

EpAp: Epistula Apostolorum
- (Müller): Epistula Apostolorum, hg. u. übers. v. C. D. G. Müller, in: NTApo ⁵I [s.dort] 205–233.

Eusebios, h.e.: historia ecclesiastica
- (Schwartz): Eusebius. Kirchengeschichte, hg. v. E. Schwartz, Kleine Ausgabe, 4. Aufl., Leipzig 1932.
- (Kraft): Eusebius. Kirchengeschichte, hg. v. H. Kraft, übers. v. Ph. Haeuser/H. A. Gärtner, München 1967.
- syr. (Nestle): Die Kirchengeschichte des Eusebius aus dem Syrischen übersetzt, hg. u. übers. v. E. Nestle, TU 6/2, 1901.

EvMar: Evangelium secundum Mariam
- (Till-S.): Die gnostischen Schriften des koptischen Papyrus Berolinensis 8502, hg. v. W. C. Till, bearb. v. H.- M. Schenke, TU 60, 2. Aufl., 1972, 62–79.
- (Lührmann): s.u. 3. Übrige Literatur s.v. Lührmann, Fragmente 324 f. 328–330.

EvPetr: Evangelium secundum Petrum
- (Mara): Évangile de Pierre. Introduction, texte critique, traduction, commentaire et index, hg. v. M. G. Mara, SC 201, 1973.
- (Neirynck): Appendix: The Gospel of Peter [gr. Text], s.u. 3. übrige Lit.: Neirynck, Gospels 763–767.
- (Maurer): Übersetzung des Fragments von Akhmim, übers. v. Chr. Maurer, in: NTApo ⁵I [s.dort] 185–188.

Hermas: s.u. 3. Übrige Literatur s.v. Brox, Hermas.

Hieronymus, vir.ill.: De viris illustribus
- (Bernoulli): Hieronymus und Gennadius. De Viris inlustribus, hg. v. C. A. Bernoulli, SQS 11, 1895.
- (Ceresa-Gastaldo): Gerolamo. Gli uomini illustri. De viris illustribus, hg. v. A. Ceresa-Gastaldo, BPat 12, 1988.

Irenäus, advhaer: adversus haereses
- (Brox): 1. Buch, in: Irenäus von Lyon. Epideixis. Adversus Haereses. Darlegung der apostolischen Verkündigung. Gegen die Häresien I, hg. v. N. Brox, FC 8/1, 1993, 101–387; 2. Buch, hg. v. N. Brox, FC 8/2, 1993; 3. Buch, hg. v. N. Brox, FC 8/3, 1995.
- (Rousseau): Irénée de Lyon. Contre les hérésies, 3. Buch, hg. v. A. Rousseau-L. Doutreleau, 2 Bde., SC 210/211, 1974; 4. Buch, hg. v. A. Rousseau u.a., 2 Bde., SC 100*/100**, 1965; 5. Buch, hg. v. A. Rousseau u.a., 2 Bde., SC 152/153 1969.

–, epideixis

- (Brox): Irenäus von Lyon. Epideixis. Adversus Haereses. Darlegung der apostolischen Verkündigung. Gegen die Häresien I, hg. v. N. Brox, FC 8/1, 1993, 21–97.
- (Rousseau): Irénée de Lyon. Démonstration de la prédication apostolique, hg. v. A. Rousseau, SC 406, 1995.

Josephus, ant: antiquitates Iudaicarum
- (Niese): Flavii Iosephi Opera, hg. v. B. Niese, Vol. 1–4, Berlin 1955.

–, bell: de bello Judaico
- (Michel-B.): Flavius Josephus: De Bello Judaico. Der jüdische Krieg. Zweisprachige Ausgabe der sieben Bücher, hg. v. O. Michel – O. Bauernfeind, 3 in 4 Bde., Darmstadt 1959–1969.

Justin, apol: apologia
- (Veil): Justinus des Philosophen und Märtyrers Rechtfertigung des Christentums (Apologie I u. II), eingeleitet, verdeutscht und erläutert von H[einrich] Veil, Straßburg 1894.
- (Goodspeed): Die ältesten Apologeten. Texte mit kurzen Einleitungen, hg. v. E. J. Goodspeed, Göttingen 1914, 26–89.
- (Rauschen): Frühchristliche Apologeten und Märtyrerakten, 1. Bd., übers. v. G. Rauschen, BKV 12, 1913, 55–155.
- (Marcovich): Iustini Martyris Apologiae pro Christianis, hg. v. M. Marcovich, PTS 38, 1994.

–, dial: dialogus
- (Goodspeed): Die ältesten Apologeten [s. Justin, apol], 90–265.
- (dt. Haeuser): Des heiligen Philosophen und Martyrers Justinus Dialog mit dem Juden Tryphon, übers. v. G. Haeuser, BKV 33, 1917, 1–231.
- (Otto): Iustini Philosophi et Martyris Opera quae feruntur omnia, Tomus 1/2, in: Corpus Apologetarum Christianorum Saeculi Secundi, vol. 2, hg. v. J. C. Th. von Otto, 3. Aufl., Jena 1877.

–, frgm: fragmenta
- (Otto): Iustini Philosophi et Martyris Opera quae feruntur omnia, Tomus 2, in: Corpus Apologetarum Christianorum Saeculi Secundi, vol. 3, hg. v. J. C. Th. von Otto, 3. Aufl., Jena 1879, 250–265.

- [?], resurr: de resurrectione
- (Otto): Iustini Philosophi et Martyris Opera quae feruntur omnia, Tomus 2, in: Corpus Apologetarum Christianorum Saeculi Secundi, vol. 3, hg. v. J. C. Th. von Otto, 3. Aufl., Jena 1879, 210–249.

1Klem: 1. Brief an die Korinther
- (Schneider): Clemens von Rom. Epistola ad Corinthios. Brief an die Korinther, übers. u. hg. v. G. Schneider, FC 15, 1994.

Klemens Al., strom: stromateis
- (Stählin): Teppiche. Wissenschaftliche Darlegungen entsprechend der wahren Philosophie (Stromateis), hg. u. übers. v. O. Stählin, BKV 2. R. 17. 19. 20, 1936. 1937. 1938.

LXX: Septuaginta
- (Rahlfs): Septuaginta. Id est Vetus Testamentum graece iuxta LXX interpretes edidit Alfred Rahlfs, ed. minor, Stuttgart 1979.

Meliton von Sardes, Passahomilie
- (Blank): Meliton von Sardes. Vom Passa. Die älteste christliche Osterpredigt, übers. v. J. Blank, Sophia Bd. 3, Freiburg i.B. 1963.

NA 25. Aufl.: Novum Testamentum Graece, 25. Aufl., hg. v. E. Nestle u.a., Stuttgart 1963.
NA 26. Aufl.: Novum Testamentum Graece, 26. Aufl., hg. v. K. Aland u.a., Stuttgart 1979, 7. Druck 1986.
NA 27. Aufl.: Novum Testamentum Graece, 27. Aufl., hg. v. B. Aland u.a., Stuttgart 1993.
NTApo: s.u. 3. Übrige Literatur s.v. Schneemelcher.
Origenes, Cels: Contra Celsum

– (Koetschau): [Buch 1–4:] Origenes. Die Schrift vom Martyrium. Buch 1–4 gegen Celsus, hg. v. P. Koetschau, GCS [2] = Origenes 1, 1899, 49–374; [Buch 5–8:] Origenes. Buch 5–8 gegen Celsus. Die Schrift vom Gebet, hg. v. P. Koetschau, GCS [3], Origenes 2, 1899, 1–293.
– (Borret): Origène: Contre Celse, hg. u. übers. v. M. Borret, T. 1. Livres 1–2; T. 2. Livres 3–4; T. 3. Livres 5–6; T. 4. Livres 7–8; T. 5. Introduction générale, Tables et index, SC 132.136.147.150.227, 1967.1968.1969.1969.1976. [Origenes, Cels. (Borret) I-V]
– (Chadwick): Origen: Contra Celsum, übers. v. H. Chadwick, 2. Aufl., Cambridge 1965.
–, hom in Lk: homiliae in Lucam
– (Sieben): Origenes. In Lucam Homiliae. Homilien zum Lukasevangelium, 2 Teilbde., hg. v. H.-J. Sieben, FC 4/1–2, 1991.
–, comm in Mt: commentarius in Matthaeum
– (Klostermann): Origenes. Matthäuserklärung, I: Die griechischen Tomoi, hg. v. E. Klostermann, GCS 40 = Origenes 10, 1935.
–, phil.: philocalia
– (Harl) Origène. Philocalie, 1–20. Sur les Écritures, hg. v. M. Harl, in: Dies.- N. de Lange (Hgg.): Origènes. Origène. Philocalie, 1–20. Sur les Écritures. La Lettre à africanus sur l'histoire de Suzanne, SC 302, 1983, 9–468.
PapEg 2: Papyrus Egerton 2 s. EgEv
Papias, frgm: fragmenta
– (Preuschen): s.u. 3. Übrige Literatur s.v. Preuschen, Antilegomena.
– (Körtner): s.u. 2. Übrige Literatur s.v. Körtner, Papias.
PapOx: Oxyrhynchus Papyrus
– 2 (Grenfell-H.): [POx] 2. St. Matthew's Gospel, Ch. I, in: B. P. Grenfell-A. S. Hut (Hgg.): The Oxyrhynchus Papyri, Part 1, London 1898, 4–10.
– 2949 (Coles): R. A. Coles, [POx] 2949. Fragments of an Apocryphal Gospel(?), in: G. M. Browne u.a. (Hgg.): The Oxyrhynchus Papyri, Vol. 41, Cambridge-London 1972, 15 f.
– 4009 (Lührmann-P.): D. Lührmann-P. J. Parsons, [POx] 4009. Gospel of Peter?, in: R. A. Coles u.a. (Hgg.): The Oxyrhynchus Papyri, Vol. 60, London 1994, 1–5.
Sifre Dtn: Sifre Deuteronomium
– (Bietenhard): Der tannaitische Midrasch Sifre Deuteronomium, übers. u. erkl. v. H. Bietenhard. Mit einem Beitr. v. H. Ljungman, JudChr 8, 1984.
Tertullian, advMarc: adversus Marcionem
– (Evans): Tertullian. Adversus Marcionem, hg. u. übers. v. E. Evans, 2 Bde., OECT, 1972.
– (Kroymann): Qvinti Septimi Florentis Tertvlliani Opera, CCL 1/1, 1954, Adversvs Marcionem, hg. v. A. Kroymann, 437–726.
– de an.: De anima
– (Waszink): Qvinti Septimi Florentis Tertvlliani Opera, CCL 1/2, 1954, De anima, hg. v. J. H. Waszink, 779–869.
– (Waszink, dt.): Tertullian. Über die Seele. (…), hg. v. J. H. Waszink, BAW, 1980, 33–183.
– pud.: de pudicitia
– (Dekkers): Qvinti Septimi Florentis Tertvlliani Opera, CCL 1/2, 1954, De pudicitia, hg. v. E. Dekkers, 1279–1330.
– scor.: scorpiace
– (Reifferscheid-W.): Qvinti Septimi Florentis Tertvlliani Opera, CCL 1/2, 1954, scorpiace, hg. v. A. Reifferscheid u. G. Wissowa, 1067–1097.
– (Kellner-E.): Tertullians ausgewählte Schriften ins Deutsche übersetzt, 2. Bd., BKV 24, 1915, Scorpiace oder Arznei gegen den Skorpionstich, hg. v. G. Esser, übers. v. H. Kellner, 183–229.
Vulgata: Biblia Sacra iuxta vulgatam versionem
– (Weber): Biblia Sacra iuxta vulgatam versionem, hg. v. R. Weber u.a., 4. Aufl., bearb. v. R. Gryson, Stuttgart 1994.

2 Kommentare zum Neuen Testament

Barrett, Charles Kingsley: Das Evangelium nach Johannes, übers. v. H. Bald, KEK Sonderbd., 1990.

–: The Acts of the Apostles, ICC, 1. Bd., 1994.

Bauer, Walter: Das Johannesevangelium, 3.Aufl., HNT 6, 1933.

Beasley-Murray, George R.: John, WBC 36, 1987.

Becker, Jürgen: Das Evangelium nach Johannes, 2 Bde, ÖTBK 4,1/2, 2. Aufl., 1985/1984.

–: Das Evangelium nach Johannes, 2 Bde, ÖTBK 4,1/2, 3. Aufl., 1991. [Becker, Joh I/II (3. Aufl.)]

Bernard, J[ohn] H[enry]: The Gospel according to St. John, hg. v. A. H. McNeile, 2 Bde, ICC, 1928, Nachdr. 1953.

Bovon, François: Das Evangelium nach Lukas, 1. T.Bd, EKK 3/1, 1989.

Brown, Raymond E.: The Gospel According to John, 2 Bde., AncB 29/29A, 1966.1970.

–: The Epistles of John, AncB 30, 1982.

Brox, Norbert: Der erste Petrusbrief, EKK 21, 2. Aufl., 1986.

Bultmann, Rudolf: Das Evangelium des Johannes, KEK 2, 18. Aufl., 1964; ErgH, NB 1957, Druck 1964.

–: Die drei Johannesbriefe, KEK 14, 7. Aufl., 1967.

Davies, W[illiam] D[avid]-Allison, Dale C. Jr.: The Gospel According to Saint Matthew, ICC, 1. Bd. 1988; 2. Bd. 1991.

Ernst, Josef: Das Evangelium nach Markus, RNT 2, 1981.

Fitzmyer, Joseph A.: The Gospel According to Luke, 2 Bde., AncB 28/28a, 1981/1985.

Gnilka, Joachim: Das Evangelium nach Markus, 2 T.Bde., EKK 2,1/2, 1978/1979.

–: Das Matthäusevangelium, 2 T., HThK 1,1/2, 1986/1988.

Goppelt, Leonhard: Der Erste Petrusbrief, hg. v. F. Hahn, KEK 12/1, 1 (8.) Aufl., 1978.

Grundmann, Walter: Das Evangelium nach Lukas, ThHK 3, 10. Aufl., 1984.

Guelich, Robert A.: Mark 1–8:26, WBC 34A, 1989.

Gundry, Robert H.: Matthew. A Commentary on His Literary and Theological Art, Grand Rapids, Michigan 1982, Nachdr. 1983.

–: Mark. A Commentary on His Apology for the Cross, Grand Rapids, Michigan 1993.

Haenchen, Ernst: Das Johannesevangelium. Ein Kommentar, hg. v. U. Busse, Tübingen 1980.

Hagner, Donald A.: Matthew, 2 Bde., WBC 33 A/B, 1993/1995.

Heitmüller, Wilhelm: Die Johannes-Schriften. Einleitung. Das Johannes-Evangelium, SNT 4, 3. Aufl., 1918, Druck 1920.

Iersel, Bas van: Markus. Kommentar, übers. v. A. Suhl, Düsseldorf 1993.

Kertelge, Karl: Markusevangelium, NEB.NT 2, 1994.

Klauck, Hans-Josef: Der erste Johannesbrief, EKK 23/1, 1991.

–: Der zweite und dritte Johannesbrief, EKK 23/2, 1992.

Klostermann, Erich: Das Markusevangelium, HNT 3, 5. Aufl., 1971.

Lindars, Barnabas: The Gospel of John, NCBC, 1972, Nachdr. 1981.

Lohmeyer, Ernst: Das Evangelium des Markus, KEK 1,2, 13. Aufl., 1954.

Lührmann, Dieter: Das Markusevangelium, HNT 3, 1987.

Luz, Ulrich: Das Evangelium nach Matthäus, 1–2. T.Bd., EKK 1,1/2, 1985/1990.

Mann, Christopher Stephen: Mark, AncB 27, 1986.

Merklein, Helmut: Der erste Brief an die Korinther, Kap. 1–4, ÖTBK 7,1, 1992.

Nolland, John: Luke, 3 Bde., WBC 35 A/B/C, 1989/1993/1993.

Overbeck, Franz: Das Johannesevangelium. Studien zur Kritik seiner Erforschung, hg. v. C. A. Bernoulli, Tübingen 1911.

Pesch, Rudolf: Das Markusevangelium, 2 T., HThK 2,1/2, 2. Aufl., 1977/3. Aufl., 1984.

Plummer, Alfred: The Gospel According to S. Luke, ICC, 5. Aufl., 1922, Nachdr. 1953.

Roloff, Jürgen: Die Apostelgeschichte, NTD 5, 1981.

–: Der erste Brief an Timotheus, EKK 15, 1988.

Sand, Alexander: Das Evangelium nach Matthäus, RNT, 1986.

Sanders, J[oseph] N.: A Commentary on the Gospel According to St John, hg. und vervollständigt v. B. A. Mastin, BNTC, 1968.

Schmithals, Walter: Das Evangelium nach Markus, 2 Bde., ÖTBK 2,1/2, 2.Aufl., 1986.

Schnackenburg, Rudolf: Das Johannesevangelium, 4 T., HThK 4,1–4, 1. T. 1965, 2. T. 1971, 3.
T. 1975, 4. T. 1984.

–: Matthäusevangelium, 2 T., NEB.NT 1/1–2, 1985/1987.

Schneider, Gerhard: Das Evangelium nach Lukas, 2 Bde., ÖTBK 3,1/2, 2. Aufl., 1984.

Schnelle, Udo: Das Evangelium nach Johannes, ThHK 4, 1998.

Schürmann, Das Lukasevangelium, 1. T., HThK 3/1, 1969.

Schweizer, Eduard: Das Evangelium nach Markus, NTD 1, 3. (13.) Aufl., 1973.

Smith D[wight] Moody: John, Proclamation Commentaries. The New Testament Witnesses for
Preaching, Philadelphia, PA, 1976, 2. Aufl., 1986.

–: First, Second, and Third John, Interpretation. A Bible Commentary for Teaching and
Preaching, Louisville 1991.

Strecker, Georg: Die Johannesbriefe, KEK 14, 1989.

Vouga, François: Die Johannesbriefe, HNT 15/3, 1990.

Weiser, Alfons: Die Apostelgeschichte, 2 Bde., ÖTBK 5,1/2, 1981/1985.

Wellhausen, Julius: Das Evangelium Johannis, Berlin 1908.

Wengst, Klaus: Der erste, zweite und dritte Brief des Johannes, ÖTBK 16, 1978.

Windisch, Hans: Der erste Johannesbrief. Der zweite Johannesbrief. Der dritte Johannesbrief,
in: Ders.: Die katholischen Briefe, HNT 15, 2. Aufl., 1930, 106–144.

Wohlenberg, Gustav: Das Evangelium des Markus, KNT 2, 3. Aufl., 1930.

Zahn, Theodor: Das Evangelium des Matthäus, KNT 1, 2. Aufl. 1905.

–: Das Evangelium des Lucas, KNT 3, 1./2. Aufl., 1913.

–: Das Evangelium des Johannes, KNT 4, 5./6. Aufl., 1921, Nachdr., Wuppertal 1983.

3 Übrige Literatur

Abramowski, Luise: Die „Erinnerungen der Apostel" bei Justin, in: Stuhlmacher, Evangelium
[s. dort] 341–353.

–: Der Logos in der altchristlichen Theologie, in: C. Colpe u.a.: (Hgg.) Spätantike und Christentum. Beiträge zur Religions- und Geistesgeschichte der griechisch-römischen Kultur
und Zivilisation der Kaiserzeit, Berlin 1992, 189–201.

Achtemeier, Paul J.: Art. Mark, Gospel of, AncBD 4, 541–557.

Agourides, S[avas] C.: The Purpose of John 21, in: B. L. Daniels-M.J. Suggs (Hgg.): Studies in
the History and Text of the New Testament, FS K. W. Clark, Salt Lake City 1967, 127–132.

–: Peter and John in the Fourth Gospel, StEv 4, 1968, 3–7.

Aland, Barbara: Die Rezeption des neutestamentlichen Textes in den ersten Jahrhunderten, in:
J.-M. Sevrin (Hg.): The New Testament in Early Christianity. La réception des écrits néo-
testamentaires dans le christianisme primitif, BEThL 86, 1989, 1–38.

–: Die Münsteraner Arbeit am Text des Neuen Testaments und ihr Beitrag für die frühe Überlieferung des 2. Jahrhunderts: Eine methodologische Betrachtung, in: Petersen, Gospel [s.
dort] 55–70.

–: Art. Marcion/Marcioniten, TRE 22 (1992) 89–101.

Aland, Kurt: Studien zur Überlieferung des Neuen Testaments und seines Textes, ANTT 2,
1967. Daraus:

– Das Problem des neutestamentlichen Kanons, 1–23.

– Glosse, Interpolation, Redaktion und Komposition in der Sicht der neutestamentlichen
Textkritik, 35–57.

- Der heutige Text des griechischen Neuen Testaments. Ein kritischer Bericht über moderne Ausgaben, 58–80. [Aland, Der heutige Text]
- Die Bedeutung des P[ap.][75] für den Text des Neuen Testaments. Ein Beitrag zur Frage der „Western non-interpolations", 155–172.
–: Bemerkungen zum Schluß des Markusevangeliums, in: E. E. Ellis – M. Wilcox (Hgg.): Neotestamentica et Semitica, FS Matthew Black, Edinburgh 1969, 157–180.
–: Der wiedergefundene Markusschluß? Eine methodologische Bemerkung zur textkritischen Arbeit, ZThK 67, 1970, 3–13.
–: Der Schluß des Markusevangeliums, in: Ders.: Neutestamentliche Entwürfe, TB 63, 1979, 246–283.
–: Art. Bibelhandschriften II. Neues Testament, Abschn. 1.1–4; 1.7; 2–4, TRE 6 (1980) 114–116. 118–125.
–: Der Text des Johannes-Evangeliums im 2. Jahrhundert, in: W. Schrage (Hg.): Studien zum Text und zur Ethik des Neuen Testaments, FS Heinrich Greeven, BZNW 47, 1986, 1–11.
- u.a. (Hgg.): Studia Evangelica [= StEv 1]. Papers presented to the International Congress on „The Four Gospels in 1957" held at Christ Church, Oxford, 1957, TU 73, 1959. [Aland, StEv]
- / Aland, Barbara: Der Text des Neuen Testaments. Einführung in die wissenschaftlichen Ausgaben sowie in Theorie und Praxis der modernen Textkritik, Stuttgart 1982.
Alexander, Loveday [C. A.]: Luke's Preface in the Context of Greek Preface-Writing, NT 28, 1986, 48–74.
–: The Preface to Luke's Gospel. Literary Convention and Social Context in Luke 1.1–4 and Acts 1.1, MSSNTS 78, 1993.
Alexander, Philip S.: Rabbinic Biography and the Biography of Jesus: A Survey of the Evidence, in: C. M. Tuckett (Hg.): Synoptic Studies. The Ampleforth Conferences of 1982 and 1983, JSNT.SS 7, 1984, 19–50.
Alsup, John E.: The Post-Resurrection Appearance Stories of the Gospel-Tradition. A history-of-tradition analysis With Text-Synopsis, CThM R. A 5, 1975.
Altaner, Berthold – Stuiber, Alfred: Patrologie. Leben, Schriften und Lehre der Kirchenväter, 8. Aufl., Freiburg u.a. 1978, Nachdr. 1993.
Amphoux, Christian B.: La „finale longue de Marc". Un épilogue des quatre évangiles, in: Focant, Gospels [s. dort], 548–555.
Ashton, John: Art. Paraclete, AncBD 5, 152–154.
Baird, William: Art. Biblical Criticism, AncBD 1, 730–736.
Baldermann, Ingo u.a. (Hgg): Zum Problem des biblischen Kanons, JBTh 3, 1988.
Bammel, Caroline P.: The First Resurrection Appearance to Peter. John 21 and the Synoptics, in: Denaux, John [s. dort] 620–631.
Barrett, C. Kingsley: The Third Gospel as a Preface to Acts? Some Reflections, in: C. M. Tuckett u. a. (Hgg.): The Four Gospels 1992, FS Frans Neirynck, 2. Bd., BEThL 100, 1451–1466.
Bauckham, Richard: Papias and Polycrates on the Origin of the Fourth Gospel, JThS 44, 1993, 24–69.
–: The Beloved Disciple as Ideal Author, JSNT 49, 1993, 21–44.
Bauer, J[ohannes]: ΠΟΛΛΟΙ Luk 1,1, NT 4, 1960, 263–266.
Bauer, Walter: Griechisch-deutsches Wörterbuch zu den Schriften des Neuen Testaments und der frühchristlichen Literatur, 6. Aufl., hg. v. K. Aland - B. Aland, Berlin 1988. [Bauer, Wb]
–: Rechtgläubigkeit und Ketzerei im ältesten Christentum, 2. Aufl., hg. v. G. Strecker, BHTh 10, 1964.
Baum, Armin Daniel: Papias und der Presbyter Johannes. Martin Hengel und die johanneische Frage, JETh 9, 1995, 21–42.
–: Papias als Kommentator evangelischer Aussprüche Jesu. Erwägungen zur Art seines Werkes, NT 38, 1996, 257–276. [Baum, Kommentator]
Baur, Ferdinand Christian: Kritische Untersuchungen über die kanonischen Evangelien, ihr Verhältniß zu einander, ihren Charakter und Ursprung, Tübingen 1847.

BDR s. Blaß.

Becker, Jürgen: Aus der Literatur zum Johannesevangelium (1978–1980), ThR 47, 1982, 279–301. 305–347.

–: Das Johannesevangelium im Streit der Methoden (1980–1984), ThR 51, 1986, 1–78. [Bekker, Methoden]

–: Annäherungen. Zur urchristlichen Theologiegeschichte und zum Umgang mit ihren Quellen. Ausgew. Aufs. zum 60. Geburtstag mit einer Bibliogr. des Vf., hg. v. U. Mell, BZNW 76, 1995.

Becker, Ulrich: Jesus und die Ehebrecherin. Unters. zur Text- und Überlieferungsgeschichte von Joh. 7,53–8,11, BZNW 28, 1963.

Belle, Gilbert van: De Semeia-Bron in het vierde Evangelie. Ontstaan en groei van een hypothese, SNTA 10, 1975.

–: The Signs Source in the Fourth Gospel. Historical Survey and Critical Evaluation of the Semeia Hypothesis, BEThL 116, 1994.

Bellinzoni, Arthur J.: The Sayings of Jesus in the Writings of Justin Martyr, NT.S 17, 1967.

Berger, Klaus: Hermeneutik des Neuen Testaments, Gütersloh 1988.

–: Exegese des Neuen Testaments. Neue Wege vom Text zur Auslegung, 3. Aufl., Heidelberg-Wiesbaden 1991.

–: Theologiegeschichte des Urchristentums. Theologie des Neuen Testaments, Tübingen – Basel 1994.

Betz, Hans Dieter: Ursprung und Wesen christlichen Glaubens nach der Emmauslegende (Lk. 24: 13–32), in: Ders.: Synoptische Studien, GAufs. 2, Tübingen 1992, 35–49.

Beutler, Johannes: Krise und Untergang der johanneischen Gemeinde. Das Zeugnis der Johannesbriefe, in: J.-M. Sevrin (Hg.): The New Testament in Early Christianity. La réception des écrits néotestamentaires dans le christianisme primitif, BEThL 86, 1989, 85–103.

Beyer, Hermann Wolfgang: Art. κανών, ThWNT 3, 1938, 600–606.

Beyschlag, Karlmann: Grundriß der Dogmengeschichte, 1. Bd., Grundrisse 2, Darmstadt 1982.

–: Grundriß der Dogmengeschichte, 1. Bd., Grundrisse 2, Darmstadt 2. Aufl. 1988. [Beyschlag, Grundriß (2. Aufl.)]

–: Herkunft und Eigenart der Papiasfragmente, StPatr 4 (= TU 79), 1961, 268–280.

–: Die verborgene Überlieferung von Christus, München – Hamburg 1969.

–: Die Erlanger Theologie, EKGB 67, 1993.

Bickerman, Elias: Das leere Grab, in: Ders.: Studies in Jewish and Christian History, Part 3, AGJU 9, 1986, 70–81.

Bittner, Wolfgang J.: Jesu Zeichen im Johannesevangelium. Die Messias-Erkenntnis im Johannesevangelium vor ihrem jüdischen Hintergrund, WUNT 2. R. 26, 1987.

Bjerkelund, Carl J.: Tauta Egeneto. Die Präzisierungssätze im Johannesevangelium, WUNT 40, 1987.

Black, C. Clifton: The Disciples according to Mark. Markan Redaction in Current Debate, JSNT.S 27, 1989.

Black, Matthew: The Use of Rhetorical Terminology in Papias, JSNT 37, 1988, 31–41.

Blaß, Friedrich - Debrunner, Albert - Rehkopf, Friedrich: Grammatik des ntl. Griechisch, 16. Aufl., Göttingen 1984. [BDR]

–: Papias bei Eusebius, BFChTh 11, 1907, 195–205.

Boismard, M[arie]-É[mile]: Le chapitre XXI de saint Jean. Essai de critique littéraire, RB 54, 1947, 473–501.

Bonsack, Bernhard: Der Presbyteros des dritten Briefs und der geliebte Jünger des Evangeliums nach Johannes, ZNW 79, 1988, 45–62.

Boomershine, Thomas E.: Mark 16:8 and the Apostolic Commission, JBL 100, 1981, 225–239.

– / Bartholomew, Gilbert L.: The Narrative Technique of Mark 16:8, JBL 100, 1981, 213–223.

Bornkamm, Günther: Art. πρέσβυς κτλ., ThWNT 6 (1959) 651–683. [Bornkamm, ThWNT 6]

–: Der Auferstandene und der Irdische, Mt 28,16–20, in: Ders. u.a.: Überlieferung und Auslegung im Matthäusevangelium, 4. Aufl., WMANT 1, 1965, 289–310.

–: Zur Interpretation des Johannesevangeliums, in: Ders.: Geschichte und Glaube, 1. T., GAufs. 3, BEvTh 48, 1968, 104–121.

Borse, Udo: Der Evangelist als Verfasser der Emmauserzählung, SNTU 12, 1987, 33–67.

Breck, John: John 21: Appendix, Epilogue or Conclusion?, SVTQ 36, 1992, 27–49.

Breytenbach, Cilliers: Das Markusevangelium als traditionsgebundene Erzählung? Anfragen an die Markusforschung der achtziger Jahre, in: Focant, Gospels [s. dort] 77–110.

Brown, Raymond E.: The Community of the Beloved Disciple. The Life, Loves, and Hates of an Individual Church in New Testament Times, New York u.a. 1979.

–: Ringen um die Gemeinde. Der Weg der Kirche nach den Johanneischen Schriften, [gekürzte Übers. von Brown, Community], Salzburg 1982.

–: The *Gospel of Peter* and Canonical Gospel Priority, NTS 33, 1987, 321–343.

–: The Death of the Messiah. From Gethsemane to the Grave. A Commentary on the Passion Narratives in the Four Gospels, 2 Bde., AncB Reference Library, 1994.

Brox, Norbert: Offenbarung, Gnosis und gnostischer Mythos bei Irenäus von Lyon. Zur Charakteristik der Systeme, SPS 1, 1966.

Brox, Norbert: Der Hirt des Hermas, KAV 7, 1991.

–: "Doketismus" – eine Problemanzeige, ZKG 95, 1984, 301–314.

Bruce, Frederick F.: Some Thoughts on the Beginning of the New Testament Canon, BJRL 65, 1983, 37–60.

–: The Canon of Scripture, Downers Grove, Illinois 1988.

–: Art. Hierapolis, AncBD 3, 194–196.

Bull, Klaus-Michael: Gemeinde zwischen Integration und Abgrenzung. Ein Beitrag zur Frage nach dem Ort der joh Gemeinde(n) in der Geschichte des Urchristentums, BET 24, 1992.

Bultmann, Rudolf: Die Geschichte der synoptischen Tradition, FRLANT 29, 9. Aufl., 1979; ErgH, bearb. v. G. Theißen – Ph. Vielhauer, 5. Aufl., 1979.

–: Art. Johannesbriefe, RGG 3. Aufl., 3 (1959) 836–839. [Bultmann, Art. 1–3Joh]

–: Art. Johannesevangelium, RGG 3. Aufl., 3 (1959) 840–850. [Bultmann, Art. Joh]

–: Die kirchliche Redaktion des ersten Johannesbriefes, in: Ders.: Exegetica. Aufs. zur Erforschung des Neuen Testaments, hg. v. E. Dinkler, Tübingen 1967, 381–393.

–: Theologie des Neuen Testaments, hg. v. O. Merk, 9. Aufl., Tübingen 1984.

–: Die Erforschung der synoptischen Evangelien, GuV 4, 4. Aufl., 1984, 1–41.

Burgon, John W.: The Last Twelve Verses of the Gospel According to S. Mark Vindicated against Recent Critical Objectors and Established, Oxford – London 1871.

Burke, Gary T.: Art. Celsus, AncBD 1, 879–881.

Busse, Ulrich: Die „Hellenen" Joh 12,20 ff. und der sogenannte „Anhang" Joh 21, in: C. M. Tuckett u. a. (Hgg.): The Four Gospels 1992, FS Frans Neirynck, 3. Bd., BEThL 100, 2083–2100.

Byrne, Brendan: Art. Beloved Disciple, AncBD 1, 658–661.

Cadbury, Henry J.: Commentary on the Preface of Luke = Appendix C, in: F. J. F. Jackson – K. Lake (Hgg.): The Beginnings of Christianity I/2, London 1922, [Text Lk 1,1–4: 488] 489–510.

Campbell, R. Alastair: The Elders. Seniority within Earliest Christianity, Studies of the New Testament and Its World, Edinburgh 1994.

Campenhausen, Hans Freiherr von: Die Entstehung der christlichen Bibel, BHTh 39, 1968.

–: Das Bekenntnis im Urchristentum, in: Ders: Urchristliches und Altkirchliches. VuA, Tübingen 1979, 217–272.

Caroll, Kenneth L.: The Creation of the Fourfold Gospel, BJRL 37 (1954/55) 68–77.

Carson, D. A.: The Purpose of the Fourth Gospel: John 20,31 Reconsidered, JBL 106, 1987, 639–651.

Chapman, Dom John: John the Presbyter and the Fourth Gospel, Oxford 1911.

Charlesworth, James H. u.a.: The New Testament Apocrypha and Pseudepigrapha: A Guide to Publications, with Excurses on Apocalypses, ATLA.BS 17, 1987.

–: The Beloved Disciple. Whose Witness Validates the Gospel of John?, Valley Forge, PA 1995.

Childs, Brevard S.: The New Testament as Canon. An Introduction, Valley Forge, PA, 1984, Paperback Ed. 1994.

–: Biblical Theology of the Old and New Testaments. Theological Reflection on the Christian Bible, Minneapolis 1993.

–: Die Theologie der einen Bibel, 1. Bd., übers. v. Chr. Oeming, 2. Bd. übers. v. Chr. u. M. Oeming, Freiburg u.a. 1994/1996. [Childs, Theologie I/II]

Collins, Raymond F.: Art. John (Disciple), AncBD 3, 883–886.

Conzelmann, Hans: Grundriß der Theologie des Neuen Testaments, 4. Aufl., bearb. v. A. Lindemann, Tübingen 1987.

–: Geschichte des Urchristentums, GNT 5, 3. Aufl., 1976.

Corssen, Peter: Zu Eusebius h.e. III, 39 und II, 15, ZNW 3, 1902, 242–246.

Cosgrove, Charles H.: Justin Martyr and the Emerging Christian Canon. Observations on the Purpose and Destination of the Dialogue with Trypho, VigChr 36, 1986, 209–232.

Craig, W[iliam] L[ane]: The Historicity of the Empty Tomb of Jesus, NTS 31, 1985, 39–67.

Credner, Karl August: Beiträge zur Einleitung in die biblischen Schriften, 1. Bd.: Die Evangelien der Petriner oder Judenchristen, Halle 1832.

–: Geschichte des Neutestamentlichen Kanon, hg. v. G. Volkmar, Berlin 1860.

Crehan, J. H.: The Fourfold Character of the Gospel, in: Aland, StEv [s. dort] 3–13.

Crossan, John Dominic: Empty Tomb and Absent Lord (Mark 16:1–8), in: W. H. Kelber (Hg.): The Passion in Mark. Studies on Mark 14–16, Philadelphia 1976, 135–152.

–: The Cross That Spoke. The Origins of the Passion Narrative, San Fransisco 1988.

Cullmann, Oscar: Die Pluralität der Evangelien als theologisches Problem im Altertum. Eine dogmengeschichtliche Studie (1945), in: Ders.: VuA, hg. v. K. Fröhlich, Tübingen – Zürich 1966, 548–565.

–: Der johanneische Kreis. Sein Platz im Spätjudentum, in der Jüngerschaft Jesu und im Urchristentum. Zum Ursprung des Johannesevangeliums, Tübingen 1975.

Culpepper, R[ichard] Alan: The Johannine School. An Evaluation of the Johannine-School Hypothesis Based on an Investigation of the Nature of Ancient Schools, SBL.DS 26, 1975.

–: Anatomy of the Fourth Gospel. A Study in Literary Design, Philadelphia 1983, Nachdr. 1987.

–: John, the Son of Zebedee. The Life of a Legend, Univ. of South Carolina Press, 1994.

Cunliffe-Jones, H.: The Fourfold Gospel as a Theological and Pastoral Problem for today, in: Aland, StEv [s. dort] 14–24.

Daniels, Jon B.: The Egerton Gospel: Its Place in Early Christianity, Diss. Claremont Graduate School, Claremont CA, 1989. Autorisiertes Facsimile vom Mikrofilm: University Microfilms International, Ann Arbor, MI, 1991.

Danove, Paul L.: The End of Mark's Story. A Methodological Study, BIntS 3, 1993.

Deeks, David G.: Papias Revisited, ET 88, 1977, 296–301. 324–329.

Deines, Roland s. Hengel, Septuaginta.

Delobel, Joël: Extra-Canonical Sayings of Jesus: Marcion and Some „Non-received" Logia, in: Petersen, Gospel [s. dort] 105–116.

Denaux, Adelbert (Hg.): John and the Synoptics, BEThL 101, 1992.

Denker, Jürgen: Die theologiegeschichtliche Stellung des Petrusevangeliums. Ein Beitrag zur Frühgeschichte des Doketismus, EHS.T 36, 1975.

Depasse-Livet, Jeannine: Le problème de la finale de Marc: Mc 16,8. État de la question, Lic. theol, Löwen 1970.

der Horst, Pieter Willem van, s. Horst, van der.

Dibelius, Martin: Geschichte der urchristlichen Literatur, hg. v. F. Hahn, München 1975, Nachdr. 1990.

–: Die Formgeschichte des Evangeliums, 6. Aufl., mit einem erw. Nachtr. v. G. Iber, hg. v. G. Bornkamm, Tübingen 1971.

Dietzfelbinger, Christian: Paraklet und theologischer Anspruch im Johannesevangelium, ZThK 82, 1985, 389–408.

–: Die größeren Werke (Joh 14.12f.), NTS 35, 1989, 27–47.

Dillon, Richard J.: From Eye-Witnesses to Ministers of the Word. Tradition and Composition in Luke 24, AnBib 82, 1978.

Dodd, C[harles] H[arold]: A New Gospel (1936), in: Ders., New Testament Studies, 2. Aufl., Manchester 1954, 12–52.

Dohmen, Christoph – Oeming, Manfred: Biblischer Kanon. Warum und wozu? Eine Kanon-theologie, QD 137, 1992.

Donovan, Mary Ann: Art. Irenaeus, AncBD 3, 457–461.

Dormeyer, Detlev: Die Kompositionsmetapher ‚Evangelium Jesu Christi, des Sohnes Gottes‘ Mk 1.1. Ihre theologische und literarische Aufgabe in der Jesus-Biographie des Markus, NTS 33, 1987, 452–468.

–: Das Neue Testament im Rahmen der Antiken Literaturgeschichte. Eine Einführung, Die Altertumswissenschaft, Darmstadt 1993.

Draper, Jonathan: The Jesus Tradition in the Didache, in: Wenham, Jesus [s. dort] 269–287.

Drobner, Hubertus: 15 Jahre Forschung zu Melito von Sardes (1965–1980). Eine kritische Bibliographie, VigChr 36, 1982, 313–333. [Drobner, Forschung]

Dschulnigg, Peter: Sprache, Redaktion und Intention des Markus-Evangeliums. Eigentümlich-keiten der Sprache des Markus-Evangeliums und ihre Bedeutung für die Redaktionskritik, SBB 11, 1984.

Dungan, David L. (Hg.): The Interrelations of the Gospels. A Symposium Led by M.-É. Boismard – W. R. Farmer – F. Neirynck. Jerusalem 1984, BEThL 95, 1990.

–: Art. Two-Gospel Hypothesis, AncBD 6, 671–679.

Dwyer, Timothy R.: The Motif of Wonder in the Gospel of Mark, Diss. phil., Aberdeen 1990.

Edwards, M. J.: Justin's Logos and the Word of God, JEChSt 3, 1995, 261–280.

Elliott, J. Keith: The Relevance of Textual Criticism to the Synoptic Problem, in: Dungan, Interrelations [s. dort] 348–359.

Ellis, Peter F.: The Authenticity of John 21, SVTQ 36, 1992, 17–25.

Ennulat, Andreas: Die ‚Minor Agreements‘. Untersuchungen zu einer offenen Frage des synoptischen Problems, WUNT 2. R. 62, 1994.

Erlemann, Kurt: Papyrus Egerton 2: ‚Missing Link‘ zwischen synoptischer und johanneischer Tradition, NTS 42, 1996, 12–34.

Fander, Monika: Die Stellung der Frau im Markusevangelium. Unter besonderer Berücksich-tigung kultur- und religionsgeschichtlicher Hintergründe, MThA 8, 2. Aufl., 1990.

Farkasfalvy s. Farmer.

Farmer, William R.: The Last Twelve Verses of Mark, Cambridge 1974.

– / Farkasfalvy, Denis M.: The Formation of the New Testament Canon. An Ecumenical Approach, hg. v. H. W. Attridge, Theological Inquiries, New York u.a. 1983.

Fee, Gordon D.: On the Text and Meaning of John 20,30–31, in: C. M. Tuckett u. a. (Hgg.): The Four Gospels 1992, FS Frans Neirynck, 3. Bd., BEThL 100, 2193–2205.

Feldmeier, Reinhard: Die Darstellung des Petrus in den synoptischen Evangelien, in: Stuhl-macher, Evangelium 267–271.

Fendler, Folkert: Studien zum Markusevangelium. Zur Gattung, Chronologie, Messias-geheimnistheorie und Überlieferung des zweiten Evangeliums, GTA 49, 1991.

Ferguson, Everett: Canon Muratori: Date and Provenance, StPatr 17/2, 1982, 677–683.

Flesseman-van Leer, Ellen: Prinzipien der Sammlung und Ausscheidung bei der Bildung des Kanons, ZThK 61, 1964, 404–420.

Focant, Camille (Hg.): The Synoptic Gospels. Source Criticism and the New Literary Criti-cism, BEThL 110, 1993.

Fortna, Robert T.: Diachronic/Synchronic. Reading John 21 and Luke 5, in: Denaux, John [s. dort] 387–399.

–: Art. Signs/Semeia Source, AncBD 6, 18–22.

Fowler, Robert M.: Reading Matthew Reading Mark: Observing the First Steps toward Meaning-as-Reference in the Synoptic Gospels, in: K. H. Richards (Hg.): SBL Seminar Papers Series 25, 1986, 1–16.

–: Let the Reader Understand. Reader-Response Criticsm and the Gospel of Mark, Minneapolis 1991.

Frank, Isidor: Der Sinn der Kanonbildung. Eine historisch-theologische Untersuchung der Zeit vom 1. Clemensbrief bis Irenäus von Lyon, FThSt 90, 1971.

Frankemölle, Hubert: Jahwebund und Kirche Christi. Studien zur Form- und Traditionsgeschichte des „Evangeliums" nach Matthäus, NTA 10, 1974.

–: Evangelium. Begriff und Gattung. Ein Forschungsbericht, SBB 15, 1988.

–: Das Matthäusevangelium als heilige Schrift und die heilige Schrift des früheren Bundes. Von der Zwei-Quellen- zur Drei-Quellen-Theorie, in: Focant, Gospels [s. dort] 281–310.

–: Theodizee-Problematik im Markusevangelium? Anmerkungen zu Mk 16,1–8 im Kontext, in: Th. Söding (Hg.): Der lebendige Gott. Studien zur Theologie des Neuen Testaments, FS Wilhelm Thüsing, NTA NF 31, 1996, 101–134.

Franzmann, M[ajella] – Klinger, Michael: The Call Stories of John 1 and John 21, SVTQ 36, 1992, 7–15.

Frey, Jörg: Der implizite Leser und die biblischen Texte, ThBeitr 23, 1992, 266–290.

Fuchs, Albert: Das Petrusevangelium. Mit zwei Beitr. v. Franz Weißengruber und unter Mitarb. v. Ch. Eckmair, SNTU.B 2, 1978.

Gallizia, Ugo: Il P. Egerton 2, Aeg. 36, 1956, 29–72. 178–234.

Gamble, Harry Y.: The New Testament Canon. Its Making and Meaning, Guides to Biblical Scholarship. NT Ser., Philadelphia 1985.

–: The Canon of the New Testament, in: E. J. Epp – G. MacRae (Hgg.): The New Testament and Its Modern Interpreters, SBL. BIMI 3, 1989, 201–243.

–: Art. Canon. New Testament, AncBD 1, 852–861. [Gamble, Art. Canon]

–: Art. Egerton Papyrus 2, AncBD 2, 317f.

Georgi, Dieter: Die Aristoteles- und Theophrastausgabe des Andronikus von Rhodus. Ein Beitr. zur Kanonproblematik, in: R. Bartelmus u.a. (Hgg.): Konsequente Traditionsgeschichte, FS Klaus Baltzer, OBO 126, 1993, 45–78.

Giordano, Oronzo: I Commentari di Papia di Ierapoli, Orph. 16, 1969, 25–71; [wiederabgedruckt u. zitiert nach:] AnCl 39, 1970, 106–146.

Goodenough, Erwin R.: The Theology of Justin Martyr, Jena 1923.

Goodspeed, Edgar J.: The Formation of the New Testament, Chicago 1926, 2. Druck 1927.

–: A History of Early Christian Literature, bearb. v. R. M. Grant, Chicago 1966.

Goulder, Michael D.: Mark XVI. 1–8 and Parallels, NTS 24, 1978, 235–240.

–: Luke. A New Paradigm, JSNT.S 20, 1989, Nachdr. 1994.

Gräßer, Erich: Das Problem der Parusieverzögerung in den synoptischen Evangelien und in der Apostelgeschichte, BZNW 22, 3. Aufl., 1977.

Green, Joel B.: The Gospel of Peter: Source for a Pre-Canonical Passion Narrative?, ZNW 78, 1987, 293–301.

Gronewald, Michael: Unbekanntes Evangelium oder Evangelienharmonie (Fragment aus dem „Evangelium Egerton"), in: Ders. u.a. (Bearb.): Kölner Papyri (P. Köln) Bd. 6, PapyCol 7 (= ARWAW SonderR), 1987, 136–145.

Güttgemanns, Erhardt: Linguistische Analyse von Mk 16,1–8, LingBibl 2 [Heft 11/12], 1972, 13–53.

–: Offene Fragen zur Formgeschichte des Evangeliums. Eine methodologische Skizze der Grundlagenproblematik der Form- und Redaktionsgeschichte, BEvTh 54, 2. Aufl. 1971.

Gundry, Robert H.: ΕΥΑΓΓΕΛΙΟΝ: How Soon a Book?, JBL 115, 1996, 321–325. [Gundry, Book]

Gustafsson, B[erndt]: Eusebius' Principles in Handling his Sources, as Found in his Church History, Books I-VII, StPatr 4 (= TU 79), 1961, 429–441.

Gutjahr, F[ranz] S[eraph]: Die Glaubwürdigkeit des Irenäischen Zeugnisses über die Abfassung des vierten kanonischen Evangeliums. FS der […] Universität in Graz […], Graz 1904.

Haenchen, Ernst: Das Johannesevangelium und sein Kommentar, in: Ders.: Die Bibel und Wir, GAufs. 2, Tübingen 1968, 208–234. [Haenchen, Bultmanns Kommentar]

–: Der Weg Jesu. Eine Erklärung des Markus-Evangeliums und der kanonischen Parallelen, STö.H 6, 1966.

Hagner, Donald A.: The Sayings of Jesus in the Apostolic Fathers and Justin Martyr, in: Wenham, Jesus [s. dort] 233–268.

Hahn, Ferdinand: Sehen und Glauben im Johannesevangelium, in: H. Baltensweiler – B. Reicke (Hgg.): Neues Testament und Geschichte. Historisches Geschehen und Deutung im Neuen Testament, FS Oscar Cullmann, Zürich-Tübingen 1972, 125–141.

– (Hg.): Der Erzähler des Evangeliums. Methodische Neuansätze in der Markusforschung, SBS 118/119, 1985.

–: Exegetische Beiträge zum ökumenischen Gespräch, GAufs. 1, Göttingen 1986. Daraus:
  – "Schrift und Tradition" im Urchristentum, 9–28.
  – Die Heilige Schrift als älteste christliche Tradition und als Kanon, 29–39. [Hahn, Kanon]
  – Die Petrusverheißung Mt 16,18f., 185–200.

Hahneman, Geoffrey Mark: More on Redating the Muratorian Fragment, StPatr 19, 1989, 359–365.

–: The Muratorian Fragment and the Development of the Canon, OTM, 1992.

Hall, Stuart G.: Art. Aloger, TRE 2 (1978) 290–295.

Harnack, Adolf: Das Neue Testament um das Jahr 200. Theodor Zahn's Geschichte des Neutestamentlichen Kanons (Erster Band, Erste Hälfte) geprüft, Freiburg 1889.

–: Bruchstücke des Evangeliums und der Apokalypse des Petrus, 2. Aufl., [TU 9/2] 1893.

–: Rez. von Schubert, Composition [s. dort], ThLZ 19, 1894, 9–18.

–: Geschichte der altchristlichen Litteratur bis Eusebius, 1. T.: Die Überlieferung und der Bestand der altchristlichen Litteratur bis Eusebius; 2. T.: Die Chronologie der altchristlichen Litteratur bis Eusebius, 2 Bde., Leipzig 1893/1897/1904. [Harnack, Geschichte I, II 1, II 2]

–: Einige Bemerkungen zur Geschichte der Entstehung des Neuen Testaments, in: Ders.: Reden und Aufsätze, 2. Bd., 2. Aufl., Gießen 1906, 237–245.

–: Lehrbuch der Dogmengeschichte, 3 Bde., 5. Aufl., Tübingen 1931–1932.

–: Die Entstehung des Neuen Testaments und die Folgen der neuen Schöpfung (= ders.: Beitr. zur Einl. in das NT 6), Leipzig 1914.

–: Marcion. Das Evangelium vom fremden Gott. Eine Monographie zur Geschichte der Grundlegung der katholischen Kirche, TU 45, 2. Aufl., 1924, [beigefügt:] Neue Studien zu Marcion, TU 44/4, 1–28, Nachdr., Darmstadt 1985. [Beifügung zit.: Harnack, Neue Studien]

–: Über den Verfasser und den literarischen Charakter des Muratorischen Fragments, ZNW 24, 1925, 1–16.

Hartin, P[atrick] J.: The Role of Peter in the Fourth Gospel, Neotest. 24, 1990, 49–61.

Hartman, Lars – Olsson, Peter (Hgg.): Aspects on the Johannine Literature. Papers presented at a conference of Scandinavian New Testament exegetes at Uppsala, June 16–19, 1986, CB.NT 18, 1987.

–: An Attempt at a Text-Centered Exegesis of John 21, StTh 38, 1984, 29–45.

Hartmann, Gerhard: Der Aufbau des Markusevangeliums. Mit einem Anhang: Untersuchungen zur Echtheit des Markusschlusses, NTA 17/2–3, Münster 1936.

Hautsch, Ernst: Die Evangelienzitate des Origenes, TU 34/2a, 1909.

Head, P. M.: On the Christology of the Gospel of Peter, VigChr 46, 1992, 209–224.

Heard, Richard: The ΑΠΟΜΝΗΜΟΝΕΥΜΑΤΑ in Papias, Justin, and Irenaeus, NTS 1, 1954/55, 122–129. [Heard, Papias]

–: Papias' Quotations from the New Testament, NTS 1, 1954/55, 130–134. [Heard, Quotations]

Heekerens, Hans-Peter: Die Zeichen-Quelle der johanneischen Redaktion. Ein Beitrag zur Entstehungsgeschichte des vierten Evangeliums, SBS 113, 1984.

Heitmüller, Wilhelm: Zur Johannes-Tradition, ZNW 15, 1914, 189–209.

Hendrickx, Herman: The Resurrection Narratives of the Synoptic Gospels, Studies in the Synoptic Gospels, 2. Aufl., London 1984.

Hengel, Martin: Maria Magdalena und die Frauen als Zeugen, in: O. Betz u.a. (Hgg.): Abraham unser Vater. Juden und Christen im Gespräch über die Bibel, FS Otto Michel, AGSU 5, 1963, 243–256.

–: Nachfolge und Charisma. Eine exegetisch-religionsgeschichtliche Studie zu Mt 821f. und Jesu Ruf in die Nachfolge, BZNW 34, 1968.

–: Probleme des Markusevangeliums, in: Stuhlmacher, Evangelium [s. dort] 221–265.

–: Entstehungszeit und Situation des Markusevangeliums, in: Hubert Cancik (Hg.): Markus-Philologie. Historische, literargeschichtliche und stilistische Untersuchungen zum zweiten Evangelium, WUNT 33, 1984, 1–45.

–: Die Evangelienüberschriften, SHAW.PH 3/1984.

–: Die Schriftauslegung des 4. Evangeliums auf dem Hintergrund der urchristlichen Exegese, JBTH 4, 1989, 249–288.

–: The Johannine Question, London – Philadelphia 1989.

–: Die johanneische Frage. Ein Lösungsversuch. Mit einem Beitrag zur Apokalypse von Jörg Frey, WUNT 67, 1993.

– [unter Mitarbeit v.] Roland Deines: Die Septuaginta als ‚christliche Schriftensammlung‘, ihre Vorgeschichte und das Problem ihres Kanons, in: M. Hengel – A. M. Schwemer (Hgg.): Die Septuaginta zwischen Judentum und Christentum, WUNT 72, 1994, 182–284.

Henne, Philippe: La datation du Canon de Muratori, RB 100, 1993, 54–75.

Hilgenfeld, Adolf: Historisch-kritische Einleitung in das Neue Testament, Leipzig 1875.

Hill, Charles E.: What Papias said about John (and Luke). A ‚New‘ Papias Fragment, JThS 49, 1998, 582–629.

Hillmer, Melvyn R[aymond]: The Gospel of John in the Second Century, Diss. Harvard University, Mikrofiche, Cambridge, Mass. 1966.

Hills, Julian V.: Art. Apostles, Epistles of, AncBD 1, 311f.

Hirsch, Emanuel: Frühgeschichte des Evangeliums, 1. Buch, Tübingen 1941.

Hoffmann, Paul: Art. Auferstehung II/1, TRE 4 (1979) 478–513.

Hoffmann, R. Joseph: Marcion. On the Restitution of Christianity. An Essay on the Development of Radical Paulinist Theology in the Second Century, American Academy of Religion, Academy Series 46, Chico CA 1984.

Hofius, Otfried: Struktur und Gedankengang des Logos-Hymnus in Joh 1,1–18, ZNW 78, 1987, 1–25 [danach zitiert. Wiederabdruck in: Ders. – Kammler, Hans-Christian: Johannesstudien. Untersuchungen zur Theologie des vierten Evangeliums, WUNT 88, 1996, 1–23].

Hofrichter, Peter: Joh 21 im Makrotext des Vierten Evangeliums, in: J. Hainz (Hg.): Dokumentation des Symposions: „Methodenstreit zum Johannesevangelium“. Vom 29. und 30. Juni 1990 in Kelkheim, Frankfurt o.J. [1991], 208–228.

Hoh, J[oseph]: Die Lehre des hl. Irenäus über das Neue Testament (gekrönte Preisschrift), NTA 7,4/5, 1919.

Holtzmann, Heinrich Julius: Lehrbuch der historisch-kritischen Einleitung in das Neue Testament, 3. Aufl., Freiburg 1892.

Horbury, William: The Wisdom of Solomon in the Muratorian Fragment, JThS 45, 1994, 149–159.

Horn, Karl: Abfassung, Geschichtlichkeit und Zweck vom Evang. des Johannes, Kap. 21. Ein Beitr. zur johanneischen Frage, Leipzig 1904.

Hornschuh, Manfred: Studien zur Epistula Apostolorum, PTS 5, 1965.

Horst, Pieter Willem van der: Can a Book End with γάρ? A Note on Mark xvi 8, JThL 23, 1972, 121–124.

Horstmann, Maria: Studien zur markinischen Christologie. Mk 8,27–9,13 als Zugang zum Christusbild des zweiten Evangeliums, NTA NF 6, 1969.

Hubbard, Benjamin J.: The Matthean Redaction of a Primitive Apostolic Commissioning. An Exegesis of Matthew 28,16–20, SBL.DS 19, 1974.

Hug, Joseph: La finale de l'évangile de Marc (Mc 16,9–20), EtB, 1978.

Hyldahl, Niels: Philosophie und Christentum. Eine Interpretation der Einleitung zum Dialog Justins, AThD 9, 1966.

Iser, Wolfgang: Die Appellstruktur der Texte. Unbestimmtheit als Wirkungsbedingung literarischer Prosa, Konstanzer Universitätsreden 28, 2. Aufl., Konstanz 1971.

–: Der Akt des Lesens. Theorie ästhetischer Wirkung, München 1976, 3. Aufl. 1990.

Jaschke, Hans-Jochen: Art. Irenäus von Lyon, TRE 16 (1987) 258–268.

Jauß, Hans Robert: Ästhetische Erfahrung und literarische Hermeneutik, Frankfurt a. M. 1982, Nachdr., stw 955, 1991.

Jeanrond, Werner G.: Text und Interpretation als Kategorien theologischen Denkens, HUTh 23, 1986.

Jefford, Clayton N.: The Sayings of Jesus in the Teaching of the Twelve Apostles, SVigChr 11, 1989.

Joest, Wilfried: Erwägungen zur kanonischen Bedeutung des Neuen Testaments, in: Käsemann, Testament [s. dort] 258–281.

Johnson, Benjamin Arlen: Empty Tomb Tradition in the Gospel of Peter, Th D. Diss., Harvard University, Cambridge, MA, 1965.

Johnson, Sherman E.: Laodicea and its Neighbors, BA 13, 1950, 1–18.

Judge, Peter J.: A Note on Jn 20,29, in: C. M. Tuckett u. a. (Hgg.): The Four Gospels 1992, FS Frans Neirynck, 3. Bd., BEThL 100, 2183–2192.

Käsemann, Ernst: Begründet der neutestamentliche Kanon die Einheit der Kirche?, in: Ders.: Exegetische Versuche und Besinnungen, 1. Bd., Göttingen 1960, 214–223.

–: Ketzer und Zeuge. Zum johanneischen Verfasserproblem, in: Ders.: Exegetische Versuche und Besinnungen, 1. Bd., Göttingen 1960, 168–187.

–: Jesu letzter Wille nach Johannes 17, 2. Aufl., Tübingen 1967. [Käsemann, Wille]

– (Hg.): Das Neue Testament als Kanon. Dokumentation und kritische Analyse zur gegenwärtigen Diskussion, Göttingen 1970.

Kaestli, Jean-Daniel: La place du Fragment de Muratori dans l'histoire du canon. À propos de la thèse de Sundberg et Hahneman, CrSt 15, 1994, 609–634.

Kammler, Hans-Christian: Jesus Christus und der Geistparaklet. Eine Studie zur johanneischen Verhältnisbestimmung von Pneumatologie und Christologie, in: Hofius, Otfried – Ders.: Johannesstudien [s. Hofius, Struktur], 87–190.

–: Die „Zeichen" des Auferstandenen. Überlegungen zur Exegese von Joh 20,30+31, in: Hofius, Otfried – Ders.: Johannesstudien [s. Hofius, Struktur], 191–211.

Karrer, Martin: Das urchristliche Ältestenamt, NT 32, 1990, 152–188.

Karris, Robert J.: Women and Discipleship in Luke, CBQ 56, 1994, 1–20.

Keim, Theodor: Celsus' Wahres Wort. Aelteste Streitschrift antiker Weltanschauung gegen das Christenthum vom Jahr 178 n. Chr. Wiederhergestellt, aus dem Griechischen übers., untersucht und erl., mit Lucian und Minucius Felix verglichen, Zürich 1873.

Kendall, Daniel s. O'Collins, Gerald.

Kermode, Frank: The Sense of an Ending. Studies in the Theory of Fiction, New York 1967.

Kingsbury, Jack Dean: Matthew as Story, 2. Aufl., Philadelphia 1988.

Kirk, Alan: Examining Priorities: Another Look at the *Gospel of Peter*'s Relationship to the New Testament Gospels, NTS 40, 1994, 572–595.

Kirkland, Alastair: The Beginnings of Christianity in the Lycus Valley. An Exercise in Historical Reconstruction, Neotest. 29, 1995, 109–124.

Klauck, Hans-Josef: Die erzählerische Rolle der Jünger im Markusevangelium. Eine narrative Analyse, NT 24, 1982, 1–26 [danach zitiert. Wiederabdruck in: Ders., Gemeinde – Amt – Sakrament, Neutestamentliche Perspektiven, Würzburg 1989, 137–159].

–: Der Antichrist und das johanneische Schisma. Zu I Joh 2,18–19, in: K. Kertelge u. a. (Hgg.): Christus bezeugen, FS Wofang Trilling, EthSt 59, 1989, Nachdr., Freiburg u. a. 1990, 237–248.

–: Die Johannesbriefe, EdF 276, 1991.

Klein, Günter: Lukas 1,1–4 als theologisches Programm, in: Ders.: Rekonstruktion und Interpretation. GAufs. zum NT, BEvTh 50, 1969, 237–261.

Kline, Leslie L.: Harmonized Sayings of Jesus in the Pseudo-Clementine Homilies and Justin Martyr, ZNW 66, 1975, 223–241.

Klinger, Michael s. Franzmann, Majella.

Knox, John: Marcion and the New Testament. An Essay in the Early History of the Canon, Chicago 1942, Nachdr. mit neuem Vorw. des Autors, New York 1980.

Koch, Hugo: Zu A. v. Harnacks Beweis für den amtlichen römischen Ursprung des Muratorischen Fragments, ZNW 25, 1926, 154–160. [Koch, Beweis]

Köhler, Wolf-Dietrich: Die Rezeption des Matthäusevangeliums in der Zeit vor Irenäus, WUNT 2. R. 24, 1987.

Koenigs, Wolf: Türkei. Die Westküste von Troja bis Knidos, Artemis-Cicerone, 3. Aufl., München-Zürich 1987.

Körtner, Ulrich H.J.: Papias von Hierapolis. Ein Beitrag zur Geschichte des frühen Christentums, FRLANT 133, 1983.

–: Der inspirierte Leser. Zentrale Aspekte biblischer Hermeneutik, Göttingen 1994.

–: Art. Papias von Hierapolis, TRE 25 (1995) 641–644. [Körtner, Art. Papias]

Koester, Helmut: Synoptische Überlieferung bei den Apostolischen Vätern, TU 65, 1957.

–: Die außerkanonischen Herrenworte als Produktion der christlichen Gemeinde, ZNW 48, 1957, 220–237.

–: Häretiker im Urchristentum als theologisches Problem, in: E. Dinkler (Hg.): Zeit und Geschichte, FS Rudolf Bultmann, Tübingen 1964, 61–76.

– / Robinson, J. M.: Entwicklungslinien durch die Welt des frühen Christentums, Tübingen 1971. Daraus:
   – Gnomai Diaphoroi: Ursprung und Wesen der Mannigfaltigkeit in der Geschichte des frühen Christentums, 107–146.
   – Ein Jesus und vier ursprüngliche Evangeliengattungen, 147–190.

–: Apocryphal and Canonical Gospels, HThR 73, 1980, 105–130. [Koester, Apocryphal]

–: Einführung in das Neue Testament im Rahmen der Religionsgeschichte und Kulturgeschichte der hellenistischen und römischen Zeit, GLB, 1980.

–: Überlieferung und Geschichte der frühchristlichen Evangelienliteratur, ANRW 2, 25, 2 (1984), 1463–1542. [Koester, Evangelienliteratur]

–: Gnostic Sayings and Controversy Traditions in John 8:12–59, in: Ch. W. Hedrick – R. Hodgson Jr. (Hgg.): Nag Hammadi, Gnosticism, and Early Christianity, Peabody, MA, 1986, 97–110. [Koester, Gnostic]

–: The Extracanonical Sayings of the Lord as Products of the Christian Community, Semeia 44, 1988, 57–77. [= Übers. v. Koester, Herrenworte mit „Postscript 26 July 1986" aaO. 75 f.]

–: From the Kerygma-Gospel to Written Gospels, NTS 35, 1989, 361–381.

–: The Text of the Synoptic Gospels in the Second Century, in: Petersen, Gospel [s. dort] 19–37.

–: Ancient Christian Gospels. Their History and Development, Valley Forge, PA – London Cambridge, MA, 1990.

–: Epilogue: Current Issues in New Testament Scholarship, in: Pearson, Future [s. dort] 467–476.

–: Writings and Spirit: Authority and Politics in Ancient Christianity, HThR 84, 1991, 353–372.

Kohler, Herbert: Kreuz und Menschwerdung im Johannesevangelium. Ein exegetisch-hermeneutischer Versuch zur johanneischen Kreuzestheologie, AThANT 72, 1987.

Korn, Manfred: Die Geschichte Jesu in veränderter Zeit. Studien zur bleibenden Bedeutung Jesu im lukanischen Doppelwerk, WUNT 2. R. 51, 1993.

Kragerud, Alv: Der Lieblingsjünger im Johannesevangelium. Ein exegetischer Versuch, Oslo 1959.

Kremer, Jacob: Die Osterevangelien. Geschichten um Geschichte, Stuttgart-Klosterneuburg 1977.

–: "Nimm deine Hand und lege sie in meine Seite!" Exegetische, hemeneutische und bibel-theologische Überlegungen zu Joh 20,24–29, in: C. M. Tuckett u. a. (Hgg.): The Four Gospels 1992, FS Frans Neirynck, 3. Bd., BEThL 100, 2153–2181.

Kügler, Joachim: Der Jünger, den Jesus liebte. Literarische, theologische und historische Untersuchungen zu einer Schlüsselgestalt johanneischer Theologie und Geschichte. Mit einem Exkurs über die Brotrede in Joh 6, SBB 16, 1988.

Kümmel, Werner Georg: Einleitung in das Neue Testament, 21. Aufl., Heidelberg 1983.

–: Notwendigkeit und Grenze des Neutestamentlichen Kanons, in: Ders.: Heilsgeschehen und Geschichte [I]. GAufs. 1933–1964, hg. v. E. Gräßer u.a., MThS 3, 1965, 230–259.

Künzi, Martin: Das Naherwartungslogion Markus 9,1 par. Geschichte seiner Auslegung mit einem Nachwort zur Auslegungsgeschichte von Markus 13,30 par, BGBE 21, 1977.

Kürzinger, Josef: Papias von Hierapolis und die Evangelien des Neuen Testaments. GAuf. NA und Übers. der Frgm. Kommentierte Bibliogr., EichM 4, 1983.

Kuhn, Heinz-Wolfgang: Nachfolge nach Ostern, in: D. Lührmann-G. Strecker (Hgg.): Kirche, FS Günther Bornkamm, Tübingen 1980, 105–132.

Kysar, Robert: The Fourth Gospel. A Report on Recent Research, ANRW 2, 25, 3 (1984) 2389–2480.

–: Art. John, Epistles of, AncBD 3, 900–912.

–: Art. John, The Gospel of, AncBD 3, 912–931.

Lampe, Peter: Die stadtrömischen Christen in den ersten beiden Jahrhunderten. Untersuchungen zur Sozialgeschichte, WUNT 2. R. 18, 2. Aufl., 1989.

Langbrandtner, Wolfgang: Weltferner Gott oder Gott der Liebe. Der Ketzerstreit in der johanneischen Kirche. Eine exegetisch-religionsgeschichtliche Unters. mit Berücksichtigung der koptisch-gnostischen Texte aus Nag-Hammadi, BET 6, 1977.

Lange, Joachim: Das Erscheinen des Auferstandenen im Evangelium nach Mattäus. Eine traditions- und redaktionsgeschichtliche Unters. zu Mt 28, 16–20, fzb 11, 1973.

– (Hg.): Das Matthäus-Evangelium, WdF 525, 1980.

Larfeld, Wilhelm: Die beiden Johannes von Ephesus, der Apostel und der Presbyter, der Lehrer und der Schüler. Ein Beitr. zur Erklärung des Papiasfragmentes bei Eusebius, Kg 3,39,3.4, München 1914.

–: Das Zeugnis des Papias über die beiden Johannes von Ephesus, NKZ 33, 1922, 490–512.

Lattke, Michael: Joh 20,30f. als Buchschluß, ZNW 78, 1987, 288–292.

Leimbach, Karl L.: Art. Papias, RE 3. Aufl., 14, 1904, 642–654.

Leipoldt, Johannes: Geschichte des neutestamentlichen Kanons, 2 Bde., Leipzig 1907/1908. [Leipoldt, Geschichte I/II]

Levin, Saul: The Early History of Christianity, in Light of the ‚Secret Gospel‘ of Mark, ANRW 2, 25, 6 (1988), 4270–4292.

Liddell, Henry George - Scott, Robert: A Greek-English Lexicon, bearb. v. H. S. Jones - R. McKenzie, 9. Aufl., Oxford 1940. With a Supplement 1968, hg. v. E. A. Barber u.a., Nachdr. 1989.

Lietzmann, Hans: Wie wurden die Bücher des Neuen Testaments heilige Schrift? (Fünf Vortr.) [1907], in: Ders.: KS 2, hg. v. K. Aland, TU 68, 1958, 15–98.

–: Geschichte der alten Kirche, 1. Bd.: Die Anfänge, 3. Aufl., Berlin 1953.

Lightfoot, J[oseph] B[arber]: Papias of Hierapolis/Papias of Hierapolis. Continued (August/ October, 1875), in: Ders.: Essays on the Work entitled Supernatural Religion. Reprinted from The Contemporary Review, 2. Aufl., London 1893, 142–177.178–216. [Lightfoot, Essays]

Lincoln, Andrew T.: The Promise and the Failure: Mark 16:7,8, JBL 108, 1989, 283–300.

Lindemann, Andreas: Die Osterbotschaft des Markus. Zur theologischen Interpretation von Mark. 16. 1–8, NTS 26, 1980, 298–317.

–: Erwägungen zum Problem einer „Theologie der synoptischen Evangelien", ZNW 77, 1986, 1–33.

– /Paulsen, Henning (Hgg.): Die Apostolischen Väter. Griechisch-deutsche Parallelausgabe auf der Grundlage der Ausgaben von Franz Xaver Funk/Karl Bihlmeyer und Molly Whittaker mit Übers. von M. Dibelius und D.-A. Koch, Tübingen 1992.

Linnemann, Eta: Der (wiedergefundene) Markusschluß, ZThK 66, 1969, 255–287.

Llewelyn, Stephen R.: The Development of the Codex, in: Ders. (Hg): NDIEC 7, 1994, 249–256.

Loewenich, Walther von: Das Johannes-Verständnis im zweiten Jahrhundert, BZNW 13, 1932.

Löhr, Winrich A.: Kanonsgeschichtliche Beobachtungen zum Verhältnis von mündlicher und schriftlicher Tradition im zweiten Jahrhundert, ZNW 85, 1994, 234–258.

Lohfink, Gerhard: Die Himmelfahrt Jesu. Unters. zu den Himmelfahrts- und Erhöhungstexten bei Lukas, StANT 26, 1971.

Lohmeyer, Ernst: Galiläa und Jerusalem, FRLANT 52, 1936.

Lorenzen, Thorwald: Der Lieblingsjünger im Johannesevangelium. Eine redaktionsgeschichtliche Studie, SBS 55, 1971.

Lüdemann, Gerd: Die Auferstehung Jesu. Historie, Erfahrung, Theologie, Göttingen 1994.

–: Ketzer. Die andere Seite des frühen Christentums, Stuttgart 1995.

Lührmann, Dieter: POx 2949: EvPt 3–5 in einer Handschrift des 2./3. Jahrhunderts, ZNW 72, 1981, 216–226. [Lührmann, POx 2949]

–: Die griechischen Fragmente des Mariaevangeliums. POx 3525 und PRyle 463, NT 30, 1988, 321–338.

–: Die Geschichte von einer Sünderin und andere apokryphe Jesusüberlieferungen bei Didymos von Alexandrien, NT 32, 1990, 289–316.

–: Das neue Fragment des P Egerton 2 (P Köln 255), in: C. M. Tuckett u. a. (Hgg.): The Four Gospels 1992, FS Frans Neirynck, 3. Bd., BEThL 100, 1992, 2239–2255. [Lührmann, PKöln]

–: Ein neues Fragment des Petrusevangeliums, in: C. Focant, Gospels [s. dort], 579–581. [Lührmann, Petrusevangelium]

–: POx 4009: Ein neues Fragment des Petrusevangeliums, NT 35, 1993, 390–410. [Lührmann, POx 4009]

Lützelberger, Ernst Carl Julius: Die kirchliche Tradition über den Apostel Johannes und seine Schriften in ihrer Grundlosigkeit nachgewiesen, Leipzig 1840.

Luz, Ulrich: Die Jünger im Matthäusevangelium, ZNW 62, 1971, 141–171.

–: Die Jesusgeschichte des Matthäus, Neukirchen-Vluyn 1993.

–: Fiktivität und Traditionstreue im Matthäusevangelium im Lichte griechischer Literatur, ZNW 84, 1993, 153–177.

Magness, J. Lee: Sense and Absence. Structure and Suspension in the Ending of Mark's Gospel, SBL Semeia Studies, Atlanta, Georgia 1986.

Maier, Gerhard: Die Johannesoffenbarung und die Kirche, WUNT 25, 1981.

Marguerat, Daniel: The End of Acts (28.16–31) and the Rhetoric of Silence, in: St. E. Porter – Th. H. Olbricht (Hgg.): Rhetoric and the New Testament. Essays from the 1992 Heidelberg Conference, JSNT.S 90, 1993, 74–89.

Markschies, Christoph: Valentinus Gnosticus?, WUNT 65, 1992.

Martyn, J. Louis: History and Theology in the Fourth Gospel, 2. Aufl., Nashville 1979.

Marxsen, Willi: Der Evangelist Markus. Studien zur Redaktionsgeschichte des Evangeliums, FRLANT 67, 2. Aufl. 1959.

–: Einleitung in das Neue Testament. Eine Einführung in ihre Probleme, 4. Aufl., Gütersloh 1978.

Massaux, Édouard: Influence de l'Évangile de saint Matthieu sur la littérature chrétienne avant saint Irénée, DGMFT 2. Ser., 42, 1950. [Massaux, Influence (1950)]

–: The Influence of the Gospel of Saint Matthew on Christian Literature before Saint Irenaeus, 3. B.: The Apologists and the Didache, übers. v. N. J. Belval – S. Hecht, hg. v. A. J. Bellinzoni, New Gospel Studies 5/3, Macon, GA 1993.

May, Gerhard: Ein neues Markionbild? [Rez. Hoffmann, Marcion, s. dort], ThR 51, 1986, 404–413.

Mayeda, Goro: Das Leben-Jesu-Fragment Papyrus Egerton 2 und seine Stellung in der urchristlichen Literaturgeschichte, Bern 1946.

Mayer, Günter: Die jüdische Frau in der hellenistisch-römischen Antike, Stuttgart u.a. 1987.

McCant, Jerry W.: The Gospel of Peter: Docetism Reconsidered, NTS 30, 1984, 258–273.

McDonald, Lee Martin: The Formation of the Christian Biblical Canon, Nashville 1988.

–: Art. Anti-Marcionite (Gospel) Prologues, AncBD 1, 262f.

Mees, Michael: Die frühe Rezeptionsgeschichte des Johannesevangeliums. Am Beispiel von Textüberlieferung und Väterexegese, hg. v. G. Scheuermann – A.-P. Alkofer, fzb 72, 1994.

Meier, John P.: Two Disputed Questions in Matt 28:16–20, JBL 96, 1977, 407–424.

Merk, Otto: Art. Bibelkanon 2. Nt.licher Kanon, EKL 3. Aufl., 1 (1986) 470–474.

Merkel, Helmut: Die Widersprüche zwischen den Evangelien. Ihre polemische und apologetische Behandlung in der Alten Kirche bis zu Augustin, WUNT 13, 1971.

–: Die Pluralität der Evangelien als theologisches und exegetisches Problem in der Alten Kirche, TC 3, 1978.

–: Clemens Alexandrinus über die Reihenfolge der Evangelien, EThL 60, 1984, 382–385.

–: Die Überlieferungen der Alten Kirche über das Verhältnis der Evangelien, in: Dungan, Interrelations [s. dort], 566–590.

–: Frühchristliche Autoren über Johannes und die Synoptiker, in: Denaux, John [s. dort] 403–408.

Merklein, Helmut: Mk 16,1–8 als Epilog des Markusevangeliums, in: Focant, Gospels [s. dort], 209–238. [Merklein, Epilog]

–: Die Jesusgeschichte – synoptisch gelesen, SBS 156, 1994.

Merlan, Philipp: Art. Celsus, RAC 2 (1954) 954–965.

Metzger, Bruce M.: The Canon of the New Testament. It's Origin, Development, and Significance, Oxford 1987; dt.: Der Kanon des Neuen Testaments. Entstehung, Entwicklung, Bedeutung, Düsseldorf 1993 [danach zit.].

–: A Textual Commentary on the Greek New Testament. A Companion Volume to the United Bible Societies' Greek New Testament (Fourth Rev. Ed.), 2. Aufl., Stuttgart 1994.

Metzner, Rainer: Die Rezeption des Matthäusevangeliums im 1. Petrusbrief. Studien zum traditionsgeschichtlichen und theologischen Einfluß des 1. Evangeliums auf den 1. Petrusbrief, WUNT 2. R. 74, 1995.

Meyer, Marvin W.: Art. Mark, Secret Gospel of, AncBD 4, 558f.

Michel, Otto: Der Abschluß des Matthäusevangeliums. Ein Beitrag zur Geschichte der Osterbotschaft, in: Lange, Matthäus [s. dort] 119–133.

Michie, Donald s. Rhoads, David.

Minear, Paul S.: The Original Functions of John 21, JBL 102, 1983, 85–98.

Mirecki, Paul Allan: Art. Peter, Gospel of, AncBD 5, 278–281.

Mommsen, Theodor: Papianisches, ZNW 3, 1902, 156–159.

Moule, C[harles] F[rancis] D[igby]: The Birth of the New Testament, BNTC. Companion Vol. 1, 1962.

Müller, Peter: „Wer ist dieser?". Jesus im Markusevangelium. Markus als Erzähler, Verkündiger und Lehrer, BThSt 27, 1995. [Müller, Wer]

Müller, Ulrich B.: Die Parakletvorstellung im Johannesevangelium, ZThK 71, 1974, 31–77.

Mullins, Terence Y.: Papias on Mark's Gospel, VigChr 14, 1960, 216–224.

Munck, Johannes: Presbyters and Disciples of the Lord in Papias, HThR 52, 1959, 223–243.

–: Die Tradition über das Matthäusevangelium bei Papias, in: B. Reicke u.a. (Hgg.): Neotestamentica et Patristica, FS Oscar Cullmann, NT.S 6, 1962, 249–260.

Nauck, Wolfgang: Die Bedeutung des leeren Grabes für den Glauben an den Auferstandenen, ZNW 47, 1956, 243–267.

Neirynck, Frans: Jean et les Synoptiques. Examen critique de l'exégèse de M.-É. Boismard, BEThL 49, 1979.

–: Evangelica. Gospel Studies – Études d'Évangile. Collected Essays, hg. v. F. van Segbroeck, BEThL 60, 1982. Daraus:

– ΑΝΑΤΕΙΛΑΝΤΟΣ ΤΟΥ ΗΛΙΟΥ (Mc 16,2), 181–214.
– Marc 16,1–8. Tradition et Rédaction, 239–272.
–: Evangelica II. 1982–1991. Collected Essays, hg. v. F. van Segbroeck, BEThL 99, 1991. Daraus:
– John and the Synoptics. The Empty Tomb Stories, 571–600. [Neirynck, Tomb]
– John 21, 601–616.
– Note sur Jn 21,14, 689–692.
– The Apocryphal Gospels and the Gospel of Mark, 715–772.
– Papyrus Egerton 2 and the Healing of the Leper, 773–783.
Nellessen, Ernst: Zeugnis für Jesus und das Wort. Exegetische Unters. zum lukanischen Zeugnisbegriff, BBB 43, 1976.
Niederwimmer, Kurt: Johannes Markus und die Frage nach dem Verfasser des zweiten Evangeliums, ZNW 58, 1967, 172–188.
Niemann, Franz-Josef: Die Erzählung vom leeren Grab bei Markus, ZkTh 101, 1979, 188–199.
Nißlmüller, Thomas: Rezeptionsästhetik und Bibellese. Wolfgang Isers Lese-Theorie als Paradigma für die Rezeption biblischer Texte, Theorie und Forschung 375 = Theologie und Philosophie 25, Regensburg 1995.
Norden, Eduard: Die Antike Kunstprosa. Vom VI. Jahrhundert v. Chr. bis in die Zeit der Renaissance, 2 Bde., 5. Aufl., Stuttgart 1958. [Norden, Kunstprosa I/II]
–: Agnostos Theos. Unters. zur Formengeschichte religiöser Rede, Leipzig-Berlin 1913.
Noormann, Rolf: Irenäus als Paulusinterpret. Zur Rezeption und Wirkung der paulinischen und deuteropaulinischen Briefe im Werk des Irenäus von Lyon, WUNT 2. R. 66, 1994.
Oberlinner, Lorenz: Die Verkündigung der Auferweckung Jesu im geöffneten und leeren Grab. Zu einem vernachlässigten Aspekt in der Diskussion um das Grab Jesu, ZNW 73, 1982, 159–182.
–: "… sie zweifelten aber" (Mt 28,17b). Eine Anmerkung zur matthäischen Ekklesiologie, in: Ders. – P. Fiedler (Hgg.): Salz der Erde – Licht der Welt. Exegetische Studien zum Matthäusevangelium, FS Anton Vögtle, Stuttgart 1991, 375–400. [Oberlinner, Anmerkung]
Oberweis, Michael: Das Papias-Zeugnis vom Tode des Johannes Zebedäi, NT 38, 1996, 277–295.
O'Collins, Gerald – Kendall, Daniel: Did Joseph of Arimathea Exist?, Bib. 75, 1994, 235–241.
Öhler, Markus: Die Verklärung (Mk 9:1–8): Die Ankunft der Herrschaft Gottes auf der Erde, NT 38, 1996, 197–217.
Oeming, Manfred s. Dohmen, Christoph.
Ohme, Heinz: Kanon ekklesiastikos. Studien zum altkirchlichen Kanon-Begriff, Habil. Mass., Erlangen 1994.
Oppel, Herbert: Κανών. Zur Bedeutungsgeschichte des Wortes und seiner lateinischen Entsprechungen (regula – norma), Ph.S. 30/4, 1937. [Oppel, Kanon]
Paulsen, Henning: Mk XVI 1–8, NT 22, 1980, 138–175.
–: Die Bedeutung des Montanismus für die Herausbildung des Kanons, VigChr 32, 1978, 19–52.
–: Sola Scriptura und das Kanonproblem, in: H. H. Schmid – J. Mehlhausen (Hgg.): Sola Scriptura. Das reformatorische Schriftprinzip in der säkularen Welt, Gütersloh 1991, 61–78.
Pearson, Birger A. (Hg.): The Future of Early Christianity, FS Helmut Koester, Minneapolis 1991.
Pendrick, Gerard: ΜΟΝΟΓΕΝΗΣ, NTS 41, 1995, 587–600.
Pesch, Rudolf: Der reiche Fischfang. Lk 5,1–11/Jo 21,1–14. Wundergeschichte – Berufungserzählung – Erscheinungsbericht, KBANT, 1969.
–: Der Schluß der vormarkinischen Passionsgeschichte und das Markusevangelium: Mk 15,42–16,8, in: M. Sabbe (Hg.): L'Évangile selon Marc. Tradition et rédaction, BEThL 34, 1974, 365–409.
–: Art. Πέτρος, EWNT 3, 1983, Nachdr. 1992, 193–201. [Pesch, Art. Petros]
Petersen, Norman R.: When is the End not the End? Literary Reflections on the Ending of Mark's Narrative, Interp. 34, 1980, 151–166.

Petersen, William L. (Hg.): Gospel Traditions in the Second Century. Origins, Recensions, Text, and Transmission, CJAn 3, 1989.

–: Tatian's Diatessaron, in: Koester, Gospels [s. dort] 403–430. [Petersen bei Koester, Gospels]

–: Textual Evidence of Tatian's Dependence upon Justin's 'ΑΠΟΜΝΗΜΟΝΕΥΜΑΤΑ, NTS 36, 1990, 512–534.

–: Art. Diatessaron, AncBD 2, 189 f.

–: Tatian's Diatessaron. Its Creation, Dissemination, Significance, and History in Scholarship, SVigChr 25, 1994.

Pichler, Karl: Streit um das Christentum. Der Angriff des Kelsos und die Antwort des Origenes, RSTh 23, 1980.

Pilhofer, Peter: Justin und das Petrusevangelium, ZNW 81, 1990, 60–78.

–: Presbyteron kreitton. Der Altersbeweis der jüdischen und christlichen Apologeten und seine Vorgeschichte, WUNT 2. R. 39, 1990.

Placher, William C.: Gospel's Ends: Plurality and Ambiguity in Biblical Narratives, MoTh 10, 1994, 143–163.

Plevnik, Joseph: „The Eleven and Those with Them" According to Luke, CBQ 40, 1978, 205–211.

Pokorný, Petr: „Anfang des Evangeliums". Zum Problem des Anfangs und des Schlusses des Markusevangeliums, in: R. Schnackenburg u.a. (Hgg.): Die Kirche des Anfangs, FS Heinz Schürmann, Freiburg u.a. 1978, 115–132.

–: Das Markusevangelium. Literarische und theologische Einleitung mit Forschungsbericht, ANRW 2, 25, 3 (1985), 1969–2035.

–: Zur Entstehung der Evangelien, NTS 32, 1986, 393–403.

–: Die Bedeutung des Markusevangeliums für die Entstehung der christlichen Bibel, in: T. Fornberg u.a. (Hgg.): Texts and Contexts. Biblical Texts in Their Textual and Situational Contexts, FS Lars Hartman, Oslo u.a. 1995, 409–427.

Polag, Athanasius: Fragmenta Q. Textheft zur Logienquelle, Neukirchen 1979.

Porsch, Felix: Pneuma und Wort. Ein exegetischer Beitrag zur Pneumatologie des Johannesevangeliums, FTS 16, 1974.

Powell, Mark Allan: What Is Narrative Criticism, Guides to Biblical Scholarship. NT Ser., Minneapolis 1990.

Preuschen, Erwin (Hg.): Antilegomena. Die Reste der ausserkanonischen Evangelien und urchristlichen Ueberlieferungen, Gießen 1901.

Prigent, Pierre: Justin et l' Ancien Testament. L'argumentation scripturaire du traité de Justin contre toutes les hérésies comme source principale du Dialogue avec Tryphon et de la première Apologie, EtB, 1964.

Quast, Kevin: Peter and the Beloved Disciple. Figures for a Community in Crisis, JSNT.S 32, 1989.

Rau, Gottfried: Das Markusevangelium. Komposition und Intention der ersten Darstellung christlicher Mission, ANRW 2, 25, 3 (1985), 2036–2257.

Regul, Jürgen: Die antimarcionitischen Evangelienprologe, VL.AGLB 6, 1969.

Reim, Günter: Zugänge zum Evangelium des Johannes. 24 Zugänge. Exemplarische Bilder und Texte aus der Literatur, Erlangen 1994.

–: Jochanan. Erweiterte Studien zum alttestamentlichen Hintergrund des Johannesevangeliums, Erlangen 1995. Daraus:

– Johannes 21 – Ein Anhang?, 389–396 [zuerst in: J. K. Elliott (Hg.): Studies in New Testament Language and Text, FS George D. Kilpatrick, NT.S 44, 1976, 330–337, zit. als Reim, Johannes]

– Paralleltraditionen zum Johannesevangelium aus Justins Werken, 487–534.

Renan, Ernest: L'Antechrist, Histoire des origines du christianisme, 4. Bd., 2. Aufl., Paris 1873.

Rengstorf, Karl Heinrich: Art. ὑπηρέτης κτλ., ThWNT 8 (1969) 530–544.

Rese, Martin: Das Selbstzeugnis des Johannesevangeliums über seinen Verfasser, EThL 72, 1996, 75–111.

Rhoads, David – Michie, Donald: Mark as Story. An Introduction to the Narrative of a Gospel, Philadelphia 1982.

Richter, Georg: Studien zum Johannesevangelium, hg. v. J. Hainz, BU 13, 1977.

Riley, Gregory J.: Resurrection Reconsidered. Thomas and John in Controversy, Minneapolis 1995.

Ritter, Adolf Martin: Die Enstehung des neutestamentlichen Kanons: Selbstdurchsetzung oder autoritative Entscheidung?, in: A. u. J. Assmann (Hgg.): Kanon und Zensur. Beitr. zur Archäologie der literarischen Kommunikation, Bd. 2, München 1987, 93–99.

–: Zur Kanonbildung in der Alten Kirche, in: Ders.: Charisma und Caritas. Aufs. zur Geschichte der Alten Kirche, hg. v. A. Dörfler-Dierken u.a., Göttingen 1993, 265–280.

Robbins, Gregory Allen: „PERI TON ENDIATHEKON GRAPHON": Eusebius and the Formation of the Christian Bible, Diss. masch. Duke University, Durham, NC 1986, Autorisiertes Facsimile vom Mikrofilm: University Microfilms International, Ann Arbor, Michigan 1989. [Robbins, Graphon]

–: Art. Muratorian Fragment, AncBD 4, 928 f.

–: Eusebius' Lexicon of ‚Canonicity', StPatr 25, 1993, 134–141.

Robbins, Vernon K.: Jesus the Teacher. A Socio-Rhetorical Interpretation of Mark, Philadelphia 1984.

Robinson, James M.: Messiasgeheimnis und Geschichtsverständnis. Zur Gattungsgeschichte des Markus-Evangeliums, übers. v. K. Fröhlich – U. Berger, TB 81, 1989.

Röhl, Wolfgang G.: Die Rezeption des Johannesevangeliums in christlich-gnostischen Schriften aus Nag Hammadi, EHS.T 428, 1991.

Rohde, Joachim: Die redaktionsgeschichtliche Methode. Einführung und Sichtung des Forschungsstandes, Hamburg 1966.

Rohrbach, Paul: Die Berichte über die Auferstehung Jesu Christi, Berlin 1898.

Roloff, Jürgen: Apostolat – Verkündigung – Kirche. Ursprung, Inhalt und Funktion des kirchlichen Apostelamtes nach Paulus, Lukas und den Pastoralbriefen, Gütersloh 1965.

–: Der johanneische ‚Lieblingsjünger' und der Lehrer der Gerechtigkeit, NTS 15, 1968/69, 129–151.

–: Das Markusevangelium als Geschichtsdarstellung, EvTh 29, 1969, 73–93.

–: Das Kerygma und der irdische Jesus. Historische Motive in den Jesus-Erzählungen der Evangelien, Göttingen 1970.

–: Die Kirche im Neuen Testament, GNT 10, 1993.

Ruckstuhl, Eugen: Jesus im Horizont der Evangelien, SBA 3, 1988. Daraus:

– Zur Aussage und Botschaft von Joh 21, 327–353.

– Der Jünger, den Jesus liebte, 355–395.

– Nachtrag zu den beiden vorausgehenden Aufsätzen [=Ruckstuhl, Aussage; ders., Jünger], 395–401.

– Zur Antithese Idiolekt – Soziolekt im johanneischen Schrifttum, 219–264.

– /Dschulnigg, Peter: Stilkritik und Verfasserfrage im Johannesevangelium. Die johanneischen Sprachmerkmale auf dem Hintergrund des Neuen Testaments und des zeitgenössischen hellenistischen Schrifttums, NTOA 17, 1991.

Rüger, Hans-Peter: Art. Aramäisch II., TRE 3 (1978) 602–610.

Ruge, Walter: Art. Hierapolis 3., PRE 8 (1913) 1404 f.

Sand, Alexander: Kanon. Von den Anfängen bis zum Fragmentum Muratorianum, HDG, 1. Bd., fasc. 3a (1. T.), 1974.

–: Die Logia Jesu, die vier Evangelien und der Kanon der ntl Schriften, in: J. Hainz (Hg.): Theologie im Werden. Studien zu den theologischen Konzeptionen im Neuen Testament, Paderborn u.a. 1992, 125–141.

Sanders, J[oseph] N.: The Fourth Gospel in the Early Church. Its Origin and Influence on Christian Theology up to Irenaeus, Cambridge, 1943.

Schaeffer, Susan E.: The „Gospel of Peter", the Canonical Gospels, and Oral Tradition, Ph.D. diss., Union Theological Seminary, New York 1991.

–: The Guard at the Tomb (Gos. Pet. 8:28–11:49 and Matt 27:62–66; 28:2–4, 11–16): A Case of Intertextuality?, in: E. H. Lovering, Jr. (Hg.): SBL Seminar Paper Series 30, 1991, 499–507.

Schenk, Wolfgang: Art. Hermeneutik III. Neues Testament, TRE 15 (1986) 144–150.

–: Die Sprache des Matthäus. Die Text-Konstituenten in ihren makro- und mikrostrukturellen Relationen, Göttingen 1987.

–: Interne Strukturierungen im Schluß-Segment Johannes 21: ΣΥΓΓΡΑΦΗ + ΣΑΤΥΡΙΚΟΝ/ ΕΠΙΛΟΓΟΣ, NTS 38, 1992, 507–530.

Schenke, Hans-Martin: The Function and Background of the Beloved Disciple in the Gospel of John, in: Ch. W. Hedrick – R. Hodgson, Jr. (Hgg.): Nag Hammadi, Gnosticism, and Early Christianity, Peabody, Mass. 1986, 111–125.

–: "Er muß wachsen, ich aber muß abnehmen". Der Konflikt zwischen Jesusjüngern und Täufergemeinde im Spiegel des Johannes-Evangeliums, in: Chr. Elsas u.a. (Hgg.): Loyalitätskonflikte in der Religionsgeschichte, FS Carsten Colpe, Würzburg 1990, 301–313. [Schenke, Konflikt]

–: Die Rolle der Gnosis in Bultmanns Kommentar zum Johannesevangelium aus heutiger Sicht, Protokoll der Tagung ‚Alte Marburger‘ am 2.–5. Januar 1991 in Hofgeismar (Masch.) o.O., o.J.

Schenke, Ludger: Auferstehungsverkündigung und leeres Grab. Eine traditionsgeschichtliche Untersuchung von Mk 16,1–8, SBS 33, 1968.

–: Das Johannesevangelium. Einführung – Text – dramatische Gestalt. Übersetzung des Johannesevangeliums aus dem Griechischen von L. Schenke u.a., UB 446, 1992.

Schille, Gottfried: Offen für alle Menschen. Redaktionsgeschichtliche Beobachtungen zur Theol. des Markus-Evangeliums, AzTh 55, 1974.

Schleiermacher, D. Friedrich E.: SW, 1. Abt., 2. Bd., Berlin 1836. Daraus:
– Ueber die Schriften des Lukas, ein kritischer Versuch (1817), V–XVI. 1–220.
– Ueber die Zeugnisse des Papias von unsern beiden ersten Evangelien (1832), 361–392.

Schmid, Ulrich: Marcion und sein Apostolos. Rekonstruktion und historische Einordnung der marcionitischen Paulusbriefausgabe, ANTT 25, 1995.

Schmidt, Hermann Herbert: Semitismen bei Papias, ThZ 44, 1988, 135–146.

Schmidt, Karl Ludwig: Der Rahmen der Geschichte Jesu. Literarkritische Untersuchungen zur ältesten Jesusüberlieferung, Berlin 1919; Nachdr. Darmstadt 1964.

–: Die Stellung der Evangelien in der allgemeinen Literaturgeschichte, in: Ders.: Neues Testament – Judentum – Kirche. KS, hg. v. G. Sauter, TB 69, München 1981, 37–130.

Schmithals, Walter: Der Markusschluß, die Verklärungsgeschichte und die Aussendung der Zwölf, ZThK 69, 1972, 379–411.

–: Art. Evangelien, Synoptische, TRE 10 (1982) 570–626.

–: Einleitung in die drei ersten Evangelien, GLB, 1985.

–: Die Bedeutung der Evangelien in der Theologiegeschichte bis zur Kanonbildung, in: C. M. Tuckett u. a. (Hgg.): The Four Gospels 1992, FS Frans Neirynck, 1. Bd., BEThL 100, 1992, 129–157.

–: Johannesevangelium und Johannesbriefe. Forschungsgeschichte und Analyse, BZNW 64, 1992.

–: Theologiegeschichte des Urchristentums. Eine problemgeschichtliche Darstellung, Stuttgart u.a. 1994.

Schnackenburg, Rudolf: Der Jünger, den Jesus liebte, EKK.V 2, 1970, 97–117.

–: Die Person Jesu Christi im Spiegel der vier Evangelien, HThK.S 4, 1993.

Schneemelcher, Wilhelm: Art. Bibel III. Die Entstehung des Kanons des Neuen Testaments und der christlichen Bibel, TRE 6 (1980) 22–48.

– (Hg.): Neutestamentliche Apokryphen, 2 Bde., 5. Aufl., Tübingen 1987/1989. [NT Apo [5]I/II]

Schnellbächer, Ernst L.: Das Rätsel des νεανίσκος bei Markus, ZNW 73, 1982, 127–135.

Schnelle, Udo: Antidoketische Christologie im Johannesevangelium. Eine Untersuchung zur Stellung des 4. Evangeliums in der johanneischen Schule, FRLANT 144, 1987.

–: Einleitung in das Neue Testament, Göttingen 1994.
–: Die johanneische Schule, in: F. W. Horn (Hg.): Bilanz und Perspektiven gegenwärtiger Auslegung des Neuen Testaments. Symposion zum 65. Geburtstag von Georg Strecker, BZNW 75, 1995, 198–217.
Schoedel, William R.: Die Briefe des Ignatius von Antiochien. Ein Kommentar, übers. v. G. Koester, (Orig.: Ignatius of Antioch, Hermeneia, 1985), München 1990.
–: Art. Papias, AncBD 5, 140–142. [Schoedel, Art. Papias]
–: Papias, ANRW 2, 27, 1 (1993) 235–270.
Schöllgen, Georg (Hg.): Didache. Zwölf-Apostel-Lehre, in: Ders. – W. Geerlings (Hgg.): Zwölf-Apostel-Lehre. Apostolische Überlieferung, FC 1, 1991, 9–139.
Scholtissek, Klaus: Der Sohn Gottes für das Reich Gottes. Zur Verbindung von Christologie und Eschatologie bei Markus, in: Th. Söding (Hg.): Der Evangelist als Theologe. Studien zum Markusevangelium, SBS 163, 1995, 63–90.
Schubert, Hans von: Die Composition des pseudopetrinischen Evangelienfragments. (Mit einer synopt. Tabelle als ErgH.), Berlin 1893.
Schwartz, Eduard: Über den Tod der Söhne Zebedaei. Ein Beitrag zur Geschichte des Johannesevangeliums, in: Ders.: Gesammelte Schriften 5, Berlin 1963, 48–123.
Schweizer, Eduard: Beiträge zur Theologie des Neuen Testaments. Ntl. Aufs. (1955–1970), Zürich 1970. Daraus:
– Die theologische Leistung des Markus, 21–42.
– Eschatologie im Evangelium nach Markus, 43–48.
– Gesetz und Enthusiasmus bei Matthäus, 49–70.
–: Zur Christologie des Markus, in: Ders.: Neues Testament und Christologie im Werden. Aufs., Göttingen 1982, 86–103.
–: Die Aufnahme und Gestaltung von Q bei Matthäus, in: L. Oberlinner – P. Fiedler (Hgg.): Salz der Erde – Licht der Welt. Exegetische Studien zum Matthäusevangelium, FS Anton Vögtle, Stuttgart 1991, 111–130.
–: Markus, Begleiter des Petrus?, in: C. M. Tuckett u. a. (Hgg.): The Four Gospels 1992, FS Frans Neirynck, 2. Bd., BEThL 100, 1992, 751–773.
Schwertner, Siegfried M.: Theologische Realenzyklopädie. Abkürzungsverzeichnis, 2. Aufl., Berlin – New York 1994.
Segovia, Fernando F.: The Final Farewell of Jesus: A Reading of John 20:30–21:25, Semeia 53, 1991, 167–190.
Seland, Torrey: Jesus as a Faction Leader. On the Exit of the Category [,]sect', in: P. W. Bøckman – R. E. Kristiansen (Hgg.): Context, FS Peder J. Borgen, Relieff 24, Trondheim 1987, 197–211.
Sellew, Philip: Secret Mark and the History of Canonical Mark, in: Pearson, Future [s. dort] 242–257.
–: Eusebius and the Gospels, in: H. Attridge – G. Hata (Hgg.): Eusebius, Christianity, and Judaism, StPB 42, 1992, 110–138.
Semisch, Karl: Justin der Märtyrer. Eine kirchen- und dogmengeschichtliche Monographie, 1. T/2. T., Breslau 1840/1842. [Semisch, Justin I/II]
–: Die apostolischen Denkwürdigkeiten des Märtyrers Justinus. Zur Geschichte und Aechtheit der kanonischen Evangelien, Hamburg-Gotha 1848.
Sheppard, Gerald T.: Art. Canonical Criticism, AncBD 1, 861–866.
Siegert, Folker: Unbeachtete Papiaszitate bei armenischen Schriftstellern, NTS 27, 1981, 605–614.
Skarsaune, Oskar: The Conversion of Justin Martyr, StTh 30, 1976, 53–73.
–: The Proof from Prophecy. A Study in Justin Martyr's Proof-Text Tradition: Text-Type, Provenance, Theological Profile, NT.S 56, 1987.
–: Art. Justin der Märtyrer, TRE 17 (1988) 471–478.
Skeat, T. C.: Irenaeus and the Four-Gospel Canon, NT 34, 1992, 194–199.
–: The Oldest Manuscript of the Four Gospels?, NTS 43, 1997, 1–34.

Smith, D[wight] Moody: The Composition and Order of the Fourth Gospel. Bultmann's Literary Theory, YPR 10, 1965.

–: Johannine Christianity. Essays on its Setting, Sources, and Theology, Columbia, South Carolina 1984.

–: The Contribution of J. Louis Martyn to the Understanding of the Gospel of John, in: R. T. Fortna – B. R. Gaventa (Hgg.): The Conversation Continues. Studies in Paul and John, FS J. Louis Martyn, Nashville 1990, 275–294.

–: John among the Gospels. The Relationship in Twentieth-Century Research, Minneapolis 1992. [Smith, Gospels]

–: The Theology of the Gospel of John, New Testament Theology, Cambridge 1995.

Smith, Terence V.: Petrine Controversies in Early Christianity. Attitudes towards Peter in Christian Writings of the First Two Centuries, WUNT 2. R. 15, 1985.

Söding, Thomas: Die Schrift als Medium des Glaubens. Zur hermeneutischen Bedeutung von Joh 20,30f., in: K. Backhaus – F. G. Untergaßmair (Hgg.): Schrift und Tradition, FS Josef Ernst, Paderborn u.a. 1996, 343–371.

–: Inmitten der Theologie des Neuen Testaments: Zu den Voraussetzungen und Zielen neutestamentlicher Exegese, NTS 42, 1996, 161–184.

Stanton, Graham N.: The Gospels and Jesus, Oxford Bible Series, 1989.

–: The Fourfold Gospel, NTS 43, 1997, 317–346 [Stanton, Fourfold Gospel].

Stanton, Vincent Henry: The Gospels as Historical Documents:
  – Part I: The Early Use of the Gospels, Cambridge 1903. [Stanton, Use]
  – Part III: The Fourth Gospel, Cambridge 1920. [Stanton, Joh]

Stegemann, Ekkehard: „Kindlein, hütet euch vor den Götterbildern!" Erwägungen zum Schluß des 1. Johannesbriefes, ThZ 41, 1985, 284–294.

Stenger, Werner: Strukturale Beobachtungen zum Neuen Testament, NTTS 12, 1990. Daraus:
  – "Die Grundlegung des Evangeliums von Jesus Christus". Zur kompositionellen Struktur des Markusevangeliums, 1–38.
  – Strukturale Lektüre der Ostergeschichte des Johannesevangeliums (Joh 19,31–21,25), 202–242.

Stimpfle, Alois: Blinde sehen. Die Eschatologie im traditionsgeschichtlichen Prozeß des Johannesevangeliums, BZNW 57, 1990.

Strathmann, Hermann: Origenes und die Johannesoffenbarung, NKZ 34, 1923, 228–236.

Strecker, Georg: Der Weg der Gerechtigkeit. Untersuchungen zur Theologie des Matthäus, 3. Aufl., FRLANT 82, 1971.

–: Eschaton und Historie. Aufs., Göttingen 1979. Daraus:
  – Redaktionsgeschichte als Aufgabe der Synoptikerexegese, 9–32.
  – Zur Messiasgeheimnistheorie im Markusevangelium, 33–51.
  – Literarkritische Überlegungen zum εὐαγγέλιον-Begriff im Markusevangelium, 76–89.

–: Eine Evangelienharmonie bei Justin und Pseudoklemens?, NTS 24, 1978, 297–316.

–: Art. εὐαγγέλιον, EWNT 2 (1981, 2. Aufl. 1992) 176–186.

–: Die Anfänge der johanneischen Schule, NTS 32, 1986, 31–47.

–: Art. Literaturgeschichte, Biblische II, TRE 21 (1991) 338–358.

–: Literaturgeschichte des Neuen Testaments, Göttingen 1992.

–: Chiliasmus und Doketismus in der johanneischen Schule, KuD 38, 1992, 30–46.

–: Die Passionsgeschichte im Markusevangelium, in: F. W. Horn (Hg.): Bilanz und Perspektiven gegenwärtiger Auslegung des Neuen Testaments. Symposion zum 65. Geburtstag von Georg Strecker, BZNW 75, 1995, 218–247.

–: Theologie des Neuen Testaments, hg. v. F. W. Horn, GLB, 1996.

Streeter, Burnett Hillman: The Four Gospels. A Study of Origins. Treating of Manuscript Tradition, Sources, Authorship, and Dates, 7. Aufl., London 1951.

Studer, Basil: Der apologetische Ansatz zur Logos-Christologie Justins des Märtyrers, in: A. M. Ritter (Hg.): Kerygma und Logos. Beiträge zu den geistesgeschichtlichen Beziehungen zwischen Antike und Christentum, FS Carl Andresen, Göttingen 1979, 435–448.

382 Literaturverzeichnis

Stuhlmacher, Peter (Hg.): Das Evangelium und die Evangelien. Vortr. vom Tübinger Symposium 1982, WUNT 28, 1983.
–: Zum Thema: Das Evangelium und die Evangelien, in: Ders., Evangelium, 1–26.
–: Vom Verstehen des Neuen Testaments. Eine Hermeneutik, GNT 6, 2. Aufl. 1986.
–: The Genre(s) of the Gospels: Response to P. L. Shuler, in: Dungan, Interrelations [s. dort], 484–494.
–: Biblische Theologie des Neuen Testaments, 1. Bd., Göttingen 1992.
Sundberg, Albert C., jr.: Towards a Revised History of the New Testament Canon, StEv 4 = TU 102, 1968, 452–461.
–: Canon Muratori: A Fourth-Century List, HThR 66, 1973 1–41.
Swarat, Uwe: Alte Kirche und Neues Testament. Theodor Zahn als Patristiker, Wuppertal – Zürich 1991.
Swartz, Herbert L.: Fear and Amazement Responses: A Key to the Concept of Faith in the Gospel of Mark. A Redactional/Literary Study, Diss. theol. Toronto, Ontario 1988.
Taeger, Jens W.: Johannesapokalypse und johanneischer Kreis. Versuch einer traditionsgeschichtlichen Ortsbestimmung am Paradigma der Lebenswasser-Thematik, BZNW 51, 1989.
Theobald, Michael: Die Fleischwerdung des Logos. Studien zum Verhältnis des Johannesprologs zum Corpus des Evangeliums und zu 1 Joh, NTA 20, 1988.
–: Rez. Kügler, Jünger [s. dort], BZ 34, 1990, 139–140.
Thornton, Claus-Jürgen: Der Zeuge des Zeugen. Lukas als Historiker der Paulusreisen, WUNT 56, 1991.
–: Justin und das Markusevangelium, ZNW 84, 1993, 93–110.
Thraede, Klaus: Art. Frau, RAC 8 (1972) 197–269.
Thyen, Hartwig: Johannes 13 und die „Kirchliche Redaktion" des vierten Evangeliums, in: G. Jeremias u.a. (Hgg.): Tradition und Glaube. Das frühe Christentum in seiner Umwelt, FS Karl Georg Kuhn, Göttingen 1971, 343–356. [Thyen, Joh 13]
–: Entwicklungen innerhalb der johanneischen Theologie und Kirche im Spiegel von Joh. 21 und der Lieblingsjüngertexte des Evangeliums, in: M. de Jonge (Hg.): L' Évangile de Jean. Sources, rédaction, théologie, BEThL 44, 1977, 259–299.
–: Aus der Literatur zum Johannesevangelium, ThR 39, 1974/1975, 1–69. 222–252. 289–330; ThR 42, 1977, 211–270; ThR 43, 1978, 328–359; ThR 44, 1979, 97–134. [Thyen, ThR 39/42/43/44]
–: Art. Johannesbriefe, TRE 17 (1988) 186–200.
–: Art. Johannesevangelium, TRE 17 (1988) 200–225.
–: Das Johannes-Evangelium als literarisches Werk, in: D. Neuhaus (Hg.): Teufelskinder oder Heilsbringer – die Juden im Johannes-Evangelium, ArTe 64, 1990, 112–132. [Thyen, Werk]
–: Johannes 10 im Kontext des vierten Evangeliums, in: J. Beutler – R. T. Fortna (Hgg.): The Shepherd Discourse of John 10 and its Context. Studies by members of the Johannine Writings Seminar, SNT.MS 67, 1991, 116–134. [Thyen, Kontext]
–: Die Erzählung von den bethanischen Geschwistern (Joh 11,1–12,19) als ‚Palimpsest' über synoptischen Texten, in: C. M. Tuckett u. a. (Hgg.): The Four Gospels 1992, FS Frans Neirynck, 3. Bd., BEThL 100, 1992, 2021–2050.
–: Johannes und die Synoptiker. Auf der Suche nach einem neuen Paradigma zur Beschreibung ihrer Beziehungen anhand von Beobachtungen an Passions- und Ostererzählungen, in: Denaux, John [s. dort] 81–107. [Thyen, Synoptiker]
–: Noch einmal: Johannes 21 und „der Jünger, den Jesus liebte", in: T. Fornberg u.a. (Hgg.): Texts and Contexts. Biblical Texts in Their Textual and Situational Contexts, FS Lars Hartman, Oslo u.a. 1995, 147–189. [Thyen, Joh 21]
Tischendorf, Constantin: Wann wurden unsere Evangelien verfaßt?, 4. Aufl., 2. Abdr., Leipzig 1880.
Tisera, Guido: Universalism According to the Gospel of Matthew, EHS.T 482, 1993.
Townsend, J. T.: The Date of Luke-Acts, in: C. H. Talbert (Hg.): Luke-Acts. New Perspectives from the Society of Biblical Literature Seminar, New York 1984, 47–62.

Trobisch, David: Die Endredaktion des Neuen Testaments. Eine Untersuchung zur Entstehung der christlichen Bibel, NTAO 31, 1996.

Trompf, G. W.: The First Resurrection Appearance and the Ending of Mark's Gospel, NTS 18, 1971/72, 308–330.

Tuckett, C[hristopher] M.: Art. Messianic Secret, AncBD 4, 797–800.

–: Das Thomasevangelium und die synoptischen Evangelien, BThZ 12, 1995, 186–200.

Unnik, Willem Cornelis van: Rez. Mayeda, Leben [s. dort], VigChr 2, 1948, 120.

Vaganay, Léon: L'Évangile de Pierre, EtB, 1930.

–: La finale du Quatrième Évangile, RB 45, 1936, 512–528.

van der Horst s. Horst, van der.

Verheyden, Joseph: L' Ascension d'Isaïe et l'Évangile de Matthieu. Examen de AI 3,13–18, in: J.-M. Sevrin (Hg.): The New Testament in Early Christianity. La réception des écrits néo-testamentaires dans le christianisme primitif, BEThL 86, 1989, 247–274.

Vielhauer, Philipp: Geschichte der urchristlichen Literatur. Einleitung in das Neue Testament, die Apokryphen und die Apostolischen Väter, GLB, 1975, 3. Druck 1981.

Vögtle, Anton: Das christologische und ekklesiologische Anliegen von Mt 28,18–20, in: Ders.: Das Evangelium und die Evangelien. Beitr. zur Evangelienforschung, KBANT, 1971, 253–272.

Vorster, Willem S.: The Growth and Making of John 21, in: C. M. Tuckett u. a. (Hgg.): The Four Gospels 1992, FS Frans Neirynck, 3. Bd., BEThL 100, 2207–2221.

Vouga, François: The Johannine School. A Gnostic Tradition in Primitive Christianity?, Bib. 69, 1988, 371–385.

–: Geschichte des frühen Christentums, Tübingen – Basel 1994.

Walls, A. F.: Papias and Oral Tradition, VigChr 21, 1967, 137–140.

Walter, Nikolaus: Eine vormatthäische Schilderung der Auferstehung Jesu, NTS 19, 1972/1973, 415–429.

Wanke, Joachim: Die Emmauserzählung. Eine redaktionsgeschichtliche Unters. zu Lk 24,13–35, EThSt 31, 1973.

Weeden, Theodore J.: Mark – Traditions in Conflict, Philadelphia 1971, Nachdr. 1979.

Weder, Hans: Neutestamentliche Hermeneutik, ZGB, 1986.

–: "Evangelium Jesu Christi" (Mk 1,1) und „Evangelium Gottes" (Mk 1,14), in: Ders.: Einblicke ins Evangelium. Exegetische Beiträge zur neutestamentlichen Hermeneutik, GAufs. aus den Jahren 1980–1991, Göttingen 1992, 45–59.

Wehnert, Jürgen: Die Wir-Passagen der Apostelgeschichte. Ein lukanisches Stilmittel aus jüdischer Tradition, GTA 40, 1989.

Weiffenbach, Wilhelm: Das Papias-Fragment bei Eusebius H. E. III, 39, 3–4 eingehend exegetisch untersucht, Gießen 1874. [Weiffenbach, Papias Proömium]

–: Die Papias-Fragmente über Marcus und Matthäus eingehend exegetisch untersucht und kritisch gewürdigt, zugleich ein Beitrag zur synoptischen Frage, Berlin o.J. (1878). [Weifenbach, Papias Mk/Mt]

Weiser, Alfons: Theologie des Neuen Testaments II. Die Theologie der Evangelien, KStTh 8, 1993.

Welck, Christian: Erzählte Zeichen. Die Wundergeschichten des Johannesevangeliums literarisch untersucht. Mit einem Ausblick auf Joh 21, WUNT 2. R. 69, 1994.

Wellhausen, Julius: Das Evangelium Johannis, Berlin 1908.

Wengst, Klaus (Hg.): Didache (Apostellehre). Barnabasbrief. Zweiter Klemensbrief. Schrift an Diognet, SUC 2, 1984.

–: Bedrängte Gemeinde und verherrlichter Christus. Ein Versuch über das Johannesevangelium, 4. Aufl., München 1992.

Wenham, David (Hg.): The Jesus Tradition Outside the Gospels, GoPe 5, 1985.

Wernle, Paul: Altchristliche Apologetik im Neuen Testament, ZNW 1, 1900, 42–65.

Wiarda, Timothy: John 21.1–23: Narrative Unity and its Implications, JSNT 46, 1992, 53–71.

Wilckens, Ulrich: Der Paraklet und die Kirche, in: D. Lührmann – G. Strecker (Hgg.): Kirche, FS Günther Bornkamm, Tübingen 1980, 185–203.

–: Das historisch ausgelegte Neue Testament als Kanon Heiliger Schrift, in: K. Aland – S. Meurer (Hgg.): Wissenschaft und Kirche, FS Eduard Lohse, TAzB 4, 1989, 13–28.

Wilkens, Wilhelm: Die Enstehungsgeschichte des vierten Evangeliums, Zollikon 1958.

Winden, J. C. M. van: An Early Christian Philosopher. Justin Martyr's Dialogue with Trypho Chapters One to Nine, PP 1, 1971.

Windisch, Hans: Johannes und die Synoptiker. Wollte der vierte Evangelist die älteren Evangelien ergänzen oder ersetzen?, UNT 12, 1926.

Wischmeyer, Oda: Das heilige Buch im Judentum des Zweiten Tempels, ZNW 86, 1995, 218–242.

Wisse, Frederik: The Nature and Purpose of Redactional Changes in Early Christian Texts: The Canonical Gospels, in: Petersen, Gospel [s. dort] 39–53.

Wisselink, Willem Franciscus: Assimilation as a Criterium for the Establishment of the Text. A Comparative Study on the Basis of Passages from Matthew, Mark and Luke, Academisch Proefschrift […], Kampen 1989.

Wotke, Friedrich: Art. Papias 2., PRE 18/2 (1949) 966–976.

Wrede, William: Das Messiasgeheimnis in den Evangelien. Zugleich ein Beitrag zum Verständnis des Markusevangeliums, 3. Aufl. [= 1. Aufl. 1901], Göttingen 1963.

Wright, David F.: Apocryphal Gospels: The ‚Unknown Gospel' (Pap. Egerton 2) and the *Gospel of Peter*, in: Wenham, Jesus [s. dort] 207–232.

–: Apologetic and Apocalyptic: The Miraculous in the *Gospel of Peter*, in: D. Wenham – C. Blomberg (Hgg.): The Miracles of Jesus, GoPe 6, 1986, 401–418.

Wünsch, Dietrich: Art. Evangelienharmonie, TRE 10 (1982) 626–636.

Zahn, Theodor: Studien zu Justinus Martyr, ZKG 8, 1886, 1–84.

–: Geschichte des Neutestamentlichen Kanons, 1. Bd., 1. H., Erlangen 1888, 2. H., Erlangen – Leipzig 1889, 2. Bd., 1./2. H., Erlangen – Leipzig 1890/1892, Nachdr., Heidelberg 1975. [Zahn, Geschichte I/II]

–: Einige Bemerkungen zu Adolf Harnack's Prüfung der Geschichte des neutestamentlichen Kanons (Erster Band. Erste Hälfte), Erlangen – Leipzig 1889.

–: Acta Joannis. Unter Benutzung von C. v. Tischendorf's Nachlass bearb., Erlangen 1880. [Zahn, Johannesakten]

–: Das Evangelium des Petrus. Das kürzlich gefundene Fragment seines Textes aufs neue herausgegeben, übersetzt und untersucht, Erlangen – Leipzig 1893. [Zahn, EvPetr]

–: Die bleibende Bedeutung des neutestamentlichen Kanons für die Kirche. Vortrag auf der lutherischen Pastoralkonferenz zu Leipzig am 2. Juni 1898 gehalten, Leipzig 1898.

–: Apostel und Apostelschüler in der Provinz Asien, FGNK 6/1, 1901, 1–224.

–: Art. Kanon des Neuen Testaments, RE 3. Aufl., 9 (1901) 768–796.

–: Art. Kanon Muratori, RE 3. Aufl., 9 (1901) 796–806. [Zahn, Art. Kanon Mur.]

–: Grundriß der Geschichte des Neutestamentlichen Kanons, 2. Aufl., Leipzig 1904, [Nachdr. als] 3. Aufl. mit Einf. u. Reg. hg. v. U. Swarat, Wuppertal 1985.

–: Einleitung in das Neue Testament, 1./2. Bd., 3. Aufl., Leipzig 1906/1907. [Zahn, Einleitung I/II]

Zerwick, Max: Untersuchungen zum Markus-Stil. Ein Beitrag zur stilistischen Durcharbeitung des Neuen Testaments, SPIB, 1937.

Ziegenaus, Anton: Kanon. Von der Väterzeit bis zur Gegenwart, HDG, 1. Bd., fasc. 3a (2. T.), 1990.

Zuntz, Günther: Papiana, ZNW 82, 1991, 242–263.

Zwick, Reinhold: Montage im Markusevangelium. Studien zur narrativen Organisation der ältesten Jesuserzählung, SBB 18, 1989.

Stellenregister

1. Altes Testament

1.1 Schriften des masoretischen Kanons

Genesis

32,31	136

Exodus

33,20	136

Deuteronomium

21,22 f.	289. 297

Richter

6,22 f.	136
13,22	136

Psalmen

22	313
22,1	290
22,7	311
69,22	338
72,10	326

Jesaja

5,20	323
6,5	136
28,14–22	165
40,3	109
58,2	294

Jeremia

2,13	322

Micha

4,4	322

Maleachi

3,1	52

Daniel

7,13 f.	68

2. Chronik

36,22 f.	68

1.2 Zusätzliche Schriften der Septuaginta

2. Makkabäer

2,13	209. 213

Sapientia Salomonis

allg.	339
1,7	351
18,15 f.	142

2. Neues Testament

Matthäus

1	321
1,23	69
2,1–12	69. 326
2,9.13–21	338
2,13.16.20	338
4,18	162
4,23	80
5,17	334
5,18	232
5,39	338
5,45	317
6,24.26–29	338
7,22 f.	318
7,28 f.	72
8 f.	78
8,2	307 f.
8,10	69
9,1–8	70
9,8	63. 70

9,9	72	27,45.51	338
9,26	170	27,49vl	349
9,35	80	27,54	63. 298. 338
10,2	162	27,62–66	295
10,5f.	69	27,66	297
10,6	71	28,1–8	63
10,23	69	28,1.2–4	296
10,38	78	28,2	338
11,22–24	338	28,3–10	14
11,27	314	28,3	35
12,9–14	337	28,4	63
12,25	232	28,5	291
12,49f.	64	28,7	35. 64. 67
13,3	72	28,8	14. 63. 66
13,54	73	28,9–15	63–66
13,55	325	28,9f.	64–66
13,58	75	28,10	64. 67
14,28–31	74	28,11–15	66. 295
14,31	73–75	28,11	296
14,33	74	28,16–20	62f. 64f. 67–79. 280
15,24	69. 71	28,16f.	282
15,28	69	28,16	67. 71
15,32	298	28,17	67. 73–75. 152
16,13–16	164	28,18	68. 75
16,17–19	111. 117. 163–166	28,18vl	349
16,17f.	166	28,19	67. 68. 69
16,17	164. 166	28,19f.	70
16,18f.	164f. 166	28,20	19. 68. 69. 72f.
16,18	75. 165		
16,19	159. 165	*Markus*	
16,20	164	1,1–16,8	35. 37
16,24–28	186	1,1	18. 51f. 54
16,24f.	78	1,2–13	52
16,28	172f. 178	1,10vl	349
17,6	63	1,14f.	52. 54
17,17	75	1,16–8,26	58
18,8	232	1,17	53
18,18	159	1,18vl	294
19,24	338	1,21f.	72
20,25–27	338	1,21	72f.
22,42	72	1,24	38. 40
23,13–29	338	1,28	170
23,15	317	1,37	47
24,14	80	1,40	307f.
24,27f.40f.	326	1,41–44	300. 307
25,40	64	2,1–12	70
26,13	79f.	2,13	72
26,26f.	168	2,14	295
26,39	338	2,20	53
26,55	73	3,1–6	337
27,28vl	349	3,14	57
27,34vl	338	3,16vl	57
27,35vl	349	3,17	319
27,44	298	3,32	47

3. Josephus und griechische Profanliteratur

4. Rabbinische Literatur

5. Frühchristliche Schriften und Kirchenväter

Evangelium secundum Mariam

allg. 23
(ed. Lührmann)
325 Z. 14–17   65
330 Z. 5–16   65
(ed. Till-S.)
10,1–6   65
17,10–22   65
19,3–5   65

Evangelium secundum Petrum

allg.   23. 80. 161. 257. 271.
         274. 287–300. 315 319 f.
         341
1:1 f.   296
1:2   288
2:4   296 f.
2:5   289. 293. 297
3:6–9   296
3:6   326
3:7   293 f.
4:10   290. 296 f. 298
4:11 f.   296
4:13   296. 298
4:14   294
5:15   297
5:16   338
5:17   294
5:18   289. 297
5:19   290
6:21   290. 297. 311
6:24   294
7:26 f.   292
7:26   296
8–11:30–49   295
8:28   298
8:31   296 f.
8:33   297
9:34   296
9:37   297
10:39 f.   275
10:39   289. 297
10:40 f.   292
10:41–43   275
10:41 f.   297
11:44   292
11:45–49   66
11:45   296. 298
11:46–49   275
11:48   296
12 f.:50–57   292 f.
12:50–52   293
12:50   292 f.
12:52   292 f. 296

12:54   292 f.
13:56   291
13:57   295
14:58   297
14:59   292. 295. 297
14:60   294 f. 297

Evangelium secundum Philippum
(NHC II 3)
§ 35   238

EvThom s. Thomasevangelium

Hebräerevangelium
allg.   243. 264

Hieronymus

epistulae
75,3   251
120,3   33

ep. ad Damasum (ed. Vulgata [Weber])
1515 f.   348 f.

de viris illustribus
1,5   287
9,5   247
18,1   251
18,3   247

Prologus in libris Salomonis (ed. Vulgata
[Weber])
957 Z. 18 f.   339

Ignatios
An die Smyrnäer
3,2   280

Irenäus
adversus haereses
1,3,6   227
1,20,2   350
1,28,1   312
2,22,5   235
2,34,3   350
3,1,2   202
3,9,1–3   350
3,10,1–5   350
3,10,6   281. 350
3,11,1–6   350
3,11,1   351
3,11,7   351 f.
3,11,8   350–352
3,11,9   344. 351
3,12,12   351 f.
3,14,1.4   332
3,16,2   321

Namenregister

Sachregister

Maria 60, 65, 110, 127, 134, 152, 154
Mark Aurel, Kaiser 220
Markion 268 f., 285, 300, 309, 329–335,
341, 349, 352, 354
Markus-Zusatzschluß
– Bezeichnung 33
– kürzerer 14, 33–35, 76, 186, 210 f., 279–
281, 324, 353
– längerer 8, 14, 33–35, 64 f., 76, 80, 166,
210 f., 264 f., 281–286, 324, 335. 353
Matthias, Apostel 100, 102
Meliton von Sardes 336 f., 354
Menschensohn 173
Messiasgeheimnis 55–59
– s.a. Jüngerunverständnis
– s.a. Schweigegebot
Minor Agreements 14
Mission 135, 163, 171
Missionsbefehl 69, 72, 280 f., 283
Montanisten 123 f., 328

Nachfolge 185 f., 262
Nag Hammadi 107, 238, 286 f.
narrative criticism 16 f., 41
Nazaret 38, 46
Nero, Kaiser 221

Ohrenzeuge Jesu s. Jünger
Origenes 90, 92, 191, 276, 299, 325, 332,
337–339
Ortsätiologie 45

Pantaios, Presbyter 259
Papias 31, 60, 80, 88, 91 f., 119, 136, 190,
196, 198, 201 f., 215 f., 219–265, 285 f.,
309 f., 313 f., 335, 343 f., 353
Paraklet 142, 179, 181 f., 245
Parusie 53, 71, 173 f., 176, 179 f., 261
– doppelte 324, 342
Passionsgeschichte
– markinische 38–40
– vormarkinische 39 f., 274
Paulus 86, 92 f., 102, 142, 215 f., 285, 343
Paulus-Lukas-Tradition 92, 215, 331–334,
344, 354
Personaltraditionen über die Evangelisten
s. kirchliche Traditionen
Petrus 7, 26, 53, 57 f., 60, 65, 70, 74 f., 92,
98, 111 f., 116–118, 122–124, 127, 130 f.,
134–137, 145, 158–160, 162–165, 168 f.,
171, 175–179, 183–190, 195, 204 f.,
215 f., 225, 231 f., 234, 237, 249, 251,
254, 256–261, 265, 279 f., 288, 295 f.,
299, 314, 319 f.

– Märtyrertod 112, 184 f., 189
Petrus-Mk-Tradition 26, 60, 92, 99, 190,
215 f., 256–261, 299 f., 320
Petrus-Schriften 8, 116, 177, 186, 188–190,
204, 207, 214, 216, 314
– EvPetr s. Stellenregister
Philon 323 f., 339
Pilatus 294, 296
Polykarp 223 f., 277 f.
Polykrates von Ephesus 248
Presbyter
– Apostelschüler 91 f., 223–238, 240, 243,
246, 255, 313, 327
– Gemeindefunktion 234–238, 251
– Absender 2/3Joh 121, 128, 204
– des Papias 9, 60, 88, 91 f., 119, 215,
243–263, 314
– s.a Johannes, Presbyter
Prochorus, Diakon 250
Prolog 135, 157
– Form 82–84, 226, 262
Pseudoklementinen 317

reader-response criticism s. Rezeptionsästhetik
Redaktionsgeschichte
– der Evangelien 15–17, 20–29, 41, 129
– des Mk-Ev 55–62
– des Joh-Ev 116 f.
– der Vierevangeliensammlung 15–17,
26–29, 207–217
Reflexionszitate 77
regula veritatis s. Bekenntnis
Rezeptionsästhetik 17, 49
Rezipientenebene s. Transparenz
Rom, römische Gemeinde 9, 107, 123, 127,
166, 201, 242, 311 f., 328 f., 337, 340, 342

Salomo 339
Schluß, offener 33, 35, 48–51, 54 f., 61–63,
70, 81, 93 f., 99, 260
Schrift, heilige s. Bibel, Literalisierung,
Kanon
Schriftauslegung durch Jesus 96 f., 99, 101,
127
Schriftlichkeit s Literalisierung
Schule, johanneische 30 f., 113, 116,
121–123, 125, 128 f., 138–144, 174 f.,
192, 199, 202–207, 246, 250–253, 260 f.,
306, 344
Schweigegebot 56
Sekte 139
Selbsteinschätzung 12, 15, 20–22, 32, 41,
62, 81, 105, 124 f., 128, 144 f., 148 f., 206

Selbstreflexion s. Selbsteinschätzung
Seligpreisung 154, 156f.
Semeiaquelle 143, 147–149
Septuaginta 209, 316
Serapion, Bischof 287f., 289f., 299f., 341
Sonderunterweisung durch Jesus 72f., 79
Soziolekt der johanneischen Schule 142f., 228, 253–255
– s.a. Sprachanalyse
Sprachanalyse 132f., 142f., 164, 283
– s.a. Idiolekt
– s.a. Soziolekt
Stoa 323f.
Strukturalismus s. Textsynchronie
Sukzession s. Traditionskette
Synoptiker
– Bezeichnung „große Synoptiker" 22
– und das Joh-Ev 158–177, 192, 195
– Vorrang des Joh 198f.

Tagesangaben 38
Tarphon, Rabbi 313
Tatian 24, 268, 272, 279, 312, 322, 327–329, 335f., 354
Tempelzerstörung 34, 53, 62, 76
Tenazität 66, 136, 209, 330
Tertullian 131, 331–335, 341
Testimonien der Evangelien 26
Textsorten 23
Textüberlieferung 150, 166, 170, 224, 276, 316, 325, 330, 345–350
– des Mk-Schluses 33f., 264f., 279–281
– Joh 7,53–8,11 136, 264f.
– Joh 21 130–132, 136, 138
– der Evangelienüberschriften 207–212
Textsynchronie 17, 124f.
Theodor bar Koni 21
Theodor von Mopsuestia 259
Theodoret 335
Thomas 126–128, 151–157, 176
Todestag Jesu 293
Traditionsgaranten 60–62, 81, 186–189, 215f., 245, 262
Traditionskette
– zu Augenzeugen Jesu 25f., 58f., 66, 70f., 86, 91, 94, 99, 126, 215f., 228f., 231, 237f., 243–246
Traditionssicherung 187–190, 216, 261f.
– individuelle 189
– kollektive 187–189
– mehrfach individuelle 189f., 217
– s.a. Traditionsgarant
– s.a. Traditionskette
Trajan, Kaiser 221, 223
Transparenz auf die Gemeindesituation 40f., 46–48, 70f., 75, 94–98, 100, 125, 151–157
– Horizontverschmelzung 147f.
Tryphon, Gesprächspartner Justins 313f., 316
Typisierung 74, 76
– s.a. Identifikation

Überschriften der Evangelien s.u. Evangelien

Valentin, Gnostiker 309
Vierevangelienkanon 1, 4, 30, 120, 194, 206, 267–269, 272–274, 331, 340, 352
– s.a. Vierevangeliensammlung
Vierevangeliensammlung 4, 26–30, 136, 192–199, 205–218f., 261–269, 271–273, 277–279, 284, 286f., 298–300, 308–310, 328–330, 334–336, 342, 345, 347f., 352–355
– punktuelles Entstehen 205, 209f., 346
– Reihenfolge der Evangelien 208
– Zugehörigkeit des Mk-Ev 210
– s.a. Vierevangelienkanon
Vollmacht Jesu 70f.
Vollzähligkeitshinweise 71–73

Wahrheit 254f.
Wiederkunft Jesu s. Parusie
Wir-Berichte/Stellen
– in der Apg 87, 92, 333f.
– im Corpus Johanneum 144, 157, 180
Wirkungsästhetik s. Rezeptionsästhetik
Wort und Zeichen 146–148, 154–157, 181
Wunder 146–148
– s.a. Semeiaquelle

Xenophon 314

Zahlenspekulation 135
Zeichen s. Wunder
– s.a. Wort und Zeichen
Zwei-Quellen-Theorie 13f., 275
Zwölf, die 57

Wissenschaftliche Untersuchungen zum Neuen Testament

Alphabetische Übersicht der ersten und zweiten Reihe

Anderson, Paul N.: The Christology of the Fourth Gospel. 1996. *Band II/78.*

Appold, Mark L.: The Oneness Motif in the Fourth Gospel. 1976. *Band II/1.*

Arnold, Clinton E.: The Colossian Syncretism. 1995. *Band II/77.*

Avemarie, Friedrich und *Hermann Lichtenberger* (Hrsg.): Bund und Tora. 1996. *Band 92.*

Bachmann, Michael: Sünder oder Übertreter. 1992. *Band 59.*

Baker, William R.: Personal Speech-Ethics in the Epistle of James. 1995. *Band II/68.*

Balla, Peter: Challenges to New Testament Theology. 1997. *Band II/95.*

Bammel, Ernst: Judaica. Band I 1986. *Band 37 –* Band II 1997. *Band 91.*

Bash, Anthony: Ambassadors for Christ. 1997. *Band II/92.*

Bauernfeind, Otto: Kommentar und Studien zur Apostelgeschichte. 1980. *Band 22.*

Bayer, Hans Friedrich: Jesus' Predictions of Vindication and Resurrection. 1986. *Band II/20.*

Bell, Richard H.: Provoked to Jealousy. 1994. *Band II/63.*

– No One Seeks for God. 1998. *Band 106.*

Bergman, Jan: siehe *Kieffer, René*

Betz, Otto: Jesus, der Messias Israels. 1987. *Band 42.*

– Jesus, der Herr der Kirche. 1990. *Band 52.*

Beyschlag, Karlmann: Simon Magus und die christliche Gnosis. 1974. *Band 16.*

Bittner, Wolfgang J.: Jesu Zeichen im Johannesevangelium. 1987. *Band II/26.*

Bjerkelund, Carl J.: Tauta Egeneto. 1987. *Band 40.*

Blackburn, Barry Lee: Theios Aner and the Markan Miracle Traditions. 1991. *Band II/40.*

Bock, Darrell L.: Blasphemy and Exaltation in Judaism and the Final Examination of Jesus. 1998. *Band II/106.*

Bockmuehl, Markus N.A.: Revelation and Mystery in Ancient Judaism and Pauline Christianity. 1990. *Band II/36.*

Böhlig, Alexander: Gnosis und Synkretismus. Teil 1 1989. *Band 47 –* Teil 2 1989. *Band 48.*

Böhm, Martina: Samarien und die Samaritai bei Lukas. 1999. *Band II/111.*

Böttrich, Christfried: Weltweisheit – Menschheitsethik – Urkult. 1992. *Band II/50.*

Bolyki, János: Jesu Tischgemeinschaften. 1997. *Band II/96.*

Büchli, Jörg: Der Poimandres – ein paganisiertes Evangelium. 1987. *Band II/27.*

Bühner, Jan A.: Der Gesandte und sein Weg im 4. Evangelium. 1977. *Band II/2.*

Burchard, Christoph: Untersuchungen zu Joseph und Aseneth. 1965. *Band 8.*

– Studien zur Theologie, Sprache und Umwelt des Neuen Testaments. Hrsg. von D. Sänger. 1998. *Band 107.*

Cancik, Hubert (Hrsg.): Markus-Philologie. 1984. *Band 33.*

Capes, David B.: Old Testament Yaweh Texts in Paul's Christology. 1992. *Band II/47.*

Caragounis, Chrys C.: The Son of Man. 1986. *Band 38.*

– siehe *Fridrichsen, Anton.*

Carleton Paget, James: The Epistle of Barnabas. 1994. *Band II/64.*

Ciampa, Roy E.: The Presence and Function of Scripture in Galatians 1 and 2. 1998. *Band II/102.*

Crump, David: Jesus the Intercessor. 1992. *Band II/49.*

Deines, Roland: Jüdische Steingefäße und pharisäische Frömmigkeit. 1993. *Band II/52.*

– Die Pharisäer. 1997. *Band 101.*

Dietzfelbinger, Christian: Der Abschied des Kommenden. 1997. *Band 95.*

Dobbeler, Axel von: Glaube als Teilhabe. 1987. *Band II/22.*

Du Toit, David S.: Theios Anthropos. 1997. *Band II/91*

Dunn, James D.G. (Hrsg.): Jews and Christians. 1992. *Band 66.*

– Paul and the Mosaic Law. 1996. *Band 89.*

Ebertz, Michael N.: Das Charisma des Gekreuzigten. 1987. *Band 45.*

Eckstein, Hans-Joachim: Der Begriff Syneidesis bei Paulus. 1983. *Band II/10.*

– Verheißung und Gesetz. 1996. *Band 86.*

Ego, Beate: Im Himmel wie auf Erden. 1989. *Band II/34*

Ego, Beate und *Lange Armin* sowie *Pilhofer, Peter (Hrsg.):* Gemeinde ohne Tempel – Community without Temple. 1999. *Band 118.*

Eisen, Ute E.: siehe *Paulsen, Henning.*

Ellis, E. Earle: Prophecy and Hermeneutic in Early Christianity. 1978. *Band 18.*

– The Old Testament in Early Christianity. 1991. *Band 54.*

Ennulat, Andreas: Die 'Minor Agreements'. 1994. *Band II/62.*

Ensor, Peter W.: Jesus and His 'Works'. 1996. *Band II/85.*

Eskola, Timo: Theodicy and Predestination in Pauline Soteriology. 1998. *Band II/100.*

Feldmeier, Reinhard: Die Krisis des Gottessohnes. 1987. *Band II/21.*

– Die Christen als Fremde. 1992. *Band 64.*

Feldmeier, Reinhard und *Ulrich Heckel* (Hrsg.): Die Heiden. 1994. *Band 70.*

Lampe, Peter: Die stadtrömischen Christen in den ersten beiden Jahrhunderten. 1987, ²1989. *Band II/18.*

Landmesser, Christof: Wahrheit als Grundbegriff neutestamentlicher Wissenschaft. 1999. *Band 113.*

Lau, Andrew: Manifest in Flesh. 1996. *Band II/86.*

Lichtenberger, Hermann: siehe *Avemarie, Friedrich.*

Lieu, Samuel N.C.: Manichaeism in the Later Roman Empire and Medieval China. ²1992. *Band 63.*

Loader, William R.G.: Jesus' Attitude Towards the Law. 1997. *Band II/97.*

Löhr, Gebhard: Verherrlichung Gottes durch Philosophie. 1997. *Band 97.*

Löhr, Hermut: siehe *Hengel, Martin.*

Löhr, Winrich Alfried: Basilides und seine Schule. 1995. *Band 83.*

Luomanen, Petri: Entering the Kingdom of Heaven. 1998. *Band II/101.*

Maier, Gerhard: Mensch und freier Wille. 1971. *Band 12.*

– Die Johannesoffenbarung und die Kirche. 1981. *Band 25.*

Markschies, Christoph: Valentinus Gnosticus? 1992. *Band 65.*

Marshall, Peter: Enmity in Corinth: Social Conventions in Paul's Relations with the Corinthians. 1987. *Band II/23.*

McDonough, Sean M.: YHWH at Patmos: Rev. 1:4 in its Hellenistic and Early Jewish Setting. 1999. *Band II/107.*

Meade, David G.: Pseudonymity and Canon. 1986. *Band 39.*

Meadors, Edward P.: Jesus the Messianic Herald of Salvation. 1995. *Band II/72.*

Meißner, Stefan: Die Heimholung des Ketzers. 1996. *Band II/87.*

Mell, Ulrich: Die "anderen" Winzer. 1994. *Band 77.*

Mengel, Berthold: Studien zum Philipperbrief. 1982. *Band II/8.*

Merkel, Helmut: Die Widersprüche zwischen den Evangelien. 1971. *Band 13.*

Merklein, Helmut: Studien zu Jesus und Paulus. Band 1 1987. *Band 43.* – Band 2 1998. *Band 105.*

Metzler, Karin: Der griechische Begriff des Verzeihens. 1991. *Band II/44.*

Metzner, Rainer: Die Rezeption des Matthäusevangeliums im 1. Petrusbrief. 1995. *Band II/74.*

Mittmann-Richert, Ulrike: Magnifikat und Benediktus. *1996. Band II/90.*

Mußner, Franz: Jesus von Nazareth im Umfeld Israels und der Urkirche. Hrsg. von M. Theobald. 1998. *Band 111.*

Niebuhr, Karl-Wilhelm: Gesetz und Paränese. 1987. *Band II/28.*

– Heidenapostel aus Israel. 1992. *Band 62.*

Nissen, Andreas: Gott und der Nächste im antiken Judentum. 1974. *Band 15.*

Noormann, Rolf: Irenäus als Paulusinterpret. 1994. *Band II/66.*

Obermann, Andreas: Die christologische Erfüllung der Schrift im Johannesevangelium. 1996. *Band II/83.*

Okure, Teresa: The Johannine Approach to Mission. 1988. *Band II/31.*

Paulsen, Henning: Studien zur Literatur und Geschichte des frühen Christentums. Hrsg. von Ute E. Eisen. 1997. *Band 99.*

Park, Eung Chun: The Mission Discourse in Matthew's Interpretation. 1995. *Band II/81.*

Philonenko, Marc (Hrsg.): Le Trône de Dieu. 1993. *Band 69.*

Pilhofer, Peter: Presbyteron Kreitton. 1990. *Band II/39.*

– Philippi. Band 1 1995. *Band 87.*

– siehe *Ego, Beate.*

Pöhlmann, Wolfgang: Der Verlorene Sohn und das Haus. 1993. *Band 68.*

Pokorný, Petr und *Josef B. Soucek:* Bibelauslegung als Theologie. 1997. *Band 100.*

Porter, Stanley E.: The Paul of Acts. 1999. *Band 115.*

Prieur, Alexander: Die Verkündigung der Gottesherrschaft. 1996. *Band II/89.*

Probst, Hermann: Paulus und der Brief. 1991. *Band II/45.*

Räisänen, Heikki: Paul and the Law. 1983, ²1987. *Band 29.*

Rehkopf, Friedrich: Die lukanische Sonderquelle. 1959. *Band 5.*

Rein, Matthias: Die Heilung des Blindgeborenen (Joh 9). 1995. *Band II/73.*

Reinmuth, Eckart: Pseudo-Philo und Lukas. 1994. *Band 74.*

Reiser, Marius: Syntax und Stil des Markusevangeliums. 1984. *Band II/11.*

Richards, E. Randolph: The Secretary in the Letters of Paul. 1991. *Band II/42.*

Riesner, Rainer: Jesus als Lehrer. 1981, ³1988. *Band II/7.*

– Die Frühzeit des Apostels Paulus. 1994. *Band 71.*

Rissi, Mathias: Die Theologie des Hebräerbriefs. 1987. *Band 41.*

Röhser, Günter: Metaphorik und Personifikation der Sünde. 1987. *Band II/25.*

Rose, Christian: Die Wolke der Zeugen. 1994. *Band II/60.*

Rüger, Hans Peter: Die Weisheitsschrift aus der Kairoer Geniza. 1991. *Band 53.*

Sänger, Dieter: Antikes Judentum und die Mysterien. 1980. *Band II/5.*

– Die Verkündigung des Gekreuzigten und Israel. 1994. *Band 75.*

– siehe *Burchard, Chr.*

Salzmann, Jorg Christian: Lehren und Ermahnen. 1994. *Band II/59.*

Sandnes, Karl Olav: Paul – One of the Prophets? 1991. *Band II/43.*

Sato, Migaku: Q und Prophetie. 1988. *Band II/29.*

Wissenschaftliche Untersuchungen zum Neuen Testament

Schaper, Joachim: Eschatology in the Greek
Psalter. 1995. _Band II/76._

Schimanowski, Gottfried: Weisheit und Messias.
1985. _Band II/17._

Schlichting, Günter: Ein jüdisches Leben Jesu.
1982. _Band 24._

Schnabel, Eckhard J.: Law and Wisdom from
Ben Sira to Paul. 1985. _Band II/16._

Schutter, William L.: Hermeneutic and Composition in I Peter. 1989. _Band II/30._

Schwartz, Daniel R.: Studies in the Jewish
Background of Christianity. 1992. _Band 60._

Schwemer, Anna Maria: siehe _Hengel, Martin_

Scott, James M.: Adoption as Sons of God. 1992.
Band II/48.

– Paul and the Nations. 1995. _Band 84._

Siegert, Folker: Drei hellenistisch-jüdische
Predigten. Teil I 1980. _Band 20_ – Teil II 1992.
Band 61.

– Nag-Hammadi-Register. 1982. _Band 26._

– Argumentation bei Paulus. 1985. _Band 34._

– Philon von Alexandrien. 1988. _Band 46._

Simon, Marcel: Le christianisme antique et son
contexte religieux I/II. 1981. _Band 23._

Snodgrass, Klyne: The Parable of the Wicked
Tenants. 1983. _Band 27._

Söding, Thomas: Das Wort vom Kreuz. 1997.
Band 93.

– siehe _Thüsing, Wilhelm._

Sommer, Urs: Die Passionsgeschichte des
Markusevangeliums. 1993. _Band II/58._

Soucek, Josef B.: siehe _Pokorný, Petr._

Spangenberg, Volker: Herrlichkeit des Neuen
Bundes. 1993. _Band II/55._

Spanje, T.E. van: Inconsistency in Paul?. 1999.
Band II/110.

Speyer, Wolfgang: Frühes Christentum im
antiken Strahlungsfeld. Band I: 1989. _Band
50._ – Band II: 1999. _Band 116._

Stadelmann, Helge: Ben Sira als Schrift-
gelehrter. 1980. _Band II/6._

Stenschke, Christoph W.: Luke's Portrait of
Gentiles Prior to Their Coming to Faith.
Band II/108.

Stettler, Hanna: Die Christologie der Pastoral-
briefe. 1998. _Band II/105._

Strobel, August: Die Stunde der Wahrheit. 1980.
Band 21.

Stroumsa, Guy G.: Barbarian Philosophy. 1999.
Band 112.

Stuckenbruck, Loren T.: Angel Veneration and
Christology. 1995. _Band II/70._

Stuhlmacher, Peter (Hrsg.): Das Evangelium
und die Evangelien. 1983. _Band 28._

Sung, Chong-Hyon: Vergebung der Sünden.
1993. _Band II/57._

Tajra, Harry W.: The Trial of St. Paul. 1989. _Band
II/35._

– The Martyrdom of St.Paul. 1994. _Band II/67._

Theißen, Gerd: Studien zur Soziologie des
Urchristentums. 1979, ³1989. _Band 19._

Theobald, Michael: siehe _Mußner, Franz._

Thornton, Claus-Jürgen: Der Zeuge des
Zeugen. 1991. _Band 56._

Thüsing, Wilhelm: Studien zur neutestamentlichen Theologie. Hrsg. von Thomas Söding.
1995. _Band 82._

Treloar, Geoffrey R.: Lightfoot the Historian.
1998. _Band II/103._

Tsuji, Manabu: Glaube zwischen Vollkommen-
heit und Verweltlichung. 1997. _Band II/93_

Twelftree, Graham H.: Jesus the Exorcist. 1993.
Band II/54.

Visotzky, Burton L.: Fathers of the World. 1995.
Band 80.

Wagener, Ulrike: Die Ordnung des „Hauses
Gottes". 1994. _Band II/65._

Walter, Nikolaus: Praeparatio Evangelica. Hrsg.
von Wolfgang Kraus und Florian Wilk. 1997.
Band 98.

Wander, Bernd: Gottesfürchtige und Sympathi-
santen. 1998. _Band 104._

Watts, Rikki: Isaiah's New Exodus and Mark.
1997. _Band II/88._

Wedderburn, A.J.M.: Baptism and Resurrection. 1987. _Band 44._

Wegner, Uwe: Der Hauptmann von Kafarnaum.
1985. _Band II/14._

Welck, Christian: Erzählte ‚Zeichen'. 1994.
Band II/69.

Wilk, Florian: siehe _Walter, Nikolaus._

Wilson, Walter T.: Love without Pretense. 1991.
Band II/46.

Zimmermann, Alfred E.: Die urchristlichen
Lehrer. 1984, ²1988. _Band II/12._

Zimmermann, Johannes: Messianische Texte
aus Qumran. 1998. _Band II/104._

_Einen Gesamtkatalog erhalten Sie gern vom
Mohr Siebeck Verlag, Postfach 2040, D–72010 Tübingen.
Neueste Informationen im Internet unter http://www.mohr.de._